Wolf E. Matthes

Keramische Glasuren

Wolf E. Matthes

Keramische Glasuren

Ein Handbuch mit über 1100 Rezepten
Mit Erläuterungen und Formeln

3., überarbeitete Auflage

AUGUSTUS VERLAG AUGSBURG

Die Deutsche Bibliothek - CIP-Einheitsaufnahme

Matthes, Wolf E.:
Keramische Glasuren : ein Handbuch mit über 1100 Rezepten ;
mit Erläuterungen und Formeln / Wolf E. Matthes. - 3., überarb.
Aufl. - Augsburg : Augustus-Verl., 1997
   ISBN 3-8043-0541-5

Die Verarbeitungs- und Anwendungsempfehlungen erfolgen nach bestem
Wissen. Da kein Einfluß auf die Ausführung besteht, lassen sich jedoch aus
den Empfehlungen keine Ansprüche ableiten.

Das Werk einschließlich aller seiner Teile ist urheberrechtlich geschützt. Jede
Verwertung außerhalb des Urheberrechtsgesetzes ist ohne Zustimmung des
Verlags unzulässig und strafbar. Das gilt insbesondere für Vervielfältigungen,
Übersetzungen, Mikroverfilmungen und die Einspeicherung und Verarbeitung
in elektronischen Systemen.
1. Auflage 1985 in der Verlagsgesellschaft R. Müller, Köln
2. Auflage 1990
3. Auflage 1997

Umschlaggestaltung: Christa Manner, München.
Die abgebildeten Keramiken stammen von Miriam Rückert, Höhn.
Fotos: Wolf E. Matthes, Werner Baumann
Fachredaktionelle Mitarbeit: Prof. Dr. Heinz Wachter
Verlagsredaktion: Wilhelm Kirchgässner
Satz: ICS Communikations-Service GmbH, Bergisch Gladbach
AUGUSTUS VERLAG AUGSBURG 1997
© Weltbild Verlag GmbH, Augsburg
Druck und Bindung: Instituto Grafico Bertello
Printed in Italy
ISBN 3-8043-0541-5

Zum Gedenken an Fritz Haussmann, von dem ich in schwieriger Zeit Vieles lernen durfte, meinen ehemaligen und zukünftigen Schülern und Studenten gewidmet.

Inhalt

1 Grundlagen 17

1.1 Struktur und Eigenschaften des Glases und der Kristalle 19
   1.1.1 Der Glaszustand 19
   1.1.2 Die Glasstruktur 20
   1.1.3 Die Zusammensetzung von Silikatglas 23
   1.1.4 Die typischen Eigenschaften des Glases ... 24
   1.1.5 Der kristalline Zustand und die Kristallstruktur 24
   1.1.6 Das Kristallwachstum 25

1.2 Glasuren als glasige oder kristalline Überzüge auf dem keramischen Scherben 27
   1.2.1 Unterschiede zwischen Glas – Glasur – Email 27
   1.2.2 Allgemeine Eigenschaften des keramischen Scherbens, Scherbenzusammensetzung und -struktur 28
   1.2.3 Allgemeine Eigenschaften von Glasurschichten 29
      1.2.3.1 Transparente Glasuren 29
      1.2.3.2 Getrübte Glasuren 29
      1.2.3.3 Kristallisierte Glasuren 30
   1.2.4 Wechselwirkungen zwischen Scherben und Glasur 32
      1.2.4.1 beim Glasurauftrag 32
      1.2.4.2 Benetzbarkeit des Scherbens durch den Glasurschlicker 32
      1.2.4.3 beim Trocknen und Aufheizen 33
      1.2.4.4 beim Schmelzen der Glasur 34
         .1 Blasenbildung 34
         .2 Das Schmelzen von Fritteglasuren . 35
         .3 Das Schmelzen von Rohglasuren . 35
         .4 Benetzung des Scherbens durch die Schmelze und Zwischenschichtbildung 36
      1.2.4.5 Beim Abkühlen und im erstarrten Zustand 36
         .1 Kristallausbildungen im Scherben . 37
         .2 Folgen der unterschiedlichen Wärmedehnung von Glasur und Scherben 37
         .3 Veränderungen am Scherben nach Erstarren der Glasur 38

1.3 Die Glasurarten und die Segerformel 39
   1.3.1 Glasurarten 39
   1.3.2 Die Zusammensetzung von Glasuren 40
   1.3.3 Die Molekular- bzw. die Segerformel 41
   1.3.4 Grenzformeln 44

1.4 Die Glasureigenschaften und deren Beeinflussung . 47
   1.4.1 Die Eigenschaften im rohen, ungebrannten Zustand 47
      1.4.1.1 Als Pulver 47
      1.4.1.2 Als flüssige wässrige Suspensionen (Glasurschlicker) 47
      1.4.1.3 Als trocknender und getrockneter Überzug 48
         .1 Die Trockenschwindung 48
         .2 Die Haftfestigkeit 49
         .3 Die Griffestigkeit 49
   1.4.2 Die Eigenschaften von Glasurschmelzen ... 50
      1.4.2.1 Allgemeines 50
      1.4.2.2 Die Schmelzeigenschaften: Schmelzverhalten und Schmelztemperaturbereich 50
         .1 Korngröße und Mischung 50
         .2 Aufheizgeschwindigkeit 51
         .3 Garbrandtemperatur 51
         .4 Glasurzusammensetzung 51
      1.4.2.3 Die Viskosität der Glasurschmelze . 52
      1.4.2.4 Die Oberflächenspannung der Glasurschmelze 53
      1.4.2.5 Das Verdampfen von Glasurbestandteilen und die Bildung gasförmiger Reaktionsprodukte aus der Glasur 54
      1.4.2.6 Reaktionen der Schmelze mit der Ofenatmosphäre 55
      1.4.2.7 Reaktionen mit dem Scherben – Das Lösevermögen der Glasurschmelze – Die Bildung der Zwischenschicht ... 56
      1.4.2.8 Entmischung im schmelzflüssigen Zustand 57
      1.4.2.9 Entglasung und Kristallisation 57
   1.4.3 Die Eigenschaften der erstarrten Glasurschicht 59
      1.4.3.1 Die Wärmedehnung 59

1.4.3.2 Die Oberflächenausbildung 59
    .1 Glätte und Glanz der Oberfläche . 59
    .2 Matte, nicht glänzende
       Oberflächen 60
1.4.3.3 Die Beständigkeit gegen chemische
       Beanspruchung 60
    .1 Wasserbeständigkeit 61
    .2 Säurebeständigkeit und
       Bleilöslichkeit 61
    .3 Beständigkeit gegen Laugen und
       stark basische Reagentien 61
1.4.3.4 Die Beständigkeit gegenüber
       mechanischer Beanspruchung 61
    .1 Druckfestigkeit 62
    .2 Zugfestigkeit 62
    .3 Ritzhärte 62
    .4 Schleifhärte – Abriebfestigkeit .. 63
1.4.3.5 Die Farbe der Glasur 63

1.5 Die Glasurrohstoffe und ihre Wirkung in
    Glasuren 70
  1.5.1 Allgemeines 70
  1.5.2 Rohstoffe für SiO_2 und Al_2O_3 71
  1.5.3 Die Flußmittel – Rohstoffe für PbO,
        Alkalioxide, B_2O_3 72
    1.5.3.1 Rohstoffe für Bleioxid PbO 72
    1.5.3.2 Rohstoffe für Lithiumoxid Li_2O ... 72
    1.5.3.3 Rohstoffe für Natriumoxid Na_2O ... 73
    1.5.3.4 Rohstoffe für Kaliumoxid K_2O 73
    1.5.3.5 Rohstoffe für Boroxid B_2O_3 73
  1.5.4 Rohstoffe für Erdalkalioxide und Zinkoxid . 74
    1.5.4.1 Rohstoffe für Magnesiumoxid MgO . 74
    1.5.4.2 Rohstoffe für Calciumoxid CaO ... 75
    1.5.4.3 Rohstoffe für Strontiumoxid SrO .. 75
    1.5.4.4 Rohstoffe für Bariumoxid BaO 76
    1.5.4.5 Rohstoffe für Zinkoxid ZnO 76
  1.5.5 Färbende Rohstoffe 77
    1.5.5.1 Eisenverbindungen 77
    1.5.5.2 Kobaltverbindungen 78
    1.5.5.3 Kupferverbindungen 79
    1.5.5.4 Manganverbindungen 79
    1.5.5.5 Chromverbindungen 80
    1.5.5.6 Nickelverbindungen 81
    1.5.5.7 Cadmium- und Selenverbindungen . 81
    1.5.5.8 Antimon-, Zinn- und
           Titanverbindungen 81
    1.5.5.9 Selten oder nicht mehr gebräuchliche
           färbende Rohstoffe 82
  1.5.6 Weißtrübende Rohstoffe 84
    1.5.6.1 Zinnverbindungen 84
    1.5.6.2 Zirkonverbindungen 84
    1.5.6.3 Titanverbindungen 84
    1.5.6.4 Antimonverbindungen 85
    1.5.6.5 Andere trübende Verbindungen ... 85
  1.5.7 Gesteine und sonstige mineralische
        Rohstoffe, Tone, Erden 86
  1.5.8 Erze, Schlacken und Aschen 88
    1.5.8.1 Erze 88
    1.5.8.2 Schlacken 88
    1.5.8.3 Aschen 89

1.6 Fritten, Farbkörper, keramische Farben,
    Edelmetalle, Lüster und Smalten 90
  1.6.1 Fritten 90
  1.6.2 Farbkörper und keramische Farben
        für Dekore 91
    1.6.2.1 Wirkungsweise, Herstellung,
           Beständigkeit 91
    1.6.2.2 Farbkörper zum Einfärben von
           Glasuren 93
    1.6.2.3 Unterglasurfarben 94
    1.6.2.4 Inglasurfarben, Farbkörper für
           Fayence- und Majolikadekore ... 95
    1.6.2.5 Aufglasurfarben (Schmelzfarben)
           und Farbemails 95
    1.6.2.6 Beispiele für Farbkörperrezepte ... 96
  1.6.3 Smalten und Farbfritten 97
  1.6.4 Edelmetallpräparate für Aufglasurdekore .. 99
    1.6.4.1 Glanzpräparate 99
    1.6.4.2 Die flüssigen Poliergold-, Poliersilber-
           und Polierplatinpräparate 99
    1.6.4.3 Pulverförmige Edelmetalle 99
    1.6.4.4 Das Einbrennen von Edelmetall-
           und Lüsterpräparaten 100
    1.6.4.5 Zwei Rezepte 100
  1.6.5 Lüsterfarben 101
  1.6.6 Wässrige Metallsalzlösungen 102

1.7 Das Arbeiten mit Glasurrohstoffen und Glasuren . 103
  1.7.1 Zerkleinern und Aufbereiten von
        Glasurrohstoffen 103
  1.7.2 Selbstherstellung von Fritten 104
  1.7.3 Die Herstellung der Glasurschlicker und
        deren Aufbewahrung 105
  1.7.4 Die Applikation der Glasur 108
    1.7.4.1 Glasurauftrag durch Tauchen oder
           Überschütten 108
    1.7.4.2 Glasurauftrag durch Spritzen und
           Schleudern 108
    1.7.4.3 Glasurauftrag durch Malen, Stupfen
           oder Aufstreuen 109

1.7.4.4 Das Rohglasieren
(Glasurauftrag auf rohen,
ungebrannten Scherben) 109
1.7.4.5 Glasurauftrag auf nicht saugenden,
dichten Scherben 110
1.7.4.6 Glasurauftrag durch Anflug im
Brand 110
1.7.5 Die Herstellung von Glasur- und
Brennproben 111
1.7.6 Gesundheitsschutz beim Arbeiten mit
Glasuren 112
1.7.7 Qualitätsprüfung von Glasuren – vergleichende Messung von Glasureigenschaften . . 112
1.7.7.1 Prüfung von Eigenschaften im
rohen Zustand 112
1.7.7.2 Prüfung von Eigenschaften im
schmelzflüssigen Zustand 113
1.7.7.3 Prüfung von Eigenschaften im
erstarrenden oder erstarrten und
abgekühlten Zustand 114
1.7.8 Das Berechnen von Glasuren 116
1.7.8.1 Das Berechnen der Segerformel
aus der chemischen Analyse 116
1.7.8.2 Das Berechnen des Molekulargewichts eines Rohstoffes aus der
Segerformel 118
1.7.8.3 Errechnen der Segerformel aus
dem Versatz 119
1.7.8.4 Errechnen des Versatzes aus der
Segerformel 121

1.8 Glasurfehler 125
1.8.1 Fehler im ungebrannten Zustand,
im Glasurschlicker 126
1.8.2 Fehler im ungebrannten Zustand beim
Auftragen und beim Trocknen 127
1.8.3 Fehler im schmelzflüssigen Zustand 129
1.8.4 Fehler im erstarrten, abgekühlten Zustand . 131

1.9 Historischer Überblick 133
1.9.1 Vorderer Orient –
Ägypten – Östliches Mittelmeer 133
1.9.2 Ostasien – China – Korea – Japan 134
1.9.3 Amerika 135
1.9.4 Mitteleuropa bis zum Beginn des
20. Jahrhunderts 136

2 Glasurrezepte – Erläuterungen, Formeln, Versätze .. 139

2.0 Allgemeines – Einteilung und Übersicht 141

2.1 Anflug-Glasuren und Salzglasuren 141
2.1.1 Anflugglasuren durch Flugasche
und verdampfende Alkalien bei
Feuerung mit Holz 142
2.1.2 Erwünschte und unerwünschte Anflüge
durch verdampfende Oxide oder
Glasurbestandteile 142
2.1.3 Salzglasuren 143
2.1.3.1 Masse und Scherbenzusammen-
setzung für Salzglasur 143
2.1.3.2 Die Glasurbildung beim Salzen . . . 143
2.1.3.3 Brennweise für Salzglasur 144
2.1.3.4 Das Salzen mit verschiedenen
Salzmischungen 145
2.1.3.5 Zusätzliche Glasuren für den
Salzbrand 145
2.1.3.6 Reduktionsglasuren im Salzbrand . . 150
.1 Einflüsse des Salzes 150
.2 Einflüsse der Farboxide 150
.3 Einflüsse der Brandführung . . . 152
.4 Einflüsse der Abkühlung 152
2.1.3.7 Das Setzen zum Salzbrand 153

2.2 Transparente Glasuren 153
2.2.0 Allgemeines – Zusammensetzung –
Auftrag – Übersicht 153
2.2.1 Frittenglasuren und Rohglasuren 154
1. Transparente farblose Frittenglasuren . . 155
2. Transparente farblose Rohglasuren 156
2.2.2 Bleiglasuren und bleihaltige Transparentglasuren (mit B_2O_3) 159
2.2.3 Alkaliglasuren und Alkali-Bor-Glasuren . . . 161
2.2.3.1 Alkaliglasuren 161
2.2.3.2 Alkali-Bor-Glasuren 163
2.2.4 Farbige Transparentglasuren 165
2.2.4.1 Transparente farbige Ofenkachelglasuren (bleireich) 165
2.2.4.2 Transparente farbige Alkali- und
Alkali-Bor-Glasuren 167
2.2.4.3 Transparente farbige Steinzeug-
und Weichporzellanglasuren 169
2.2.4.4 Sonstige farbige Transparentglasuren 171
2.2.5 Niedrigschmelzende Töpferglasuren für
Irdenware (farblos) 173
2.2.6 Transparente Steingutglasuren 175
2.2.6.1 Bleihaltige Steingutglasuren,
transparent, glänzend, farblos 175
2.2.6.2 Bleifreie Steingutglasuren,
transparent, glänzend, farblos 176
2.2.7 Transparente Steinzeugglasuren 178

	2.2.8	Transparente Porzellanglasuren für Weich- und Hartporzellan	180	
	2.2.9	Transparente bleifreie Geschirrglasuren . . .	183	
2.3	Opake, undurchsichtige, glänzende Glasuren	185		
	2.3.0	Allgemeines – Trübungsmechanismen – Auftrag	185	
	2.3.1	Weißgetrübte glänzende Glasuren – Fayenceglasuren	186	
		2.3.1.1 Zinnoxidgetrübte Glasuren, bleihaltig und bleifrei	186	
		2.3.1.2 Weiße Glasuren mit Zirkontrübung .	189	
		2.3.1.3 Weiße Glasuren mit Antimonoxidtrübung	191	
		2.3.1.4 Weiße Glasuren mit Zinkoxidtrübung	192	
		2.3.1.5 Durch Titanoxid getrübte Glasuren .	193	
		2.3.1.6 Weißgetrübte, glänzende Glasuren mit mehreren Trübungsmitteln oder ohne spezielles Trübungsmittel	195	
		2.3.1.7 Weißdeckende, getrübte Glasuren mit Seidenglanz	196	
	2.3.2	Farbige opake Glasuren mit glänzender Oberfläche	199	
		2.3.2.1 Weißgetrübte, gefärbte Glasuren, pastellfarben	199	
		2.3.2.2 Bleihaltige, deckend-farbige Majolika-Glasuren	202	
		2.3.2.3 Bleifreie, opake, farbige, glänzende Glasuren	204	
		2.3.2.4 Glänzende opake Glasuren mit besonderen Farb- und Oberflächeneffekten	207	
		.1 glänzende opake Lehmglasuren . .	208	
		.2 Temmoku-Glasuren (siehe auch 2.6.4)	209	
		.3 Hasenfell-Glasuren (siehe auch 2.5.7/2.5.8)	212	
		.4 Ölflecken-Glasuren	213	
2.4	Mattglasuren und Kristallglasuren	215		
	2.4.0	Allgemeines	215	
	2.4.1	Mattierung durch schwer- oder nicht schmelzende Bestandteile	215	
		2.4.1.1 Sinterengoben und Sintermassen . . .	215	
		2.4.1.2 Tonerde- und Kaolin-Mattglasuren .	218	
		2.4.1.3 Kieselsäurereiche Mattglasuren, matt durch Quarz	220	
	2.4.2	Mattierung durch teilweise oder völlige Kristallisation der Schmelze	221	
		2.4.2.1 Saure Mattglasuren, matt durch Titanoxid (siehe auch 2.4.1.3)	222	
		2.4.2.2 Die basischen Mattglasuren	224	
		.1 Matt durch ZnO	224	
		.2 Matt durch CaO oder MgO	227	
		.3 Matt durch CaO + MgO gemeinsam	229	
		.4 Matt durch BaO oder SrO	231	
		.5 Matt durch Mischungen von CaO mit BaO/SrO oder MgO mit BaO/SrO	232	
		.6 Matt durch ZnO und BaO	233	
		.7 Matt durch ZnO mit CaO/MgO . .	235	
		.8 Matt durch CaO + MgO + BaO + ZnO gemeinsam	236	
		.9 Erdalkalimatt mit ZnO und TiO_2 .	238	
		2.4.2.3 Seidenmatt-Glasuren	239	
		2.4.2.4 Bleifreie seidenmatte Geschirrglasuren	242	
		2.4.2.5 Matte Craqueleé-Glasuren	244	
	2.4.3	Kristallglasuren	246	
		2.4.3.0 Allgemeines – Kristallwachstum und seine Voraussetzungen	246	
		2.4.3.1 Glasuren mit Zinksilikat als kristalliner Phase	248	
		2.4.3.2 Kristallglasuren mit ZnO + TiO_2 . . .	249	
		2.4.3.3 Zink-Barium-Silikat-Kristallglasuren	251	
		2.4.3.4 Rutil-Kristallglasuren	252	
		2.4.3.5 Aventurin-Glasuren	253	
		2.4.3.6 Glasuren mit Chromat, Vanadat-, Molybdat-, Wolframat-Kristallphasen	255	
		2.4.3.7 Glasuren mit Erdalkali- und Alkalisilikat-Kristallen	257	
		2.4.3.8 Färbung von Kristallglasuren	258	
		2.4.3.9 Aufbereitung, Auftrag und Brand von Kristallglasuren	259	
2.5	Farbglasuren (vielfach Mattglasuren)	261		
	2.5.0	Allgemeines – Färbemechanismen, Farbstabilität, Farbkraft	261	
	2.5.1	Rote Glasuren	261	
		2.5.1.1 Chromrote Glasuren	261	
		2.5.1.2 Cadmium-Selenrote Glasuren	262	
		2.5.1.3 Eisenrote Glasuren	263	
		2.5.1.4 Kupferrote Glasuren	264	
		2.5.1.5 Nickelrote Glasuren	265	
		2.5.1.6 Rote bis rosa Glasuren durch Farbkörper	266	

- 2.5.1.7 Uranrote Glasuren 270
- 2.5.2 Orangefarbene Glasuren 271
  - 2.5.2.1 Cadmium-Selen-Orange 271
  - 2.5.2.2 Orangefärbung durch Eisenoxid . . . 271
  - 2.5.2.3 Orange durch Antimonoxid + Titanoxid + Chromoxid 273
  - 2.5.2.4 Orange durch Bleichromat 274
  - 2.5.2.5 Orangefärbung durch spezielle Farbkörper 275
  - 2.5.2.6 Orangefärbung durch Uranverbindungen 276
- 2.5.3 Gelbe Glasuren 277
  - 2.5.3.1 Neapelgelbe Glasuren (gelb durch Bleiantimonat) 277
  - 2.5.3.2 Cadmiumgelbe Glasuren 277
  - 2.5.3.3 Chromgelbe Glasuren 278
  - 2.5.3.4 Gelbe Glasurfärbung durch Eisenoxid 278
  - 2.5.3.5 Gelbe Glasurfärbung durch TiO_2 bzw. Rutil 280
  - 2.5.3.6 Gelbe Glasuren durch spezielle Farbkörper 281
  - 2.5.3.7 Urangelbe Glasuren 283
  - 2.5.3.8 Gelbfärbung durch Silberverbindungen 283
  - 2.5.3.9 Gelbfärbung durch Molybdänverbindungen 284
- 2.5.4 Grüne Glasuren 284
  - 2.5.4.1 Kupfergrüne Glasuren 284
  - 2.5.4.2 Chromgrüne Glasuren 287
  - 2.5.4.3 Eisengrüne Glasuren 288
  - 2.5.4.4 Nickelgrüne Glasuren 288
  - 2.5.4.5 Grün durch Kobaltoxid mit Titanoxid 290
  - 2.5.4.6 Grün durch spezielle Farbkörper . . . 290
  - 2.5.4.7 Seladongrüne Glasuren für oxidierenden Brand 292
- 2.5.5 Blaue Glasuren 293
  - 2.5.5.1 Kobaltblaue Glasuren 293
  - 2.5.5.2 Kupferblaue Glasuren (»ägyptischblau«) 295
  - 2.5.5.3 Nickelblaue Glasuren 296
  - 2.5.5.4 Titanblaue Glasuren 297
  - 2.5.5.5 Blau durch Borschleier 297
  - 2.5.5.6 Blaue Glasuren mit Farbkörpern . . . 298
- 2.5.6 Violette Glasuren 299
  - 2.5.6.1 Manganviolette Glasuren 299
  - 2.5.6.2 Kobaltviolette Glasuren 299
  - 2.5.6.3 Nickelviolette Glasuren 300
  - 2.5.6.4 Violett durch Pink-Farbkörper + Kobaltoxid 301
  - 2.5.6.5 Violett durch spezielle Farbkörper . . 301
  - 2.5.6.6 Kupfer-Titan-violette Glasuren 302
- 2.5.7 Braune Glasuren 303
  - 2.5.7.1 Eisenbraune Glasuren 303
  - 2.5.7.2 Manganbraune Glasuren 306
  - 2.5.7.3 Nickelbraune Glasuren 307
  - 2.5.7.4 Rutilbraune Glasuren 308
  - 2.5.7.5 Braun durch Mischung verschiedener färbender Oxide 309
  - 2.5.7.6 Braun durch spezielle Farbkörper . . 311
- 2.5.8 Schwarze und Graue Glasuren 312
  - 2.5.8.1 Eisenschwarze Glasuren 312
  - 2.5.8.2 Schwarz durch Eisenoxid und Manganoxid gemeinsam 313
  - 2.5.8.3 Manganschwarze Glasuren 315
  - 2.5.8.4 Kupferschwarze Glasuren 315
  - 2.5.8.5 Schwarz durch mehrere Farboxide gemeinsam 316
  - 2.5.8.6 Schwarz durch spezielle Farbkörper . 319
  - 2.5.8.7 Nickel-Kobalt-Grau 321
  - 2.5.8.8 Zinn-Antimon-Grau 322
  - 2.5.8.9 Grau durch spezielle Farbkörper . . . 323
- 2.5.9 Hellgelbliche, beige-creme-farbene Glasuren 324
- 2.6 Glasuren für reduzierenden Brand 325
  - 2.6.0 Allgemeines
    - 2.6.0.1 Typische Glasuren für Reduktionsbrand 325
    - 2.6.0.2 Das Brennen von Reduktionsglasuren 326
    - 2.6.0.3 Reduzieren im Elektro-Ofen 326
    - 2.6.0.4 Einflüsse der Abkühlung 326
  - 2.6.1 Farblose, halbopake, opake, weiße, matte Reduktionsglasuren 327
  - 2.6.2 Rote, kupferhaltige Reduktionsglasuren = Chinarot- oder Ochsenblut-Glasuren 329
  - 2.6.3 Grüne, eisenhaltige Reduktionsglasuren = »echte« Seladonglasuren 333
    - 2.6.3.1 Transparent glänzende, rißfrei 333
    - 2.6.3.2 Transparent glänzende, craquelée . . 335
    - 2.6.3.3 Glänzende, halbopak bis opak 336
    - 2.6.3.4 Seidenmatte bis matte Seladon-Glasuren 338
  - 2.6.4 Reduktionsglasuren mit brauner, schwarzer oder grauer Farbe 339
    - 2.6.4.1 Schwarze oder dunkelbraune Glasuren 340

2.6.4.2 Graue Reduktionsglasuren 341
2.6.5 Sonstige reduzierend zu brennende Glasuren 343
    2.6.5.1 Titanblaue Glasuren 343
    2.6.5.2 Verschiedene Reduktionsglasuren, farblos oder farbig 344
2.6.6 Lüsterglasuren 346

2.7 Glasuren aus bestimmten Rohstoffen 347
  2.7.1 Glasuren aus magmatischen Gesteinen 347
    2.7.1.1 Basaltglasuren — Glasuren aus basischen Eruptivgesteinen 348
    2.7.1.2 Glasuren aus Trass 350
    2.7.1.3 Glasuren aus Anorthitmehl 351
    2.7.1.4 Glasuren aus Bimsstein oder Phonolith 352
    2.7.1.5 Glasuren aus Granit oder Nephelin-Syenit 353
  2.7.2 Glasuren aus Sedimentgesteinen — Lehmglasuren, meist mit matter Oberfläche (siehe auch 2.3.2.4) 356
    2.7.2.1 Hellfarbige Lehmglasuren 356
    2.7.2.2 Gelbe bis gelbbraune Lehmglasuren . 357
    2.7.2.3 Grünlichbraune bis rötlichbraune Lehmglasuren 358
    2.7.2.4 Hellbraune bis dunkelbraune Lehmglasuren 359
    2.7.2.5 Schwarzbraune bis schwarze Lehmglasuren 361
    2.7.2.6 Glasuren aus Schiefermehl 362
    2.7.2.7 Lehmglasuren auch für den reduzierenden Salzbrand 363
  2.7.3 Ascheglasuren 364
  2.7.4 Feldspatglasuren 368
  2.7.5 Glasuren mit Zement oder mit wasserlöslichen Rohstoffen 371
    2.7.5.1 Glasuren mit Zement 371
    2.7.5.2 Glasuren mit wasserlöslichen Rohstoffen 372

2.8 Glasuren für bestimmte keramische Erzeugnisse .. 374
  2.8.1 Glasuren für poröse, niedriggebrannte Baukeramik und Irdenware SK 06a bis SK 2a 374
  2.8.2 Glasuren für Ofenkacheln und Irdenware SK 03a bis SK 2a 376
  2.8.3 Glasuren für Wandfliesen und Steingut SK 03a bis SK 3a 379
  2.8.4 Glasuren für Klinker, Spaltplatten und Bodenfliesen SK 3a bis SK 8 382
  2.8.5 Glasuren für Gebrauchsgeschirr aus Steingut und Steinzeug für SK 2a bis SK 9 385
  2.8.6 Glasuren für grobkeramisches Steinzeug und großformatige Baukeramik etc. SK 5a bis SK 9/10 390
  2.8.7 Glasuren für Sanitärkeramik, Vitreous china oder Feuerton für SK 5a bis SK 9 393
  2.8.8 Glasuren für Porzellane SK 6a bis SK 10 ... 395
  2.8.9 Glasuren für bestimmte Dekorzwecke 397
    2.8.9.1 Glasuren für Dekore mit Engoben und Unterglasurfarben 397
      .1 Transparent glänzende Glasuren .. 397
      .2 Matte, halbtransparente Glasuren . 399
    2.8.9.2 Glasuren für Inglasurdekore, z. B. Fayencemalerei etc. 400
    2.8.9.3 Glasuren zum Übereinanderglasieren 402
      .1 Unterglasuren 403
      .2 Überglasuren 405

2.9 Glasuren mit besonderen Eigenschaften — Effektglasuren 408
  2.9.1 Glasuren für besonders niedrige Brenntemperaturen — Raku-Glasuren — für SK 014a bis SK 07a 408
  2.9.2 Glasuren mit sehr niedriger Viskosität — Laufglasuren 410
  2.9.3 Glasuren mit sehr hoher Viskosität — Auffangglasuren 411
  2.9.4 Glasuren mit großer Oberflächenspannung — Schlangenhautglasuren 413
  2.9.5 Glasuren mit hoher Viskosität und Blasenbildung — Kraterglasuren 414
  2.9.6 Glasuren mit großem Wärmeausdehnungskoeffizienten — Craquelée-Glasuren 416
  2.9.7 Glasuren mit sehr niedrigem Wärmeausdehnungskoeffizienten 419
  2.9.8 Fleckige, gesprenkelte Glasuren 420

3 Tabellen und Listen 423

3.1 Periodensystem der Elemente 424
3.2 Atom- und Molekulargewichte der Elemente, Verbindungen und Minerale; wichtige Eigenschaften 426
3.3 Zusammensetzungen von Fritten (Auswahl) 441
  3.3.1 Fritten der Firma Degussa, Frankfurt a. M. 441
  3.3.2 Fritten der Firma Reimbold und Strick, Köln 444

3.3.3 Fritten der Firma Ferro Enamels, Rotterdam (Ferro Deutschland) 446
3.3.4 Fritten der Firma Mondré und Manz, Troisdorf 449
3.3.5 »TEGO«-Fritten der Firma Th. Goldschmidt AG, Essen (werden heute von dieser Firma nicht mehr hergestellt) ... 450

3.4 Zusammensetzung von Tonen, Kaolinen, Feldspäten und anderen Rohstoffen – Auswahl 451
   3.4.1 Tone und Kaoline 451
   3.4.2 Feldspäte und ähnliche Flußmittel 453
   3.4.3 Feldspataustauschstoffe, Flußmittel-Minerale 454
      3.4.3.1 Lithiumhaltige Rohstoffe 454
      3.4.3.2 Feldspat-Austauschstoffe 455
      3.4.3.3 Basische Gesteine, CaO- und MgO-reiche Rohstoffe, sonstige Rohstoffe 455
   3.4.4 Aschenanalysen 456
   3.4.5 Rohstofflieferanten 458
   3.4.6 Zusammensetzung einiger amerikanischer Feldspäte und Rohstoffe ... 458
      3.4.6.1 Potash feldspars 458
      3.4.6.2 Soda feldspars 459
      3.4.6.3 Lithium feldspars 459
      3.4.6.4 Zusammensetzung einiger typischer amerikanischer toniger Rohstoffe 460

3.5 Die Zusammensetzung der Segerkegel 461

3.6 Elektrolyte, Glasurhilfsmittel, Malmittel 463
   3.6.1 Elektrolyte 463
      3.6.1.1 Anorganische Peptisatoren 463
      3.6.1.2 Organische Peptisatoren 463
      3.6.1.3 Flocker oder Koagulatoren 463
   3.6.2 Glasurhilfsmittel und Malmittel 464
      3.6.2.1 Mal- und Hilfsmittel für Unterglasurdekore und -farben 464
      3.6.2.2 Glasurfestiger 464
      3.6.2.3 Mal- und Hilfsmittel für Aufglasurfarben und -dekore ... 464
      3.6.2.4 Hilfsmittel für Ausspar-, Abdeck- und Druckverfahren 465
      3.6.2.5 Hilfs- und Stellmittel für wässrige Schlicker 465

3.7 Eutektische Gemische und ihre Schmelztemperaturen 466
   3.7.1 Zweistoff-Systeme 466
   3.7.2 Dreistoff-Systeme 467

3.8 Schmelz- und Zersetzungstemperaturen 468
   3.8.1 Elemente und Metalle 468
   3.8.2 Oxide 468
   3.8.3 Hydroxide und Chloride 469
   3.8.4 Silikate 469

3.9 Färbemöglichkeiten und Farbtabellen 470
   3.9.1 Engobefärbungen 470
   3.9.2 Glasurfärbungen 471
      3.9.2.1 Tabelle der Färbungen mit Oxidmischungen 471
      3.9.2.2 Färbungen in bleireichen Glasuren SK 05a bis 2a 472
      3.9.2.3 Färbungen in alkalireichen Glasuren SK 08a bis 03a 472
      3.9.2.4 Färbungen in Erdalkali-Bor-Glasuren SK 2a bis 7 473
      3.9.2.5 Färbungen in Calciumborat-Glasuren SK 03a bis 2a 473
      3.9.2.6 Färbungen in Feldspatglasuren SK 4a bis 8 473
      3.9.2.7 Färbemöglichkeiten im reduzierenden Brand 474

3.10 Maße und Gewichte 475
   3.10.1 Stück- und Zählmaße 475
   3.10.2 Längenmaße 475
      3.10.2.1 Größenvergleichstabelle 475
   3.10.3 Raummaße 475
   3.10.4 Gewichte 475
   3.10.5 Besondere und veraltete, nicht mehr gesetzliche Maße und Gewichte 476
   3.10.6 Britische und US-Längenmaße 476
   3.10.7 Britische und US-Gewichtseinheiten ... 476
   3.10.8 Britische und US-Hohlmaße und Raumeinheiten 477
   3.10.9 Vergleichstabelle zur Temperaturmessung 478
   3.10.10 Falltemperaturen der Segerkegel 479
   3.10.11 Temperaturtabelle der Bullers-Ringe ... 480

3.11 Vergleichstabelle Siebgewebe 481

3.12 Literaturverzeichnis 482

3.13 Periodica und Fachzeitschriften 487

3.14 Stichwortverzeichnis 489

Hersteller und Lieferanten 500

Vorwort

Den Inhalt dieses Buches habe ich ursprünglich für mich selbst gesammelt, um all das gebündelt zur Hand zu haben, was man immer wieder braucht, wenn man sich mit Glasuren für keramische Produkte befaßt. Es soll vor allem dem Keramiker, dem Praktiker Anregungen und Vergleichsmöglichkeiten bieten und eine möglichst große Zahl von Daten nachschlagbar machen, die sonst in vielerlei Quellen verstreut zu finden sind. Wenn es dem Anfänger Ansporn und Ausgangspunkt für eigene Versuche sein könnte, dem Erfahrenen vielleicht Vergessenes wieder in Erinnerung bringt oder Bekanntes zu vertiefen hilft und dazu beitragen kann, Glasurprobleme zu lösen, wäre der Aufwand nicht verfehlt.

Der Inhalt des zweiten Teiles basiert auf Erfahrungen, die ich in den vergangenen zwanzig Jahren machen konnte; Freunde, Kollegen und besonders die Studierenden der keramischen Ausbildungsstätten in Höhr-Grenzhausen haben Wesentliches in Erprobung und Versuchen dazu beigetragen. Die Herkunft der Rezepturen ist mit dem Autorennamen gekennzeichnet. Nicht bezeichnete Rezepte stammen vom Verfasser. Wo es der Vollständigkeit halber nötig erschien, sind auch Rezepte, die Anregungen aus der Fachliteratur verarbeiten, wiedergegeben. Die gebrannte und erstarrte Glasurschicht ist das Ergebnis vieler unterschiedlicher Vorgänge und Einflüsse, die oftmals zum Teil unbekannt bleiben und in den meisten Fällen auch nicht kontrolliert werden können. Daher sollten die von mir angeführten Vorschläge, Regeln und Versätze nicht als für jeden Fall gültig, sondern als Erfahrungsaussagen mit der Möglichkeit vielfältiger Variation betrachtet werden. Scherbenzusammensetzung und Schrühbrandtemperatur, die Auftragsstärke der rohen Glasurschicht und die Art der Scherbenoberfläche vor dem Glasieren, der exakte Verlauf der Brennkurve (Temperatur-Zeit-Kurve), die Art der Ofenatmosphäre, die Eigenschaften der Glasurschmelze und ihre Reaktion mit dem Scherben, evtl. die Strömungsgeschwindigkeit der Rauchgase oder das Verdampfen von Glasurbestandteilen, Anflüge oder Ausscheidung einzelner oder mehrerer kristalliner Phasen beim Abkühlen, Zeitpunkt und Reihenfolge solcher Kristallisationen bestimmen im ganzen – bei *gleichzeitiger gegenseitiger Beeinflussung* – neben der Rohstoffzusammensetzung des Glasurversatzes das Aussehen der gebrannten, erstarrten Glasuroberfläche. Deshalb reicht die Kenntnis eines Rezeptes allein nicht aus, ganz zu schweigen von seiner Bedeutung für die gestalterischen Ziele.

Gerade dadurch wird das Arbeiten mit Glasuren dem Keramiker niemals langweilig und selbst dem Erfahrenen bleiben die erfreulichen wie die niederschmetternden Überraschungen nicht erspart. Nur breite Erfahrung und deren Austausch und intensive Kenntnisse können uns lähmende Frustration auf diesem Gebiet vermeiden helfen. Dazu soll dieses Buch beitragen.

An dieser Stelle soll auch dankbar die Öffentlichkeit erwähnt werden, die unser Wirken an einer staatlichen Ausbildungsstätte durch ihre Steuern erst ermöglicht.

Den Firmen Reimbold & Strick, Köln, Bassermann & Grolmann, Düsseldorf und besonders Ferro (Deutschland)-Keramisches Labor, Höhr-Grenzhausen, danke ich für die kostenlose Überlassung aller Rohstoffe, Fritten und Farbkörper, die für die vielen Versuche benötigt wurden.

Herrn Dr. Heinz Wachter, Frankfurt, danke ich für wertvolle Anregungen und die kritische Durchsicht des Manuskriptes, Ulrike Graessner und Willi Schmitz für die Schreibhilfe, und nicht zuletzt danke ich Herrn Andreas Hanusch für seine Unterstützung.

1 Grundlagen

1.1 Struktur und Eigenschaften des Glases und der Kristalle

Da in der Keramik sowohl glasig-transparente als auch kristallin-opake Überzüge als Glasuren bezeichnet und benutzt werden, ist es nötig, allgemein auf das Wesen der glasigen Substanz wie auch auf die Eigenarten kristalliner Stoffe einzugehen.

1.1.1 Der Glaszustand

Nach physikalischer Vorstellung von Materie existiert diese in verschiedenen Aggregatzuständen, die wir mit Eigenschaften wie gasförmig – flüssig – fest verbinden.

Die typische Eigenart fester Körper ist ihre kristalline Baustruktur. Die Atome und Ionen als Bausteine der festen Körper haben bei Temperaturen oberhalb des absoluten Nullpunktes (O K ≙ −273,15 °C) eine mehr oder weniger große schwingende Eigenbewegung, die umso größer wird, je höher die Temperatur steigt. Wird ihre Eigenbewegung dadurch so groß, daß die Bindungen im Kristallgitter sich lösen, wird der feste Stoff bei seiner Schmelztemperatur flüssig und verliert seine gesetzmäßige geordnete Struktur. Die Atombewegung ist aber noch nicht so groß, daß alle Bindekräfte unwirksam werden. Erst im gasförmigen Zustand, bei Temperaturen oberhalb des Verdampfungspunktes, sind alle Bindungen zwischen den Atomen völlig verschwunden und diese werden wirklich frei beweglich.

Aufgrund seiner Struktur und seiner Eigenschaften läßt sich Glas keinem dieser Zustände eindeutig zuordnen, sondern es nimmt eine Mittelstellung zwischen flüssigen und festen Stoffen ein, d. h. es ist genau genommen eine vierte Existenzform der Materie. In der Natur ist Glas eher ein Ausnahmezustand. Es gibt nur sehr wenige natürlich entstandene Stoffe, die eine Glasstruktur haben oder mehr oder weniger aus Glas bestehen wie etwa Obsidian, Tektite, Bimsstein oder vulkanische »Schlacken«.

Die uns bekannten Gläser – es gibt neben den anorganisch-oxidischen und -nichtoxidischen Gläsern auch organische Gläser aus Zucker oder Kunststoffen – entstehen in der Regel aus Schmelzen (also Flüssigkeiten) bei schneller Abkühlung, so daß die ungeordnete und ungerichtete Verteilung der atomaren Bestandteile der flüssigen Schmelze (Atome, Atomgruppen, Ionen verschiedener Elemente) erhalten bleibt, weil diesen Bestandteilen keine Zeit bleibt, sich zu einer geregelten gesetzmäßigen Anordnung im Raum zusammenzufinden oder weil ihrer für diese Gruppierung nötigen Bewegung zu großer Widerstand entgegensteht bei hoher Viskosität der Schmelze.

Langsames Abkühlen einer Schmelze oder Flüssigkeit unter ihre Erstarrungstemperatur (= Gefrier- und Schmelztemperatur) hat normalerweise immer ein Festwerden in kristalliner Form mit streng geregelter Strukturordnung zur Folge.

Unsere bekannten Gläser und Glasuren – aus silikatischen Schmelzen entstanden – erstarren aber deshalb so leicht glasig und nicht kristallin, weil deren Schmelzen wegen des Gehalts an SiO_2 nicht dünnflüssig, sondern hochviskos sind und beim Abkühlen sehr schnell so strengflüssig werden, daß keine kristalline Ordnung entsteht.

Die Viskosität ist eine typische Eigenschaft von Flüssigkeiten und könnte auch mit Beweglichkeit, innere Zähigkeit bezeichnet werden. Sie ist eine stark von der Temperatur abhängige Eigenschaft, wird daneben aber auch von der Größe fest zusammenhängender Moleküle bzw. Atomgruppen, aus denen die Flüssigkeit besteht und von den Bindekräften zwischen den Ionen und Atomen in der Flüssigkeit bestimmt. Mit steigender Temperatur nimmt die Viskosität der Flüssigkeit oder Schmelze ab.

Die meisten Elemente und ihre Verbindungen haben als Schmelze eine wasserähnliche Viskosität im Bereich von 10^{-2} Pa·s, sind also dünnflüssig. Beim Abkühlen kann deshalb mit Erreichen des Erstarrungs- oder Gefrierpunktes oder wenig darunter eine schnelle Kristallisation eintreten. Einige Stoffe aber bilden zähflüssige Schmelzen. Bei Abkühlung unter den Erstarrungspunkt könnte dann zwar auch Kristallisation eintreten, aber mit erheblich verzögerter Geschwindigkeit.

Vergleichswerte der Viskosität von Schmelzen erläutern diese Sachverhalte:

Material	Schmelz-temperatur °C	Viskosität der Schmelze Pa·s
Wasser, H_2O	0	$2 \cdot 10^{-2}$ (= 0,02)
Lithiumchlorid, LiCl	618	$2 \cdot 10^{-2}$ (= 0,02)
metall. Natrium, Na	98	$1 \cdot 10^{-2}$ (= 0,01)
metall. Eisen, Fe	1535	$7 \cdot 10^{-2}$ (= 0,07)
Boroxid, B_2O_3	450	10^4 (= 10 000)
Siliciumdioxid, SiO_2	1720	10^6 (= 1 000 000)
Glasuren im Garbrandbereich	900–1200	$2 \cdot 10^2$ bis $2 \cdot 10^3$
Glasschmelzen im Transformationsbereich	400–700	10^{12}
Glas bei Zimmertemperatur		10^{20}

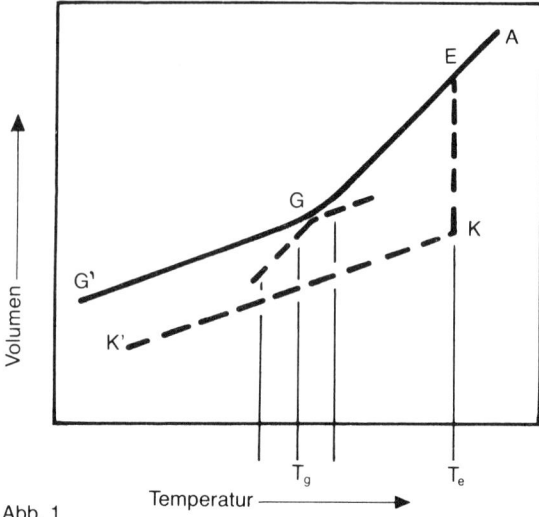

Abb. 1

Die Zusammenhänge beim Erstarren zum Glas oder Kristall kann ein schematisches Volumen-Temperatur-Diagramm verdeutlichen (Abb. 1): Beim Abkühlen einer Flüssigkeit von der Ausgangstemperatur entsprechend Punkt A wird deren Volumen kleiner bis zum Punkt E. Geschieht die Abkühlung langsam und sind Kristallkeime vorhanden, so kristallisiert die Flüssigkeit bei der Erstarrungstemperatur T_e. Das Volumen verkleinert sich schnell von E nach K, danach wird sich bei weiterer Abkühlung der kristalline feste Stoff entsprechend der Linie K–K' zusammenziehen. Ist aber die Abkühlung ausreichend schnell oder ist die Flüssigkeit sehr hochviskos, findet bei T_e keine Kristallisation statt, das Flüssigkeitsvolumen wird »unterkühlt« kleiner in gleichem Maße wie vorher oberhalb Punkt E bis zur Temperatur T_g (der »Glasbildungstemperatur«), bei der die sehr zähe Flüssigkeit fest wird. Punkt G wird dann der Transformationspunkt, T_g auch die Transformationstemperatur genannt.

Als jetzt glasige Substanz verkleinert dieses Glas sein Volumen bei weiterer Abkühlung, aber erheblich weniger stark als oberhalb der Transformationstemperatur, nach Punkt G'. Je nach Abkühlungsgeschwindigkeit und Zusammensetzung liegt der Knickpunkt G bei höheren oder niederen Temperaturen, so daß man von einem Transformationsbereich sprechen kann.

Im Bereich G'–G ist die Substanz Glas; im Bereich G–E ist es eine unterkühlte Schmelze (zähplastisch bis zähflüssig), im Bereich E–A haben wir eine echte Schmelzflüssigkeit vorliegen.

1.1.2 Die Glasstruktur

Der strukturelle Aufbau des Glases ist im Gegensatz zu den kristallinen Stoffen ungeordnet, ungerichtet und kann deshalb nicht wie bei den Kristallen durch Reflexion und Streuung von Röntgenstrahlen an den Gitterebenen sichtbar gemacht werden. Deshalb beruht das Wissen über die Glasstruktur mehr auf hypothetischen Annahmen und indirekt gewonnenen Erkenntnissen. Zudem wandelt sich die Glasstruktur auch mit der Temperatur und der Zusammensetzung des Glases und mit der Art der Wärmebehandlung (etwa der Abkühlung).

Allgemein wird angenommen, daß die Silikatgläser aus einer unregelmäßigen Netzstruktur aus SiO_4-Raumgruppen und BO_3-Raumgruppen in zwei- und dreidimensionaler Verknüpfung bestehen, wobei diese Gruppen entweder untereinander über die sogenannten Brückensauerstoffionen oder über andere Kationen miteinander verbunden sind; dadurch entstehen teils offene, teils geschlossene Maschenstrukturen, in deren Hohlräumen oder Fehlstellen andere Atome oder Ionen Platz finden.

Die Elemente mit großen Ionenradien (siehe auch Abb. 2), wie Na, K, Pb, Ba weiten die Struktur, machen sie locker und weniger fest und brechen Bindungen auf, wirken deshalb als »Flußmittel« schmelzpunkterniedrigend und in der Schmelze viskositätssenkend. Dagegen wirken die glasbildenden Ionen der Elemente Si, Al, B netzwerkverstärkend und stabilisierend auf Schmelze und erstarrtes Glas. Die Eigenschaften der Gläser und Glasuren hängen demnach überwiegend von Art und Verknüpfung der Glasstruktur ab. Es scheint eine sehr große Zahl verschiedener Struktursysteme zu geben. Die Art des Einbaus bestimmter Oxide in die Glasstruktur ist oft noch nicht geklärt. Verschiedene Strukturschemata verdeutlichen die Hypothesen (Abb. 3, 4, 5, 6). Näheres siehe Vogel, Struktur und Kristallisation der Gläser[160]; Hinz, Silikate[59]; Petzold und Hinz, Silikatchemie[112]; Scholze, Glas[137].

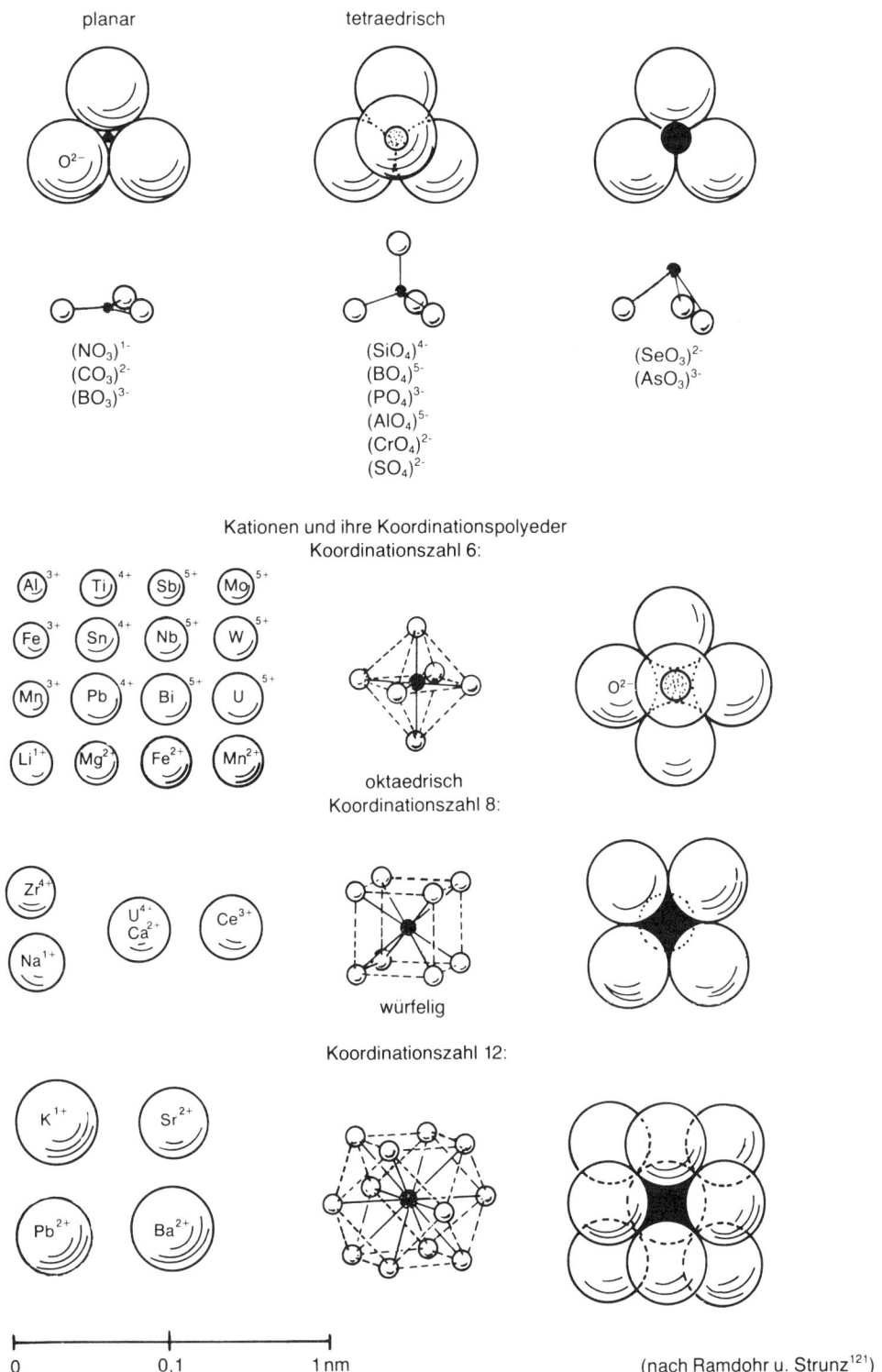

Abb. 2 (nach Ramdohr u. Strunz[121])

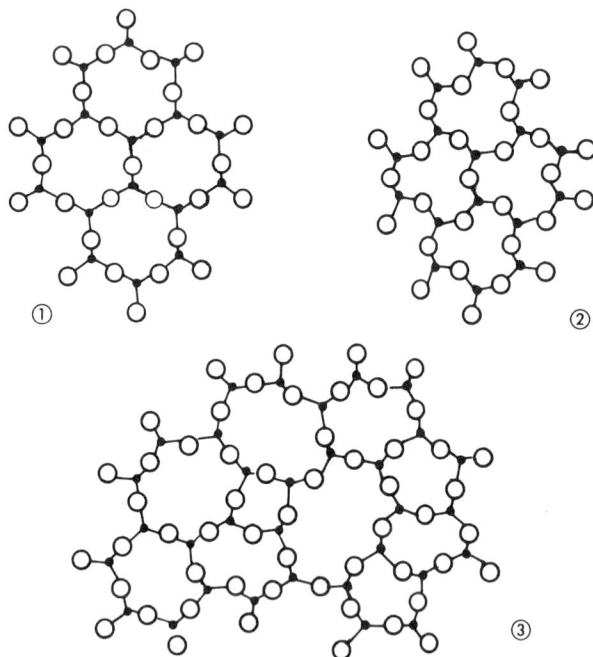

Abb. 3
Das über dem Si-Atom liegende Sauerstoff-Atom der SiO₄-Tetraeder wurde in den Abb. 3, 4, 5 jeweils weggelassen.

Zweidimensionale schematische Darstellung der SiO²-Struktur-Unterschiede

1: Cristobalit
2: Quarz
3: Kieselglas

○ = Sauerstoff
● = Silicium
(nach Lawrence [85])

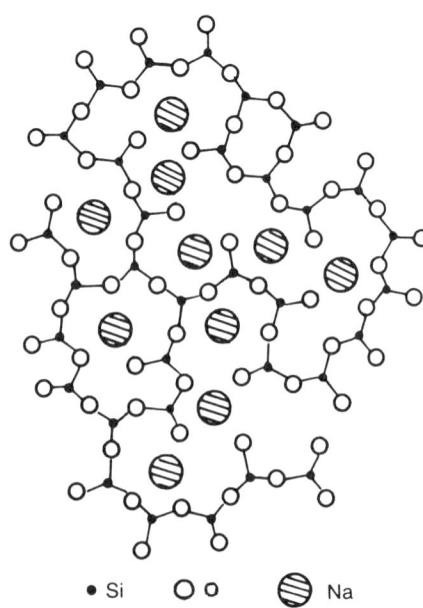

● Si   ○ ○   ⊘ Na

Abb. 5
Schematische Darstellung der Struktur eines Natriumsilikatglases als zweidimensionaler Ausschnitt (nach Lawrence [85]). Die Natriumionen muß man sich in einer anderen Ebene befindlich vorstellen.

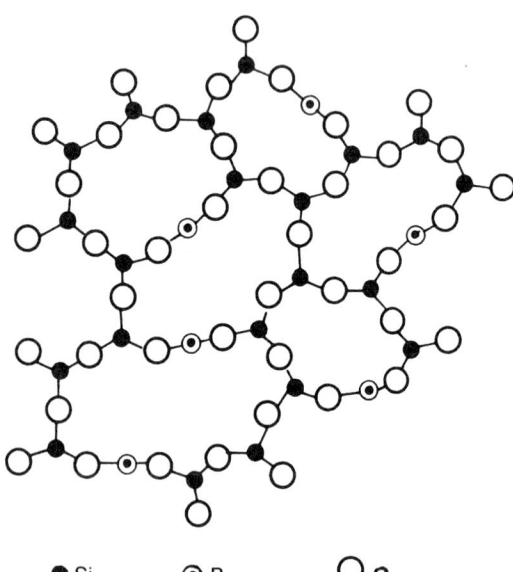

● Si   ⊙ B   ○ ○

Abb. 4
Schematische Darstellung der Struktur eines Borosilikatglases als zweidimensionaler Ausschnitt (nach Lawrence [85]).

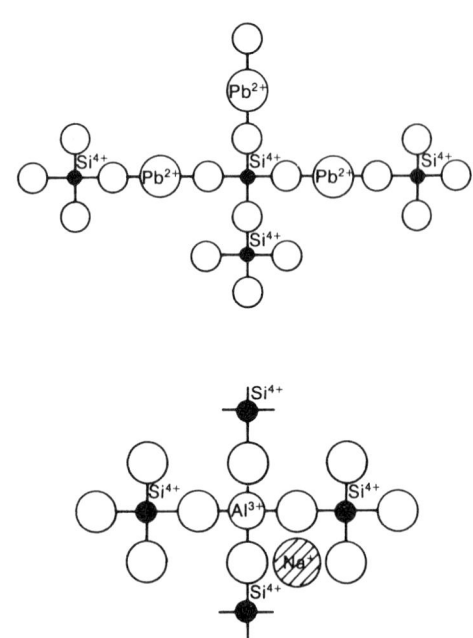

Abb. 6
Schematische Darstellung des Einbaus von Pb^{2+}-Ionen, Al^{3+}-Ionen und Na^{+1}-Ionen in die Silikatglas-Struktur (nach Holloway [62]), die Auflockerung oder Verfestigung des Netzwerkes verdeutlichen sollen. Die Darstellung nimmt jedoch keine Rücksicht auf die räumliche Struktur, sondern bezieht sich mehr auf die chemischen Verhältnisse.

1.1.3 Die Zusammensetzung von Silikatglas

Neben den organischen Gläsern und den anorganischen Sondergläsern (Arsenat-, Germanat-, Phosphatgläser usw.) sind vor allem die oxidischen Silikatgläser (= Glas im allgemeinen Verständnis) die technisch wichtigen.

Das Siliciumdioxid, SiO_2, vulgär Kieselsäure genannt, ist wichtigster Bestandteil. Glas aus reinem SiO_2, Kieselglas oder Quarzglas, ist in seinen Eigenschaften allen bekannten Gläsern überlegen, weil es extrem chemisch resistent ist, und zwar auch bei sehr hohen Temperaturen, weil es eine sehr kleine Wärmedehnung hat ($5{,}4 \cdot 10^{-7}$/K) und eine sehr hohe Erweichungstemperatur zeigt. Da aber SiO_2 einen so hohen Schmelzpunkt hat (~ 1720 °C), setzt man ihm die Oxide zu, die den Schmelzpunkt stark senken, so daß die Gemische schon im Bereich von 800 bis 1200 °C schmelzen. Solche Oxide sind B_2O_3, PbO, Li_2O, Na_2O, K_2O, MnO, CoO, CuO usw. Gleichzeitig werden natürlich auch andere Eigenschaften der Schmelze und des erstarrten Glases verändert, so daß Art und Mengenanteil der Oxide im Glas oder in der Glasur eine wesentliche Rolle spielen.

Reines Alkaliglas ohne andere Oxide, also nur aus Na_2O oder K_2O und SiO_2 bestehend, ist leicht wasserlöslich (= Wasserglas!) und daher als Gebrauchsglas nicht verwendbar.

Reines Bleiglas aus PbO und SiO_2 ist nicht mehr wasserlöslich, wird aber noch von Säuren stark angegriffen und ist weich. Zusätze von Al_2O_3 und B_2O_3, CaO und MgO oder BaO usw. machen solche einfachen Gläser schnell stabil und widerstandsfähig gegenüber mechanischer und chemischer Beanspruchung. Das wird in der Übersicht »Zusammensetzung handelsüblicher Gläser« deutlich gemacht. SiO_2 und B_2O_3 dienen als Glas- oder Netzwerkbildner. Li_2O, Na_2O, K_2O, CaO, SrO, BaO, PbO werden als Netzwerkwandler der Glasstruktur bezeichnet. Sie können allein kein Glas bilden, verändern aber die Eigenschaften von Schmelze und erstarrtem Glas stark, wenn sie im Netzwerk des Glases vorhanden sind. Al_2O_3, TiO_2, SnO_2, ZrO_2, MgO können zum Teil das SiO_2 in der Glasstruktur ersetzen, wirken in diesem Fall als Netzwerkbildner, sonst als Netzwerkwandler. Ähnliche Wirkung können ZnO, FeO, Fe_2O_3, CoO und NiO haben.

Übersicht der in Gläsern benutzten Oxide:

SiO_2		ZrO_2	
Al_2O_3		SnO_2	
As_2O_3		TiO_2	
Li_2O		P_2O_5	
Na_2O	ergeben	Sb_2O_3	ergeben
K_2O	farbloses	Cr_2O_3	weiß getrübtes
MgO	Glas	Fe_2O_3	oder
CaO		FeO	farbiges
SrO		CoO	Glas
BaO		CuO	
ZnO		MnO	
PbO		NiO	

Zusammensetzung von handelsüblichen Gläsern in Gewichts-Prozent (nach Rawson[123] und Hinz[59]):

Verwendung	SiO_2	Al_2O_3	B_2O_3	MgO	CaO	BaO	ZnO	PbO	Na_2O	K_2O	Fe_2O_3	As_2O_3
Behälterglas	72,2	1,9		1,5	9,6				14,6			
Tafel- od. Fensterglas	72,0	1,3		3,5	8,2				14,3			
Glühlampenkolbenglas	71,5	2,0		2,8	6,6				15,5	1,0		
Bleikristallglas	56,0							29,0	2,0	13,0		
Löt-Glas	5,0		17,0			14,0		64,0				
Grünes Flaschenglas	70,0	3,0			10,0				15,0	2,8	2,0	
Laboratoriumsglas	69,8	4,9	2,7		8,2				8,8	5,6		
Pyrex-Glas	80,5	2,2	12,9		0,2				3,8	0,4		0,5
Glas für Natrium-dampf-Lampen	5,5	17,5	16,0		9,5	52,0						
Optisches Glas Kr13	70,9	0,98			11,0				9,9	6,6		0,3

1.1.4 Die typischen Eigenschaften des Glases

Gläser sind kompakte, physikalisch homogene Stoffe, die amorph (= gestaltlos) sind und bei Zimmertemperatur fest sind. Sie stellen erstarrte Flüssigkeiten (Nichtkristalle) mit ungeordneter atomarer Struktur dar und haben deshalb in allen Richtungen ihrer Raumerstreckung gleich große Eigenschaftswerte (= Isotropie). Isotropie ist eine typische Eigenschaft von Flüssigkeiten. Wie Flüssigkeiten können feste Gläser bei entsprechend hoher Beanspruchung durch Druck fließen. Die weiteren Folgen der ungeordneten Struktur des Glases sind: reversibles Erweichen und Erstarren beim Übergang aus dem festen in den flüssigen Zustand und umgekehrt. Dabei scheiden sich keine Kristalle als feste Phase aus. Der Übergang geschieht in einem breiten Temperaturfeld, in dem das Glas plastisch verformbar ist. Die Gläser haben also keinen wohldefinierten Schmelzpunkt, wie reine kristalline Feststoffe, etwa die Metalle, sondern einen Erweichungs- und Schmelzbereich. Gläser sind nicht spaltbar und haben eine unebene, muschelige Bruchfläche beim Zerbrechen. Ihre Schmelzen sind in der Regel sehr zähflüssig. Je nach Zusammensetzung ändert sich aber die Viskosität mit steigender Temperatur in sehr unterschiedlichem Maß.

Gläser erstarren in der Regel als transparentes, lichtdurchlässiges Material, sie müssen aber nicht immer durchsichtig sein. Silikatische Gläser können bei passender Zusammensetzung und wiederholtem Erwärmen über den Transformationsbereich (oder bei lang anhaltendem Erwärmen = Tempern) entglasen und Kristalle bestimmter Zusammensetzung ausscheiden. Dadurch sind gegenüber dem reinen Glas extreme Eigenschaftsveränderungen möglich.

Optische Eigenschaften, Dichte, Härte, Druck- und Zugfestigkeit, Chemische Beständigkeit und Wärmedehnung sowie die Eigenschaften der Glasschmelze können je nach Zusammensetzung und daraus resultierender Struktur sehr variabel beeinflußt werden. Das gilt ebenso für Gläser, die als Überzug auf keramischen Scherben, als Glasur, geschmolzen werden.

Silikatgläser und Glasuren sind je nach Zusammensetzung mehr oder weniger gute elektrische Isolatoren, deren elektrischer Widerstand aber mit steigender Temperatur schnell abnimmt. Vergleiche auch Halloway[62], Scholze[137].

1.1.5 Der kristalline Zustand und die Kristallstruktur

Die meisten festen Stoffe sind kristallin. Dieser Zustand ist für Festkörper der Normalzustand. Flüssige Stoffe haben das Bestreben, beim Erstarren den Zustand der geringsten freien Energie, den kristallinen Zustand, anzunehmen, weil er der stabilste Zustand ist. Beim Kristallisieren wird Energie (meistens) in Form von Wärme freigesetzt, wie das z. B. beim Abbinden von Gips fühlbar wird.

Im Kristall befinden sich die einzelnen Bausteine der Materie, die Atome, Ionen, Moleküle oder Atomgruppen in einer der chemisch-oxidischen Zusammensetzung entsprechenden gesetzmäßigen dreidimensionalen periodischen Anordnung, die wir aufgrund einer anschaulichen Darstellung als Gitterstruktur (Raumgitter mit Netzebenen) bezeichnen. Die kleinste immer wiederkehrende Struktureinheit, aus der sich bei wiederholter Aneinanderlagerung ein Kristall aufbaut, wird Elementarzelle des Kristallgitters genannt. Ihre Größe und Form, die für jede kristallisierte Substanz typisch ist, kann durch Untersuchungen mit Hilfe von Röntgenstrahlen bestimmt werden.

Wenn wir uns Atome und Ionen schematisch als Kugelformen verschiedener Größe vorstellen, so sind auch bei ihrer Anordnung im Raum verschiedene Möglichkeiten der dichteren oder lockereren Packung vorstellbar. Auf diese Weise können recht verschiedene Raumgittertypen gebildet werden.

Dichte Packung, enge Gitterstruktur mit kleinen Abständen zwischen den Netzebenen und atomaren Bauteilen verursacht große Stabilität, Härte, Beständigkeit, hohen Schmelzpunkt, hohes spezifisches Gewicht (= Dichte), usw.

Lockerer Bau mit großen Gitterabständen, deutlicher Ausbildung von Netzebenen unterschiedlich dichter Packung bedeutet weniger feste Bindungen, gute Spaltbarkeit, niedrigen Schmelzpunkt, usw. (Abb. 7, 8, 9).

Kristalle sind von ebenen Flächen begrenzte, homogene, anisotrope feste Körper. Sie zeigen im Gegensatz zu den Gläsern in der Regel verschiedenes physikalisches Verhalten in den verschiedenen Richtungen ihrer Raumerstreckung (Anisotropie).

Kristalle zeigen häufig eine ihnen spezifische äußere Ausbildung (Habitus), z. B. faserig-nadelig oder tafelig-blättchenförmig oder gedrungen-säulig. Diese Ausbildung wird meist durch die äußeren Bildungsbedingungen verursacht.

Völlig gleichmäßig ausgebildete Kristalle mit der dem Stoff zukommenden typischen Kristallform können nur entstehen, wenn sie sich freischwebend in langsamem Wachstum bilden können. Weiteres zur Kristallkunde usw. siehe Lit. No. 121, Klockmanns Lehrbuch der Mineralogie, wo auch anschauliche Abbildungen zu finden sind.

1.1.6 Das Kristallwachstum

Kristalle können sich aus schmelzflüssigen Stoffen, aber auch aus wässrigen Lösungen (und sogar aus gasförmigem Zustand) bilden, sobald diese eine gewisse Unterkühlung oder Übersättigung erfahren. Schmelzen können auch teilweise als Lösungen betrachtet werden. Bei Abkühlung entstehen durch Bildung von Ordnungszentren dort, wo sich einige Atome oder Ionen zufällig in geregelter Anordnung zusammenfinden, »Kristallkeime«, die spontan zu Kristallen weiterwachsen, nachdem sie eine gewisse Größe erreicht haben. Die Kristallkeime müssen nicht die gleiche Zusammensetzung wie die daraus weiterwachsenden Kristalle haben, es können auch Fremdpartikel, Bläschen, eine entmischte Glasphase in feinsten Tröpfchen oder nicht völlig gelöste Reste von Versatzrohstoffen als Kristallkeime wirken. Häufig wachsen Kristalle auch zuerst an der Oberfläche der Schmelze.

Beim Wachstum von Kristallen wird Baustein um Baustein sukzessiv an der Oberfläche des Keims angelagert; dabei müssen die Bausteine (Atome, Ionen) in der Flüssigkeit (Schmelze) an den ihnen gesetzmäßig vorbestimmten Platz wandern können. Ist das aus verschiedenen Gründen nicht ständig oder nur teilweise möglich, entstehen Störungen und Baufehler im Kristallgitter während des Wachstums. Wenn die Flüssigkeit (Schmelze) hochviskos ist, dauert die Wanderung länger; in dünnflüssigen Glasurschmelzen können deshalb Kristalle viel schneller wachsen.

Sind sehr viele Kristallkeime vorhanden, so behindern sich die einzelnen Kristalle sehr schnell gegenseitig in ihrem Wachstum, es entstehen viele kleine Kristalle in dichtem Verband. Befinden sich dagegen nur wenige Kristallkeime in einer Schmelze, so können große Kristalle von cm-Länge entstehen.

Anwesenheit von Wasserdampf, ausreichend hohe Temperaturen und hoher Druck fördern das Kristallwachstum; allerdings kann bei anhaltender, gleichbleibend hoher Temperatur die Kristallbildung und die Wiederauflösung durch die Rest-Schmelze im Gleichgewicht sein.

Mit dem weiteren Wachstum von Kristallen bestimmter Zusammensetzung in einer Schmelze wird diese kontinuierlich ärmer an den Oxiden, die die in der Restschmelze »schwimmenden« Kristalle aufbauen. Die Schmelze verändert also mit der Kristallbildung ihre Zusammensetzung, bis das Kristallwachstum aufhört. Ihre ursprünglich homogene Zusammensetzung wird entmischt, inhomogen, ungleichmäßig in Struktur und oft auch im Aussehen nach dem Erstarren. Manchmal wachsen auch die Kristalle mit veränderter Zusammensetzung weiter, oder es bilden sich dann ganz andere Kristallphasen.

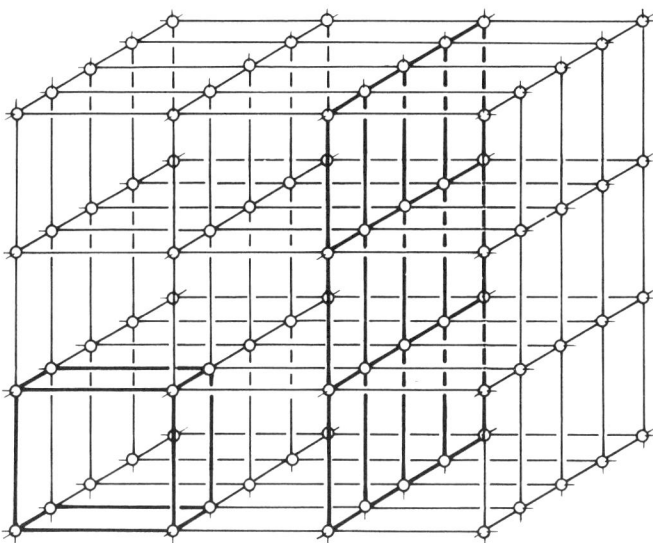

Abb. 7
Kristall-Raumgitter, mit würfeliger Elementarzelle und Betonung einer Netzebene

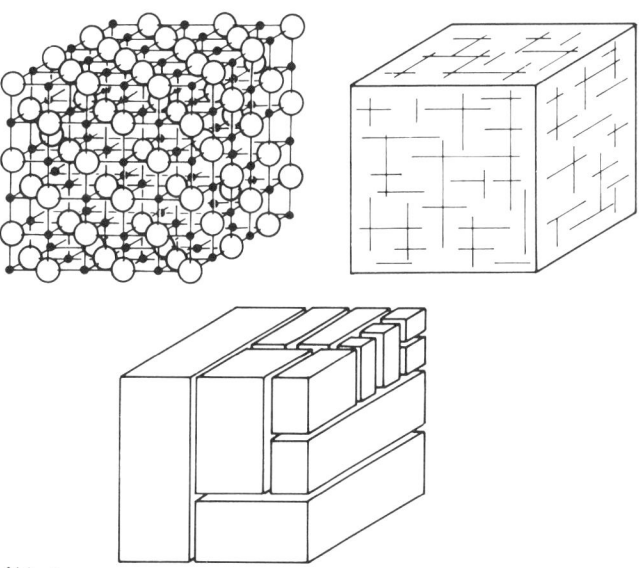

Abb. 8
Struktur, Gestalt und Spaltbarkeit von NaCl, Steinsalz

1.1.6

Strukturschema von Rutil, TiO_2

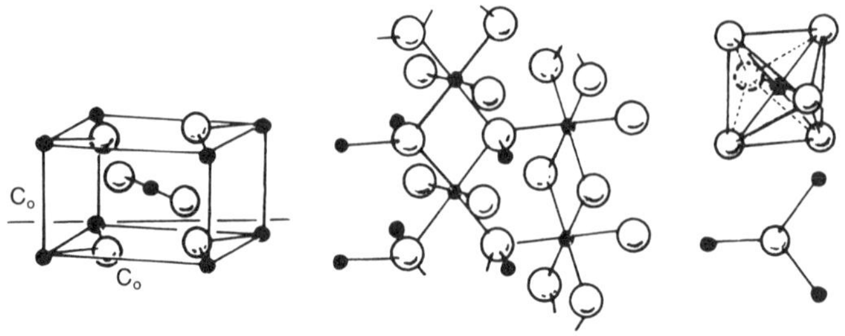

Strukturschema von Anatas, TiO_2

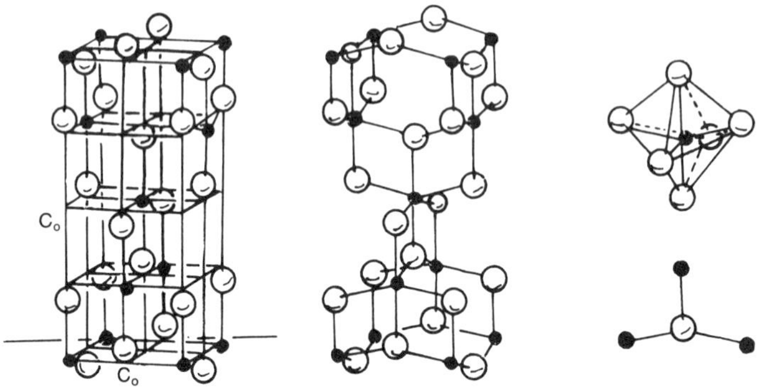

SiO_4-Baugruppen in den Silikaten

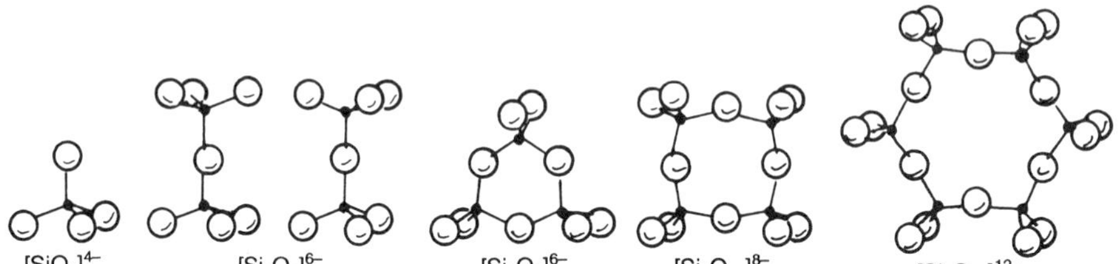

Abb. 9

$[SiO_4]^{4-}$ $[Si_2O_7]^{6-}$ $[Si_3O_9]^{6-}$ $[Si_4O_{12}]^{8-}$ $[Si_6O_{18}]^{12-}$

(nach Ramdohr u. Strunz[121])

1.2 Glasuren als glasige oder kristalline Überzüge auf dem keramischen Scherben

1.2.1 Unterschiede zwischen Glas, Glasur, Email

Im Gegensatz zur Glastechnologie haben wir es in der Keramik im Bereich der Glasuren nicht allein mit Glas als festem und sprödem oder plastisch formbarem Stoff oder flüssiger Schmelze zu tun, sondern auch oft mit einem Gemenge aus Feststoff und Flüssigkeit, wenn der Glasurschlicker als Suspension fester Rohstoffe in Wasser hergestellt und verarbeitet werden muß oder wenn die Glasurschmelze kristalline, also feste Bestandteile als Farbpigment, als Trübungsmittel oder mattierende Teilchen enthält oder beim Abkühlen kristalline Teile ausscheidet.

Für die Herstellung von Glasgegenständen müssen lediglich die typischen Glaseigenschaften im flüssigen, plastischen und festen Zustand beachtet werden; keramische Glasuren dagegen sind mit dem anders zusammengesetzten keramischen Scherben fest verbunden, müssen also zum Scherben passen und erhalten Form, Farbe und Oberfläche erst auf und mit dem Scherben und müssen mehr oder weniger intensiv mit dem Scherben reagieren. Eigenschaften des Scherbens und seine Zusammensetzung sind also zu berücksichtigen.

Beim Aufbrennen der Glasuren sollen die Glasurschmelzen nicht von geneigten Flächen ablaufen; man macht sie zähflüssig durch relativ hohen Gehalt an Al_2O_3. Glasschmelzen sollen dagegen beim Schmelzen möglichst dünnflüssig wie Wasser sein, damit sie klar und blasenfrei »geläutert« werden können. So werden Glasgemenge für Bierflaschen im Wannenofen bei etwa 1500 °C erschmolzen. Deshalb ist hierbei der Al_2O_3-Gehalt im Glas sehr gering (siehe Seite 23).

Während bei Gläsern das Material fast immer völlig homogen ist, muß das bei Glasurschichten nicht der Fall sein, eher ist das Gegenteil zu beobachten. Weil die Glasurschmelze auf der einen Seite an den Scherben grenzt und auf der anderen Seite Berührung mit der Ofenatmosphäre hat, kann sie aus beiden an der Grenzfläche Bestandteile aufnehmen oder an sie abgeben. Deshalb ist fast jede Glasurschicht direkt über dem Scherben anders zusammengesetzt als an der äußeren Oberfläche oder in der Schichtmitte. Eine solche Inhomogenität ist bei keramischen Glasuren die Regel; daß sie mit bloßem Auge sichtbar wird, ist die Ausnahme. Da die Glasurschichten üblicherweise recht dünne Schichten sind (meistens sind sie 0,3 bis 0,1 mm dick), sind sie leicht durch ihre Umgebung beeinflußbar.

Emails sind Gläser, die auf Metalle aufgeschmolzen (»eingebrannt«) werden. Sie müssen auf den Metallen haften und ganz besonders auf deren große Wärmedehnung abgestimmt sein. Sie werden in der Regel bei 800 bis 900 °C aufgeschmolzen. Emails schützen vor allem die Metalloberfläche vor chemischer Beanspruchung (vor Säureangriff, Rostbildung, Korrosion) und geben dem Metall die gewünschte Farbe. Meist sind die Emailschichten auch härter als das darunterliegende Metall. Glasuren sind meist weicher als der keramische Scherben (d. h. als der Quarz im Scherben) und müssen den Scherben nicht nur färben und vor chemischem Angriff schützen, sondern sollen die Scherbenoberfläche auch glätten, abdichten und eine leichtere Reinigung ermöglichen. Daneben werden poröse und dünne Scherben in ihrer Festigkeit durch die Glasur oft erheblich verbessert.

Als silikatische Schmelzen haften die Glasuren meistens ohne weiteres gut auf dem ebenso silikatischen Scherben, was bei Emails wiederum nicht so einfach zu erreichen ist. Siehe auch S. 96, Abs. 1.6.2.5, Farbemails und Schmuckemails.

1.2.2 Allgemeine Eigenschaften des keramischen Scherbens, Scherbenzusammensetzung und -struktur

Weil Scherben und Glasur nach dem Brand fest miteinander verbunden sein müssen und die Glasurschicht eine ganz bestimmte Schichtdicke haben soll, sind natürlich die Eigenschaften des Scherbens wichtig, denn die Glasurschicht muß ja aufgebracht werden können; sie muß vor, während und nach dem Schmelzen auf dem Scherben haften bleiben und die gewünschte Oberfläche aufweisen − ohne daß irgendwo und irgendwann Fehler auftreten, die die Gebrauchsfähigkeit oder die Ansehnlichkeit des fertigen Stücks beeinträchtigen.

Dabei sind für das Glasieren (Applikation des Glasurschlickers) die folgenden Eigenschaften des Scherbens wichtig:

Rohbruchfestigkeit (Trockenbiegefestigkeit), ⎫
Trockenschwindung,   ⎬ beim Roh-
Quellfähigkeit,   ⎪ glasieren
Porosität (und Saugfähigkeit) und   ⎭
Oberflächenbeschaffenheit

die Eigenschaften:
Brennschwindung,
Brennfarbe,
Sinterung,
oxidische und mineralogische Zusammensetzung und
Wärmedehnung

sind für die Farbe, Oberflächenausbildung, Haftfestigkeit und Rißfreiheit der erstarrten Glasurschicht wichtig.

Im rohen Scherben befindet sich in der Regel ein Gemisch aus verschiedenen kristallinen Mineralen von extrem unterschiedlicher Korngröße: Glimmer, Tone, Kaoline, Quarz und Feldspäte, dazu vielleicht Schamotte, Kalkspat und/oder Dolomit und/oder Talkum, sowie Kohlenstoff, Eisenoxide, Titanoxid mit Pyrit und anderen Verunreinigungen. Je nach deren Anteilen und Korngrößen sind die Eigenschaften des rohen Scherbens verschieden, der zudem noch einen Restwassergehalt nach dem Trocknen behält und luftgefüllte Porenräume. Will man die Glasur als wässrigen Schlicker auf den rohen, ungebrannten Scherben auftragen, muß eine entsprechende Massezusammensetzung gewählt werden oder es müssen andere geeignete Vorkehrungen getroffen werden (vgl. Abs. 1.4.1.3, Seite 48, Abs. 1.7.4, Seite 107 ff.).

Auf vorgebrannten (geschrühten) Scherben lassen sich fast alle Glasurschlicker gut auftragen. Im gebrannten Scherben sind je nach Brenntemperaturhöhe neue kristalline Verbindungen vorhanden: z. B. Erdalkali-Silikate (Wollastonit, Diopsid, Forsterit), Aluminiumsilikate (Mullit), Erdalkali-Aluminium-Silikate (Anorthit, Cordierit) sowie andere Silikate, Cristobalit neben restlichem Quarz und Glasschmelze (auch Glasphase genannt zum Unterschied zu den kristallinen Phasen).

Nach niedrigen Brenntemperaturen können auch neben Quarz noch Feldspatreste oder noch nicht geschmolzener Feldspat, Metakaolinit und freies CaO/MgO enthalten sein.

Der Scherben stellt demnach ein im Feinbereich sehr inhomogenes Konglomerat verschieden zusammengesetzter Stoffe dar mit jeweils unterschiedlichen Eigenschaften; oxidisch-chemisch gesehen besteht er, wie die Glasur meistens auch, aus den Oxiden SiO_2, Al_2O_3, CaO, MgO, K_2O, Na_2O, Fe_2O_3, TiO_2; nur eben in anderen Mengenverhältnissen, denn er soll ja bei Glattbrandtemperatur nicht schmelzen. Dazu fehlen ihm in der Regel auch die starken Flußmittel PbO, B_2O_3, Li_2O sowie SrO und BaO.

Die Scherbenstruktur im geschrühten Zustand ist ein unregelmäßiges Gefüge aus feinstkörnigem bis glasigem Bindemittel, das gröbere harte Körner aus Quarz und/oder Schamotte, etc. miteinander verklebt, durchzogen von vielen kapillarförmigen Poren feinsten Querschnitts (Mikro- und Mesoporen), von Mikrorissen und anderen luftgefüllten Hohlräumen verschiedener Größe (Makroporen) unterbrochen, die je nach Herstellungsweise des Scherbens in unterschiedlicher Menge vorhanden sind. Geschrühter Scherben hat mehr Porenraum als roher Scherben wegen der Abgabe des strukturell gebundenen Wassers aus den Tonmineralen, wegen der sprunghaften Dehnung des Quarzes (β-α-Umwandlung bei 575 °C) und wegen eventueller CO_2-Abspaltung aus Carbonaten.

Die miteinander netzartig verbundenen Kapillarporen verleihen dem Scherben seine Saugfähigkeit und bilden die sogenannte offene Porosität (füllbarer Porenraum). Hohlräume ohne Verbindung zur Umgebung sind geschlossene Poren (nicht füllbarer Porenraum).

Mit steigender Brenntemperatur im Glattbrand rücken alle Teile im Scherben näher aneinander, die Poren werden kleiner und verschwinden nach und nach mit fortschreitender Sinterung. Ihr gasförmiger Inhalt wird ausgetrieben, solange die Oberfläche noch nicht dicht ist.

Je nach Mengenanteil von Poren, Glasphase, Quarz, Cristobalit, Mullit, kristallinen Silikaten usw. ändert sich die Reaktion der Glasurschicht mit dem Scherben und − für den Keramiker besonders wichtig − die Wärmedehnung des gebrannten Scherbens.

1.2.3 Allgemeine Eigenschaften von Glasurschichten

Da die Oberflächen keramischer Gegenstände meistens verschiedene Aufgaben gleichzeitig erfüllen sollen, oft neben einer dekorativen Wirkung bestimmten Anforderungen im Gebrauch standhalten müssen, benötigen wir oft unterschiedliche Ausbildung der erstarrten Glasurschicht:

Entweder muß sie
1. durchsichtig, transparent und glänzend sein, farblos oder farbig, oder
2. undurchsichtig, opak und glänzend, weiß oder farbig, oder
3. kristallisiert, opak bis halbopak, seidenglänzend bis matt, weiß oder farbig sein.

1.2.3.1 Transparente Glasuren

Durchsichtige, also transparent-glänzende Glasurschichten dürfen keine Bläschen, keine nicht ganz aufgelöste, ungeschmolzene Rohstoffpartikel des Versatzes oder auch beim Abkühlen gebildete kristalline Ausscheidungen enthalten, sonst erscheinen sie nicht völlig durchsichtig. Auch wenn sie zu viele Haarrisse haben oder zu stark gefärbt sind stört das die Transparenz.

Deshalb wird man versuchen, solche »Störungen« in der Glasurschicht zu vermeiden, indem man
a) die Glasur nur so dünn wie gerade nötig aufträgt;
b) die Glasur so zusammensetzt und so hoch brennt, daß die Schmelze möglichst dünnflüssig wird;
c) so lange die Garbrandtemperatur auf gleicher Höhe hält, bis alle entstandenen Bläschen aus der Glasurschicht verschwunden sind und die Oberfläche glatt ausgeflossen ist;
d) die Glasur so zusammensetzt und so schnell abkühlt, daß sich keine kristallinen Ausscheidungen bilden können;
e) die Glasur so zusammensetzt und so fein mahlt, daß auch bei schnellem Aufheizen und kurzer Brenndauer alle Bestandteile gut schmelzen und auch die schwer schmelzbaren Versatzkomponenten völlig von der Schmelze gelöst werden.

Transparent glänzende Glasuren erhält man leicht, wenn man Fritten als hauptsächlichen Versatzrohstoff benutzt. Diese vorgeschmolzenen Gläser entwickeln beim Schmelzen keine gasförmigen Bestandteile mehr, beginnen meistens schon bei niedrigen Temperaturen zu schmelzen und sind beinahe in jeder gewünschten Zusammensetzung und mit garantiert konstanten Eigenschaften erhältlich, sodaß Versätze solcher Frittenglasuren nur aus Fritte und 10 bis 20% Kaolin oder fettem Ton zu bestehen brauchen (vgl. Abs. 1.6.1, Fritten, Seite 90 ff.).

Will oder kann man keine Fritten verwenden, sondern die Glasur als Rohglasur (ohne vorgeschmolzenes Material) herstellen, so setzt man den Versatz am besten aus möglichst vielen verschiedenen Rohstoffen zusammen, so daß auch die Glasurformel möglichst viele verschiedene Oxide enthält. Das fördert das Schmelzen und Glattfließen im Brand und das glasig-transparente Erstarren.

Unebenheiten in der Oberfläche der erstarrten Glasurschicht stören die Transparenz, deshalb ist auch eine glatte, glänzende Oberfläche erforderlich (vgl. Abs. 1.4.3.2, Seite 59 ff.).

Nähere Angaben siehe auch Abs. 2.2, Transparentglasuren, Seite 153 ff.

1.2.3.2 Getrübte Glasuren

Viele Glasuren enthalten »Störungen« der homogen-glasigen Schicht, ohne daß diese als solche mit bloßem Auge erkennbar sind und ohne daß dadurch die Oberfläche der Glasurschicht gestört oder unterbrochen oder sogar mattiert wird (Größe ca. 50 nm bis 200 nm!). Dies ist besonders bei den weißgetrübten, glänzenden Glasuren der Fall und bei den durch Farbpigmente gefärbten Glasuren mit glänzend glatter Oberfläche. Solche Glasuren sind dann für Licht nur noch sehr beschränkt durchlässig. Die Trübung wird umso stärker, je kleiner und zahlreicher die »Störungen« sind, dabei können das unaufgelöste Teilchen des Versatzes, neugebildete Kristallchen, Bläschen oder auch entmischte Tröpfchen sein.

Getrübte Glasuren sind mehr oder weniger undurchsichtig = opak bei meist glatter, glänzender Oberfläche. Sie sollen in vielen Fällen weiß farblos sein und einen irgendwie gefärbten Untergrund abdecken. Üblicherweise soll ihre Deckkraft so groß wie möglich sein, damit man mit geringer Auftragsstärke auskommt.

Die Weißtrübung kommt durch Brechung und Reflexion des einfallenden Lichts an möglichst vielen und scharf ausgebildeten Phasengrenzen in der Glasurschicht zustande, so daß eine starke Streuung deren Lichtstrahlen stattfindet. Je feiner eine anders zusammengesetzte Phase in der Glasurschicht dispergiert ist und je mehr sie sich in ihrem Brechungsindex von dem der Glasurmatrix unterscheidet, desto intensiver erscheint die Trübung. Dabei ist es theoretisch gleichgültig, ob die feinverteilte (= disperse) Phase fest und kristallin, flüssig oder gasförmig ist. Das Optimum an Trübungswirkung entsteht, wenn die feinverteilten Partikel (oder Bläschen, bzw. Tröpfchen) eine Größe zwischen 2 nm und 200 nm haben. Man kann vier verschiedene Trübungsmechanismen unterscheiden:

1. Pigmenttrübung:
Kristalline Feststoffe (Pigmente), die schon im Versatz zugemischt werden, trüben die Glasur durch ihre feine und möglichst gleichmäßige Verteilung. Dafür müssen diese Stoffe sehr fein gemahlen sein, was sie allerdings wieder leichter löslich macht. Die Glasurschmelzen dürfen aber diese Trübungsmittel nicht lösen. Werden diese trübenden Teilchen angelöst, entstehen keine so scharfen Konturen mehr an den Korngrenzen und der Trübungseffekt wird geringer. Es gibt nur wenige Stoffe, die von den Glasurschmelzen kaum gelöst und angegriffen werden oder nicht chemisch mit der Schmelze und ihren Bestandteilen reagieren: nur Zinnoxid SnO_2, Ceroxid CeO_2, Antimonoxid Sb_2O_3, Zirkonoxid ZrO_2, Zirkonsilikat sind wegen ihrer weißen, reinen Trübung geeignet, doch ist eine homogene gleichmäßige Verteilung nicht in allen Glasuren möglich. Stark lösende Glasurschmelzen sind für diese Trübung ungeeignet, sowie im Einzelfall einige besondere Glasurzusammensetzungen.

2. Ausscheidungstrübung:
Die Trübung entsteht durch Ausscheidung sehr vieler feinster Kriställchen bei der Abkühlung. Es muß dafür gesorgt sein, daß die Bildung möglichst vieler Kristallkeime gefördert wird. Eine solche Kristallisation von Teilchen mit großem Brechungsindex bedeutet gleichzeitig scharfe Phasengrenzen und gleichmäßige Verteilung, weil die sich bildenden kristallinen Stoffe vorher in der Schmelze völlig oder zumindest teilweise gelöst waren. So entsteht eine sehr gute Trübungswirkung. Voraussetzung für optimale Trübung ist hier eine gerade richtige Viskosität der Schmelze, eine richtige Abkühlgeschwindigkeit, damit die Teilchen die richtige Größe erhalten. Hier eignen sich als Trübungsmittel lediglich Titanoxid und Zirkonsilikat.

Brechungsindices verschiedener Trübungsmittel (die Angaben in der Literatur schwanken):

Al_2O_3	1,77 bis 1,76
Mullit	1,64 bis 1,65
Sb_2O_3	2,18 bis 2,60
As_2O_3	1,87 bis 2,01
SnO_2	2,00 bis 2,09
ZrO_2	2,20 bis 2,40
$ZrO_2 \cdot SiO_2$	1,92 bis 2,05
CeO_2	2,33
TiO_2	2,50 bis 2,67

Glasuren haben normalerweise einen Brechungsindex von 1,50 bis 1,55.

3. Entmischungstrübung:
Die Trübung entsteht durch
Entmischung der Schmelze in zwei flüssige Phasen, wobei die eine Phase in Form feinster Tröpfchen in der übrigen Schmelze dispergiert ist. Dabei kann je nach Zusammensetzung die disperse Phase bei Abkühlung glasig (bei Boratglas) oder kristallin (bei Phosphattrübung) erstarren. Hier sind allerdings die Unterschiede der Brechungsindices nicht so groß, so daß eine solche Trübung nicht sehr effektiv erscheint.

Solche Tröpfchenentmischung kann gleichzeitig die Ausscheidung einer trübenden kristallinen Phase als Kristallisationskeim begünstigen.

Bei der Borattrübung müssen die richtigen Mengen von B_2O_3, ZnO, CaO in einer Glasur mit hohem SiO_2-Gehalt zusammenwirken. Für die Phosphattrübung wird üblicherweise Calciumphosphat eingesetzt.

4. Gastrübung:
Die Bildung feinster Gasbläschen in der zähflüssigen Schmelze wirkt stark trübend und wäre die billigste Trübungsmethode. Sie ist aber nicht sicher genug, weil alle Bläschen das Bestreben haben, sich zu größeren Blasen zu vereinigen und die Glasurschmelzen sehr hohe Viskosität haben müßten, was die Oberflächen wieder schlecht glattfließen läßt.

Eine solche Trübung ist in den hochviskosen Feldspatglasuren häufig zu beobachten; sie kann nur bei extrem dicker Glasurlage und zusätzlich hohem Quarzanteil im Versatz genutzt werden. Die Bläschen können aber wiederum als Kristallisationszentren für kristalline Trübungen dienen.

Sichere Trübungen sind in der Regel am besten durch Pigmente oder ausgeschiedene kristalline Phasen herzustellen; oft ergibt die Kombination mehrerer Trübungsmechanismen eine zuverlässigere und billigere Glasur.

Nähere Angaben dazu sind in Abs. 2.3, Opake Glasuren, Seite 185 ff. zu finden.

1.2.3.3 Kristallisierte Glasuren

Enthalten Glasuren verhältnismäßig wenig SiO_2 und B_2O_3 und geschieht die Abkühlung von der Glattbrandtemperatur aus langsam genug bis in den Transformationsbereich hinein, so kann die Schmelze bei sonst geeigneter Zusammensetzung statt glasig kristallin erstarren, sodaß die Glasurschicht dann sowohl mehr oder weniger undurchsichtig wird als auch eine mehr oder weniger matte Oberfläche erhält, wenn die gebildeten Kristalle die ursprüngliche Oberfläche der Schmelze durchbrechen oder − wie es meistens der Fall ist − von der Oberfläche her in die Glasurschicht hineinwachsen. Sehr viele sehr kleine Kriställchen ergeben matte, aber glatte Oberflächen; je größer die einzelnen Kristallindividuen wachsen können, desto gröber werden die Unebenheiten der Glasuroberfläche, sie fühlt sich dann rauh an. Werden einzelne Kristalle mit bloßem Auge gut sichtbar (ca. ab 1 mm Größe), spricht man von Kristallglasuren. Die erstarrte Glasur kann aus einer einzigen Kristallphase (alle Kristalle haben die gleiche Zusammensetzung) bestehen oder auch aus mehreren verschiedenen kristallinen Phasen, wenn sich Kristalle mit verschiedener Zusammensetzung meist auch zu verschiedenen Zeiten während der Abkühlung ausscheiden. Dies ist der Regelfall bei den meisten Mattglasuren. In manchen Fällen ist auch noch ein gewisser Anteil an restlicher Glasphase in der erstarrten Glasurschicht vorhanden. Veränderte Abkühlungsgeschwindigkeit hat deshalb auch veränderte Kristallisation zur Folge, sodaß beim Brand von Matt- und Kristallglasuren vor allem die Art und Weise des Abkühlens wichtig ist und bei jedem Brennen konstant wiederholt werden muß, will man gleiche Ergebnisse haben.

Die kristallinen Ausscheidungen entsprechen in der Regel bekannten natürlichen Mineralen, die wir zum Teil auch als keramische Rohstoffe benutzen. Deshalb wird man bei gewünschter Kristallbildung die Glasur solchen Mineralen ähnlich zusammensetzen. Meistens sind es natürlich Silikate, die sich ausscheiden, aber auch reine Oxide können Kristalle bilden. Als kristalline Phasen in Glasuren kennt man beispielsweise:

Anorthit	$CaO \cdot Al_2O_3 \cdot 2SiO_2$
Wollastonit	$CaO \cdot SiO_2$
Forsterit	$2MgO \cdot SiO_2$
Olivin	$MgO \cdot FeO \cdot SiO_2$
Fayalit	$2FeO \cdot SiO_2$
Diopsid	$CaO \cdot MgO \cdot 2SiO_2$
Cordierit	$2MgO \cdot 2Al_2O_3 \cdot 5SiO_2$
Celsian	$BaO \cdot Al_2O_3 \cdot 2SiO_2$
Willemit	$2ZnO \cdot SiO_2$
Mullit	$3Al_2O_3 \cdot 2SiO_2$
Korund	Al_2O_3
Hämatit	Fe_2O_3
Rutil (Anatas)	TiO_2

Je nach den gewünschten Glasureigenschaften wird man versuchen, ganz bestimmte Kristalle in den abkühlenden Glasurschmelzen zu erzeugen und muß danach Glasurversatz und Brennkurve einrichten.

Die sehr leicht entstehenden Zinksilikat- und Zink-Barium-Silikat-Mischkristalle sind nicht säurebeständig; die Calcium-Magnesium-Silikate sind chemisch gut beständig und hart; Rutilkristalle sind ebenfalls sehr widerstandsfähig, bilden aber leicht extrem lange, nadelförmige Kristalle, welche die Oberfläche schnell rauh werden lassen.

Bariumsilikat-Kristalle machen glatte, fast transparente Oberflächen; Lithium-Aluminium-Silikate können extrem kleine oder sogar negative Wärmedehnungswerte haben; die Farbe der Glasur kann je nach Art der Kristallbildungen sehr unterschiedlich ausfallen (vgl. Abs. 2.4.3.8, Seite 258 ff.).

Nähere Angaben sind in Abs. 2.4, Matt- und Kristallglasuren, Seite 215 ff. zu finden.

(Siehe auch Hinz[59], Lehnhäuser[90], Parmelee[111], Salmang u. Scholze[132], Scholze[137], Vogel[160].)

1.2.4 Wechselwirkungen zwischen Scherben und Glasur

Der Träger der Glasur ist immer ein keramischer Scherben, auf den die Glasur vor oder auch während des Brandes aufgebracht wird und mit dem die Glasurschicht fest verschmelzen soll – was vom Auftragen des rohen Glasurversatzes bis zum späteren Gebrauch mit der Glasur passiert, ist auch vom Glasurträger mitbestimmt, und die Eigenschaften der erstarrten Glasurschicht werden stark von den Vorgängen beeinflußt, die beim Glasieren, Brennen und Abkühlen in Glasur und Scherben ablaufen.

1.2.4.1 Beim Glasurauftrag

Beim Aufstreuen oder Aufpressen der Glasur als Pulver sind die Probleme gering, denn es handelt sich dann um horizontal liegende Flächen. Hier ist es vielmehr die Herstellung des gut rieselfähigen Glasurgranulats, welche besondere Aufmerksamkeit erfordert. Eine sehr gleichmäßige Glasurschicht kann dabei nicht erreicht werden, man strebt das auch nicht an – eher will man gerade das Gegenteil erreichen.

Anders ist es, wenn die Glasur als wässriger Schlicker appliziert wird:

Der Scherben nimmt (beim Auftrag des Schlickers auf porösen, geschrühten Scherben) in Abhängigkeit von seiner Porosität und Saugfähigkeit mehr oder weniger viel und mehr oder weniger schnell das Anmachwasser des Glasurschlickers auf, während der Feststoffanteil auf der Scherbenoberfläche liegen bleibt. Die Saugfähigkeit des Scherbens beruht auf dem Kapillarporengeflecht (der scheinbaren oder offenen Porosität), wobei dieses meist aus Mesoporen (50 nm bis 2 nm Durchmesser) und Mikroporen (< 2 nm Durchmesser) besteht, weniger aus Makroporen (> 50 nm).

Das Anmachwasser wandert in die Kapillarporen und drückt die darin befindliche Luft vor sich her und an die Scherbenoberfläche. Es muß vor dem Brand wieder aus dem Scherben durch Trocknen entfernt werden.

Saugt der Scherben das Anmachwasser nicht auf, weil er entweder keine Poren hat (schon dicht gebrannter Scherben) oder weil seine Poren noch wassergefüllt oder noch nicht richtig entwickelt sind (roher, noch lederharter Scherben), ist der Auftrag wässriger Glasurschlicker schwieriger. Entweder entsteht dann nur eine sehr dünne Glasurschicht – was bei transparent glänzenden Glasuren vielleicht ausreicht – oder der Glasurschlicker muß sehr dickflüssig, also mit sehr viel höherem Feststoffgehalt angemacht werden, was wiederum einen gleichmäßigen Schichtauftrag erschwert. Die aufgetragene Schicht braucht lange, bis sie trocknet und fest genug wird. Sie kann deshalb leicht von geneigten oder senkrechten Flächen abrutschen. Das Hantieren mit den glasierten Gegenständen wird umständlicher.

Man kann bei Auftrag auf nichtsaugenden Scherben auch wasserlösliche Rohstoffe einsetzen. Es gibt Rezepturen, die nur aus wasserlöslichen Bestandteilen mit organischen Bindemitteln (Klebstoffen) bestehen, die dann entweder auf den noch feuchten, lederharten rohen Scherben oder auf den dichtgebrannten Scherben aufgetragen werden. Es besteht hierbei die Möglichkeit, die aufzutragende Schicht nur aus Flußmitteln bestehen zu lassen, die dann wie bei der Salz-Anflug-Glasur zusammen mit den Scherbenbestandteilen die eigentliche Glasurschicht bilden.

Je schneller das Wasser aus dem Schlicker an den porösen Scherben abgegeben wird, desto dicker wird die Glasurauflage, wenn der Schlicker durch Tauchen, Überschütten oder Aufschleudern aufgebracht wird. Wie schnell die aufgebrachte Glasurschlickerschicht ihr Anmachwasser abgeben kann, hängt auch von den Versatzrohstoffen ab. Quellfähige Rohstoffe, die das Wasser ziemlich fest binden und langsam wieder abgeben, extrem feine Korngrößen (Kolloide) in größerem Anteil, dazu eine gute Dispersion aller Teilchen, die eventuell durch Verflüssiger im Schlicker erreicht wurde, bewirken eine nur langsame Wasserabgabe des Schlickers an den Scherben. Das gleiche passiert, wenn hoch quellfähige organische Zusätze im Schlicker wirken, die aufgrund ihrer Molekülgröße die Eingänge der Kapillarporen an der Scherbenoberfläche verstopfen und so den Wassertransport ins Scherbeninnere behindern.

Flockende Elektrolyte im Schlicker bewirken ein Zusammenballen der feinsten Teilchen (Kolloide) zu etwas größeren Agglomeraten, was einem Ansteifen des Schlickers gleichkommt und dadurch ein schnelleres Ansaugen des Anmachwassers ermöglicht; eine dickere Glasurlage ist die Folge.

1.2.4.2 Benetzbarkeit des Scherbens durch den Glasurschlicker

Weil Wasser als Suspensionsmedium für die Glasurrohstoffe eine Oberflächenspannung von 72,8 mN/m bei 20 °C hat, werden keramische Scherben vom Glasurschlicker nicht immer optimal benetzt. Spuren gelöster Alkaliverbindungen wie auch basische und neutrale Netzmittel verursachen schnell eine deutliche Erniedrigung der Oberflächenspannung und bessere Benetzung durch den wässrigen Glasurschlicker.

Staub oder pulvrige Ablagerungen auf dem Scherben, aber auch Fett und sonstige hydrophobe Verunreinigungen der Scherbenoberfläche verhindern die Benetzung.

Poröse Scherbenoberflächen werden wegen der Gegenwirkung der Saugfähigkeit besser benetzt als dichte Oberflächen. Die Zusammensetzung des Scherbens hat Einfluß auf die Benetzbarkeit, es fehlen aber noch genauere Kenntnisse. Die üblichen Netzmittel in Form von Flüssigreinigern lassen sich in Glasuren wegen ihrer Schaumbildung nicht einsetzen.

1.2.4.3 Beim Trocknen und Aufheizen

1. Wasserabgabe beim Trocknen
Während des Trocknens soll alles Wasser aus den Poren von Scherben und Glasur verschwinden, damit mit dem beginnenden Aufheizen nicht plötzlich Wasserdampf aus den Poren austritt und Zusammenhalt und Haftung der wenig festen Glasurschicht stört, damit aber auch im Inneren des Scherbens aus den Resten des Wassers, das beim Glasieren vom Scherben aufgenommen wurde, kein plötzlicher Dampfdruck entsteht, der auch vorgebrannten Scherben sprengen kann. Die Geschwindigkeit der Wasserverdunstung hängt auch hier stark von der relativen Feuchte der umgebenden Atmosphäre ab, wie auch von der Scherbenstärke, Porenform und -größe.

Geschrühte Scherben trocknen schneller als rohe Scherben nach dem Glasieren, weil ihre Kapillarstruktur besser entwickelt ist.

Langsames und gründliches Trocknen nach dem Glasieren wirkt möglichen Fehlern entgegen, denn das an der Oberfläche der glasierten Stücke verdunstende Wasser verursacht in den Kapillarporen einen Unterdruck, der eine Saugwirkung in Richtung auf die äußere Oberfläche bewirkt und den Wasserfaden in der Pore nach außen in Bewegung setzt. Wird zu schnell (zu heiß) getrocknet, reißt der Wasserfaden in der Kapillare ab, der kontinuierliche Wassertransport wird unterbrochen und gestört, die Trocknung findet ungleichmäßig, unvollständig oder verspätet statt.

Das Wasser wandert im kapillaren Porenverbundsystem immer bevorzugt dorthin, wo an den trocknenden Oberflächen die Luft schneller vorbeiströmt oder wo höhere Temperaturen herrschen, wo die relative Luftfeuchtigkeit am niedrigsten ist. Das ist bei fast allen keramischen Trockenvorgängen gleich.

Enthält das Anmachwasser des Glasurschlickers wasserlösliche Bestandteile, so wird ein Teil davon durch Adsorptionsvorgänge im Scherben festgehalten, der größere Teil wandert mit dem Anmachwasser wieder zurück an die Oberfläche und bleibt dort zurück, wo das Anmachwasser verdunstet. Da es sich bei den wasserlöslichen Stoffen meistens um Verbindungen der Alkali- und Erdalkalielemente handelt (Hydroxide, Carbonate, Chloride und Sulfate von Na, K, Ca, Mg), wandern also Flußmittel dann unkontrollierbar an die Oberfläche und konzentrieren sich irgendwo, am meisten dort, wo die Hauptmenge des Anmachwassers verdunstet. Das kann auf, unter oder innerhalb der Glasurschicht sein und kann dann natürlich zu ungleichmäßigem Schmelzen, aber auch zu schlechter Haftung vor dem Schmelzen führen.

Wird auf nicht saugenden Scherben glasiert, sind solche Vorgänge unerheblich.

Völlig frei von adsorbierten Wassermolekülen werden keramische Scherben erst oberhalb 300 °C.

2. Abgabe von gasförmigen Bestandteilen aus Scherben und Glasur beim Aufheizen

Beim Aufheizen der glasierten Stücke werden durch die Wärmezufuhr die ursprünglichen Kristallgitterstrukturen der Scherbenbestandteile und Glasurrohstoffe verändert, umgebaut oder zerstört und zum Teil gasförmige Bestandteile freigesetzt, die ungehindert durch die Glasurschicht austreten können, wenn diese noch porös und nicht geschmolzen ist.

Ist die Glasurschicht aber schon mehr oder weniger flüssig, so stellt sie einen gasdichten Überzug dar, durch den die Gase in Blasenform hindurchwandern müssen. Bei 900 bis 1000 °C vorgebrannte, geschrühte Scherben können natürlich erst bei noch höheren Brenntemperaturen wieder gasförmige Stoffe abgeben, dagegen können aus rohglasierten Scherben während der gesamten Glattbranddauer Gase freigesetzt werden, wenn sie eine entsprechende Zusammensetzung haben. Der Kristallgitterzerfall unter Abspaltung gasförmiger Bestandteile findet bei bestimmten bekannten Temperaturen statt (siehe Übersicht). Ob diese Temperaturen aber auch an allen Scherbenoberflächen im Ofen zur selben Zeit und auch im Scherbeninneren zu dieser Zeit erreicht werden, ist meist sehr fraglich und hängt von verschiedenen Faktoren ab, wie Beheizungsart, Ofenkonstruktion, Besatzdichte, Art des Brenngutes usw.

Hohe Aufheizgeschwindigkeit, ungleiche Temperaturverteilung im Ofen, die schlechte Wärmeleitfähigkeit des keramischen Scherbens können Zersetzungsvorgänge oft in weit höhere Temperaturbereiche verschleppen, als normalerweise zu vermuten wäre. Tritt eine Gasabspaltung plötzlich auf, weil die Zersetzungstemperatur im Ofen schon überschritten wurde und die entstehenden gasförmigen Zersetzungsprodukte sich dadurch stark ausdehnen, können sie den Zusammenhalt und die Haftfestigkeit der Glasurschicht stark stören, wenn diese noch nicht durch schon teilweises Schmelzen an der Scherbenoberfläche festkleben konnte. Dadurch wird das inselförmige Zusammenziehen und Abrollen der dann schmelzenden Glasur gefördert. In manchen Fällen kann die Glasur dabei sogar abfallen (z. B. bei hohem Colemanit-Anteil im Versatz).

1.2.4.3

Oberhalb 900 bis 1000 °C – dem üblichen Temperaturbereich des Schrühbrandes – entweicht aus dem Scherben, sofern vorher ausreichend oxidierend gebrannt wurde, lediglich noch Luft (bzw. Ofenatmosphäre) aus den beim Sintern sich schließenden Poren des Scherbens und Sauerstoff, der aus dem dreiwertigen Eisenoxid Fe_2O_3 abgespalten wird, wenn es sich ab etwa 1100 °C langsam in Fe_3O_4 bzw. FeO umwandelt. In diesem Temperaturbereich sind fast alle üblichen Glasuren schon flüssig oder zumindest im Schmelzen begriffen.

Wurde aber neutral oder reduzierend gebrannt, können auch im höheren Temperaturbereich noch SO_2 aus Sulfiden und CO_2 aus Kohlenstoff entstehen, vor allem dann, wenn diese in größerer Menge im Scherben oder in der Glasur vorhanden sind.

Übersicht   **Abspaltung gasförmiger Stoffe**

H_2O-Dampf:
- 111 bis 350 °C : Abgabe des restlichen Anmachwassers und absorbierter Wassermoleküle, auch Zwischenschichtwasser von Tonmineralen
- 100 bis 800 °C : Abgabe des Kristallwassers von Boraten
- 400 bis 600 °C : Abspaltung der OH-Gruppen aus dem Kristallgitter der Tonminerale
- 400 bis 800 °C : Abgabe der OH-Gruppen aus dem Kristallgitter der Glimmer und des Talkum

CO_2:
- ab 350 °C : aus Magnesit, $MgCO_3$
- ab 300 bis 600 °C : aus Verbrennung organischer Kohlenstoffverbindungen
- ab 450 bis 800 °C : aus Schwermetallcarbonaten
- ab 600 bis 700 °C : aus der Verbrennung von reinem Kohlenstoff (Ruß)
- ab 700 °C : aus Dolomit, $CaCO_3 \cdot MgCO_3$
- ab 850 bis 900 °C : aus Kalkspat, Calzit, $CaCO_3$

SO_2:
- ab etwa 450 °C : aus Sulfiden, meistens Pyrit oder Markasit, FeS_2 als Verunreinigung der Tone

O_2:
- ab 600 °C : aus Ni_2O_3
- ab 900 °C : aus Co_3O_4/Co_2O_3
- ab 1080 °C : aus MnO_2
- ab 1100 °C : aus Fe_2O_3

$O_2 + N_2$: ständig aus luftgefüllten Poren während des Aufheizens, verstärkt beim Auftreten von Brennschwindung

F/HF:
- ab 800 °C : aus Tonmineralen, die statt OH-Gruppen einige F-Ionen im Kristallgitter besitzen

SO_2/SO_3-Ionen und Fluor/Fluorwasserstoff reagieren gern und schnell mit MgO bzw. CaO in der Glasur, so daß Glasuren mit großem Anteil an Erdalkalioxiden in der Lage sind, den Anteil dieser giftigen Bestandteile in den Ofenabgasen kräftig zu mindern, vor allem wenn diese aus dem Scherben stammen.

Vorgänge im Scherben oder in der Glasurschicht, die eine Abspaltung von CO_2 oder H_2O zur Folge haben, sind wärmeverbrauchende Reaktionen. Dadurch sinkt die Temperatur am Ort dieses Wärmeverbrauchs oder sie bleibt zumindest konstant, auch wenn die Temperatur im Ofenraum kontinuierlich steigt. Aufgrund solcher endothermen Vorgänge kann die Temperatur im Brenngut oder an dessen Oberfläche erheblich hinter der Ofentemperatur zurückbleiben. In Verbindung mit der schlechten Wärmeleitfähigkeit keramischer Scherben sind deshalb Temperaturunterschiede zwischen Scherben und Ofenraum von 100 °C und sogar mehr während der Aufheizperiode keine Seltenheit.

1.2.4.4 Beim Schmelzen der Glasur

1.2.4.4.1 Blasenbildung

Ob ein Glasurversatz ein breites Schmelz- und Viskositätsintervall aufweist, wie sein Rohstoffgemenge schmilzt und flüssig wird, kann sehr unterschiedlich sein und hängt vom Schmelzverhalten und der Schmelztemperatur seiner Komponenten ab.

Die vorher poröse Glasurschicht wird wegen der Wärmezufuhr von außen her an ihrer Oberfläche zuerst schmelzen und eine geschlossene Schmelzschicht bilden. Durch dieses »Schließen« wird die in den Poren befindliche Ofenatmosphäre eingeschlossen und befindet sich dann als Gasbläschen in der Schmelze. Die in diesen Bläschen und in den Poren des Scherbens eingeschlossenen Gase dehnen sich bei weiterer Erwärmung aus und versuchen durch die Schmelze an die Oberfläche der Glasur zu wandern; in vielen Fällen, wenn die Schmelze zu zähflüssig ist, bleiben sie an der Grenzfläche Scherben/Glasurschmelze hängen oder gelangen nicht bis an die Oberfläche. Blasen, die an der Oberfläche der schmelzflüssigen Glasur aufplatzen, drücken die oberste Schicht der Schmelze ringförmig beiseite, wenn sie groß genug sind und machen darunterliegende Lagen sichtbar, bringen Teile aus tieferliegenden Schichten an die Oberfläche. In hochviskosen Glasuren mit großer Oberflächenspannung hinterlassen aufsteigende Bläschen kurze röhrenförmige Kanäle und spitze trichterförmige Löcher in der Oberfläche, die als »Nadelstiche« bezeichnet werden.

Je dünnflüssiger eine Schmelze ist, desto schneller können Gase als Blasen aus der Glasur entweichen und desto schneller fließt danach die Oberfläche der Schmelze wieder zu einem glatten Spiegel zusammen.

Blasenbildung tritt also zwangsläufig bei jedem Schmelzen einer Glasurschicht auf. Zusätzlich entstehen Blasen auch durch gasförmige Reaktionsprodukte aus dem Scherben und der Glasur:

1. Aus carbonatischen Versatzrohstoffen, vor allem Calciumcarbonat, und aus Calciumcarbonat im rohen, oder nicht hoch genug vorgebrannten Scherben (Zersetzungstemperatur von $CaCO_3$ bei 900 °C!) abgegebenes CO_2-Gas kann sogar eine starke Blasenbildung in der Glasurschmelze hervorrufen, wenn die Glasur schon zwischen 800 und 1000 °C flüssig ist und sehr schnell aufgeheizt wird. Dadurch kann auch bei Ofentemperaturen von 1050°C die CO_2-Abspaltung noch nicht völlig beendet sein, vor allem wenn der Gehalt an $CaCO_3$ sehr groß war.

2. Lösen sich Schwermetalloxide in der Schmelze, dann tun sie das bevorzugt als Ionen mit niedriger Wertigkeit (im Sinne der Segerformel als basische Oxide) und setzen dabei Sauerstoff frei, wenn sie vorher höherwertig vorlagen. Den größeren Sauerstoffanteil nahmen sie dabei oft erst in der oxidierenden Aufheizperiode auf.

So lösen sich normalerweise MnO_2 (Braunstein) in der Schmelze als MnO, $CoCO_3$ als CoO, Sb_2O_5 als Sb_2O_3 und ein Teil des Fe_2O_3 als FeO, wenn nicht sehr stark oxidierend, also mit hohem Luftüberschuß gebrannt wird.

In hochviskosen Glasuren verursachen deshalb Färbungen und darunter liegende Engoben und Dekore mit Mangan-, Kobalt-, Antimon- oder Eisenoxid leicht Nadelstiche oder auch große Blasen.

Das dreiwertige Eisenoxid Fe_2O_3 in der Glasur oder im Scherben wandelt sich bei höheren Temperaturen (oberhalb 1100 °C etwa) auch in neutraler oder oxidierender Ofenatmosphäre langsam in FeO um, meist über eine Fe_3O_4-Zwischenstufe, und gibt deshalb über einen sehr breiten Temperaturbereich ständig Sauerstoff ab. Reduzierendes Brennen verhindert Blasenbildung durch diese Reaktion, wenn vor dem Schließen der Glasuroberfläche kräftig reduziert wird.

1.2.4.4.2 Das Schmelzen von Fritteglasuren

Weil der Hauptbestandteil hier Fritte, also ein Glaspulver ist, und alle seine Teilchen gleiche Zusammensetzung und Eigenschaften haben, werden die einzelnen Teilchen mit steigender Temperatur alle gleichzeitig erweichen und alle gleichzeitig nach und nach vom zähflüssigen in den dünnflüssigen Zustand übergehen, bis eine zusammenhängende flüssige Schicht gebildet ist. In diesem Schmelzfluß lösen sich alle Bestandteile des Versatzes, die zusätzlich zur Fritte zugegeben wurden, auf (z. B. Tone, Kaoline, Quarzmehl usw.) oder verteilen sich auch ungelöst in der Schmelze (z. B. Farbkörper oder Trübungsmittel). Ist die entstehende Schmelze dünnflüssig, kann sie schneller und stärker andere Bestandteile auflösen.

Die Temperaturen des Erweichens und Flüssigwerdens der Fritten sind bekannt, werden bei der Herstellung der Fritten streng kontrolliert und meistens als dilatometrischer Erweichungspunkt (bzw. Erweichungstemperatur) und als Halbkugeltemperatur vom Hersteller angegeben.

Blei- und Bleibor-Fritten schmelzen in der Regel kontinuierlich und fehlerfrei zu einem glatten, glänzenden Spiegel zusammen, was über einen breiten Temperaturbereich hinweg geschieht; Fritten mit hohem Gehalt an Alkalioxiden dagegen schmelzen eher plötzlich mit deutlicher bis starker Blasenbildung (»Aufkochen«), wobei das Schichtvolumen oft auf das Drei- bis Zehnfache der ursprünglichen Stärke aufgebläht wird, ehe die Glasur zu einer glatten Fläche zusammenfließt. Das passiert meist sehr schnell, weil diese Fritten mit steigender Temperatur sehr schnell dünnflüssig werden, d. h. ihre Viskosität ändert sich rasch mit der Temperatur.

1.2.4.4.3 Das Schmelzen von Rohglasuren

Hier schmelzen die Versatzbestandteile mit niedrigstem Schmelzpunkt zuerst und reagieren dann als Schmelze mit den sie umgebenden schwerer schmelzbaren Stoffteilchen. Daneben treten an den Berührungsstellen (Korngrenzen) der verschiedenen Rohstoffkörnchen eutektische Reaktionen auf, die vom Sintern bis zum Auftreten punktueller Schmelznester gehen können. Diese sporadisch entstehenden Teilschmelzen lösen mit steigender Temperatur ihre noch nicht geschmolzene Umgebung nach und nach auf, bis am Ende nur noch die gröbsten Teilchen der am schwersten schmelzbaren Stoffe übrigbleiben, deren vollständige Auflösung dann ein langsamer Vorgang ist. Er ist stark von der Viskosität und vom Chemismus der Schmelze abhängig, aber auch von der Diffusionsgeschwindigkeit gelöster Substanz und der Grenzflächenspannung der zu lösenden Teilchen gegenüber dem Schmelzfluß. Am widerstandsfähigsten gegen die Lösekraft der Glasurschmelzen zeigen sich Quarzkörnchen, die bei unvollständiger Auflösung zu Trübungen und Bläschenbildungen in der Glasur führen und als Kristallisationskeime bei der Abkühlung dienen können.

In Rohglasuren mit großem PbO- und B_2O_3-Gehalt können die ersten sporadischen Schmelzerscheinungen schon kurz oberhalb 500 °C auftreten.

1.2.4.4.4 Benetzung des Scherbens durch die Schmelze und Zwischenschichtbildung

Wenn Glasurschmelzen eine hohe Oberflächenspannung haben, die sich vor allem beim beginnenden Flüssigwerden deutlich zeigt, aber mit steigender Temperatur schnell geringer wird, dann benetzen sie den Scherben schlecht, d. h. sie haben nicht das Bestreben, sich auf der Scherbenoberfläche auszubreiten. Ist die Haftung der Glasurschicht schon vor dem Schmelzen gestört, hat die rohe Schicht auf Grund von Trocken- und Brennschwindung schon Risse und entweichen aus dem Scherben im Moment des Schmelzens noch gasförmige Stoffe, wird die Benetzung zusätzlich erschwert und die Glasurschicht zieht sich leicht zu Inseln, Tropfen oder vereinzelten Flächen zusammen. Dieser Vorgang wird auch als Kriechen bezeichnet.

Oxide, die in der Glasurschmelze Oberflächenspannung und Viskosität stark senken, fördern demnach auch die bessere Benetzung des Scherbens, denn auch eine dünnflüssige Schmelze benetzt besser.

Glasurschmelzen, die den Scherben gut benetzen und auch chemisch mit dem Scherben stärker reagieren können (etwa wenn eine basische Glasur mit niedrigem SiO_2-Gehalt auf einem quarzreichen Scherben schmilzt oder wenn eine SiO_2-reiche Glasurschmelze CaO aus dem Scherben aufnimmt), lösen die krisallinen Teile in der Oberfläche des Scherbens auf; es diffundieren Oxide des Scherbens in die Glasurschmelze. Diese dringt aber auch in die Makroporen der Oberfläche ein und verbindet und vermischt sich mit einer eventuell vorhandenen Glasphase des Scherbens. Es werden vor allem die feinsten Teilchen der Scherbenoberfläche zuerst und bevorzugt aufgelöst.

Dadurch bildet sich eine Übergangszone zwischen Scherben und Glasur aus, in der es manchmal auch zu verstärkter Neubildung von Mullit- und Anorthitkristallen kommen kann. Diese Zwischenschicht, die eine Stärke von etwa 10 bis 50 μm haben kann und umso dicker wird, je länger und höher gebrannt wird, verbessert die Haftfestigkeit der erstarrten Glasurschicht und wirkt ausgleichend auf die unterschiedlichen Eigenschaften von Glasur und Scherben, besonders auf Unterschiede in der Wärmedehnung. Gleichzeitig erhöht sie meist die Gesamtfestigkeit des keramischen Gegenstandes. Sie ist deshalb bei niedrig gebrannten, porösen Scherben besonders wichtig. Mit der Zwischenschichtbildung findet also eine Verzahnung und feste Verbindung zwischen Scherben und Glasurschicht statt.

Je dünnflüssiger die Glasurschmelze und je höher die Temperatur ist, desto stärker wird der Scherben durch die Glasur angegriffen und gelöst (vgl. auch Abs. 1.4.2.7, Seite 56). Siehe auch Salmang u. Scholze[132].

1.2.4.5 Beim Abkühlen und im erstarrten Zustand

Im Abkühlbereich bildet sich die endgültige Struktur der Glasurschicht und des Scherbens bis in den Temperaturbereich zwischen etwa 500 und 700 °C. Darunter sind Glasur − und eventuell Glasphase des Scherbens − fest.

Doch Scherben wie Glasur verrringern − leider meist unterschiedlich stark − aufgrund der sinkenden Temperatur ihr Volumen bis auf Zimmertemperatur entweder kontinuierlich oder zum Teil in manchen Bereichen sprunghaft bei Modifikationsumwandlungen kristalliner Bestandteile. Hier sind vor allem die Umwandlungen der kristallinen Formen des SiO_2 bedeutsam, welche besonders dem Scherben sprunghafte Volumenänderungen verschaffen, wenn bei 575 °C der α-Quarz zu β-Quarz wird oder wenn bei ca. 280 °C α-Cristobalit zu β-Cristobalit wird (Abb. 10). Die Dehnungskurven zeigen die Unterschiede der Dehnung bei Erwärmung bzw. der Kontraktion bei Abkühlung. Weil in der Regel in der Glasur kein Cristobalit, selten Restquarz vorhanden ist, hat die Glasurschicht in den entsprechenden Temperaturbereichen keine solche plötzlichen Kontraktionen aufzuweisen wie quarz- bzw. cristobalthaltige Scherben (Abb. 11). Je mehr sie dagegen SiO_2 in glasiger Form enthält (siehe Dehnungskurve des Kieselglases in Abb. 10), desto kleiner wird ihre Wärmedehnung.

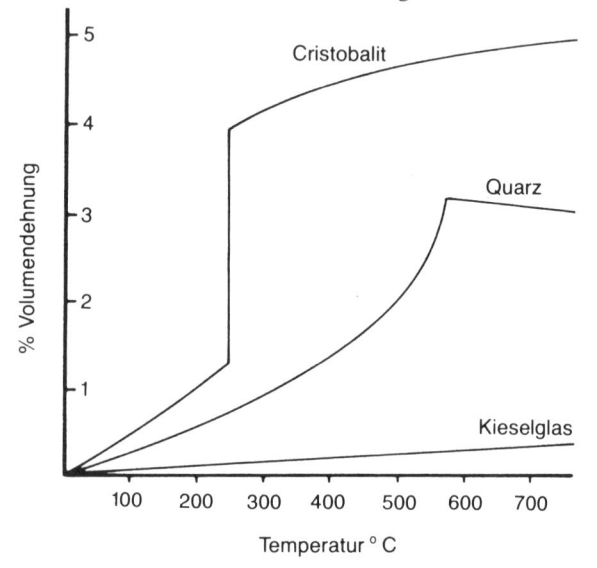

Abb. 10
Schematische Darstellung der reversiblen Wärmedehnung von kristallinem und glasigem SiO_2.

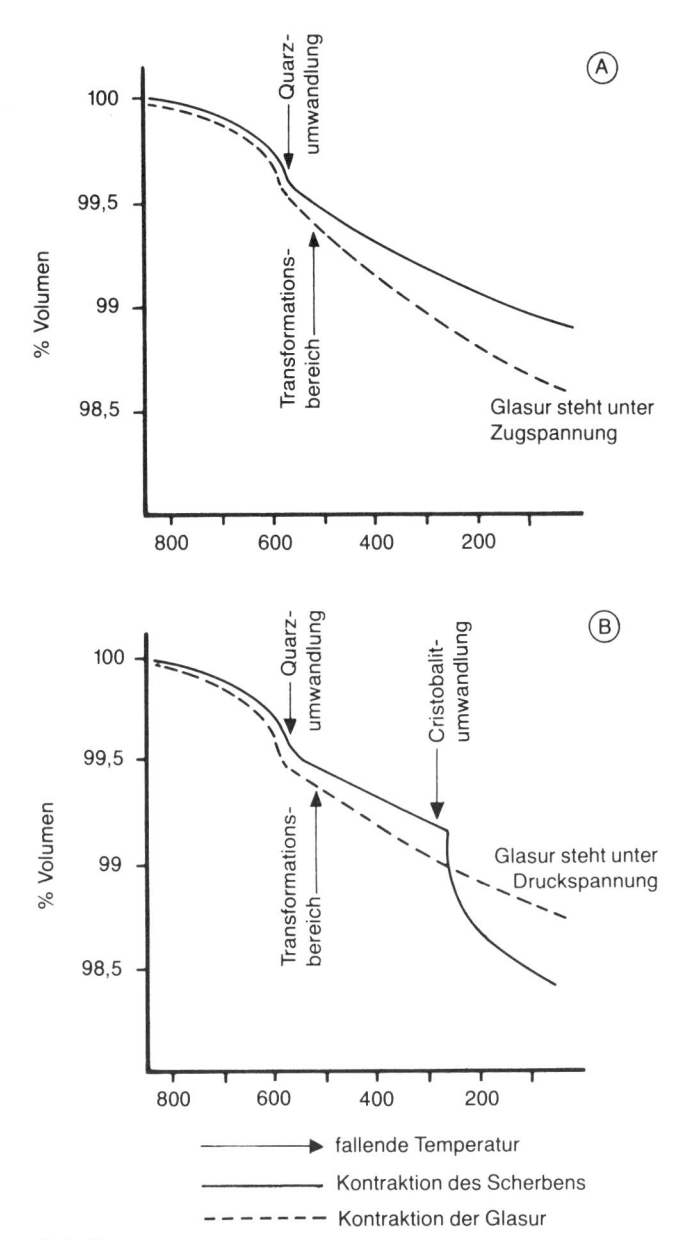

Abb. 11
Schematische Darstellung der Volumensveränderung eines glasierten quarzhaltigen Scherbens (A) und eines cristobalithaltigen Scherbens (B) bei der Abkühlung.

1.2.4.5.1 Kristallausbildungen im Scherben

Sehr wichtig für das Zusammenpassen von Glasur und Scherben im erstarrten Zustand (bezüglich ihrer Wärmedehnung) ist es, ob die Anteile von Glasphase und bestimmter kristalliner Phasen im Scherben groß oder klein sind, denn dadurch wird weitgehend der Wärmeausdehnungskoeffizient (WAK) des Scherbens bestimmt, und dies hängt davon ab, wie hoch und wie lange bei hohen Temperaturen gebrannt wurde und wie schnell abgekühlt wurde. Über die Wärmedehnung siehe Abs. 1.4.3.1, Seite 59). Hoher Anteil an Quarz und/oder Cristobalit im Scherben verleiht ihm einen großen WAK, viel Mullit und Glasphase verkleinern den WAK. Je mehr Glasphase im Scherben beim Brand entsteht, desto mehr kann diese auch feinsten Quarz und den aus dem Zerfall der Tonminerale gebildeten Cristobalit auflösen. Je mehr SiO_2 nicht kristallin, sondern in glasiger Form vorliegt, desto kleiner wird der WAK des Scherbens. Je länger hohe Brenntemperaturen oberhalb 1000 °C wirken können und je langsamer abgekühlt wird, desto mehr kann die Glasphase, sofern genug vorhanden ist, lösend wirken, desto mehr Quarz kann sich aber auch in Cristobalit umwandeln und desto mehr Mullitkristalle entstehen aus der Tonsubstanz unter gleichzeitiger Bildung von Cristobalit nach der schematischen Formel:

$$3\ (Al_2O_3 \cdot 2SiO_2) \rightarrow 3Al_2O_3 \cdot 2SiO_2 + 4\ SiO_2$$
Kaolinit → Mullit + Cristobalit

Nur ein ausreichend großer Prozentsatz an Glasphase im Scherben (z. B. entstanden aus viel Feldspat im Masseversatz) kann dann den Cristobalit-Gehalt im gebrannten Scherben wieder verringern (wie z. B. im Hartporzellan). Deshalb haben noch poröse, wenig gesinterte Scherben aufgrund ihres größeren Quarz- und eventuell Cristobalitanteils auch einen größeren WAK. Veränderte Brenntemperaturen und veränderte Abkühlung bedingen demnach auch verändertes Wärmedehnungsverhalten des gleichen Scherbens.

1.2.4.5.2 Folgen der unterschiedlichen Wärmedehnung von Glasur und Scherben

Keramische Scherben dehnen sich wie alle anderen Materialien bei Erwärmung aus und ziehen sich bei Abkühlung auf die Ausgangstemperatur um das gleiche Maß wieder zusammen. Gläser und Glasuren tun das auch. Da aber Scherben und Glasuren unterschiedliche Zusammensetzung und Struktur aufweisen, haben sie meistens auch unterschiedliche Wärmedehnungswerte. Wird die Glasur im Brand aufgeschmolzen, so machen sich diese Unterschiede oberhalb des Transformationsbereichs der Glasur, wo sie im weich-plastischen oder flüssigen Zustand leicht verformbar ist, nicht bemerkbar. Erst im erstarrten Zustand, wenn die Glasurschicht (etwa zwischen 500 und 20 °C) mit dem Scherben fest verschmolzen, spröde ist, kann sie der Dehnung oder Kontraktion des Scherbens nicht mehr nachgeben.

Hat die Glasurschicht eine größere Wärmedehnung als der Scherben, dann zieht sie sich bei Abkühlung auch mehr zusammen. Da sie fest auf den Scherben aufgeschmolzen ist, kann sie sich nicht ungehindert zusammenziehen. Dadurch kommt es zu Zugspannungen in der Glasur. Überschreiten diese Zugspannungen die ohnehin geringe Zugfestigkeit der spröden Schicht, so reißt die Glasur, sie bekommt Haarrisse.

Hat die Glasur eine kleinere Wärmedehnung als der Scherben, bleibt die Glasurschicht größer, und es treten in der Glasur Druckspannungen auf, während der Scherben bzw. die Zwischenschicht unter Zugspannung gerät. Wird diese zu groß, sodaß die Festigkeit der Zwischenschicht oder die Haftfestigkeit der Glasur oder sogar die Festigkeit des gesamten Scherbens nicht ausreicht, so kommt es zu Abplatzungen der Glasur oder sogar zur Zerstörung des Scherbens, vor allem dann, wenn die Glasur mit zu kleinem WAK im Inneren von Hohlgefäßen aufgetragen ist.

Ist die Glasurschicht einseitig auf einen sehr dünnen Scherben aufgetragen, so kann auch der Scherben durch Verformung den Spannungen nachgeben. Die glasierte Seite wird dann entweder

Wärmeausdehnungskoeffizient

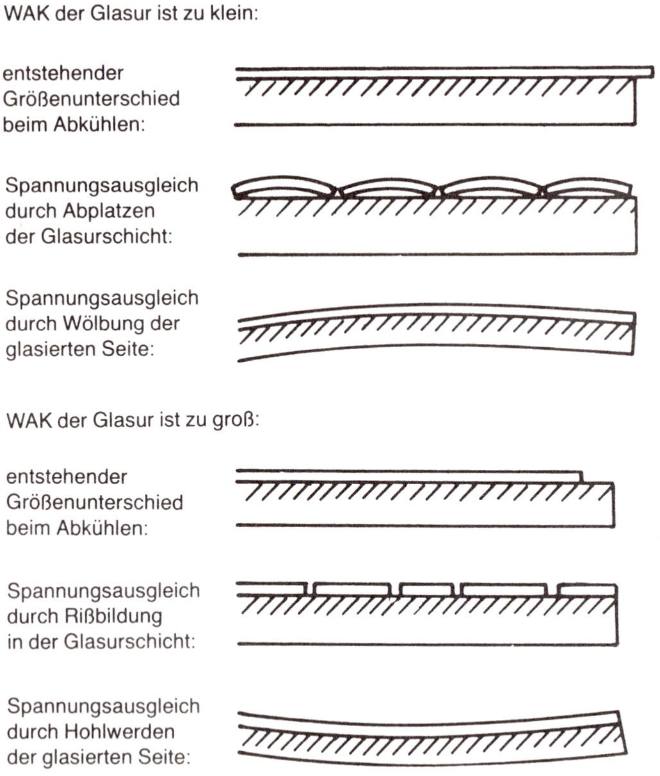

WAK der Glasur ist zu klein:

entstehender Größenunterschied beim Abkühlen:

Spannungsausgleich durch Abplatzen der Glasurschicht:

Spannungsausgleich durch Wölbung der glasierten Seite:

WAK der Glasur ist zu groß:

entstehender Größenunterschied beim Abkühlen:

Spannungsausgleich durch Rißbildung in der Glasurschicht:

Spannungsausgleich durch Hohlwerden der glasierten Seite:

Abb. 12
Folgen zu großer Wärmedehnungsunterschiede zwischen Glasur und Scherben, schematisch

hohl oder wölbt sich. Ein völliger Spannungsausgleich wird dadurch nicht erreicht (Abb. 12).

Je größer der Unterschied wird zwischen der Wärmedehnung von Scherben und Glasur, desto eher treten die skizzierten Fehler auf. Überschreiten die aufgrund solcher Unterschiede entstehenden Zug- oder Druckspannungen nicht die Festigkeit der Glasur oder der Zwischenschicht Glasur/Scherben, so treten diese Wärmedehnungsunterschiede nicht sichtbar in Erscheinung, können aber bei zusätzlich auftretenden Belastungskräften wirksam werden. So läßt eine unter Druckspannung befindliche Glasurschicht einen Gegenstand erheblich stabiler werden gegenüber mechanischer Beanspruchung, weil dann von außen angreifende zerstörerische Zugkräfte erst noch diese Druckspannung überwinden müssen. Oder die Glasurschicht wird im späteren Gebrauch viel weniger leicht haarrissig, wenn der nicht ganz dicht gebrannte Scherben durch Feuchtigkeitsaufnahme etwas größer wird. Deshalb ist es sinnvoll, die Glasur stets so zusammenzusetzen, daß sie einen etwas kleineren WAK bekommt als der Scherben, auf den sie aufgetragen wird, so daß sie nach dem Abkühlen unter leichter Druckspannung steht.

1.2.4.5.3 Veränderungen am Scherben nach Erstarren der Glasur

Poröse und noch nicht völlig dicht gebrannte Scherben können Wasser an den inneren Porenwandungen anlagern und dadurch ihr Volumen nach und nach vergrößern (= Feuchtigkeitsdehnung). Das geschieht besonders dann schnell, wenn der Scherben viel freien Quarz, Feldspatschmelze und wenig Erdalkalioxide enthält, und wenn er im Gebrauch leicht Wasser aufnehmen kann. Durch diese Feuchtigkeitsdehnung gelangt die Glasurschicht unter Zugspannung und wird haarrissig. Unter dieser Erscheinung leiden vor allem zu niedrig gebrannte Steinzeugprodukte.

Aus porösen Scherben und den typischen Alkaliglasuren können durch Feuchtigkeitseinfluß auch wasserlösliche Bestandteile mobilisiert werden, die in Haarrissen und Oberflächenfehlern (z. B. Nadelstichen) der Glasur beim Verdunsten der Feuchtigkeit kristallin abgelagert werden, und dort durch ihren Kristallisationsdruck sprengend wirken können, oder die Glasurschicht mit einem meist weißen Belag überziehen. Dadurch kann die Glasuroberfläche nach und nach zerstört, rauh oder unansehnlich werden oder sogar ganz abblättern. Ähnliche Salzausblühungen sind besonders oft an baukeramischen Produkten durch gelöste Gipskristalle (aus Mörtel oder tragendem Mauerwerk) aufgetreten. Noch gefährlicher werden an Baukeramik Magnesiumsulfate.

1.3 Die Glasurarten und die Segerformel

1.3.1 Glasurarten

Glasuren können nach den unterschiedlichsten Gesichtspunkten beurteilt, systematisiert oder bezeichnet werden. Es gibt bis heute noch keine allgemein anerkannte Nomenklatur oder gültiges Ordnungsschema.

Je nachdem, was uns im Moment am wichtigsten erscheint, können wir die Glasuren entweder nach der Rohstoffzusammensetzung (z. B. dominierender Rohstoff oder wirksames Flußmittel) benennen, oder nach dem Aussehen der Oberfläche, nach der Farbe, der Brenntemperatur oder dem Produkt, auf dem die Glasur gebraucht wird. Deshalb gibt es für viele Glasurzusammensetzungen gleich mehrere akzeptable Namen.

Übliche Einteilungs- und Unterscheidungsmerkmale der keramischen Praxis sind folgende:

1. Hauptflußmittel, die den Glasuren typische Eigenschaften verleihen, so daß wir Blei-, Blei-Bor-, Alkali-, Alkali-Bor-, Alkali-Blei-Bor-Glasuren unterscheiden, oder auch in bleireiche, bleihaltige und bleifreie Glasuren unterteilen, bzw. borhaltige und borfreie (siehe Abschnitt 2.2, Seiten 153 ff und 2.3, Seiten 185 ff).

Diese wichtigen Flußmittel (siehe auch Abs. 1.4.2, Seite 52 und Abs. 1.5, Seite 72 ff.) beeinflussen oft stark Aussehen, Farbe und Gebrauchseigenschaften der erstarrten Glasuroberflächen.

2. Hauptrohstoffe, aus denen der Glasurversatz besteht, bzw. dominierende Versatzkomponenten, so daß man Lehmglasuren (vgl. Abs. 2.7.2, Seite 356 ff.), Feldspatglasuren (vgl. Abs. 2.7.4, Seite 368 ff.), Ascheglasuren (vgl. Abs. 2.7.3, Seite 364 ff.), Kalk- oder Dolomit-Mattglasuren (vgl. Abs. 2.4.2, Seite 221 ff) u. a. unterscheidet, weil daraus meist ganz bestimmte Eigenschaften oder nötige Garbrandtemperaturen oder Verwendungszwecke resultieren.

3. Farbe, die die gebrannte und erstarrte Glasurschicht zeigt – entweder benannt nach Farbnuance und dem färbenden Metallion/Element – z. B. kobaltblaue, neapelgelbe, kupfergrüne, selenrote Glasuren (vgl. Abs. 2.5, Farbglasuren, Seite 261 ff.) oder nach besonderen Glasurtypen, deren Namen sich eingebürgert haben, wie etwa Seladonglasuren (vgl. Abs. 2.5.4.7, Seite 292 ff. oder Abs. 2.6.3, Seiten 333 ff.), Temmoku-Glasuren (siehe Abs. 2.3.2.4, Seiten 207 ff., 2.5.8.1, Seite 312, 2.6.4.1, Seite 340), Basaltglasuren (vgl. Abs. 2.7.1.1, Seite 348) und andere, weil gewisse Farben nur in speziellen Glasurzusammensetzungen oder bei bestimmten Brennverfahren oder Temperaturen sicher entstehen.

4. Oberflächenausbildung und -aussehen, so daß wir Mattglasuren (siehe Abs. 2.4.1, Seiten 215 ff.), Flocken- oder Kristallglasuren (siehe Abs. 2.4.3, Seiten 246 ff.), spiegelnd schwarze, sogenannte »black-mirror«-Glasuren, Craquelée-Glasuren (siehe Abs. 2.2.3, Seiten 161, 2.4.2, Seiten 221, 2.9.6, Seite 416, Transparent-Glasuren (vgl. Abs. 2.2, Seiten 153 ff.) usw. unterscheiden können.

5. Verwendung für bestimmte Produkte oder keramische Scherben – es gibt danach z. B. Steingut-Glasuren (vgl. Abs. 2.2.6, Seite 175), Steinzeug- oder Porzellanglasuren (vgl. Abs. 2.2.7, Seite 178 ff., und Abs. 2.2.8, Seite 180 ff.), Glasuren für Ofenkacheln (vgl. Abs. 2.8.2, Seite 376 ff.) oder für Klinker und Spaltplatten (vgl. Abs. 2.8.4, Seite 382 ff.) und andere.

6. Entstehungsmerkmale, z. B. Anflug- oder Salzglasuren (vgl. Abs. 2.1, Seite 141 ff.), Rohglasuren oder Frittenglasuren (vgl. Abs. 2.2.1, Seite 154 ff.) und Reduktionsglasuren, die ihre Eigenart durch reduzierenden Brand bekommen (vgl. Abs. 2.6, Seite 325 ff.).

1.3.2 Die Zusammensetzung von Glasuren

Wir können die Zusammensetzung von Glasuren auf verschiedene Art angeben, je nach dem Zweck solcher Angaben.

Als Rezept bzw. Versatz wird die Rohstoffzusammensetzung (mineralische Zusammensetzung) angegeben, wenn es darum geht, die Glasur aus den einzelnen abgewogenen Komponenten herzustellen.

Diese Versatzangaben sind je nach Gesamtmenge Gewichtsteile (in g, kg oder dimensionslos) oder Gewichtsprozente; diese gestatten am ehesten einen Vergleich zwischen verschiedenen Versätzen.

Beispiel: Versatz für eine glänzende halbopake Craquelée-Glasur für SK 8 (V. Lutter)

bezogen auf 100 Gewichtsteile:

61,6 kg Kalifeldspat B 412	35,2%
57,2 kg Kreide	32,7%
32,9 kg Kaolin RM (englischer china clay)	18,8%
15,9 kg Quarzmehl W 10	9,1%
7,4 kg Zinnoxid	4,2%
175,0 kg	100,0%

Diesem Rezept kann man normalerweise nicht ohne weiteres ansehen, wie die daraus geschmolzene Glasur aussehen wird, oder wann und wie dieses Rohstoffgemenge schmelzen wird, denn beim Brennen werden ja die urspünglichen Kristallstrukturen der mineralischen Rohstoffe zerstört und es entsteht eine glasartige Schmelze. Die Eigenschaften dieser Schmelze und die der daraus gebildeten erstarrten Glasurschicht lassen sich bei einiger Erfahrung leichter aus der chemisch-oxidischen Zusammensetzung (Oxidanteile in Gewichtsprozent) oder besser noch aus der Segerformel ablesen, welche die verschiedenen Molekulargewichte der Oxide berücksichtigt und die Molanteile der einzelnen Oxide angibt – wobei die Anteile der amphoteren und sauren Oxide ins Verhältnis zur Summe 1 der basischen Oxide gesetzt sind:

Berechnete Zusammensetzung des oben angegebenen Versatzes in Gewichtsprozent der beteiligten Oxide:

50,00% SiO_2
16,33% Al_2O_3
22,20% CaO
5,09% K_2O
1,26% Na_2O
5,12% SnO_2
100,00

Berechnete Zusammensetzung des oben angegebenen Versatzes in Form der Segerformel:

0,115 K_2O	0,340 Al_2O_3	1,770 SiO_2
0,043 Na_2O		0,072 SnO_2
0,842 CaO		
1,000		

1.3.3 Die Molekular- bzw. Segerformel

»Die Segerformel ermöglicht uns, in wenigen Stunden Prozesse nachzuvollziehen, die in der Geschichte der Keramik eine fast tausendjährige Entwicklung gebraucht haben. Der Hauptnutzen der Segerformel besteht darin, daß sie ein einfaches Kontrollinstrument zum Abgleichen der Molverhältnisse der drei Oxidgruppen untereinander und innerhalb der RO-Gruppe darstellt. Dies wiederum spielt eine wesentliche Rolle bei der Interpretation einer Glasur, z. B. ihrer Schmelzbarkeit, ihres Brennbereichs, ihrer Viskosität, ihrer Farbe und ihrer Oberflächeneigenschaften oder ihrer Anfälligkeit für Rißbildungen« (M. Cardew, Der Pioniertöpfer[17], Seite 131).

Die Darstellung von Glasurzusammensetzungen als oxidische Molekularformel nach Prof. Hermann Seger ist die inzwischen international anerkannte beste Möglichkeit. Bei der Darstellungsweise werden die Oxide nach ihrer Wertigkeit in drei Gruppen geordnet — was auch in gewisser Weise ihrer Wirksamkeit in der Glasur entspricht. Ursprünglich wollte Seger nur die chemisch basischen Oxide den chemisch sauren Oxiden gegenüberstellen — deshalb stellte er das Bortrioxid zu den sauren Oxiden; die neueren Erkenntnisse der Glasstruktur und Glasbildung bestätigen teils Segers Anordnung — begründen aber auch die Zuordnung des B_2O_3 zur Gruppe der amphoteren Oxide der mittleren Gruppe.

Die erste Gruppe der Oxide (in der Segerformel links stehend) enthält die ein- und zweiwertigen Oxide (hauptsächlich Netzwerkwandler), deren Summe immer auf 1 gebracht wird; die zweite enthält die Oxide der dreiwertigen Elemente (Netzwerkwandler *und* Netzwerkbildner im Glas) und die dritte Gruppe die Oxide der vier- und fünfwertigen Elemente (vorwiegend Netzwerkbildner im Glas). In der Regel stehen sich dadurch auch die basischen, die neutralen oder amphoteren und die sauren Oxide gegenüber (siehe nebenstehende Tabelle).

Wenn man für ein beliebiges Metallatom allgemein R schreibt, so kann die Segerformel verallgemeinert so aussehen:

$RO + R_2O \qquad R_2O_3 \qquad RO_2$

Dabei soll $RO + R_2O$ immer molar gleich 1 sein, R_2O_3 ist in der Regel Al_2O_3 und RO_2 vorzugsweise SiO_2.

In der Praxis hat es sich als üblich durchgesetzt, die färbenden Metalloxide, wenn oder weil sie nur in sehr kleinen Mengen in der Glasur enthalten sind, nicht in die Segerformel einzurechnen, sondern sie als prozentuale Anteile der Versatzgewichtssummen anzugeben.

In der Regel liegen die Glasurzusammensetzungen (außer den Matt-, Kristall- und Salzglasuren) innerhalb folgender Grenzen:

Glasuren mit niedrigem Schmelzbereich:

$R_2O + RO \qquad 0,05$ bis $0,30\ Al_2O_3 \qquad 1,0$ bis $3,0\ SiO_2$

R_2O sind die Alkalien Na_2O, K_2O (Li_2O nur in besonderen Fällen). RO ist meist PbO allein, oder viel PbO und wenig CaO, unter Umständen tritt als R_2O_3 noch Bortrioxid dazu.

Glasuren mit mittlerem Schmelzbereich, härter und beständiger:

$R_2O + RO \qquad 0,8$ bis $1,0\ Al_2O_3 \qquad 2,0$ bis $3,0\ SiO_2$ oder

$R_2O + RO \qquad 0,4$ bis $0,6\ Al_2O_3 \qquad 3,0$ bis $4,5\ SiO_2$
$ 0,2$ bis $0,5\ B_2O_3$

RO sind hier meist Erdalkalioxide und ZnO, kombiniert mit wenig PbO oder Alkalien.

Glasuren für hohe Schmelztemperaturen (meist bleifrei):

$R_2O + RO \qquad 0,4$ bis $0,8\ Al_2O_3 \qquad 3,0$ bis $8,5\ SiO_2$ oder

$R_2O + RO \qquad 0,8$ bis $1,6\ Al_2O_3 \qquad 6,0$ bis $14,0\ SiO_2$
$ 0,2$ bis $0,8\ B_2O_3$

$R_2O + RO$ besteht hier aus wenig Alkalioxiden mit Erdalkalioxiden und ZnO kombiniert.

einwertige und zweiwertige Oxide: Basenseite		dreiwertige Oxide: Neutrale	vier- und fünfwertige Oxide: Säurenseite
Li_2O		B_2O_3	SiO_2
Na_2O	Alkalioxide	Al_2O_3	GeO_2
K_2O		As_2O_3	TiO_2
BeO		Sb_2O_3	ZrO_2
MgO		Fe_2O_3	SnO_2
CaO	Erdalkalioxide	Bi_2O_3	MnO_2
SrO		Mn_2O_3	
BaO		Cr_2O_3	P_2O_5
FeO		V_2O_5	
CoO			As_2O_5
CuO			Sb_2O_5
NiO	Schwermetalloxide		
MnO			
ZnO			
PbO			

Oxide anderer Elemente werden üblicherweise nicht für keramische Glasuren benutzt.

1.3.3

Abb. 13 und 14 zeigen an, in welchen Temperaturbereichen welche Flußmittel und welche Anteile der Flußmitteloxide benötigt werden.

As_2O_3/As_2O_5 wird heute wegen seiner Giftigkeit als Glasurbestandteil nicht mehr benutzt.

P_2O_5 als Phosphatglas bewirkt Wasserlöslichkeit der gebrannten Glasur und wird deshalb nur als Trübungskomponente und farbveränderndes Oxid in Glasuren benutzt.

GeO_2 und Bi_2O_3 kommen wegen ihrer Seltenheit und ihres hohen Preises für keramische Glasuren normalerweise nicht in Betracht.

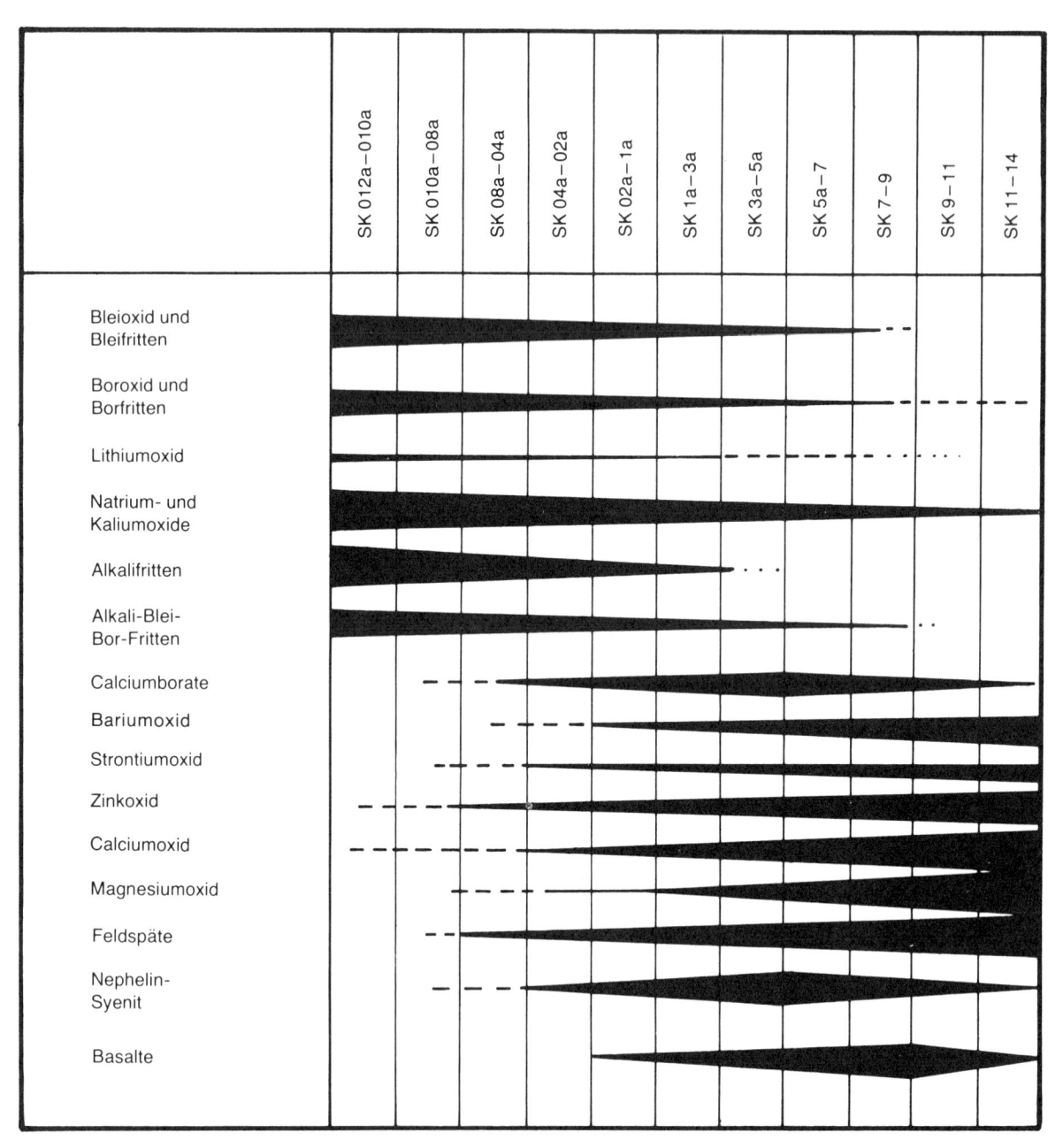

Abb. 13
Bedeutung und ungefährer Brennbereich der Flußmittel

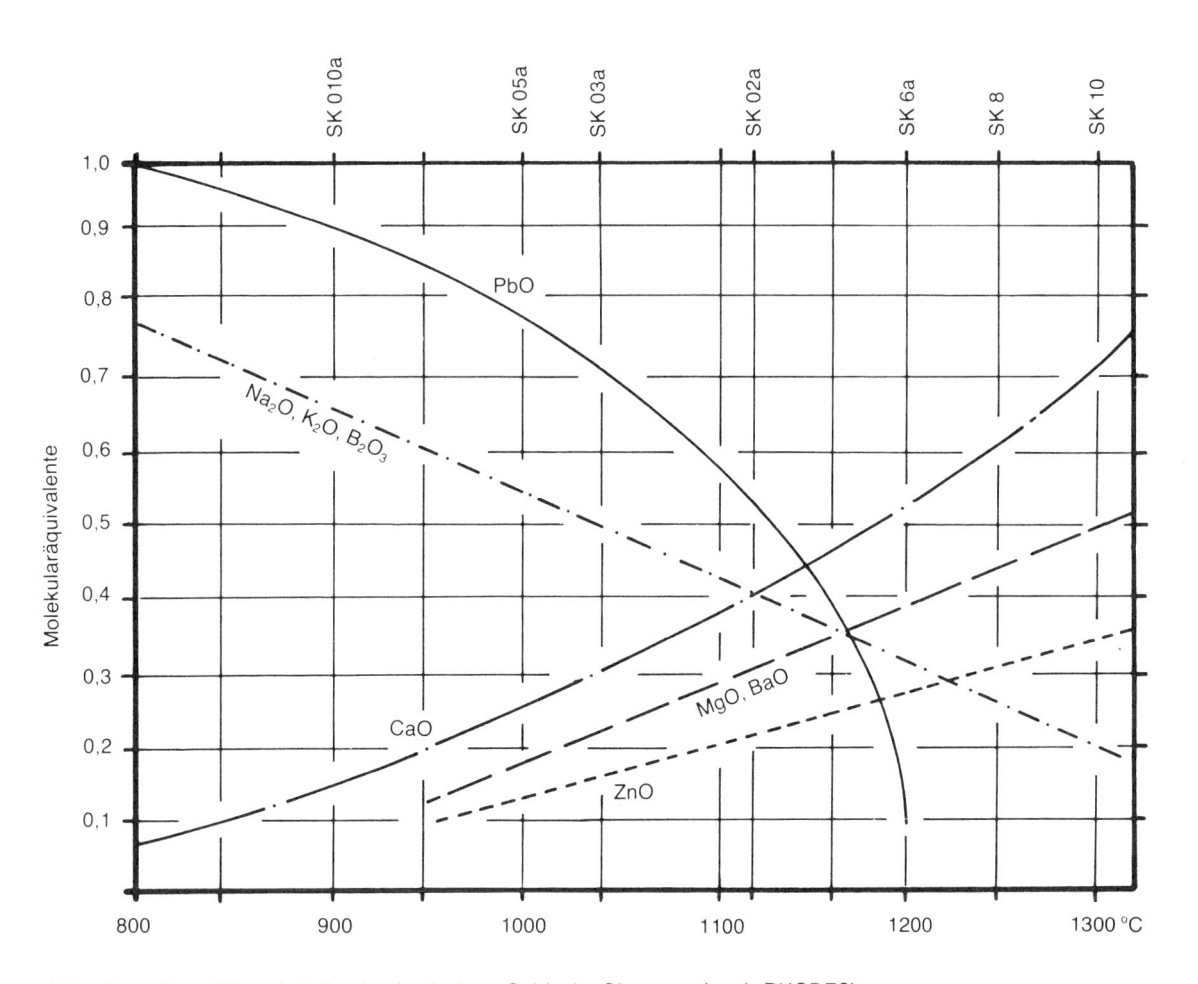

Abb. 14 Ungefähre Anteile der basischen Oxide in Glasuren (nach RHODES)

1.3.4 Grenzformeln

Grenzformeln zeigen an, wo die Möglichkeiten der oxidischen Zusammensetzung bestimmter Glasurarten liegen und gestatten gute Vergleiche. Sie geben als Erfahrungswerte auch die Grenzen der Zusammensetzung an, innerhalb deren sich die verschiedenen Glasurarten typisch entwickeln können.

1. *Bleiglasuren*

1.1 SK 012a–08a

0,70–1,00 PbO	0,05–0,20 Al_2O_3	1,00–1,50 SiO_2
0,00–0,30 K_2O		
0,00–0,30 Na_2O		
0,00–0,10 ZnO		
0,00–0,20 CaO		

1.2 SK 08a–02a

0,70–1,00 PbO	0,10–0,25 Al_2O_3	1,50–2,00 SiO_2
0,00–0,30 K_2O		
0,00–0,30 Na_2O		
0,00–0,20 ZnO		
0,00–0,30 CaO		

1.3 SK 02a–6a

0,40–0,60 PbO	0,20–0,28 Al_2O_3	1,50–3,00 SiO_2
0,10–0,25 K_2O		
0,10–0,25 Na_2O		
0,00–0,25 ZnO		
0,00–0,10 MgO		
0,10–0,40 CaO		

2. *Alkaliglasuren*

2.1 Borfreie Alkaliglasuren SK 06a–03a

0,40–0,90 K_2O	0,05–0,25 Al_2O_3	1,50–2,50 SiO_2
0,40–0,90 Na_2O		
0,05–0,30 CaO		
0,05–0,20 MgO		
0,00–0,10 ZnO		
0,00–0,30 PbO		

2.2 Alkali-Bor-Glasuren SK 05a–5a

0,00–0,70 Na_2O	0,15–0,60 Al_2O_3	1,50–4,50 SiO_2
0,00–0,60 K_2O	0,30–1,60 B_2O_3	
0,00–0,30 Li_2O		
0,10–0,50 CaO		
0,00–0,10 MgO		
0,00–0,10 ZnO		
0,00–0,10 BaO		

2.3 Alkali-Bor-Glasuren SK 5a–9

0,00–0,30 K_2O	0,30–0,80 Al_2O_3	2,00–4,50 SiO_2
0,10–0,45 Na_2O	0,10–0,60 B_2O_3	
0,00–0,40 Li_2O		
0,05–0,70 CaO		
0,00–0,20 MgO		
0,00–0,20 BaO		

3. *Weißgetrübte Glasuren (SnO_2-Trübung)*

3.1 Weiche, bleireiche und borfreie Fayence-Glasuren SK 05a–1a

0,10–0,50 K_2O/Na_2O	0,05–0,20 Al_2O_3	1,20–3,00 SiO_2
0,00–0,20 CaO		0,18–0,40 SnO_2
0,00–0,10 BaO		
0,50–0,90 PbO		

3.2 Bleihaltige, glänzende Glasuren SK 03a–6a

0,00–0,40 Na_2O	0,20–0,50 Al_2O_3	1,00–3,50 SiO_2
0,00–0,30 K_2O	0,00–0,60 B_2O_3	
0,10–0,70 CaO		
0,00–0,10 MgO	+ 5–10% SnO_2	
0,00–0,20 BaO	oder 8–20% Zir-	
0,30–1,00 PbO	kontrübungsmittel	

3.3 Bleifreie Glasuren SK 5a–9

0,00–0,10 Li_2O	0,10–0,70 Al_2O_3	0,60–5,00 SiO_2
0,05–0,40 Na_2O	0,10–1,50 B_2O_3	
0,05–0,40 K_2O		
0,10–0,70 CaO		
0,00–0,60 MgO	+ 5–10% SnO_2	
0,00–0,30 BaO	oder 8–20% Zir-	
0,00–0,20 SrO	kontrübungsmittel	

4. *Weißgetrübte Glasuren ohne SnO_2 (ZnO–B_2O_3-reich) SK 05a–9*

0,05–0,10 Li_2O	0,10–0,30 Al_2O_3	1,20–3,80 SiO_2
0,05–0,20 Na_2O	0,20–0,60 B_2O_3	
0,05–0,20 K_2O		
0,20–0,60 CaO		
0,00–0,20 MgO		
0,40–0,80 ZnO		
0,00–0,20 PbO		

5. Bleifreie Roh- oder Frittenglasuren

5.1 Transparente Glasuren für SK 4a–6a

0,20–0,40 K_2O	0,20–0,40 Al_2O_3	2,00–4,00 SiO_2
0,20–0,40 Na_2O	0,20–0,50 B_2O_3	
0,20–0,60 CaO		
0,20–0,30 BaO		
0,00–0,20 ZnO		

5.2 Glasuren für SK 6a–9

0,05–0,30 K_2O	0,60–1,20 Al_2O_3	3,50–4,50 SiO_2
0,05–0,30 Na_2O	0,00–0,30 B_2O_3	
0,01–0,10 Li_2O		
0,00–0,70 CaO		
0,00–0,30 MgO		
0,00–0,70 BaO		
0,00–0,255 ZnO		

5.3 Glasuren für SK 9–16

0,10–0,30 K_2O	0,60–1,60 Al_2O_3	5,50–14,00 SiO_2
0,40–0,70 CaO		
0,00–0,30 MgO		
0,00–0,30 BaO		
0,00–0,10 ZnO		
0,00–0,30 SrO		

6. Calciumborat- bzw. Colemanit-Glasuren

6.1 Glasuren für SK 09a–01a

0,05–0,25 K_2O/Na_2O	0,12–0,22 Al_2O_3	1,20–2,50 SiO_2
0,20–0,70 CaO	0,20–0,70 B_2O_3	
0,00–0,15 BaO		
0,00–0,15 MgO		
0,05–0,20 ZnO		
0,20–0,50 PbO		

6.2 Glasuren für SK 2a–5a

0,10–0,25 K_2O/Na_2O	0,20–0,28 Al_2O_3	2,00–3,00 SiO_2
0,20–0,60 CaO	0,30–0,60 B_2O_3	
0,10–0,25 BaO		
0,10–0,25 ZnO		

7. Mattglasuren

7.1 Zinkmattglasuren SK 05a–6a

0,00–0,20 Li_2O	0,10–0,40 Al_2O_3	0,90–1,60 SiO_2
0,00–0,20 K_2O	0,00–0,10 B_2O_3	
0,00–0,20 Na_2O		
0,00–0,30 CaO		
0,00–0,10 MgO		
0,00–0,30 BaO		
0,40–0,70 ZnO		
0,00–0,20 PbO		

7.2 Zink-Barium-Glasuren matt glatt SK 03a–9

0,00–0,10 Li_2O	0,05–0,28 Al_2O_3	0,80–2,50 SiO_2
0,00–0,30 K_2O/Na_2O	0,00–0,10 B_2O_3	
0,05–0,30 CaO		
0,20–0,60 BaO		
0,20–0,50 ZnO		
0,00–0,20 SrO		
0,00–0,20 PbO		

7.3 Calcium-Magnesium-Glasuren matt SK 2a–9

0,00–0,30 K_2O/Na_2O	0,16–0,50 Al_2O_3	1,20–2,50 SiO_2
0,30–0,60 CaO		
0,20–0,40 MgO		
0,00–0,20 BaO		
0,00–0,20 ZnO		
0,00–0,10 PbO		

8. Kristallglasuren

8.1 Zinksilikat-Kristallglasuren SK 01a–8

0,00–0,10 Li_2O	0,00–0,10 Al_2O_3	0,80–1,80 SiO_2
0,00–0,50 Na_2O	0,00–0,20 B_2O_3	
0,00–0,30 K_2O		
0,10–0,30 CaO		
0,00–0,05 MgO		
0,00–0,10 BaO		
0,45–0,60 ZnO		
0,00–0,30 PbO		

8.2 TiO_2 (Rutil-)-Kristallglasuren SK 2a–9

0,00–0,20 Li_2O	0,05–0,50 Al_2O_3	1,50–5,50 SiO_2
0,00–0,20 K_2O/Na_2O	0,00–0,50 B_2O_3	0,17–0,55 TiO_2
0,10–0,50 CaO		
0,00–0,05 BaO		
0,00–0,20 SrO		
0,00–0,40 ZnO		
0,00–0,40 PbO		

8.3 Aventurin-Kristallglasuren SK 05a–8

0,00–0,30 Li_2O	0,01–0,18 Al_2O_3	1,00–6,50 SiO_2
0,00–1,00 Na_2O	0,50–3,00 B_2O_3	
0,00–0,50 K_2O	0,30–0,60 Fe_2O_3	
0,00–0,20 CaO		
0,00–0,05 BaO/SrO		
0,00–0,05 MgO		
0,00–0,10 ZnO		
0,00–1,00 PbO		

8.4 Vanadat-Wolframat-Molybdat-Kristall-Glasuren SK 03a–8

0,00–0,20 Li_2O	0,10–0,30 Al_2O_3	1,10–5,00 SiO_2
0,00–0,20 Na_2O	0,00–0,20 B_2O_3	1,10–5,00 SiO_2
0,00–0,30 K_2O		
0,05–0,30 CaO	+ 1–4% MoO_3 oder/und	
0,00–0,15 MgO	1–4% V_2O_5 oder/und	
0,00–0,20 BaO	1–4% WO_3	
0,00–0,30 ZnO	+ evtl. 0–2% TiO_2	
0,20–0,85 PbO		

9. Nickelrot-Glasuren SK 1a–7

0,00–0,25 K_2O/Na_2O	0,08–0,17 Al_2O_3	0,90–1,50 SiO_2
0,00–0,25 CaO		
0,00–0,05 MgO		
0,40–0,50 BaO		
0,00–0,50 SrO		
0,20–0,40 ZnO	+ 2–4% $NiCO_3$	
0,00–0,15 PbO		

10. Chromrot-Glasuren SK 012a–07a

0,00–0,20 Li_2O	0,02–0,25 Al_2O_3	0,60–1,30 SiO_2
0,00–0,20 K_2O/Na_2O		
0,00–0,02 CaO	+ 0,00–3,0% SnO_2	
0,00–0,05 BaO	1,00–6,0% Cr_2O_3	
0,00–0,05 MgO		
0,00–0,05 ZnO		
0,70–1,00 PbO		

11. China-Rot-Glasuren (als Frittenglasuren) SK 01a–5a

0,15–0,25 K_2O	0,10–0,30 Al_2O_3	2,00–3,00 SiO_2
0,00–0,10 Li_2O	0,10–0,50 B_2O_3	
0,15–0,45 Na_2O		
0,20–0,30 CaO		
0,00–0,05 MgO		
0,00–0,20 BaO		
0,00–0,10 ZnO	+ 0,5–3,0% CuO	
0,00–0,50 PbO	+ 0,1–4,0% SnO_2	

12. Ölflecken-Glasuren (nach Frère Daniel de Montmollin) SK 6a–10

0,40–0,60 Na_2O	0,40–0,70 Al_2O_3	4,00–7,00 SiO_2
0,40–0,70 K_2O	0,20–0,30 Fe_2O_3	
0,10–0,25 CaO		
0,15–0,35 MgO		

13. Temmoku-Glasuren SK 6a–11

0,00–0,30 K_2O/Na_2O	0,30–0,90 Al_2O_3	2,00–5,00 SiO_2
0,05–0,70 CaO	0,00–0,20 B_2O_3	
0,00–0,40 MgO	0,10–0,30 Fe_2O_3	
0,00–0,10 BaO		
0,00–0,10 SrO		
0,00–0,10 ZnO		
0,00–0,10 PbO		

14. Steinzeug-Glasuren

14.1 Glasuren für SK 7–10

0,10–0,30 K_2O/Na_2O	0,30–0,80 Al_2O_3	2,50–7,50 SiO_2
0,10–0,70 CaO	0,00–0,30 B_2O_3	
0,00–0,30 MgO		
0,00–0,60 BaO		
0,00–0,30 ZnO		

14.2 Glasuren für SK 8–12

0,20–0,40 K_2O/Na_2O	0,30–0,80 Al_2O_3	3,00–5,00 SiO_2
0,30–0,70 CaO		
0,00–0,35 MgO		
0,00–0,30 BaO		
0,00–0,30 ZnO		
0,00–0,30 SrO		

14.3 Glasuren für SK 12–16

0,10–0,30 K_2O	0,90–1,20 Al_2O_3	8,50–12,00 SiO_2
0,40–0,70 CaO		
0,10–0,40 MgO		
0,00–0,30 BaO		
0,00–0,20 SrO		

15. Bleihaltige Ofenkachelglasuren SK 06a–2a

0,00–0,10 Na_2O/K_2O	0,15–0,30 Al_2O_3	1,60–2,50 SiO_2
0,20–0,50 CaO	0,00–0,30 B_2O_3	
0,00–0,10 MgO		
0,00–0,20 BaO		
0,00–0,25 ZnO		
0,30–1,00 PbO		

16. *Transparente Steingutglasuren (vorwiegend Frittenglasuren) SK 03a–3a*

0,00–0,40 Na$_2$O/K$_2$O	0,20–0,50 Al$_2$O$_3$	2,00–5,50 SiO
0,10–0,60 CaO	0,20–1,50 B$_2$O$_3$	
0,00–0,60 MgO		
0,00–0,40 BaO		
0,00–0,40 SrO		
0,10–0,40 ZnO		
0,00–0,80 PbO		

17. *Transparente Porzellanglasuren SK 8–16*

0,10–0,30 K$_2$O	0,40–1,60 Al$_2$O$_3$	4,00–14,00 SiO$_2$
0,00–0,30 Na$_2$O		
0,40–0,70 CaO		
0,20–0,40 MgO		
0,00–0,10 ZnO		
0,00–0,10 BaO		
0,00–0,10 SrO		

(siehe auch Vittel[159])

1.4 Die Glasureigenschaften und deren Beeinflussung

Keramische Glasuren haben in ihren verschiedenen Zustandsformen – als Pulver, Schlicker, trockene Schicht, als Schmelze oder erstarrte Glasschicht – natürlich jeweils andere Eigenschaften, die der Keramiker durch Rohstoffwahl, Aufbereitungsart, Auftragsverfahren, Brennverhältnisse und Abkühlung sowie durch den Glasurträger (Scherben) beeinflussen kann.

1.4.1 Die Eigenschaften im rohen, ungebrannten Zustand

Im ungebrannten Zustand werden die Eigenschaften in der Hauptsache von der mineralogischen Zusammensetzung der benutzten Rohstoffe und deren Eigenschaften – besonders deren Verhalten in wässrigen Suspensionen – bestimmt, sowie von der Art und Intensität der Zerkleinerung und Aufbereitung des Glasurversatzes. Dabei spielt besonders die Quellfähigkeit einiger Rohstoffe, die Fähigkeit Wasser anzulagern, sowie die Möglichkeit der Hydrolyse einiger Rohstoffe eine wesentliche Rolle.

1.4.1.1 Als Pulver sind Glasuren meist problemlos zu benutzen. Die Pulver, die als solche u. a. auch auf keramische Oberflächen gestreut werden können (vgl. Abs. 1.7.4, Seite 107 ff.), müssen gut rieselfähig sein, eine homogene Mischung darstellen und sollen nicht zusammenbacken, was bei Aufnahme von Feuchtigkeit aus der Luft vor allem bei alkalireichen Glasuren und bei Pulvern mit hohem Magnesitanteil auftreten kann. Glasurpulver können sich, wenn sie bewegt werden, entmischen, wenn sie aus unterschiedlich schweren oder unterschiedlich geformten Teilchen bestehen. Sie sollten deshalb einen gleichförmigen Kornaufbau haben und die spezifisch besonders schweren Bestandteile, wie z. B. Bleifritten, Rutil, Basalt usw., sollten möglichst fein gemahlen verwendet werden. Das gleiche gilt bei Verwendung solcher Rohstoffe im Glasurschlicker. Am besten eignen sich als Pulver sprühgetrocknete Schlicker.

1.4.1.2 Als flüssige wässrige Suspensionen (Glasurschlicker) sind die Glasuren je nach dem Anteil an Feststoffen mehr oder weniger hochviskos. Der Gehalt an festen Teilchen wird durch das Litergewicht des Schlickers charakterisiert. Je größer der Feststoffanteil, desto zähflüssiger wird der Schlicker. Ob er dick- oder dünnflüssig ist, hängt aber auch davon ab, wieviel quellfähige und tonige Substanzen darin enthalten sind. Stark quellfähig sind Zinkoxid, Sepiolith, Bentonite und andere montmorillonitische Tone, sowie die als Hilfsmittel benutzten Zelluloseklebe. Alle diese Stoffe werden deshalb auch als sog. »Stellmittel« benutzt, die dem Schlicker eine höhere Viskosität verleihen sollen und ihn gegen das zu schnelle Absetzen der Feststoffteilchen stabilisieren (vgl. auch Abs. 1.7.4, Seite 107 ff. und Abs. 3.6, Seite 463). Die stark quellfähigen Stoffe verursachen eine große Trockenschwindung des Glasurüberzugs. Der höhere oder niedrigere Feststoffgehalt der Glasurschlicker beeinflußt natürlich deren Fließverhalten beim Auftragen und damit die Stärke der entstehenden Glasurschicht beim Glasieren durch Tauchen oder Beschütten.

Unerwünschte Schwankungen lassen sich durch Einstellen eines stets gleichbleibenden Litergewichts der Schlicker vermeiden. Die üblichen Litergewichte liegen zwischen 1300 und 1900 g. Daneben sind aber auch die elektrolytischen Wirkungen vor allem der Rohstoffe mit höherem Na_2O- oder K_2O-Gehalt bedeutsam, die bei Verwendung der Rohstoffe als feinstgemahlene Mehle oder bei intensiver Mahlung des Glasurschlickers und längerem Stehenlassen verstärkt werden. Das Anmachwasser löst Natrium- und Kaliumionen aus den Feldspäten und Fritten, die dann eine verflüssigende Wirkung haben. Werden größere Mengen Alkaliionen durch solche Hydrolyse-Vorgänge freigesetzt, hat das oft verstärktes Absetzen zur Folge. Das ist besonders bei hohem Anteil von Alkalifritten im Versatz zu beobachten, tritt aber auch bei titanoxidreichen Mattglasuren, Magnesit-Mattglasuren und Nephelin-Syenit-Glasuren auf, die schnell auf Veränderungen der elektrischen Ladungsverhältnisse in der wässrigen Suspension reagieren (vgl. auch Abs. 1.7.3, Seite 104 und C. W. Parmelee, Ceramic Glazes[111]).

Das zu schnelle Absetzen der Feststoffteilchen aus der Suspension (auch wenn es sich um spezifisch schwere Bleifritten handelt) tritt auch dann leicht auf, wenn der Versatz zugleich wenig tonige Anteile, wenig Kaolin oder keine quellfähigen Substanzen enthält.

Weil die abgesetzten Glasuren sehr schnell verfestigen und dann nur schwer wieder homogen aufzurühren sind und sich auch in ihrem Trockenverhalten unerwünscht verändern können, ist es ratsam, die Glasurschlicker der obengenannten Glasurarten niemals länger aufzubewahren, sondern nach Möglichkeit stets sofort nach dem Anmachen zu verbrauchen und die Versätze nicht lange zu mahlen.

Die richtige Konsistenz des Glasurschlickers – aber dadurch auch die Ansauggeschwindigkeit und damit die Auftragsstärke bei Auftrag durch Tauchen, Überschütten, Schleudern und damit auch die Haftfestigkeit des trocknenden Überzugs, läßt sich in vielen Fällen durch elektrolytisch wirkende Zusätze einstellen, die durch verflüssigende (dispergierende) oder ausflockende Eigenschaften charakterisiert sind. (siehe Abs. 3.6.1, Seite 463). Flocker bewirken ein Zusammenballen der feinsten Teilchen zu etwas größeren Aggregaten, was einem Ansteifen des Schlickers gleichkommmt und dadurch eine schnellere Abgabe des Anmachwassers an die Kapillaren des saugenden porösen Scherbens bewirkt. In bestimmten Fällen kann dann dadurch auch kurzfristig ein schnelles Absetzen der Feststoffe bei stark alkalischem Schlicker – gewissermaßen durch Neutralisation – verhindert werden.

Die Benetzung der keramischen Scherben durch die wässrigen Glasurschlicker wird vor allem durch die Oberflächenbeschaffenheit des Scherbens beeinflußt (siehe Abs. 1.7.4, Seite 107).

1.4.1.3 Als trocknender und getrockneter Überzug

Die Glasurschicht besteht in diesem Stadium aus einem mehr oder weniger lockeren, porösen Gemenge verschiedener Korngrößen mit meistens geringem inneren Zusammenhalt.

1.4.1.3.1 Die Trockenschwindung

Der aufgetragene Glasurüberzug hat dann eine große Trockenschwindung, wenn der Glasurversatz vorwiegend aus tonigen Rohstoffen besteht (wie etwa bei den typischen Lehmglasuren) oder wenn er größere Anteile quellfähiger Rohstoffe, wie Zinkoxid oder Sepiolith enthält. Die Trockenschwindung wird kleiner, je mehr unplastische Rohstoffe (Quarz, Feldspat, Erdalkalicarbonate, usw.) im Glasurversatz enthalten sind und je weniger fein Rohstoffe oder Glasurschlicker gemahlen wurden. Aus diesem Grunde müssen Glasurschlicker, die eine große Schwindung beim Trocknen aufweisen, wie Engoben, möglichst schon auf lederharten oder rohen Scherben aufgetragen werden, weil der dann auch noch eine dazu passende Trockenschwindung aufweist, während sehr magere Glasuren besser auf den vorgebrannten Scherben aufgebracht werden. Die normal üblichen Glasuren sind »mager«, haben kaum Trockenschwindung und passen deshalb schlecht auf rohen oder noch feuchten lederharten Scherben, während die Lehmglasuren auf geschrühtem Scherben nur in sehr dünner Lage haften ohne abzublättern.

Glasuren für den Einmalbrand, die für Auftrag auf den rohen Scherben bestimmt sind, müssen deshalb exakt auf das Schwindungsverhalten des Scherbens eingestellt sein und/oder zum geeigneten Zeitpunkt aufgetragen werden, wenn die Trockenschwindung des Scherbens gerade weit genug fortgeschritten ist. Andernfalls muß mit Fehlern wie Abrollen oder Abblättern gerechnet werden (siehe auch Abs. 1.8, Seite 127).

Eine große Schwindung der trocknenden Glasurschicht läßt sich vermeiden, wenn der Schlicker mit der Spritzpistole so aufgetragen wird, daß die einzelnen Tröpfchen sofort auf der Scherbenoberfläche trocknen, ehe sie einen zusammenhängenden nassen Film (glänzend nasse Oberfläche beim Spritzen) bilden können. Allerdings ist eine so gespritzte Oberfläche sehr krümelig, locker und wenig sicher gegen Abgreifen beim Einsetzen in den Glattbrand.

1.4.1.3.2 Die Haftfestigkeit

Man kann die Festigkeit, mit der die rohe ungebrannte trockene Glasurschicht am Scherben haftet, auf verschiedene Weise beeinflussen:

1. Durch ausreichenden Anteil toniger Rohstoffe im Versatz, der aber noch nicht so groß sein darf, daß eine Erhöhung der Trockenschwindung eintritt, kann die Haftung erheblich verbessert werden. Man versucht deshalb in der Regel, immer mindestens 10% Ton oder Kaolin im Glasurversatz zu haben.

2. Zusätze organischer Klebstoffe, wie Zucker, Dextrin, Milch, Bier, Eiweiß, Stärke, Zellulosekleber, Gummi arabicum, usw. können die Haftfestigkeit stark erhöhen, verändern aber auch das Ansaug- und Trockenverhalten des Schlickers auf dem Scherben manchmal in unerwünschter Weise. Die Erhöhung der Haftfestigkeit wird hier nicht nur durch die Klebewirkung hervorgerufen, sondern auch durch eine verlangsamte Wasserabgabe aus dem Schlicker durch das Verstopfen der Poreneingänge am Scherben.

3. Die Geschwindigkeit der Wasserabgabe aus dem Schlicker an den Scherben hat wesentlichen Einfluß auf die Haftfestigkeit. Grundsätzlich gilt: Je schneller die Scherbenporen das Anmachwasser des Glasurschlickers ansaugen, je schneller also die Glasurschicht trocknet, desto schlechter haftet die trockene Schicht; je langsamer der Wasserentzug erfolgt, desto fester haftet die rohe, getrocknete Glasur. Eingetrocknete Glasurreste in Glasurgefäßen und auf Rührgeräten demonstrieren das beim Reinigen auf eindeutige Weise.

Hier spielen die Porosität und das Saugvermögen des Scherbens eine große Rolle, aber auch das Wasserbindevermögen des Glasurschlickers und der Grad der Dispersion der feinsten Glasurteilchen.

4. Trocken- und Brennschwindung der Glasur (also auftretende Veränderungen, bevor die Glasurschicht zu schmelzen beginnt) sollten ähnlich verlaufen wie Trocken- und Brennschwindung des Scherbens, wenn eine optimale Haftfestigkeit des Glasurüberzugs vor dem Ausschmelzen gewährleistet sein soll. Das ist besonders bei Rohglasuren und den Glasuren für hohe Brenntemperaturen, die ohne Frittenanteile zusammengesetzt werden können, ganz besonders aber bei den Lehmglasuren (vgl. Abs. 1.8, Glasurfehler, Seite 128 und Abs. 2.7.2, Seite 356) wichtig.

5. Verunreinigungen der Scherbenoberfläche, die aus beim Trocknen abgelagerten wasserlöslichen Bestandteilen der Masse (= Trockenausblühungen) bestehen oder Staub aller Art sind, oder auch fettiger Natur sein können – sie können auch beim Anfassen des Scherbens mit verschwitzten Händen entstehen – behindern ein Benetzen des Scherbens durch den wässrigen Glasurschlicker und können dadurch eine geringere oder mangelhafte Haftfestigkeit hervorrufen.

6. Ein zweiter Glasurauftrag, der durch Überschütten einer rohen, trocknenden oder schon getrockneten Glasurschicht erfolgt, kann u. U. die Haftfestigkeit so nachteilig beeinflussen, daß die beiden Schichten miteinander vom Scherben abblättern und abfallen. Dabei wird ein komplexes Zusammenspiel mehrerer physikalischer Vorgänge wirksam. Das ist in Abs. 1.8, Glasurfehler näher erklärt, kann aber auch aus den vorgenannten Punkten 3, 4 und 5 verständlich werden.

7. Sehr schnelles Aufheizen mindert die Haftfestigkeit der rohen Glasurschicht; auch auf rohen, ungebrannten Scherben aufgetragen, haftet normale Glasur (magerer Schlicker) oft schlecht, was in der Regel erst beim Aufheizen zum Glattbrand zwischen 400 und 900 °C deutlicher sichtbar wird.

1.4.1.3.3 Die Griffestigkeit

Die Griffestigkeit ist zusätzlich zu den oben genannten Einflüssen dann besonders gering, wenn der innere Zusammenhalt der trockenen Glasurschicht gering ist, was besonders bei sehr »mageren« Versätzen ohne Ton- oder Kaolin-Anteil, bei grobkörnigem Schlicker und nicht ausreichender Mahlung der Glasur sowie bei Auftrag durch Spritzen der Fall sein kann. Tauchen oder Schütten der Glasur ergeben dichtere Schichten mit größerer Sicherheit gegen das Abgreifen. Wie von Engoben bekannt, zeigen die Lehmglasuren, geschüttet oder getaucht, die höchste Griffestigkeit. Man kann die Glasuroberflächen natürlich auch gegen das Abgreifen sichern durch Zusatz von Klebstoffen zum Schlicker oder durch Übersprühen mit einem Glasurfestiger, wie es für Druckverfahren auf die rohe Glasur oder bei Fayencemalerei oft gemacht wird. Wichtig ist immer die Verwendung einer stark verdünnten Klebstofflösung!

1.4.2 Die Eigenschaften von Glasurschmelzen

1.4.2.1 Allgemeines

Die Eigenschaften der schmelzflüssigen Glasuren und deren Reagieren mit dem Scherben im rot- bis weißglühenden Zustand während des Brandes haben großen Einfluß auf das Aussehen und die Gebrauchseigenschaften der wieder erstarrten und fest mit der Scherbenoberfläche verschmolzenen Glasurschicht. Der Übergang von Glasur zu Scherben kann je nach Intensität der Reaktion mit dem Scherben scharf und genau abgegrenzt sein oder auch konturlos und unscharf einen allmählichen Übergang darstellen. Die Ausbildung dieser Zwischenschicht ist wesentlich für die Haftung und Haltbarkeit der gebrannten Glasur auf dem Scherben.

Die Zusammensetzung der erstarrten Glasurschicht kann von der oxidischen Zusammensetzung des ursprünglichen Glasurversatzes, wie ihn die errechnete Segerformel repräsentiert, stark abweichen. Die Glasurschmelze kann nämlich bei hohen Temperaturen Oxidanteile durch Verdampfen verlieren und ebenso Bestandteile des Scherbens lösen und aufnehmen, was durch die Art und die Dauer des Brandes, die Geschwindigkeit des Aufheizens und die Lösekraft der Glasurschmelze beeinflußt wird sowie durch die Art der Ofenatmosphäre und die Diffusionsgeschwindigkeit der gelösten Bestandteile.

Daneben kann die Glasurschmelze gasförmige Bestandteile abgeben oder aus der Ofenatmosphäre aufnehmen, je nach deren Beschaffenheit; es können sich auch bestimmte Bestandteile der Schmelze in der Oberflächenschicht, an der Grenzfläche Schmelze-Ofenatmosphäre anreichern oder auch an der Grenzfläche Glasurschmelze-Scherben, so daß der erstarrte Glasurüberzug meistens nicht mehr homogen zusammengesetzt ist, sondern aus verschiedenen Schichten besteht. Es sind auch Entmischungen der Schmelze möglich in zwei verschieden zusammengesetzte flüssige Phasen, was meist eine Trübung hervorruft. Solche Inhomogenitäten können dann noch durch Ausscheidung kristalliner Verbindungen beim Abkühlen der Schmelze erheblich verstärkt werden. Für die Herstellung von opaken, matten oder Kristall-Glasuren oder für gewünschte lebhaft-unregelmäßige Färbung und Oberflächentextur werden solche Vorgänge gezielt genutzt. Sie zeigen aber auch, daß Berechnungen zu erwartender Glasureigenschaften aus dem Versatz oder aus der chemischen Analyse bzw. der Segerformel nicht immer mit den tatsächlich entstehenden Eigenschaftswerten übereinstimmen müssen.

Die oxidische Glasurzusammensetzung bestimmt in der Hauptsache Schmelzbereich und Garbrandtemperatur, Viskosität und Oberflächenspannung; dadurch die Art der Oberflächenausbildung, aber auch die Farbe und die Gebrauchstüchtigkeit der erstarrten Glasuroberfläche, wobei die Art der Brandführung den zweitgrößten Einfluß ausübt. Herstellungsweise und Auftrag der Glasur sind dabei nicht nebensächlich.

Die wichtigsten Eigenschaften und Vorgänge, die je nach gewünschtem Aussehen und gewünschter technischer Qualität der fertigen Glasurschicht gesteuert werden können und müssen, sind:

1. Das Schmelzverhalten, bzw. der Schmelztemperaturbereich
2. Die Viskosität (Zähflüssigkeit) der Schmelze
3. Die Oberflächenspannung der Glasurschmelze und damit ihre Fähigkeit, den Scherben zu benetzen und glattzufließen
4. Das Verflüchtigen und Verdampfen von Glasurbestandteilen bzw. die Bildung von gasförmigen Reaktionsprodukten (Blasenbildung) während des Schmelzens.
5. Die Reaktion auf Veränderungen der Ofenatmosphäre bei oxidierendem, neutralem oder reduzierendem Brennen.
6. Das Lösevermögen der Schmelze gegenüber grobkörnigen Versatzbestandteilen und gegenüber entstehenden Kristallbildungen oder gegenüber dem Scherben.
7. Die Neigung zum Entmischen im schmelzflüssigen Zustand und zum »Entglasen« = Rekristallisieren mit beginnender Abkühlung.

1.4.2.2 Die Schmelzeigenschaften: Schmelzverhalten und Schmelztemperaturbereich

Folgende Einflüsse bestimmen Art und Weise des Schmelzens eines Glasurversatzes wesentlich:

1. Die Korngröße der Versatzrohstoffe und die Intensität der Mischung
2. Die Aufheizgeschwindigkeit
3. Die Höhe der Garbrandtemperatur und die Haltezeit dieser Temperatur
4. Die Ofenatmosphäre
5. Die chemisch-oxidische Zusammensetzung der Glasur mit der Möglichkeit der Bildung eutektischer Schmelzen und die Wahl der Rohstoffe mit ihren spez. Schmelztemperaturen.

1.4.2.2.1 Korngröße und Mischung:

Je kleiner die Korngröße der Rohstoffe wird, desto größer wird deren »innere«, wirksame Oberfläche, desto häufiger kommen Berührungspunkte von Teilchen verschiedener Zusammensetzungen vor, so daß um so eher an diesen Punkten Reaktionen im festen Zustand und eutektische Reaktionen als Korngrenzenreaktionen stattfinden können. Je feiner also der gesamte

Versatz gemahlen ist, je intensiver die Mischung der verschiedenen Versatzkomponenten erfolgte, desto früher (d. h. bei um so niedrigerer Temperatur) beginnt das ganze Gemisch zu sintern und zu schmelzen; für Schnellbrand ist feinste Mahlung notwendig.

Wirksame Oberfläche in Abhängigkeit von der Korngröße am Beispiel einer Würfelform:

Kantenlänge des Würfels	Anzahl der Würfel pro 1 cm^3	Oberfläche in m^2/cm^3	
1 cm	1	0,0006	grobdispers
1 mm	10^3	0,006	
100 µm	10^6	0,06	
10 µm	10^9	0,6	
1 µm	10^{12}	6	kolloiddispers
100 nm	10^{15}	60	
10 nm	10^{18}	600	
1 nm	10^{21}	6000	

Je gröber die Mahlung des rohen Glasurgemisches oder einzelner Versatzkomponenten ist, desto langsamer und schwerer schmilzt die Glasur.

1.4.2.2.2 Aufheizgeschwindigkeit

Je langsamer oberhalb des Transformationsbereichs (also oberhalb etwa 500 bis 600 °C) aufgeheizt wird, desto eher schmilzt eine Glasur, da ja der Schmelzvorgang über ein allmähliches Erweichen und auftretende Teilschmelzen in Gang kommt und die entstehenden ersten geschmolzenen Anteile nach und nach erst die schwerschmelzbaren Komponenten auflösen; sind diese noch besonders hart und grobkörnig (wie etwa beim Quarz möglich), so dauert das völlige Auflösen dieser Teilchen, das »Klarschmelzen« der Glasurschicht erheblich länger. Bei schnellem Aufheizen muß demnach zum völligen Ausschmelzen der Glasur auf eine höhere Temperatur gebrannt werden, als wenn die Temperatursteigerung langsamer vorgenommen wird. Damit auch alle gasabspaltenden Reaktionen völlig ablaufen können und die Glasurschicht blasenfrei wird, ist langsames Aufheizen und eine zusätzliche Haltezeit der Garbrandtemperatur vielfach empfohlen worden.

1.4.2.2.3 Garbrandtemperatur

Die Höhe der Gar- oder Glattbrandtemperatur richtet sich in den meisten Fällen nicht nach den Erfordernissen der Glasur, sondern mehr nach den verlangten Eigenschaften des Scherbens, die dieser durch diese Temperatur erhalten soll. Die Glattbrandtemperatur entscheidet dann großenteils über die daraus resultierenden Eigenschaften der Glasurschmelze, wie Viskosität, Oberflächenspannung, Lösevermögen, usw. die in ihren Werten stark temperaturabhängig sind. Damit im Ofenraum beim Brand ein Temperaturausgleich stattfinden kann, ist ebenfalls ein mehr oder weniger langes Halten der Garbrandtemperatur erforderlich. Damit der Glasurversatz bei dieser Temperatur auch schmelzen kann, muß er entsprechend zusammengesetzt sein.

1.4.2.2.4 Glasurzusammensetzung

In der Hauptsache bestimmt (neben den vorgenannten Faktoren) die Glasurzusammensetzung, wann eine Glasur schmilzt, wann sie zu erweichen beginnt, ob sie glatt und ohne »aufzukochen« (also ohne starke Blasenbildung) vom festen in den flüssigen Zustand übergeht, ob sie vor dem Schmelzen eine Brennschwindung zeigt oder nicht, und welche Eigenschaften sie als flüssige Schmelze besitzen wird.

Man wird in der Regel anstreben, daß bei der gewünschten Glattbrandtemperatur ein Maximum an geschmolzenem Glas gebildet wird. Zur ausreichenden Glasbildung sind stets genügend glasbildende Oxide, wie SiO_2 und B_2O_3 erforderlich, dazu spielen die Oxide Al_2O_3, PbO, CaO, Na_2O und K_2O eine wichtige Rolle bei der Glasbildung.

Al_2O_3 fördert in geringen Mengen die Glasbildung und das Schmelzen; in größeren Anteilen erhöht es schnell die Schmelztemperatur. Diese wird auch mit steigendem Gehalt an SiO_2 erhöht (vgl. Tabelle 3.5, Seite 461). Dagegen wirken die Alkalioxide Li_2O, Na_2O, K_2O und das Bleioxid PbO sowie das Boroxid B_2O_3 als starke Flußmittel, also schmelzpunktsenkend. Glasuren für sehr niedrige Brenntemperaturen bestehen deshalb aus sehr viel B_2O_3 + PbO + Alkalioxiden und wenig SiO_2, oft sogar ohne jegliche Al_2O_3-Anteile. Bei höheren Brenntemperaturen (in der Regel oberhalb 1040 °C) wirken auch die Oxide CaO, SrO, BaO, ZnO, TiO_2, und eingeschränkt auch MgO als Flußmittel.

Je mehr verschiedene Oxide in einer Glasur enthalten sind, desto niedriger kann ihre Schmelztemperatur werden wegen der dann eher möglichen eutektischen Schmelzen, sofern die Verhältnisse der Oxidanteile richtig gewählt wurden (vgl. Tabelle

1.4.2.2

3.7, Seite 466). Näheres über Schmelzdiagramme und Eutektika siehe Hamer[54], Heuschkel u. Muche[58], Hinz[59], Lawrence a. West[85], Lehnhäuser[90], Parmelee[111].

In einer Glasur für bestimmten Schmelzbereich erhöht der Zusatz von 0,1 Mol SiO_2 in der Regel den Schmelzpunkt um etwa 20 K ≙ ein Segerkegel; der Zusatz von 0,1 Mol B_2O_3 senkt die Schmelztemperatur in der Regel um 30 K. An den Zusammensetzungen der Segerkegel (siehe Tabelle 3.5, Seite 461) kann man diese Wirkungen recht gut geordnet ablesen; sie können deshalb als Anhaltspunkt für die Zusammensetzung einer Glasur für bestimmte Brenntemperatur dienen.

Durch vorheriges Fritten (= Zusammenschmelzen) der Glasurrohstoffe oder eines Teils derselben werden vor allem Schmelzbereich und Schmelzintervall auf niedrigere Temperaturen (einige Segerkegel Unterschied!) gebracht und verkürzt, zugleich wird die Löslichkeit der Oxide verringert und das Verdampfen von Bestandteilen im Glattbrand wesentlich gemindert.

Bei niedrigen Temperaturen schmelzende Fritten (siehe Tabellen 3.3, Seite 441 ff.) können deshalb als Flußmittel oft besser eingesetzt werden als die reinen Oxide bzw. Rohstoffe. Eine angenäherte Reihenfolge der Wirksamkeit der Oxide auf die Schmelztemperatur bietet folgende Übersicht:

Al_2O_3 ↑
SiO_2
MgO Schmelztemperatur
Cr_2O_3 wird erhöht mit
SnO_2 steigendem Anteil
ZrO_2 in der Glasur
NiO
Fe_2O_3
Sb_2O_3 Da in einer Glasur die gegenseitige Beeinflussung der Oxide
TiO_2 sehr groß ist (vgl. Tabelle 3.7),
CaO kann diese Reihenfolge nicht in
ZnO jedem Falle volle Gültigkeit haben;
BaO außerdem hängt die Wirk-
SrO samkeit auch vom Temperatur-
FeO bereich ab, in dem die Glasur
CoO geschmolzen werden soll.
CuO
MnO
PbO Schmelztemperatur
B_2O_3 wird gesenkt mit
Na_2O steigendem Anteil
K_2O in der Glasur
Li_2O ↓

Bleireiche Glasuren schmelzen in der Regel gleichmäßig und glatt aus, ohne Blasenbildung bei beginnendem Schmelzen, während die alkalioxidreichen Fritten und Glasuren meist stark schäumend schmelzen. Ein B_2O_3-Gehalt kann dieses »Aufkochen« mildern. Deshalb sind bleihaltige Glasuren besser für alle Aufglasurdekore geeignet als bleifreie Alkaliglasuren.

1.4.2.3 Die Viskosität der Glasurschmelze

Die Viskosität oder innere Zähigkeit einer Glasurschmelze ist abhängig von deren oxidischer Zusammensetzung und der Höhe der Temperatur. Die Viskosität einer Schmelze sinkt mit steigender Temperatur, die Glasurschmelze wird dünnflüssiger. Die Zusammensetzung verändert auch das Viskositätsintervall, d. h. die Veränderung der Viskosität bei Temperaturveränderung. So werden z. B. die Alkaliglasuren mit steigender Temperatur sehr schnell sehr dünnflüssig, so daß schon leichtes Überbrennen zum Ablaufen führen kann, während die blei- und vor allem die borreichen Glasuren ihre Viskosität nur langsam ändern und deshalb in viel weiteren Temperaturbereichen anwendbar sind, auf Brenntemperaturunterschiede wenig reagieren. Läuft die Glasurschmelze von senkrechten oder geneigten Flächen ab, ist sie für die gewählte Brenntemperatur zu niedrigviskos. Unregelmäßige, unebene Oberflächen (außer bei kristallinen Glasuren) der erstarrten Glasurschicht, mit Nadelstichen, Bläschen und feinen Löchern deuten auf eine zu hohe Viskosität der Glasurschmelze.

Die Viskosität einer Glasur für bestimmten Brenntemperaturbereich muß also so gewählt und durch die Zusammensetzung geregelt werden, daß die Schmelze wohl glatt ausfließt und die Oberfläche des Scherbens gleichmäßig bedeckt, aber von geneigten Flächen nicht abläuft. Zu dünnflüssige Schmelzen macht man in der Regel einfach durch Zugabe von Quarz und/oder Feldspat und/oder Kaolin bzw. Ton zähflüssiger.

Die sehr kieselsäurereichen Glasuren (z. B. die Feldspatglasuren), die borreichen und die Bleiglasuren verändern ihre Viskosität nur langsam mit steigender Temperatur, während die Alkaliglasuren und vor allem die Erdalkali-Mattglasuren mit steigender Temperatur sehr plötzlich dünnflüssig werden.

Kristallglasuren sollen niedrigviskos sein, damit die Kristalle schnell zu gut sichtbaren Individuen heranwachsen können. Weißgetrübte, glänzende Glasuren können dagegen hochviskose Schmelzen haben. Die Transparentglasuren müssen gerade so dünnflüssig sein, daß im Garbrandbereich alle entstandenen Bläschen in der Glasurschicht aus der Oberfläche der Glasur entweichen können und diese wieder glatt ausfließt.

Wird die Viskosität der Schmelze durch zu hohes Brennen gering, so steigt ihre Lösekraft stark an. Dadurch reagiert sie heftiger mit dem Scherben und löst dessen Oberfläche stärker auf, es können so geschlossene Poren des Scherbens geöffnet werden, die ihren Gasinhalt als Blasen in die Glasurschicht abgeben. Solche Überfeuerungsblasen haben meist eine typische Form und reichen meistens bis zum Scherbengrund. Auf die gleiche Weise entstehen durch zu hohes Brennen oft Nadelstiche. Eine angenäherte Reihenfolge der Wirksamkeit der Oxide auf die Viskosität der Schmelze gibt folgende Übersicht:

Al_2O_3 ↑	Steigende Anteile erhöhen die Viskosität der Glasurschmelze	
ZrO_2		
SiO_2		
Cr_2O_3		
SnO_2		
NiO		Die Wirksamkeit ist in den verschiedenen Temperaturbereichen nicht gleich und verändert sich meistens nicht linear mit steigender oder sinkender Temperatur! Die Reihenfolge ist also nicht in jedem Falle gültig, und wird durch andere Einflüsse (Oberflächenspannung und Schmelzverhalten) oft undeutlich.
Fe_2O_3		
TiO_2		
CaO		
MgO		
ZnO		
SrO		
BaO		
CoO		
MnO		
PbO	Steigende Anteile senken die Viskosität der Glasurschmelze	
K_2O		
Na_2O		
B_2O_3		
Li_2O ↓		

Feste (kristalline) Teilchen in einer Schmelze verändern deren Viskosität erheblich, denn sie verändern mit ihrer Bildung auch die Zusammensetzung der schmelzflüssigen Phase. Je größer der Anteil fester Teilchen in der Schmelze ist, desto zähflüssiger ist sie auch in der Regel.

1.4.2.4 Die Oberflächenspannung der Glasurschmelze

Die Oberflächenspannung oder Grenzflächenspannung einer Glasurschmelze ist die Kraft, welche bewirkt, daß sich die Schmelze zu einer Kugel (= Volumen mit kleinster Oberfläche) zusammenziehen möchte, wenn sie nicht durch die Auflagefläche und zu niedrige Viskosität daran gehindert wird. Flüssigkeiten mit großer Oberflächenspannung breiten sich deshalb nur schwer auf ebenen Scherbenoberflächen aus, sie benetzen die Oberflächen schlecht. Kommen hohe Oberflächenspannung, hohe Viskosität und schlechte Haftfestigkeit der Glasurschicht auf dem Scherben zusammen, so schmilzt die Glasurschicht meist nicht zu einer glatten, zusammenhängenden Fläche aus, sondern zieht sich insel- und tropfenförmig zusammen. Weil die Oberflächenspannung mit steigender Temperatur geringer wird, kann in einem solchen Fall höhere Brenntemperatur diesen Fehler beseitigen.

Die Ursache der Oberflächenspannung von Flüssigkeiten ist darin zu sehen, daß die in der Oberfläche befindlichen Moleküle, Ionengruppen oder Ionen und Atome bindungsmäßig vorwiegend in Richtung auf das Innere der Flüssigkeit abgesättigt sind und die Flüssigkeit bestrebt ist, den Zustand der geringsten Energie, der kleinsten Oberfläche, einzunehmen. In der Oberflächenschicht von Glasurschmelzen reichern sich auch deshalb oft die Komponenten an, welche die Oberflächenspannung besonders stark beeinflussen, so daß eine gewisse Entmischung gegenüber der Zusammensetzung der Glasurschicht direkt über dem Scherben eintritt.

Eine schlechte Benetzbarkeit des Scherbens durch die Glasurschmelze wird auch durch einen staubigen oder fettigen Scherben verursacht, so daß trotz gleichmäßigem Auftrag die Glasur beim Schmelzen sich tropfenartig zusammenziehen kann, oder gar abrollt und abfällt. Ein ungleichmäßig dicker Auftrag, Risse in der rohen Glasurschicht und hohe Oberflächenspannung bei beginnendem Schmelzen fördern diesen Fehler.

Je niedriger die Oberflächenspannung der Glasurschmelze ist, desto gleichmäßiger wird die Glasurschicht, desto glatter wird deren Oberfläche, desto leichter können Blasenbildungen, Krater und Nadelstiche wieder zusammenlaufen, desto glänzender wird die Oberfläche der erstarrten Glasur.

Berühren sich zwei Glasuren mit recht unterschiedlicher Oberflächenspannung oder werden sie übereinander aufgetragen, so wird sich immer diejenige mit der kleineren Oberflächenspannung auf der Oberfläche der anderen ausbreiten wollen, d. h. die Glasur mit der kleineren Oberflächenspannung läuft in die mit der größeren hinein oder durchbricht die darüberliegende Glasurschmelze, wenn sie als untere Schicht aufgetragen wurde.

Diese Tatsache wird zu Dekorzwecken ausgenutzt, ebenso ergibt das Zusammenziehen der Glasurschicht durch sehr hohe Oberflächenspannung bei geeigneter Anwendung dekorative Möglichkeiten (sog. Schlangenhautglasuren). Sehr stark verändernd auf die Oberflächenspannung von Glasurschmelzen wirken Zusätze von Vanadinoxid, Molybdänoxid und die Oxide des Schwefels.

Die Oberflächenspannung läßt sich additiv aus der prozentualen oxidischen Zusammensetzung der Glasur berechnen, was in W. Lehnhäuser: Chemisches und technisches Rechnen im keramischen Bereich, 2. Auflage, Freiburg 1983, näher beschrieben ist. Siehe auch Parmelee[111], Salmang u. Scholze[132], Hinz[59]. Eine angenäherte Reihenfolge der Wirksamkeit der Oxide auf die Oberflächenspannung gibt folgende Übersicht:

1.4.2.4

MgO	↑	
Al₂O₃		Steigender Anteil
ZrO₂		erhöht die
ZnO		Oberflächen-
CaO		spannung der
SnO₂		Glasurschmelze
Cr₂O₃		
NiO		
BaO		
SrO		
Fe₂O₃		
SiO₂		
TiO₂		Steigender Anteil
Li₂O		senkt die
Na₂O		Oberflächen-
K₂O		spannung der
B₂O₃		Glasurschmelze
PbO	↓	

Die Höhe der Brenntemperaturen und die Viskosität der Schmelze machen die Wirkung oft nicht eindeutig sichtbar, ebenso die Auswirkungen der Ofenatmosphäre. Die Reihenfolge muß demnach nicht in jedem Fall gültig sein.

Oberflächenspannung, Viskosität und allgemeines Schmelzverhalten müssen in der Regel immer in Verbindung mit der jeweiligen Brenntemperatur als komplexer Eigenschaftsbereich gemeinsam betrachtet werden, vor allem auch dort, wo bestimmte Fehler beseitigt werden sollen oder wo nur eine dieser Eigenschaften ohne Veränderung der anderen beeinflußt werden soll.

Folgende Übersicht gibt die Oberflächenspannung verschiedener Schmelzen an:

Oberflächenspannung von Schmelzen (nach Scholze[137])

Temperatur °C	Schmelze	Oberflächenspannung mN/m
25	Wasser	72
900	Boroxid B_2O_3	80
2150	Aluminiumoxid Al_2O_3	550
1800	Siliziumoxid	307
1000	Glas mit 16% Na_2O 10% CaO 74% SiO_2	316
1000	Glas mit 20% Na_2O 10% B_2O_3 70% SiO_2	265
1000	übliche Glasuren durchschnittlich	250–280

Zur Veranschaulichung: Quecksilber, das sich auf fast jeder Oberfläche zu Kügelchen zusammenzieht, hat bei Zimmertemperatur eine Oberflächenspannung von rund 470 mN/m. Das gegenteilige Extrem zeigen die sich fast unbegrenzt ausbreitenden Öle wie zum Beispiel Petroleum; dieses hat eine Oberflächenspannung von nur etwa 25 mN/m.

Näheres zum Phänomen Oberflächenspannung siehe: Salmang u. Scholze[132].

1.4.2.5 Das Verdampfen von Glasurbestandteilen und die Bildung gasförmiger Reaktionsprodukte aus der Glasur

Bei höheren Temperaturen verdampfen stets Teile aller in der Glasur enthaltenen Oxide. Dabei verdampft um so mehr, je höher die Brenntemperatur steigt und je größer die Turbulenz und Strömungsgeschwindigkeit der Ofenatmosphäre ist. Folgende Oxide sind besonders leicht flüchtig:

MoO_3
PbO
CuO
Na_2O
K_2O
B_2O_3
Cr_2O_3
CdO

Als Chloride sind viele Verbindungen, auch der färbenden Metalle, besonders leicht verdampfbar. Ebenso sind Fluoride als solche oder nach Umsetzung zu Siliciumfluorid oder HF leicht flüchtig. Die Flüchtigkeit der Chloride hat vor allem im Salzbrand eine große Bedeutung (vgl. Abs. 2.1).

Folgen des Verdampfens von Glasurbestandteilen:

1. Verflüchtigen sich vor allem die Flußmitteloxide PbO, Na_2O, K_2O oder B_2O_3, so kann dadurch deren Anteil so gering werden, daß die Glasur nicht mehr richtig schmilzt. Das Verdampfen kann durch größere Anteile an SiO_2, Al_2O_3, CaO, MgO und die Benutzung von Fritten im Glasurversatz stark eingeschränkt werden.

2. Verdampfen färbende Oxide wie CuO, Cr_2O_3 oder MoO_3, so können auch sie in der Glasur fehlen, was aber meist nicht so deutlich wird. Schlimmer ist die Tatsache, daß sich diese verdampften Oxide auf benachbarten anderen Glasuren niederschlagen und oft zu unerwünschten Verfärbungen beitragen. So werden SnO_2-getrübte weiße Glasuren leicht rosa bei Kontakt mit Cr_2O_3-Spuren. Im reduzierenden Brand werden auch oft weiße Glasuren (vor allem die Nephelin-Syenit-Glasuren) rosa durch Anflug von verdampftem Kupferoxid (siehe auch Abs. 1.5.5, Seite 77 ff., sowie Abs. 2.1).

3. Besonders störend wirkt sich das Verdampfen und das Niederschlagen der verdampften Oxide auf die Brennhilfsmittel aus, die sich dadurch mit einer glasigen Schicht überziehen können, die dann bei jedem nachfolgenden Brand wieder flüssig-klebrig wird. Vor allem Brennhilfsmittel aus Siliciumcarbid und Steingutmassen sind in dieser Hinsicht sehr reaktionsfreudig. Man schützt deren Oberflächen deshalb durch Anstriche aus Kaolin + Quarz oder aus reinem Aluminiumoxid.

4. Der Niederschlag auf Brennhilfsmitteln (Kapseln, Stützen und Platten) und den Ofenwänden kann im nachfolgenden Brand die Qualität der Glasuroberflächen beeinträchtigen, indem diese Niederschläge erneut flüchtig werden. Hier sind vor allem MoO_3, PbO, Cr_2O_3 und CuO als schädlich bekannt geworden.

Beim Brennen der Glasurschicht werden in der Aufheizphase vor allem Wasserdampf H_2O und Kohlendioxid CO_2 als gasförmige Stoffe freigesetzt. H_2O-Dampf entsteht aus den Tonmineralen im Kaolin oder Ton, aus Talkum und Glimmer und aus kristallwasserhaltigen Carbonaten und Boraten. Geschieht eine solche Wasserdampfabspaltung oberhalb der Erweichungstemperatur der Glasur (bei Talkum und Colemanit möglich), so können daraus Fehler in der Glasurschicht entstehen, vor allem wenn sehr schnell aufgeheizt wird.

Die CO_2-Abspaltung aus Carbonaten erfolgt zwischen 450 und 900 °C. Ist die Glasur schon flüssig, wenn noch CO_2 z. B. aus dem Kalkspat des Versatzes frei wird, so ergibt sich eine deutliche Blasenbildung.

Mn_2O_3, MnO_2, Co_2O_3, Co_3O_4, Fe_2O_3 spalten Sauerstoff ab, wenn sie sich aufgrund hoher Temperaturen in ihre zweiwertigen Oxidationsstufen umwandeln oder aufgrund reduzierender Einflüsse als zweiwertige Oxide in der Glasur in Lösung gehen. Weil das in der Regel erst dann passiert, wenn die Glasur flüssig wird oder ist, werden dadurch in der Glasurschicht auch Bläschen, Nadelstiche oder große Blasen gebildet. Das geschieht auch bei Verwendung der genannten Oxide als Unterglasurfarbe oder in Engoben oder bei Pyrit- bzw. Eisenoxid-Verunreinigungen im Scherben. In hochviskosen Glasurschmelzen entstehen so leicht Oberflächenfehler, die unter Umständen durch die Benutzung von Farbfritten als Färbemittel vermeidbar sind, und durch »luftiges« Brennen verringert werden können.

1.4.2.6 Reaktionen der Schmelze mit der Ofenatmosphäre

Beim oxidierenden Brand enthält das Ofeninnere neben Stickstoff, evtl. Kohlendioxid und Wasserdampf auch noch Sauerstoff, weil mit Luftüberschuß gebrannt wird oder das Ofeninnere Luftzufuhr von außen bekommt. Dadurch kann Sauerstoff in die Glasurschicht diffundieren und alle Verbindungen in der Glasurschmelze werden voll oxidiert vorliegen, was die üblichen bekannten Farben und Oberflächen bewirkt.

Bei neutralem Brand (wie er im Elektro-Ofen normalerweise vorliegt) ist kein Luftüberschuß vorhanden. Der ursprünglich bei Beginn des Brennens im Ofeninneren vorhandene Sauerstoffanteil der Luft wird unter Umständen für die Verbrennung organischer Verunreinigungen und andere Oxidationsvorgänge im Anfang des Brandes verbraucht, so daß im Temperaturbereich des Garbrandes vielfach sogar leicht reduzierende Verhältnisse herrschen können. Denn solange die Temperatur im Ofen steigt, dehnt sich die Ofenatmosphäre aus und es strömt keine Frischluft in das Ofeninnere, wenn nicht extra »gelüftet« wird. Das geschieht erst wieder beim Abkühlen, wenn sich das Gasvolumen im Ofenraum durch die Abkühlung zusammenzieht.

Beim reduzierenden Brand, der unter Sauerstoffmangel stattfindet, befinden sich in der Ofenatmosphäre stets noch brennbare, oxidierbare Bestandteile (z. B. gasförmiges H_2 oder CO, oder fester Kohlenstoff, Ruß), die den Oxiden in der Glasurschmelze den Sauerstoff zu entziehen versuchen. Die Wanderung des Sauerstoffs aus der Glasur in die Ofenatmosphäre oder in die Glasur hinein geschieht in niedrigviskosen, dünnflüssigen Schmelzen bedeutend leichter und schneller als in hochviskosen Glasuren.

Entsteht Ruß im Ofeninneren aus gasförmigen Kohlenwasserstoffen oder aus CO gemäß der Gleichung $CO + CO \rightarrow CO_2 + C$, bevor die Glasur geschmolzen ist, so kann dieser Kohlenstoff in den Poren der Glasurschicht wie in denen des Scherbens abgelagert werden und wird beim Schmelzen, beim »Schließen« der Glasuroberfläche leicht mit eingeschlossen. Je nach Menge, Korngröße und Verteilung dieses Kohlenstoffs kann es gelbe, braune, graue oder schwarze Verfärbungen der Glasur ergeben.

Glasurschmelzen nehmen auch Wasserdampf in merklichen Mengen auf, wenn dieser in der Ofenatmosphäre bei hohen Temperaturen enthalten ist. Gelöstes H_2O mindert dabei die Viskosität der Glasurschmelze, so daß dadurch eine Kristallisation der Glasuroberfläche gefördert wird und Austauschvorgänge mit der Ofenatmosphäre beschleunigt werden können.

SO_2^{2-}/SO_3^{2-} in der Ofenatmosphäre, das aus dem Schwefelgehalt des Brennstoffs stammen kann oder aus oxidierten Pyritverunreinigungen des Scherbens, reagiert gerne mit den Erdalkalioxiden (BaO, MgO, CaO) der Glasuroberfläche zu Sulfaten, die dann als weißmatte, manchmal krustig-faltige Oberfläche sichtbar werden können.

1.4.2.7 Reaktionen mit dem Scherben – Das Lösevermögen der Glasurschmelze – Die Bildung der Zwischenschicht

Reaktionen der Glasurschmelze mit dem Scherben sind wichtig für Haltbarkeit und Haftfestigkeit der Glasurschicht auf dem gebrannten Scherben.

Ein kontinuierlicher Übergang vom Scherben zur Glasur, wie er bei den alkalischen Glasuren des salzglasierten Steinzeugs oder den kupferblauen Glasuren des alten Ägyptens (durch wasserlösliche Alkaliverbindungen im Scherben entstanden) auftritt, bietet dafür die beste Gewähr, erfordert aber beim Steinzeug hohe Brenntemperaturen und einen Scherben mit großem Anteil an Glasphase, wie es auch beim Porzellan der Fall ist, so daß sich Glasurschmelze und Glasphase miteinander verbinden.

Bei anderen Glasurarten und niedrigen Brenntemperaturen ist die Zwischenschicht, der Übergangsbereich Scherben-Glasur, wo beide mehr oder weniger innig miteinander verzahnt sein sollten, maßgeblich für die Haftfestigkeit der erstarrten Glasurschicht.

Die Glasurschmelze kann Bestandteile des Scherbens (Tonteilchen, Quarz, Cristobalit, CaO und MgO usw.) lösen, da sie als Flüssigkeit leichter beweglich ist und reicher an kräftigen Flußmitteln. Dabei soll das Lösevermögen der Schmelze, welches durch hohe Anteile an Alkalioxiden und PbO besonders groß wird, aber nicht so groß werden, daß der Scherben »angefressen« wird. Das läßt sich aber durch angemessene Teile von Al_2O_3 und SiO_2 in der Glasur regeln.

Eine gute Ausbildung der Zwischenschicht, die besonders ausgleichend auf durch unterschiedliche Wärmedehnung von Glasur und Scherben hervorgerufene Spannungen wirken kann, ist vor allem bei niedrigen Brenntemperaturen und porösem, nicht sehr festem Scherben mit geringem oder fehlendem Glasphasenanteil wichtig – wenn man sie eben nicht fast automatisch durch hohe Brenntemperaturen und Sintern des Scherbens erreichen kann.

Ermöglicht wird das durch:

1. Glasuren mit guter Benetzungsfähigkeit (niedrige Oberflächenspannung), also PbO- oder B_2O_3-reiche Glasuren.
2. Glasuren mit niedriger Viskosität der Schmelze
3. Basische Glasuren für »sauren« Scherben, d. h. Glasuren mit niedrigem SiO_2-Gehalt für quarzreiche Scherben
4. »Saure« Glasuren für kalkreiche Scherben
5. Gutes Lösevermögen der Glasurschmelze durch ausreichenden Gehalt an Alkali-, Blei- und Boroxiden.
6. Lange Brenndauer und ausreichend langes Halten der Garbrandtemperatur.

Dabei ist es nicht gleichgültig, ob auf rohen oder geschrühten Scherben glasiert wurde; rohglasierte Stücke zeigen oft bessere und stärke Reaktionen zwischen Scherben und Glasur als geschrüht glasierte. Allerdings ist die Benetzung des rohen Scherbens durch die schmelzende Glasur meist schlecht, vor allem wenn es bleifreie Glasuren oder hochviskose Frittenglasuren sind.

Ob ein Scherben ein »guter oder schlechter Glasurträger« ist, muß deshalb aus der Zusammensetzung von Scherben und Glasur gemeinsam beurteilt werden.

Das Lösevermögen der Schmelzen steigt mit der Temperatur, weil dadurch die Viskosität niedriger wird. Alle Flußmittel, die die Viskosität stark senken, verstärken damit die Lösekraft der Schmelze. Dadurch wird auch ersichtlich, daß besonders die stark basischen Schmelzen mit dem Scherben stark reagieren und auch Engoben und Unterglasurdekore stark lösen und angreifen. Solche Schmelzen brauchen auch zur Färbung mehr Pigmente oder färbende Substanz als die hochviskosen neutralen bis sauren Glasurschmelzen mit hohem Al_2O_3- und SiO_2-Gehalt.

Li_2O ↑
Na_2O |
K_2O | steigender Anteil verstärkt das Lösevermögen
PbO | der Glasurschmelze
BaO |
B_2O_3 |
CaO
ZnO
MgO
TiO_2
ZrO_2
SiO_2 | steigender Anteil verringert das Lösevermögen
SnO_2 | der Glasurschmelze
Al_2O_3 ↓

Oft sind starke Reaktionen zwischen Scherben und Glasur nicht erwünscht:

wenn dadurch eine verstärkte Blasenbildung in der Glasur verursacht wird, was meist beim »Überfeuern« geschieht; wenn eine basische Mattglasur dadurch zuviel SiO_2 aus dem Scherben aufnimmt und somit glänzend erstarrt, anstatt matt zu werden – oft bei etwas zu dünner Glasurlage zu beobachten;

wenn eine farblos transparente Glasur eine darunterliegende Engobe zu stark auflöst;

wenn eine hellfarbig deckende Glasur dadurch aus einem rotbrennenden Scherben zuviel Eisenoxid herauslöst und sich zu stark färbt.

Vielfach löst die Glasurschmelze auch entstehende Kristallbildungen wieder auf, wenn etwas zu hoch oder zu lange gebrannt wird.

Ist das Lösevermögen der Glasurschmelze zu gering, wird oft der Quarz des Glasurversatzes nicht völlig gelöst und es können etwas rauhe oder leicht getrübe Glasurschichten entstehen.

Blasenbildung ist zu erwarten, wenn während des Schmelzens der Glasur noch CO_2 (aus Carbonaten oder Verbrennung von organischen Bestandteilen wie Kohlenstoff usw. resultierend) oder Sauerstoff (meist aus Eisenoxiden) aus dem Scherben entweicht.

1.4.2.8 Entmischung im schmelzflüssigen Zustand

Allgemein gilt, daß silikatische Schmelzen, wie sie als Glasuren und Gläser vorliegen, in der Regel eine homogene »Lösung« aller Bestandteile darstellen.

Es gibt aber auch eine Reihe von Schmelzen, die nur teilweise oder nicht miteinander mischbar sind, so daß sich eine schmelzflüssige Phase mit bestimmter Zusammensetzung in Form von feinsten Tröpfchen oder Schlieren in der anders zusammengesetzten schmelzflüssigen Glasur mehr oder weniger gleichmäßig verteilt befindet, oder sich sogar schichtartig aus der Gesamtschmelze separiert. Solche Entmischungserscheinungen treten oft nur unterhalb bestimmter Temperaturen auf und sind an bestimmte Zusammensetzungen gebunden. Sie sind vor allem in borreichen Silikatschmelzen mit höherem Gehalt an CaO und/oder ZnO und/oder Li_2O beobachtet worden und in phosphathaltigen Schmelzen. Die Trennung der Glasurschmelze in zwei flüssige Phasen kann als erwünschte oder unerwünschte Trübung in der erstarrten Glasurschicht sichtbar werden (bekannt als Borschleier!), kann aber auch Anlaß zu besserer Kristallisation sein. Diese Tatsache wird zur Verbesserung der Ausscheidungstrübung genutzt, ist auch bei den Trübungen durch Zinkoxid in den SiO_2- und B_2O_3-reichen Glasuren wesentlich. Näheres siehe Parmelee[111], wo auch weitere Literaturangaben zu finden sind, sowie in Abs. 2.3, Opake Glasuren, Seite 185 ff.

1.4.2.9 Entglasung und Kristallisation

Der glasige Zustand ist für Festkörper eine Art Ausnahme. Viele Gläser oder Glasuren lassen sich in entsprechend langer Zeit und bei entsprechender Temperaturbehandlung in den kristallinen Zustand (= Zustand der geringsten freien Energie) überführen. Kristallisationsneigung ist aber ausschließlich oberhalb der Transformationstemperatur vorhanden, wenn nämlich die Bausteine des Glasnetzwerks und damit die Bausteine entstehender Kristalle eine gewisse Beweglichkeit haben. Der kritische Bereich für eine Entglasung in einer unterkühlten Schmelze liegt bei einer Viskosität von etwa 10^4 Pa.s; d. h. wenn die Zähigkeit einer Schmelze größer wird, kann keine Kristallisation mehr stattfinden

Kristallisationsneigung und Kristallisationsgeschwindigkeit sind unter anderem auch stark von der chemisch-oxidischen Zusammensetzung der Glasur abhängig. Kristallbildung tritt umso eher ein, je mehr die Glasur im Komponentenverhältnis einer bestimmten silikatischen Mineralverbindung entspricht, die sich als einzige kristalline Phase ausscheiden könnte. In keramischen Glasuren treten deshalb als häufigste kristalline Phasen z. B. Anorthit, Wollastonit, Celsian, Leucit, Cordierit, Mullit auf. Sehr hohe Konzentrationen mancher Oxide, die bei hohen Temperaturen in der Glasurschmelze gelöst vorliegen, können bei Abkühlung als solche kristallin in der glasigen Matrix der Glasur ausgeschieden werden, wie etwa TiO_2 in Form von Rutilkristallen oder Fe_2O_3 in Form von Hämatitplättchen.

Die Neigung zur Entglasung, zur Kristallisation bei der Abkühlung wird aber auch durch die Bildung, bzw. das Vorhandensein von Kristallisationskeimen bestimmt, die sich an Stellen höherer Ordnung im Glasnetzwerk zu bilden vermögen. Solche Kristallkeime können auch nicht völlig aufgelöste Rohstoffteilchen des Versatzes sein; an Phasengrenzflächen (d. h. an der Oberfläche von Bläschen oder Entmischungströpfchen einer flüssigen Phase) können besonders leicht Keimbildung und Kristallwachstum einsetzen, ebenso natürlich an der Oberfläche der Glasurschicht.

Bei der Abkühlung von Glasurschmelzen können zwei sich überschneidende Temperaturbereiche unterschieden werden, in denen einmal eine maximale Geschwindigkeit der Keimbildung feststellbar ist und zum anderen die gebildeten Keime besonders schnell zu Kristallen heranwachsen. Der Bereich des maximalen Kristallwachstums liegt in der Regel oberhalb des Keimbildungsbereichs.

Je einfacher eine Glasur zusammengesetzt ist (z. B. 1,0 PbO – 3,0 SiO_2), desto eher neigt sie zur Entglasung, wenn nämlich eine Komponente stark überwiegt. Die Ausscheidung einer kristallinen Phase kann das ursprünglich transparente Glas trübe, opak werden lassen, ohne daß der Oberflächenglanz wesentlich geringer wird, oder kann auch die Oberfläche mattieren und uneben, rauh werden lassen. Eine erwünschte Entglasung haben wir dann bei den weißgetrübten Glasuren und bei den Matt- oder Kristallglasuren, welche durch die Zusammensetzung und die Art des Brennens und Abkühlens absichtlich zur Kristallisation gebracht werden.

SiO_2, Al_2O_3, B_2O_3 behindern die Kristallisation, weil sie stabile Netzwerke bilden und durch die Erhöhung der Viskosität der Schmelze Kristallbildung und -wachstum stark hemmen, vor allem, wenn nach Erreichen der Schmelztemperatur schnell abgekühlt wird. Dagegen führt eine Steigerung des Gehalts an ZnO, TiO_2, MgO, CaO, SrO, BaO in einer transparent glänzenden Glasur schnell zu kristallinen Ausscheidungen in Form von Trübung und/oder Mattierung der Oberfläche. Das Ergebnis sind dann meist Mattglasuren, die im Vergleich zu glänzend erstarrten Glasuren kleinere Anteile von SiO_2 und Al_2O_3 aufweisen (= basisch matte Glasuren, siehe Abs. 2.4.2.2)

Hohe Anteile an TiO_2, ZrO_2 oder SnO_2 ergeben die sauren Mattglasuren.

Typische Mattglasuren sollen beim Abkühlen viele Kristallkeime bilden, die aber dann nicht zu sichtbaren Einzelkristallen heranwachsen dürfen, so daß eine homogen erscheinende matte, aber glatte Oberfläche entsteht. Die dazu passende Abkühlgeschwindigkeit muß experimentell gefunden werden.

Eine reduzierende Ofenatmosphäre, die auch Wasserdampf enthält, fördert in der Regel eine Kristallisation silikatischer Glasurschmelzen ebenso wie sehr langsames Abkühlen.

Besonders gute Kristallbildner sind folgende Oxide:

TiO_2: geeignet für alle Temperaturen und in fast allen Glasurzusammensetzungen, weil es sich leicht beim beginnenden Abkühlen in der Form des Anatas oder Rutil ausscheidet oder Titanate bilden kann. In zähflüssigeren Schmelzen mattiert es selbst oder dient als Kristallisationskeim für andere Kristallbildungen; in dünnflüssigen Schmelzen kann es bei langsamer Abkühlung sehr lange, nadelförmige Kristalle bilden. In Verbindung mit ZnO entstehen oft radialstrahlig kristallisierte und zonar gefärbte Aggregate.

ZnO: gut geeignet als Mattierungsmittel für niedrige Brenntemperaturen bis SK 1a und als Zusatz für Kristallbildungen bis cm-Größe in dünnflüssigen Schmelzen, die dann für höhere Temperaturen und langsame Abkühlung bestimmt sind. Die entstehenden Zinksilikatkristalle, deren Zusammensetzung sehr variabel sein kann, sind leisten- bis nadelförmig und gruppieren sich gern zu sternförmigen und radialstrahligen Formen, die manche Farbstoffe auch selektiv ins Kristallgitter einbauen (z. B. CoO, NiO, CuO), so daß gefärbte Kristalle in farblosem oder schwächer gefärbtem Grund sichtbar werden. Die Kristalle bewirken eine deutlich kleinere Wärmedehnung der Glasurschicht.

BaO: dient als Mattierungsmittel in Glasuren für niedrige und für hohe Brenntemperaturen durch Bildung kristalliner Bariumsilikate mit variabler Zusammensetzung. Diese bekommen bei hohen Brenntemperaturen ähnlichen Brechungsindex wie die Glasurmatrix, so daß fast transparent erscheinende Mattglasuren entstehen können. Zusammen mit ZnO ergibt BaO gut zu färbende sehr glatte Mattglasuren in beinahe allen Brenntemperaturbereichen, die bei leichtem Überfeuern über die eigentliche Schmelztemperatur hinaus lebhafte Kristallflecken bekommen. Diese sind oft stärker getrübt oder anders gefärbt als die restliche Oberfläche.

Li_2O: wird vor allem dort benutzt, wo man der Glasurschicht einen möglichst niedrigen Wärmeausdehnungskoeffizienten verleihen möchte, denn Lithiumoxid kann mit Al_2O_3 und SiO_2 kristalline Silikate mit sehr kleinem oder sogar negativem Ausdehnungskoeffizienten bilden. Empirische Versuche haben ergeben, daß Kristalle mit dem Molverhältnis 1:1:2 zwischen $Li_2O:Al_2O_3:SiO_2$ einen Wärmeausdehnungskoeffizienten von $-80 \cdot 10^{-7}$ aufweist, das Verhältnis 1:1:1 und 1:1:4 einen WAK von etwa $10 \cdot 10^{-7}$/K.

Li_2O anstelle von Na_2O oder K_2O in der Glasurformel fördert das kristalline Erstarren von Glasurschmelzen.

CaO: wird vor allem als Mattierungsmittel in Glasuren für niedrige Brenntemperaturen eingesetzt, ist aber auch im höheren Temperaturbereich gut brauchbar, wo man jedoch besser eine Kombination mit MgO nimmt, indem man Dolomit als Versatzrohstoff verwendet.

MgO: wird als Mattierungsmittel bei allen Temperaturen benutzt; die Dosierung ist bei niedrigen Brenntemperaturen nicht so einfach, weil dann die Glasuroberflächen schnell zu rauh werden. Neben TiO_2 ist MgO aber das ideale Mattierungsmittel für sehr hohe Brenntemperaturen im Steinzeug- und Porzellanbereich.

Weitere Angaben und Besonderheiten siehe in Abs. 2.4.

Die Kristallisation der Glasurschicht hat zur Folge, daß diese Schicht auch ihre typischen Glaseigenschaften verliert: ein Transformationsbereich wird undeutlich, die Isotropie verschwindet, die Eigenschaften verändern sich je nach Größe, Anordnung und Ausrichtung der kristallinen Phasen stark. Siehe auch Hinz[59], Parmelee[111], Salmang u. Scholze[132], Sanders[134].

1.4.3 Die Eigenschaften der erstarrten Glasurschicht

Damit ein glasiertes keramisches Produkt seinen Gebrauchszweck optimal erfüllen kann, muß seine Glasur bestimmten Anforderungen genügen und bestimmte Eigenschaften haben, die sich besonders auf den Bereich der mechanischen und chemischen Beständigkeit, der Farbe und der Haftung auf dem Scherben erstrecken. Beim Gebrauchsgeschirr oder bei technischer Keramik werden meist die höchsten Anforderungen an die Glasuroberflächen gestellt, das gleiche gilt für Fußbodenfliesen.

1.4.3.1 Die Wärmedehnung

Das Maß der Wärmedehnung wird als Wärmeausdehnungskoeffizient (WAK), d. h. als Längenänderung in mm pro mm ursprünglicher Länge (bei 20 °C) und pro Kelvin Temperaturerhöhung im Bereich zwischen Zimmertemperatur und Transformationstemperatur der Glasur angegeben. Weil das Maß der Wärmedehnung aber nicht linear mit steigender Temperatur größer wird, wird der mittlere WAK angegeben. Als Symbol für den WAK steht der griechische Buchstabe α.

Der mittlere lineare WAK von Glasuren liegt im Bereich zwischen $40 \cdot 10^{-7}/K$ und $180 \cdot 10^{-7}/K$. Der kubische Ausdehungskoeffizient ist angenähert 3mal so groß.

Die Dehnungswerte lassen sich nicht nur mit dem Dilatometer bestimmen, sondern können auch angenähert aus der Zusammensetzung errechnet werden. Sie stimmen aber oft nicht mit den tatsächlichen Werten überein. Näheres dazu siehe Hinz[59] und bei Werner Lehnhäuser, Chemisch-Technisches Rechnen im keramischen Bereich[91].

Die Stabilität der Verbindung Glasur-Scherben hängt nicht nur von der absoluten Größe der WAK-Unterschiede ab, sondern auch vom zeitlichen, bzw. temperaturabhängigen Eintreten dieser Unterschiede beim Abkühlen, die durch sprunghafte Veränderung der Dehnung bzw. Kontraktion des Scherbens hervorgerufen werden, wie in den beiden Diagrammen auf Seite 37 dargestellt (Abb. 11).

Es kann aufgrund des Cristobalitgehalts im Scherben durchaus passieren, daß eine Glasur kurz nach dem Erstarren erst unter Zugspannung gerät und Haarrisse bekommt, aber danach im Bereich unterhalb ca. 280° C hohe Druckspannungen aushalten muß.

Je dünner allerdings die Glasurschicht ist, desto größer wird ihre Elastizität und desto weniger machen sich Unterschiede im Wärmeausdehnungskoeffizienten bemerkbar.

Der Einfluß der verschiedenen Oxide auf den WAK von Glasuren läßt in der Reihenfolge ihrer Wirkung folgende Ordnung zu:

(Li_2O) ↑
Na_2O — WAK wird vergrö-
K_2O — ßert mit steigendem
SrO — Anteil in der Glasur
(Cr_2O_3)
(Al_2O_3) — Bei den in Klammer angegebe-
CaO — nen Oxiden ist die Wirkung
(BaO) — sehr veränderlich je nach übri-
CoO — ger Glasurzusammensetzung,
TiO_2 — Menge und dem Auftreten kri-
NiO — stalliner Ausscheidungen.
Fe_2O_3 — Dies wird besonders beim Li_2O
Al_2O_3 — und beim MgO deutlich. Ver-
Sb_2O_3 — schiedene Autoren geben auch
PbO — unterschiedliche Werte an.
(BaO) — Al_2O_3 verändert den WAK
CuO — kaum, gehört also nach allge-
MnO — meiner Erfahrung eher in die
ZrO_2 — Mitte der Reihe. Die Reihen-
SnO_2 — folge kann nur ungefähre
P_2O_5 — Orientierung sein.
ZnO
(Al_2O_3) — WAK wird verringert
(MgO) — mit steigendem
SiO_2 — Anteil in der Glasur
B_2O_3 ↓

1.4.3.2 Die Oberflächenausbildung

Die Ausbildung der Oberfläche einer Glasurschicht kann je nach Zweckbestimmung des glasierten Gegenstandes sehr verschieden gewünscht sein, von spiegelnd glatt und hochglänzend bis uneben stumpf matt mit allen dazwischenliegenden Übergängen, was von der Größe und der Form der Unebenheiten abhängig ist.

1.4.3.2.1 Glätte und Glanz der Oberfläche

Die Oberfläche der erstarrten Glasur wird glatt und hochglänzend, wenn keinerlei Störung der ebenen Oberfläche vorliegt und keinerlei Unebenheiten im Glasurspiegel auftreten. Störungen in der Scherbenoberfläche müssen von der ausreichenden Stärke der Glasurschicht ausgeglichen werden, d. h. die Glasurschicht muß dicker sein als die größten Unebenheiten des Scherbens. Zusätzlich muß die Glasur absolut glasig erstarrt sein. Es dürfen sich unterhalb der Oberfläche höchstens extrem kleine Ausscheidungen befinden. Blasen und Bläschen in der Glasurschicht beeinflussen den glatten Spiegel immer mehr oder weniger negativ.

Niedrige Viskosität und zugleich niedrige Oberflächenspannung gestatten es der Glasurschmelze, innerhalb kurzer Zeit alle Oberflächenunebenheiten, die etwa durch aufbrechende Blasen beim Brennen entstehen, wieder glattfließen zu lassen und grobkörnige Versatzteilchen schnell genug aufzulösen. Nach dem völligen Glattfließen der Oberfläche im Garbrand kann dann schnelle Abkühlung eventuell störende Kristallbildungen bremsen oder ganz vermeiden helfen. Stark oxidierende Ofenatmosphäre ist meistens förderlich oder sogar unbedingt nötig.

Von der Zusammensetzung her wird Glanz und glatte Oberfläche gefördert durch:

hohen Anteil von SiO_2, B_2O_3, PbO
ausreichenden Anteil von Al_2O_3 (meist $\frac{1}{10}$ des SiO_2-Gehalts) und CaO (meist 0,1 bis 0,2 Mol) sowie
kleine Anteile von MgO, ZnO, BaO und Alkalioxiden, die aber 0,05 bis 0,1 Mol nicht übersteigen sollten.

SiO_2 soll dabei möglichst nicht als Quarz eingeführt werden, sondern besser in Form von Feldspat und anderen Silikaten, oder als Ton oder in Frittenform. Eine sehr komplexe Zusammensetzung aus vielen Oxiden und Rohstoffen ist zu empfehlen, wenn man nicht als Hauptrohstoff geeignete Fritten einsetzen kann.

Bei der Färbung wirken die Lösungsfärbungen auf den Glanz eher positiv als die Pigmentfärbungen, weil die Farbpigmente oft Schmelztemperatur und Viskosität der Glasurschmelze erhöhen. Alle Einflüsse, die stärkere und gröbere Kristallisation begünstigen, müssen vermieden werden. Der Versatz soll so fein wie möglich gemahlen sein und schon der Glasurauftrag soll so erfolgen, daß dadurch keine ungleiche Auftragsstärke und keine Störungen in der Haftung der Schicht auf dem Scherben entstehen können.

1.4.3.2.2 Matte, nicht glänzende Oberflächen

Eine unebene, mehr oder weniger rauhe Oberflächentextur kann auf verschiedene Art und Weise entstehen:

1. wenn der Glasurversatz nur gesintert, nicht geschmolzen ist, wenn also die Schmelztemperatur nicht erreicht wurde;
2. wenn ein Teil des Glasurversatzes sich als nicht geschmolzene, nicht gelöste Körnchen in der sonst geschmolzenen Masse befindet und die Zahl dieser Teilchen groß ist;
3. wenn sich auf der Oberfläche der Glasurschmelze Sulfatabscheidungen bilden können;
4. wenn sich aus der Schmelze Kristalle ausgeschieden haben, die sich vor allem auf und in der Oberfläche befinden und den Oberflächenspiegel durchbrechen und uneben machen. Die Kanten und verschieden stehenden Flächen der Kriställchen ergeben eine kräftige Mattierungswirkung;
5. wenn die glatte glänzende Oberfläche durch chemischen oder mechanischen Angriff rauh und uneben wird, was man durch Mattschleifen oder auch Mattätzen mittels Flußsäure erreichen kann.

Der Grad der Mattierung kann von seidenglänzend, seidenmatt, glatt matt bis stumpf matt oder rauh matt variieren. Die einfachste Methode, matte aber gefühlsmäßig glatte Oberflächen zu erzeugen, ist die Kristallisation aus der Schmelze. Dabei soll in der Glasurformel der Anteil an SiO_2 gering sein, auf der Basenseite sollen die Erdalkalioxide und/oder ZnO überwiegen. Je nach gewünschter Brenntemperaturhöhe dürfen auch PbO oder B_2O_3 oder Al_2O_3 in größeren Anteilen enthalten sein, möglichst aber nicht gemeinsam. Durch einfaches Zusetzen von TiO_2 lassen sich viele fertige Glasuren, die eigentlich glänzend erstarren, in Mattglasuren verwandeln.

Werden die Oberflächen zu rauh, kann das durch Erhöhen der Viskosität – durch Zugabe von Ton oder Kaolin – bis zur richtigen Oberfläche verändert werden. Alle Vorgänge, die eine kleinteilige Kristallisation, eine starke Kristallkeimbildung fördern, sollten genutzt werden. Sturzkühlung verhindert oft eine gute Mattierung.

Über die Eigenschaften Transparenz und Trübung wird in den Abschnitten 2.2, Seite 153 ff. und 2.3, Seite 185 ff. ausführlich berichtet. Siehe auch Abs. 2.4., Seite 215.

1.4.3.3 Die Beständigkeit gegen chemische Beanspruchung

Eine allgemeine Beständigkeit gibt es nicht; man muß unterscheiden zwischen:

1. Beständigkeit gegenüber dem Angriff von Feuchtigkeit, Wasser, Wasserdampf, Witterungseinflüssen.
2. Beständigkeit gegen den Angriff von Säuren
3. Beständigkeit gegen den Angriff von Laugen

Allerdings wird ganz allgemein die Glasur widerstandsfähiger, wenn ihr Gehalt an Al_2O_3 und ZrO_2 so hoch wie möglich ist, wenn die Abkühlung nach dem Glattbrand so langsam wie möglich erfolgt und wenn die Glasurschicht spannungsfrei auf dem Scherben sitzt.

1.4.3.3.1 Wasserbeständigkeit

Reine Alkalisilikate sind nicht wasserbeständig und lösen sich mehr oder weniger schnell in Wasser auf (Wasserglas!). Ersatz von Na_2O und K_2O durch Li_2O verringert die Löslichkeit merklich, gleichzeitige Anwesenheit von Erdalkalioxiden und Al_2O_3 macht die Glasuren schnell unlöslich und beständig; d. h. auch Glasuren mit hohem Gehalt an Na_2O und K_2O werden ausreichend beständig gegen Feuchtigkeit, wenn sie gleichzeitig PbO und MgO/CaO und B_2O_3 und/oder ZnO und/oder BaO enthalten und ihr Gehalt an SiO_2 und Al_2O_3 nicht zu gering ist.

Schon die Luftfeuchtigkeit genügt, um nicht beständige Glasuren nach und nach anzugreifen, so daß sich an der Glasuroberfläche Alkalihydroxide und Alkalicarbonate abscheiden können.

Phosphatgläser sind auch nicht wasserbeständig, so daß Glasuren mit größerem Anteil an Alkaliphosphaten im Versatz oft nicht ausreichend beständig gegen Feuchtigkeit sind.

Beständigkeit gegen den sehr viel aggressiveren heißen Wasserdampf erreicht man durch möglichst hohen Gehalt an Al_2O_3 und SiO_2 (auch ZrO_2) und möglichst niedrigen Gehalt an Alkalioxiden. Dies ist meistens bei den Lehmglasuren und den Glasuren für Hartporzellan automatisch der Fall.

1.4.3.3.2 Säurebeständigkeit und Bleilöslichkeit

Die Säurefestigkeit wird zunehmend besser, wenn Na_2O durch K_2O, und K_2O durch Li_2O ersetzt wird, wenn die Alkalioxide durch PbO ersetzt werden, wenn Alkalioxide und PbO durch ZnO, CaO MgO, SrO, BaO ersetzt werden und wenn nur CaO, MgO, BaO mit B_2O_3, Al_2O_3 und SiO_2 in der Glasur enthalten sind. Alle gut säurebeständigen Glasuren zeichnen sich durch hohen Gehalt an SiO_2 und Al_2O_3 in der Formel aus. Auch die Oxide TiO_2, SnO_2 und ZrO_2 – also alle sauren Oxide – erhöhen selbstverständlich die Säurefestigkeit der Glasur, wobei SnO_2 und ZrO_2 besser sind als TiO_2.

Der Anteil an Alkalioxiden und PbO soll grundsätzlich so gering wie möglich sein, der Anteil an SiO_2, ZrO_2 und Al_2O_3 so groß wie möglich, wenn man gute Säurebeständigkeit haben will. Von den färbenden Oxiden darf dann CuO möglichst auch nicht vorhanden sein.

Wenn sich Zinksilikatkristalle bilden, sind diese auf Dauer auch nicht säurebeständig; sie werden auch schon von schwachen organischen Säuren nach und nach völlig aufgelöst.

Die Löslichkeit von Blei- und Cadmiumverbindungen aus der erstarrten Glasurschicht durch Einwirkung von sauren Speisen hat wegen deren Giftigkeit Bedeutung. Hier ist es bei Geschirrglasuren wichtig, daß beide so fest im Glas gebunden sind, daß bei der genormten Prüfung auf Blei- und Cadmiumlässigkeit nicht mehr als

0,5 bis 1 mg Pb/dm² geprüfter Fläche oder
2,5 bis 5 mg Pb/Liter geprüften Inhalts

von der Glasur an die Prüflösung (4%ige Essigsäure) abgegeben werden darf. Die zulässigen Cadmiumwerte betragen 1/10 der Bleiwerte. Siehe auch Abs. 1.7.7, Seite 115 ff. und DIN-Vorschrift 51032.

Bleireiche Glasuren enthalten deshalb besser neben dem PbO noch CaO, wenig B_2O_3 und mindestens 0,1 bis 0,2 Mol Al_2O_3 und mindestens 1,5 Mol SiO_2 in der Segerformel. Glasuren für hohe Brenntemperaturen benötigen weniger oder kein PbO als Flußmittel und sind deshalb besser für Geschirr geeignet.

1.4.3.3.3 Beständigkeit gegen Laugen und stark basische Reagentien

Beständigkeit gegen Laugenangriff ist schwieriger zu erreichen, weil stark basische Stoffe direkt das SiO_4-Netzwerk angreifen, also mit den sauren Netzwerkbildnern reagieren. Hier kann nur ein sehr hoher Al_2O_3-Gehalt verbessernd wirken zusammen mit einem kleinen B_2O_3-Gehalt. Große Anteile basischer Oxide, auch der Erdalkalioxide stören natürlich nicht. Von den sauren Oxiden soll ZrO_2 am stabilsten sein. Extrem hoher SiO_2-Gehalt ist gut, würde aber die Schmelztemperaturen zu stark erhöhen. Besonders schädlich wirkt sich für die Glasuroberflächen eine ständige Wechselbeanspruchung durch Säuren und Laugen aus, wie das heute beim Haushaltsgeschirr durch Speisen und Spülmaschinen bewirkt wird. Auch deshalb haben sich hier die weißgetrübten Zirkonsilikat-Glasuren so gut durchsetzen können.

1.4.3.4 Die Beständigkeit gegenüber mechanischer Beanspruchung

Beständigkeit gegenüber mechanischer Beanspruchung bedeutet Verschiedenes, nämlich einmal Widerstandsfähigkeit gegen Druck- und gegen Zugkräfte, zum anderen gegen ritzende und schleifende Beanspruchung. Bei der Feststellung der Härte einer Glasur gibt es z. B. Diskrepanzen zwischen der Ritzhärte (nach Mohs) und der DP-Härte (Eindruckhärte nach Vickers), weil dabei verschiedene Zerstörungs-, Verformungs-, Versetzungs- und sogar Fließvorgänge mitwirken können, was bei der Bestimmung der Abriebfestigkeit noch deutlicher wird. Der Widerstand gegen Schlagbeanspruchung (Kantenfestigkeit) zielt mehr auf die Festigkeit der Verbindung Scherben-Glasur. In jedem Falle spielt das Gefüge der Glasurschicht eine große Rolle, so wie die Existenz von Spannungen in der Glasurschicht.

1.4.3.4.1 Druckfestigkeit

Die Druckfestigkeit von Glasuren ist relativ hoch, vorausgesetzt, es handelt sich um ungestörte Schichten ohne Risse, Löcher, Blasenhohlräume oder ungelöste Versatzreste und um Schichten ohne Spannungen. Diese können nicht nur durch unterschiedlichen WAK von Glasur und Scherben entstanden sein, sondern zusätzlich auch als Gefügespannungen bei kristallisierten Glasuren auftreten.

Die starken Flußmittel Na_2O, K_2O, PbO senken die Druckfestigkeit mit steigendem Anteil, weil sie die Zahl der Bindungen im Glasnetzwerk verringern. Je höher dagegen der SiO_2-Gehalt der Glasur sein kann, desto größer kann auch die Druckfestigkeit werden. Gleiches gilt für – aber geringere Anteile von – Al_2O_3 und B_2O_3, solange sie als Netzwerkbildner fungieren. Bei hoher Druckbeanspruchung der Glasur kommt es auch auf die Festigkeit und Ausbildungsart der Zwischenschicht an, ob sichtbare Fehler auftreten können.

1.4.3.4.2 Zugfestigkeit

Die Zugfestigkeit keramischer Glasuren ist – wie bei den meisten übrigen keramischen Stoffen – recht gering, weil Dehnbarkeit und größere Elastizität, wie etwa bei den Metallen, fehlen. Es hängt aber wesentlich von der Schichtdicke der Glasur ab, ob sie bei Zugbeanspruchung rissig wird oder nicht und auch von der Ausbildung ihrer Oberfläche. Je dünner die Glasurschicht ist, desto elastischer und biegsamer wird sie und desto weniger leicht wird sie rissig (vgl. Glasfasern!). Störungen der Oberfläche, wie feinste Löcher, Bläschen oder Kratzer senken die Rißsicherheit der Glasur.

Verbessernd auf die Zugfestigkeit sollen (in kleinen Mengen in der Glasur enthalten) folgende Oxide wirken:

B_2O_3 – BaO – Al_2O_3 – MgO – ZnO – PbO

Hoher Alkalioxidgehalt und hoher CaO-Gehalt sollen die Zugfestigkeit der Glasurschicht verringern.

Da es in der Regel bei keramischen Produkten auf rißfreie Glasurüberzüge ankommt, ist es wichtig, die Wärmedehnung der Glasurschicht grundsätzlich kleiner einzustellen, als die des Scherbens, als zu versuchen, Elastizität und Zugfestigkeit der Glasur zu erhöhen. Das Auftragen gleichmäßig dünner Schichten und das Erschmelzen ungestörter Oberflächen ist besonders wichtig sowie eine möglichst langsame Abkühlung. Eine Verbesserung der Rißsicherheit durch Aufbau von Druckspannungen in der Glasuroberfläche infolge von Sturzkühlung ist im Normalfall selten möglich.

1.4.3.4.3 Ritzhärte

Die Ritzhärte glänzend glatt erstarrter glasiger Schichten liegt regelmäßig unterhalb der Härte des Quarzes (nach der Mohs'schen Härteskala), das heißt zwischen Härte 4 und 6. Glasuren mit hohem Anteil an PbO und/oder Alkalioxiden haben geringe Ritzhärte. Die Ritzhärte nimmt zu, wenn der Gehalt an ZnO – SrO – BaO – MgO – Al_2O_3 – SiO_2 steigt, bei gleichzeitig optimalem B_2O_3-Gehalt (nicht über ca. 10 %!). Glasuren für hohe Brenntemperaturen, die deshalb auch viel SiO_2, Al_2O_3 und MgO enthalten (z. B. die Porzellanglasuren) sind erheblich widerstandsfähiger gegen ritzende oder schneidende Beanspruchung als etwa die viel niedriger gebrannten Steingutglasuren. Quarz- und Mullit-reiche Scherben und gut gehärteter Stahl ritzen aber auch Porzellanglasuren!

Skala der Ritzhärte nach Mohs:

Talk	1
Gips	2
Calcit	3
Fluorit	4
Apatit	5
Feldspat	6
Quarz	7
Topas	8
Korund	9
Diamant	10

Eine stärkere Erhöhung der Ritzhärte ist möglich, wenn die Glasur so zusammengesetzt werden kann, daß sich beim Abkühlen besonders harte kristallische Ausscheidungen in der Oberfläche der Glasur bilden. Solche mit Härte 6,5 bis 7 würden dann etwa folgenden Mineralzusammensetzungen entsprechen:

Diopsid	$CaO \cdot MgO \cdot 2SiO_2$
Olivin	$MgO \cdot FeO \cdot SiO_2$
Fayalit	$2FeO \cdot SiO_2$
Forsterit	$2 MgO \cdot SiO_2$
Cordierit	$2MgO \cdot 2Al_2O_3 \cdot 5 SiO_2$
Spodumen	$Li_2O \cdot Al_2O_3 \cdot 4SiO_2$
Mullit	$3Al_2O_3 \cdot 2SiO_2$
Sillimanit	$Al_2O_3 \cdot SiO_2$
Benitoit	$BaO \cdot TiO_2 \cdot 3SiO_2$
Zirkon	$ZrO_2 \cdot SiO_2$
Kassiterit	SnO_2
Korund	Al_2O_3

Auch die Kristallisation anderer Calcium-, Magnesium- oder Barium-Silikate verbessert die Ritz- und Schleifhärte gegenüber glasig erstarrten Glasuren merklich, aber höhere Ritzhärte als 6 läßt sich damit nicht erreichen.

1.4.3.4.4 Schleifhärte — Abriebfestigkeit

Die Widerstandsfähigkeit gegenüber einer Schleifbeanspruchung ist von verschiedenen Faktoren abhängig, so daß man auch zwischen Oberflächenverschleiß und Tiefenverschleiß unterscheidet. Beide sind nicht nur von der Glasurzusammensetzung abhängig, sondern vielmehr von der Makro- und Mikrostruktur der Glasurschicht und vom Auftreten von Gefüge- und Wärmedehnungsspannungen. Deswegen ist auch hier eine Glasurschicht stabiler, die sehr homogen und bläschenfrei ausgebildet ist und unter leichter Druckspannung auf dem Scherben sitzt.

Natürlich kann hier, wie bei der Ritzhärte, die Ausscheidung harter kristalliner Phasen auch zu einer größeren Abriebfestigkeit beitragen; es kommt aber auch darauf an, daß diese Kristalle fest in der Glasurmatrix verankert sind. Nadelförmige Ausbildung der Kristalle ist hier erstrebenswert. Die spezifische Wärmedehnung der Kristalle darf auch nicht zu stark von der der übrigen Glasur abweichen oder von der anderer kristalliner Phasen.

Glasuren mit sehr hohem Gehalt an SiO_2, Al_2O_3, MgO widerstehen dem Abrieb am besten, vorausgesetzt, sie sind homogen, dicht, riß- und blasenfrei. Gleiches gilt für Zirkon- und Zinnoxidmattierte oder -getrübte Glasuren. Kann sich in einer Glasur viel Magnesiumantimonat bilden ($MgSb_2O_6$), so wird sie auch recht abriebfest.

Ein Ausweg bei zu geringer Abriebfestigkeit von Glasuren auf Fußbodenplatten ist das Aufstreuen von körnigem Korund auf die rohe Glasurschicht. Der Korund mit einer Korngröße, die etwas mehr beträgt als die geschmolzene und erstarrte Glasurdicke, bildet dann punktuell die harte Oberfläche, die betreten wird, so daß die etwas tieferliegende weiche Glasuroberfläche nicht beansprucht wird. Der farblose Edelkorund beeinträchtigt die Glasurfarbe nicht und wird von der Schmelze kaum gelöst, bricht aber leicht aus.

Ungefähre Reihenfolge der Wirkung der Oxide auf Oberflächenhärte und Abriebfestigkeit:

MgO ↑
ZrO_2
Al_2O_3
SiO_2 Härte wird erhöht mit steigendem Anteil
SnO_2
CaO
TiO_2
SrO
BaO
B_2O_3
ZnO
PbO   Härte wird geringer mit steigendem Anteil
Li_2O
K_2O
Na_2O ↓

Vergleiche auch Parmelee[111], Ramdohr u. Strunz[121], Salmang u. Scholze[132].

1.4.3.5 Die Farbe der Glasur

Die Farbe der erstarrten Glasurschicht wird nicht nur durch die allgemeine Zusammensetzung der Glasur und Art und Menge des färbenden Stoffs beeinflußt, sondern sie hängt auch von der Brenntemperaturhöhe, der Ofenatmosphäre beim Brennen und Abkühlen, der Farbe des Scherbens (bei transparenter Glasur) und von der Auftragstärke ab, sowie davon, ob die Glasur glasig oder kristallin erstarrt.

Die Färbung entsteht dabei durch drei verschiedene Vorgänge, die einzeln oder auch gemeinsam wirksam werden können:

1. Durch Lösungs- oder Ionenfärbung, wenn die färbenden Verbindungen völlig in der Glasurschmelze aufgelöst als Ionen vorliegen oder als solche in Kristalle eingebaut werden. Sie rufen dann, je nach ihrer Koordination mit dem Sauerstoff, auch unterschiedliche Farben hervor. Solche Färbungen erscheinen meist — auch bei großer Farbintensität — noch transparent. Typische Lösungsfarben sind das Kobaltblau, das Kupfergrün, das Eisengelb, das Eisengrün, das Manganviolett. Die färbende Substanz muß und soll hier möglichst vollständig von der Glasurschmelze gelöst werden. Siehe auch Abs. 2.2.4, farbige Transparentglasuren, Seite 165 ff.

2. Durch Pigment- oder Körperfärbung, wenn die färbenden Substanzen als farbige Teilchen lediglich feinverteilt in der

1.4.3.5

Glasur vorliegen. In diesem Fall ist es erwünscht, daß möglichst wenig vom färbenden Pigment, Farboxid oder Farbkörper von der Glasurschmelze gelöst wird. Gleichzeitig mit der Färbung in der Eigenfarbe der zugegebenen Farbstoffe entsteht durch die verteilten Pigmente eine Trübung, d. h. die Glasuren werden undurchsichtig, opak farbig. Typische Pigmentfärbungen sind das Chromgrün, das Eisenbraun, das Vanadingelb, das Neapelgelb, das Pinkrot usw. (siehe auch Abs. 1.6.2 und Abs. 2.3.2).

3. Durch die Kolloidfärbung, auch »optische« Färbung genannt, bei der in der Glasur suspendierte Teilchen von submikroskopischer, kolloidaler Größe (etwa 100 bis 10 nm) bestimmte Lichtwellenlängen analog ihrer Teilchengröße absorbieren, und nur den roten Bereich (bei metall. Kupfer und Gold), den gelben Bereich (bei metall. Silber, Wismut) oder den blauen Bereich (metall. Kupfer, Boratglaströpfchen, Titanverbindungen) des Lichts reflektieren. Siehe auch Abs. 2.1.3.6, Seite 150 ff., 2.5.1.4, Seite 264, 2.5.3.8, Seite 283 ff., und Parmelee[111].

Werden Oxide, die Lösungsfarben hervorrufen, nicht vollständig oder nur geringer von der Glasurschmelze gelöst, so färben sie wie ein Pigment mit ihrer Eigenfarbe, so daß z. B. CuO dann nicht mehr grün, sondern auch schwarz färbt und die Glasur gleichzeitig opak macht.

Je höher die Brenntemperaturen, desto weniger Farben sind beständig; sie werden dann von der Schmelze zu stark gelöst, thermisch zerstört oder zerfallen in ihre allein nicht färbenden Komponenten oder regieren mit Glasurbestandteilen.

Je niedriger die Brenntemperaturen sind, desto breiter wird die mögliche Farbskala, desto leuchtendere Farben sind möglich. Farbumwandlungen durch zu hohe Temperaturen kennt man bei Färbungen durch Uranoxid und Chromoxid in Bleiglasuren, durch Nickeloxid in Bariummattglasuren.

Farbveränderungen durch reduzierende Ofenatmosphäre kennt man bei Färbungen durch Kupferoxid, Eisenoxid, Titanoxid, Antimon- + Zinnoxid, Wismutoxid, Molybdänoxid, Gold und Silber.

Ein Verschwinden der Färbung durch zu hohe Brenntemperaturen kennt man bei Färbungen durch Antimonoxid, Kupferoxid und Cadmiumsulfoselenid.

Weitere Einzelheiten sind in den Abs. 1.5.5, Seite 77 ff., 1.6.2, Seite 91 ff., und in den Abs. 2.5, Seiten 261 ff. zu finden.

Alle Bestandteile (Oxide) der Glasurzusammensetzung haben je nach Menge ihres Anteils erheblichen Einfluß auf die mögliche Färbung, so daß die verschiedenen Farben vielfach nur in ganz bestimmten Glasurzusammensetzungen optimal zu erreichen sind, oder nur in bestimmten Temperaturbereichen gebrannt werden können.

Nur wenige Farben sind über alle Brenntemperaturbereiche der Keramik stabil, wie etwa das Kobaltblau, das Chromgrün, das Chrombraun, das Kupferrot. Einige farbige Glasuren verändern ihre Farbe, wenn sie ein zweites Mal auf niedrigere Temperatur gebrannt werden, wie das zum Beispiel beim Dekorbrand mit Schmelzfarben oder Edelmetallen geschieht.

Mattierte Frittenglasuren zeigen sich in diesem Falle manchmal empfindlich; besonders Glasuren, die Kupferoxid oder Titanoxid oder Silberverbindungen enthalten, können sich deutlich verändern.

Breitere Erfahrungen liegen allerdings noch nicht vor.

Auch bei der Verwendung von Farbkörpern (siehe Abs. 1.6, Seite 91 ff.), die normalerweise nicht so empfindlich sind wie die einfachen Oxide, muß darauf geachtet werden, daß Glasur- und Farbkörperzusammensetzung zusammen passen und ob die Pigmente die vorgesehene Brenntemperatur auch aushalten.

Hinweise dazu enthalten die Anwendungsmerkblätter und -vorschriften der Glasur- und Farbenhersteller.

Die folgende tabellarische Übersicht gibt nähere Auskunft über die Bedingungen, unter denen die Färbungen zu erreichen sind:

färbende Verbindung Farbe	optimaler Brenntemperaturbereich	nötige Ofenatmosphäre	nötige Glasurzusammensetzung	übliche Zusatzmenge	Bemerkungen und Besonderheiten
Rot 1 Eisenoxid	a) bis SK 1a	neutral bis stark oxidierend	Alkali-Bor, arm an Al_2O_3 Bleireich, arm an B_2O_3	5–15% Fe_2O_3	typisches Eisenoxidrot wie die Eigenfarbe des Oxids oder auch Weinrot
	b) hohe Temp. ab SK 6a	reduzierend mit Nachoxidation	Alkali-Erdalkali, Feldspatglasur mit MgO-Anteil	5–10% Fe_2O_3	auch mit oxidierendem Abkühlen gleichzeitiger Gehalt von wenig Li_2O, P_2O_5 förderlich

färbende Verbindung Farbe	optimaler Brenntemperaturbereich	nötige Ofenatmosphäre	nötige Glasurzusammensetzung	übliche Zusatzmenge	Bemerkungen und Besonderheiten
2 Chromoxid (Bleichromat)	bis maximal SK 02a	neutral bis oxidierend	extrem bleireich arm an SiO_2 und Al_2O_3, B_2O_3	1–6% Cr_2O_3	mehr Al_2O_3 und Cr_2O_3 gibt dkl.-rote Kristalle, SnO_2 gibt orangerot giftig!
3 Cadmiumsulfoselenid	bis maximal SK 2a	stark oxidierend, gut gelüftet	bleifreie, alkalireiche Glasur	Die Färbung erreicht man am besten durch Verwendung fertiger sog. Selenrot-Glasuren und -fritten, andere Metalloxide stören	giftig!
	bis SK 8/9	oxidierend und neutral	in fast allen Glasuren	mit Cadmium-Selenrot-Einschlußfarbkörpern 4–15%	
4 Kupferoxid (metall.Cu)	bei allen Temperaturen	stark reduzierend	in allen leicht reduzierbaren Glasuren	0,4–2% CuO	das kolloidale metallische Cu darf nicht oxidieren; wenig SnO_2 wirkt fördernd
5 Nickeloxid	SK 1a bis SK 9/10	neutral bis oxidierend	nur in Zink-Barium-Matt-Glasuren	2–4% NiO	Farbe entsteht nur in Kristallen bestimmter Zusammensetzung, langsame Abkühlung ist nötig
6 Goldchlorid (metall. Au)	alle Temperaturen	oxidierend bis reduzierend	unbekannt	0,3 bis 1% $AuCl_3$	die Färbung entsteht durch kolloidal verteiltes Gold; durch »Anlassen«, gesteuerte Abkühlung
7 Uranoxid (Bleiuranat)	bis maximal SK 03a/01a	oxidierend	bleireiche Glasuren wie bei Chromrot	2–10% UO_3	wegen radioaktiver Strahlung der Uranverbindungen nicht mehr üblich giftig!

Färbungen durch spezielle Farbkörper siehe Abs. 1.6.2 bzw. Abs. 2.5.1.6

Orange

8 Chromoxid	niedrige Temperaturen bis SK 03a	oxidierend bis neutral	bleireiche Glasuren	0,5–2% Cr_2O_3 1–4% SnO_2	der PbO-Gehalt kann geringer, der Cr_2O_3-Gehalt kann kleiner, der SnO_2-Gehalt größer sein; giftig!
9 Eisenoxid	a) niedrige Temperaturen bis SK 1a	neutral bis oxidierend	bleireiche Glasuren, arm an Al_2O_3	5–15% Fe_2O_3	ein gleichzeitiger Gehalt an wenig Li_2O, P_2O_5, TiO_2 ist förderlich
	b) hohe Temperaturen ab SK 4a/5a	neutral bis oxidierend	alle Mattglasuren	5–10% Fe_2O_3	gleichzeitiger Zusatz von 3–10% TiO_2 ist notwendig

1.4.3.5

färbende Verbindung Farbe	optimaler Brenntemperaturbereich	nötige Ofenatmosphäre	nötige Glasurzusammensetzung	übliche Zusatzmenge	Bemerkungen und Besonderheiten
10 Antimonoxid	niedrige Temperaturen bis SK 03a	neutral bis oxidierend	Bleiglasuren, bleireiche Glasuren	2–4% Sb_2O_3 0,5–1% Fe_2O_3	ein gleichzeitiger Zusatz von TiO_2 und/oder ZnO und/oder SnO_2 ist förderlich; giftig!
11 Antimonoxid + Chromoxid	bis SK 8/9	neutral oder oxidierend, oder reduzierend (schwach!)	alle Glasuren, die genug TiO_2 enthalten	2–4% Sb_2O_3	5–15% TiO_2-Gehalt sind nötig und Spuren von Chromoxid (0,1–0,5%). Auch gut in Zink-Mattglasuren giftig!
12 Cadmium-Selen-Sulfid	bis maximal SK 2a	oxidierend	alkalische Glasuren	alle Nuancen durch Mischung von Cadmium-Gelb-Glasuren mit Cadmium-Selen-Rot-Glasuren	alle Cadmiumverbindungen sind hochgiftig alle Selenverbindungen sind giftig!
	bis SK 9/10	neutral bis oxidierend	fast alle Glasuren	5–15% Zirkon-Einschluß-farbkörper Orange	
13 Uranoxid	bis SK 01a	neutral bis oxidierend	bleireiche Glasuren	5–10% UO_3	der PbO-Gehalt kann kleiner sein als bei den Uranrot-Glasuren; giftig!

Färbungen durch spezielle Farbkörper siehe Abs. 1.6.2 bzw. 2.5.2.5

Gelb

14 Eisenoxid	a) bis SK 2a	neutral bis oxidierend	bleireiche Glasuren	2–6% Fe_2O_3	höhere Brenntemperaturen ergeben eher braune Farbtöne
	b) bis SK 4a	neutral bis oxidierend	Alkaliglasuren arm an Al_2O_3, B_2O_3, CaO, MgO	3–10% Fe_2O_3	das Fe_2O_3 muß völlig gelöst sein, mehr Al_2O_3, B_2O_3, CaO und MgO stören das klare Gelb
	c) alle Temperaturen bis SK 10	neutral bis oxidierend	Mattglasuren, reich an ZnO, BaO, TiO_2, MgO	1–4% Fe_2O_3	das Fe_2O_3 muß völlig gelöst oder kristallin eingebaut sein; ZnO + TiO_2 fördern Gelb, SnO_2 stört das Gelb.
15 Chromoxid (Alkalichromat)	bis SK 3a	neutral bis oxidierend	Alkaliglasuren Barium-Mattglasuren	0,1 bis 2% Cr_2O_3	leicht wasserlösliche Chromate des K, Na, Ca, Ba müssen völlig gelöst sein giftig!
16 Cadmiumsulfid	bis maximal SK 2a	oxidierend bis neutral	alkalireiche Glasuren		meist als Fertigglasur benutzt, i. d. Regel opak, glänzend
17 Antimonoxid	bis maximal SK 02a/01a	neutral bis oxidierend	bleireiche Glasuren	2–4% Sb_2O_3	gleichzeitiger Zusatz von wenig TiO_2/ZnO/SnO_2 stabilisiert das Neapelgelb

färbende Verbindung Farbe	optimaler Brenntemperaturbereich	nötige Ofenatmosphäre	nötige Glasurzusammensetzung	übliche Zusatzmenge	Bemerkungen und Besonderheiten
18 Titanoxid	alle Temperaturen	neutral bis oxidierend	Bleiglasuren, alle alkaliarmen Glasuren	2–15% TiO_2	außer in Bleiglasuren sind Spuren von Fe_2O_3 nötig, die auch aus den anderen Glasurrohstoffen kommen können.
19 Nickeloxid	alle Temperaturen	neutral bis oxidierend	bleireiche Glasuren	1–3% NiO	es entsteht kein klares Gelb! Glasuren ohne ZnO, BaO, viel MgO!
20 Uranoxid	alle Temperaturen	neutral bis oxidierend	bleiarme, alkalihaltige, auch Mattglasuren	2–10% UO_3	viele Uranverbindungen, auch -silikate sind gelb gefärbt

Färbungen durch spezielle Farbkörper siehe Abs. 1.6.2 bzw. 2.5.3.6

Grün

21 Kupferoxid	alle Temperaturen bis SK 9/10	neutral bis oxidierend	bleireiche Glasuren, viele Mattglasuren	1–5% CuO	bei hohen Temperaturen verdampft CuO leicht; je mehr Alkalioxide, desto mehr türkis bis grünblau; giftig!
22 Chromoxid	alle Temperaturen	neutral, oxidierend, reduzierend	alle Glasuren außer ZnO-haltigen	1–5% Cr_2O_3	reine Alkaliglasuren brauchen mehr Cr_2O_3 als 2%; reine Bleiglasuren nicht grün unterhalb 1000° C!
23 Eisenoxid (FeO)	alle Temperaturen	reduzierend mit schneller Abkühlung	alle gut reduzierbaren Glasuren	0,2–2% Fe_2O_3	FeO muß völlig gelöst sein; freies Eisenoxid stört die Grünfärbung, ebenso Nachoxidieren bei Kühlung
	alle, besonders hohe Temperaturen	neutral bis oxidierend	in CaO- und B_2O_3-reichen Glasuren mit MgO	1–3% Fe_2O_3	keine klare Grünfärbung! Olivstich!
24 Nickeloxid	alle Temperaturen	neutral bis oxidierend	in TiO_2- und MgO-reichen Glasuren	1–5% NiO	besonders in Mattglasuren durch Bildung von Nickeltitanat oder freiem grünem Nickeloxid
25 Kobaltoxid	ab SK 2a	neutral bis oxidierend	in TiO_2-Mattglasuren	2–4% CoO	durch Bildung grünen Kobalttitanats, viel B_2O_3 ist förderlich
26 Cadmiumsulfid + Eisenoxid	bis SK 2a	neutral bis oxidierend	alkalireiche Glasuren	0,5–2% Fe_2O_3	in Cadmiumgelb-Glasuren färbt Fe_2O_3 (kleine Mengen!) grün

Färbungen durch spezielle Farbkörper siehe Abs. 1.6.2 bzw. 2.5.4.6

1.4.3.5

färbende Verbindung Farbe	optimaler Brenntemperaturbereich	nötige Ofenatmosphäre	nötige Glasurzusammensetzung	übliche Zusatzmenge	Bemerkungen und Besonderheiten
Blau					
27 Kobaltoxid	alle Temperaturen	neutral bis oxidierend, reduzierend	alle ZnO-reichen Glasuren	0,05–2% CoO	MgO- und TiO_2-reiche Glasuren können violett oder grün werden; ZnO- und BaO-Glasuren brauchen sehr wenig CoO
28 Kupferoxid	alle Temperaturen	neutral bis oxidierend	reine Alkaliglasuren, arm an Al_2O_3	1–4% CuO	Besonders PbO, Al_2O_3, ZnO, TiO_2 stören das Blau
29 Nickeloxid	alle Temperaturen	neutral bis oxidierend	in Zink-Mattglasuren	1–4% NiO	die Zinksilikatkristalle werden blau bis grünblau durch Ni-Ionen
30 Titanoxid	vorwiegend über SK 2a	reduzierend bis neutral	in leicht reduzierbaren Glasuren	4–10% TiO_2	ZnO und SnO_2 fördern das Blau, das vermutlich eine Kolloidfärbung ist. Sturzkühlung fördert das Blau

Färbungen durch spezielle Farbkörper siehe Abs. 1.6.2 bzw. 2.5.5.6

färbende Verbindung Farbe	optimaler Brenntemperaturbereich	nötige Ofenatmosphäre	nötige Glasurzusammensetzung	übliche Zusatzmenge	Bemerkungen und Besonderheiten
Braun					
31 Eisenoxid	alle Temperaturen	neutral bis oxidierend, auch reduz.	alle Glasuren, viele Mattglasuren	4–10% Fe_2O_3	reine Blei- und reine Alkaliglasuren sind nicht geeignet; immer, wenn ein Teil des Fe_2O_3 ungelöst bleibt; bei Nachoxidation im reduzier. Brand
32 Manganoxid	alle Temperaturen bis SK 9/10	neutral bis oxidierend, teils reduz.	alle Glasuren außer reiner Alkaliglasur	4–8% MnO_2	MnO verdampft deutlich bei hohen Temperaturen; färbt in größeren Mengen schnell schwarz
33 Chromoxid	alle Temperaturen	neutral bis oxidierend oder reduzierend	in ZnO-reichen Glasuren	1–3% Cr_2O_3	durch Bildung des sehr stabilen Zn-Cr-Spinells; dort einsetzbar, wo Fe_2O_3 und MnO_2 versagen
34 Nickeloxid	alle Temperaturen	neutral bis oxidierend	in Bleiglasuren Barium-Mattglasuren	2–5% NiO	nicht in TiO_2- und MgO-reichen sowie in ZnO-reichen Glasuren
35 Kupferoxid	alle Temperaturen, meist über SK 2a	reduzierend	alle reicht reduzierbaren Glasuren	1–3% CuO	durch größere metall. Cu-Partikel, durch Bildung von Cuprit, Cu_2O, gleichmäßige Braunfärbung
	alle Temperaturen	neutral bis oxidierend	in TiO_2- Mattglasuren	1–3% CuO (?)	durch Bildung von Cu-Titanat (?), Färbung nie gleichmäßig

Färbungen durch spezielle Farbkörper siehe Abs. 1.6.2 bzw. 2.5.7.6

färbende Verbindung Farbe	optimaler Brenntemperaturbereich	nötige Ofenatmosphäre	nötige Glasurzusammensetzung	übliche Zusatzmenge	Bemerkungen und Besonderheiten
Schwarz					
36 Manganoxid	alle Temperaturen	neutral bis oxidierend oder reduzierend	alle Glasuren	6–30% MnO_2	die Schwarzfärbung entsteht durch Übersättigung mit MnO; die Glasur wird dadurch sehr dünnflüssig
37 Eisenoxid	a) ab SK 3a/4a	neutral bis reduzierend	in glasig erstarr. Glasuren, Feldspatglasuren	8–15% Fe_2O_3	die Färbung wird durch FeO/Fe_3O_4 oder grobkristallines FeO_3 (Eisenglanz) bewirkt, hoher SiO_2-gehalt ist nötig
	b) bis SK 02a/1a	oxidierend oder neutral	in Bleiglasuren	15–20% Fe_2O_3	
38 Kupferoxid	alle Temperaturen	neutral bis oxidierend	in allen Glasuren	4–10% CuO	es ist eine Übersättigung an CuO; Schmelzen sehr dünnflüssig, die Oberflächen sind sehr empfindlich
39 Mischungen verschied. färbender Oxide	alle Temperaturen	neutral bis oxidierend oder reduzierend	alle Glasuren	10–15% Mischung	es kann eine Farbnuance vorherrschen; es sind jeweils Co-, Cu-, Mn- und Cr-freie Mischungen üblich, Fe-freie sind seltener
Grau					
40 Antimonoxid + Zinnoxid	alle Temperaturen meist über SK 03a	reduzierend	fast alle Glasuren	2–4% Sb_2O_3 2–4% SnO_2	ergibt ein Tauben-Blaugrau; auch in Matt-Glasuren gut; schwache Reduktion reicht aus
41 Nickeloxid + Titanoxid + Kobaltoxid	alle Temperaturen (?)	neutral bis oxidierend oder reduzierend	nicht genau bekannt	2–5% NiO 0,2–0,8% CoO	meist in titangetrübten oder -mattierten Glasuren; ergibt Grau mit Blaustich

Schwarze und graue Färbungen mit speziellen Farbkörpern siehe Abs. 1.6.2 bzw. Abs. 2.5.8.6/2.5.8.9

Fast alle färbenden Metalloxide können gesundheitsschädlich und umweltgefährdend wirken. Es wäre deshalb besser, wo es möglich ist, auf Farben zu verzichten. Siehe auch Hinweise S. 78-85!

1.5 Die Glasurrohstoffe und ihre Wirkung in Glasuren

1.5.1 Allgemeines

Die verschiedenen nötigen Oxide der Segerformel können durch die unterschiedlichsten Rohstoffe (natürliche Tone, Gesteine, Kaoline, Sande, Erden, gereinigte und aufbereitete Gesteine oder Minerale, speziell hergestellte reine Oxide oder chemische Verbindungen, Gläser oder auch durch industrielle Abfälle) in den Glasurversatz eingebracht werden, der dann das rohe, ungebrannte Gemisch der Glasurkomponenten darstellt = das Glasurrezept. Da bei den hohen Brenntemperaturen diese Rohstoffe – die in den meisten Fällen mineralische, kristalline Stoffe darstellen – vor dem Schmelzen in ihrem Kristallgitterbau zerstört werden (meistens im Bereich zwischen 800 °C bis 1000 °C) oder dann von der Schmelze gelöst werden, können sie im schmelzflüssigen Glas – wie in der Segerformel dargestellt – als Oxide vorliegend aufgefaßt werden und sind im erstarrten Glas ebenfalls als Oxide oder als neugebildete kristalline Bestandteile mit meistens anderer Zusammensetzung als im Versatz zugeführt enthalten. Die Ausgangsrohstoffe des Versatzes beeinflussen aber die Glasur dadurch, daß sie recht unterschiedliche Korngrößen, Zersetzungstemperaturen, Härte oder Schmelzpunkte aufweisen und dadurch den Schmelzverlauf und die Wechselwirkungen mit dem Scherben recht unterschiedlich gestalten können. So werden die Eigenschaften des Glasurschlickers, der rohen trockenen Glasurschicht auf dem noch nicht gebrannten Gefäß und der Schmelzbeginn von der Rohstoffwahl im Versatz weitgehend bestimmt, die Eigenschaften der flüssigen Schmelze und der wieder erstarrten Glasurschicht mehr von der oxidischen Zusammensetzung – also von der Segerformel.

Die meisten üblichen Glasurrohstoffe sind wasserunlöslich oder schwerlöslich, weil der Glasurschlicker meistens mit Wasser angemacht wird und wasserlösliche Bestandteile beim Trocknen leicht zu ihrer ungleichen Verteilung an der Oberfläche der glasierten Stücke führen würden. Werden wasserlösliche Rohstoffe verwendet, so schmilzt man sie üblicherweise vorher mit Quarz, Ton, Kaolin, Feldspat, Kalk etc. zu einer Fritte, so daß dadurch ein in Wasser schwer- oder unlösliches Glas entsteht, welches dann zerkleinert und gemahlen als Glasurrohstoff zur Verfügung steht. Es ist heute fast immer von Vorteil, auf handelsübliche Fritten als Glasurrohstoff zurückzugreifen (wenn es preislich vertretbar erscheint), weil sie in den verschiedensten gewünschten Zusammensetzungen mit genau definierten Eigenschaften und in garantierter, gleichbleibender Qualität auch über Jahrzehnte von den Herstellern erhältlich sind. Sie haben auch noch den Vorteil, daß eine Reihe von Schmelzreaktionen, die Wärme verbrauchen und Gase abspalten, schon beim Frittenschmelzen stattfanden – also beim Schmelzen der Glasur nicht auftreten. Das gilt besonders auch für die Farbfritten (siehe Abs. 1.6, Seite 97 ff.)

Chloride werden als normale Glasurrohstoffe wegen ihrer Löslichkeit in Wasser und wegen ihrer Flüchtigkeit im Brand nur als Rohstoff für Anflugglasuren = Salzglasuren benutzt. In Fritten oder Rohglasuren sind sie unbrauchbar, zumal sie vielfach auch stark hygroskopisch sind.

Eine ganze Reihe von Glasurrohstoffen sind stark giftig oder müssen als erheblich gesundheitsschädlich angesehen werden:

alle Cadmiumverbindungen
alle Bleiverbindungen
alle Antimonverbindungen
alle Bariumverbindungen (außer Bariumsulfat)
alle färbenden Schwermetalloxide und -verbindungen

SiO_2 in Form von Quarz oder Silikaten, wenn es als Staub in die Lunge gelangt.

Bei den aufgeführten Rohstoffen ist eine starke Giftwirkung jeweils erwähnt. Im übrigen sei auf die Angaben in Abs. 1.7.6 und 1.7.7, Seite 112 ff. hingewiesen.

1.5.2 Rohstoffe für SiO_2 und Al_2O_3

SiO_2 kann in den Glasurversatz eingebracht werden als:

Quarz, SiO_2, als Sand oder gemahlen als Mehl (z. B. Quarzmehl W 6 bis W 12, Sicron-Feinstquarzmehl, Qualitäten der Quarzwerke Frechen, Kristallquarzmehle)

Kaoline oder china clays (Kaolinit) $Al_2O_3 \cdot 2\,SiO_2 \cdot 2\,H_2O$
Feldspäte und Lithiumminerale (siehe auch Tabellen 3.4.2 bis 3.4.6)
- Orthoklas $K_2O \cdot Al_2O_3 \cdot 6\,SiO_2$
- Albit $Na_2O \cdot Al_2O_3 \cdot 6\,SiO_2$
- Anorthit $CaO \cdot Al_2O_3 \cdot 2\,SiO_2$
- Spodumen $Li_2O \cdot Al_2O_3 \cdot 4\,SiO_2$
- Petalit $Li_2O \cdot Al_2O_3 \cdot 8\,SiO_2$

Wollastonit $CaO \cdot SiO_2$ — natürliches Mineral oder künstlich hergestellt

Talkum $3\,MgO \cdot 4\,SiO_2 \cdot H_2O$ oder als Sepiolith (siehe Seite 74)
Als Bestandteil von Fritten (siehe Tabellen 3.3, Seite 441 ff.)
Quarzreicher Ton oder saure Gesteine (Granit, Gneis, Bimsstein etc.)

Dabei ist zu berücksichtigen:

Quarz kann neben Glas auch Cristobalit und Tridymit bilden – zudem muß auf gleichbleibende Mahlfeinheit geachtet werden. Es gibt verschiedenste Feinheitsgrade im Handel.

Kaoline haben selten die obengenannte Zusammensetzung des Kaolinits!

Feldspäte haben meistens nicht die obengenannten idealen Zusammensetzungen, sondern sind von unterschiedlichster Qualität (siehe Tabellen 3.4.2, Seite 453) mit recht unterschiedlichem Gehalt an SiO_2!

Talkum ergibt andere Oberflächen als die gleichen Anteile SiO_2 und MgO in Form von Quarz und Magnesit!

Wollastonit wird eingesetzt, wo der Einsatz von $CaCO_3$ durch CO_2-Abspaltung stört.

SiO_2 — macht die Glasuren schwerer schmelzbar, erhöht also die Schmelztemperatur
— erhöht die Viskosität der Glasurschmelze, macht sie zähflüssig, verbreitert das Schmelzintervall
— verkleinert das Maß der Wärmedehnung
— vermindert die Bleilöslichkeit
— erhöht die Druckfestigkeit
— verbessert die chemische Beständigkeit — hier die Säurebeständigkeit
— beeinflußt wenig die Farben (mit Ausnahme von Chromrot, Nickelrot, Chromgelb)
— verstärkt die Trübung in B_2O_3- und ZnO-reichen Glasuren
— kann basisch matte Glasuren glänzend machen

Al_2O_3 kann in den Glasurversatz eingebracht werden als:
Aluminiumhydroxid $Al(OH)_3$ künstlich hergestellt
kalzinierte Tonerde γ-Al_2O_3 künstlich hergestellt
Bauxitmehl – etwa $AlOOH$
Kaolin (Kaolinit), ideal $Al_2O_3 \cdot 2\,SiO_2 \cdot 2\,H_2O$
Feldspäte – Albit, Orthoklas, Anorthit – siehe Tabellen 3.4.2, Seite 453
Spodumen $Li_2O \cdot Al_2O_3 \cdot 4\,SiO_2$ (ideal)
Petalit $Li_2O \cdot Al_2O_3 \cdot 8\,SiO_2$ (ideal)
Cyanit, Disthen, Sillimanit $Al_2O_3 \cdot SiO_2$ – sehr harte Minerale!
Korund, α-Al_2O_3 (sehr hart, nur als grobe Körnchen zum Aufrauhen der Glasuroberflächen, weil von Glasurschmelze kaum oder nur schlecht gelöst).
Nephelin-Syenit
Phonolith
Feldspatvertreter, siehe Tabellen 3.4.3, Seiten 454 ff
Bimsstein
als Bestandteil von Fritten (siehe Tabellen 3.3, Seite 441)
als fetter Ton

Dabei ist zu berücksichtigen:

Ton, Kaolin und Feldspäte werden als geeignetste und preiswerteste Rohstoffe bevorzugt. Ist aber mehr Al_2O_3 nötig – ohne gleichzeitige Zugabe von SiO_2, muß man kalzinierte Tonerde wählen. Korund wird nur zum Erhöhen der Rutschfestigkeit von Glasuren für Fußbodenplatten verwendet; Tone, Kaoline und Feldspäte sind selten sehr rein, haben wechselnde Zusammensetzung (siehe Tabellen 3.4, Seiten 451 ff.).

Der Begriff china clay ist üblich für englische Kaoline, weil diese sich früher (neben dem Zettlitzer Kaolin) vor allem durch ihre Reinheit gegenüber den kontinentaleuropäischen auszeichneten.

Al_2O_3 — erhöht stark die Schmelztemperatur
— erhöht die Viskosität der Schmelze
— erhöht allgemein die chemische Beständigkeit
— verbreitert das Sinter-Schmelz-Intervall
— wirkt Entglasungen entgegen und Kristallisation
— erhöht Härte und Abriebfestigkeit der erstarrten Glasur
— erhöht die Oberflächenspannung der Glasurschmelze
— vermindert die Löslichkeit von PbO, ZnO, Alkalien aus der gebrannten Glasur
— verändert die Farben, stört die klare Färbung vieler Oxide
— vermindert das Absetzen von Bestandteilen aus dem Schlicker, wenn als fetter Ton oder Kaolin eingeführt
— verbessert die Haftfestigkeit der rohen Glasur
— fördert alle schwarzen Glasurfarben

1.5.3 Die Flußmittel-Rohstoffe für PbO, Alkalioxide, B_2O_3

1.5.3.1 Rohstoffe für Bleioxid PbO

PbO kann eingeführt werden als:

Bleiglätte PbO – stark giftig!
Mennige (früher Minium) Pb_3O_4 – stark giftig!
Bleicarbonat (Bleiweiß) $3\,PbO \cdot 2\,CO_2 \cdot H_2O$ – auch basisches Bleicarbonat genannt – stark giftig!
Cerussit (Bleisulfat) $PbSO_4$ – seltenes Mineral, stark giftig!
Bleiglanz PbS – häufiges Bleimineral, aber in der Regel stark mit Eisenoxid verunreinigt, giftig!
Bleiazetat (sog. Bleizucker) $Pb(CH_3COO)_2$ – wasserlöslich, stark giftig!

Bleifritten
Bleiborfritten   siehe Tabellen 3.3, Seiten 441 ff.
Blei-Alkali-Borfritten

Bleioxid ist *das* Flußmittel in der Keramik, das am universellsten brauchbar ist. Wegen seiner Giftigkeit verwendet man heute nach Möglichkeit nur noch bleihaltige Fritten als Glasurrohstoff, weil dadurch eine Vergiftungsgefahr beim Arbeiten mit diesen Rohstoffen nahezu ausgeschlossen ist.

Für Gebrauchsgeschirrglasuren sind bleifreie Rezepturen zu bevorzugen! Alle Bleiverbindungen und -fritten haben ein sehr hohes spezifisches Gewicht, setzen sich deshalb schnell aus den Glasurschlickern ab und sind teuer.

PbO – erniedrigt die Viskosität der Glasurschmelze
– ergibt einen breiten Viskositätsbereich für die Anwendung
– senkt die Schmelztemperatur
– senkt die Oberflächenspannung der Schmelze
– vermindert die Oberflächenhärte der erstarrten Glasur
– erhöht die Elastizität der erstarrten Glasurschicht
– verdampft leicht im Brand
– mindert die chemische und mechanische Beständigkeit
– ergibt brillante und klare Glasurfarben
– erhöht das Lösevermögen der Schmelze
– ergibt glattes, blasenfreies Schmelzen der Glasurschicht
– ermöglicht bei niedrigen Brenntemperaturen Gelb mit Antimonoxid, Rot mit Chromoxid, Gelb und Rot mit Uranoxid
– verursacht oft Gelbstich in transparenten farblosen Glasuren
– mindert die Säurebeständigkeit der erstarrten Glasurschicht

1.5.3.2 Rohstoffe für Lithiumoxid Li_2O

Lithiumoxid kann in den Glasurversatz eingebracht werden durch:

Spodumen, ideal: $Li_2O \cdot Al_2O_3 \cdot 4\,SiO_2$, als natürliches Mineralkonzentrat nie so rein!
Petalit, ideal: $Li_2O \cdot Al_2O_3 \cdot 8\,SiO_2$
Lepidolith (= Lithiumglimmer), ideal: $(Li, K, Na)_2O \cdot (F,OH)_2 \cdot Al_2O_3 \cdot 3\,SiO_2$ bis $Li_2F_2 \cdot Al_2O_3 \cdot 3\,SiO_2$
Amblygonit, $(LiAlF)PO_4$, seltenes Mineral
Lithiumcarbonat Li_2CO_3 – künstlich aus Lithiummineralen hergestellt, meist benutzter Li-Rohstoff
Lithiumphosphat $Li_3PO_4 \triangleq Li_2O \cdot 0{,}33\,P_2O_5$ – künstlich aus Lithiummineralen hergestellt

Sonstige künstlich hergestelle Lithiumverbindungen als Bestandteil von Fritten

Die natürlichen Lithium-Minerale sind selten und teuer, als Rohstoffe sind es Konzentrate mit nicht idealer Zusammensetzung (siehe Tabellen 3.4.3.1, Seite 454). Als üblicher Rohstoff hat sich für Glasuren das Lithiumcarbonat durchgesetzt.

Lithiumverbindungen sind weniger wasserlöslich als die vergleichbaren Verbindungen des Kalium und Natrium.

Li_2O – senkt die Schmelztemperatur kräftig
– erniedrigt die Viskosität der Schmelze stark
– erhöht bei geringem Anteil Glanz und Glätte der Oberfläche
– mindert das starke Verflüchtigen der anderen Alkalioxide und des PbO
– mindert die chemische und mechanische Beständigkeit, aber nicht so stark wie die anderen Alkalioxide
– vergrößert den WAK in transparenten Glasuren
– verkleinert häufig stark den WAK in matten Glasuren
– ergibt bei größerem Anteil flockige kristalline Ausscheidungen oder sogar eisblumenartige Kristallisation der ganzen Glasur
– ermöglicht höhere Anteile von Al_2O_3 und SiO_2 bei gleicher Schmelztemperatur als die anderen Alkalioxide
– fördert die Kristallisation von Matt- und Kristallglasuren
– Verbindungen sind teuer
– gelöstes Lithiumcarbonat kristallisiert aus dem Glasurschlicker bei Temperaturen unter 15 °C schnell in kandiszuckerförmigen Kristallen aus
– fördert allgemein die roten Farben

Bild 1:
Steinzeugschale von Hubert Griemert;
Zink-Barium-Mattglasur;
Rezept: SK 6a/8

41,9	Feldspat
29,5	Bariumcarbonat
12,2	Zinkoxid
6,8	Quarz
4,8	Kaolin
4,8	Talkum
+ 4,0	Nickelcarbonat
2,0	Eisen(III)-oxid

Bild 2:
Schälchen von Richard Bampi;
Urangelb-Glasur;
Rezept: SK 02a

61,2	K-Feldspat
18,4	Fritte 70 Siegle
8,2	Bariumcarbonat
6,1	Kreide
2,1	Quarz
2,0	Zinkoxid
2,0	Zinnoxid
+ 7,0	Uranoxid

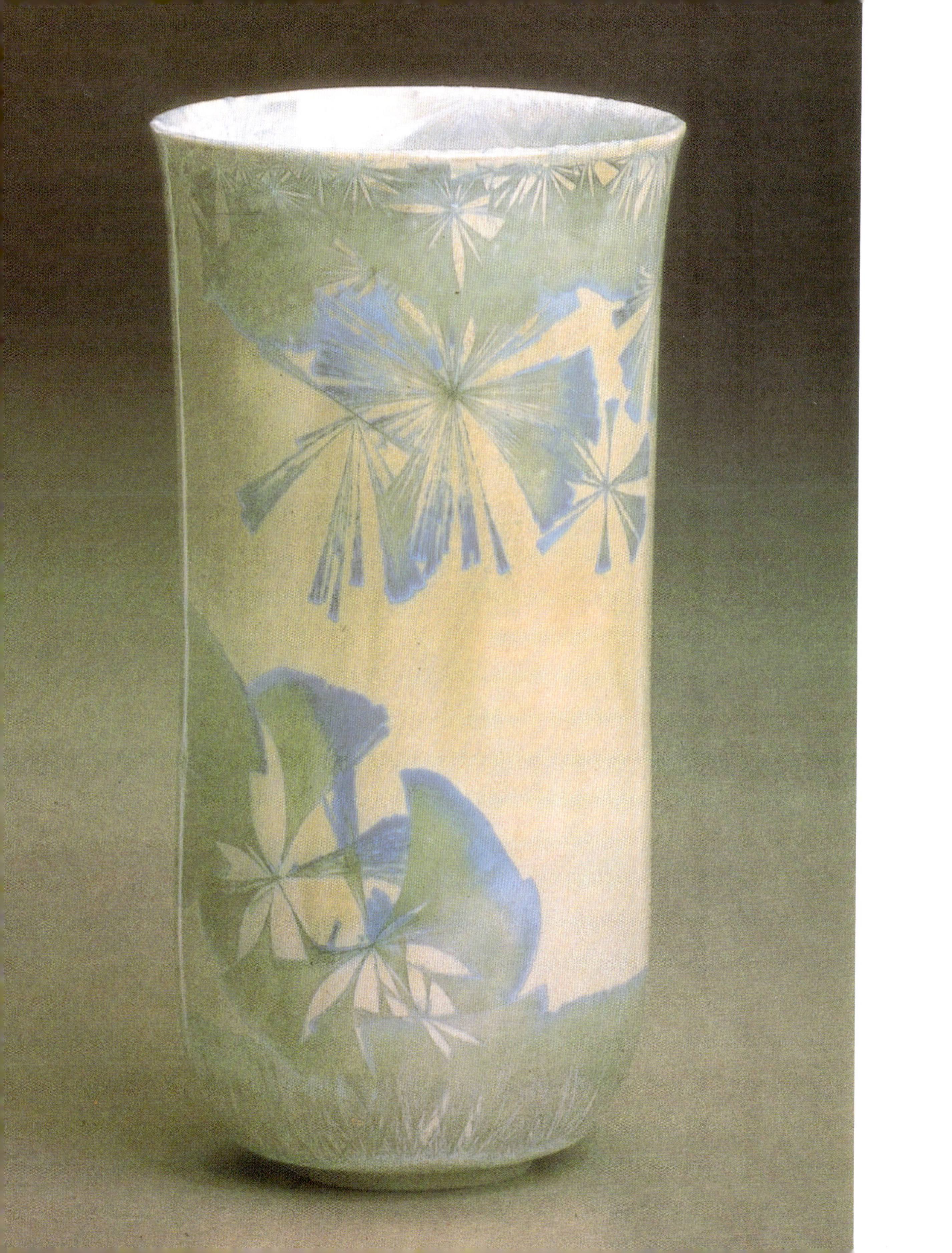

Bild 3:
Bechervase von Sigrid May;
Kristallglasur, überspritzt mit kobaltgefärbter Fritten-Coperta;
Rezept: SK 9   37,1 K-Feldspat
               20,8 Quarz
               15,5 Calciumborat
               11,3 Titanoxid
                6,8 Calciumcarbonat
                6,7 Zinkoxid
                1,8 Bariumcarbonat

Bild 4:
Enghalsvasen von Thomas Naethe;
Seladon-Craquelée-Glasur;
Rezept: SK 7/9 25,0 Na-Feldspat
                25,0 K-Feldspat
                25,0 Nephelin-Syenit
                25,0 Kalkspat
             + 10,0 Tricalciumphosphat
                10,0 Odenwälder Ton
                 8,0 Magnesiumphosphat

Bild 5 (nächste Seite):
Vase von Richard Bampi;
Kupferreduktionsglasur;
Rezept: SK 03a   69,8 Fritte 68 Siegle
                10,5 Quarz
                10,5 Kaolin
                 4,9 Zinnoxid
                 2,3 Zinkoxid
                 1,3 Uranoxid
                 0,7 Kupferoxid

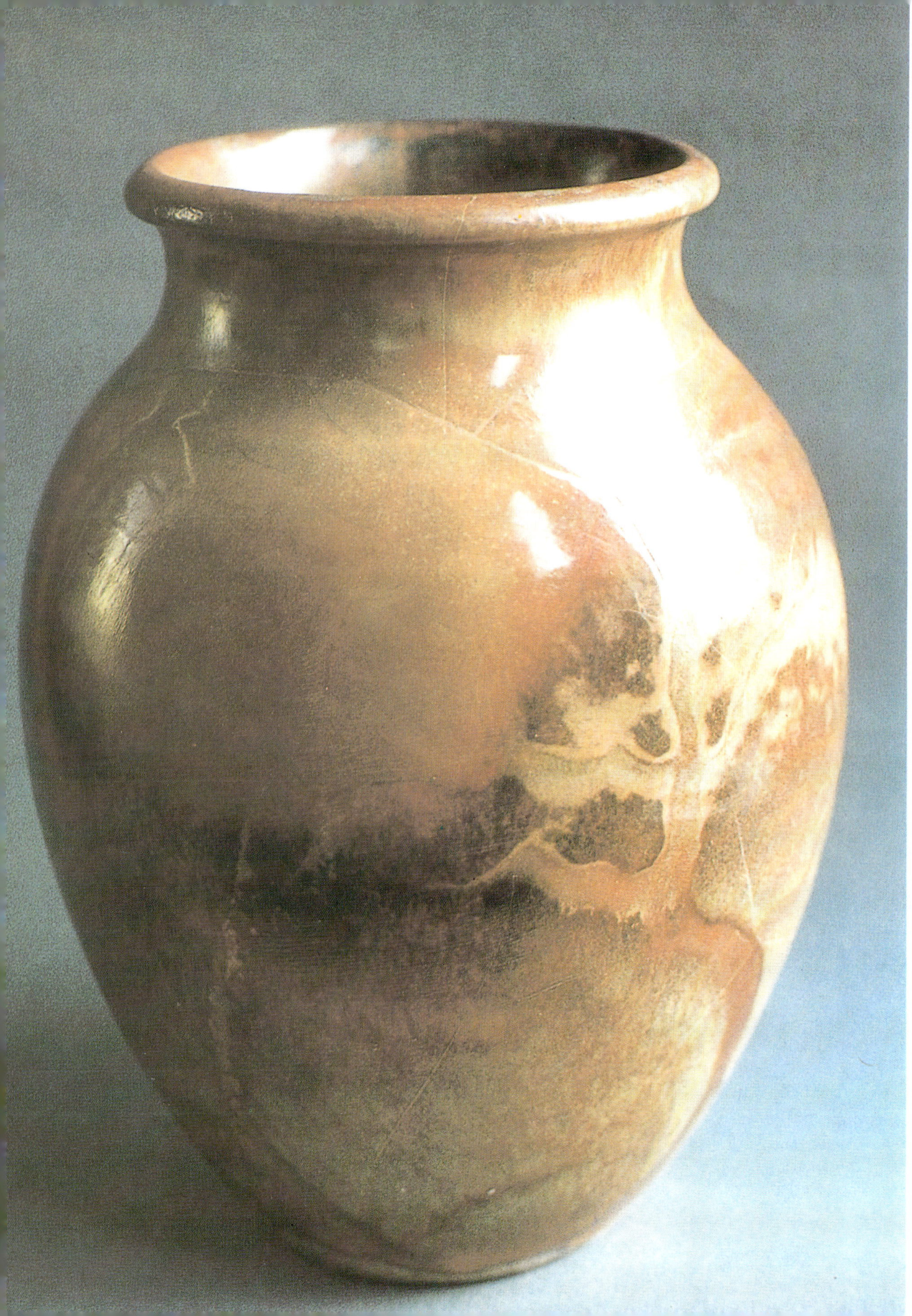

1.5.3.3 Rohstoffe für Natriumoxid Na$_2$O

Na$_2$O kann in den Glasurversatz eingeführt werden als:

Kristallsoda Na$_2$CO$_3$ · 10H$_2$O, wasserlöslich, Natriumcarbonat,
Kalzinierte Soda, wasserfreie Soda, Na$_2$CO$_3$ wasserlöslich,
Chile-Salpeter NaNO$_3$ wasserlöslich, hygroskopisch,
Kristall-Borax Na$_2$B$_4$O$_7$ · 10 H$_2$O (Na$_2$O · 2 B$_2$O$_3$ · 10 H$_2$O) wasserlöslich
Calcinierter Borax, wasserfrei – aber nicht empfehlenswert wegen Hygroskopie, wasserlöslich.
Natriumchlorid, NaCl, wasserlöslich
Natrium-Phosphate diverser Zusammensetzung, wasserlöslich, z. B. Targon/Calgon-Qualitäten der Fa. Benckiser-Knapsack, Ladenburg
Natron-Wasserglas Na$_2$O · x SiO$_2$, wasserlöslich
Natron-Feldspat, Albit, ideal: Na$_2$O · Al$_2$O$_3$ · 6 SiO$_2$
Nephelin-Syenit – siehe Tabelle 3.4.2.3, Seite 454
Kryolith (synthetisch) Na$_3$AlF$_6$ – nicht empfehlenswert wegen Fluor-Gehalt
Alkali-Fritten diverser Zusammensetzung
als Bestandteil basischer Gesteine und Feldspäte mit höherem Na$_2$O-Gehalt (siehe Tabellen 3.4.2, 3.4.3, Seite 453 ff.)

Alle wasserlöslichen Natriumverbindungen werden normalerweise gefrittet. Da Natriumphosphate langkettige Moleküle bilden können – sog. Polyphosphate – gibt es eine Vielzahl von Natriumphosphaten mit verschiedenem Na$_2$O- und P$_2$O$_5$-Gehalt. Sie sind alle sehr leicht wasserlöslich (Bestandteil der Waschmittel!) und kräftige Flußmittel! Na$_2$O- und K$_2$O-Verbindungen sind in ihren Wirkungen sehr ähnlich. Die wasserlöslichen Kaliumverbindungen sind in der Regel stark hygroskopisch, die Natriumverbindungen sind es nicht.

1.5.3.4 Rohstoffe für Kaliumoxid K$_2$O

K$_2$O kann in den Glasurversatz eingebracht werden als:

Pottasche, Kaliumcarbonat K$_2$CO$_3$ · (2 H$_2$O) wasserlöslich, hygroskopisch

Kali-Salpeter KNO$_3$, wasserlöslich, hygroskopisch
Wasserglas K$_2$O · x SiO$_2$, wasserlöslich, hygroskopisch
Kaliumphosphate div. Zusammensetzung, wasserlöslich, hygroskopisch
Kali-Feldspat, Orthoklas, ideal: K$_2$O · Al$_2$O$_3$ · 6 SiO$_2$
Nephelin-Syenit – siehe Tabelle 3.4.2, Seite 454
Alkali-Fritten div. Zusammensetzungen
Bestandteil basischer Gesteine und Feldspäte mit höherem K$_2$O-Gehalt (siehe Tabellen 3.4.2, 3.4.3, Seite 454) und als Aschen (Tabelle 3.4.4)

Alle wasserlöslichen Kalium-Verbindungen sollten gefrittet werden; sie haben wegen ihrer hygroskopischen Eigenschaften meistens schwankenden Wassergehalt und ergeben ungenaue Rezepturen.

Alkalifritten und Feldspäte sind die besten und idealen Rohstoffe, da sie 1. nicht wasserlöslich und nicht hygroskopisch sind,
2. wegen ihres gleichzeitigen Al$_2$O$_3$- und/oder SiO$_2$-Gehalts gleichzeitig mit der Flußmittelwirkung auch viskositätserhöhend wirken können, oft das Schmelzintervall verbreitern und bessere chemische Beständigkeit ergeben.

Die Zusammensetzung der Feldspäte des Handels ist nicht immer ausreichend konstant und entspricht nicht der idealen Zusammensetzung (siehe Tabellen 3.4.2, 3.4.2.3, Seite 453 ff.).

K$_2$O und Na$_2$O
– senken stark die Schmelztemperatur
– senken stark und plötzlich die Viskosität der Schmelze
– vergrößern stark den WAK der erstarrten Glasur
– verstärken die Lösekraft der Schmelze
– machen die erstarrte Glasur weniger beständig gegenüber chemischem Angriff, besonders empfindlich gegenüber Säuren
– mindern Härte und Abriebfestigkeit
– verengen das Sinter-Schmelzintervall
– bewirken die typischen alkalischen Farben: (siehe Abs. 2.2.4, Seite 165):
  alkaliblau mit Kupferoxid
  alkaliviolett mit Manganoxid
– Verbindungen sind billige Flußmittel

1.5.3.5 Rohstoffe für Boroxid B$_2$O$_3$

B$_2$O$_3$ kann in den Glasurversatz eingebracht werden durch:

Kristallisierte Borsäure B$_2$O$_3$ · 3 H$_2$O, wasserlöslich
Kristallborax Na$_2$B$_4$O$_7$ · 10 H$_2$O, wasserlöslich
Kalzinierter Borax Na$_2$B$_4$O$_7$, wasserlöslich
Boracit Mg$_3$B$_7$O$_{13}$Cl, wasserlöslich, hygroskopisch
Kernit (Rasorit) Na$_2$B$_4$O$_7$ · 4 H$_2$O
Colemanit 2 CaO · 3 B$_2$O$_3$ · 5 H$_2$O
Calciumborat-hexahydrat CaO · B$_2$O$_3$ · 6 H$_2$O, künstl. Calciumborat
Gerstley Borat, wechselnde Zus., ca. 28% B$_2$O$_3$, 12% CaO, 5% Na$_2$O, 10% SiO$_2$, 25% H$_2$O, 4% MgO, 3% CO$_2$, 1% Al$_2$O$_3$

Calciumborat-dihydrat CaO · B_2O_3 · 2 H_2O, künstl. Calciumborat

Zinkborat ZnO · 2 B_2O_3, künstliches Borat

Ulexit Na_2O · 2 CaO · 5 B_2O_3 · 16 H_2O, Boronatrocalcit

als borreiche Fritten (siehe Tabellen 3.3, Seiten 441 ff.)

Wasserlösliche Borate sollten gefrittet werden. Alle Borverbindungen sind in Mitteleuropa selten und nicht billig. Die Calciumborate sind für Rohglasuren am geeignetsten. Colemanit entwässert beim Brand oft plötzlich, so daß die Glasur Teile der glasierten Fläche in ihre Umgebung „spuckt" oder abfällt. Gerstley-Borat (in amerikanischen Rezepten oft angegeben) ist als natürliches Mineral eine mit toniger Substanz verunreinigte Mischung verschiedener Natrium-Calciumborate mit wechselnder Zusammensetzung.

B_2O_3
 – senkt kräftig die Schmelztemperatur
 – ersetzt als Glasbildner einen Teil des SiO_2
 – senkt kräftig die Viskosität der Schmelze
 – mindert deutlich die Oberflächenspannung der Schmelze
 – erhöht Glanz und Glätte der erstarrten Glasuroberfläche
 – erhöht bei kleinem Anteil die Ritzhärte, Elastizität und chemische Beständigkeit der erstarrten Glasur (bis max. 12%)
 – verbreitert das Schmelzintervall
 – wirkt Kristallisationen entgegen
 – fördert bei hohem Anteil die Entmischung der Schmelze in zwei flüssige Phasen, trübt deshalb, ergibt dann die sog. Borschleier, vor allem in CaO-, ZnO- und SiO_2-reichen Glasuren
 – fördert auf diese Weise auch die Weißtrübung durch andere Trübungsmittel (wie SnO_2 oder TiO_2 oder Sb_2O_3)
 – verkleinert kräftig den WAK
 – vergrößert das Lösevermögen der Schmelze
 – ist in großem Anteil ungünstig für Mattglasuren
 – wirkt als Calciumborat dem Absetzen des Glasurschlickers entgegen
 – beeinflußt brillante und klare Farben sehr ungünstig

1.5.4 Rohstoffe für Erdalkalioxide und Zinkoxid

Diese Oxide wirken stark verändernd auf die Glaseigenschaften, sind auch Flußmitel, aber erst deutlich bei höheren Brenntemperaturen (ab 1060°C). Als Glasurrohstoffe verwendet man in der Hauptsache ihre Karbonate, da diese nicht wasserlöslich und meistens preislich am günstigsten sind. Strontium- und Bariumcarbonat sowie Zinkoxid (Zinkweiß) sind als künstlich erzeugte Rohstoffe teurer als die natürlich vorkommenden Calcium- und Magnesiumcarbonate.

1.5.4.1 Rohstoffe für Magnesiumoxid MgO

MgO kann in den Glasurversatz eingeführt werden durch:

Magnesia, MgO – künstlich hergestelltes Magnesiumoxid

Magnesit, MgO · CO_2, Magnesiumcarbonat (geglüht, oder besser als Rohmagnesit)

Dolomit, MgO · CaO · 2 CO_2

Talkum, 3 MgO · 4 SiO_2 · H_2O ≙ 1 MgO · 1,33 SiO_2 · 0,33 H_2O

Sepiolith oder Meerschaum 4 MgO · 6 SiO_2 · 3 H_2O + 4 H_2O ≙ 1 MgO · 1,5 SiO_2 · 1,75 H_2O

Diopsid (auch synthetisch) CaO · MgO · 2 SiO_2

Magnesiumhydrogenphosphat $MgHPO_4$ · 3 H_2O, künstlich hergestellt

als dolomitische Tone

als basische Gesteine mit hohem MgO-Gehalt (z. B. Basalt)

als MgO-haltige Fritten.

Magnesitpulver wird durch langsame Feuchtigkeitsaufnahme steinhart, reagiert hydrolytisch mit Wasser, verändert im Versatz die Schlickereigenschaften der Glasur bei längerem Stehen stark. Magnesitglasuren setzen sich schnell steinhart ab, wenn geglühter Magnesit benutzt wurde.

Dolomit kann in Glasuren für sehr niedrige Brenntemperaturen Blasen durch die CO_2-Abspaltung hervorrufen; diese Abspaltung ist erst im Bereich um 900 °C beendet.

Talkum gibt sein Kristallwasser erst bei Temperaturen oberhalb 600 °C ab.

Sepiolith ist aufgrund seiner Kristallgitterstruktur extrem quellfähig und verursacht hohe Trockenschwindung, ist deshalb besonders wirksam zur Stabilisierung der Schlicker gegen Absetzen und kann anstelle von fettem Ton oder Kaolin zu diesem Zweck benutzt werden.

MgO
 – erhöht in geringen Anteilen in der Glasur den Glanz der Oberfläche
 – senkt in sehr geringen Anteilen zugesetzt die Schmelztemperatur
 – wirkt in größerer Menge zugesetzt schnell mattierend und kristallisationsfördernd

- erniedrigt in kleinen Mengen zugesetzt den WAK
- vergrößert den WAK, wenn in großen Mengen zugesetzt (Mattglasuren)
- erhöht in größeren Mengen zugesetzt die Schmelztemperatur
- erhöht kräftig die Oberflächenspannung der Glasurschmelze
- macht die Glasuroberflächen hart und abriebfest
- verbessert stark die chemische Beständigkeit
- kann einige Farben verändern: Kobaltblau zu Violett, Chromgrün zu Olivbraun, Eisengelb in Gelbolivgrün, Kupfergrün in Olivgraugrün, Nickelbraun in Nickelgrün

1.5.4.2 Rohstoffe für Calciumoxid CaO

CaO kann in den Glasurversatz eingeführt werden als:

Kalkspat, Marmor, Calcit: $CaO \cdot CO_2$, natürliches Mineral
Kreide: $CaO \cdot CO_2$, natürliches Mineral
Dolomit: $CaO \cdot MgO \cdot 2 CO_2$, natürliches Mineral
Gips: $CaO \cdot SO_3 \cdot 2 H_2O$, natürliches Mineral
Wollastonit: $CaO \cdot SiO_2$, natürliches Mineral oder künstlich hergestellt
Tri-Calciumphosphat: $3 CaO \cdot P_2O_5$ oder andere künstliche Ca-Phosphate
Calciumborat-dihydrat: $CaO \cdot B_2O_3 \cdot 2 H_2O$ oder
Calciumborat-hexahydrat: $CaO \cdot B_2O_3 \cdot 6 H_2O$ = künstliche Borate
Colemanit: $2 CaO \cdot 3 B_2O_3 \cdot 5 H_2O$, natürliches Mineral
Flußspat, Calciumfluorid: CaF_2
Knochenasche – besteht vorwiegend aus Tricalciumphosphat
Anorthit, Kalkfeldspat ideal: $CaO \cdot Al_2O_3 \cdot 2 SiO_2$
Diopsid: $CaO \cdot MgO \cdot 2 SiO_2$
als CaO-haltige Fritten, siehe Tabellen 3.3, Seite 441 ff.
als CaO-haltige Tone (Mergel), siehe Tabelle 3.4.1, Seite 451 ff.
Plagioklase = Kalk-Natron-Feldspäte, siehe Tabellen 3.4.2, Seite 453 ff.
als basische Gesteine mit hohem CaO-Gehalt (siehe Tabellen 3.4.3, Seite 455)
als CaO-reiche Kohlen- oder Holzaschen (siehe Abs. 1.5.8, Seite 98 und Tabellen 3.4.4, Seite 456 ff.)
als Zement

Tricalciumphosphat oder Knochenasche wird zur Beeinflussung der Färbungen, vor allem von Eisenoxidfarben, benutzt und als Trübungsmittel eingesetzt. Ein hoher Anteil davon im Versatz macht die Glasuren schwer schmelzbar. Flußspat ist im Glasurbereich der Keramik als Rohstoff nicht mehr üblich, wegen der Flüchtigkeit und Giftigkeit des Fluors und der Unsicherheit der damit erreichten Ergebnisse. Größere Mengen CaO-haltiger Rohstoffe wirken trübend und mattierend – siehe Abs. 2.4, Mattglasuren und Kristallglasuren, Seite 215 ff.

CaO
- ist ab 1040 °C ein gutes und ideales Flußmittel
- fördert die Zwischenschichtbildung
- erhöht Ritzhärte und Festigkeit der Glasuroberflächen, oft zusammen mit B_2O_3 zu diesem Zweck eingesetzt
- erhöht die chemische Beständigkeit der Glasurschicht
- wirkt in kleinen Mengen Ausscheidungen und Entmischungen entgegen
- ist in großen Mengen gutes Mattierungsmittel
- erhöht die Oberflächenspannung von Glasurschmelzen
- ändert die meisten Farben wenig (bis auf Färbung durch Fe_2O_3: eisengelb zu oliv bis grün)
- erniedrigt in Glasuren für höhere Brenntemperaturen die Viskosität der Schmelze
- kann in SiO_2- und B_2O_3-reichen Glasuren in sehr großen Anteilen eingesetzt werden, ehe die Glasur matt wird.

1.5.4.3 Rohstoffe für Strontiumoxid SrO

SrO kann in den Glasurversatz eingebracht werden als:

Strontiumsulfat, Coelestin $SrO \cdot SO_3$, seltenes natürliches Mineral
Strontiumcarbonat $SrO \cdot CO_2$, künstlich hergestellt
Strontiumnitrat $Sr(NO_3)_2$, künstl. hergestellt, wasserlöslich
Weitere Strontiumverbindungen des Chemikalienhandels, als Bestandteil von Fritten.

Strontiumverbindungen sind teuer und wirken in Glasuren ähnlich wie Bariumverbindungen.

SrO
- senkt die Schmelztemperatur rapide ab 1100 °C
- senkt die Viskosität der Schmelze
- erhöht die Oberflächenspannung der Schmelze
- verhindert Borschleierbildung
- kann einen Teil des PbO in Glasuren für niedrige Brenntemperaturen ersetzen, ab SK 2a statt PbO benutzbar
- verbessert die chemische Beständigkeit der erstarrten Glasur
- erhöht die Ritzhärte der erstarrten Glasur
- mattiert in größeren Mengen
- ergibt halbtransparente Mattierungen

- ist der Ausbildung aller roten Farben förderlich (z. B. Nickelrot)
- verbessert, in kleinen Anteilen verwendet, Glanz und Glätte der erstarrten Glasuroberflächen
- vergrößert den WAK der erstarrten Glasur

1.5.4.4 Rohstoffe für Bariumoxid BaO

BaO kann in den Glasurversatz eingeführt werden als:

Bariumsulfat, Schwerspat, $BaSO_4$, nicht giftig, weil extrem schwerlöslich, natürliches Material, »blanc fixe«
Bariumcarbonat, $BaCO_3$, giftig, künstlich hergestellt

Bestandteil von Fritten

Andere Bariumverbindungen des Chemikalienhandels sind nicht üblich. Mit Schwerspat entstehen bei höheren Brenntemperaturen gute weißgetrübte Mattglasuren.

BaO — ersetzt, wie SrO, einen Teil des nötigen PbO; ab SK 2a kann es statt PbO benutzt werden
- senkt die Viskosität der Schmelze rapide
- erhöht die Oberflächenspannung der Schmelze stark
- erhöht, in kleinen Mengen verwendet, Glanz und Transparenz der Glasuroberfläche
- mattiert in größeren Anteilen zu glattem Seidenmatt
- bewirkt halbtransparente matte Glasuroberflächen
- verbessert, in kleinen Anteilen verwendet, die chemische Beständigkeit
- in größeren Anteilen benutzt, wird die chemische Beständigkeit der erstarrten Glasuren geringer
- verkleinert das Schmelzintervall
- erhöht die Oberflächenhärte der erstarrten Glasuren
- ist gut geeignet für glatte Kristall- und Mattglasuren mit ZnO
- verändert die Farben wenig
- ermöglicht mit NiO in Zinkmattglasuren Nickelrot, mit Cr_2O_3 in Mattglasuren Chromgelb
- vergrößert den WAK der erstarrten Glasur
- Verbindungen können Giftwirkung zeigen
- fördert basische Färbungen.

1.5.4.5 Rohstoffe für Zinkoxid ZnO

ZnO wird in den Glasurversatz eingeführt als:

Zinkoxid, Zinkweiß ZnO, künstlich hergestellt
Zinkborat (verschiedene Zusammensetzungen) z. B. ZnO 2 B_2O_3, künstlich hergestellt
Zinkchlorid $ZnCl_2$

Zinkoxidreiche Fritten
Andere Zinkverbindungen des Chemikalienhandels sind nicht üblich.
Zinkverbindungen gelten als gesundheitsschädlich.
Wichtigster Rohstoff ist das Zinkoxid, das mit Wasser ein starkes Quellvermögen zeigt, also ein gutes Stellmittel für Glasurschlicker darstellt, die zum leichen Sedimentieren neigen.

Es bewirkt aber auch gleichzeitig eine große Trockenschwindung, so daß die Gefahr des Abblätterns der Glasurschicht besteht, wenn viel ZnO im Versatz ist.

ZnO — senkt ab SK 1a die Schmelztemperatur kräftig
- verringert die Viskosität der Schmelze stark
- erhöht die Elastizität der erstarrten Glasur
- erhöht deutlich die Oberflächenspannung der Schmelze
- verkleinert den WAK der erstarrten Glasur
- mindert die chemische Beständigkeit der erstarrten Glasur
- verstärkt die Bleilöslichkeit aus der erstarrten Glasur
- fördert die Bildung von Borschleiern bis zur Weißtrübung
- begünstigt Trübungen, Ausscheidungen und Kristallisationen
- ist ein universelles Mattierungsmittel für Glasuren im niedrigen und mittleren Temperaturbereich
- ist ein vorzüglicher Kristallbildner
- verändert Farben: z. B.
Chromgrün in Olivbraun bis Braun
Nickelbraun und -gelb in Nickelblau
Eisenbraun in Eisengelb
Zerstört Chrom-Pink-Farben
Reagiert auf geringste Mengen Kobaltoxid mit intensiver Blaufärbung

1.5.5 Färbende Rohstoffe

Als keramische Färbemittel dienen in der Hauptsache die Verbindungen der Schwermetalle, der Übergangsmetalle und der Edelmetalle. Meistens werden für Glasurfärbungen die wasserunlöslichen Carbonate, Phosphate oder Oxide, seltener die wasserlöslichen Chloride, Nitrate, Sulfate etc. folgender Metalle benutzt.

Eisen	Fe		Cadmium	Cd	als Sulfide
Kobalt	Co		Selen	Se	
Kupfer	Cu		Praseodym	Pr	
Mangan	Mn		Neodym	Ne	
Chrom	Cr	am meisten gebraucht	Wismut	Bi	seltener gebraucht
Nickel	Ni		Molybdän	Mo	
Zinn	Sn		Gold	Au	
Zirkon	Zr		Silber	Ag	
Vanadin	V		Platin	Pt	
Antimon	Sb		Iridium	Ir	
Titan	Ti		Uran	U	

Zur entsprechenden Farbgebung müssen diese Elemente oft auch noch mit den nicht färbenden Oxiden der Elemente Aluminium, Silicium, Calcium, Magnesium, Blei und Bor in ganz bestimmten Mengenverhältnissen reagieren können. Neben der eigentlichen färbenden Wirkung haben diese Metallverbindungen auch Einfluß auf die übrigen Glasureigenschaften:

Kobalt-, Kupfer-, Mangan-, Wismut-Verbindungen wirken als starke Flußmittel, ebenso bei höheren Temperaturen das TiO_2 und das Eisen-(II)-oxid FeO.

Schmelzpunkterhöhend dagegen wirken:
Nickeloxid NiO
Chromoxid Cr_2O_3
Eisenoxid Fe_2O_3
Antimonoxid Sb_2O_3
Zinnoxid SnO_2
Zirkonoxid ZrO_2

Zur Stabilisierung der Farben, zur besseren Verwendbarkeit in stark lösenden Schmelzen oder bei höheren Temperaturen, um geringere Löslichkeit oder bestimmte Farbnuancen zu erreichen, werden Metallverbindungen zusammen mit anderen Stoffen (Kaolin, Quarz, Feldspat, Kalkspat etc.) geglüht, gesintert, gefrittet oder geschmolzen, damit die sog. Farbkörper entstehen, die eine fast immer weniger empfindliche, zuverlässige, gleichbleibende Färbung gewährleisten (vgl. Abs. 1.6 und die Angaben in Abs. 2.5, Farbglasuren, Seite 261 ff.).

Für Aufglasurdekore werden die Schmelzfarben benutzt, die aus den Farbkörpern zusammen mit passenden Flußmitteln und frühschmelzenden Gläsern hergestellt werden.

Smalten sind mit Ton oder anderen Stoffen versetzte, feingemahlene Farbfritten bzw. gefärbte Gläser mit bestimmter Zusammensetzung, die vor allem für salzglasiertes Steinzeug benutzt werden, aber auch Vorteile beim Färben von sonstigen Glasuren bieten können.

Neben den reinen Metallverbindungen stehen uns natürlich auch vielerlei Naturprodukte zur Farbgebung zur Verfügung, in denen diese färbenden Verbindungen enthalten sind. Da diese Stoffe oft preiswert zu haben sind, ist ihre Benutzung dort angezeigt, wo sie mit ihrer sonstigen Zusammensetzung gewünschte Wirkungen hervorbringen oder zusätzlich weitere Glasurrohstoffe ersetzen können.

Üblich ist die Verwendung von farbig brennenden Tonen, die Eisen-, Mangan- und Titanoxid einbringen können, von Erzen, wie etwa Manganerz oder Chromerz oder Titanerz (Ilmenit) und von basischen Gesteinen, wie etwa Basalten – die oft große Anteile von Eisenoxid enthalten und gleichzeitig schon einer Glasurzusammensetzung entsprechen.

Die Benutzung anderer Metallerze (z. B. von Kupfer-, Kobalt-, Eisenerzen etc.) ist in der Regel wegen der damit verbundenen aufwendigen Zerkleinerung (oft Härte und Zähigkeit der meist sulfidischen Erze), Reinigung, ihres Schwefelgehalts und unsicheren Wiederbeschaffung, also aus meist wirtschaftlichen Gründen nicht zu empfehlen, wenn man sie nicht als aufbereitete Konzentrate erhalten kann.

1.5.5.1 Eisenverbindungen

Fe_2O_3	Eisen(III)-oxid, rotes Eisenoxid, Hämatit, rostrot
Fe_3O_4	Eisen(II,III)-oxid, schwarzes Eisenoxid, Magnetit
$FeCO_3$	Eisencarbonat, Siderit, Eisenspat, braun
$FeTiO_3$	Eisentitanat, Ilmenit, schwarz, hart
FeS_2	Eisensulfid, Pyrit, Schwefelkies
$FeCrO_4$	Eisenchromat, teilweise wasserlöslich, giftig
$Fe(NO_3) \cdot 9H_2O$	Eisen(III)-nitrat, wasserlöslich
$FeSO_4 \cdot 7H_2O$	Eisen(II)-sulfat, wasserlöslich
$FeCl_2/FeCl_3$	Eisenchlorid, wasserlöslich, ätzend

Andere Eisenverbindungen des Chemikalienhandels
Eisenhaltige Farbfritten
Eisenreiche Schlacken (z. B. Thomasmehl)
Rotbrennende Tone und eisenreiche Gesteine (meist basische Vulkanite)
Eisenhaltige Farbkörper

1.5.5.1

Üblicherweise wird das reine dreiwertige Eisenoxid verwendet. Die minimale Zugabemenge liegt bei 0,5%, die maximale Menge bei 20–30%. Eine Übersättigung an Fe_2O_3 ergibt matte, rauhe, krustig-ungeschmolzene Oberflächen. Dort, wo ohnehin tonige Rohstoffe nötig sind, wie in Glasuren zum Rohglasieren, Engoben usw. wird man besser rotbrennende, eisenreiche Tone benutzen, und wenn deren Färbekraft nicht ausreicht, zusätzlich Eisenoxid verwenden. Die wasserfreien Eisenchloride sind stark hygroskopisch.

Fe_2O_3 färbt gelb, wenn es im Glasfluß gelöst vorliegt, gelborange, wenn ein Teil des roten Eisenoxids ungelöst als Pigment vorhanden ist, und schwarz, wenn es aufgrund reduzierender Vorgänge oder thermischer Einflüsse zu Fe_3O_4 umgewandelt als Pigment im Glas verteilt ist. Grüne Färbungen entstehen, wenn FeO gelöst im Glasfluß vorliegt (siehe Abs. 2.6.3 Seladonglasuren, Seite 333). FeO wirkt als basisches Flußmittel, Fe_2O_3 ist als amphoteres Oxid *kein* Flußmittel.

Die Färbung hängt also von der Menge an Eisenoxid ab und wieviel davon gelöst oder als ungelöstes Pigment vorliegt, von der Oxidationsstufe, ob es als FeO, Fe_2O_3 oder Fe_3O_4 vorliegt, ob es mit anderen Bestandteilen der Glasur zu neuen kristallinen Verbindungen reagiert oder ob es sich als extrem feiner kristalliner Hämatit (rot) oder grobkristalliner Hämatit (eher braun bis schwarz) beim Abkühlen der Glasur aus der Schmelze abscheidet.

In Bleiglasuren färben steigende Fe_2O_3-Zusätze von hellgelb über orangerot bis schwarz; in Alkaliglasuren hellgelb bis braunschwarz; ist gleichzeitig B_2O_3 vorhanden, wird das Braun rostrot bis rotbraun.

Aventurin-Glasuren sind saure (SiO_2-reiche) Alkali-Bor-Glasuren mit niedrig-viskosen Schmelzen, in denen sich beim Abkühlen das Fe_2O_3 in deutlich sichtbaren, kristallinen und metallisch glänzenden Hämatit-Flittern aufgrund der mit der Temperatur sinkenden Lösekraft der Schmelze ausscheidet. In solchen Glasuren sind Fe_2O_3-Gehalte von 15–30% nötig (vgl. Abs. 2.4.3.5, Aventuringlasuren, Seite 253).

Titanoxid und Zinkoxid bewirken leichter eine Gelbfärbung durch Eisenoxid in Mattglasuren – fördern bei hohem Fe_2O_3-Gehalt (Eisenbraun) eine warme Gelborangetönung.

Zinnoxid SnO_2 bewirkt schon in kleinen Mengen in allen eisenhaltigen Glasuren rotbraune Farbtöne.
CaO und MgO bewirken Verfärbungen nach Grün-Oliv, wenn sie in hohem Anteil in der Glasur enthalten sind.

Zusammen mit wenig Kobaltoxid und/oder Manganoxid und/oder Nickeloxid und Chromoxid erzielt man Schwarz im oxidierenden Brand, das aber auch gut im neutralen Brand nur durch viel Fe_2O_3 in Al_2O_3-reichen Glasuren für hohe Brenntemperaturen entsteht. Die zartgrünen Seladon-Färbungen benötigen im reduzierenden Brand 0,5 bis max. 2% Fe_2O_3. Im Rohstoffhandel gibt es verschiedene Qualitäten Eisenoxid, die mit unterschiedlicher Reinheit auch unterschiedlichen Preis haben und unter Namen wie Eisenoxidrot, Caput mortuum, Portafer usw. vertrieben werden.

1.5.5.2 Kobaltverbindungen

Co_2O_3	Kobalt (III)-oxid, schwarzes Pulver, giftig
Co_3O_4	Kobalt (II,III)-oxid, Kobaltschwarz, schwarzes Pulver, giftig
CoO	Kobalt (II)-oxid, graues Pulver, giftig
$CoCO_3 \cdot Co(OH)_2 \cdot H_2O$	Kobalt (II)-hydroxidcarbonat, Kobaltcarbonat basisch, violett bräunliches Pulver, giftig
$Co_3(PO_4)_2 \cdot 8 H_2O$	Kobaltphosphat, giftig
$(CH_3COO)_2Co \cdot 4 H_2O$	Kobalt(II)-acetat, wasserlöslich, giftig
$CoCl_2 \cdot 6 H_2O$	Kobalt(II)-chlorid(-hexahydrat), wasserlöslich, giftig
$Co(NO_3)_2 \cdot 6 H_2O$	Kobalt(II)-nitrat (-hexahydrat), wasserlöslich, giftig
$CoSO_4 \cdot 7 H_2O$	Kobalt(II)-sulfat (-heptahydrat), wasserlöslich, giftig

Natürliche Kobalt-Roherze sind selten und nicht im keramischen Rohstoffhandel.

Kobalthaltige Farbfritten und Smalten
Kobalthaltige Farbkörper

Üblicherweise werden zur Glasurfärbung die nicht löslichen Verbindungen Kobaltoxid, Kobaltschwarz (Co_3O_4) und Kobaltcarbonat, basisch, benutzt. Das Kobaltcarbonat wird bevorzugt, weil es sich leichter fein verteilen läßt und leichter in der Schmelze löst und ähnlich intensiv färbt. Natürliche Kobalterze sind nicht zu empfehlen, weil sie zum ersten sehr selten sind, zweitens meist zäh, hart und schwer zu mahlen sind und drittens meist arsenreiche sulfidische Verbindungen darstellen und beim Schmelzen der Glasuren hochgiftige Dämpfe abgeben würden.

Kobaltverbindungen färben im oxidierenden wie reduzierenden Brand blau; die minimale schon färbende Zusatzmenge kann 0,1% und weniger sein, die maximale noch sinnvolle Zusatzmenge liegt bei etwa 5%, wenn es nicht auf den Preis ankommt.

Zinkoxid (und Aluminiumoxid) fördern das helle, leuchtende Blau (Typ Himmelblau). Magnesiumoxid kann das Blau bis zum Rotviolett verändern; Phosphate verändern das Blau auch mehr ins Violette. Titanoxid kann Verfärbungen vom Grünlichblau bis zum satten Dunkelgrün bewirken, zusammen mit Nikkeloxid macht es gute graue Farben möglich. Kieselsäurereiche Glasuren, vor allem Bleiglasuren, werden stets dunkel- bis violettblau – es entsteht (ohne genug ZnO) dabei kein klares Hellblau. Hellblau entsteht am besten in Zinkmattglasuren sowie in weißgetrübten Glasuren – wobei sich allerdings die zirkongetrübten Glasuren schlecht gleichmäßig und mit angenehmem Farbton färben lassen.

Kobaltverbindungen wirken immer als deutliche Flußmittel, weil sie bei Schmelztemperatur als basisches CoO in Lösung gehen; dann spalten sie vielfach Sauerstoff ab, der zu Blasenbildung führen kann. Deshalb werden in solchen Fällen gerne Kobalt-Farbfritten benutzt. Alle Kobaltverbindungen sind teuer und giftig bzw. gesundheitsschädlich.

1.5.5.3 Kupferverbindungen

CuO	Kupfer(II)-oxid, Kupferoxidschwarz, schwarzes Pulver, giftig
$CuCO_3 \cdot Cu(OH)_2$	Kupfer(II)-hydroxidcarbonat, basisches Kupfercarbonat, blaugrünes Pulver, giftig
$Cu_3(PO_4)_2$	Kupferphosphat, giftig
$Cu(CH_3COO)_2 \cdot H_2O$	Kupfer(II)-acetat, Grünspan, giftig
$CuCl$	Kupfer(I)-chlorid (Kupferchlorür), giftig
$CuCl_2 \cdot 2\, H_2O$	Kupfer(II)-chlorid(dihydrat), wasserlöslich, giftig
$Cu(NO_3)_2 \cdot 3\, H_2O$	Kupfer (II)-nitrat (trihydrat), wasserlöslich, giftig
$CuSO_4 \cdot 5\, H_2O$	Kupfer (II)-sulfat (-5-hydrat), wasserlöslich, giftig

Kupferhaltige Farbfritten, kupferhaltige Farbkörper
Malachit, natürliches Kupfererz, entspricht dem basischen Kupfercarbonat

Die ersten drei Rohstoffe werden am meisten benutzt. Alle Kupferverbindungen färben dadurch, daß sich Cu^{2+}-Ionen im Silikatglas lösen, wodurch je nach Koordination zu Sauerstoff eine grüne bis blaue Färbung entsteht, wenn oxidierend gebrannt wird. Es entstehen dann folgende Farbtöne:

in Bleiglasuren: hellgrasgrün bis tiefdunkelgrün
in Blei-Bor-Glasuren: bläulichgrün bis türkisgrün
in Alkali-Bor-Glasuren: blaugrün bis türkisgrün
in reinen Alkaliglasuren: hellblau bis dunkeltürkisblau (sog. Ägyptischblau)

Je höher der Alkaligehalt der Glasur, desto mehr wird Kupfergrün zu Kupferblau. Al_2O_3, TiO_2 und MgO stören die kupfergrünen Farben; die beiden letzteren können das Grün in Braun wandeln. Kupferblau wird am wenigsten durch die Erdalkalioxide MgO, CaO, SrO und BaO gestört. Minimal nötiger Zusatz für Zart-Grünfärbung ist 0,5–1%, maximaler Zusatz für Dunkelgrün 5–10%, je nach Glasurzusammensetzung und deren Lösevermögen. Zuviel ($\approx$ ab 6%) Kupferoxid färbt die Glasur schnell schwarz; es entstehen dann matte, schwach metallisch glänzende Oberflächen, die sehr empfindlich sind. Nur durch CuO schwarz gefärbte Glasuren sind sehr selten brauchbar.

Im reduzierenden Brand können rote Farben entstehen, wenn die grünfärbenden Cu^{2+}-Ionen zu metallischen Kupferatomen reduziert werden. Diese sind dann nicht mehr in der Silikatschmelze löslich und scheiden sich meistens in kolloidaler Größe (nicht sichtbar) aus. Diese kolloidalen Teilchen reflektieren nur noch den roten Teil des Spektrums, während sie alle anderen Wellenlängen absorbieren; dies ist aber stark von ihrer Teilchengröße abhängig. Für gute kupferrote Glasuren genügen meistens weniger als 1% CuO-Zusatz zur farblosen Glasur (siehe Abs. 2.5.1.4, Seite 264 und 2.6.2, Seite 329). Zuviel Kupferoxid bewirkt auch hier Schwarzfärbung.

Kupferoxid verdampft bei höheren Temperaturen leicht und beeinträchtigt vielfach im gleichen Brand befindliche andere Glasuren. Ein CuO-Gehalt bewirkt in vielen Glasuren eine stärkere Löslichkeit anderer Bestandteile (besonders deutlich bei PbO!) durch Säuren, wie CuO überhaupt die chemische Beständigkeit der Glasuren deutlich verringert. Alle Kupferverbindungen wirken als starke Flußmittel und sind *giftig*.

1.5.5.4 Manganverbindungen

MnO_2	Mangan(IV)-oxid, Braunstein, Pyrolusit, schwarzes Pulver
$MnCO_3$	Mangancarbonat, violettbraun, dunkel- bis hellbraun

Manganton enthält neben toniger Substanz viel MnO_2 und auch Fe_2O_3

$MnCl_2 \cdot 2\, H_2O$	Mangan(II)-chlorid-2-hydrat, wasserlöslich
$Mn(NO_3)_2 \cdot 4\, H_2O$	Mangan(II)-nitrat-4-hydrat, wasserlöslich
$MnSO_4 \cdot H_2O$	Mangan(II)-sulfat-1-hydrat, wasserlöslich

Natürliche Manganerze, die immer zum größten Teil aus MnO_2 bestehen und unter verschiedenen Namen im Rohstoffhandel sind

Manganhaltige Farbfritten
Manganhaltige Farbkörper

Manganverbindungen färben hell- bis dunkelbraun, rotviolett, schwarz im oxidierenden wie im reduzierenden Brand, je nach Zusatzmenge und Glasurzusammensetzung.

in Bleiglasuren: hell- bis dunkelbraun, schwarz
in Borglasuren: violettbraun bis schwarz
in Alkali-Bor-Glasuren: braunviolett bis schwarz
in Alkali-Glasuren: rotviolett bis schwarz

Je höher der Alkalioxid-Gehalt in der Glasur, desto mehr geht die braune Farbe ins Violett. Das Violett ist eine reine Ionenfärbung, das Schwarz eine Pigmentfärbung. Es werden minimal ca. 1% Zusatz zur beginnenden Färbung gebraucht, maximal, je nach Lösekraft, 6–8% Zusatz; bei Übersättigung, die bei etwa 8–10% eintritt, ergeben sich schwarz-metallische, mattglänzende Oberflächen, die bei hohen Temperaturen gebrannt auch gold- oder silbermetallisch aussehen können.

Manganoxide oder andere Manganverbindungen nehmen in der Aufheizphase gerne Sauerstoff auf und geben ihn beim Schmelzen der Glasur, wenn sie als MnO in Lösung gehen (Umwandlung von MnO_2, Mn_2O_3, Mn_3O_4 zu MnO), wieder ab, so daß in hochviskosen Glasuren leicht eine starke Blasenbildung auftritt, wenn mit Manganverbindungen gefärbt wurde. Manganverbindungen lösen sich leicht in allen Glasuren, bilden deshalb gut transparente gefärbte Glasuren. Manganverbindungen sind starke Flußmittel und als gesundheitsschädlich anzusehen.

1.5.5.5 Chromverbindungen

Cr_2O_3 Chrom(III)-oxid, chromgrün, dunkelolivgrün, giftig
$PbCrO_4$ Bleichromat, chromgelb, gelborange, giftig
K_2CrO_4 Kaliumchromat, gelb, giftig, wasserlöslich
Andere Chromate des Chemikalienhandels
$CrCl_3 \cdot 6\,H_2O$ Chrom(III)-chlorid-6-hydrat, wasserlöslich, giftig
$Cr(NO_3)_3 \cdot 9\,H_2O$ Chrom(III)-nitrat-9-hydrat, wasserlöslich, giftig
CrO_3 Chrom(VI)-oxid, giftig
$FeCr_2O_4$ Chromit, Chromeisenerz, braungrau
Chromhaltige Farbfritten
Chromhaltige Farbkörper

Üblicherweise wird Chromoxid verwendet, wenn die typischen Farben Chromgrün, Chromrot, Chromgelb entstehen sollen. Bei braunen, grauen und schwarzen Farben kann auch der Chromit eingesetzt werden. Alle Chromate sind wasserlöslich; sie bilden sich auch leicht im stark oxidierenden Brand, wenn Chromoxid mit stark basischen Oxiden reagieren kann und keine stärkeren sauren Partner (SiO_2, B_2O_3) in ausreichender Menge zur Verfügung stehen.

Chromoxid färbt im oxidierenden wie reduzierenden Brand normalerweise als stabiles Pigment grün und ist dabei bis in höchste Temperaturen beständig. Es ist kein Flußmittel, sondern macht die Glasuren schwer schmelzbar und hochviskos, opak. In bleireichen Glasuren und bei niedrigen Temperaturen (bis max. 1040 °C) gebrannt, können rote, orange bis gelbe Farben entstehen durch Bildung von Bleichromaten. Zuviel Al_2O_3, SiO_2 und andere basische Oxide (aber auch mehr als 4% Cr_2O_3) stören diese chromroten Farben, die auch durch höhere Temperaturen zerstört werden. SnO_2 bewirkt helleres, gleichmäßiges Rot bis Orange. Chromrote Glasuren sind sehr weich, chemisch unbeständig, hochgiftig (siehe Abs. 2.5.1.1, Farbglasuren – Chromrote Glasuren, Seite 261).

In Alkaliglasuren und Bariummattglasuren entstehen mit sehr kleinen Zusätzen von Chromoxid helle, intensiv gelbe Farben, weil sich das entstehende Chromat in der Glasur leicht löst. Zuviel Chromoxid ergibt sofort Grünfärbung (siehe Abs. 2.5.3.3, Chromgelbe Glasuren, Seite 278).

Mit CaO und SnO_2 bildet Chromoxid die sog. Pinkfarben: rosa bis weinrote komplexe Verbindungen, die im oxidierenden Brand gut beständig sind. TiO_2 kann auch in diese Verbindungen eintreten. Reduktion zerstört diese Chrom-Pink-Farben (siehe auch Abs. 1.6, Farbkörper, Seite 91 ff. und Abs. 2.5.1.6, Seite 267).

ZnO stört alle Chromfarben des Bereiches rot, gelb, grün, pink durch Bildung eines sehr stabilen braunen Zink-Chrom-Spinells. Es lassen sich aber dadurch sehr beständige braune bis olivgrüne Farben entwickeln. Ähnliche Spinellbildung findet mit MgO (braun) und FeO (grau bis schwarzbraun) statt. Auch die Verbindung von Zink-Antimon-Chrom ergibt stabile orangebraune bis braune Farbtöne. Das bedeutet, daß man ZnO- und MgO-reiche Glasuren mit Chromoxid nicht gut grün färben kann.

Chromoxid verdampft merklich beim Brand aus den Glasuren und kann benachbarte Glasuren stark verfärben: CaO- und SnO_2-haltige Weißglasuren rosa bis rot, titanhaltige Weiß- und Mattglasuren rosa bis gelb, antimon- und zinkoxidhaltige Glasuren gelblich bis braun. Zusammen mit Fe_2O_3, CoO, NiO ergibt Chromoxid brauchbares mangan- und kupferfreies Schwarz (siehe Abs. 2.5.8, Farbglasuren – Schwarze Glasuren, Seite 312 ff.). Alle Chromverbindungen sind giftig!

1.5.5.6 Nickelverbindungen

NiO	Nickel(II)-oxid, grüngrau bis schwarz, giftig
Ni$_2$O$_3$	Nickel(III)-oxid, grünschwarzes bis schwarzes Pulver, giftig
2Ni(OH)$_2$ · NiCO$_3$ · 4H$_2$O	basisches Nickelcarbonat, hellgrün, giftig
Ni(CH$_3$COO)$_2$ · 4 H$_2$O	Nickelacetat-4-hydrat, wasserlöslich, giftig
NiCl$_2$ · 6 H$_2$O	Nickelchlorid-6-hydrat, wasserlöslich, giftig
Ni(NO$_3$)$_2$ · 6 H$_2$O	Nickelnitrat-6-hydrat, wasserlöslich, giftig
NiSO$_4$ · 6 H$_2$O	Nickelsulfat-6-hydrat, wasserlöslich, giftig

Nickelhaltige Farbfritten
Nickelhaltige Farbkörper

Der für Glasuren am besten geeignete Rohstoff ist Nickelcarbonat. Natürliche Nickelerze sind sehr selten und meistens arsenhaltige Sulfide, deshalb für keramische Zwecke ungeeignet. Nickeloxide sind hart und lösen sich nicht schnell in den Schmelzen; deshalb sollen solche Glasuren intensiv und lange genug gemahlen werden.

Je nach Zusammensetzung der Glasur und ob sie glasig oder kristallin erstarrt und je nachdem, welche kristallinen Verbindungen sich bilden, färben Nickelverbindungen im oxidierenden Brand gelb, grün, grünbraun, braun, blau, blauviolett, rotviolett, rosa bis karminrot. Blei- und Blei-Bor-Glasuren werden gelb bis gelb-bräunlich; reine Alkaliglasuren werden violettgrau bis grauschwarz; reichlich Titanoxid bewirkt grüne Nickelfarben (oft giftgrün bis stechend gelbgrün); ebenso können MgO-reiche Glasuren mit Nickelverbindungen grün gefärbt werden; ZnO-Mattglasuren werden blaugrün bis blau mit Nickelverbindungen; BaO ergibt in zinkmatten Glasuren, wenn es den Gehalt an ZnO überschreitet, rote, rosa bis rotviolette Farben. Sehr viel BaO ergibt Braun. SrO wirkt ähnlich wie BaO. CaO dagegen bewirkt gelbe bis braune Färbungen mit Nickeloxid. Im reduzierenden Brand färben Nickelverbindungen in der Regel graugrün, grau, schwarz.

Nickeloxid wird in Kombination mit Eisen-, Kobalt- und Manganoxid bzw. Chromoxid zu schwarzen Farben und Pigmenten benutzt. Normalerweise werden Zusätze von 1–6% Ni$_2$O$_3$ oder NiCO$_3$ verwendet, höhere Zusatzmengen verursachen schnell hohe Oberflächenspannung der Schmelze und Schwerschmelzbarkeit sowie Grünfärbung durch freies Nickeloxid. Alle Nickelverbindungen sind giftig, die Nickeloxide sollen krebserzeugend wirken.

1.5.5.7 Cadmium- und Selenverbindungen

CdCO$_3$	Cadmiumcarbonat, giftig
CdO	Cadmiumoxid, giftig
CdCl$_2$	Cadmiumchlorid, giftig
Cd(NO$_3$)$_2$ · 4 H$_2$O	Cadmiumnitrat-4-hydrat, giftig
CdSe	Cadmiumselenid, giftig
CdS	Cadmiumsulfat, giftig
CdSO$_4$ · 8 H$_2$O	Cadmiumsulfat-8-hydrat, giftig
Na$_2$SeO$_3$ · 5 H$_2$O	Natriumselenit-5-hydrat, giftig
Na$_2$SeO$_4$	Natriumselenat, giftig
BaSeO$_3$	Bariumselenit, giftig
SeO$_2$	Selenoxid, giftig
SeCl$_4$	Selenchlorid, giftig
H$_2$SeO$_3$	Selenige Säure, giftig
Se	Metallisches Selen, giftig

Cadmium-Selen-Fertigglasuren und -Farbkörper

Cadmiumverbindungen färben in stark alkalischen Glasuren gelb, wenn sie mit Schwefel Cadmiumsulfid bilden können. Diese Färbung ist in der Regel nur bis SK 03a beständig, in Ausnahmefällen bis SK 1a.

Mit Selenverbindungen entsteht Selenrot als Mischkristallbildung aus Cadmiumselenid und Cadmiumsulfid. Der Sulfidschwefel ist als wesentlicher Bestandteil dieser nicht oxidischen Farbverbindung unbedingt nötig. Andere Schwermetalloxide (z. B. PbO, CuO, FeO, CoO usw.), die leicht Sulfide bilden, zerstören das Selen-Cadmium-Rot und das Cadmium-Gelb. Da die Herstellung dieser Farben nicht so einfach ist und unter genau kontrollierten Bedingungen zu erfolgen hat, bezieht man üblicherweise Selenrot- und Cadmiumgelb-Glasuren fertig von den Glasur- und Frittenherstellern. Es lassen sich zwischen beiden Farben bequem alle Mischtöne durch einfaches Mischen beider Glasuren erreichen. Da alle anderen Mattierungsstoffe die Farbe stören, ist einzig das reine Al$_2$O$_3$ als calcinierte Tonerde zum Mattieren geeignet. Alle Cadmiumverbindungen und alle Selenverbindungen sind *hochgiftig*.

1.5.5.8 Antimon-, Zinn- und Titanverbindungen

Sb$_2$O$_3$	Antimon(III)-oxid, weißes Pulver
Sb$_2$O$_5$	Antimon(V)-oxid, gelbliches Pulver
SbCl$_3$	Antimon(III)-chlorid
Sb$_2$S$_3$	Antimon(III)-sulfid, »Antimonschwarz«
Sb$_2$S$_5$	Antimon(V)-sulfid, »Goldschwefel«
SnO$_2$	Zinn(IV)-oxid
SnCl$_2$ · 2 H$_2$O	Zinn(II)-chlorid-2-hydrat (= Zinnchlorür)

1.5.5.8

$SnCl_4$	Zinn(IV)-chlorid
$SnSO_4$	Zinn(II)-sulfat
TiO_2	Titan(IV)-oxid, »Titanweiß«, gelblich weißes Pulver
Rutil	eisenoxidhaltiges Titanoxid, Titanmineral, wichtiges natürliches Titanerz, hellbräunliches bis dunkelbraunes Pulver
$FeTiO_3$	Eisentitanat, Ilmenit, natürliches Titanmineral, Titanerz, schwarzes Pulver
$TiCl_4$	Titan(IV)-chlorid

Andere titanhaltige Minerale sind als Rohstoffe nicht üblich.

Antimon-, Zinn-, und Titanverbindungen färben allein nicht (siehe Weißtrübende Verbindungen, Abs. 1.5.6, Seite 84), sind aber wichtig für bestimmte Färbungen, wenn sie miteinander oder mit anderen Oxiden kombiniert werden.

Antimonoxid Sb_2O_3 + Zinnoxid SnO_2 ergibt schon bei leichter Reduktion graublau; Antimonoxid Sb_2O_3 + Bleioxid PbO gibt intensives Neapelgelb bei Brenntemperaturen bis SK 03a.

Antimon-, Titan- und Zinkoxid ergibt mit Spuren von Chromoxid intensives Braunorange. Alle Antimonfarben ergeben opake Glasuren, Zinnoxid SnO_2 + Calciumoxid CaO ergibt mit Spuren von Chromoxid intensives Pinkrot (siehe auch Abs. 2.5, Farbglasuren, Seite 261).

Titanoxid verändert Farben:
hellstes Kobaltblau zu blaugrau
starkes Kobaltblau zu grün
Kupfergrün u. U. zu gelblichgrün bis braun
Eisenbraun zu Eisenorange bis Eisengelb
Nickelrot, -braun, -blau zu Nickelgrün, wenn viel TiO_2 zugegen (ca. 5–10%) ist.

Reduzierend gebrannt färbt Titanoxid violettgrau, graublau bis intensiv blau, je nach Stärke der Reduktion und Art der Glasur. Dafür reichen Zusatzmengen von 2–4%. Antimongelb = Neapelgelb wird intensiver, dunkler und stabiler durch 2–4% TiO_2. Mit ZnO, Sb_2O_3 und Chromspuren entstehen orange bis orangebraune Farben. Titanoxid mattiert schnell, vor allem in niedrigviskosen Glasuren, ab ca. 5% Zusatz; bei langsamer Abkühlung können auch Kristallglasuren mit großen, gut sichtbaren Rutilnadeln entstehen. Andere Kombinationen werden als Farbkörper hergestellt (siehe Abs. 1.6, Seite 91 ff.).

Alle Antimonverbindungen sind als giftig zu betrachten. Natürliche Antimonerze sind wegen ihres sulfidischen Charakters und gleichzeitigem Arsengehalt nicht verwendbar.

1.5.5.9 Selten oder nicht mehr gebräuchliche färbende Rohstoffe

1. Uranverbindungen

UO_2	Uran(IV)-oxid, schwarz, giftig
UO_3	Uran(VI)-oxid, orange, giftig
$Na_2U_2O_7$	Natriumuranat (Uranoxid, gelb), giftig

Uranverbindungen färben rot, gelb, grün im oxidierenden Brand, kräftig rot in bleireichen Glasuren bis SK 03a Brenntemperatur durch Bildung von basischem Bleiuranat, gelb in borhaltigen Glasuren. Mit steigender Brenntemperatur werden die roten Uranglasuren immer mehr gelb – den gleichen Effekt bewirkt ein hoher Gehalt von SiO_2, so daß in den ausgesprochen sauren Glasuren Uranoxid gelb färbt. Mit ZnO können olivgrüne Farben entstehen. In roten Uranglasuren sind Wolfram- und Molybdänverbindungen ideale Kristallbildner. Im reduzierenden Brand färbt Uranoxid grau bis schwarz. Alle Uranverbindungen sind giftig, mehr oder weniger stark radioaktiv und deshalb wegen der einschränkenden Bestimmungen über den Umgang mit radioaktiven Substanzen im Handel nicht mehr erhältlich.

2. Wismutverbindungen

Bi_2O_3	Wismut(III)-oxid
$(BiO)_2CO_3 \cdot ½ H_2O$	Wismutcarbonat, basisch, Wismutoxycarbonat
$BiCl_3$	Wismut(III)-chlorid
$BiO(NO_3) \cdot H_2O$	Wismut(III)-nitrat, basisch, Wismutoxynitrat-1-hydrat
$Bi(NO_3)_3 \cdot 5 H_2O$	Wismut(III)-nitrat-5-hydrat

Wismutverbindungen, vorzugsweise Wismutoxid, wirken als kräftige Flußmittel, ähnlich dem PbO, aber ohne dessen Giftigkeit. Als Flußmittel wird es wegen seines enorm hohen Preises nur für besondere Schmelzfarben und für Glanz und Poliergoldpräparate gebraucht. In besonderen Glasurzusammensetzungen sollen gelbe Färbungen entstehen; im reduzierenden Brand färbt Bi_2O_3 dunkelbraun bis braunschwarz. Mit SnO_2, Zinnoxid, sollen zartgelbe Glasurfärbungen möglich sein (vgl. Parmelee[111]). In Lüsterfarben (siehe Abs. 1.6, Seite 100 ff.) ist Wismutoxid bzw. -nitrat wesentlicher Bestandteil.

3. Molybdänverbindungen

MoO_3	Molybdän(VI)-oxid
$(NH_4)_6 Mo_7O_{24} \cdot 4 H_2O$	Ammoniummolybdat-4-hydrat, wasserlöslich
$MoCl_5$	Molybdän(V)-chlorid

MoS$_2$ Molybdän(IV)-sulfid, Molybdänglanz, als sulfidisches natürliches Erz; wird in der Keramik nicht verwendet

Molybdänverbindungen verringern sehr stark die Oberflächenspannung der Glasurschmelzen (schon 0,1–0,2% deutlich!), färben aber normalerweise allein nicht, verändern nur leicht die Farbtöne, weil sie vor allem die Kristallisation und Mattierung fördern – was besonders in Bleiglasuren deutlich sichtbar wird (vgl. Ab. 2.4.3, Kristallglasuren, Seite 246 ff.).

Im reduzierenden Brand färbt Molybdänoxid graublau, es kann auch trüben durch Ausscheidung von Erdalkalimolybdat. Mehr als 2–4% MoO$_3$ verursachen schon stumpfmatte Oberflächen. Eine unangenehme Eigenschaft ist, daß MoO$_3$ aus der Glasur sehr stark verdampft. Molybdänverbindungen sind teuer.

4. Vanadinverbindungen

V$_2$O$_4$ Vanadium(IV)-oxid, giftig
V$_2$O$_5$ Vanadium(V)-oxid, giftig
VCl$_3$ Vanadium(III)-chlorid, giftig

Als Rohstoff wird üblicherweise das V$_2$O$_5$, Vanadinpentoxid, benutzt. Vanadinoxid in gelöster Form ist ein kräftiges Flußmittel und senkt (wie MoO$_3$) stark die Oberflächenspannung der Glasurschmelzen, kann also wie Molybdänoxid als Netzmittel eingesetzt werden (1–2% Zusatz). Es wird als Kristallbildner in Bleiglasuren benutzt wie das Molybdänoxid, denn es bildet leicht kristalline Bleivanadate. Die Verwendung als färbendes Oxid für grünliche, gelbgrüne oder rötlichbraune Farbtöne ist wegen des hohen Preises nicht sinnvoll. Dagegen sind mit Vanadin hergestellte Gelb-, Blau- und Grünfarbkörper auf Zinn-Zirkon-Basis sehr wichtige und zuverlässige Pigmente (siehe Abs. 1.6.2, Farbkörper sowie Abs. 2.5, Farbglasuren, Seite 91 und Seite 261). Alle Vanadinverbindungen sind als giftig anzusehen!

5. Edelmetall: Gold- und Silberverbindungen

Au   Metallisches Gold
H(AuCl$_4$) · 4 H$_2$O   Tetrachlorogold(III)-säure, Goldchlorid
Au$_2$O$_3$ Gold(III)-oxid
Ag   Metallisches Silber
Ag$_2$CO$_3$ Silbercarbonat
AgCl   Silberchlorid, wasserlöslich
AgNO$_3$ Silbernitrat, wasserlöslich
Ag$_2$O   Silber(I)-oxid
AgO   Silber(II)-oxid

Andere Silbersalze des Chemikalienhandels

Alle Silberverbindungen sind als giftig anzusehen.

Die Edelmetallverbindungen dienen in erster Linie für metallische Überzüge bei der Aufglasurdekoration und in Form von Resinaten, Chloriden oder Nitraten als Lüsterfarben (siehe Abs. 1.6.4 und 1.6.5, Seite 98 ff.).

Gold ergibt auch innerhalb der Glasur je nach Zusammensetzung und thermischer Behandlung der Glasuren hellrosaorange bis purpurrote Farben, die entweder auf der Verteilung metallischen Goldes in kolloidaler Korngröße (ähnlich dem Kupferrot!) im Glasfluß beruhen oder auf der feinen Verteilung von Gold als Niederschlag auf Calciumstannat. Die früher einzig möglichen Purpurfarben auf Goldbasis werden heute durch die wesentlich billigeren Chrom- und Mangan-Pink-Farben ersetzt.

Mit Silber können gelbe Glasurfärbungen entstehen, die ähnlich den goldroten Glasuren reduzierende Atmosphäre und eine bestimmte Wärmebehandlung (gesteuerte Abkühlung) erfahren müssen, was empirisch zu ermitteln ist (siehe Abs. 2.5.3.8, Seite 283). Silbergelbfärbung und Goldrubinfärbung sind wegen des hohen Preises in der Keramik nicht mehr üblich.

6. Verbindungen der seltenen Erden Praseodym, Neodym

Praseodymoxid und Neodymoxid sind Bestandteil hochfeuerfester gelber Farbkörper, die besonders gut für zirkongetrübte Glasuren geeignet sind. Die Oxide der seltenen Erden (Lanthaniden-Gruppe) haben neben einer schwachen Farbwirkung auch trübende Wirkung ähnlich dem Vanadinoxid. Ihr extrem hoher Preis schließt allerdings eine Verwendung als Glasurfärbemittel aus.

1.5.6 Weißtrübende Rohstoffe

verteilen sich entweder sehr fein in der Glasurschmelze ohne sich darin zu lösen oder lösen sich in der Schmelze bei hohen Temperaturen auf und scheiden sich bei Abkühlung kristallin mit extrem feiner Korngröße wieder aus, so daß die Glasuren undurchsichtig, weißgetrübt erscheinen, ohne daß dabei die erstarrte Glasuroberfläche matt werden muß, wie es bei den Mattglasuren der Fall ist, die durch die Mattierung auch stets mehr oder weniger opak = getrübt = undurchsichtig werden (siehe Abs. 2.3.1, Weißgetrübte, glänzende Glasuren, Seite 186 ff. und Abs. 1.2.3.2). Als trübende Rohstoffe sind üblich:

1.5.6.1 Zinnverbindungen

SnO_2 Zinn (IV)-oxid, Zinndioxid

Andere Zinnverbindungen des Chemikalienhandels sind in der Regel nicht geeignet.

Äscher = Blei-Zinn-Asche = Mischung aus SnO_2 + PbO, entstanden durch Verbrennen, Glühen von metallischem Zinn und Blei – nicht mehr üblich, seit reines Zinnoxid im Handel erhältlich ist.

Zinnoxid ist selbst in starken Säuren nur schlecht und wenig löslich, wird aber von geschmolzenen Alkaliverbindungen angegriffen und gelöst; deshalb ist es in fast allen Glasuren, außer den Alkaliglasuren, ein ideales Trübungsmittel. Zu ausreichender Trübung sind etwa 4 bis 10% Zusatz nötig. Zinnoxid erhöht die Viskosität der Schmelze und die Schmelztemperatur, verstärkt die Oberflächenhärte und die chemische Beständigkeit der erstarrten Glasur und macht die Glasurschicht etwas elastischer. Bedingt durch seinen hohen Preis wird es in steigendem Maß durch Zirkontrübungsmittel verdrängt. Um die Trübungswirkung des SnO_2 zu verstärken, sollen CaO und in bleifreien Glasuren ein wenig TiO_2 enthalten sein.

SnO_2 „stabilisiert" viele Farben und macht sie für höhere Brenntemperaturen beständiger (z. B. Antimongelb), für gewisse Farben ist es als Komponente unbedingt erforderlich (z. B. Antimon-Zinn-Grau, Calcium-Zinn-Chrom-Pink, Zinn-Vanadin-Gelb), so daß es viel zur Farbkörperherstellung gebraucht wird. SnO_2 verändert manche Farben, so macht es Eisengelb und Eisenbraun rotbraun, Mangandunkelbraun wird violettbraun, dunkles Chromrot orangerot. Kalkreiche zinngetrübte Glasuren reagieren empfindlich auf Chromoxidspuren (siehe auch Abs. 1.5.5.5, Seite 80 ff. und Abs. 2.5.1.6.1, Seite 267), indem sie sich rosa verfärben.

1.5.6.2 Zirkonverbindungen

$ZrSiO_4$ Zirkonsilikat, Zirkon (Zirkonsand) als natürliches Mineral
ZrO_2 Zirkoniumoxid

Künstlich hergestellte Zirkonsilikate (mit BaO, ZnO, MgO etc.)
Zirkonfritten
Zirkontrübungsmittel (z. B. Ultrox 500 W, Ultrox 1000 W, Kreutzonit, etc.)

Beste Trübungswirkung haben die speziell hergestellten Zirkontrübungsmittel (= Zirkonsilikate mit unterschiedlicher Zusammensetzung, Mahlfeinheit und Kristallinität). Hauptrohstoff dafür sind australische Zirkonsande. Zirkon als Weißtrübungsmittel ist der wichtigste, weil billigste und brauchbarste Ersatzstoff für das teure Zinnoxid. Die Weißtrübung wird aber nicht durch Vorliegen des feinverteilten Oxids – wie beim Zinnoxid – im Glas hervorgerufen, sondern durch Rekristallisation des vorher im Glasfluß gelösten Oxids in Form feinster Zirkonsilikatkriställchen. ZnO, BaO, MgO, SnO_2 und hoher SiO_2-Gehalt fördern die Trübungswirkung, da diese Oxide hohe Keimbildungszahlen bewirken.

Reines ZrO_2 trübt weniger gut als Zirkonsilikat, ist auch sehr viel teurer; deshalb verwendet man am besten fertige, im Handel erhältliche Zirkontrübungsmittel oder Zirkonfritten oder Zirkonglasuren, weil die optimale Trübung extrem stark von Mahlfeinheit, Viskosität der Schmelze und den Abkühlungsbedingungen abhängt. Zirkonfritten oder -glasuren sind meistens hochviskos, chemisch gut beständig und haben harte Oberflächen. Durch ihre Zähflüssigkeit zeigen sie oft starke Blasenbildung, wenn sie mit Mangan-, Kobalt-, Antimon- oder Eisenoxid versetzt, gefärbt oder dekoriert werden.

Gut geeignet für die Färbung zirkongetrübter Glasuren sind die dafür speziell entwickelten Farbkörper auf der Basis von Zr-V-Si, Si-V-Sn, Zr-Si-V-Sn, Zr-Si-Fe, Zirkonsilikat-Einschluß-Farbkörper, sowie die Farbfritten. Die meist glänzend erstarrenden Zirkonglasuren lassen sich am besten mit Magnesiumverbindungen mattieren.

1.5.6.3 Titanverbindungen

TiO_2 Titan (IV)-oxid, Titanweiß, gelblichweißes Pulver

Das reine TiO_2 trübt weiß in alkalireichen, bleifreien und eisenoxidfreien Glasuren mit hohem SiO_2-Gehalt. Bleihaltige Glasuren zeigen meistens neben der Trübung auch eine merkliche bis zarte Gelbfärbung; das gleiche gilt für Glasuren, die einen hohen B_2O_3-Gehalt und Spuren von Eisenoxid aufweisen.

Größere Titanoxidzusätze (über 10%) bewirken fast immer eine starke Bildung von größeren Rutilkristallen und dadurch Mattierung (siehe Abs. 2.4, Mattglasuren und Kristallglasuren, Seite 215). Stark lösende Glasuren benötigen mehr TiO_2 zur Trübung (und Mattierung) als Bleiglasuren und hochviskose Glasuren mit geringen Anteilen starker Flußmittel, da sich beim Schmelzen das TiO_2 zuerst in der Glasschmelze auflöst und mit beginnender Abkühlung mehr oder weniger fein kristallin als Anatas oder Rutil wieder ausscheidet. ZnO, SnO_2, CaO fördern diese Ausscheidung. Je größer die einzelnen Rutilkristallite in der Glasur werden, desto eher ist statt einer Weißtrübung eine gelbliche Färbung zu beobachten. So ist die Weißtrübungswirkung stark von der Glasurzusammensetzung, der Viskosität der Schmelze und der Abkühlgeschwindigkeit abhängig. Oft haben titangetrübte und -mattierte Glasuren kein einheitliches Aussehen, sondern zeigen wolkig-flockige, ungleichmäßige opake Oberflächen, was vor allem bei zusätzlich gefärbten Glasuren deutlich sichtbar wird. Da TiO_2 als Titanweiß wichtiges Weißpigment für Anstrichfarben ist, ist es relativ billig zu haben.

1.5.6.4 Antimonverbindungen

Sb_2O_3/Sb_2O_5 Antimonoxid, giftig

Im Rohstoffhandel wird heute ausschließlich Sb_2O_3 — Antimon (III)-oxid angeboten. Antimonverbindungen trüben weiß — außer in bleireichen Glasuren bis 1040 °C Brenntemperatur, wo gelbe Färbungen entstehen. Dafür ist ein Zusatz von 4–10% Antimonoxid nötig, je nach Glasurzusammensetzung.

Antimonverbindungen werden vor allem in der Emailliertechnik benutzt; in Glasuren ist Antimonoxid nur in Alkaliglasuren von Vorteil, weil es darin als amphoteres Oxid weniger gelöst wird als TiO_2, SnO_2, ZrO_2, und weil es in anderen Glasuren sehr oft starke Blasenbildung durch Abspaltung von Sauerstoff hervorruft. Wichtiger ist Antimonoxid als Bestandteil keramischer Farben (siehe Abs. 1.5.5.8, Seite 81 und Abs. 2.5, Farbglasuren, Seite 261).

1.5.6.5 Andere trübende Verbindungen

1. *Calciumphosphate und Magnesiumphosphat*

$CaHPO_4$	Calciumhydrogenphosphat
$Ca(H_2PO_4)_2 \cdot H_2O$	Calciumdihydrogenphosphat
$Ca_5(PO_4)_3OH$	Calciumhydroxidtriphosphat
$Ca_3(PO_4)_2$	Tricalciumdiphosphat = Calciumorthophosphat
$MgHPO_4 \cdot 3H_2O$	Magnesiumhydrogenphosphat (-3-hydrat)

Knochenasche besteht zum größten Teil aus Tricalciumphosphat. Calciumphosphate werden vor allem als schwache Trübungsmittel für die Opalglasherstellung verwendet, weil sie eine größere Lichtdurchlässigkeit garantieren; für keramische Trübungen sind die unter 1.5.6.1 bis 1.5.6.4 genannten Stoffe wirksamer, jedoch können bei gleichzeitiger Färbung bestimmte Farbtöne und Farbnuancen besser mit Ca-Phosphaten entstehen (wie etwa opakes Eisenrot, opake Seladone vom sog. »Chün«-Typ usw.). Das tertiäre Calciumorthophosphat $Ca_3(PO_4)_2$ ist dann meist gebrauchter Rohstoff, der aber, in größeren Anteilen benutzt, die Glasuren schnell schwer schmelzbar macht.

Die Trübungswirkung durch Phosphate entsteht, analog der Borattrübung, durch Entmischungserscheinungen zu zwei flüssigen Phasen in der Glasurschmelze, die entweder beide glasig erstarren, oder bei der die phosphatreiche Schmelzphase beim Abkühlen kristallisiert. Das natürliche Mineral Apatit ist als keramischer Rohstoff nicht üblich.

2. *Ceroxid CeO_2*

Ceroxid ist ein gutes Trübungsmittel für SiO_2- und Al_2O_3-reiche Glasuren mit CaO- und ZnO-Gehalt. Es wird aber wegen seines hohen Preises heute in Glasuren kaum noch verwendet.

1.5.7 Gesteine und sonstige mineralische Rohstoffe, Tone, Erden

Neben den natürlich vorkommenden, gereinigt und gemahlen erhältlichen monomineralischen Gesteinen Feldspat, Kalkspat, Quarz, Dolomit, Magnesit, Talkum, Sepiolith, Petalit, u. a. lassen sich selbstverständlich viele andere Gesteine, die aus mehreren mineralischen Komponenten bestehen, und zu denen der Geowissenschaftler auch die Lockergesteine Kaolin und Ton zählt, als Glasurrohstoffe benutzen, sofern sie sich gut zerkleinern und mahlen lassen oder mehlfein zu bekommen sind. Es eignen sich besonders diejenigen Gesteine, die im Bereich der üblichen keramischen Brenntemperaturen (unter Umständen bei Zugabe von wenig Flußmittel) schmelzen. Dies sind vor allem die basischen, alkali- und erdalkalireichen magmatischen Gesteine wie Basalt, Andesit, Diabas, Melaphyr, Gabbro, Diorit, Trachyt, Phonolith, Syenit, Bimsstein usw. Von den sauren, kieselsäurereichen magmatischen Gesteinen kommen höchstens sehr feldspatreiche Granite und Pegmatite und ähnliche Gesteine in Frage.

Verbreitet ist die Verwendung von gemahlenen basaltischen Gesteinen (siehe auch Listen 3.4.3.2, 3.4.3.3) zu meist braun gefärbten Glasuren, weil sie in ihrer Zusammensetzung schon einer Steinzeug-Glasur recht ähnlich sind, und als billiger Hauptrohstoff oder färbender Zusatz ästhetisch gute, harte, chemisch beständige, oft matte Glasuroberflächen ergeben, und schon ab SK 4a ohne Zusatz von Flußmitteln schmelzen (siehe Abs. 2.7.1, Seite 347 ff.). Diese Tatsache kann man aus der in eine Segerformel umgerechneten Analyse einer Basaltlava (petrographisch ein Nephelin-Leucit-Basanit) der Fa. Lava-Union Sinzig, ablesen:

0,084 Na_2O — 0,261 Al_2O_3 — 1,408 SiO_2
0,067 K_2O 0,141 Fe_2O_3 0,067 TiO_2
0,395 CaO
0,454 MgO

Gesteine werden von den Petrographen in der Regel nach ihrer Entstehung und nach ihrem Mineralbestand benannt und klassifiziert, für die Beurteilung der keramischen Brauchbarkeit in Glasuren ist aber eher die chemische Zusammensetzung interessant. Deshalb sei hier zum Vergleich die mittlere chemische Zusammensetzung verschiedener Gesteinstypen angegeben (nach Barth/Eskola/Correns/Bruhns/Ramdohr/Rosenbusch):

	Granit	Rhyolit	Quarz-Porphyr	Trachyt	Syenit	Andesit
SiO_2	72,80	70,18	72,67	62,78	62,49	61,61
Al_2O_3	14,47	13,49	13,44	18,92	16,49	17,95
TiO_2	0,39	0,33	0,28	1,18	0,85	0,37
Fe_2O_3	1,57	1,45	1,06	1,66	2,36	3,35
FeO	1,78	0,88	1,57	0,97	2,04	3,38
MnO	0,12	0,08	–	0,31	–	–
MgO	0,88	0,38	0,23	0,92	1,87	2,09
CaO	1,99	1,20	1,15	0,68	4,23	4,91
Na_2O	3,48	3,38	3,08	7,03	4,38	3,22
K_2O	4,11	4,46	5,75	5,16	4,65	1,04
H_2O/GV	0,84	1,47	–	1,12	0,60	1,50

	Nephelin-Syenit	Phonolith	Diorit	Gabbro	Diabas	Basalt
SiO_2	60,70	55,01	55,46	51,88	41,80	40,83
Al_2O_3	23,30	21,67	16,92	20,40	8,98	14,74
TiO_2	–	0,22	0,94	1,09	1,42	2,00
Fe_2O_3	0,07	1,95	2,73	0,79	3,45	4,33
FeO	–	1,86	4,80	4,04	6,08	7,92
MnO	–	0,22	0,13	0,09	0,10	0,08
MgO	0,10	0,13	4,44	3,42	9,72	10,81
CaO	0,70	2,12	7,33	12,23	7,68	10,06
Na_2O	9,80	8,78	3,63	3,65	3,36	3,70
K_2O	4,60	3,54	2,41	0,31	0,52	2,42
H_2O/GV	0,70	2,17	0,89	1,66	–	0,38

GV = Glühverlust

Je höher der CaO- und MgO-Gehalt ist (bei niedrigem SiO_2-Gehalt), desto eher erstarren die Schmelzen mit matter Oberfläche, je höher der Alkalioxidgehalt bei gleichzeitig hohem SiO_2- und Al_2O_3-Gehalt, desto eher erstarren die Schmelzen mit glänzender Oberfläche. Je höher der SiO_2-Gehalt, desto höher ist im allgemeinen auch die Schmelztemperatur. Die CaO- und MgO-reichen Gesteine schmelzen in der Regel plötzlich und werden mit steigender Temperatur schnell dünnflüssig.

Statt Feldspat und Quarz kann man auch geeignete sog. Pegmatite verwenden, die beide Minerale gleichzeitig enthalten. Sie werden üblicherweise als Masserohstoff benutzt.

Frühschmelzende Tone – das sind die an CaO, MgO, Fe_2O_3 und Alkalioxid reichen Tone – eignen sich gut als Glasurrohstoff. Sofern die Brenntemperaturen hoch sein dürfen (ab SK 6a), können sie schon allein, ohne irgendwelche Zusätze brauchbare Glasuren ergeben, die dann meist gelblich, bräunlich, rotbraun oder schwarzbraun glänzend, fast transparent bis opak oder auch matt ausfallen können.

Für niedrige Brenntemperaturen müssen noch Flußmittel, wie Kreide, Kalkspat, Kalkstein, Bleifritte, Bleibor-Fritte, Alkalifritte, Bariumkarbonat, Borax etc. zugesetzt werden. Dann kann man aus allen Tonen und Kaolinen Glasuren machen, bzw. Sinterengoben. Sind Tone Hauptrohstoff der Glasur, spricht man von Lehmglasuren. Nachteil: hohe Trockenschwindung des Schlickers. Vorteile: Gute Griffestigkeit, gute Anwendbarkeit auf rohem Scherben, gute Stabilität des Schlikkers. Siehe Abs. 2.7.2, Seite 356.

Geeignete Tone können sein:

Schwemmlehme
Glaziallehme
Schiefertone des Jura
Kalkmergel, Mergeltone
viele Ziegeltone
Mangan- und Engobetone

Für die Anwendung von Fritten ist es oft üblich, einer fertiggemahlenen Fritte etwa 10–20% weißbrennenden, fetten Ton, ball clay oder Kaolin zuzusetzen, wodurch meist schon ein ausreichend beständiger und auftragsfähiger Glasurschlicker entsteht, ohne daß die Fritte beim Brand in ihren Eigenschaften deutlich sichtbar verändert wird. Bei niedrigen Temperaturen sinternde, weißbrennende, fette Tone werden deshalb manchmal auch als Glasur- oder Emaillierton bezeichnet.

Als Erden bezeichnet man weiche Lockergesteine, welche manchmal im Gegensatz zu Tonen, nicht oder nur wenig plastisch sein können. Als keramische Rohstoffe dienen solche Erden, die keine oder sehr wenig Humusstoffe enthalten, vielmehr vor allem aus Eisenoxid, anderen feinsten Verwitterungsprodukten verschiedener Gesteine und Tonmineralen bestehen. Man verwendet sie in der Regel als farbgebende Stoffe; einige sind auch Mineralfarben für Anstriche:

Roter Bolus	stark Fe_2O_3-haltiger, fetter Ton (meist montmorillonitisch) mit etwa 10–50% Fe_2O_3
Ocker oder Gelberde	besteht vorwiegend aus Eisenhydroxid und Tonmineralen: 35–50% SiO_2, 10–40% Al_2O_3, 16–60% Fe_2O_3
Terra di Siena (Hypoxanthit)	Gelbbraun bis braun, gebrannt rotbraun, besteht aus 25–75% Fe_2O_3, 10–35% SiO_2, 10–20% Al_2O_3 und wenig MnO_2
Türkisch Umbra	lederbraun, besteht aus: 37–60% Fe_2O_3, 11–23% MnO_2, 16–35% SiO_2, 3–13% Al_2O_3
Grünerde (Tiroler Grün)	besteht aus Glaukonit, einem tonmineralähnlichen Glimmer und ist nur im rohen Zustand grün durch geringen Fe_2O_3- bzw. FeO-Gehalt
Huppererden	nennt man sehr feinen, tonigen Quarzsand, der fast eisenfrei ist und taschen- und muldenförmig in den oberen Schichten des weißen Jura (Malm) vorkommt.

1.5.8 Erze, Schlacken und Aschen

Je nach ihrer Zusammensetzung können Erze, Schlacken oder Aschen wertvolle keramische Rohstoffe sein, besonders dann, wenn sie als Abfallprodukte von Aufbereitungs-, Verhüttungs- und Verbrennungsprozessen billig zu erhalten sind.

1.5.8.1 Erze

sind in der Regel Oxide oder Sulfide, seltener Karbonate oder Silikate von Metallen.

Keramisch verwendbar als Färbemittel sind vor allem Eisenerze, Chromerz, Titanerz, Kupfererze und Manganerze, weil sie entweder im Rohstoffhandel erhältlich oder auch häufig in der Natur auffindbar sind. Die Erze der anderen Schwermetalle sind meistens zu selten und an besondere Lagerstätten gebunden. Sulfidische Erze werden wegen ihres Schwefelgehalts nicht gern verwendet; sie sind als Pyrit (Eisensulfid FeS_2) sehr oft als verunreinigender Bestandteil in tonigen Sedimenten enthalten. Bei Verwendung von sulfidischen Erzen ist zu bedenken, daß beim Brennen dann umweltschädliches, giftiges Schwefeloxid, (SO_2/SO_3) entsteht!

1. Eisenerze:

Magnetit Fe_3O_4, Magneteisenerz (selten)
Hämatit Fe_2O_3, Roteisenerz, Eisenglanz
Limonit FeOOH, auch Goethit, Rubinglimmer, Brauneisenerz, Lepidokrokit
Siderit $FeCO_3$, Eisenspat
Braun-, Rasen- oder Sumpfeisenerz, Ortstein, bestehend aus FeOOH, teils mit FeS_2
Bohnerze,
Toneisenstein
Schwefelkies, Markasit, Pyrit, FeS_2

sind häufig vorkommende Erze, teils dicht und hart, teils erdig und weich, je nach Entstehungsgeschichte und Verwitterungsgrad; oft als fein verteilter Bestandteil oder knollig-bauchige Verunreinigung von Tonen auftretend. Sie sind gute Färbemittel für gelbe, braune und schwarze Masse- und Glasurfärbungen. Im frischen, dichten Zustand sind die Erze oft nur sehr schwer zu zerkleinern und zu mahlen.

2. Manganerze

Die als Rohstoff in Frage kommenden Manganerze sind Mischungen verschiedener Manganoxide der Braunsteingruppe, hauptsächlich MnO_2, die durch Verwitterung anderer Manganminerale entstanden sind, deshalb auch noch Fe_2O_3, Al_2O_3 und angelagertes K, Ba, OH enthalten können (Pyrolusit, Kryptomelan, Psilomelan etc.). Mangancarbonat, Rhodochrosit oder Manganspat ist seltener. Manganerze sind starke Flußmittel.

Ähnlich wie Manganerze kann auch Manganton zur Glasurfärbung benutzt werden – es ist lediglich zu beachten, daß er neben MnO_2 auch noch viel Fe_2O_3 und etwas Al_2O_3 enthält.

3. Chromerze

Hier kommt als Rohstoff lediglich Chromit oder Chromeisenerz, Cr_2FeO_4 in Frage, das für graue bis braune oder schwarze Steinzeugglasuren und -massen verwendbar ist. Chromit erhöht die Schmelztemperatur der Glasuren.

4. Kupfererze

Es gibt eine ganze Reihe von Kupfererzen, die – meist als sulfidische Verbindungen gebildet – in der Oxidationszone oft zu grünem (Malachit) oder blauem (Azurit) Kupferhydroxidcarbonat verwittern. Als frische sulfidische Erze sind sie sehr zäh und schwer zu zerkleinern, am metallischen gelben Glanz oder bunten Anlauffarben zu erkennen. Kupferglanz Cu_2S, Kupferkies $CuFeS_2$ und Bornit Cu_5FeS_4 sind häufig auftretende Kupfererze. Die schwefelfreien Verwitterungsbildungen Malachit und Azurit sind den sulfidischen Kupfererzen vorzuziehen.

5. Titanerze

Es sind als Rohstoffe lediglich das natürliche, meist mit Eisen verunreinigte Mineral Rutil (TiO_2) – grobkörnig meist schwarz, feingemahlen graubraunes Pulver – und das schwarze Mineral Ilmenit ($FeTiO_3$) erhältlich. Körnig der Glasur zugesetzt, ergeben sie neben der Trübung auf Grund ihrer Härte und des Eisengehalts dunkle Pünktchen und Flecken in der Glasuroberfläche. Beide setzen sich wegen ihrer großen Reindichte (4,2–5,0) auch bei feiner Mahlung schnell aus Glasurschlickern ab. Andere Titanmineralien haben als Rohstoff keine Bedeutung, weil sie zu selten vorkommen. Näheres zu den Erzmineralien siehe in Ramdohr und Strunz, Klockmanns Lehrbuch der Mineralogie.[121]

1.5.8.2 Schlacken

sind die geschmolzenen und wieder erstarrten nichtmetallischen Bestandteile von Erzen, die bei den Metallverhüttungs- und Schmelzprozessen entstehen, oder die Verunreinigungen von Erz, Schrott oder Roheisen, die bei der Stahlerzeugung anfallen oder Brennstoffschlacken aus Großfeuerungsanlagen. Kühlen solche Schlacken bei der Entstehung schnell ab, können sie glasig sein, bei langsamer Abkühlung werden sie meist kristallin. Solche Schlacken lassen sich auch als keramische Färbemittel und Glasurrohstoffe verwenden, da sie entweder viel CaO, oder CaO + SiO_2 oder Eisenoxid, Manganoxid u. a. enthalten, und oft als industrielle Abfälle nicht teuer sind.

Einige Schlacken sind gemahlen wichtige Düngemittel; sie schmelzen fast immer allein erst oberhalb SK 6a und passen allerdings in ihrem Wärmeausdehnungskoeffizienten oft nicht zum keramischen Scherben, müssen also in vielen Fällen dem Wärmeausdehnungskoeffizienten des Scherbens angepaßt werden. Oft enthalten Schlacken auch wasserlösliche Bestandteile. Ihre Zusammensetzung schwankt meistens innerhalb bestimmter Grenzwerte.

Grenzzusammensetzung einiger Schlackenarten (nach Firmenangaben und H. Kirsch: Technische Mineralogie, Vogel-Verlag Würzburg, 1970):

	Hochofen-Schlacke (= Kalk-Silikat-Schlacke)	Thomas-Schlacke (Kalkphosphat-Schlacke)	Bleischlacke (Eisen-Silikat-Schlacke)	Kupfer-Schlacke (Kalk-Silikat-Schlacke)	Basische Siemens-Martin-Schlacke (Kalk-Eisen-Silikat-Schlacke)	Mangan-Schlacke (Kalk-Silikat-Schlacke)
SiO_2	28–38	6 – 8	17–35	44–50	10–25	25–28
Al_2O_3	6–17	1 – 3	0–10	15–19	0– 3	2– 3,5
Fe_2O_3	–	5 – 6	–	–	1–10	–
FeO	0– 3	7 –10	21–50	3–50	6–21	–
MnO	0–10	0,2– 1,3	0– 2,4	0– 0,3	6–15	10–15
CaO	35–48	45 –50	2–22	16–22	35–50	45–48
MgO	2–11	1 – 4	0– 1	6– 9	–	4– 7
ZnO	–	–	0–30	0– 5	–	–
BaO	–	–	0– 9	–	–	–
PbO	–	–	0– 3	0– 4	–	–
CuO	–	–	0– 2,5	0–15	–	–
P_2O_5	0– 1	15 –20	–	–	0–30	–
K_2O/Na_2O	–	–	–	–	–	–

1.5.8.3 Aschen

sind die unbrennbaren, oxidierten, nicht flüchtigen Rückstände der verbrannten, festen Brennstoffe Torf, Holz, Kohle oder anderer organischer Substanzen, wie Stroh, Gras, Laub usw. Früher wurden auch die geglühten, oxidierten Metalle als Asche (vgl. Äscher, Seite 84) bezeichnet, weil man sich die entsprechenden Oxide selber aus den Metallen herstellte.

Aschen enthalten die Oxide meist in feinstverteilter Form, wenn es sich um Pflanzen- oder Holzaschen handelt. In den Kohleaschen sind auch die Unreinheiten der Kohle wie Sand oder Ton enthalten – was vor allem für die Asche der Braunkohlenbriketts gilt. Holzaschen sind deshalb besonders gut als Glasurrohstoff geeignet, weil sie von Natur aus als feinpulvriges Material vorliegen, das eine Zerkleinerung meist überflüssig macht.

Aschen enthalten SiO_2, Al_2O_3, Fe_2O_3, CaO, MgO, K_2O, Na_2O in Form der reinen Oxide, aber auch als Phosphate, Sulfate, Carbonate, wobei die Verbindungen der Alkalioxide in der Regel zum großen Teil wasserlöslich in Carbonatform (Vgl. »Pottasche« = K_2CO_3) vorliegen. Je nach Herkunft der Asche – ob von Laubhölzern, Nadelhölzern, Gräsern, Stammholz oder Astholz, Stein- oder Braunkohle usw. – ist ihre Zusammensetzung recht unterschiedlich und schwankt auch bei ein und derselben Holzart innerhalb recht weiter, aber typischer Grenzen.

Grenzzusammensetzung von Steinkohlenaschen:
40–50% SiO_2
20–30% Al_2O_3
 5–15% Fe_2O_3
 2– 6% CaO
 0– 3% MgO
 3– 5% K_2O
 0– 1% Na_2O

Holzaschen enthalten meistens größere Mengen an CaO, MgO und K_2O, Grasaschen mehr SiO_2 und K_2O, die alkaliarmen Kohlenaschen mehr SiO_2, Al_2O_3 und mehr Sulfate. In manchen Hölzern und Pflanzenteilen ist ein relativ hoher P_2O_5-Gehalt feststellbar. Oft entfernen Keramiker die wasserlöslichen Bestandteile der Aschen durch wiederholtes Auswaschen. Unbedingt notwendig ist es aber nicht; durch den meist hohen Anteil von basischen Oxiden ergeben die Aschen, mit Wasser zum Glasurschlicker angemacht, kräftige Laugen, die auf die Haut stark ätzend wirken können. Beim Umgang mit solchen »ungewaschenen« Ascheglasurschlickern ist deshalb Vorsicht geboten.

In der Regel benutzt man als Ascheglasur Gemische aus Asche, Feldspat und wenig fettem Ton, denn in vielen Aschen ist der Anteil an SiO_2 (und Al_2O_3) für eine ausreichende Glasbildung zu gering. Ascheglasuren schmelzen meist erst gut bei Temperaturen oberhalb SK 6a. Grenzen für die Zusammensetzung (nach D. Rhodes[125–127]) sind etwa:

20–70% Asche
10–70% Feldspat
 0–20% Kalkspat
 0–25% Quarz
 5–20% Ton oder Kaolin

Analysen von Aschen sind in Tabelle 3.44 Seite 456 ff., angegeben.

Besonders das alte China und Japan benutzte fast ausschließlich – aus naheliegenden Gründen – Ascheglasuren für die hochgebrannten Steinzeugscherben. Aschen aus Rostfeuerungen (z. B. Ofenheizungen) können einen deutlichen Anteil an gröberem Eisenoxidabbrand der Roststäbe aufweisen. Näheres siehe Abs. 2.73, Ascheglasuren, Seite 364 ff.

1.6 Fritten, Farbkörper, keramische Farben, Edelmetalle, Lüster und Smalten

sind Rohstoffe für Glasuren und Dekore, die schon keramische Produkte darstellen, denn es sind geschmolzene oder geglühte Mischungen aus verschiedenen Oxiden, die durch Zusammensetzung und Behandlung gezielt ganz bestimmte gleichbleibende Eigenschaften oder Farben erhalten.

1.6.1 Fritten

sind aus den entsprechenden Rohstoffen (auch wasserlöslichen) geschmolzene Gläser mit garantierter gleichbleibender Zusammensetzung und dadurch gleichbleibenden Eigenschaften. Sie werden in Wannen- oder Drehrohr-Trommelöfen geschmolzen und gelangen in gemahlener Form (Pulver) oder als Grus bzw. Schuppen in den Handel. Es gibt transparent glänzend erstarrende Fritten, Fritten, die opake, weiß undurchsichtige Glasschichten ergeben (meistens Zirkonfritten) oder die mit matter Oberfläche erstarren. Es gibt auch durch entsprechende Oxide gefärbte Fritten. Je nach Glasurzweck lassen sich Bleifritten, Blei-Bor-Fritten, Alkali-Blei-Bor-Fritten, Alkali-Bor-Fritten oder reine Alkalifritten einsetzen.

Die Benutzung von Fritten in der Glasur hat den Vorteil, daß viele Schmelzreaktionen schon beim ersten Schmelzen der Fritte geschehen konnten, daß die Fritte einen definierten bekannten Schmelzbereich hat, daß der zu erwartende Wärmeausdehnungskoeffizient der Glasur abschätzbar wird, daß alle Bestandteile als schwerlösliches Glas (giftige Oxide wie z. B. PbO werden weniger gefährlich) vorliegen, daß Frittenglasuren schneller und niedriger gebrannt werden können, und daß der Gehalt an SiO_2 und Al_2O_3 vielfach höher sein kann als in ähnlich zusammengesetzten Rohglasuren, wodurch die chemische und mechanische Beständigkeit stark verbessert wird. Oft bestehen die Frittenglasuren nur aus Fritte mit 10–20% Ton oder Kaolin (siehe Abs. 2.2.1, Frittenglasuren und Rohglasuren, Seite 154 ff.)

Die Glasur- und Frittenhersteller bieten für jeden gewünschten Zweck die passenden Fritten an; Zusammensetzungen und Eigenschaften sind in den Tabellen 3.3.1–3.3.5, Seite 441 ff. aufgeführt und ausführlicher und in größerer Zahl in den Katalogen der Hersteller zu finden.

Farbfritten siehe Abs. 1.6.6, Smalten und Farbfritten, Seite 97 ff.

Die Fritten können natürlich auch als Zusätze in den Glasurversätzen dienen, um z. B. den Schmelzpunkt zu erniedrigen (durch frühschmelzende Blei-Bor- oder Alkali-Bor-Fritten), den Wärmeausdehnungskoeffizienten zu erhöhen (Alkali-Fritten) oder zu erniedrigen (SiO_2-, ZnO-, B_2O_3-, MgO-reiche Fritten), den Oberflächenglanz zu verbessern (Blei-Bor-Fritten) oder zu mattieren (Zinkoxid-reiche Fritten) oder bestimmte Farbtöne besser zu erreichen.

Die angegebenen Glasurrezepte dokumentieren am besten die Verwendung von Fritten.

Zur Selbstherstellung von Fritten sind in Abs. 1.7.2 Seite 103, Hinweise gegeben.

1.6.2 Farbkörper und keramische Farben für Dekore

1.6.2.1 Wirkungsweise, Herstellung, Beständigkeit

Keramische Farben entstehen entweder durch Auflösen von Schwermetalloxiden in der Glasschmelze oder durch Farbpigmente, Farbkörper, die in die Glasschmelze eingebettet sind.

Für eine gleichbleibende Färbung müssen die färbenden Oxide vollständig gelöst sein oder die Pigmente praktisch ungelöst in der Glasschmelze vorliegen. Die Färbung durch Metalloxide und der Einfluß der Glasurzusammensetzung auf die resultierende Farbe ist in Abs. 1.4.3.5, Seite 64 ff, 1.5.5, Seite 77 ff. und 2.2.4, Seite 165 ff. zu finden.

Die Benutzung von Farbpigmenten oder Farbkörpern ist die sicherste Möglichkeit, bestimmte Farbtöne zu erreichen, sofern man die optimal dazu passende Glasurzusammensetzung wählt.

In der überwiegenden Zahl sind die Farbkörper feinkristalline Verbindungen oder Mischkristalle von Oxiden, die meist durch Reaktionen im festen Zustand bei Temperaturen zwischen 700 und 1400 °C entstehen. Die stabilsten Pigmente haben dabei häufig eine Kristallgitter-Struktur vom Spinelltyp − chemisch charakterisiert durch die Verbindung eines zweiwertigen mit einem dreiwertigen Oxid, z. B. $ZnCr_2O_4$ ($ZnO \cdot Cr_2O_3$), Fe_3O_4 ($FeO \cdot Fe_2O_3$), $CoCr_2O_4$ ($CoO \cdot Cr_2O_3$), usw.

Die wichtigsten farbgebenden Komponenten sind dabei die Oxide von Fe, Co, Cu, Mn, Cr, Ni, V, die teils untereinander, teils mit den farblosen bzw. weißtrübenden Oxiden von Al, Ca, Si, Zr, Ti, Sn, Sb, Pb, Zn, Mg zur Reaktion gebracht werden. Die Farbe der Pigmente hängt von der Wertigkeit der färbenden Ionen und der Art des Einbaus in das jeweilige Kristallgitter ab. So färbt z. B. 4-wertiges Vanadin blau, wenn es in das Kristallgitter des Zirkonsilikates eingebaut wird, dagegen entstehen gelbe Farbkörper, wenn Zirkon- oder Zinnoxid mit 5-wertigem Vanadin dotiert wird.

Pigmente können auch in der Glasschmelze selbst entstehen; ein typisches Beispiel ist die Zirkonglasur, in der als Weißpigment feinste Kristallchen von Zirkonsilikat beim Abkühlen ausgeschieden werden. Zum Einfärben dieser Glasur verwendet man dann am besten Farbkörper, deren Wirtsgitter aus Zirkonsilikat besteht. Die mit Zirkon bereits gesättigte Glasurschmelze kann dann diesen Farbkörper nicht mehr auflösen. Analog brauchen etwa Färbungen mit Ca-Sn-Cr-Pink-Farbkörpern Glasuren, die CaO und SnO_2 enthalten, damit der Farbkörper von der Schmelze nicht angegriffen wird. Bei den Farben für Dekorzwecke entsteht in der Regel die gebrauchsfähige Farbe erst durch Mischung des pulverförmigen Farbkörpers mit einem Glasfluß bestimmter passender Zusammensetzung; die verwendeten Flüsse (= farblose Gläser) müssen so auf den Farbkörper abgestimmt sein, daß die gewünschte Farbe optimal entwickelt wird, das Pigment aber so wenig wie möglich vom Glasfluß gelöst wird.

Beispiele für Schmelzfarbenflüsse:

Anwendungstemperatur ca. 800 °C

für Weiß u. Weinlaubgrün	$1,00\ PbO - 0,25\ B_2O_3 - 1,08\ SiO_2$
für Purpurfarben	50,0% Borsäure, kristallisiert
	37,5% Mennige
	12,5% Quarz
für Cadmiumgelb	11,2 Gewichtsteile Soda Na_2CO_3
	8,4 Gewichtsteile Flußspat CaF_2
	4,2 Gewichtsteile Salpeter KNO_3
	2,2 Gewichtsteile Quarz

Eine völlige Unlöslichkeit kann man kaum erreichen.

Die Lösungsgeschwindigkeit läßt sich aber sehr gering halten durch möglichst gut kristallinen Farbkörper, durch angemessene Brenntemperaturen (denn alle Glasschmelzen haben mit steigender Temperatur sinkende Viskosität und damit größeres Lösevermögen) oder dadurch, daß man die Farben nicht länger als unbedingt nötig der zum Ausschmelzen des Flußes oder der Glasur erforderlichen Temperatur aussetzt. Diese Möglichkeit wird bei den Hochtemperatur-Schnellbrand-Farben ausgenützt.

Das gelbe Cadmiumsulfid und die rote Cadmiumsulfid-Selenid-Mischkristallreihe sind als nicht-oxidische Farbpigmente nur unter bestimmten, eng begrenzten Voraussetzungen (alkalische, bleifreie Glasurzusammensetzung und beschränkte Anwendungstemperatur) beständig. Es gibt aber auf Cadmium-Sulfid-Selenid-Basis sogenannte Einschluß-Farbkörper mit gelber bis roter Farbe, bei denen das sulfidische Pigment im Inneren von Zirkonsilikatkristallchen eingeschlossen und dadurch vor Zerstörung durch die Glasurzusammensetzung oder hohe Brenntemperaturen geschützt ist. Dadurch werden Cadmiumgelb- und Selen-rot-Farben auch in bleihaltigen Glasuren und bei Brenntemperaturen oberhalb SK 3a möglich.

Die wesentlichen Arbeitsstufen bei der Herstellung der Farbkörper sind:

1. Genaues Abwiegen und Mischen der Komponenten
2. Calcinieren (Glühen) und Sintern
3. Auswaschen und Zerkleinern des geglühten Reaktionsproduktes
4. Mahlen auf die nötige Kornfeinheit.

1. Mahlen und Mischen: Die Farbe, die eine Rohstoffmischung letzten Endes bekommt, ist von allen Bestandteilen des Farbkörperversatzes abhängig. Sollen die Versätze immer gleichen Farbton ergeben, müssen auch immer Rohstoffe gleichbleibender Zusammensetzung und Qualität abgewogen und gemischt werden. Daher kann man eine ganze Reihe mineralischer färbender Rohstoffe, die prächtige Farben ergeben könnten, wegen ihrer wechselnden Zusammensetzung nicht gut für eine industrielle Farbkörperherstellung verwenden.

Die beste Art des Mischens ist, naß zu mahlen, zu trocknen und zu sieben; einfachere Farbversätze werden mechanisch trocken gemischt.

2. Das Glühen bewirkt die Reaktionen im festen Zustand, die stabile neue Kristallverbindungen entstehen lassen. Die Temperatur beim Calcinieren sollte mindestens so hoch sein wie die spätere Anwendungstemperatur der Farbe, meist ist sie höher. Neben dem Entstehen neuer Verbindungen, die oft aus allein nicht färbenden Oxiden farbige Substanzen machen (wie z. B. $PbO+Sb_2O_3+ZnO+SnO_2$ zusammen Neapelgelb ergeben) und dann ziemlich unempfindlich gegen lösende Glasurschmelzen sind, soll das Calcinieren auch eine Zersetzung von Bestandteilen bewirken (z. B. Abspalten von CO_2 aus Carbonaten oder von Sauerstoff aus höherwertigen Oxiden), damit eine Gasbildung nicht erst auf dem keramischen Gegenstand erfolgt, wo sie Blasen erzeugt.

3. Das Waschen ist nach dem Calcinieren und Zerkleinern des Farbkörpers wichtig, um alle löslichen Stoffe zu entfernen, die entweder durch einen notwendigen Überschuß löslicher Komponenten im Versatz oder durch beim Glühen entstandene Nebenprodukte der Reaktionen im Farbkörper enthalten sind (wie etwa die wasserlöslichen Chromate).

4. Der unlösliche Rückstand wird danach naß (seltener trocken) gemahlen bis zur gewünschten Feinheit. Für diese gibt es keine generelle Regel, normal ist ein völliger Durchgang durch ein Sieb mit 0.063 mm Maschenweite.

Zu wenig fein gemahlene Farbkörper sind sandig, schwierig zu verarbeiten, haben geringe Deckkraft als Malfarben und erscheinen nach dem Brand sprenklig. Zu fein gemahlene verursachen Abrollen der Glasur bei Verwendung als Unterglasurfarbe und werden leichter und schneller von der Glasur oder dem Fluß gelöst und färben dann nicht so gleichmäßig und intensiv.

In Abhängigkeit von ihrer Zusammensetzung haben keramische Farbkörper unterschiedliche Temperaturbeständigkeit. Folgende Zusammenstellung gibt eine Übersicht über mögliche Kombinationen, resultierende Farben und ungefähre Anwendungstemperatur-Bereiche. Die Wirkung der mit den Farbpigmenten zusammen verwendeten Glasuren und Flüsse bleibt jedoch unberücksichtigt.

Beständig bis ca. SK 8/10 sind:

Kobaltblau (Co-Al, Co-Si, Co-Al-Si, Co-Al-Zn)
Chromgrün-Viktoriagrün (Cr, Cr-Si, Cr-Co-Si)
Eisenbraun (Fe, Fe-Cr-Zn, Fe-Mn), Eisengelb
Mangan-Aluminium-Rosa (Pink)
Chrom-Aluminium-Pink
Platingrau
Eisen-Kobalt-Nickel-Chrom-Schwarz
Eisen-Titan-Kobalt-Schwarz
Zinn-Antimon-Grau
Silicium-Zinn-Vanadin-Gelb
Zinn-Vanadin (-Titan)-Gelb
Zirkon-Silicium-Vanadin-Blau
Zirkon-Silicium-Zinn-Vanadin-Grün
Cer-Titan-Elfenbeinweiß
Zinn-Weiß
Zirkon-Weiß

Beständig bis etwa SK 7 sind:

die oben genannten Kombinationen und Zirkon-Silicium-Selen-Cadmium-Schwefel-Rot
Zirkon-Silicium-Cadmium-Schwefel-Gelb
Indium-Zirkon-Gelb
Neodym-Zirkon-Zinn-Gelb
Zirkon-Silicium-Praseodym-Gelb
Zirkon-Silicium-Eisen-Rosa
Calcium-Chrom-Zinn-Pink
Chrom-Zinn-Lila
Chrom-Aluminium-Rosa
Zinn-Chrom-Kobalt-Violett
Chrom-Titan-Braun
Chrom-Eisen-Zink-Braun
Mangan-Eisen-Braun
Chrom-Zirkon-Grün
Chrom-Silicium-Calcium-Grün
Kobalt-Chrom-Aluminium-Zink-Grün
Mangan-Violett
Zirkon-Kobalt-Nickel-Grau
Zinn-Kobalt-Nickel-Grau
Mangan-Braun
Mangan-Schwarz

Beständig bis maximal SK 02a sind:

obige Kombinationen und
Chrom-Antimon-Zinn-Titan-Gelb
Blei-Antimon-Eisen-Gelb
Blei-Antimon-Zinn (-Titan-Aluminium)-Gelb
Cadmium-Schwefel-Gelb
Uran-Gelb
Kupfer-Grün
Kalium-Bor-Chrom-Zinn-Lila
Cadmium-Selen-Schwefel-Rot
Eisen-Bor-Alkali-Rot

Beständig bis etwa SK 05a sind:

obige Kombinationen und
Blei-Chrom-Rot
Blei-Uran-Rot
Calcium-Zinn-Gold-Purpur
Gold-Rosa

1.6.2.2 Farbkörper zum Einfärben von Glasuren

Solche Farbkörper müssen ebenso wie die Unterglasur- und Inglasurfarben die Brenntemperatur der jeweiligen Glasur vertragen können und dürfen auch durch die Glasurzusammensetzung nicht in ihrer Farbwirkung verändert werden. Dies ist aber nur bis zu einem gewissen Grad möglich. Deshalb müssen Glasur- und Farbkörperzusammensetzung aufeinander abgestimmt werden; das gilt grundsätzlich für alle Farbkörper und Farben mit Ausnahme der Schmelzfarben. Da die Glasurfarbkörper mit der Glasur vor dem Brand gemischt werden, benötigen sie keinerlei vorherige Präparierung oder Zusätze und erhalten sie auch nicht durch den Hersteller. Daran ist zu denken, will man Glasurfarbkörper für Unter- oder Aufglasurdekore verwenden.

Wesentlicher Punkt bei der Benutzung von Glasurfarbkörpern ist demnach die Verträglichkeit mit der jeweiligen Glasur und die dadurch bedingte Brenntemperaturhöhe.

So lassen sich beispielsweise für eine Steinzeug-Glasur für SK 7 keine Farbkörper der Basis Pb-Sb-Ti benutzen, sondern es müssen dafür welche der Basis Sn-V-Ti verwendet werden, weil das Bleiantimonat-Gelb weder so hohe Brenntemperaturen noch bleifreie Glasuren verträgt.

Die Löslichkeit eines Farbkörpers in einer Glasur ist umso geringer, je mehr die Glasur an wesentlichen Bestandteilen des Farbkörpers – am besten schon in gelöster Form – enthält. Deshalb sind dann Zirkonpigmente in Zirkonglasuren besonders gut beständig.

Weil Chromoxid und Zinkoxid miteinander schnell zu einem braunen Spinell reagieren, sind Farbkörper auf der Basis Co-Cr-Al, Co-Cr, Ca-Sn-Cr, Ca-Si-Cr nicht geeignet für ZnO-reiche Glasuren.

1.6.2.2

Manganhaltige Braun- und Schwarzfarbkörper können in hochviskosen Glasuren Fehler durch Blasenbildung verursachen.

Alle Pinkfarbkörper mit Sn-Cr werden durch reduzierende Einflüsse entfärbt bzw. schwach grün.

Die Zirkon-Vanadin-Farbkörper sind nicht für alkali- und bleireiche Glasuren geeignet.

Al-Mn-Rosa und Al-Zn-Cr-Rosa sind schlecht geeignet für blei- und borreiche Glasuren, vertragen aber Reduktion.

Kupferoxid wird durch die Glasuren sogar selektiv aus Farbkörpern herausgelöst. Deshalb werden Cu-haltige Pigmente nur selten benutzt (besonders nicht für Unterglasurdekore), weil mit ihnen gleichbleibende Farbwirkungen kaum möglich sind.

Manche Farbkörper haben ein hohes spezifisches Gewicht und neigen deshalb leicht zum Absetzen aus dem Glasurschlicker.

Chromhaltige Grün- und Schwarzfarbkörper können im Brand Pink-, Gelb- oder Braun-Verfärbungen an benachbarten Glasuren hervorrufen! Aufgelockerter Ofenbesatz und gute Belüftung mindern die Gefahr solcher Anflüge!

Die Mahlfeinheit der Farbkörper hat wesentlichen Einfluß: Sind die Pigmente in der fertig aufbereiteten Glasur zu grobkörnig und ungleichmäßig dispergiert, nutzt man ihr Färbevermögen nicht voll aus und erhält im Extremfall uneinheitlich gefärbte, gesprenkelte Glasurflächen. Sind die Farbkörper zu fein gemahlen, werden sie wegen ihrer dann größeren Oberfläche stärker von der Glasur gelöst und verlieren an Farbstabilität und -intensität. Deshalb sollen Farbkörper zusammen mit der Glasur nur so lange gemahlen werden, bis sie hinreichend gut dispergiert sind.

Färbungen mit Pigmenten ergeben fast immer opake, undurchsichtige Glasuren.

1.6.2.3 Unterglasurfarben

werden zum Dekorieren auf dem gebrannten (geschrühten) oder auch rohen Scherben benutzt, werden dann mit der Glasur überzogen und im Glattbrand mit aufgebrannt. Sie müssen deshalb die Glattbrandtemperatur der jeweiligen Glasur aushalten, ohne stark mit der Glasur zu reagieren, ohne sich zu zersetzen, ihre Farbe zu verändern oder aufgelöst zu werden.

Je höher die durch den Schmelzbereich der Glasur gegebene Brenntemperatur ist, desto geringer ist die Auswahl an geeigneten Farbkörpern. Um die vollständige Benetzung der Farbkörper durch die Glasurschmelze zu erleichtern, setzt man ihnen Substanzen zu, die das Abrollen der Glasur verhindern und ein festes Verschmelzen von Glasur, Farbschicht und Scherben gewährleisten.

Als solche Zusätze und Bindemittel dienen:

ca. 3—5% Borax oder frühschmelzende Borfritte
ca. 10—20% der benutzten Glasur
Mischungen aus Kaolin, Feldspat, Kalkspat mit Borax,
fette Tone oder Kaoline

Das Abrollen der Glasur über Unterglasurfarben beruht darauf, daß die schmelzende Glasur, die auf der pulvrigen Farbzwischenschicht liegt, sich infolge ihrer Oberflächenspannung zusammenzieht, ehe eine Benetzung des Scherbens durch die Farbschicht hindurch stattgefunden hat.

Borax entwickelt durch sein sehr frühes Schmelzen Verbindungspunkte in der Farbe zur überliegenden Glasur; plättchenförmige, extrem feine Tonteilchen werden von den meisten Glasurschmelzen gut benetzt, so daß der Schmelzfluß besser zum Scherben vordringen kann. Zugleich werden die Tonteilchen wegen ihrer extrem großen Oberfläche leicht von der Glasurschmelze aufgelöst, die dadurch eine höhere Viskosität bekommt. So wird zugleich der Angriff auf die Farbpigmente gebremst. Schließlich macht ein Zusatz von fettem Ton oder Kaolin die Farben leichter auftragbar und im rohen Zustand wisch- und griffester.

Um die Farben überhaupt auftragbar und haftend zu machen, werden sie in der Regel mit Wasser als Malmittel angerieben oder mit wasserfreundlichen (hydrophilen) Hilfsmitteln angemacht. Die Haftfestigkeit wird durch Zusätze von Zuckerlösungen, Sirup, Dextrin oder Gummi arabicum erhöht, die die Farben auch besser verarbeitbar für den Auftrag mit Pinsel, Stempel oder durch Druckverfahren machen. Als Mal- und Bindemittel wird manchmal auch Wasserglas benutzt — dann darf die angeriebene Farbe aber bis zur Wiederverwendung nicht austrocknen!

Werden für bestimmte Druckverfahren ölige Druckmedien gebraucht, so muß selbstverständlich vor dem Auftrag der wässrigen Glasurschlicker die restliche ölig-fettige Substanz durch Ausbrennen bei etwa 400—500 °C vom Scherben entfernt werden.

Damit die Unterglasurdekore besser und schneller trocknen, kann man dem wässrigen oder sonstigen hydrophilen Malmittel Alkohol zusetzen.

Die Hersteller von Farbkörpern liefern in der Regel auch fertig präparierte Unterglasurfarben und die fertigen Malmittel und Druckmedien für die verschiedenen Auftragstechniken.

Unterglasurfarben und Inglasurfarben wurden auch als Scharffeuerfarben bezeichnet, weil sie das »scharfe« Feuer des Glattbrandes aushalten müssen. Schmelzfarben hießen dann »Muffelfarben«.

1.6.2.4 Inglasurfarben, Farbkörper für Fayence- und Majolikadekore

Als Inglasurtechnik kann man alle Dekorverfahren bezeichnen, bei denen die Farben auf die ungebrannte, rohe oder bereits gebrannte Glasur aufgetragen werden und beim Brand in die erweichende oder schmelzende Glasurschicht einsinken und mit ihr innig verschmelzen.

Fayencefarben, die auf die ungebrannte, weißdeckende Glasurschicht aufgetragen werden, enthalten neben dem nicht schmelzenden Farbpigment, also der eigentlichen Körperfarbe, soviel schmelzbares Glas oder »Fluß« – am besten etwas leichter schmelzend als die Glasur –, daß beim Brand zusammen mit der unterliegenden Glasur eine geschlossene, glatte, glänzende Oberfläche entsteht. Je besser die Glasurschmelze selbst die Pigmente benetzt und umschließt, desto weniger Flußanteil ist in der Farbe nötig.

Als Inglasurfarben lassen sich auch die intensiv gefärbten Farbgläser oder Farbfritten benutzen; solche Farbfritten werden auch als Smalten bezeichnet. Sie werden üblicherweise für Unterglasurdekore auf salzglasiertem Steinzeug gebraucht (siehe auch Abs. 1.6.3 Smalten und Farbfritten, Seite 97)

Je dünnflüssiger Farbschmelze und Glasur beim Brennen werden, um so stärker diffundieren sie ineinander – scharfe Konturen und Umrisse der Dekore verfließen dann und werden undeutlich.

Die Smalten, Majolika- und Fayencefarben werden in der Regel nur mit Wasser angemacht. Nur beim Auftrag auf schon gebrannte Glasur oder für den Auftrag mit Stempel- und Druckverfahren benutzt man gern andere Malmittel oder Druckmedien, die auch ölige Substanzen enthalten können.

Siebdruck- und Stempelverfahren auf rohe, ungebrannte Glasur erfordern vorherigen Auftrag einer Lack- oder Kunstharzdispersionsschicht oder einer Zelluloseleimschicht zur Härtung der Glasurschicht. Entsprechend anwendbare Glasurfestiger liefern die Farbenhersteller. Vielfach wird gleich dem Glasurschlicker Zelluloseleim zu diesem Zweck zugesetzt.

Bei der Dekoration von Porzellan werden in zunehmendem Maße im Bereich zwischen 1100 und 1250 °C sogenannte Hochtemperatur-Schnellbrandfarben in sehr kurzer Brenndauer (30–45 Minuten) aufgebrannt. Die Porzellanglasur erweicht dabei soweit, daß die Farben in die Glasurschicht einsinken können. Unmittelbar nach Erreichen der Maximaltemperatur wird sehr schnell abgekühlt. Die kurze Zeit relativ hoher Temperatur genügt, um die Farben fest aufzuschmelzen, ohne daß sie jedoch durch Fluß oder Glasur angegriffen und gelöst werden, wie das bei schon niedriger Temperatur aber längerer Brenndauer der Fall wäre. Man kann auf diese Weise blei- und alkaliarme Flüsse verwenden und dadurch erheblich bessere Resistenz der Farben gegenüber chemischem und mechanischem Angriff beim Gebrauch erreichen.

Die Auswahl geeigneter Farben wird so erheblich größer als bei der sogenannten »Scharffeuerdekoration« bei Temperaturen des Hartporzellanglattbrandes (etwa 1350–1400 °C).

1.6.2.5 Aufglasurfarben (Schmelzfarben) und Farbemails

Aufglasurdekore mit Schmelzfarben werden vorwiegend auf Porzellan angewandt, da wegen der hohen Glattbrandtemperaturen und wegen der reduzierenden Atmosphäre nur sehr wenige Farben als Unterglasurfarben beständig sind und selbst die Inglasurfarben relativ hohe Einbrenntemperaturen verlangen. Die Schmelzfarben werden bei ca. 700–850 °C auf die bereits glattgebrannte Glasur in einem dritten Brand eingebrannt und brauchen deshalb einen sehr hohen Anteil von frühschmelzenden, flußmittelreichen Gläsern als »Fluß« (bis zu 80 oder sogar 95 Gewichts-%) neben dem eigentlichen Farbpigment. Die passende Flußzusammensetzung fügen die Hersteller schon den Farbkörpern zu, so daß untereinander mischbare Schmelzfarben innerhalb einer sog. »Farbpalette« zu haben sind. Die Flüsse der Schmelzfarben schmelzen bei Temperaturen, die zwischen dem Transformations- und dem Erweichungsbereich der dekorierten Glasuroberfläche liegen sollen, und bilden mit dem Farbpigment eine geschlossene, verglaste Schicht. Die maximale Dicke dieser Schicht soll zwischen 5 und etwa 20 μm liegen, damit kein Reißen oder Abplatzen auftritt. Dickere Farbschichten reißen leicht wegen der meist etwas größeren Wärmedehung der Schmelzfarben gegenüber der Glasur.

Zum Auftragen der Aufglasurfarben auf den nicht saugenden, glatten Untergrund werden sie mit vorwiegend pflanzlichen »ätherischen« Ölen oder auch mit gelösten Harzen angerieben, denn Wasser benetzt die glattgebrannte Glasur sehr schlecht. Üblich sind als Malmittel die schon bei Zimmertemperatur leicht verdunstenden Terpentinöle, Nelkenöl, Lavendöl, Anis-, Rosmarin-, Fenchelöl usw. Diese Öle trocknen schnell, verharzen mit dem Luftsauerstoff und lassen dadurch die Farben gut haften, machen sie nach dem Trocknen wischfest. Die richtige Konsistenz der malfähigen Farben, die natürlich für die verschiedenen Auftragsverfahren recht unterschiedlich sein muß, läßt sich durch Zufügen von Dicköl oder Verdünnen mit Petroleum, Spiritus oder Benzol etc. erreichen. Als Lösungs- und Reinigungsmittel für Pinsel, Stempel etc. dienen Benzin, Benzol, Nitroverdünnung, chlorierte Kohlenwasserstoffe. Wesentlich für die Verwendung der ätherischen Öle ist auch ihre Eigenschaft, daß sie schon bei recht niedrigen Temperaturen rückstandsfrei verbrennen und sich nicht wie die »fetten« Öle unter Bildung von Kohlenstoff zersetzen. Beim Einbrennen von Schmelzfarben im Dekorbrand muß deshalb für gute Belüftung des Ofens – also für stark oxidierenden Brand – gesorgt werden.

Anforderungen an Aufglasurdekore, bzw. die dafür benutzten Farbkörper und Flüsse:

1. möglichst niedrige Schmelztemperatur (erreicht durch sehr hohen Gehalt an PbO, B_2O_3, Na_2O, K_2O, Li_2O, wenig Al_2O_3 und SiO_2)

2. möglichst gleicher WAK wie die Glasur (meist niedriger Gehalt an PbO und Alkalioxiden)

3. möglichst große mechanische Festigkeit (Abriebhärte) und Ritzhärte (erreicht durch hohen Gehalt an Al_2O_3, SiO_2, MgO, CaO, sehr niedrigen Gehalt an Alkalioxiden)

4. möglichst gute Säurebeständigkeit (erreicht durch hohen Gehalt an sauren Oxiden, also SiO_2, SnO_2, ZrO_2, TiO_2, und Al_2O_3 und CaO, sehr wenig PbO und Alkalioxide)

5. möglichst gute Laugenbeständigkeit (erreicht durch hohen Gehalt an basischen Oxiden MgO, CaO, Alkalioxide, BaO, wenig SiO_2, viel Al_2O_3)

6. möglichst keine Löslichkeit von Pb, Cd, Zn, Cu (erreicht durch hohen Gehalt an Al_2O_3 und SiO_2, CaO)

Diese gleichzeitigen Anforderungen, die vor allem bei Porzellangeschirren gestellt werden, schließen sich vielfach gegenseitig aus, so daß bei der Auswahl von Farbpigmenten und Flüssen für bestimmte Farben nur Kompromißlösungen möglich sind, wobei man oft eine oder mehrere der geforderten Eigenschaften nicht erreichen kann. Dieses Dilemma führte zur Entwicklung der erwähnten Hochtemperatur-Schnellbrandfarben und begünstigte die Herstellung des niedrig gebrannten »Vitro-Porzellans«, welches reichere Farbauswahl mit Unterglasurdekoren erlaubt.

Farbemails und Schmuckemails sind Schmelzfarben für die Dekoration von Glaswaren und Metall. Sie werden opak oder transparent farbig geliefert. Ihre Flüsse sind in Schmelzverhalten und Wärmedehnungswerten dem zu dekorierenden Material angepaßt. Sie werden, auf keramischen Scherben benutzt, meistens stark haarrissig.

1.6.2.6 Beispiele für Farbkörperrezepte

Cadmium-Gelb-Aufglasurfarbkörper	68,7 Cadmiumcarbonat 16,9 Schwefelblüte 14,5 Zinksulid	1 Stunde lang bei 625 °C calcinieren
Cadmium-Selen-Rot-Aufglasurfarbkörper	65,4 Cadmiumsulfid 18,2 Selen 16,4 Ammoniumnitrat	bei 800 °C 5 Minuten lang calcinieren
und mit Fluß	27,3 Feldspat 21,4 Quarz 41,6 Borax 6,4 Borsäure 3,0 Zinkoxid	im Verhältnis 14,3 Farbkörper 85,7 Fluß noch einmal bei 800 °C schmelzen
Viktoria-Grün-Unterglas-Farbkörper	34,0 Kreide 36,0 Bariumchromat 20,0 Borsäure	naßmahlen, trocknen bei Sk6a/7 calcinieren, auswaschen, trocknen
Grün-Glasur-Farbkörper	35,0 Kaliumchromat 20,0 Quarz 20,0 Kreide 12,5 Gips 12,5 Flußspat	trocken mischen, bei Sk10 calcinieren, naßmahlen, auswaschen, trocknen
Chrombraun-Unterglasur-Farbkörper	73,0 Zinkoxid 14,2 Chromoxid 12,8 Borsäure, krist.	bei Sk 5a–7 calcinieren
Pinkrosa-Unterglasur-Farbkörper	50,0 Zinnoxid 25,0 Kreide 18,0 Quarz 4,0 Borax 4,0 Bleicarbonat 3,0 Kaliumbichromat	unlösliche Bestandteile naßmahlen, trocknen, lösliche Bestandteile gelöst zufügen, mischen, trocknen, bei SK 8/10 calcinieren, mahlen, auswaschen, trocknen
Unterglasurblau für Porzellan	62,7 Aluminiumhydroxid 37,3 Kobaltoxid	extrem lange naßmahlen, trocknen, bei SK 14, calcinieren, danach ca. 300 Stunden naßmahlen, trocknen (nach Singer u. Singer [142])
Kobaltblaue Aufglasurfarbe	49,1 Mennige 20,0 Quarz 15,0 Zinkoxid 9,4 Kobaltoxid 6,5 Borsäure	bei etwa SK 1a schmelzen, naßmahlen, trocknen
Smaragdgrün-Aufglasurfarbe	24,4 Antimonoxid 2,4 Kupferoxid 73,2 Fluß 1 PbO-1,25 SiO_2	alles zusammen nur naßmahlen

1.6.3 Smalten und Farbfritten

Smalten sind gefärbte Gläser, die gemahlen als Grus oder mehlfeines Pulver erhältlich sind. In der Regel sind es bleihaltige Gläser mit relativ niedrigem Schmelzbereich und hohem Farboxidgehalt, so daß sie eine intensive Farbwirkung haben. Zum Auftragen müssen die Smalten in der Regel mit Haft- und Bindemitteln (Malmitteln) versetzt werden. Als solche dienen beim Auftrag auf rohen Scherben, bzw. lederharten Scherben (wie es für das salzglasierte Steinzeug nötig ist), fetter Ton oder Kaolin, den man je nach gewünschter Farbintensität im Verhältnis 1:1 oder 2:1 mit dem Smaltenpulver mischt und dann zur gewünschten Konsistenz mit Wasser anmacht. Als Mal- und Bindemittel können aber auch organische Kleber benutzt werden.

In der Glasur- und Dekortechnik werden Smalten heute Farbfritten genannt. Weil in den Smalten oder Farbfritten die färbenden Oxide schon völlig homogen verteilt bzw. gelöst sind, eignen sie sich auch vorzüglich zum Einfärben farbloser Glasuren. Unter dem Namen Smalte werden heute ausschließlich nur noch die für die Dekoration salzglasierten Steinzeugs benutzten Farbfritten

Kobaltblausmalte,
Manganviolettsmalte,
Schwarzsmalte,

gehandelt.

Als Farbfritten gibt es sie bleihaltig oder bleifrei mit den verschiedensten färbenden Oxiden.

Vorteile:
1. Besseres Lösen und gleichmäßigere Verteilung der färbenden Substanz in der Glasurschmelze
2. Keine gasabspaltenden Reaktionen mehr beim Lösen des Farboxids – also auch kaum noch Blasenbildung
3. Schnelleres Brennen möglich
4. Besseres Ausschmelzen von Unterglasurdekoren
5. Leichteres Dosieren bei feinen Farbabstufungen

Nachteile:
1. Meist hohes spezifisches Gewicht – deshalb manchmal schnelles Absetzen aus wässrigen Glasurschlickern, vor allem bei nicht ausreichender Mahlfeinheit
2. Oft hoher PbO-Gehalt

Grobkörnig zerkleinerte Farbfritten können in Massen, Engoben und zähflüssigen Glasuren zur Erzeugung von Farbflecken (»Spots«) benutzt werden.

Eisenrot-Unterglasurfarbe	50,0 Eisen(III)-oxid 50,0 Aluminiumoxid	bei 950 °C calcinieren, mahlen

Eisenrot-Aufglasurfarbe	10,0 chemisch gefälltes Eisenoxid
	90,0 Fluß:
	  42,9 Borsäure
	  42,8 Mennige
	  14,3 Quarz
		bei 650 °C calcinieren
		
		trocken mischen, naßmahlen, trocknen

Braun-Glasur-Farbkörper	50,0 Zinkoxid 40,0 Aluminiumoxid 6,0 Eisen-(III)-oxid 4,0 Chromoxid	trocken mischen, bei SK 10 calcinieren, naßmahlen, auswaschen, trocknen
Neapelgelb, hell, Unterglasurfarbkörper	37,7 Bleioxid 26,3 Antimonoxid 12,5 Kreide 12,5 Zinnoxid 11,0 Aluminiumoxid	mischen, bei SK 08a/07a calcinieren, mahlen
Antimonorange-Unterglasur-Farbkörper	39,7 Bleioxid 26,2 Antimonoxid 19,8 Kalisalpeter 14,3 Eisenoxid	mischen, calcinieren, bei SK 05a, mahlen
Mangan-Pink-Rosa-Unterglasur-Farbkörper	60,0 Aluminiumhydroxid 40,0 Manganhydrogenphosphat-3-hydrat	mischen, bei SK 1a calcinieren, mahlen
Mangan-Pink für Porzellanmasse	100,0 Aluminiumhydroxid 20,0 Mangansulfat in Wasser gelöst 14,0 Aluminiumphosphat	mischen, trocknen, bei SK 10 calcinieren, mahlen
Uranrot-Aufglasurfarbe	57,0 Mennige 20,0 Feldspat 12,0 Quarz 9,0 Natriumuranat 2,0 Zinkoxid	mischen, bei SK 02a fritten, naßmahlen, trocknen
Vanadinblau-Glasurfarbkörper	70,0 Zirkonoxid 25,0 Quarz 5,0 Vanadinoxid	mischen, mahlen, bei 800 °C 10 Stunden lang calcinieren, naßmahlen trocknen

Vergleiche auch Singer u. Singer[142], Bd. II.

1.6.3

Zusammensetzungsbeispiele der Fa. Reimbold & Strick, Köln

Bezeichnung	Segerformel			Wärmeausdehnungs-koeffizient (WAK)	Erweichungs-beginn °C
A 2348 Manganfritte	0,60 PbO 0,40 MnO	($\approx$ 13% MnO)	0,85 SiO_2	$59,0 \cdot 10^{-7}$	675
A 2349 Eisenfritte	1,00 PbO	0,50 Fe_2O_3 ($\approx$ 20% Fe_2O_3)	1,00 SiO_2	$67,5 \cdot 10^{-7}$	645
A 2350 Kupferfritte	0,50 PbO 0,50 CuO	($\approx$ 20% CuO)	0,50 SiO_2	$87,7 \cdot 10^{-7}$	585
I 3393 Manganfritte	0,02 Na_2O 0,10 K_2O 0,23 CaO 0,33 PbO 0,35 MnO	0,14 Al_2O_3 0,32 B_2O_3 ($\approx$ 10% MnO)	1,65 SiO_2	$67,4 \cdot 10^{-7}$	630
I 3397 Chromfritte	0,03 Na_2O 0,12 K_2O 0,35 CaO 0,50 PbO	0,18 Al_2O_3 0,20 B_2O_3 0,46 Cr_2O_3 ($\approx$ 8% Cr_2O_3)	2,25 SiO_2	$66,4 \cdot 10^{-7}$	580
A 3363 Kobaltfritte	0,10 Li_2O 0,20 Na_2O 0,15 CaO 0,15 BaO 0,10 ZnO 0,30 CoO	0,20 Al_2O_3 0,50 B_2O_3 ($\approx$ 8% CoO)	2,30 SiO_2	$67,3 \cdot 10^{-7}$	600
A 3364 Eisenfritte	0,10 Li_2O 0,20 Na_2O 0,20 CaO 0,20 BaO 0,20 ZnO	0,30 Al_2O_3 0,80 B_2O_3 0,45 Fe_2O_3 ($\approx$ 16% Fe_2O_3)	3,40 SiO_2	$65,2 \cdot 10^{-7}$	610
A 3367 Kupferfritte	0,10 Li_2O 0,15 Na_2O 0,10 CaO 0,15 BaO 0,50 CuO	0,10 Al_2O_3 0,50 B_2O_3 ($\approx$ 16% CuO)	2,00 SiO_2	$98,6 \cdot 10^{-7}$	575
A 3368 Manganfritte	0,10 Li_2O 0,15 Na_2O 0,10 CaO 0,10 BaO 0,10 ZnO 0,45 MnO	0,10 Al_2O_3 0,40 B_2O_3 ($\approx$ 14% MnO)	1,80 SiO_2	$69,3 \cdot 10^{-7}$	575

1.6.4 Edelmetallpräparate für Aufglasurdekore

sind entweder flüssige, lack- oder pastenartige Glanz- oder Polierpräparate oder es sind pulverförmige Substanzen, die aus Edelmetallen verschiedener Struktur und Zusammensetzung bestehen.

1.6.4.1 Glanzpräparate

sind ölige – sulfidisch-harzige Edelmetall-Lösungen: Glanzgold, Glanzzitrongold, Glanzplatin. Sie können durch geringe Zusätze anderer Metalle (Ag, Cu, Pt, Bi) in ihrer Farbe mehr gelb, mehr orange, mehr weiß oder mehr grünlich aussehen und kommen nach dem Einbrennen hochglänzend aus dem Ofen, sofern sie auf eine glatte, glänzende Glas- oder Glasuroberfläche aufgetragen wurden.

Glanzgold basiert auf reinem Gold; Glanzzitrongold enthält etwas Silber; Glanzplatin enthält neben Platin und Gold noch andere Platinmetalle.

Die Schichtdicke der eingebrannten Glanzpräparate beträgt etwa 1 μm. Es bildet sich mit dem Brennen eine sehr dünne, geschlossene Metallhaut, die nur auf völlig glatten Oberflächen glänzend, metallisch spiegelnd wird. Auf matten Oberflächen dagegen, wie z. B. auf geätztem oder geschliffenem Glas oder auf Mattglasuren, werden auch die Glanzpräparate matt; diesen Matteffekt, der zum Glanzgold auf glatter Unterlage einen reizvollen Kontrast bildet, benutzt man zur Herstellung von Ätzkantenimitation.

Der Goldgehalt liegt etwa zwischen 6 und 24%. Für billige Dekore können Glanzgolde mit 9 oder 10% Goldgehalt noch ausreichen. Für Stempeldekore ist die Verwendung von mindestens 15%igem Glanzgold zu empfehlen. Höherprozentiges Gold läßt sich im allgemeinen besser verarbeiten.

1.6.4.2 Die flüssigen Poliergold-, Poliersilber- und Polierplatinpräparate

brennen matt aus und müssen nach dem Brand für eine glänzend metallische Oberfläche noch poliert werden. Sie heißen deshalb auch Mattgold, Mattsilber, Mattplatin.

Das Blankreiben oder Polieren geschieht durch Abreiben mit feuchtem Seesand oder mit einer Glasbürste – in Ausnahmefällen durch Polieren mit Stahl-, Achat- oder Blutstein-Werkzeugen. Das Polieren bewirkt eine erhöhte Festigkeit und Widerstandsfähigkeit der Goldauflage.

Während Glanzpräparate das Gold oder Platin in echt gelöster Form enthalten, liegen in den Polierpräparaten die Edelmetalle meist in Form feinster Pulver vor. Vor der Verarbeitung müssen deshalb diese Poliergolde unbedingt gut aufgeschüttelt werden, um eine gleichmäßige Verteilung des Edelmetallpulvers zu erreichen. Die Schichtdicke eines Poliergoldauftrags beträgt etwa 3–6 μm. Deshalb ist der Poliergolddekor im Gebrauch dauerhafter und auch merklich teurer als der Glanzgolddekor. Der übliche Goldgehalt der Präparate liegt zwischen 16–30%. Die unterschiedliche Farbe verschiedener Poliergolde beruht auf dem variablen Silbergehalt.

Polierplatin zeigt die gedämpfte Farbe der Platinmetalle oder der Weißgoldlegierungen; es ist im Gegensatz zu Poliersilber, das etwa 20–70% Silber enthält, anlaufbeständig und verändert seine Farbe im Gebrauch nicht.

Die Verfärbung des Poliersilbers durch oberflächliche Bildung von Silbersulfid läßt sich leicht durch Abreiben mit Schlämmkreide oder erneutes Polieren beseitigen – hat aber dazu geführt, daß es heute kaum noch benutzt wird.

Die Poliersilber und Polierplatinpräparate haben ihre besondere Bedeutung vor allem für die Herstellung von gedruckten Schaltungen auf keramischem oder Kunststoff-Trägermaterial für die Elektroindustrie.

Die flüssigen Edelmetallpräparate können, wenn sie zu dickflüssig oder eingetrocknet sind, mit ätherischen Ölen verdünnt werden.

1.6.4.3 Pulverförmige Edelmetalle

werden meistens nur zum Überpudern eines Stahldruckes oder bei der Herstellung von Abziehbildern verwendet. Sie sind als Malergold, Pudergold, Pudersilber, Puderplatin im Handel. Es sind meist hochprozentige Edelmetallpulver in feinster Flitterform, ohne keramischen Flußanteil.

Malergolde und Poliergolde können unter Umständen auch Quecksilber enthalten: bei der Verarbeitung ist darauf zu achten!

Maler- und Poliergolde können auch mit Dicköl zu einer malfähigen, hochgoldhaltigen Dekormasse angemacht werden. Sie müssen nach dem Brand poliert werden, wenn sie glänzend sein sollen.

Die Hersteller der Edelmetallpräparate liefern für alle Arten von keramischen Oberflächen und Gläsern sowie für alle möglichen Auftragsverfahren (Malen, Stempeln, Drucken, Spritzen, etc.) die geeigneten Präparate zusammen mit Verdünnungsölen, Stempelölen, Abdecklacken usw. Die Verarbeitungsvorschriften sind unbedingt zu befolgen!

1.6.4.4 Das Einbrennen von Edelmetall- und Lüsterpräparaten

kann in allen Ofenarten geschehen, die entsprechende Belüftungs- und Abzugseinrichtungen haben.

Man unterscheidet beim Einbrennen der Dekore das Abrauchen und das Festbrennen. Beim Abrauchen werden mit zunehmender Temperatur im Ofen die organischen Bestandteile abdestilliert, verkohlt und zuletzt durch den Sauerstoff der Luft völlig und restlos verbrannt. Erst durch diesen Vorgang, der bei etwa 450 °C beendet ist, wird die Edelmetallschicht (bei Lüster auch die Metalloxidschicht) entwickelt. Beim Festbrennen reagieren die Flußzusätze und Metalloxide der Edelmetall- oder Lüsterschicht mit den silikatischen Bestandteilen der Glasur, des Glases oder des Emails und bewirken so die gewünschte Haftfestigkeit. Die hierfür notwendigen Temperaturen liegen zwischen 520 und 850 °C.

Beide Vorgänge brauchen Zeit. Bei zu schnellem Aufheizen und nicht ausreichender Belüftung des Ofens wird der Verbrennungsvorgang gestört und die Glanzpräparate brennen grau, matt oder blind aus, und die für die Haftfestigkeit nötigen Reaktionen können unvollständig sein. Die entstehenden Dämpfe und/oder reduzierende Atmosphäre verhindern die Verbindung des Edelmetalls mit der Glasur, so daß es sich nach dem Brand abwischen läßt, und zerstören Glanz und metallisches Aussehen. Es ist deshalb für gut oxidierenden Brand zu sorgen.

1.6.4.5 Zwei Rezepte

Die meisten flüssigen Edelmetallpräparate und die Lüsterfarben sind Verbindungen der Metalle mit Schwefel und organischen Stoffen wie Harzen und Ölen (= Metallresinate), gelöst in ätherischen Ölen und anderen organischen Lösungsmitteln. Zwei Herstellungsrezepte sollen dies verdeutlichen:

Rezept zur Herstellung von Glanzgold:

In einer Königswasserlösung (HNO_3:HCl wie 1:3) mit 128 g Salpetersäure löse man

32 g Feingold
0,12 g Zinn
0,12 g Antimonchlorid

Wenn alles gelöst ist, verdünne man mit 500 ml destilliertem Wasser → Lösung 1
16 g Schwefel löse man unter Erwärmen in 16 g venetianischem Terpentin und 80 g Terpentinöl. Wenn die Lösung vollständig ist, füge man 50 g Lavendelöl zu → Lösung 2

Lösung 1 und 2 werden gemischt und auf dem Wasserbad unter Erwärmen so lange gerührt, bis alles Gold in die Ölschicht übergegangen ist. Die saure wässrige Lösung wird entfernt und die Ölschicht mehrmals mit warmem Wasser ausgewaschen. Danach wird das Öl eingetrocknet. Dem getrockneten Gemisch setze man noch 5 g basisches Wismutnitrat und 100 g dickes Terpentinöl zu, mische gründlich und verdünne mit 85 g Lavendelöl → gebrauchsfertiges Präparat.

Rezept zur Herstellung eines farblosen Wismutlüsters

4,6 g basisches Wismutnitrat und 30,4 g Kolophonium werden zusammen zerkleinert und vorsichtig durch Erwärmen auf einem Sandbad zusammengeschmolzen, bis eine völlige Lösung eintritt; während dem Abkühlen setzt man nach und nach 65 g Lavendelöl zu → fertiges Lüsterpräparat.

Will oder kann man nicht einbrennen, kann auch mit Blattgold vergoldet werden, indem man die zu vergoldenden Stellen oder Flächen dünn mit Eiweiß oder besser mit einem Speziallack (Mixtion Lefranc – vom Blattgoldhersteller zu beziehen) bestreicht, diesen Überzug trocknen läßt, bis er gerade nicht mehr klebt bei leichter Berührung, dann das Blattgold auflegt und mit einem Stupfpinsel andrückt. Das Gold haftet nur dort, wo Lack aufgetragen wurde. Solche Vergoldungen sind weniger haltbar als eingebrannte Goldüberzüge.

1.6.5 Lüsterfarben

sind lackartige Flüssigkeiten (in Ölen gelöste Metallresinate) wie die Glanzgoldpräparate und können wie diese verarbeitet werden.

Nach dem Einbrennen stellt der Lüster auf der Glasuroberfläche eine außerordentlich dünne Haut von Metall oder Metalloxid dar, mit einer Schichtdicke von weniger als 1 μm. Diese extrem dünne Schicht entspricht etwa der Wellenlänge des sichtbaren Lichts und ist neben der Verschiedenheit der optischen Brechzahlen von Glasur und Lüster die Ursache für die charakteristischen irisierenden und schillernden Effekte der Lüsterfarben. Es handelt sich hierbei um die gleichen physikalischen Erscheinungen (Brechung und Interferenz) wie bei den schillernden Farben von Ölflecken auf einer Wasseroberfläche.

Lüstereffekte können auf verschiedene Weise erzeugt werden:

1. Durch Auftragen und Einbrennen von gelösten Metallresinaten (handelsübliche Lüsterfarben) auf die gebrannte Glasuroberfläche und oxidierendes Einbrennen bei Temperaturen des Schmelzfarbenbrandes.
2. Aufspritzen von Metallsalzlösungen auf die heißen glattgebrannten Glasuren und nochmaliges Einbrennen in meist reduzierendem Brand zwischen 500 und 700 °C.
3. Reduzierender Brand von bleireichen oder alkalireichen Glasuren, die reichlich Farboxide enthalten, in einem dritten Brand oder Nachreduzieren beim Abkühlen im Glattbrand zwischen 900 und 500 °C.

Zur Herstellung der Lüsterfarben benutzt man die löslichen Salze (Chloride, Nitrate) von Gold, Silber, Wismut, Kupfer, Nickel, Kobalt, Antimon, Cadmium, Titan, Uran, Molybdän. Für die Nachreduktion von Blei-Bor-Glasuren eignen sich besonders solche, die Silber, Eisen, Wismut, Titan, Molybdän zusammen mit Kupfer, Kobalt und Mangan enthalten – also vor allem leicht zu reduzierende Oxide. Dabei entstehen je nach Reduktionsstärke, -dauer und -temperatur recht unterschiedliche Lüstereffekte von hellfarbig und schwach irisierend bis zu stark metallisch schillernden dunkelfarbigen Oberflächen.

Zum Überspritzen mit Metallsalzlösungen eignen sich am besten Bleiglasuren mit geringen Anteilen von Zink- und Zinnoxid im Versatz.

Gute Ergebnisse liefert ein Zusatz von Silbernitrat; aber auch stark verdünntes Glanzgold ist für Lüster gut brauchbar.

Lüstereffekte entstehen auch gut beim Raku-Brand durch Nachreduzieren in Sägemehl, Stroh, Hobelspänen und anderen brennbaren Stoffen.

Beispiel für eine Metallsalzlösung für Lüster:

80% Zinnchlorid
 5% Strontiumnitrat
15% Bariumchlorid
+ 1–2% Silbernitrat in Wasser lösen.

Es entstehen:

mit Zinnchlorid und Wismutnitrat: farblos-irisierende Lüster

mit Titanverbindungen: blaue, trübweiße, violettgraue Lüsterfarben

mit Nickelverbindungen: hellbraune Lüsterfarben

mit Silberverbindungen: farblose bis gelbe und braungelbe Lüsterfarben

mit etwa 3% Wismutoxid oder -nitrat in Bleiglasuren: schwarz mit blau und grüngelben Lüsterfarben

mit etwa 2,5% CuO in Bleiglasuren: rote, rotviolette, braunrote Farben

mit Glanzgold, stark verdünnt: rötlich-gelbe bis grünlich-gelbe Farben

mit Eisen- und Kobaltverbindungen: blaue, schwarze, violettbraune Farben

Ausführliche Angaben über die Herstellung aller Arten von Lüsterfarben siehe Kerl, Handbuch der gesamten Tonwarenindustrie[69].

1.6.6 Wässrige Metallsalzlösungen

können auch zur Färbung des Scherbens benutzt werden, wenn Unterglasur- oder glanzfreie Dekore beabsichtigt sind, die keine scharfen Konturen haben sollen und wo ein Materialauftrag auf der Scherbenoberfläche unerwünscht scheint oder Fehler hervorrufen könnte. Die in Wasser aufgelösten Azetate, Chloride, Nitrate oder seltener Sulfate der färbenden Schwermetalle wandern mit dem Wasser in die Poren des Scherbens, wo sie zum Teil festgehalten werden, zum Teil mit dem verdunstenden Wasser wieder an die Oberfläche wandern und beim Brand in Oxide oder Verbindungen mit Kieselsäure, Aluminiumoxid, Calciumoxid oder Fe_2O_3 (je nachdem, wie der Scherben zusammengesetzt ist und wie hoch gebrannt wird) übergehen. Damit diese Lösungen nicht zu stark seitwärts und zu tief in den Scherben eindringen und sich besser mit dem Pinsel auftragen lassen, wird empfohlen, die wässrigen Lösungen mit einer Hilfslösung aus

50% gesättigter Zuckerlösung
25% Alkohol
25% Wasser
oder aus
75% Glyzerin
25% Alkohol

zu versetzen (70 Teile Metallsalzlösung, 30 Teile Hilfslösung).

Beim Überglasieren werden u. U. die Salze erneut durch das Anmachwasser des Glasurschlickers gelöst. Unglasierte Scherbenoberflächen können durch Metallsalzlösungen eine reizvollere oder intensivere Färbung erhalten, ohne daß irgendeine farbige Schicht die Textur der Scherbenoberfläche überdecken muß – ideal für sehr feine Reliefstrukturen in Steinzeug oder Porzellan. Je nach Konzentration der Metallsalzlösung, der Eigenfarbe des Scherbens und der Zusammensetzung der überdeckenden Glasur entstehen variable Farben und Farbnuancen, die empirisch ermittelt werden müssen; es entstehen ungefähr folgende Farbtöne:

mit Kobaltsalzen (z. B. $Co(NO_3)_2$): hellgraublau, intensivblau, braun, schwarz
mit Chromsalzen (z. B. $CrCl_3$): hellgrün, gelbgrün, braun, dunkelbraun
mit Kupfersalzen (z. B. $Cu(NO_3)_2$): grün, hellbraun, graubraun, graurötlich, kupferrot
mit Nickelsalzen (z. B. $Ni(NO_3)_2$): gelbbraun, hellbraun, dunkelbraun, violettgrau, grau
mit Mangansalzen (z., B. $MnSO_4$): hellbraun, graubraun, dunkelbraun
mit Eisensalzen (z. B. $FeCl_2$): gelbbraun, gelblich, braun, dunkelbraun, rotbraun
mit Titansalzen (z. B. $TiCl_4$): rötlichgrau, gelblichbeige, braungelb, braun, graublau
mit Wismutsalzen (z. B. $Bi(NO_3)_3$): hellbeigegelb bis intensivgelb
mit Molybdänsalzen (z. B. Ammoniummolybdat) reduzierend: blau bis blaugrau
mit Goldverbindungen: rosa

Die ausführlichste Publikation über Färbungen mit Metallsalzen
ist: Arne Åse : Watercolour on Porcelain
1989, Oslo
Norwegian University Press

1.7 Das Arbeiten mit Glasurrohstoffen und Glasuren

Viele Glasurrohstoffe sehen als standardisiert gemahlene Pulver gleich aus und machen beim Schütten und Hantieren Staub. Das Arbeiten mit Glasuren erfordert deshalb erhöhte Aufmerksamkeit besonders beim Zusammenstellen der Glasurversätze, damit keine Verwechslungen oder falsches Ablesen von Zahlen, Gewichtsangaben, Vertauschen von Rohstoffen etc. passieren können und damit die richtige Mahldauer bei der Aufbereitung der Glasurschlicker oder die richtige Aufheiz- oder Abkühlgeschwindigkeit bei Probebränden auch eingehalten wird. Die Staubentwicklung soll möglichst vermieden werden.

1.7.1 Zerkleinern und Aufbereiten von Glasurrohstoffen

Fast alle Glasurrohstoffe sind in Pulverform erhältlich, für bestimmte Glasurzwecke manchmal aber nicht fein genug. Stammen die Rohstoffe direkt aus der Natur, ist oft auch eine grobe Vorzerkleinerung nötig, die trocken und maschinell mit Backenbrecher und Schlagmühle (Hammermühle) geschehen kann oder von Hand durch Zerschlagen mit dem Hammer und durch Zerstoßen und Zerreiben im Mörser oder in der Reibschale. Dabei muß das Material absolut trocken sein.

Harte Gesteine, die aus mehreren Mineralen bestehen (wie z. B. Granit), werden durch vorheriges Glühen der Brocken auf ca. 700 °C stark gelockert und mürbe, so daß sie sich anschließend schneller und leichter zerkleinern lassen. Die Feinzerkleinerung der Rohstoffe ist am besten durch Trocken- oder Naßmahlen in Kugelmühlen zu erreichen; dem Naßmahlen gebührt der Vorzug, weil es effektiver ist und ein anschließendes Absieben zur Kontrolle ausreichender Mahlfeinheit vereinfacht. Außerdem entsteht dabei kein gesundheitsgefährdender Staub.

Grundsätzlich ist eine durchschnittliche Korngröße der Glasurrohstoffe von 0 bis 100 μm mit einem Rückstand von 10−15% auf dem Sieb mit 0,063 mm Maschenweite richtig, wenn nicht besondere Forderungen an die Glasurqualität Abweichungen zu feinerem oder gröberem Korn verlangen. Glasuren für hohe Brenntemperaturen oberhalb SK 7 und lange Brenndauer brauchen nicht so feinkörnig zu sein wie solche für niedrige Temperaturen um SK 05a.

Für Rohstoffgemische (Glasurversätze) kann man die Einzelbestandteile entweder nach Gewicht oder nach Volumen dosieren. Bei Volumendosierung muß für gleichbleibende und wiederholbare Ergebnisse darauf geachtet werden, daß die einzelnen trocken-pulvrigen Rohstoffe gleichbleibenden Feuchtigkeitsgehalt und gleichbleibendes Schüttgewicht haben, oder daß die flüssigen Rohstoffschlicker gleichbleibendes Litergewicht haben. Bei Verwendung von Rohstoffschlickern kann man auf einfache Weise mit Hilfe der Formel von Brongniart[14] den Feststoffgehalt errechnen, wenn man das Litergewicht des Schlickers und die Reindichte (= spezifisches Gewicht) des Rohstoffs in Erfahrung bringt oder abschätzt, so daß man das Trockengewicht eines bestimmten Volumens Schlicker bekommt:

$$TG = (G - V) \cdot \frac{g}{g - 1}$$; darin bedeuten:

TG: gesuchtes Trockengewicht in Gramm
V: Volumen des Schlickers in Millilitern
G: Gewicht des Schlickervolumens in Gramm
g: spezifisches Gewicht (Reindichte) des Rohstoffs
1: Reindichte (spezifisches Gewicht) reinen Wassers

Die Reindichte der meisten üblichen Glasurrohstoffe liegt recht eng beieinander; sie ist für die verschiedenen Minerale in Tabelle 3.2, Seite 426 ff. zu finden; für Fritten in den Tabellen 3.3, Seite 441 ff.

1.7.2 Selbstherstellung von Fritten

Noch vor 50 Jahren war es in Werkstätten und keramischen Betrieben üblich, die benötigten Glasurfritten (vor allem die alkalireichen) mit der gewünschten Zusammensetzung selber zu schmelzen und sich Farben selber herzustellen. Das ist heute nur noch dann sinnvoll, wenn man Fritten und Farbkörper braucht, die es in der gewünschten Zusammensetzung nicht im Handel gibt oder dort, wo man aus anderen Gründen keine erhalten kann oder wenn man nur sehr kleine Mengen benötigt.

Für das Fritteschmelzen sind zwei Methoden brauchbar:

1. Der vorher gut gemischte Frittenversatz wird in ein dicht gebranntes Steinzeuggefäß passender Größe – am besten mit zylindrischer Form und nicht zu geringer Wandstärke – gefüllt (nur zu ⅔ füllen!) und das Gefäß so im Ofen plaziert, daß man es mit einer Tiegelzange gut aus dem Ofen angeln kann, wenn die Mischung gut durchgeschmolzen und dünnflüssig genug ist. Das sollte zwischen 900 und 1100 °C der Fall sein. Beim Herausnehmen des Schmelztiegels Handschuhe tragen und Sonnenbrille aufsetzen! Die flüssige Schmelze leert man dann in ein bereitstehendes Gefäß mit kaltem Wasser. Dadurch wird sie zu einem bröselig-körnigen Granulat abgeschreckt, das dann weiter zu Pulver gemahlen werden kann.

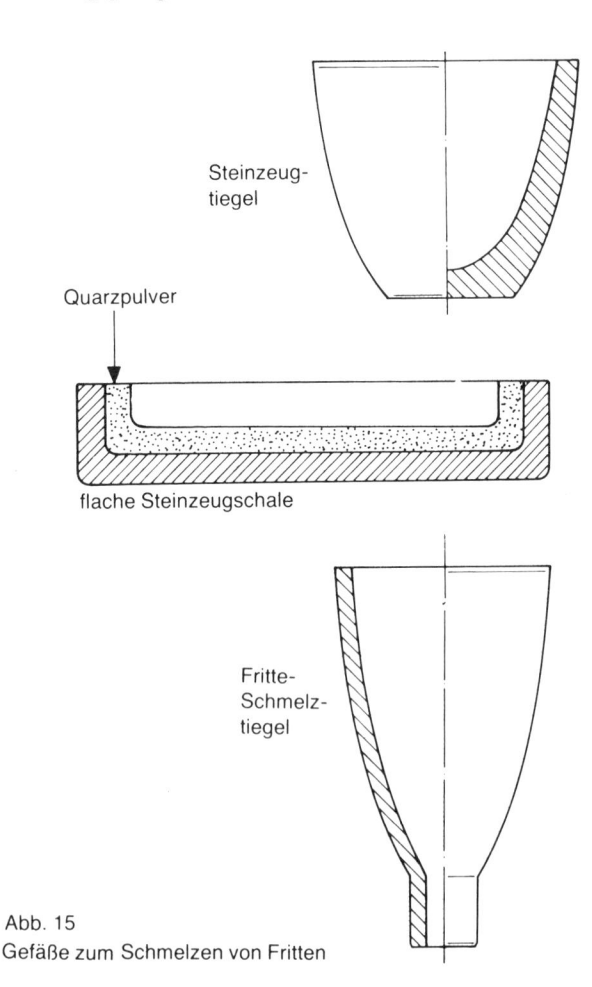

2. Man füllt den Fritteversatz in dünner Schicht in flache niedrige Steinzeugschalen oder Schamotteflachkapseln, die man vorher mit einer mindestens 1 cm dicken Quarzmehlschicht ausgestampft hat und erhitzt, bis die Füllung gerade glänzend glattgeschmolzen ist, oder brennt sie im Glattbrand mit. Nach dem Abkühlen kann man den Schmelzkuchen entweder aus dem Quarzbett herauslösen oder muß die Steinzeugschale mit dem Quarzbett abbrechen, von dem man soviel wie möglich entfernt. Der Schmelzkuchen wird dann gebrochen und gemahlen. Damit das leichter geht, sollte er eben nicht zu dick sein (siehe Abb. 15).

In beiden Fällen muß im Bereich zwischen 200 bis 400 °C langsam aufgeheizt werden, damit die Gefäße nicht reißen. Bei größerem Mengenbedarf ist die Benutzung von speziellen Fritteschmelztiegeln oder eines Fritteofens empfehlenswert, wo die Schmelze aus dem Tiegel (oder Ofen) direkt in ein Wassergefäß fließen kann, sobald sie flüssig genug ist.

Abb. 15
Gefäße zum Schmelzen von Fritten

1.7.3 Die Herstellung der Glasurschlicker und deren Aufbewahrung

Der aus den grus- und pulverförmigen Rohstoffen abgewogene Versatz muß zu einer homogenen, stabilen Suspension gemahlen und gemischt werden. Bis zum Glasieren und auch während des Glasurauftrags sollen sich möglichst keine Bestandteile des Schlickers im Glasurgefäß am Boden absetzen, was aber leicht geschieht, wenn:

1. die wässrige Suspension zu dünnflüssig ist, d. h. wenn der Anteil an Wasser zu groß, der Anteil an festen Stoffen zu klein ist oder

2. Rohstoffe mit sehr hohem spezifischen Gewicht im Versatz benutzt werden (z. B. Mennige, Bleifritten, Rutil, Basalt usw.) oder

3. Rohstoffanteile mit erheblich größeren und damit schwereren Teilchen als der restliche Versatz in der Glasur vorhanden sind oder

4. der Anteil an tonigen Rohstoffen, an quellfähigem Material, im Versatz zu klein ist oder ganz fehlt oder

5. aus den Feldspäten und/oder Fritten durch längeres Stehenlassen zuviel Alkalioxide im Anmachwasser gelöst werden, was auch bei zu langem Naßmahlen geschehen kann oder

6. die Aufbewahrungsgefäße aus Kunststoff sind und sich elektrostatisch aufladen können.

Aus diesen Gründen ist es empfehlenswert, in allen Glasurversätzen einen gewissen Anteil von ca. 5–20% an fettem Ton, Kaolin o. ä. vorzusehen, der den Glasurschlicker ausreichend dickflüssig macht und gegen das Absetzen stabilisiert. Andere quellfähige Stoffe wirken ebenso gut (Bentonit, Sepiolith, Zinkoxid), können aber zu große Trockenschwindung hervorrufen. Auch Gummi arabicum oder die nicht schäumenden Zellulosekleber (CMC = Carboxymethylzellulose, z. B. Relatin oder Optapix etc.) sind brauchbar, verändern aber das Wasserabgabeverhalten des Schlickers (vergleiche Abs. 1.2.4.1). Die spezifisch schweren Rohstoffe sollen am besten schon feiner gemahlen in den Versatz gelangen oder erfordern sehr dickflüssige Schlickerkonsistenz. Kann auf solche Weise ein schnelles Absetzen nicht vermieden werden, muß im Glasurbehälter ständig gerührt werden, um alle Teile in der Schwebe zu halten.

Reine Alkaliglasuren und Magnesitmattglasuren neigen immer zum schnellen und steinharten Absetzen. Sie bekommen deshalb am besten von Anfang an einen größeren Anteil Bentonit, Sepiolith oder Zellulosekleber (diesen nur vorgequollen zusetzen!) in den Versatz (2–5% Zusatzmenge).

Je nach Chargengröße des mit einem Mal aufzubereitenden Glasurschlickers und je nach geforderter Konstanz der Mahlfeinheit wird man sich für die eine oder andere Aufbereitungsmethode entscheiden müssen:

1. Kleine Mengen bis maximal 50 g Trockengewicht wird man als trockenes Gemisch in einer Porzellan- oder Achatreibschale mit dem Pistill feinreiben und erst danach mit Wasser zur gewünschten Konsistenz anrühren. Eine ausreichende Mahl- und Mischwirkung ist dabei nur im trockenen Zustand gewährleistet!

Schneller und besser, weil leichter kontrollierbar, ist die Methode, wie sie Apotheker zum Salbenreiben anwenden: Auf einer Dickglasplatte (am besten 25 × 25 cm groß) zerreibt man den Versatz mit einem Flachreiber aus Glas oder Achat unter sofortiger Zugabe von Wasser, das man am bequemsten aus einer Plastik-Spritzflasche zufügt.

2. Mengen von 50 bis 200 g Trockensubstanz werden am besten in einer kleinen Kugelschwingmühle mit Mahlgefäßen aus Porzellan naß gemahlen und gemischt.

Man kann sich auch mit einer Weithals-Flasche aus Kunststoff behelfen (etwa 500 bis 600 ml fassend), die man zu einem Drittel mit kleinen Quarzkieseln (Flintsteine) oder kleinen Mahlkugeln aus Porzellan füllt und, mit Wasser und Versatz zugefügt, so lange von Hand schüttelt, bis ausreichend homogene Vermischung gegeben ist (2–5 Minuten). Eine weitere Mahlung erfolgt hier aber kaum; dafür wäre eine Schütteldauer von mehr als 30 Minuten nötig.

3. Mengen von 200 bis 2000 g (maximal bis 8000 g!) werden am besten in kleinen Kugelmühlen naß gemahlen; die Mahlgefäße gibt es mit 1–10 Liter Inhalt aus Steatit oder Porzellan. Die Mahlkörper, meist Kugeln verschiedener Größe zwischen 1 und 4 cm Durchmesser, sind aus dem gleichen Material.

Um eine gleichbleibende und optimale Mahlwirkung zu haben, ist folgendes wichtig:

Die Mahltrommeln der Kugelmühlen sollen mit ca. 35 bis 55% des Volumens mit Mahlkörpern, dazu 30 bis 50% ihres Volumens mit Mahlgut plus Wasser gefüllt sein, so daß ein mit Luft gefüllter Raum von 20 bis 35% übrig bleibt. Zuerst Mahlkörper und Wasser, dann erst den grob vorgemischten trockenen Versatz in die Mühle füllen. Wasser abmessen! Bei Versätzen mit großem Anteil an fettem Ton oder anderen quellfähigen Rohstoffen ist es besser, den Versatz vor dem Einfüllen mit Wasser ½ h quellen zu lassen, dann umzurühren und die Konsistenz durch eventuelle Wasserzugabe zu regulieren und dann erst in die Mühle zu geben.

1.7.3

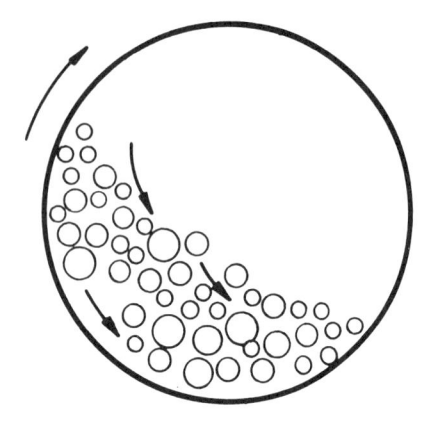

Umdrehungsgeschwindigkeit ist zu klein, Mahlwirkung gering, Verschleiß der Mühlenwandung ist groß.

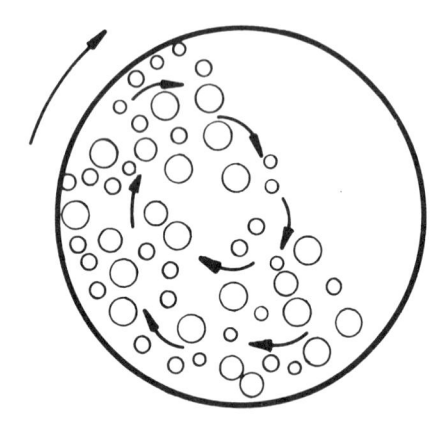

Richtige Drehzahl, optimale Mahlwirkung.

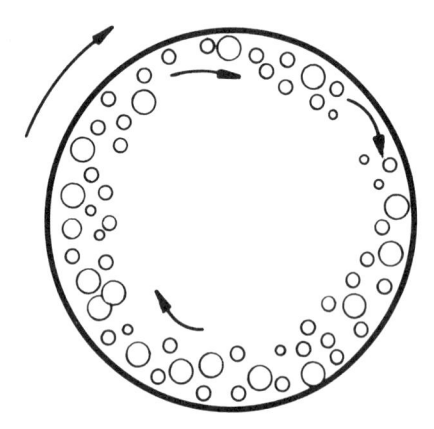

Umdrehungsgeschwindigkeit ist zu groß, keine Mahlwirkung.

Abb. 16
Schematische Darstellung der Mahlkörperbewegung bei verschiedenen Drehzahlen einer Trommelmühle

Vor dem Laufenlassen der Mühle kontrollieren, ob der Verschluß auch wirklich geschlossen ist!

Die optimale Mahlwirkung und Lebensdauer von Mahlkörpern und Mahlgefäßwandung wird auch erst durch die richtige Umdrehungsgeschwindigkeit erreicht: der optimale Bereich liegt zwischen 55 bis 70% der Kritischen Drehzahl, die aus

$\frac{42,3}{\sqrt{D}}$ zu bestimmen ist, wobei D der innere Durchmesser des Mahlgefäßes in m ist.

Die Kritische Umdrehungsgeschwindigkeit ist diejenige Drehzahl pro Minute, bei der die Mahlkugeln auf Grund der Fliehkraftwirkung beginnen, an der Mahlgefäßwandung hängen zu bleiben, ohne herabzufallen (Abb. 16).

Weitere Einzelheiten zum Mahlen in Kugelmühlen siehe Cardew[17].

Die Mahldauer sollte mit der Uhr kontrolliert werden, denn unterschiedliche Mahlung kann in vielen Glasuren veränderte Ergebnisse in der gebrannten Glasurschicht bewirken. Eine deutliche Mahlwirkung ist erst ab einer Mahldauer von etwa 20 Minuten feststellbar; sehr fein zu mahlende Versätze müssen 6 bis 12 Stunden oder länger in der Kugelmühle laufen. Das Konstanthalten der Mühlendrehzahlen (Tourenzähler) ist auch als Kontrolle sinnvoll. Immer gleiche Füllung, gleiche Aufgabengröße der Rohstoffe, gleiche Menge und Größe der Mahlkörper sowie gleiche Wassermenge ist für konstante Mahlergebnisse in Kugelmühlen notwendig.

4. Größere Mengen werden üblicherweise in großen Kugelmühlen gemahlen, die aus einer Metalltrommel bestehen, welche mit verschleißfestem Futter aus Flintstein (Silex), Steatit, Porzellan, Aluminiumoxid oder Gummi ausgekleidet ist. Mit Gummi ausgekleidete Mühlen laufen erheblich leiser und haben längere Lebensdauer.

Außerdem werden auch schnell- oder langsam laufende Scheibenmühlen benutzt. Hier wird der vorher mit Wasser etwas dicker als nötig angemachte Glasurversatz (15 bis 30 Minuten stehenlassen!) durch einen Aufgabetrichter den aufeinander schleifenden Mahlscheiben zugefügt und zwischen ihnen zerrieben. Die maximale Aufgabekorngröße darf bei diesen Mühlen in der Regel 3 mm nicht überschreiten. Diese Mühlen können kontinuierlich betrieben werden. Schnellaufende Scheibenmühlen erlauben große Durchsatzmengen in kürzester Zeit.

Die Kugelmühlen sind gleichzeitig sehr gute Mischer. Soll nicht gemahlen, sondern lediglich intensiv naß gemischt werden, können die Mahlgefäße bis zu 95% ihres Volumens gefüllt werden und brauchen nur 15 bis 20 Minuten lang zu laufen.

Handwerkliche Steinzeugglasuren für hohe Brenntemperaturen brauchen oft gar nicht gemahlen zu werden, wenn der Versatz aus schon mehlfeinen Rohstoffen zusammengestellt wird; man mischt dann den Versatz mit Wasser zur richtigen, sahneartigen Konsistenz und gibt dem Schlicker durch ein Sieb mit 0,2 bis 0,1 mm Maschenweite. Am besten eignen sich dazu Vibrationssiebe. Dies ist vor allem bei Mattglasuren, die dick aufgetragen werden müssen, ausreichend und macht sie oft lebendiger, als wenn sie lange gemahlen worden wären.

Transparentglasuren, Seladonglasuren, sehr zähflüssige Glasuren, Glasuren für niedrige Brenntemperaturen und für Schnellbrand brauchen dagegen intensive und lange Mahlung.

Übliche Mahlfeinheiten ergeben bei feinster Mahlung ca. 2 bis 5% Rückstand auf dem Sieb mit 0,04 mm Maschenweite, bei grober Mahlung ca. 5 bis 10% Rückstand auf dem Sieb mit 0,063 mm Maschenweite.

Die besser etwas dicker als nötig aufbereiteten Glasurschlicker werden erst kurz vor dem Glasieren durch Wasserzugabe auf das richtige Litergewicht eingestellt. Zu dünn angemachte Schlicker läßt man 1–2 Stunden ruhig stehen, bis man oben das überstehende Wasser abziehen oder dekantieren kann.

Durch das Litergewicht (= Gewicht von genau 1000 ml) eines Schlickers wird das Verhältnis von Wasser zu Feststoffanteil genau bestimmt (siehe Brongniartsche Formel, Seite 103). Welches das richtige Litergewicht ist, hängt davon ab, ob spezifisch schwere Fritten benutzt werden und wie dick der Glasurauftrag sein soll und wie saugfähig der zu glasierende Scherben ist – im Fall, daß die Glasur durch Tauchen oder Überschütten aufgetragen werden soll.

Übliche Konsistenzen haben ein Litergewicht zwischen 1300 und 1900 g/l. Mit verflüssigenden Elektrolyten – im Glasurbereich bevorzugt man Natriumpolyphosphate – wird es möglich, bei konstantem Litergewicht (= Feststoffanteil im Schlicker) die Viskosität des Glasurschlickers zu verringern, so daß man dadurch vor allem bei sehr hohem Feststoffanteil eine gleichmäßigere Glasurschicht erhalten kann. Verflüssiger sind auch dort empfehlenswert, wo der Wassergehalt des Glasurschlickers möglichst niedrig sein soll, weil man sehr dünnwandige Scherben glasieren muß.

Die aufbereiteten Glasurschlicker sollten so aufbewahrt werden, daß sie nicht austrocknen können, wenn sie nicht gleich restlos verbraucht werden.

Ideale Behälter wären Glasgefäße mit dicht schließenden Deckeln. Wegen ihres größeren Gewichts und ihrer Zerbrechlichkeit sind sie den Gefäßen aus Niederdruckpolyäthylen unterlegen. Die meisten anderen Kunststoffe sind schlechter geeignet, weil sie – durch UV-Licht verursacht – schnell spröde und brüchig werden.

Ortsfeste Großbehälter mit Rührwerken haben längere Lebensdauer, wenn sie aus Beton mit Gummiauskleidung gemacht sind. Metallgefäße – vor allem aus Aluminium oder anderen Leichtmetall-Legierungen – eignen sich nicht für die Aufbewahrung von Glasurschlickern, weil sie durch deren alkalische Wirkung zu schnell angegriffen werden, es sei denn, sie sind aus Edelstahl gefertigt.

1.7.4 Die Applikation der Glasur

Das Aufbringen der Glasuren auf den keramischen Scherben kann geschehen durch:

1. Tauchen
2. Überschütten
3. Aufschleudern
4. Aufspritzen
5. Malen und Stupfen
6. Aufstreuen, Aufpressen, Aufpudern
7. Aufsprühen im elektrostatischen Feld

Welche Auftragsmethode bevorzugt werden soll, hängt von Form, Größe und Menge der zu glasierenden Stücke ab, von deren Oberflächenausbildung, aber auch von enventuellen gewünschten Effekten in der gebrannten Glasuroberfläche. Manchmal werden verschiedene Auftragsverfahren kombiniert. Auf Einzelheiten des maschinellen oder vollautomatischen Glasierens kann hier nicht eingegangen werden; zu diesem Thema gibt es Artikel in Fachzeitschriften sowie eine ausführliche Darstellung über das Glasieren von Fliesen unter dem Titel: La smaltatura delle piastrelle di ceramica[1].

1.7.4.1 Glasurauftrag durch Tauchen oder Überschütten

Bei diesen Auftragsmethoden hängt die entstehende Auftragsstärke (Schichtdicke) vor allem von der Saugfähigkeit des Scherbens ab, dessen Porosität durch die Höhe der Vorbrandtemperatur beeinflußt wird, zugleich natürlich vom Feststoffgehalt des Glasurschlickers. Die Qualität der Schichtoberfläche und die Festigkeit der Haftung auf dem Scherben wird dagegen stark von der Wasserabgabegeschwindigkeit der Glasurschicht an den Scherben beeinflußt. Je langsamer das Wasser abgegeben wird, je länger die aufgetragene Schicht naß bleibt, desto glatter und dichter wird die Oberfläche, desto dichter und fester wird die gesamte Glasurschicht. Tauchen ist die schnellste und einfachste Methode für allseitigen Glasurauftrag, setzt aber ausreichende Stückzahlen und größere Mengen Glasurschlicker voraus, ist schlecht zu mechanisieren. Die Auftragsstärke ist dabei auch durch die Eintauchdauer und die Geschwindigkeit des Ein- und Austauchens beeinflußbar. Das Tauchglasieren von Geschirrteilen bei industrieller Großfertigung ist auch heute oft noch Handarbeit.

Beim Überschütten spielt die Wasserabgabe aus dem Schlicker eine etwas größere Rolle als beim Tauchen. Man kann sie durch verflüssigende Elektrolyte (dadurch gute und feinste Dispersion aller Teilchen) und durch höhere Anteile bzw. Zusätze quellfähiger Stoffe kolloidaler Größe im Versatz verlangsamen, durch Zugabe von flockenden Elektrolyten beschleunigen, weil diese bewirken, daß sich die feinsten Teilchen zu größeren Agglomeraten zusammen»klumpen«, dadurch wird der Wasserentzug leichter gemacht, die aufgetragene Schicht »zieht« schneller an, ist aber dadurch dann auch etwas poröser. Stark reliefierte, grobtexturierte Oberflächen lassen sich nur schlecht fehlerfrei durch Überschütten glasieren, weil in den Vertiefungen der Oberfläche zu leicht Luft eingeschlossen wird, so daß dort Fehlstellen entstehen.

Grundsätzlich sind alle Glasurschichten, die man durch Tauchen oder Überschütten aufgebracht hat, dichter, in sich fester und glatter an der Oberfläche als solche, die aufgespritzt wurden. Sie eignen sich dadurch auch erheblich besser für Aufglasur-/Inglasurdekore. Trockene Glasurschichten mit lockerer poröser Struktur sowie Oxidbemalungen des Scherbens und Unterglasurdekore können wie eine staubige Trennschicht wirken, so daß die darüber aufgetragene Glasur fehlerhaft wird – vor allem, wenn diese Schichten nicht dicht und glatt sind und von ihrer Zusammensetzung her schon die Benetzung erschweren.

Deshalb erfordert doppeltes Glasieren entweder den zweiten Auftrag sofort und unmittelbar nach dem ersten Auftrag oder Auftrag der zweiten Schicht erst nach dem völligen Trocknen der ersten Schicht. Dabei soll die zuerst aufgetragene Glasur nach Möglichkeit »fetter« sein, also mehr tonige Bestandteile haben und die darüber aufgetragene Glasur »magerer«, also mit weniger oder gar keiner Trockenschwindung, wenn die Gefahr von Abrollen oder Abblättern vermieden werden soll. Es empfiehlt sich ein Zusatz von wenig Zellulosekleber in beide Glasuren. In den Fällen, wo die erste Glasurschicht ein weiteres Überschütten oder Tauchen nicht verträgt (weil sie sonst schon mit dem Trocknen abblättert oder abfällt), muß die zweite Schicht aufgespritzt werden.

Ob man besser taucht, schüttet oder spritzt, ist in vielen Fällen von der Form des Gegenstandes, seiner Größe und von der möglichen Handhabung beim Glasieren abhängig.

1.7.4.2 Glasurauftrag durch Spritzen und Schleudern

Beim Spritzen und Schleudern werden feine Schlickertröpfchen erzeugt, die einzeln auf den Scherben auftreffen und dort nach und nach die Glasurschicht aufbauen. Dadurch werden gespritzte Glasurschichten immer lockerer, poröser und weniger glatt und gleichmäßig in Schichtdicke und Oberfläche, was besonders auffällig eintritt, wenn wenig Glasur auf einmal verspritzt wird, so daß kein zusammenhängender nasser Glasurfilm entsteht. Gespritzt wird entweder mit Hilfe von Druckluft, welche den zulaufenden Glasurschlicker mitreißt und zerstäubt, oder mit Hilfe von Druckpumpen, die den Glasurschlicker selbst unter Druck durch Düsen pressen und dadurch zerstäuben. Je höher jeweils Luft- oder Glasurdruck und je feiner die Düsen, desto kleiner werden die Tröpfchen.

Beim Aufschleudern entstehen die Tröpfchen durch die Fliehkraft, die wirksam wird, wenn der Schlicker auf schnell rotierende Scheiben läuft. Diese Methode wird besonders dort benutzt, wo aufrecht stehende, ebene Flächen ein- oder beidseitig glasiert werden sollen. Hier kann die Tröpfchengröße durch die Scheibenumdrehungszahl geregelt werden. Die Schichtdicke der aufgetragenen Glasur ist beim Spritzen mehr von der Dauer des Auftrags als von der Schlickerkonsistenz abhängig; der Schlicker soll aber nicht zu dünnflüssig (sonst Absetzen in der Spritzpistole, Ablaufen beim Auftragen oder Zeitverlust, weil nicht so viel wie nötig auf einmal gespritzt werden kann) und nicht zu dickflüssig sein, weil dadurch unebene Oberflächen entstehen, die bei hochviskosen Glasurschmelzen nicht ausreichend glatt ausfließen. Wo es möglich ist, sollte man Tauchen und Schütten dem Spritzen vorziehen, denn es erfordert weniger Aufwand und erzeugt keinen Glasurstaub.

Kleine Anteile von Klebstoffen in Spritzglasuren wirken gut gegen das Abgreifen und zu schnelles Antrocknen der einzelnen gespritzten Tröpfchen.

1.7.4.3 Glasurauftrag durch Malen, Stupfen oder Aufstreuen

Das Aufmalen von Glasuren mit dem Pinsel kann meistens nicht mit einem Mal so dick wie nötig geschehen, so daß mehrfaches Aufstreichen, bei homogen gewünschten gleichmäßigen Flächen in kreuzweisen und diagonalen Strichen, notwendig wird. Man wird diese Methode dann wählen, wenn die Oberflächen auf andere Art nicht zu glasieren sind oder wenn absichtlich dünne Lagen nach dem Brand streifig/wolkig aussehen sollen. In der Regel wird der Auftrag durch Malen oder Stupfen eher zu dekorativen Zwecken auf oder unter andere Glasurschichten vorgenommen.

Aufstreuen oder Aufpudern von Glasurpulver erfordert einen vorhergehenden Auftrag einer Leimschicht auf die Scherbenoberfläche. Es wird bisher nur auf Platten und Fliesen angewandt und auch dort mehr zur lebendigen, ungleichmäßigen Dekoration benutzt.

Das früher bei einfachster bleiglasierter Irdenware gebräuchliche Aufpudern von Bleiglanzpulver auf den noch feuchten rohen Scherben ist natürlich heute nicht mehr möglich.

Das Aufsprühen der Glasur im elektrostatischen Feld ist wegen des damit verbundenen Aufwands nur in nahezu vollautomatischen Glasierlinien und bei gleichzeitig relativ kompliziert geformten Gegenständen sinnvoll anwendbar (z. B. in der Sanitärkeramik). Näheres dazu ist in den einschlägigen Fachzeitschriften zu finden, sowie Lit. No. 1..

1.7.4.4 Das Rohglasieren (Glasurauftrag auf rohen, ungebrannten Scherben)

Durch das Rohglasieren können die Herstellkosten verringert werden, weil dadurch der Vor- oder Schrühbrand gespart wird. Allerdings müssen Gegenstände, die im rohen Zustand glasiert werden sollen, in der Regel etwas dickwandiger sein, damit sie das Hantieren beim Glasurauftrag aushalten.

Weil der rohe, nicht vorgebrannte Scherben weniger porös ist als ein geschrühter Scherben, kann der Glasurschlicker dickflüssiger sein. Er muß es sein, wenn man auf den noch feuchten, lederharten Scherben auftragen will, der wenig oder kaum saugfähig ist, damit überhaupt eine ausreichende Auftragsstärke erreicht wird. Benutzt man dazu typische Lehmglasuren (vgl. Abs. 2.3.2.4, Seite 208 ff. sowie Abs. 2.7.2, Seite 356 ff.), so passen diese auch aufgrund ihrer großen Trockenschwindung ideal zum Scherben, ähnlich wie Engoben. Das Problem des Wiederaufweichens der glasierten Gegenstände mit Deformation als Folge tritt dabei meistens nur bei zu mageren Massen auf. Diese sind deshalb zum Rohglasieren ungeeignet, dazu auch wegen ihrer zu geringen Festigkeit im getrockneten Zustand.

Das Problem beim Rohglasieren ist nämlich die Tatsache, daß der rohe Scherben durch die Aufnahme des Wassers aus dem Glasurschlicker zumindest in der Oberfläche aufweicht, quillt, größer wird und danach wieder schwindet, wenn das Wasser verdunstet oder weiter in die Tiefe des Scherbens wandert. Das verursacht ungleichmäßig verteilte Volumenveränderungen, damit Spannungen im Scherben, die zu Rissen oder völligem Zerreißen des Gegenstandes führen können. Dünnwandige Scherben, die beidseitig glasiert werden, weichen leicht völlig auf, deformieren sich oder fallen zusammen. Es kommt also darauf an, diese Wasseraufnahme entweder völlig zu verhindern — was kaum möglich ist — oder so klein wie möglich zu halten oder so zu bremsen, daß sie nur ganz allmählich und langsam geschieht.

Eine simple Möglichkeit bietet sich im Erhitzen der zu glasierenden Stücke auf etwa 70–90 °C, so daß das Anmachwasser des Glasurschlickers zum großen Teil gleich beim Auftrag zu verdampfen beginnt, ehe es überhaupt in den Scherben eindringen kann.

Sonst aber sollten Glasuren zum Rohglasieren folgendermaßen beschaffen sein:

1. Ein hoher Anteil an fettem Ton im Versatz ist von Vorteil (am besten Bentonit oder gut quellfähige Tone), weil dieser das Wasser nur langsam abgibt, die gut dispergierten kolloidalen Teilchen in die Eingänge der kapillaren Poren gelangen können und diese »verstopfen«. Gleiches bewirken quellfähige Zellulosekleber.
2. Magere Glasuren sollten auf jeden Fall Zellulosekleber enthalten.
3. Die Glasuren sollten nur bis zu etwa 50 bis 70% aus Fritten bestehen, wenn es keine Rohglasuren sein können.
4. Um den Wassergehalt bei gleichzeitiger, ausreichend niedriger Viskosität möglichst klein zu halten, sollten die Glasurschlicker mit Verflüssiger angemacht werden.
5. Nur Glasuren benutzen, die schon mit dünner Schichtdicke die gewünschte Oberfläche und Farbe ergeben.

Glasuren, die sehr dick aufgetragen werden müssen, sind deshalb nicht gut geeignet. Magere Glasuren blättern aufgrund ihrer geringen oder fehlenden Trockenschwindung bei Auftrag auf rohen Scherben leicht ab, was in vielen Fällen auch erst beim Aufheizen, nicht schon beim Trocknen, passiert.

1.7.4.5 Glasurauftrag auf nicht saugenden (dichten) Scherben

Saugt der Scherben das Anmachwasser nicht auf, ist der Auftrag von wässrigen Glasurschlickern schwieriger. Es entsteht dann entweder nur eine sehr dünne Glasurschicht, was bei transparent glänzender Glasur sinnvoll sein kann, oder der Glasurschlicker muß sehr dickflüssig, also mit sehr hohem Feststoffgehalt angemacht werden, was wiederum einen gleichmäßigen Schichtauftrag erschwert.

Die aufgetragene Schicht braucht lange, bis sie trocknet und fest genug wird. Sie kann deshalb leicht von geneigten und senkrechten Flächen abrutschen. Das Hantieren mit den glasierten Gegenständen wird umständlich. Deshalb ist es günstig, wenn der Glasurschlicker deutlich thixotrop ist, d. h. wenn er beim Rühren flüssig ist, sich aber aufgebracht (in Ruhe) schnell gelartig als Schicht verfestigt. Damit das Trocknen und Festwerden beschleunigt wird, ist auch hier ein Erwärmen der zu glasierenden Stücke enorm hilfreich.

Beim Glasieren auf nicht porösen Scherben können in den Glasurversätzen natürlich auch wasserlösliche Rohstoffe eingesetzt werden. Es gibt Rezepturen, die nur aus wasserlöslichen Bestandteilen mit organischen Bindemitteln (Klebstoffen) bestehen, die dann entweder auf den noch feuchten, lederharten oder auf den dichtgebrannten Scherben aufgetragen werden. Die sehr quellfähigen Zellulosekleber als Bindemittel gestatten sogar einen Auftrag auf poröse Scherben, ohne daß schwerwiegende Fehler auftreten. Es besteht auch die Möglichkeit, hierbei die Glasur nur aus Flußmitteln bestehen zu lassen, die dann wie bei der Salz-Anflugglasur erst zusammen mit den Scherbenbestandteilen die eigentliche Glasurschicht entstehen lassen. So wird ein extrem dünner Auftrag möglich, der doch zu ausreichender Glasurbildung führt.

1.7.4.6 Glasurauftrag durch Anflug im Brand

Die Anflug-Glasur, als Salzglasur des Steinzeugs bekannt (vgl. Abs. 2.1.3, Seite 143 ff.), ist, vom betriebswirtschaftlichen Standpunkt gesehen, besonders vorteilhaft, weil für den Glasurauftrag keine besonderen Einrichtungen und kein Platz in den Arbeitsräumen nötig ist, weil keine Glasurabfälle wieder aufbereitet oder beseitigt werden müssen und die Ware auch im Einmalbrand hergestellt werden kann.

Allerdings ist man durch die Besonderheiten der Salzglasurbildung in der Art der Produkte, Oberflächen und Farben eingeschränkt, wenn diese genannten Vorteile zum Tragen kommen sollen.

Wichtig ist bei den Anflug-Glasuren, daß die verdampfenden Salze sich schnell und relativ gleichmäßig im Ofen verteilen können, wenn sie bei hohen Temperaturen in den Brennraum gegeben werden, und daß ihre Verdampfungstemperatur möglichst niedrig liegt. Das Einsprühen wässriger Salzlösungen halte ich deshalb für vorteilhaft, besonders dann, wenn man auf die Verwendung von Kochsalz verzichten will. Weitere Angaben siehe Abs. 2.1.3, Seite 143 ff.

1.7.5 Die Herstellung von Glasur- und Brennproben

Welche Veränderungen in der gebrannten Glasurschicht auftreten, wenn Veränderungen an der Zusammensetzung oder in der Brennweise eines Glasurversatzes vorgenommen werden, kann man am besten erst einmal an kleinen Brennproben in Erfahrung bringen. Je nachdem, welchem besonderen Zweck diese Proben dienen sollen, haben sich auch verschiedene Formen als zweckmäßig erwiesen. Für erste Informationen oder allgemeine Vergleichszwecke haben sich einfache, liegend zu brennende, möglichst dünne rechteckige Masseplättchen bewährt. Zur Aufbewahrung für vergleichende Dokumentation ist es empfehlenswert, recht kleine Probeplättchen (ca. 20 × 40 mm) zu haben, während zum deutlichen Erkennen der Eigenschaften gleichzeitig größere Probeflächen (ca. 40 × 60 oder 50 × 50 mm) besser sind.

Diese sind vorteilhafterweise zur Hälfte farbig engobiert, so daß man hellen und dunklen Untergrund gleichzeitig hat. Man trägt dann die Glasurproben quer dazu zur Hälfte einmal, zur Hälfte doppelt dick auf und tropft auf die doppelt glasierte Hälfte in der Mitte noch einen sehr dicken Punkt auf. So können eventuelle Trocken- und Brennschwindung, Viskosität und Oberflächenspannung, Lösevermögen etc. schon recht gut beurteilt werden. Macht man von einer Zusammensetzung gleich mehrere Brennproben, kann man diese auch noch bei verschiedenen Temperaturen brennen. Für 4–6 Plättchen der erwähnten Größe reichen ca. 20 bis 30 g trockene Substanz. Was für weitere Benutzung brauchbar erscheint, kann dann in einer zweiten Probe nochmal abgewogen und aufgetragen werden und wird diesmal auf senkrecht stehenden Flächen gebrannt. Dafür eignen sich am besten kleine Becherformen oder Röhrchen, die man nicht bis zum unteren Rand oder nur innen glasiert. Dazu braucht man etwa 35 bis 45 g trockene Substanz (Abb. 17). Es werden auch andere Formen empfohlen, bei denen man gleichzeitig senkrechte und horizontale Lage testet, ebenso das Einstellen der Plättchen in entsprechende Halterungen.

Für orientierende Proben, zum Kennenlernen der Wirkung von Glasurrohstoffen und Mischungen, bei systematischer Variation ist am Centre National d'Initiation, de Formation et de Perfectionnement de la Poterie et du Grès (C.N.I.F.O.P.) in St. Amand-en-Puisaye eine sehr materialsparende Methode entwickelt worden, die mit reinen, feingemahlenen Rohstoffschlickern in kleinen Mengen arbeitet.* Die Schlicker werden dabei in kleinen Schraubdeckelgläsern mit Magnetrührern in Suspension gehalten, mit der Pipette entnommen, gemischt und auf passend geformte Platten mit Vertiefungen aufgetropft, die man sich entsprechend dem Probenschema und -programm formen kann.

Ob man die Bezeichnung der jeweiligen Proben (fortlaufende Numerierung aller Proben von unterschiedlicher Zusammensetzung ist das sicherste Mittel gegen Verwechslungen und ist in der Zahl unbegrenzt) auf der Rückseite der Glasurträger oder auf der glasierten Seite anbringt, hängt von persönlichen Entscheidungen und der Größe der Probestücke ab. Zur Beschriftung – geeignet bis Sk 7/8, aber nicht bei Salzglasur – haben sich (neben den speziellen feuerfesten Farben und Farbstiften der Farbenhersteller) braune Farbstifte (z. B. Van-Dyck-Braun von Faber-Castell) bewährt; sie sind ausreichend wischfest und wegen ihres Eisenoxidgehalts besonders auf hellem Scherben gut brauchbar. Für rotbrennenden Scherben kann man sich Farbstifte selber machen, indem man mit Mangan-, Eisen- und Kobaltoxid gefärbten Gips zu dünnen Platten gießt, in Streifen schneidet und, mit Papier umklebt, wie Ölkreiden benutzt.

Das Beschriften durch Aufpinseln von mit Wasser angemachtem Mangan-, Eisen-, Kobalt- oder Chromoxid ist auf keinen Fall zu empfehlen, weil es eine Fülle von Ärgernissen verursachen kann.

Vergleiche auch Chappell[22], Cooper[26], Cooper a. Royle[28], Fournier[39], Green[49], Hopper[63].

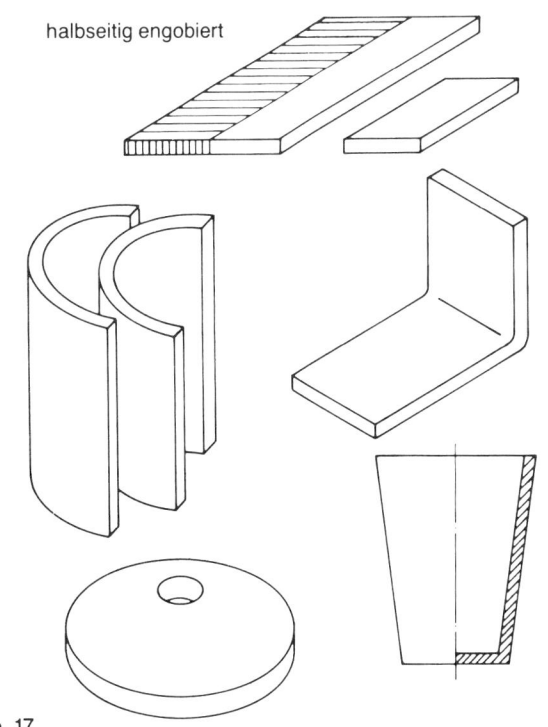

Abb. 17
Verschiedene Formen von Probekörpern für Glasurversuche

---

* siehe Messein, Jean: émaux en gouttes, Paris 1983, Les Éditions Techniques et Artistiques

1.7.6 Gesundheitsschutz beim Arbeiten mit Glasuren

Fast alle Glasurrohstoffe sind gesundheitsschädlich, wenn sie als Staub eingeatmet werden, gerade auch Quarz und alle silikatischen Rohstoffe, einschließlich Ton. Deshalb ist vor allem darauf zu achten, daß beim Arbeiten mit Glasuren und Glasurrohstoffen möglichst gar nicht erst Staub entstehen kann, daß verschüttete Rohstoffe oder Glasuren sofort feucht aufgewischt werden und Fußböden in den Räumen, wo mit Glasuren gearbeitet wird, mit Staubsauger und naß gereinigt werden.

Alle Rohstoffbehälter müssen dauerhaft und eindeutig beschriftet sein, bei den besonders giftigen Rohstoffen dürfen Hinweise nicht fehlen!

Besonders giftig sind:
1. Cadmiumverbindungen
2. Arsenverbindungen
3. Selenverbindungen
4. Bleiverbindungen
5. Kupferverbindungen
6. Chromverbindungen (vor allem als Chromate)

Daneben müssen als gesundheitsgefährdend angesehen werden: Kobaltverbindungen, Nickelverbindungen, Zinkverbindungen, Bariumverbindungen, Vanadinverbindungen.

Als beim Verschlucken ungiftig gelten:
alle üblichen Borverbindungen, die Calcium- und Magnesiumcarbonate, Alkalicarbonate, Bariumsulfat (Schwerspat), Tone, Feldspäte, Quarz. Alkaliverbindungen können aber ätzend wirken!
Die besonders giftigen Stoffe verwendet man am besten in Form von Fritten, Farbfritten oder Fertigglasuren, in denen diese giftigen Bestandteile in der Regel in schwer- oder unlöslicher Form vorliegen.

Um auch die Gefahr der unbemerkten ständigen Aufnahme kleiner Mengen zu vermeiden, soll speziell darauf geachtet werden, daß beim Arbeiten mit Glasurrohstoffen und Glasurschlickern und beim Glasurauftrag nicht gegessen, geraucht und getrunken wird und nach der Arbeit die Arbeitskleider gewechselt und die Hände gründlich gereinigt werden. Vergleiche auch Williams, Sabin a. Bodine[169].

Alle Abfälle, die entstehen, müssen gesondert gesammelt werden; sie können entweder zu Resteglasur verarbeitet werden, in kleinen Mengen den Arbeitsmassen zugesetzt werden oder müssen in den Sondermüll gegeben werden. Wieviel von bestimmten Glasurbestandteilen im Abwasser maximal enthalten sein darf, regeln Länder- und Gemeindevorschriften. Spritzeinrichtungen müssen so beschaffen sein, daß der daran Arbeitende keinerlei Staub einatmen kann. Dort, wo demnach Stäube und Dämpfe auftreten — das gilt auch besonders beim Brand, wo verdampfende Glasurbestandteile und Gase aus dem Ofen entweichen — muß für ausreichenden Abzug und/oder Lüftung gesorgt werden, so daß die zulässigen MAK-Werte (Werte der maximalen Konzentration am Arbeitsplatz) nicht überschritten werden. Eine Liste der MAK-Werte ist beim
Carl Heymanns-Verlag KG,
Gereonstr. 18–32, 5000 Köln 1,
zu beziehen.

Besonders gefährliche Stoffe, die beim Brand aus dem Ofen entweichen können, sind Kohlenmonoxid CO (bei reduzierendem Brand oder beim Nachreduzieren im Elektro-Ofen) und die Schwefeloxide SO_2 bzw. SO_3 (aus sulfidischen Verunreinigungen der Tone, meist Pyrit) und die flüchtigen Fluorverbindungen.

1.7.7 Qualitätsprüfung von Glasuren — Vergleichende Messung von Glasureigenschaften

1.7.7.1 Prüfung von Eigenschaften im rohen Zustand

1. Feststellung des Schüttgewichts pulvriger Rohstoffe

geschieht durch Einfüllen des Pulvers oder Granulats in einen Meßzylinder bis zur 1 l Marke und Wiegen der eingefüllten Menge = g/l.

2. Kontrolle der Mahlfeinheit, besonders Anteil von Grobkorn

Die Mahlfeinheit kontrolliert man am besten durch Absieben einer 1 l-Probe oder der gesamten Glasur über Normsiebe mit Maschenweite 0,125/0,090/0,063/0,044 mm je nach Anforderung und Feststellen des Siebrückstandes, den man entweder in g Trockengewicht/Liter bestimmt, oder einfacher in Sedimentvolumen, indem man den Siebrückstand in einen Meßzylinder spült und absetzen läßt. Die Angabe kann dann in g/l Glasurschlicker oder in ml/l oder in ml/100 g Glasurtrockengewicht erfolgen.

3. Die Feststellung des Litergewichts bzw. der Dichte der Glasursuspension

geschieht am genauesten durch Abmessen von genau 1000 ml Schlicker im Meßzylinder und Wiegen auf 1 g genau. Gleichbleibendes Litergewicht gibt auch genau gleichbleibendes Verhältnis von Wasser und Feststoff im Schlicker an. Üblich war auch bisher die Feststellung der Dichte in °Baumé, die mit Tauchspindeln ausgeführt wurde; die Messung ist aber bei Schlicker mit geringer und mit hoher Dichte ungenau und nur zur ungefähren Kontrolle gleicher Konsistenz benutzbar.

Einen Vergleich °Baumé – Dichte gibt folgende Tabelle:

°B	Dichte in g/cm³	°B	Dichte in g/cm³
30	1,262	70	1,942
35	1,320	75	2,081
40	1,383	80	2,243
45	1,543	85	2,432
50	1,530	90	2,656
55	1,616	95	2,926
60	1,712	100	3,256
65	1,820		

4. Die Feststellung der Viskosität der Glasurschlicker

zur Kontrolle gleichbleibender Fließeigenschaften geschieht am einfachsten durch Messung der Auslaufzeit, indem man in eine Pipette genau 100 ml Schlicker aufzieht und die Auslaufzeit in Sekunden mißt. Die Pipette soll eine Auslauföffnung von 3,2 mm Ø haben. Genau genommen wird die Viskosität dann in g/mm^2 sec gemessen.

5. Das Adhäsionsgewicht

Zur Konstanz der Schlickereigenschaften kann auch die Feststellung des Adhäsionsgewichtes beitragen. Dabei wird eine saubere Glasplatte bekannter Größe in den Glasurschlicker getaucht und mit einer Geschwindigkeit von 1 cm/sec herausgezogen und danach gewogen, das Adhäsionsgewicht in g/cm^2 Fläche berechnet. Dieser Wert ist vor allem für Glasuren zum Tauchen interessant, um konstante Auftragsstärke zu garantieren.

6. Die Feststellung der Auftragsstärke bzw. des Auftragsgewichts

ist vor allem auf ebenen Flächen einfach durchzuführen. Entweder wird die tatsächliche Schichtdicke mit einer Präzisionsmeßuhr festgestellt oder, wie in England vorgeschlagen (vergleiche Green; Handbook of Pottery Glazes[49]), durch Anritzen mit einem Stück Sägeblatt mit 7–8 Zähnen, von denen man die inneren kontinuierlich um je 1/10 mm kürzer gefeilt hat, so daß an den Ritzspuren vergleichend die Schichtdicke sichtbar wird (Abb. 18).

Das Auftragsgewicht, das durch Wiegen vor und nach dem Auftragen der Glasur festgestellt werden kann und auf die Flächeneinheit bezogen wird, ist für das Glasieren gleichgroßer Gegenstände auch ein Kontrollmittel für gleichbleibenden Glasurauftrag.

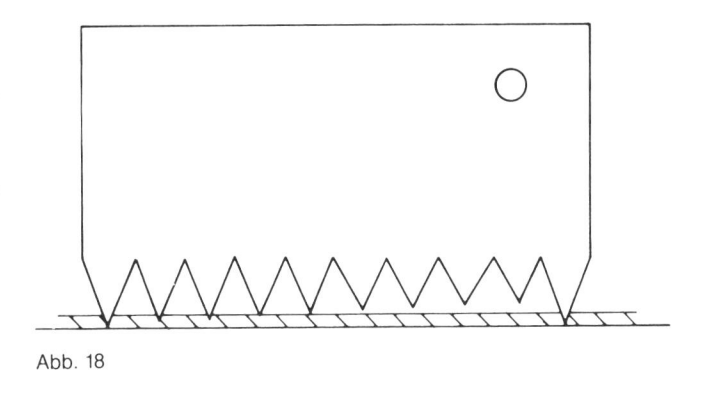

Abb. 18

1.7.7.2 Prüfung von Eigenschaften im schmelzflüssigen Zustand

1. Die Feststellung der Viskosität der Schmelze

geschieht am einfachsten durch einen Lauflängenvergleich, indem man eine gleichbleibende, abgemessene Glasurmenge in Tablettenform in eine dafür vorgesehene Vertiefung des Rinnenviskosimeters gibt und nach dem Brand die Länge des über die geneigte Fläche gelaufenen Glasurstreifens mißt. Andere Methoden erfordern größeren apparativen Aufwand.

2. Die Feststellung des allgemeinen Schmelzverhaltens

Erweichungsbeginn, Halbkugeltemperatur, Erweichungsintervall, Neigung zum Aufblähen beim beginnenden Schmelzen und das Fließen beim Schmelzen, dazu die Benetzung der Scherbenunterlage über einen breiten Temperaturbereich werden im Erhitzungsmikroskop beobachtet, wobei eine kleine, zylindrische Glasurprobe mit 10 K/min aufgeheizt wird und ihr Konturenbild bei hohen Temperaturen fotografisch festgehalten wird (Näheres dazu, siehe Lehnhäuser[90], Glasuren und ihre Farben).

Auch direkte Beobachtung durch das Schauloch oder andere Beobachtungsöffnungen des Ofens kann sinnvolle Erkenntnisse vermitteln.

3. Die Oberflächenspannung gegenüber dem Scherben kann vergleichsweise auch durch Schmelzen zylindrischer Glasurtabletten festgestellt werden, wobei man nach dem Brennen den Randwinkel des Schmelztropfens bzw. den Durchmesser des Schmelzflecks mißt.

4. Den Schmelztemperatur- bzw. Anwendungsbereich muß man durch Brennen bei verschiedenen Temperaturen oder Brennen im Gradientofen ermitteln. Das sollte an liegender und stehender Probefläche vorgenommen werden. Er erstreckt sich von der Temperatur, bei der die Glasurschicht gerade geschmolzen und glattgeflossen ist, bis zur Temperatur, wo ein Ablaufen von senkrechter Fläche beobachtet werden kann.

5. Die Lösekraft der Glasurschmelze wird durch das mehr oder weniger starke Lösen einer unter der Glasur befindlichen farbigen oder weißen Engobeschicht deutlich gemacht.

1.7.7.3 Prüfung von Eigenschaften im erstarrenden oder erstarrten und abgekühlten Zustand

1. Feststellung der Wärmedehnung im Vergleich zu der des Scherbens

1. Durch die *Tiegelschmelzprobe* können grobe Wärmedehnungsunterschiede deutlich gemacht werden, die bei sonst normaler Auftragsstärke auf Probeplättchen nicht eindeutig sichtbar werden.

Man füllt einen kleinen Tiegel oder Becher aus der vorgesehenen Masse etwa 2 bis 3 Fingerbreit hoch mit Glasur und schmilzt bei der vorgesehenen Temperatur. Nach dem Abkühlen werden sich Unterschiede als Risse in der dicken Glasur oder als Risse im Scherben bemerkbar machen.

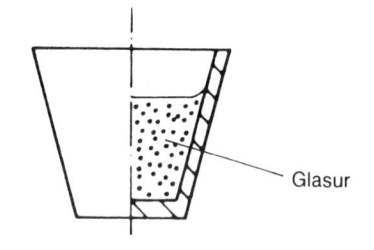

2. Durch die *Ringspannungsprobe* lassen sich auch geringe Wärmedehnungsunterschiede, die sich nicht mehr als Risse äußern, sichtbar machen. Der in Abb. 19 gezeigte Ring aus vorgesehener Masse mit einem Durchmesser von ca. 8 bis 10 cm wird nur außen mit der zu prüfenden Glasur glasiert und glattgebrannt. Nach dem Abkühlen wird die Breite der Meßstelle am Ring mit der Schieblehre genau gemessen, danach die Stelle in der Mitte aufgetrennt und die Meßstelle wieder vermessen. Hat sich der Ring gedehnt, saß die Glasur unter Zugspannung und tendiert zu Rissen; war die Breite der Meßstelle kleiner, so sitzt die Glasurschicht unter Druckspannung auf dem Scherben, und es kann die Gefahr bestehen, daß sie als Innenglasur sehr große Gefäße zerreißen läßt. Es lassen sich auf diese Weise auch die zu erwartenden Verhältnisse bei verschieden zusammengesetzten Innen- und Außenglasuren von Hohlgeschirren untersuchen, durch entsprechendes Innen- und Außenglasieren des Prüfringes.

3. Den Verlauf der Wärmedehnungsunterschiede in Abhängigkeit von der Temperatur kann man durch die Prüfung mit der *Steger-Apparatur* sichtbar machen. Dabei wird ein schmaler langer Probekörper aus der vorgesehenen Masse in der Mitte einseitig mit der Glasur glasiert, glattgebrannt und danach nochmal bis auf die Transformationstemperatur der Glasur aufgeheizt und wieder abgekühlt, wobei der Prüfkörper am einen Ende fest eingespannt ist, in der Mitte mit einem Rohrofen erwärmt wird und am freien Ende einen Zeiger trägt, der die Bewegung des Prüfkörpers aufgrund unterschiedlicher Wärmespannungen vergrößert anzeigt und registriert.

4. Der Verlauf und die absolute Größe der Wärmedehnung der Glasur allein kann auch durch die Prüfung der Dehnung im *Dilatometer* festgestellt werden. Hier wird ein genau 50 mm langer Prüfstab aus der geschmolzenen und wieder erstarrten Glasur erwärmt bis zum sog. dilatometrischen Erweichungspunkt, und dabei seine Längenänderung optisch oder elektronisch aufgezeichnet. Aus Verlauf und Steigung der Dehnungskurve können der WAK, der Transformationsbereich und der Erweichungspunkt ermittelt werden. Näheres dazu siehe Lehnhäuser[90] und Fachzeitschriften.

2. Feststellung der Feuchtigkeitsdehnung:

Der glasierte und glattgebrannte Scherben wird in einem druckdichten Gefäß (Autoklav) einem erhöhten Wasserdampfdruck

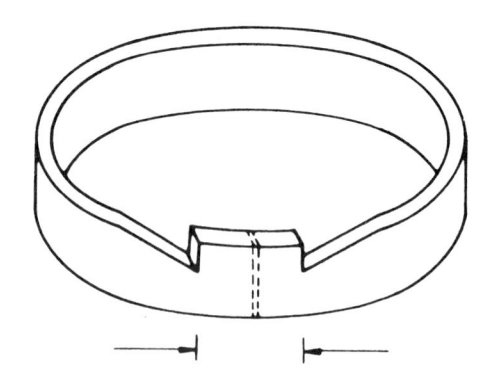

Abb. 19
Probekörper für die Spannungsprüfung Scherben – Glasur

durch Erhitzen ausgesetzt. Temperatur, Druck und Wirkungsdauer werden gemessen und erlauben eine Beurteilung der Rißfreiheit auf Dauer je nach Ergebnis. Näheres dazu sieht Lit. No. 90.

3. Feststellung der Oberflächenqualitäten
1. Bestimmung der Farbe:
Weil das individuelle Farbsehen sehr unterschiedlich ist, werden heute zur Kontrolle der Farbkonstanz optische Meßgeräte benutzt, wobei sich das nach dem L, a, b-System arbeitende *Hunter-Farbmeßgerät* durchgesetzt hat. Dieses speziell für die Messung von Farbdifferenzen entwickelte Gerät ermittelt über besonders abgestimmte Fotozellen und Filter unmittelbar und unbeeinflußt von subjektiven Bewertungsmaßstäben die Unterschiede zweier Farben bezüglich ihrer Helligkeit (L), ihrer Rot/Grün-Anteile (a) und ihrer Gelb/Blau-Anteile (b).

Eine weitere Möglichkeit der exakten Farbbestimmung ist die Messung von Remissions-Spektren mit einem *Spektralphotometer*, wobei die Intensität der Rückstrahlung in % in den verschiedenen Wellenlängenbereichen zwischen 400 und 700 nm bestimmt und aufgezeichnet wird.

Einfachere, aber vom Farbsehen des Beobachters abhängige Methoden sind die Vergleiche mit *Standard-Farbkarten*, z. B. den Ostwald'schen Farbmeßtafeln oder der von der CEC (Fédération Européenne des Fabricants de Carreaux Céramiques) edierten Farbkarte zur Charakterisierung von Massefärbungen oder den RAL-Farbkarten.

2. Glanzmessung:
Hoher Glanz bedeutet starke, gerichtete Reflexion des einfallenden Lichtes, das mit einem *Reflexionsphotometer* gemessen werden kann, wobei eine Photozelle die Intensität des reflektierten Lichts registriert. Es lassen sich hiermit exakte Vergleiche von Glanzverlust (z. B. durch mechanische oder chemische Beanspruchung oder durch Rekristallisation) durchführen oder der Einfluß der Glasurkomponenten und des Brandes auf den Glanz feststellen.

3. Trübung oder Weißgehaltsmessung:
Ob eine Weißtrübung stärker oder schwächer ist, kann vergleichsweise (durch Vergleich mit einer Standardprobe) auch mit einem Reflexionsphotometer gemessen werden.

4. Mattierung und Rauhtiefe:
Viele Mattglasuren sind aufgrund ihrer Oberflächenausbildung (Form und Tiefe ihrer feinen Unebenheiten) nicht glatt genug, um als Glasuren für leicht zu reinigende Gegenstände zu taugen. Das ist aber oft nicht mehr deutlich fühlbar oder sichtbar. Wenn man mit einem harten Bleistift oder einem Metallgegenstand über die Oberfläche kratzt und die entstehenden dunklen Striche sind nachher nicht wegzuwischen (mit feuchtem Tuch), so ist die Glasur z. B. für eine Anwendung auf Gebrauchsgeschirr zu rauh. Natürlich lassen sich Unebenheiten und rauhe Oberfläche auch mit entsprechenden Meßtastern oder mit Lupe, Mikroskop, im Feinstbereich mit dem Rasterelektronenmikroskop untersuchen.

4. Prüfung der mechanischen und chemischen Beständigkeit
1. Abriebfestigkeit (Verschleißprüfung):
Zur vergleichenden Feststellung des Widerstandes gegenüber kombinierter mechanischer Beanspruchung hat sich von allen vorgeschlagenen Methoden die Prüfung mit dem PEI-Tester (der in den USA vom Porcelain Enamels Institute entwickelt wurde) durchgesetzt. Dabei werden auf der ebenen Glasuroberfläche Stahlkugeln mit Schleifkorn (Korund) durch Umdrehung der Unterlage, auf der die Probeplatten aufgespannt sind, in horizontale Bewegung gebracht und nach bestimmten Umdrehungszahlen jeweils die Veränderung der Glasuroberflächen festgestellt, die mit dem bloßen Auge sichtbar sind. Zusätzlich werden auch mikroskopische oder Aufnahmen mit dem Rasterelektronenmikroskop zur Beurteilung zugezogen. Genaue Angaben über diese Prüfung sind zu finden in Berichte der Dt. Keram. Ges. 52 (1975), Nr. 9, Seiten 300−302.

2. Chemische Beständigkeit:
Die Prüfung ist für Wand- und Bodenfliesen nach DIN 51 092 genormt, wobei die sichtbare Wirkung, der Glanzverlust und das Verhalten gegen Bleistiftstriche nach der Behandlung mit verschiedenen aggressiven Flüssigkeiten beurteilt wird.

Die Prüfung der Abgabe von Pb und Cd − Prüfverfahren und Grenzwerte − sind in den Normen DIN 51 031 und 51 032 festgelegt. Dabei wird die Menge von Pb oder Cd in mg (ppm), die bei einer 24stündigen Einwirkung von 4%iger Essigsäure bei Raumtemperatur in Lösung gegangen ist, mit Hilfe der sehr genauen Atomabsorptionsspektrometrie als Vergleichswert mit Standardlösungen bestimmt.

Die höchstzulässigen Grenzwerte betragen:

Tafelgeräte:
1. Flachgeschirr: 1 mg/dm^2
2. Hohlgeschirr: 5 mg/Liter
3. Mundrand: 2 mg/Rand

Kochgeräte:
1. Flachgeschirr: 0,5 mg/dm^2
2. Hohlgeschirr: 2,5 mg/Liter

Verpackungs- und Lagerbehälter: 2,5 mg/Liter

Die Werte für Cadmium betragen $\frac{1}{10}$ der Bleiwerte.

1.7.8 Das Berechnen von Glasuren

Seit elektronische Taschenrechner preiswert zur Verfügung stehen, bereitet das genaue Berechnen von Glasurversätzen und Segerformeln keine Mühe mehr, der Zeitaufwand ist gering geworden. Beim Rechnen ist es empfehlenswert, auf drei Stellen nach dem Komma ab- oder aufzurunden; in den Ergebnissen bei %-Angaben eine Stelle nach dem Komma anzugeben, ebenso bei Gewichtsteilen. Dagegen ist es angebracht, Segerformeln besser mit drei Stellen nach dem Komma anzugeben, statt nur mit zwei. Die Schwankungsbreite der Rohstoffzusammensetzung bewegt sich im Rahmen dieser Genauigkeit. Die Oxidgewichte und Molekulargewichte können der Tabelle 3.2, Seite 426 ff., entnommen werden.

1.7.8.1 Das Berechnen der Segerformel aus der chemischen Analyse

Damit man bei Benutzung komplex zusammengesetzter Rohstoffe exakte Berechnungen von Versatz und Segerformel der Glasur durchführen kann, ist häufig die Kenntnis der Rohstoffzusammensetzung in Form von dessen Segerformel nötig. Bei Fritten liefert in der Regel der Hersteller diese Angaben, während bei anderen Stoffen meist lediglich die oxidische Zusammensetzung in Gewichtsprozent zur Verfügung steht. Der Rechenvorgang ist einfach und ähnelt der Segerformelberechnung aus einem Glasurversatz. In beiden Fällen werden Gewichtsteile in Molekularäquivalente umgerechnet (kurz Molanteile genannt).

Das Mol ist eine der sieben Basiseinheiten unseres gültigen Systems von Maßeinheiten, des Systéme International (SI), nämlich die Einheit der Stoffmenge, also Menge einer ganz bestimmten Substanz. Es wird als Maßeinheit mol, mit kleinem m, geschrieben (zum Beispiel 2,5 mol SiO_2). Das Mol bemißt (das ist jetzt nicht die amtliche Definition, sondern eine Erklärung!) die Menge einer Substanz nach ihrem chemischen Charakter. Ein Mol ist immer gleich derjenigen Menge, die das Molekulargewicht des betreffenden Stoffes angibt; so zum Beispiel 1 mol SiO_2 = 60 g SiO_2 oder 1 mol Al_2O_3 = 102 g Al_2O_3. Man könnte auch umgekehrt sagen, das Molekulargewicht ist das Gewicht eines Mols der betreffenden Substanz. In der Keramik erlauben wir uns der Kürze halber oft, die Einheitsbezeichnung mol wegzulassen; so schreibt man etwa 0,2 Al_2O_3, 2,0 SiO_2 und meint damit 0,2 mol Al_2O_3 bzw. 2,0 mol SiO_2 (beispielsweise in einer Segerformel). In den folgenden Rechnungen wird zum leichteren Verständnis zunächst das mol hingeschrieben (und für das Molekulargewicht g/mol), später weggelassen.

Beispiel 1: Errechnen der Segerformel eines Basaltmehls – die chemische Analyse lautet:
(Der Rest bis 100,0 wurde nicht ermittelt.)

SiO_2	46,5	%
Al_2O_3	14,6	
TiO_2	3,1	
Fe_2O_3	11,8	
CaO	9,5	
MgO	5,0	
K_2O	1,6	
Na_2O	2,5	

Hier sei kurz daran erinnert, daß Prozente einfach einen Bruchteil in Hundertsteln ausgedrückt bedeuten; das heißt, im Beispiel dieser Analyse, 100 g Basaltmehl enthalten 46,5 g SiO_2. Deshalb der folgende Rechnungsgang:

Die Prozentanteile der Oxide werden durch das jeweilige Molekulargewicht (Oxidgewicht) dividiert, die erhaltenen Molekularanteile (Molanteile) der basischen Oxide addiert und alle Werte der Molanteile durch diese Summe geteilt. Das Ergebnis wird in Form der Segerformel notiert.

46,5 g SiO_2 : 60 g/mol = 0,775 mol SiO_2;   0,775 mol SiO_2 : 0,352 = 2,202 mol SiO_2
14,6 g Al_2O_3 : 102 g/mol = 0,143 mol Al_2O_3;   0,143 mol Al_2O_3 : 0,352 = 0,406 mol Al_2O_3
3,1 g TiO_2 : 80 g/mol = 0,039 mol TiO_2;   0,039 mol TiO_2 : 0,352 = 0,111 mol TiO_2
11,8 g Fe_2O_3 : 160 g/mol = 0,074 mol Fe_2O_3;   0,074 mol Fe_2O_3 : 0,352 = 0,210 mol Fe_2O_3

basische Anteile:

9,5 g CaO : 56 g/mol = 0,170 mol CaO;	0,170 mol CaO : 0,352 = 0,483 mol CaO
5,0 g MgO : 40 g/mol = 0,125 mol MgO;	0,125 mol MgO : 0,352 = 0,355 mol MgO
1,6 g K_2O : 94 g/mol = 0,017 mol MgO;	0,017 mol K_2O : 0,352 = 0,048 mol K_2O
2,5 g Na_2O : 62 g/mol = 0,040 mol Na_2O;	0,040 mol Na_2O : 0,352 = 0,114 mol Na_2O

in der Summe also 0,352 mol basischer Oxide;

da sich eine Segerformel stets auf den einheitlichen Vergleichswert eines ganzen Mols basischer Oxide bezieht, müssen alle Werte durch diese Summe (hier 0,352) geteilt werden — wie jeweils rechts von dem Strichpunkt geschehen. Nachprüfung:

0,483 mol CaO
0,355 mol MgO
0,048 mol K_2O
0,114 mol Na_2O
1,000 mol basischer Oxide

Somit ergibt sich die Segerformel des Basaltmehls GH:

0,114 Na_2O	0,406 Al_2O_3	2,202 SiO_2
0,048 K_2O	0,210 Fe_2O_3	0,111 TiO_2
0,483 CaO		
0,355 MgO		

Beispiel 2: Errechnen der Segerformel eines fetten, weißgrau-brennenden Steinzeugtons Nr. 1200 — dessen Analysenwerte die Zahlen in der ersten Kolonne der hier folgenden Rechnung wiedergeben. Hier muß der relativ deutliche Glühverlust (Kristallwasser der Tonminerale!) mit berücksichtigt werden für die spätere Berechnung des Molekulargewichts des Tons

61,1 g SiO_2 : 60 g/mol = 1,018 mol SiO_2;	1,018 mol SiO_2 : 0,050 = 20,360 mol SiO_2
26,3 g Al_2O_3 : 102 g/mol = 0,258 mol Al_2O_3;	0,258 mol Al_2O_3 : 0,050 = 5,160 mol Al_2O_3
1,2 g TiO_2 : 80 g/mol = 0,015 mol TiO_2;	0,015 mol TiO_2 : 0,050 = 0,300 mol TiO_2
0,9 g Fe_2O_3 : 160 g/mol = 0,006 mol Fe_2O_3;	0,006 mol Fe_2O_3 : 0,050 = 0,120 mol Fe_2O_3

basische Anteile:

0,3 g CaO : 56 g/mol = 0,005 mol CaO;	0,005 mol CaO : 0,050 = 0,100 mol CaO
0,2 g MgO : 40 g/mol = 0,005 mol MgO;	0,005 mol MgO : 0,050 = 0,100 mol MgO
2,8 g K_2O : 94 g/mol = 0,030 mol K_2O;	0,030 mol K_2O : 0,050 = 0,600 mol K_2O
0,6 g Na_2O : 62 g/mol = 0,010 mol Na_2O;	0,010 mol Na_2O : 0,050 = 0,200 mol Na_2O

Summe: 0,050 mol basischer Oxide

Glühverlust (Wasser!):

6,9 g H_2O : 18 g/mol = 0,383 mol H_2O;   0,383 mol H_2O : 0,050 = 7,660 mol H_2O

Nachprüfung:

0,100 mol CaO
0,100 mol MgO
0,600 mol K_2O
0,200 mol Na_2O
1,000 mol basischer Oxide

1.7.8.1

Somit ergibt sich die Segerformel des Tons 1200:

0,20 Na$_2$O	5,16 Al$_2$O$_3$	20,36 SiO$_2$
0,60 K$_2$O	0,12 Fe$_2$O$_3$	0,30 TiO$_2$
0,10 CaO		
0,10 MgO		7,66 H$_2$O

1.7.8.2 Errechnen des Molekulargewichts (abgekürzt: MG) eines Rohstoffs aus der Segerformel:

Das Molekulargewicht eines Stoffes setzt sich zusammen aus der Summe der Atomgewichte der an seiner Formel beteiligten Elementanteile; z. B. bei Orthoklas (Kalifeldspat) mit der Oxidformel K$_2$O · Al$_2$O$_3$ · 6SiO$_2$ ergäbe sich als Summe:

$$1{,}0 \cdot (39 + 39 + 16) = 1{,}0 \cdot 94 = 94 \text{ K}_2\text{O}$$
$$+\ 1{,}0 \cdot (27 + 27 + 16 + 16 + 16) = 1{,}0 \cdot 102 = 102 \text{ Al}_2\text{O}_3$$
$$+\ 6{,}0 \cdot (28 + 16 + 16) = 6{,}0 \cdot 60 = \underline{360 \text{ SiO}_2}$$
$$556 \text{ g/mol Orthoklas}$$

Rechenbeispiel 1: Errechnen des Molekulargewichts oder Verbindungsgewichts des Basaltmehl-GH:

Die Molanteile der Oxide in der Segerformel werden multipliziert mit dem Oxidgewicht; die Addition der Ergebnisse ergibt das Molgewicht des Basaltmehls.

(In Wirklichkeit ist das errechnete Molekulargewicht ungenau, weil der in der chemischen Analyse des Basaltmehls fehlende Rest von 5,4% – der aus H$_2$O, SO$_3$, CO$_2$, Cl etc. bestehen könnte und bei der Analyse nicht bestimmt wurde – hier nicht berücksichtigt worden ist.)

Na$_2$O	:	0,114 mol ·	62 g/mol =	7,1 g
K$_2$O	:	0,048 mol ·	94 g/mol =	4,5 g
CaO	:	0,483 mol ·	56 g/mol =	27,0 g
MgO	:	0,355 mol ·	40 g/mol =	14,2 g
		1,000 mol		
Al$_2$O$_3$	:	0,406 mol ·	102 g/mol =	41,4 g
Fe$_2$O$_3$	:	0,210 mol ·	160 g/mol =	33,6 g
SiO$_2$	:	2,202 mol ·	60 g/mol =	132,1 g
TiO$_2$	:	0,111 mol ·	80 g/mol =	8,9 g
				268,8 ≈ 269 g

Rechenbeispiel 2: Errechnen des Molgewichts des Ton 1200:

Na$_2$O	:	0,20 mol ·	62 g/mol =	12,4 g
K$_2$O	:	0,60 mol ·	94 g/mol =	56,4 g
CaO	:	0,10 mol ·	56 g/mol =	5,6 g
MgO	:	0,10 mol ·	40 g/mol =	4,0 g
		1,00 mol		
Al$_2$O$_3$	:	5,16 mol ·	102 g/mol =	526,3 g
Fe$_2$O$_3$	:	0,12 mol ·	160 g/mol =	19,2 g
SiO$_2$	:	20,36 mol ·	60 g/mol =	1221,6 g
TiO$_2$	:	0,30 mol ·	80 g/mol =	24,0 g
H$_2$O	:	7,66 mol ·	18 g/mol =	137,9 g
				2007,4 ≈ 2007 g

Wir bezeichnen die so errechneten Summen auch dann als »Molekulargewicht« des Rohstoffs, wenn dieser gar keine chemische Verbindung ist. Die Menge 1 mol eines solchen Rohstoffs wird dabei – im Sinne der Segerformel – so definiert, daß darin die Summe der basischen Oxide 1 mol beträgt. Deshalb sind (Beispiel 1) 269 g = 1 mol Basalt oder (Beispiel 2) 2007 g = 1 mol Ton 1200, bzw. anders ausgedrückt, das Molekulargewicht des Basaltmehls GH beträgt 269 g/mol und das Molekulargewicht des Tons 1200 beträgt 2007 g/mol.

1.7.8.3 Errechnen der Segerformel aus dem Versatz

Vorgehen: Die Versatzgewichte der einzelnen Rohstoffe (in g) werden geteilt durch deren jeweiliges Molekulargewicht (in g/mol); die resultierende Molzahl, meist genannt Rechenfaktor, multipliziert mit dem jeweiligen Anteil der im Rohstoff enthaltenen Oxide, ergibt den »Molanteil« des Oxids in der Glasurformel. Besteht der Rohstoff nur aus einem einzigen Oxid, ist Rechenfaktor = Molanteil. Die Summe der Molanteile aller basischen Oxide wird ermittelt und danach werden alle Molanteil-Werte durch diese Summe (hier bezeichnet mit »mol (bas.)«) geteilt, damit die Basenseite der resultierenden Segerformel gleich 1 wird. Bei komplizierten Versätzen und Rohstoffen macht man sich am besten neben der Rechnung eine Tabelle der Molanteile. Die Rohstoff-Molekulargewichte können der Tabelle 3.2, Seite 426 ff. entnommen werden oder müssen bei komplexer Zusammensetzung aus den Analysedaten errechnet werden.

Rechenbeispiel 1: Errechnen der Segerformel aus dem Versatz für eine Ofenkachelglasur

Versatz:
  70 Gewichtsteile Fritte 90001
  10 Gewichtsteile Quarz
  10 Gewichtsteile Kreide
  10 Gewichtsteile Kaolinit
+ 4 Gewichtsteile Kupferoxid

benutzte Rohstoffe:
  Fritte 90001: 1,0 PbO – 1,0 SiO_2
  MG: 283 g/mol
  Kaolinit: 1,0 Al_2O_3 · 2,0 SiO_2 · 2,0 H_2O
  MG: 258 g/mol
  Quarz: 1,0 SiO_2
  MG: 60 g/mol
  Kreide: 1,0 CaO · 1,0 CO_2
  MG: 100 g/mol

70 g : 283 g/mol = 0,247 · 1,0 PbO   = 0,247 mol PbO
                   0,247 · 1,0 SiO_2 = 0,247 mol SiO_2 aus der Fritte

10 g : 60 g/mol = 0,167 · 1,0 SiO_2 = 0,167 mol SiO_2 aus dem Quarz

10 g : 100 g/mol = 0,100 · 1,0 CaO   = 0,100 mol CaO   aus der Kreide
                   (0,100 · 1,0 CO_2 → entweicht gasförmig beim Brennen, braucht deshalb nicht berücksichtigt zu werden!)

10 g : 258 g/mol = 0,039 · 1,0 Al_2O_3 = 0,039 mol Al_2O_3
                   0,039 · 2,0 SiO_2 = 0,078 mol SiO_2 aus dem Kaolinit
                   (0,039 · 2,0 H_2O → entweicht gasförmig beim Brennen, wird nicht berücksichtigt!)

Die einzelnen Molanteile der Oxide werden geordnet und addiert und durch die Summe der basischen Molanteile dividiert:

  0,247 SiO_2
+ 0,167 SiO_2
+ 0,078 SiO_2 0,492 mol SiO_2 : 0,347 = 1,418 SiO_2
                  0,039 mol Al_2O_3 : 0,347 = 0,112 Al_2O_3
  0,247 PbO   0,247 mol PbO   : 0,347 = 0,712   PbO
+ 0,100 CaO   0,100 mol CaO   : 0,347 = 0,288   CaO
  0,347 mol (bas.)

Die resultierende Segerformel lautet: 0,712 PbO   0,112 Al_2O_3 1,418 SiO_2
                                        0,288 CaO   + 4% CuO

1.7.8.3

Rechenbeispiel 2: Errechnen der Segerformel aus dem Versatz für eine Steinzeugglasur, die farblos und matt erstarrt:

Versatz:	benutzte Rohstoffe und ihre Zusammensetzung:		
60 Teile Kalifeldspat Orthoklas	$K_2O \cdot Al_2O_3 \cdot 6\ SiO_2$		MG: 556 g/mol
25 Teile Dolomit	$CaO \cdot MgO \cdot 2\ CO_2$		MG: 184 g/mol
20 Teile Zinkoxid	ZnO		MG: 81 g/mol
15 Teile Kaolinit (= Kaolin)	$Al_2O_3 \cdot 2\ SiO_2 \cdot 2\ H_2O$		MG: 258 g/mol
12 Teile Bariumcarbonat	$BaO \cdot CO_2$		MG: 197 g/mol
8 Teile Kreide	$CaO \cdot CO_2$		MG: 100 g/mol

Da es sich bei dem Versatz um Gewichtsteile handelt, betrachten wir diese als in Gramm (g) ausgedrückt, und erhalten deshalb, wenn wir sie durch das jeweilige Molekulargewicht (g/mol) teilen, die betreffenden Molanteile (mol).

60 : 556 = 0,108   dadurch kommen gleichzeitig in die Formel:

	K_2O	CaO	MgO	ZnO	BaO	Al_2O_3	SiO_2
	0,108					0,108	0,648
		0,136	0,136				
				0,247			
						0,058	0,116
					0,061		
		0,080					
Molanteile der Oxide:	0,108	0,216	0,136	0,247	0,061	0,166	0,764

25 : 184 = 0,136
20 : 81 = 0,247
15 : 258 = 0,058
12 : 197 = 0,061
8 : 100 = 0,080

Summe der basischen Oxidanteile:
   0,108
+ 0,216
+ 0,136
+ 0,247
+ 0,061
─────────
  0,768 mol (bas.)

Die Segerformel lautet:

0,108 : 0,768 = 0,141 K_2O
0,216 : 0,768 = 0,281 CaO
0,136 : 0,768 = 0,177 MgO
0,247 : 0,768 = 0,322 ZnO
0,061 : 0,768 = 0,079 BaO
0,166 : 0,768 = 0,216 Al_2O_3
0,764 : 0,768 = 0,995 SiO_2

0,141 K_2O 0,216 Al_2O_3 0,995 SiO_2
0,281 CaO
0,177 MgO
0,322 ZnO
0,079 BaO

Rechenbeispiel 3: Errechnen der Segerformel aus dem Versatz für eine Steingutgeschirr-Glasur, die weißopak, glänzend erstarrt:

Versatz: Zusammensetzung der benutzten Rohstoffe:

100 Teile Fritte 90353 Degussa   Fritte: 0,31 Na_2O 0,40 Al_2O_3 2,30 SiO_2 MG: 302 g/mol
20 Teile china clay RM   0,35 CaO 1,00 B_2O_3
20 Teile Zinkoxid   0,30 MgO
4 Teile Zinnoxid   0,04 ZnO
                             china clay RM: 1,0 $Al_2O_3 \cdot 2,20\ SiO_2 \cdot 2,0\ H_2O$ MG: 270 g/mol
                             Zinkoxid: ZnO MG: 81 g/mol
                             Zinnoxid: SnO_2 MG: 151 g/mol

	Na$_2$O	CaO	MgO	ZnO	B$_2$O$_3$	Al$_2$O$_3$	SiO$_2$	SnO$_2$
100 : 302 = 0,331 · 0,31 =	0,103							
· 0,35 =		0,116						
· 0,30 =			0,099					
· 0,04 =				0,013				
· 0,40 =						0,132		
· 1,00 =					0,331			
· 2,30 =							0,761	
20 : 270 = 0,074						0,074	0,163	
20 : 81 = 0,247				0,247				
4 : 151 = 0,026								0,026
	0,103	0,116	0,099	0,260	0,331	0,206	0,924	0,026

Summe der basischen Oxidanteile:

0,103
+ 0,116
+ 0,099
+ 0,260
―――――
0,578

0,103 : 0,578 = 0,178 Na$_2$O
0,116 : 0,578 = 0,201 CaO
0,099 : 0,578 = 0,171 MgO
0,260 : 0,578 = 0,450 ZnO
0,206 : 0,578 = 0,356 Al$_2$O$_3$
0,331 : 0,578 = 0,573 B$_2$O$_3$
0,924 : 0,578 = 1,599 SiO$_2$
0,026 : 0,578 = 0,045 SnO$_2$

Die Segerformel lautet:

0,178 Na$_2$O	0,356 Al$_2$O$_3$	1,599 SiO$_2$
0,201 CaO	0,573 B$_2$O$_3$	0,045 SnO$_2$
0,171 MgO		
0,450 ZnO		

1.7.8.4 Errechnen des Versatzes aus der Segerformel

Um aus einer gegebenen Segerformel den Versatz zu errechnen, muß zuerst festgelegt werden, durch welche Rohstoffe die gewünschten Oxide in den Versatz eingeführt werden sollen oder können, und es muß deren Zusammensetzung (in Form der Segerformel) und Molekulargewicht festgestellt werden. Man beginnt am besten immer mit dem Oxid, dessen Anteil in der Formel am kleinsten ist.

Der gewünschte Molanteil (mol) der Oxide wird mit dem Molekulargewicht (g/mol) des Rohstoffs multipliziert, mit dem man das gewünschte Oxid in den Versatz bringen will. Das Ergebnis ist der Gewichtsanteil (g) Rohstoff im Versatz. Enthält der Rohstoff gleichzeitig noch andere Oxide, wird deren Anteil mit der gleichen Zahl multipliziert und das Ergebnis in einer Tabelle festgehalten:

Bsp.: Es werden in der Segerformel 0,25 mol CaO verlangt, die durch Kalkspat eingeführt werden sollen (CaCO$_3$, Molgewicht 100 g/mol): 0,25 mol · 100 g/mol = 25 g oder Gewichtsteile Kalkspat (entsprechend 0,25 CaO in der Segerformel) oder:

Es werden 0,25 Molanteile K$_2$O verlangt, die durch K-Feldspat (Orthoklas) eingeführt werden sollen (K$_2$O · Al$_2$O$_3$ · 6SiO$_2$, MG: 556 g/mol): 0,25 mol · 556 g/mol = 139 Gewichtsteile Orthoklas, durch die gleichzeitig

0,25 · 1,0 Al$_2$O$_3$ = 0,25 mol Al$_2$O$_3$ und
0,25 · 6,0 SiO$_2$ = 1,50 mol SiO$_2$

eingeführt werden.

Enthält der Rohstoff weniger als 1 Molanteil des gewünschten Oxids, muß entsprechend mehr Rohstoff genommen werden; um wieviel mehr, ergibt das Verhältnis:

$$\frac{\text{gewünschter Molanteil}}{\text{im Rohstoff vorhandener Molanteil}}$$

Bsp.: Es werden in der Segerformel 0,3 mol PbO gebraucht, die durch die Fritte

0,6 PbO   0,5 B$_2$O$_3$ 1,5 SiO$_2$
0,4 Na$_2$O   MG: 284 g/mol

eingeführt werden sollen:

$\frac{0,30}{0,60}$ = 0,50 · 284 = 142 Gewichtsteile Bleifritte; mit denen gleichzeitig eingebracht werden:

0,50 · 0,4 = 0,20 Na$_2$O
0,50 · 0,5 = 0,25 B$_2$O$_3$
0,50 · 1,5 = 0,75 SiO$_2$

und die gewünschten 0,50 · 0,6 = 0,30 PbO

1.7.8.4

Rechenbeispiel 1: Errechnen des Versatzes aus der folgenden Segerformel für eine Fliesenglasur:

0,20 K_2O	0,25 Al_2O_3	1,86 SiO_2	Rohstoffe:		
0,50 PbO			Fritte: 90001	1,0 PbO · 1,0 SiO_2	MG : 283 g/mol
0,15 CaO			Kreide	$CaCO_3$	MG : 100 g/mol
0,15 ZnO			Orthoklas	$K_2O · Al_2O_3 · 6 SiO_2$	MG : 556 g/mol
			china clay	$Al_2O_3 · 2,2 SiO_2$	MG : 270 g/mol
			Zinkoxid	ZnO	MG : 81 g/mol
			Quarzmehl W 10	SiO_2	MG : 60 g/mol

Oxid	Molanteil (mol)	·	Mol- gewicht Rohstoff (g/mol)	=	Versatzgewicht des gewählten Rohstoffes (g)	dadurch werden in den Versatz eingeführt:					
						K_2O	PbO	CaO	ZnO	Al_2O_3	SiO_2
K_2O	0,20	·	556	=	111,2 Orthoklas	0,20				0,20	1,20
PbO	0,50	·	283	=	141,5 Bleifritte		0,50				0,50
CaO	0,15	·	100	=	15,0 Kreide			0,15			
ZnO	0,15	·	81	=	12,2 Zinkoxid				0,15		
Al_2O_3	0,25 − 0,20 0,05	·	270		13,5 china clay					0,05	0,11
SiO_2	1,86 − 1,20 − 0,50 − 0,11 0,05	·	60	=	3,0 Quarz						0,05
					296,4	0,20	0,50	0,15	0,15	0,25	1,86

Rechenbeispiel 2: Errechnen des Versatzes aus der Segerformel für eine blei- und borfreie Glasur:

Segerformel: Zusammensetzung und Molgewicht der benutzten Rohstoffe:

0,25 K_2O 0,32 Al_2O_3 2,84 SiO_2
0,20 Na_2O
0,35 CaO
0,10 MgO
0,10 BaO

	Fritte 1233:	0,3 K_2O	0,03 Al_2O_3	2,4 SiO_2	MG: 217 g/mol
		0,4 Na_2O			
		0,3 CaO			
	K-Feldspat	$K_2O · Al_2O_3 · 6 SiO_2$			MG: 556 g/mol
	china clay RM:	$Al_2O_3 · 2,2 SiO_2$			MG: 270 g/mol
	Dolomit:	$CaO_3 · MgCO_3$			MG: 184 g/mol
	Kalkspat:	$CaCO_3$			MG: 100 g/mol
	Bariumcarbonat:	$BaCO_3$			MG: 197 g/mol
	Quarz:	SiO_2			MG: 60 g/mol

Weil in der Fritte im Verhältnis mehr Na_2O als K_2O enthalten ist, in der gewünschten Segerformel gerade umgekehrt weniger Na_2O als K_2O verlangt wird, müssen wir das verlangte Na_2O durch die Fritte einführen und den Rest des K_2O durch Feldspat, damit wir nicht durch die Fritte zuviel Na_2O in die Glasur bekommen. Da in der Fritte nicht 1,0 Na_2O, sondern nur 0,4 Na_2O enthalten sind, müssen wir mehr Fritte nehmen; das Mehr wird ermittelt:

$$\frac{\text{gewünschter Na}_2\text{O-Anteil}}{\text{vorhandener Na}_2\text{O-Anteil}} = \frac{0{,}20}{0{,}40} = 0{,}5$$

Berechnung: gleichzeitig werden eingeführt:

					K_2O	Na_2O	CaO	MgO	BaO	Al_2O_3	SiO_2
Na_2O	0,5	·	217	= 108,5 Fritte 1233	0,5 · 0,3 = 0,15	0,5 · 0,4 = 0,20	0,5 · 0,3 = 0,15			0,5 · 0,03 = 0,015	0,5 · 2,40 = 1,20
K_2O	0,25										
	− 0,15										
	0,10	·	556	= 55,6 Orthoklas	0,10					0,10	0,60
MgO	0,10	·	184	= 18,4 Dolomit				0,10	0,10		
CaO	0,35										
	− 0,15										
	− 0,10										
	0,10	·	100	= 10,0 Kalkspat			0,10				
BaO	0,10	·	197	= 19,7 Bariumcarbonat					0,10		
Al_2O_3	0,320										
	− 0,015										
	− 0,100										
	0,205	·	270	= 55,4 china clay RM						0,205	0,451
SiO_2	2,840										
	− 1,200										
	− 0,600										
	− 0,451										
	0,589	·	60	= 35,3 Quarz							0,589
					0,25	0,20	0,35	0,10	0,10	0,320	2,840

Der Glasurversatz lautet: in %:

108,5 Teile Fritte 1233	35,8
55,6 Teile Orthoklas	18,3
18,4 Teile Dolomit	6,1
10,0 Teile Kalkspat	3,3
19,7 Teile Bariumcarbonat	6,5
55,4 Teile china clay RM	18,3
35,3 Teile Quarzmehl	11,7
302,9	100,0

1.7.8.4

Rechenbeispiel 3: Errechnen des Versatzes aus der Segerformel für eine Zink-Barium-Mattglasur:

Segerformel: Als Rohstoffe können genutzt werden:

0,125 K_2O 0,220 Al_2O_3 1,46 SiO_2 Fritte 4067:   0,10 PbO − 0,10 Al_2O_3 − 1,0 SiO_2 MG: 203 g/mol
0,152 PbO   0,10 K_2O
0,318 ZnO   0,50 BaO
0,405 BaO   0,30 ZnO
                                     Fritte 1509:   0,55 PbO − 2,0 SiO_2 MG: 285 g/mol
                                     0,45 K_2O
                                     Fritte 90001: 1,0 PbO − 1,0 SiO_2 MG: 283 g/mol
                                     Zinkoxid: ZnO   MG: 81 g/mol
                                     china clay RM: 1,0 Al_2O_3 − 2,2 SiO_2 MG: 270 g/mol
                                     Quarzmehl W 10: SiO_2 MG: 60 g/mol

K_2O und PbO sollen durch die Fritten eingeführt werden. Weil aber das Verhältnis BaO : ZnO in der Fritte 4067 wie 5:3 ist, in der Segerformel aber nur ca. 4:3 ist, und wir mit der Fritte 4067 auch K_2O und PbO einführen, müssen wir bei der Berechnung mit dem BaO anfangen und sehen, wieviel ZnO, K_2O und PbO durch die anderen Rohstoffe noch eingeführt werden müssen.

gleichzeitig werden eingeführt:

		K_2O	PbO	ZnO	BaO	Al_2O_3	SiO_2
BaO	$\frac{0,405}{0,500}$ = 0,81 · 203 = 164,4 Fritte 4067	0,81 · 0,10 = 0,081	0,81 · 0,10 = 0,081	0,81 · 0,30 = 0,243	0,81 · 0,50 = 0,405	0,81 · 0,10 = 0,081	0,81 · 1,00 = 0,81
K_2O	0,125 − 0,081 / 0,044 $\frac{0,044}{0,45}$ = 0,098 · 285 = 27,9 Fritte 1509	0,098 · 0,45 = 0,044	0,098 · 0,55 = 0,054				0,098 · 2,00 = 0,196
PbO	0,152 − 0,081 − 0,054 / 0,017 · 283 = 4,8 Fritte 90001		0,017 · 1,00 = 0,017				0,017 · 1,00 = 0,017
ZnO	0,318 − 0,243 / 0,075 · 81 = 6,1 Zinkoxid			0,075			
Al_2O_3	0,220 − 0,081 / 0,139 · 270 = 37,5 china clay RM					0,139	0,139 · 2,2 = 0,306
SiO_2	1,460 − 0,810 − 0,196 − 0,017 − 0,306 / 0,131 · 60 = 7,9 Quarzmehl W 10						0,131
		0,125	0,152	0,318	0,405	0,220	1,460

Der Glasurversatz lautet: in %:

164,4 Teile Fritte 40 67	66,1
27,9 Teile Fritte 1509	11,2
4,8 Teile Fritte 90001	1,9
6,1 Teile Zinkoxid	2,5
37,5 Teile china clay RM	15,1
7,9 Teile Quarzmehl W 10	3,2
248,6	100,0

Um der Klarheit willen wurden in allen vorstehenden Rechnungen die Grundeinheiten (g, mol, g/mol) benutzt; man hätte ebensogut in Kilogramm (kg), Kilomol (kmol), Kilogramm/Kilomol (kg/kmol) rechnen können. Die Versätze geben stets relative Gewichtsteile an, wobei es gleichgültig ist, ob diese in g, kg, Zentner oder Tonne ausgedrückt werden; wichtig ist das Verhältnis der Rohstoffmengen in einem Versatz. Die Umrechnung auf eine gewünschte Glasurmenge wird vereinfacht, wenn man dieses Verhältnis in Prozenten (%) angibt, so daß die Versatzsumme stets 100 beträgt, zumal sich dann Farboxidzugaben auch einfach in Prozent — auf diese Summe 100 bezogen — angeben lassen. Auf diese Weise werden die Versätze in den Glasurrezepten des Teiles 2 angegeben.

1.8 Glasurfehler

Unerwünschte Erscheinungen und Eigenschaftswerte an Glasurschichten bezeichnet man als Glasurfehler. Dabei können im einen Fall bestimmte Erscheinungen als Fehler, im anderen Fall diese erwünscht sein, und für besondere dekorative Zwecke angestrebt und genutzt werden. In allen Zustandsformen der Glasur, ob als Schlicker, als trocknende Schicht, als schmelzflüssiger Überzug oder als erstarrtes Glas können Fehler auftreten. In vielen Fällen sind die Ursachen nicht eindeutig feststellbar oder der Fehler einer einzigen Ursache anzulasten; oft verursacht ein Fehler in der einen Zustandsform einen weiteren im nachfolgenden Zustand.

Bei plötzlichem Auftreten von Fehlern, die schnellstens beseitigt werden sollen, muß man der Reihe nach kontrollieren:

1. Wurde der Versatz richtig eingewogen und wurde das richtige Rezept benutzt?

2. Wurden die richtigen Rohstoffe benutzt? (Keine Verwechslung?)

3. Kann sich die Zusammensetzung der Rohstoffe geändert haben?

4. Kann sich der Scherben in seinen Eigenschaften verändert haben?

5. Kann sich die Zusammensetzung des Scherbens geändert haben?

6. Sind Möglichkeiten der Verunreinigung von Rohstoffen, Glasurschlicker oder Scherben gegeben?

7. Sind Aufbereitung und Eigenschaften des Schlickers gleich geblieben? Wurden die überhaupt kontrolliert?

8. War die Glasurschlicker-Applikation genau die gleiche?

9. Wurde die glasierte Ware etwa feucht in den Glattbrand gegeben?

10. Hat sich der Besatz im Glattbrand geändert?

11. Waren Aufheizgeschwindigkeit, Glattbrandtemperatur, Haltezeit und Abkühlgeschwindigkeit die gleichen? (gleiche Brennkurve?)

12. Können Änderungen in der Ofenatmosphäre eingetreten sein?

13. Wurden andere Brennhilfsmittel benutzt?

14. Können die Bedingungen des Brandes im Ofenraum an verschiedenen Stellen im Ofen unterschiedlich sein?

Will man solche und ähnliche Fragestellungen exakt beantworten können, sind natürlich entsprechende laufende Messungen und Kontrollen notwendig, die auch festgehalten werden sollten. Erscheint der Aufwand dafür zu groß, muß das größere Risiko in Kauf genommen werden.

Brenntechnische Grundlagen werden in diesem Buch nicht behandelt. Soweit beim Glattbrand bestimmter Glasuren Besonderheiten zu beachten sind, wird bei den betreffenden Glasurgruppen in Teil 2 darauf hingewiesen.

1.8.1 Fehler im ungebrannten Zustand, im Glasurschlicker

1. Bestandteile des Schlickers oder die gesamte Glasur setzt sich schnell aus der Suspension ab:

Ursache:
– Ein oder mehrere Rohstoffe sind spezifisch schwerer als der Rest des Versatzes
– es wurden spezifisch schwere Fritten benutzt
– sehr hoher Anteil an Fritten im Versatz
– sehr großer Anteil an Alkaliverbindungen im Versatz
– großer Anteil an Magnesit im Versatz
– Anteil grobkörniger Bestandteile zu groß
– Glasurschlicker wurde zu kurz gemahlen
– Feststoffanteil im Schlicker zu klein, Wassergehalt ist zu groß (zu niedrige Viskosität!)
– zu wenig plastische, quellfähige Anteile im Versatz
– Veränderungen durch elektrostatische Aufladung (bei Kunststoff-Gefäßen für den Schlicker)

Abhilfe:
– Rohstoffe mit hoher Dichte feiner mahlen
– Glasurschlicker gesamt feiner mahlen
– Zusatz von 5–10% fettem Ton oder Kaolin, 0,3–3% Bentonit, 0,5–2% Zellulosekleber (nicht schäumende Qualitäten!)
– Zusatz von Elektrolyten (Stellmitteln), die entweder neutralisierend wirken oder auch zugleich flockend nach Bedarf
– Schlickergewicht erhöhen durch höheren Feststoffanteil
– ständig laufende Rührwerke einsetzen

2. Glasurschlicker ist zu dünnflüssig, zu niedrigviskos:

Ursache:
– zu großer Wassergehalt
– in Lösung gegangene Alkaliverbindungen (oft aus Nephelin-Syenit oder Feldspäten beim Mahlen) im Schlicker wirken verflüssigend

Abhilfe:
– Stehenlassen und überstehendes Wasser dekantieren
– Zusatz von flockend wirkenden Elektrolyten und Stellmitteln oder stark quellfähigen organischen Zusätzen

3. Glasurschlicker steift beim Stehenlassen an (wird oft nicht als Fehler angesehen):

Ursache:
– zu niedriger Wassergehalt
– hoher Anteil an Zinkoxid oder Sepiolith oder montmorillonitischer Tone im Versatz, also zu
– großer Anteil quellfähiger Substanzen, was Fehler beim Trocknen zur Folge haben kann

Abhilfe:
- Glasurversatz ändern, benötigte Oxide durch unplastische Rohstoffe oder zum Teil durch Fritten einführen

4. Glasurschlicker setzt sich nach längerem Stehenlassen steinhart aus der Suspension ab und läßt sich nicht mehr homogen aufrühren:

Ursache:
- sehr hoher Gehalt an Alkaliverbindungen, vor allem Alkalifritten, im Versatz
- sehr hoher Magnesit-Gehalt im Versatz
- reiner Feldspat-Versatz
- zu wenig Ton oder Kaolin im Versatz

Abhilfe:
- Glasurschlicker mit möglichst wenig Wasser anmachen
- Glasurschlicker möglichst kurz mahlen
- Glasurversatz auf höheren Gehalt an Ton oder Kaolin umstellen
- Zusatz von hochquellfähigen Zelluloseklebern

Die Zusätze richten sich je nach Wirksamkeit in der jeweiligen Glasur. Bei Zugabe größerer Mengen von Ton oder Kaolin ist zu bedenken, daß dadurch Schmelzpunkt, Viskosität, Trockenschwindung und Oberflächenspannung der Glasur erhöht werden könnten!

Bei der Zugabe von Zelluloseklebern zieht der Glasurschlicker auf dem porösen Scherben nicht so schnell an, bleibt erheblich länger naß! Elektrolyte wirken nicht immer über längere Zeit, sondern verlieren oft ihre Wirksamkeit bei längerem Stehenlassen des Schlickers.

1.8.2 Fehler im ungebrannten Zustand, beim Auftragen und beim Trocknen

1. Glasurschicht wird beim Auftragen durch Tauchen oder Schütten nicht dick genug (zu kleines Auftragsgewicht):

Ursache:
- zu hoher Wassergehalt, zu kleiner Feststoffgehalt des Schlickers
- zu geringe Saugfähigkeit des Scherbens
- Scherben ist zu dünnwandig (wenn allseitig glasiert wird)
- Tauchzeit ist zu lang

Abhilfe:
- Feststoffgehalt (Schlickergewicht) erhöhen
- Scherben nicht so hoch schrühen
- Gegenstände zunächst einseitig glasieren, erst nach dem Trockenwerden die andere Seite glasieren
- Schlicker mit flockenden Elektrolyten versetzen, dadurch wird die Wasserabgabe an den Scherben beschleunigt, die Glasurschicht wird dicker bei gleichbleibendem Feststoffanteil

2. Glasurschicht wird beim Auftragen zu dick und ungleichmäßig (wird sofort trocken):

Ursache:
- Glasurschlicker hat zu großen Feststoffanteil
- Glasurschlicker ist zu »mager«, enthält zu wenig oder keinen Ton, Kaolin oder quellfähige Stoffe
- Schlicker gibt sein Anmachwasser zu schnell an den Scherben ab
- Scherben hat zu starke Saugfähigkeit, ist zu porös
- Schlicker ist zu hochviskos

Abhilfe:
- Glasur mit Verflüssiger anmachen
- Wassergehalt des Schlickers erhöhen
- Scherben vor dem Glasurauftrag anfeuchten
- Scherben höher vorbrennen
- Wasserabgabegeschwindigkeit des Schlickers verändern durch Zusatz von Zelluloseklebern (ca. 0,1 bis 0,3% reichen aus) oder Bentonit
- Versatz auf höheren Gehalt an Ton oder Kaolin umstellen

3. Glasurschicht reißt und blättert ab beim Trocknen:

Ursache:
- Glasurschicht hat zu große Trockenschwindung wegen
- zu großem Gehalt an quellfähigen Stoffen wie fettem Ton, Kaolin, Zinkoxid, Sepiolith usw.
- zu feine Mahlung (zu lange Mahldauer)
- Glasurschlicker wurde zu dick aufgetragen

- Lehmglasur wurde auf geschrühten Scherben aufgetragen
- Übereinanderglasieren zweier Glasurschichten

Abhilfe:
- Glasurschlicker nur kurz mahlen
- Glasurschlicker nicht mahlen, nur sieben
- Zinkoxid vor Gebrauch glühen oder als Fritte einführen
- einen Teil des Tons oder Kaolins geglüht einführen
- Sepiolit durch anderes Magnesiummineral ersetzen
- Viskosität des Glasurschlickers verringern, bzw. Wassergehalt erhöhen
- Lehmglasur auf lederharten Scherben auftragen
- Glasurversatz abmagern durch Umstellen auf andere Rohstoffe (z. B. Fritten)
- obere Glasur muß magerer sein als untere Glasur

4. Glasurschicht rollt ab, haftet nicht auf dem Scherben:

Ursache:
- Benetzung des Scherbens durch den Glasurschlicker ist nicht ausreichend
- wegen fettiger oder staubiger Oberfläche
- wegen zu schnellen und reichlichen Glasurauftrags
- wegen zu großer Porosität des Scherbens
- wegen zu feiner Mahlung der Glasur
- wenn der Scherben schon einen körnigen/mehligen Überzug hat (Unterglasurfarbe oder andere Glasur)
- wenn Glasur auf rohen Scherben aufgetragen wird und die Glasurschicht keine Trockenschwindung hat, der Scherben beim Trocknen aber noch schwindet
- weil Trockenausblühungen vorhanden sind

Abhilfe:
- Gründliches Abblasen oder Abschwammen der zu glasierenden Scherbenoberflächen
- langsames Glasieren, weniger Glasur auf einmal auftragen (z. B. beim Spritzen!)
- bei Spritzauftrag sehr wenig Netzmittel in den Schlicker geben
- Glasurschlicker mit Zellulosekleber versetzen (vor allem beim Rohglasieren zu empfehlen!)
- Unterglasur oder Unterglasurfarben mit Ton, Kaolin, Soda, Borax, Zellulosekleber, Zucker etc. versetzen
- Mahldauer des Glasurschlickers verkürzen
- Scherben bei höherer Temperatur schrühen

5. Glasur wird »abgegriffen«, mehlt ab bei Berührung:

Ursache:
- zu geringe Bindekraft in der Glasurschicht und zu geringe Haftfestigkeit am Scherben
- wegen Fehlens plastischer, toniger Bestandteile im Versatz
- wegen zu »trockenen« Glasurauftrags beim Spritzen
- wegen zu schneller Wasserabgabe aus dem Schlicker an den Scherben

Abhilfe:
- Zusatz von 2–10% Ton oder Kaolin zum Versatz
- Zusatz von 0,5–1% Bentonit
- Zusatz von Klebstoffen wie Dextrin, Gummi arabicum, Zellulosekleber etc.
- wenn möglich, Glasur nicht spritzen, sondern durch Tauchen oder Beschütten auftragen
- Überspritzen mit stark verdünnter Klebstofflösung

1.8.3 Fehler im schmelzflüssigen Zustand

Da das Verhalten der Glasurschmelzen und -überzüge bei hohen Temperaturen im Ofen meistens nicht beobachtet wird – was aber bei Probebränden dringend zu empfehlen ist – werden solche Fehler erst nach dem Brand festgestellt, wenn keinerlei Einflußnahme mehr möglich ist.

1. Glasur schmilzt nicht richtig aus:

Ursache:
- zu niedrige Brenntemperatur
- zu hoher Gehalt an SiO_2 und/oder Al_2O_3
- zu geringer Gehalt an Glasbildnern (SiO_2 oder B_2O_3), zu hoher Gehalt an CaO, MgO, BaO
- Verdampfen von Flußmitteln im Brand (PbO, Alkalioxide)
- Versatz wurde nicht fein genug gemahlen
- Rohstoffzusammensetzung hat sich geändert

Abhilfe:
- höhere Brenntemperatur wählen
- langsamer aufheizen, Endtemperatur länger halten
- Glasurschlicker länger mahlen
- Flußmittel als Fritten einführen
- Versatz ändern: SiO_2 durch Silikate statt als Quarz einführen, Feldspatgehalt vergrößern, Al_2O_3-Anteil verringern, Versatz in mehr verschiedene Rohstoffe aufteilen, Flußmittelanteil vergrößern

2. Glasurschmelze läuft von geneigten/senkrechten Flächen ab:

Ursache:
- Viskosität der Schmelze ist zu niedrig
- wegen zu hoher Brenntemperatur
- wegen zu hohem Gehalt an Flußmitteln
- wegen zu geringem Gehalt an SiO_2 und/oder Al_2O_3
- zu dicker Glasurauftrag
- zu lange Brenndauer bzw. zu langes Halten der Glattbrand-Endtemperatur

Abhilfe:
- bei niedrigeren Temperaturen brennen
- schneller brennen, schneller abkühlen im hohen Temperaturbereich
- Flußmittel mit breiterem Schmelz- und Viskositätsbereich benutzen (Borate, Feldspäte)
- Flußmittelgehalt verringern
- Quarz- oder Kaolin- oder Feldspatgehalt im Versatz vergrößern
- Glasur dünner auftragen
- hochviskose Auffangglasur verwenden

3. Glasur bildet keine ebene Oberfläche, Unregelmäßigkeiten des Auftrags sind noch sichtbar, Löcher und Blasen sind noch sichtbar in der Glasurschicht:

Ursache:
- Glasurschmelze hat zu hohe Viskosität
- Glasurschmelze hat auch zu hohe Oberflächenspannung
- wegen zu hohem Al_2O_3- und/oder SiO_2-Gehalt
- wegen zu kleinem Anteil von PbO, B_2O_3
- wegen zu niedriger Brenntemperatur
- keine oder zu kurze Haltezeit der Endtemperatur

Abhilfe:
- Viskosität der Schmelze senken durch
- höhere Brenntemperatur
- höheren Gehalt an Alkalioxiden, PbO, B_2O_3, wenn niedrig gebrannt werden soll
- höheren Gehalt an ZnO, CaO, MgO, BaO für höhere Brenntemperaturen
- Gehalt an SiO_2 und/oder Al_2O_3 verringern
- wenn möglich Oberflächenspannung der Glasurschmelze senken durch Zusatz oder größeren Anteil von PbO, B_2O_3, MoO_3
- Endtemperatur des Glattbrandes länger halten

4. Glasurschicht zieht sich insel- und tropfenförmig zusammen, zieht sich von Rändern und Formkanten zurück:

Ursache:
- Glasurschmelze benetzt den Scherben schlecht
- Glasurschmelze hat zu hohe Oberflächenspannung
- Glasurschicht haftet schon vor dem Schmelzen schlecht auf dem Scherben
- Glasurschicht hat zu hohe Trockenschwindung und zu große Brennschwindung vor dem Schmelzen
- Brennschwindung und Sinterverhalten von Glasur und Scherben sind zu unterschiedlich
- zu schnelles Aufheizen
- Glasurschmelze ist gleichzeitig etwas zu zähflüssig
- Glasur wurde auf rohem Scherben aufgetragen
- Scherben hatte Trockenausblühungen
- aus dem Scherben beim Aufheizen entweichende Gase (H_2O, CO_2, SO_2 usw.) mindern die Haftung der noch nicht geschmolzenen Glasurschicht
- Aufnahme von Kondenswasser am kalten Scherben

Abhilfe:
- bei höheren Temperaturen brennen (Oberflächenspannung wird kleiner)
- alles vermeiden, was Haftung der Glasurschicht vor dem Schmelzen stört

1.8.3

- Trocken- und Brennschwindung durch »Abmagern« verkleinern
- Schwindungs- und Sinterverhalten der Glasur dem Scherben anpassen
- nicht auf rohen Scherben glasieren
- Glasurschlicker zum Rohglasieren mit Zellulosekleber versetzen
- glasierte Ware vor dem Glattbrand völlig trocknen (evtl. vorwärmen)
- dem Glasurschlicker sehr wenig Borax zusetzen (1–3%)
- Oberflächenspannung der Glasurschmelze verringern durch Änderung der Glasurzusammensetzung:
  Anteile von Al_2O_3, MgO, ZnO verringern,
  Anteile von PbO, B_2O_3, SiO_2 oder MoO_3 erhöhen
- auf saubere Scherbenoberfläche vor dem Glasieren achten
- Scherben bei höheren Temperaturen schrühen
- Aufheizgeschwindigkeit beim Glattbrand verlangsamen
- einen evtl. Colemanit-Anteil im Versatz verringern

Rohglasierte Scherben werden von der Schmelze oft schlecht benetzt. Glasuren zum Rohglasieren sollten deshalb nach Möglichkeit eine niedrige Oberflächenspannung aufweisen (siehe auch Abs. 1.4.2.4, S. 53).

5. Blasenbildung in der schmelzflüssigen Glasur

Ursache:
- Gasentwicklung aus Versatzrohstoffen, Scherben oder durch Reaktion der Glasur mit Engoben, Unterglasurdekoren, Scherben
- zu hochviskose Glasurschmelze verhindert das Entweichen gasförmiger Stoffe
- zu dicke Glasurlage verhindert das Entweichen von Gasbläschen
- es wurde zu hoch gebrannt, Glasur löst den Scherben zu stark (Überfeuerungsblasen)
- es wurde zu plötzlich und zu kräftig reduziert
- es wurde nicht rechtzeitig und nicht ausreichend reduziert
- es wurde nach Reduktion zu kurz oxidierend gebrannt
- es wurde nicht »luftig« genug gebrannt, zu wenig stark oxidierend
- die Endtemperatur wurde nicht lange genug gehalten
- es wurde zu schnell aufgeheizt und abgekühlt

Abhilfe:
- Scherben bei höherer Temperatur schrühen
- Scherbenverunreinigungen vermeiden
- Rohstoffe, die beim Schmelzen gasförmige Stoffe abgeben, gegen andere austauschen
- höherer oder niedrigerer Glattbrand mit langsamem Aufheizen und Halten der Garbrandtemperatur
- richtige Regelung der Ofenatmosphäre
- lockerer Ofenbesatz beim Glattbrand
- niedrigere Viskosität der Glasurschmelze anstreben
- Scherben- oder Engobenzusammensetzung ändern
- Glasur dünner auftragen

Als Fehler sind Blasen meist nur dann sichtbar, wenn die Glasurschmelze zu hochviskos ist, so daß die Blasen nicht entweichen und aufplatzen können und die Oberfläche nicht wieder glattfließen kann; oder wenn die Glasur mit Inglasurmalerei (Fayence, Majolika) dekoriert ist; oder wenn so schnell abgekühlt wird, daß Krater und Löcher in der Glasuroberfläche erhalten bleiben. In Zink-Barium-mattierten Glasuren und in Titanmatt-Glasuren sind Blasen, die bis auf den Grund des Scherbens reichen, immer ein Zeichen für zu hohe Brenntemperatur. Vergleiche auch Abs. 1.2.4.3, Seite 33 und Abs. 1.4.2.7, Seite 56.

Blasenbildung kann man während des Brandes recht gut beobachten und die Brandführung entsprechend einrichten. Pyritkörnchen im Scherben können oft langanhaltende Blasenbildung hervorrufen (häufig bei Steinzeugmassen).

1.8.4 Fehler im erstarrten, abgekühlten Zustand erst sichtbar

Solche Fehler werden meistens während der Abkühlung entwickelt und oft erst nach einiger Zeit des Gebrauchs deutlich sichtbar.

1. Haarrisse in der Glasur:

Ursache 1:
– Wärmeausdehnungskoeffizient der Glasur ist gegenüber dem des Scherbens zu groß, Glasur steht unter Zugspannung
– zu hoher Gehalt an Alkalioxiden
– zu kleiner Gehalt an SiO_2, B_2O_3, ZnO
– schlecht ausgebildete Zwischenschicht
– zu dicke Glasurschicht
– zu wenig Quarz und Cristobalit im Scherben
– zu schnelle Abkühlung

Abhilfe:
– dünner glasieren
– höher brennen (selten: niedriger brennen)
– Zusatz von ZnO, B_2O_3, SiO_2 zur Glasur
– Zusatz von Quarz oder Cristobalit zur Masse
– länger brennen, Garbrandtemperatur länger halten, langsamer Abkühlen

Ursache 2:
– Scherben dehnt sich durch Feuchtigkeitsaufnahme während des Gebrauchs, weil noch porös

Abhilfe:
– nach Möglichkeit Scherben dicht brennen
– ändern der Massezusammensetzung: höheren Gehalt an CaO und MgO anstreben durch mehr Kalkspat, Dolomit, Talkum usw. im Versatz
– WAK der Glasur so verkleinern, daß gerade noch keine Fehler dadurch entstehen können

2. Absprengungen der Glasurschicht:

Ursache:
– der WAK der Glasur ist gegenüber dem des Scherben zu klein, Glasur steht unter starker Druckspannung
– Glasur enthält zuviel Li_2O, zuviel ZnO, zuviel MgO und B_2O_3, zuviel SiO_2.
– Glasur enthält zuwenig Alkalioxide
– Scherben sintert und schwindet viel früher als die Glasurschicht zu schmelzen beginnt

Abhilfe:
– niedriger brennen
– schneller abkühlen, schneller brennen
– Glasurzusammensetzung ändern: mehr Alkalioxide zugeben (außer Li_2O!), weniger SiO_2, mehr Al_2O_3 weniger ZnO, MgO, B_2O_3
– Masseversatz ändern: mehr Feldspat, weniger Quarz, mehr kaolinitische Tone verwenden, damit WAK des Scherbens kleiner wird.

3. Glasur zersprengt den Scherben, wenn innen glasiert:

Ursache:
– WAK der Glasur ist zu klein – siehe unter 2.

Abhilfe:
– siehe unter 2., hier hilft unter Umständen auch dünnerer Glasurauftrag

4. Oberfläche zeigt Nadelstiche und Eierschaleneffekt:

Ursache:
– zu niedrige Brenntemperatur (Glasurschmelze ist zu zähflüssig)
– zu hohe Brenntemperatur (Glasurschmelze reagiert zu stark mit dem Scherben)
– Glasurschmelze hatte auch zu hohe Oberflächenspannung neben zu hoher Viskosität
– Abspaltung flüchtiger Bestandteile aus Engobe oder Scherben
– zu dicke Glasurschicht
– zu starke Reduktion am Anfang des Brandes (Einlagerung von Kohlenstoff in die Glasur)
– zu schneller Brand mit zu kurzer Haltezeit der Endtemperatur

Abhilfe:
– gerade richtige Glattbrandtemperatur herausfinden
– Oberflächenspannung und Viskosität der Schmelze senken durch Änderung der Glasurzusammensetzung
– Brandführung verändern: Brenndauer verlängern, kurz unterhalb der Garbrandtemperatur Haltezeit einlegen oder Endtemperatur länger halten
– Scherben bei höherer Temperatur schrühen
– dünner glasieren
– keine Wechsel in der Ofenatmosphäre oder nur langsame Veränderung von oxidierend zu reduzierend und umgekehrt

5. Matte Oberfläche bei sonst glänzend glatter Ausbildung:

Ursache:
– Verdampfen von Flußmitteln aus der Glasur
– Sulfatanflüge (SO_3 in der Ofenatmosphäre)
– zu viel Wasserdampf in der Ofenatmosphäre
– entmischter Glasurschlicker

1.8.4

- Kristallisation durch zu langsame Abkühlung
- zu dicker oder zu dünner Glasurauftrag
- zu niedrige Brenntemperatur

Abhilfe:
- als Flußmittel weniger Blei- und mehr Borverbindungen wählen
- ZnO-haltige Glasuren wählen oder Zusatz von 1–3% ZnO
- Glasuren verwenden, die kein oder nur wenig BaO, CaO, MgO enthalten
- nur gut getrocknete Ware in den Glattbrand geben und glasierte Stücke nicht zusammen mit roher Ware oder Schrühware brennen.
- auf richtige Auftragsstärke der Glasur und homogenen Glasurschlicker achten

6. Glänzende Oberfläche einer sonst matten Glasur:

Ursache:
- Glasurschmelze löst Scherbenbestandteile
- Glasurschicht ist nicht dick genug oder nicht dünn genug
- zu schnelle Abkühlung
- zu hohe Brenntemperatur
- Veränderungen in der Ofenatmosphäre

Abhilfe:
- richtiges Brennprogramm einhalten: eher langsamer abkühlen und nicht höher brennen als zum Schmelzen des Versatzes nötig ist
- Auftragsstärke kontrollieren und richtige Schichtdicke einhalten
- ungeeignete Mattierungsmittel durch besser wirkende ersetzen; evtl. etwas TiO_2 zugeben
- eventuell Scherben engobieren

7. Verfärbung der Glasur; Farbveränderungen, Entfärbung:

Ursache:
- Verunreinigung des Scherbens oder der Glasur durch färbende Stoffe
- ungleichmäßige Zumischung oder nicht gleichbleibende oder unzureichende Mahlung der färbenden Substanzen oder des Glasurschlickers
- Anflüge von verdampfenden Stoffen (z. B. Chromoxid)
- Lösung färbender Stoffe aus Engobe oder Scherben durch die Glasurschmelze
- zu dünn oder zu dick aufgetragene Engobe
- veränderte Auftragsstärke der Glasur
- falsche, meist zu hohe Brenntemperatur
- Wirkung reduzierender Einflüsse
- Veränderungen in der Ofenatmosphäre, Falschlufteinbruch

- Veränderte Abkühlgeschwindigkeit
- Veränderte Kristallisationsbedingungen

Abhilfe:
- sorgfältiges Arbeiten beim Herstellen der Glasuren
- Mahlfeinheiten kontrollieren und konstant halten
- Kupfer- und chromoxidhaltige Glasuren separat brennen; Farbfritten verwenden
- eventuell Scherben engobieren
- richtige Brennkurve genau einhalten
- bei oxidierendem Brand für ausreichende Luftzufuhr sorgen; im Elektro-Ofen »lüften«
- bei reduzierendem Brand mit Sturzkühlung arbeiten
- Auftragsstärken von Engoben und Glasuren kontrollieren und konstant halten

8. zu schnelles Rauh- und Mattwerden einer Glasur im Gebrauch:

Ursache:
- Glasur ist zu wenig ritz- und abriebfest
- Glasur ist gegenüber Säuren und/oder Laugen zu wenig beständig

Abhilfe:
- höhere Glattbrandtemperaturen mit entsprechenden Glasuren wählen
- Glasurzusammensetzung ändern: Gehalt an PbO und Alkalioxiden verringern, Gehalt an Erdalkalioxiden vergrößern
- Möglichst hohen Gehalt an Al_2O_3, SiO_2 und ZrO_2 anstreben
- WAK der Glasur so einrichten, daß die Glasur unter leichter Druckspannung steht
- die Kristallisation harter Verbindungen in der Glasur fördern
- so langsam wie möglich abkühlen.

Siehe auch: Cardew[17], Cooper a. Royle[28], Fournier[39], Fraser[41], Gebauer[44], Hamer[54], Lehnhäuser[90], Rhodes[126], Singer a. Singer[142].

1.9 Historischer Überblick

Glastechnisches Können und Wissen hat sich im Lauf der Geschichte und in den verschiedenen Kulturkreisen und Ländern der Erde sehr unterschiedlich erhalten, verbreitet und weiterentwickelt. Bis die Erkenntnisse der modernen Naturwissenschaften Mitte des vorigen Jahrhunderts auch auf die Keramik angewandt wurden und eine enorm schnelle technische Weiterentwicklung bewirkten, konnten nur durch empirisches Arbeiten, durch Probieren und Versuche und strenges Festhalten am Rezept Glasuren entwickelt werden. Da solche Rezepte für den Besitzer Teil seiner Lebensgrundlage waren, wurden sie streng gehütet und konnten, vor allem während kriegerischer Ereignisse, leicht verloren gehen. Auf diese Weise sind eine ganze Reihe sehr früher glasurtechnischer Kenntnisse für Jahrzehnte und Jahrhunderte verschwunden, ehe sie an anderer Stelle wieder auftauchten oder wieder entdeckt wurden.

Schriftliche Angaben und Rezepturen aus früher Zeit sind sehr selten. Angaben auf einer Keilschrifttafel, die im Nordirak gefunden wurde und etwa in die Zeit um 1700 v. Chr. zu datieren ist, könnten als das früheste bekannte »Rezept« aufgefaßt werden. Ungefähre und ungenaue Angaben sind aus der griechischen und römischen Antike z. B. von Theophrastus (ca. 371–287 v. Chr.) oder Vitruv (~ 24 v. Chr.) bekannt, die sich aber eher mit der Herkunft bestimmter Stoffe befassen. Die nächste brauchbare schriftliche Überlieferung stammt dann, ebenfalls aus dem vorderen Orient, erst wieder aus der Zeit um 1300 (Abu'l Qasim, Kashan). Die nächsten wichtigen Quellen sind »I tre libri dell'arte del vasaio« von Cipriano Piccolpasso[115], geschrieben 1557, und die Schriften Bernard Palissys[110] von 1580; dazu kommt die mehr auf das Glas bezogene Schrift Johannes Kunckels[78]: Ars vitraria experimentalis von 1689. Der »Traité des arts céramiques ou des Poteries« von Alexandre Brongniart[14], 1844/1854 ist die bedeutendste keramisch-technologische Übersicht des 19. Jahrhunderts. Unter vielen anderen Werken seien noch erwähnt: K. Gräbner: »Wahres eröffnetes Geheimnis der Zubereitung verschiedener Porzellan-, Steingut-, Fayance- und Töpfer-Glasuren ... etc.« von 1837 sowie die 3. Auflage, 1907, von Kerls »Handbuch der gesammten Thonwaarenindustrie«[69] worin die Forschungen von Hermann Seger berücksichtigt sind.

Weitere Literatur: Cooper[25], Dayton[32], Deck[33], Hench a. McEldowney[56], A. Lane[79], Müller[104], Tenax[151], Weiss[166], Wood[170].

1.9.1 Vorderer Orient – Ägypten – östliches Mittelmeer

Die Geschichte der keramischen Glasur ist eng mit der Metallurgie, besonders des Kupfers und der Bronze, verbunden. Die ältesten glasierten Gegenstände sind Steatitperlen mit alkalischer, durch Kupferoxid gefärbter Glasur. Sie stammen aus der frühen Bronzezeit des östlichen Mittelmeerraumes (ca. 2000 v. Chr.).

Die sich in dieser Zeit herausbildende sog. »ägyptische Faience« – die technisch-keramisch nichts mit der Fayence im üblichen Sinne zu tun hat –, deren Entwicklung aber vor allem auch von Kreta und Cypern, also den alten minoischen und mykenischen Kulturen, ausging und keine ägyptische Erfindung ist, besteht aus einer feinen Quarzsandmasse, die gemischt mit alkalischen Salzen und sehr wenig toniger Substanz (oder auch ohne solche) sich beim Trocknen »selbst glasiert«. Die ausblühenden wasserlöslichen Salze ergeben dann eine verglaste Oberfläche, wenn die Masse auf 900 bis 1000° C erhitzt wird. Kupferverbindungen (natürliche Erze, aber auch Bronzeabrieb) geben den Gegenständen, die aufgrund ihrer Materialbeschaffenheit nicht wie Ton freigedreht werden konnten, in der glasigen Oberflächenschicht ein je nach Cu-Gehalt blaßgrünes bis intensives Grün bis Türkis, besonders wenn auch Eisenverunreinigungen vorhanden sind, oder meistens das beliebte typische Kupferblau. Das nicht verglaste Innere des Scherbens kann nicht farbig werden, weil das im Brand entstehende Kupferoxid nur grün oder blau färbt, wenn es in glasiger Schmelze gelöst wird oder Silikate bilden kann. Die Stücke wurden sehr oft mit einer Mangan-Eisen-schwarzen Zeichnung versehen.

Aus der mittel- bis spätminoischen Epoche (Mittlere Bronzezeit) Kretas sind mit solcher Faience-Masse eingelegte Tonplatten bekannt, die das erste, durch reduzierenden Einfluß gemachte Kupferrot zeigen. Aus der gleichen Zeit (1600 bis 1450 v. Chr.) stammen die mit Mangan-Eisen-Engoben schwarz überzogenen und mit weißer und orangebrauner Malfarbe dekorierten, gedrehten Gefäße der sog. Kamares-Ware, deren Pracht und Qualität nach der Zerstörung um 1450 v. Chr. nirgends wieder so erreicht wurde.

Ihren technischen und künstlerischen Höhepunkt fand die Faiencetechnik in der Zeit zwischen 1450 bis 1200 v. Chr. in der Amarna-Periode Ägyptens und in den mykenischen Kulturen auf Cypern und an der östlichen Mittelmeerküste, wobei gelbe und orange Farben durch Eisenoxid und Blei-Antimon-Verbindungen erreicht wurden und Manganpurpur, Kobaltblau, siegellackartiges Eisenrot neben Kupferfarben (grün und blau) und Antimonweiß auftreten.

Nach ca. 1450 gibt es zum ersten Mal in Nordmesopotamien Alkaliglasuren auf Tonscherben neben Neapelgelbglasuren, die im Assyrischen Reich (um 800 v. Chr.) mit seinen Beziehungen zu Rhodos und im neubabylonischen Reich (600 bis 540) vor allem auf prächtigem Ziegelmauerwerk benutzt wurden. Es waren stets alkalische Glasuren, die bei gelber und grasgrüner Färbung auch Blei enthielten. Die weißen Glasuren waren immer durch Antimonoxid getrübt.

Wegen ihrer Zusammensetzung waren sie nicht besonders haltbar auf dem tonkeramischen Scherben. Zur Zeit der Perserherrschaft wurden die Alkaliglasuren auch wieder auf Quarzmassen (Reliefplatten der Paläste) angewandt.

Aus der Zeit des alexandrinischen Reiches kennt man im nahen Osten keine glasierte Keramik.

Bleiglasuren und Kobaltfarben treten erst nach der Perserzeit wieder in Ägypten und im vorderen Orient auf (Ende des 1. Jhs. v. Chr.). Das römische Reich kennt nur bleiglasierte, grüne und gelbe Keramik, während die Tradition der Alkaliglasuren auf Quarzscherben über das sassanidische Reich in Mesopotamien auf die arabischen Kulturen überging. Die islamische Keramik in Persien und der Türkei ist dafür ein später unerreichtes Beispiel.

Blei-Zinn-Glasuren gibt es erst seit etwa 1200 n. Chr. im islamischen Raum, ihr eigentlicher Ursprung ist unbekannt. Aus dem islamischen Orient stammen auch die ersten Lüsterdekore, die allerdings dort — wohl durch den Mongoleneinfall im 13. Jh. n. Chr. — plötzlich verschwinden. Um 1550 sagt ein Rezept, daß die vor allem aus dem ottomanischen Iznik berühmte Eisenrot-Dekorfarbe aus armenischem Bolus gemacht werde. Die Brenntemperaturen haben die 1100 °C-Grenze nie überschritten. Siehe auch Cooper[25], Dayton[32], Riefstahl[128].

1.9.2 Ostasien — China — Korea — Japan

Die unglasierten, bemalten frühbronzezeitlichen Gefäße des alten Orients ähneln sehr den Gefäßen der mittelmeerischen Kulturen der gleichen Zeit.

In China treten zur Zeit der Zhou-Dynastie (1000—256 v. Chr.) die ersten hochgebrannten Gegenstände aus hellem Ton auf, die schon Glasurspuren (Aschebefall, Salzanflug?) tragen. Die berühmten lebensgroßen Tonfiguren aus dem Grab des Qin Shihuang Di (206 v. Chr.) tragen Reste farbiger Kaltbemalung.

Während der Han-Zeit (206 v. Chr. bis 220 n. Chr.) verbreitet sich das glasierte Steinzeug, mit grünlichgrauen, olivgrünlichen und farblos hellen Feldspat- und Feldspat-Aschen-Glasuren, neben irdenen Waren mit vorwiegend grüngefärbter Bleiglasur. Das Vorbild bronzener Gefäße ist noch stark dominierend.

Im Zeitraum zwischen 618 und 906 (T'ang-Dynastie) wurde mehrfarbig glasierte und dekorierte bleiglasierte Irdenware üblich, mit kupfergrünen, eisengelben und eisenorange Farben.

Daneben gibt es auch Manganbraun, Kobaltblau. Aus dieser Zeit stammen die schönsten bleiglasierten Grabfiguren Chinas. Die Beziehungen zum Vorderen Orient sind eng, persisch-sassanidische Vorbilder werden in keramischen Formen sichtbar. Bleifritten und Kobaltfarben wurden aus Persien bezogen. Das weiße Steinzeug wird so verfeinert, daß es porzellanähnlich wird, die ersten Seladonglasuren (Yueh-Ware) treten auf.

Die Sung-Periode (960—1279) bringt die Entwicklung des Porzellans zur Vollkommenheit (Ting-Ware) mit weißem, dünnwandigem Scherben und farblosen Glasuren. Eine Fülle von verschiedenen Seladonglasuren auf Steinzeug und Porzellan sind aus dieser Periode bekannt, von tief blaugrün bis olivgrün, von transparent bis opak, die mit Namen wie Nördliches Seladon, Ju-Yao, Lung-ch'uan, Kuan, Ch'ing-pai, Ying-Ch'ing, oder Chün bezeichnet werden. Vom Typ her sind es Kalk-Alkali-Glasuren, also aus Feldspäten, kalkhaltigen Gesteinen, Aschen und Tonen zusammengesetzt.

Berühmt sind die hellglasierten, schwarz/braun bemalten Steinzeuggefäße der Tzu-chou-Ware. Dabei handelt es sich meistens um farblose Glasuren über weißer und farbiger Engobe.

Aus der Sung-Zeit stammen auch die vor allem in Japan hochgeschätzten dunkelbraun glasierten Porzellan- und Steinzeuggefäße, vorwiegend Teeschalen, die in ihren Variationen namengebend wurden für Ölflecken-, Tenmoku- und Hasenfell-Glasuren.

Während der Herrschaft der Ming-Dynastie (1368—1644) entwickelte sich die Porzellanherstellung zur Manufaktur- und Fabrik-Ware mit einer Ausweitung des schon zur Sung-Zeit blühenden Exports und strengsten Qualitätsanforderungen. Die wichtigsten Entwicklungen waren die breite Verwendung von Unterglasurfarben (vor allem Blau) und Aufglasur-Schmelzfarben, sowie des Kupferrots und des kaiserlichen Gelbs. Daneben wurde aber auch in großen Mengen rein weißes Porzellan gebrannt. Nach 1600 begann zudem die Auftragsproduktion für europäische Länder und während der Ching-Periode (1644 bis 1912) dominierte das üppig dekorierte Porzellan.

Im ausgehenden 17. Jh. wurde auch hochgebrannte, unglasierte Ware aus rotem Ton nach Europa exportiert (Yi-hsing-Ware), die Anregung war für ähnliche europäische Produkte und auch heute noch in großen Massen hergestellt wird.

In Korea ist aus der alten Silla-Periode (400 bis 600) Steinzeug mit grünlichen bis oliv-braunen Aschen-Glasuren bekannt; zwischen 918 und 1392 (Koryo-Zeit) entwickelt sich Steinzeug mit Seladonglasuren und geschnittenen, geritzten und weiß ausgelegten Dekoren zu hoher Blüte. Daneben gab es Porzellan, ähnlich dem der chinesischen Sung-Zeit.

Glasierte japanische Keramik ist wesentlich von China und Korea beeinflußt worden; durch importiertes chinesisches Steinzeug und durch Töpfer, die im 16. Jh. durch die japanische Invasion Koreas nach Japan gebracht wurden. Wie in China konnte sich aufgrund der vorhandenen Tone und des Holzreichtums eine weitverbreitete Steinzeugtöpferei entwickeln, die zum Teil bei Brenntemperaturen um 1300 °C meistens Aschen- und Feldspat-Glasuren benutzte. Die sechs alten Zentren waren Seto, Tokoname, Shigaraki, Tamba, Bizen und Echizen. Im 16. und 17. Jh. sind vor allem die Gerätschaften und Gefäße für die Teezeremonie herausstehend, die im ausgehenden 17. Jh. zeigen, daß — beeinflußt von der Philosophie des Zen-Buddhismus — mehr Wert auf ästhetische denn praktische Qualitäten gelegt wurde. Bester Ausdruck dieser Auffassung ist die sowohl hoch wie niedrig gebrannte Raku-Keramik.

Porzellan wird erst nach 1600 in Arita hergestellt. Im 18. Jh. entstanden besonders mit Schmelzfarben dekorierte Porzellane, wobei schon Umdruckverfahren zur Vervielfältigung benutzt wurden. Japanische und chinesische Porzellanvorbilder sind in Europa in Fayence und Porzellan viel kopiert worden.

1.9.3 Amerika

Das alte indianische Amerika vor Kolumbus kannte keine Glasuren und keine hochgebrannte Keramik. Als Überzüge zur Verfeinerung, Färbung und Verdichtung der Oberfläche wurden feinst geschlämmte Tone, Erdfarben — also Engoben — benutzt. Diese sind meistens nach dem Auftragen noch poliert worden. Die ältesten keramischen Funde stammen aus dem nördlichen Südamerika (heutiges Ecuador), ca. aus der Zeit um 2000 v. Chr. Die Qualität der Keramik in den verschiedenen Kulturen war unterschiedlich. Besonders sorgfältig und prächtig dekorierte Gefäße und Plastiken stammen aus den westmexikanischen Kulturen der Zeit zwischen 1500 bis 200 v. Chr. (Colima, Michoacan, Nayarit) und den mesoamerikanischen Kulturen der sogen. klassischen Periode von 200–800 n. Chr., wo vor allem die Maya-Völker in Yucatan, Guatemala, Honduras hervorragende keramische Gegenstände geschaffen haben, mit eisenroten, cremefarbenen, kaffeebraunen Engoben. In Peru sind vor allem die Funde aus der Chavin-Kultur im Norden (800–400 v. Chr.), aus der Mochica-Kultur im Norden und der Nazca-Kultur im Süden (ca. 100 v. Chr. bis 1000 n. Chr.) durch ihre antropomorphen Gefäße (Köpfe) und ihre Ausdruckskraft berühmt. Es gab Gefäße, die mit bis zu acht verschiedenen Erdfarben bemalt waren. Aus der Chimu-Kultur im Norden (ca. 1200 bis 1450) sind besonders viele schwarz reduzierend gebrannte Gefäße (Figuren- und Pfeifgefäße) bekannt. Zwischen 1450 und 1532 im Reich der Inka wurde feinbemalte polychrome Ware hergestellt. Im Azteken-Reich, das sich von etwa 1325 bis 1521 über ganz Mittelamerika und Mexiko erstreckte, wurde die Maya-Tradition fortgesetzt. Es gab dort in der Zeit zwischen 980 bis 1520 auch eine feine orangerote Ware, deren Scherben — im Gegensatz zu fast allen anderen Keramiktypen Altamerikas — nicht gemagert war. Wir müssen annehmen, das wohl immer in offenen Gruben und im freien Feuer (Meilertechnik) gebrannt wurde, so daß viele Stücke fleckig, geflammt oder verraucht erscheinen. In der Regel wurden dabei nie Temperaturen über 1000 °C erreicht. Durch die Invasion der Spanier und den Fall des Aztekenreichs 1521, des Inka-Reichs 1532, wurde die indianische Kulturentwicklung und Tradition abrupt unterbrochen und zerstört. Dagegen konnte sich die Tradition der geometrisierenden, mehrfarbigen Engobebemalung im Südwesten der heutigen USA in den sog. Pueblo-Kulturen bis ca. 1850 erhalten, die ihre größte Blütezeit zwischen 1050 bis 1300 erreichte. Üblich waren besonders reizvolle zweifarbige Bemalungen in schwarz-weiß, schwarz-rot, schwarz-gelb. Bleiglasuren sollen nur für Dekore im 14. bis 17. Jh. benutzt worden sein.

Literatur hierzu: Cooper[25], Frank a. Harlow[40], Hopper[63], Litto[97], Rye[131], Shepard[140], Speight[144], Weiss[166].

Die europäischen Einwanderer brachten in Nordamerika das salzglasierte Steinzeug mit, das mit dem frühen 18. Jh. beginnend, seit dem Ende des 18. Jh. in vielen Werkstätten und in großer Zahl an der Ostküste (Virginia, Pennsylvania, New York, New Jersey, Maryland) sowohl blaugrau als auch braun, nach englischem Vorbild, hergestellt wurde. Seit etwa 1890 verdrängte die aus England stammende »Bristol-Glasur« auf Steinzeug alle Salzglasur, wie sie vor allem in den Steinzeugfabriken im Staat Ohio viel benutzt wurde. Nach 1880 setzt die industrielle Produktion von Keramik in Steingut-, Steinzeug- und Porzellanqualität der Herstellung im handwerklichen Bereich schnell ein Ende. Abgesehen von einigen nennenswerten Werkstätten gibt es kunsthandwerkliche Keramik in Nordamerika erst seit den 30er-Jahren in größerem Umfang.

Literatur: Cooper[25], Greer[51], Hench a. McEldowney[56], Savage[136], Singer a. Singer[142], Strong[150], Webster[163].

1.9.4 Mitteleuropa bis zum Beginn des 20. Jahrhunderts

Im Mittelmeerraum gelangen mit den 740 nach Spanien vordringenden Arabern die im Nahen Osten erhaltenen Glasurkenntnisse in den Westen, wo es schon um etwa 1100 eine blühende Keramikproduktion mit weißdeckenden Glasuren und reichen Lüsterdekoren gibt. In Manises als jahrhundertelangem Zentrum hat sich die Technik der bemalten weißen Glasur bis heute erhalten. Ab etwa 1400 gelangt die arabische Keramik Spaniens über Mallorca (daher als Maioliche bezeichnet) nach Faenza in Italien, wo sich dann vom 13. bis 16. Jh. eine blühende Keramikkultur entwickelt, nach der die typischen deckenden Blei-Zinn-Glasuren als Fayence-Glasuren bezeichnet werden. Weil ab 1550 immer mehr chinesisches Porzellan nach Italien und Europa kommt, werden dessen Formen und Dekore vielfach Vorbild für die billigeren Fayencegefäße. Diese Technik breitet sich dann sehr schnell in Europa aus (schon ab 1330 in Frankreich), so daß es im ausgehenden 16. Jh., vor allem auch durch die im Zuge der Gegenreformation aus Italien und Frankreich vertriebenen protestantischen Töpfer, in den Niederlanden, in England, Süddeutschland, Böhmen, Mähren und Ungarn (Habaner) überall Werkstätten gibt, die die porzellanähnlichen Keramiken herstellen. Durch Fachleute aus den Niederlanden werden einige deutsche Fayence-Manufakturen gegründet. Von den zahlreichen z. B. in Delft konzentrierten Werkstätten des 17. und 18. Jhs. konnten nur wenige nach dem Aufkommen des Steinguts überleben, aus den ehemaligen Fayence-Manufakturen wurden Steingut-Fabriken.

Die typischen Fayencefarben waren Neapelgelb und Eisengelb, Kupfergrün, Eisen-Mangan-Schwarz, Kobaltblau und Manganviolett. Daneben entwickelte sich eine ähnliche Technik, die aber auf weißem Engobe-Untergrund farbige Bemalung und Sgrafitto-Dekore miteinander verbindet und mit farbloser, meist bleihaltiger Glasur überzieht, in Konkurrenz zur Fayence, beginnend mit dem 13. Jh. in Italien. Diese Technik wird auch Semi- oder Halb-Fayence genannt; sie ist einfacher und billiger und erfordert weniger malerisches Geschick, da sie als Unterglasurtechnik einen stabilen Dekoruntergrund hat. Die Brenntemperaturen lagen auch hier nicht über 1000 °C.

In der einfachen Irden- und Bauerntöpferei des europäischen Mittelalters wird etwa ab dem 12. Jh. (vorher gab es ausschließlich unglasierte Keramik, weil die terra-sigillata-Technik und die Bleiglasur der Römer offensichtlich von den germanischen Völkern nicht übernommen wurde) ausschließlich Bleiglasur verwendet, entweder als farblose bis gelbliche Glasur über farbigen Engoben oder als eisengelbe, kupfergrüne, manganbraune gefärbte Glasur. Das hat sich bis zum Ende des 19. Jhs.

erhalten. Zum Schmelzen solcher Glasuren, die oft nur durch Aufpudern von fein gemahlenem Bleiglanz erreicht wurden, genügen Brenntemperaturen bis max. 1000 °C. Seit dem 14. Jh. gibt es im Rheinland salzglasiertes Steinzeug, das sich vor allem zur Zeit der deutschen Renaissance im 16. Jh. in prächtigen dekorativen Gefäßen dokumentiert. Zuerst einfarbig braun (Köln/Frechen) und hellbeige/weiß (Siegburg), entwickelt sich mit dem 16. Jh. kobaltblaue und später auch manganviolette Smaltendekoration, vor allem auf dem reduzierend gebrannten, grauen Scherben (Raeren, Westerwald). Salzglasiertes Steinzeug wird im 17. Jh. auch in Kreussen (b. Bayreuth), in Sachsen, in Frankreich und Flandern, und ab 1670 auch in England hergestellt, wo es nach 1720 in Staffordshire viel reinweißes, salzglasiertes Steinzeug gibt, das wie Porzellan dekoriert wird.

1673 gibt es in Frankreich (Rouen) erstes Frittenporzellan, ab 1711 in Sachsen erstes Hartporzellan, seit in Dresden J. F. Böttger die Technik des sehr hohen Brandes und der Kaolin-Feldspat-Quarz-Massen zu beherrschen gelernt hatte. Im weiteren 18. Jh. breitet sich die Porzellanherstellung in ganz Europa schnell aus, ohne daß aber wesentliche glasurtechnische Neuerungen entwickelt werden; sehr schnell aber werden alle Arten der Schmelzfarben erfunden. Ab 1769 stellt Josiah Wedgwood eine verbesserte weiße Ware her, mit sehr weißem Scherben und transparenter Glasur (Queen's ware), die später als billig mit industriellen Reproduktions- und Dekormethoden (gedruckte Unterglasurdekore) herzustellendes »Steingut« im 18./19. Jh. den europäischen Markt erobert, so daß Fayence, Irdenware und die einfache Bauerntöpferei, aber auch das salzglasierte Steinzeug nicht mehr mit dieser »feinen« Ware konkurrieren können.

Mitte des 19. Jhs. entstehen bleifreie, zinkoxidhaltige Glasuren (Bristolglasuren) in England, um die Gefährdung durch Bleivergiftung zu verringern. Diese können aber als transparente Glasuren erst oberhalb ca. 1100 °C zufriedenstellende Ergebnisse bringen. 1888 wird in Preußen die erste gesetzliche Vorschrift über die Arbeit mit Bleiglasuren in Fabriken rechtswirksam; borreiche Glasuren werden erst am Ende des 19. Jhs. entwickelt. Die frühesten Lehmglasuren kennt man vom braunen schlesischen Steinzeug aus Bunzlau − mit Sicherheit aus der 1. Hälfte des 17. Jhs. L'art nouveau, Liberty-Style, Jugendstil regen im Bereich des Kunstgewerbes, angeregt auch durch Vorbilder ostasiatischer Keramik, zur Entwicklung und Nacherfindung von Glasuren aller Art an, unterstützt durch die naturwissenschaftlichen Erkenntnisse in der Keramik- und Glastechnik. Die Periode intensiver Form-, Glasur- und Dekorversuche begann etwa 1860 und dauerte bis in die zwanziger Jahre dieses Jahrhunderts.

Die Entwicklung der technischen, handwerklichen und künstlerischen Keramik im 20. Jh. ist so vielseitig und wechselvoll, daß sie den hier gegebenen Rahmen auch als gekürzte Übersicht überschreiten würde. Hier sei auf die umfangreiche Fachliteratur verwiesen.

Siehe unter anderem folgende Literatur: Bauer[3], Bezborodov[9], Brongniart[14], Caiger-Smith[16], Cooper[25], Falke[38], Fregnac[42], Horschik[64], Kaufmann[67,68], Klein[71], Klinge[73], A. Lane[80], P. Lane[81,82], Leinweber[92], Mountford[103], Oswald[109], Pichelkastner[114], Walcha[161], Weinhold[164], Williams[169].

2 Glasurrezepte – Erläuterungen, Formeln, Versätze

2.0 Allgemeines – Einteilung und Übersicht

Alle angegebenen Formeln und Versätze sind im praktischen Versuch entstanden, jedoch in manchen Fällen nicht bis zur Produktionssicherheit weiterentwickelt worden. Bei der Benutzung der Rezepturen sind vorherige Proben unerläßlich und unter Umständen Anpassungen an andere Scherben und Brennverhältnisse vorzunehmen.

Die Rezeptangaben enthalten in der Regel Segerformel und Versatz und sind zu Gruppen zusammengestellt zur besseren Übersicht und laufend numeriert. Die Segerformeln fehlen, wo die Zusammensetzung der verwendeten Rohstoffe nicht eindeutig feststellbar war. Die Zusammensetzung der benutzten Fritten ist aus den Tabellen in Teil 3 ersichtlich.

Um jeweils Segerformel und Versatz deutlich zu unterscheiden und eventuellen Verwechslungen vorzubeugen, werden hier in den Glasurrezepten die Dezimalzahlen in zweierlei Weise geschrieben: in den Segerformeln auf englisch-amerikanische Art mit Punkt, in den Versätzen nach der deutschen Weise mit Komma.

Zu allen Glasurgruppen und -arten sind die beigefügten oder vorangestellten Erläuterungen zu Applikation, Brand oder möglichen Variationen wesentlich für die richtige Anwendung in der Praxis. Es wurde folgende Gruppierung gewählt:

1. Anflugglasuren und Salzglasuren
2. Transparente Glasuren, geteilt in farblose und farbige Glasuren sowie in Glasuren für niedrige und hohe Temperaturen
3. Opake, also undurchsichtige, deckende Glasuren mit glänzender Oberfläche, geteilt in weiße und farbige Glasuren
4. Mattglasuren und Kristallglasuren
5. Farbglasuren, d. h. Beispiele für rote, orange, gelbe, grüne blaue, violette, braune und schwarze Glasuren; bei den meisten Angaben handelt es sich dabei auch um Mattglasuren. Es sind immer mindestens fünf verschiedene Färbemöglichkeiten berücksichtigt
6. Reduktionsglasuren, mit China-Rot-, Seladon- und Lüsterglasuren
7. Glasuren aus bestimmten Rohstoffen, also Gesteinsglasuren, Lehmglasuren, Ascheglasuren etc.
8. Glasuren für bestimmte keramische Erzeugnisse, also für Irdenware, Steingut, Klinker, Steinzeug, Wandfliesen etc.
9. Effektglasuren, wie etwa Laufglasuren, Flockenglasuren etc.

Urheberangabe „nach" bedeutet, daß diese Rezepte aus der keramischen Literatur stammen, oft sind sie leicht abgewandelt. Deshalb wird in solchen Fällen kein genaues Zitat erwähnt. Grundlegendes zu den Glasurarten siehe Abs. 1.3, S. 39 ff.

2.1 Anflug-Glasuren und Salzglasuren

Anflug-Glasuren entstehen nicht durch Auftragen einer Glasurschicht vor dem Brand, sondern während des Brennens im Ofen durch Ablagerungen auf der Oberfläche des Scherbens und Reaktion des Scherbens mit Stoffen, die dampf- bzw. gasförmig in der Ofenatmosphäre enthalten sind. Sie entstehen vielfach von selbst, wenn wir mit hohen Temperaturen (oberhalb 1250 °C) Steinzeug mit Holz brennen.

Anflug-Glasuren entstehen

1. durch Ablagerung von Flugasche (reich an Erdalkalioxiden) auf dem Scherben und dadurch bedingtes eutektisches Schmelzen der Scherbenoberfläche beim Brand mit festen Brennstoffen
2. durch Verdampfen von Alkaliverbindungen aus dem Brennstoff (nur bei Holz!) und Reaktion mit dem Scherben
3. durch Reaktion des Scherbens mit eingestreuten oder eingeblasenen Alkalisalzen, die bei Garbrandtemperaturen oberhalb 1100 °C sofort verdampfen – Salzglasur, in der Regel mit Kochsalz NaCl
4. durch Verdampfen von Glasurbestandteilen vorher glasierter Stücke (Alkalioxide, Bleioxid, Boroxid, Zinkoxid) meist als unbeabsichtigte und unerwünschte Anflüge, besonders auch auf den Brennhilfsmitteln.

Anflug-Glasuren bilden sich bei Garbrandtemperaturen nur gut auf einem Scherben, der schon selbst genügend Glasphase enthält, also schon dicht sintert.

2.1.1 Anflug-Glasuren durch Flugasche und verdampfende Alkalien bei Feuerung mit Holz

Kann sich auf einem dicht sinternden Scherben eine ausreichende Menge Flugasche ablagern, die wiederum genügend CaO oder/und MgO enthält (dies ist bei Buchenholz, Eichenholz, Obstbaumholz, Kiefern- und Fichtenholz der Fall, die auch durch den höheren K_2O-Gehalt geringe Salzanflüge bewirken), so entstehen bei Temperaturen oberhalb 1250 °C Aschenglasuren, die je nach Anflugstärke, Besatz und Strömung im Ofenbrennraum unterschiedlich dick ausfallen und sehr lebendige Oberflächen bewirken. Ausreichend dicker Flugaschenanflug entsteht bei hohem Unterdruck (= starker Zug) im Ofen, großen Strömungsgeschwindigkeiten in der Feuerung und/oder sehr langer Brenndauer. In Japan hilft man sich oft damit, daß kleine leichte Holzscheite oben auf den Besatz nachgelegt werden durch besondere Ofenöffnungen. Solche Aschenanflüge sehen vor allem auf leicht gefärbten Massen oder farbigen Engoben gut aus, manchmal auch auf eisenoxidreichen dunklen Glasuren. Hellbrennende Massen oder Porzellan, die solche Anflüge oft sehr gut annehmen, sind aus ästhetischen Gründen ungeeignet (vgl. D. Rhodes, Tamba Pottery[125]). Steinzeugscherben, die Temperaturen von 1250 bis 1350 °C aushalten, sind für solche Anflugglasuren Vorbedingung.

2.1.2 Erwünschte und unerwünschte Anflugglasuren durch verdampfende Glasurbestandteile

Wie schon in Abschnitt 1.4.2 dargestellt, ergeben sich auf Brennhilfsmitteln oft unerwünschte Glasuranflüge durch die leicht verdampfenden alkalischen Glasurbestandteile, PbO und/oder B_2O_3 auch schon bei niedrigen Brenntemperaturen vor allem bei zu dichtem Besatz. Absichtlich zwischen dem Besatz eingesetzte, dicht gebrannte und mit Kochsalz gefüllte Näpfchen können besonders bei reduzierendem Brand sehr reizvolle ungleichmäßige und lebendige Anflüge hervorrufen.

Farbanflüge entstehen häufig dann, wenn leicht flüchtige färbende Schwermetallverbindungen im Ofen vorhanden sind, wie etwa Chromoxid (vgl. Abs. 1.5.5.4), Kupferoxid (vgl. Abs. 1.5.5.2) oder Chloride der Schwermetalle und mit glasierten Oberflächen reagieren bzw. sich darauf niederschlagen. Das passiert besonders leicht im Moment des Salzens beim Salzglasieren und im reduzierenden Brand bei starker Strömungsgeschwindigkeit und Turbulenz der vorbeiströmenden Verbrennungsgase.

Farbanflüge und -veränderungen können leicht auf den Glasuren No. 156, 158, 177–179, 184 u. a. durch Chromoxid, auf den Glasuren No. 758, 774, 854, 856, 857 im Reduktionsbrand durch Kupferoxid erreicht werden.

2.1.3 Salzglasuren

In Europa sind neben den Lehmglasuren die Salzglasuren wohl die ältesten und typischen Glasuren für Steinzeug.

Das Glasieren durch Kochsalz, NaCl, erfolgt erst nach vollendetem Dichtbrand des Scherbens, der je nach Massezusammensetzung bei etwa 1180 bis 1280 °C erfolgt. Porzellanmassen lassen sich besonders gut salzglasieren. Stark poröse Scherben dagegen nehmen auch bei hoher Temperatur die Salzglasur nur schlecht an, da ihnen die genügende Menge an relativ saurer Glasphase fehlt, die zur Bildung der Alkali-Aluminium-Silikatglasur auf der Oberfläche des Scherbens nötig ist. Wichtig für eine gute Salzglasur sind folgende Faktoren:

1. Zusammensetzung des Scherbens
2. Brenntemperaturhöhe und Brennweise
3. Art des Besatzes und Besatzdichte
4. Menge und Art der Salzzugabe in den Ofen.

2.1.3.1 Masse- und Scherbenzusammensetzung für Salzglasur

Weil die Natrium-Ionen der NaCl-Dämpfe in erster Linie mit dem SiO_2 in der Oberfläche des Scherbens reagieren, muß das Verhältnis von SiO_2 zu Al_2O_3 nicht zu niedrig sein; es kann zwischen 3,3:1 im Minimum bis 12,5:1 variieren. Normal ist ein Verhältnis von 5 bis 6 zu 1. Hoch Al_2O_3-haltige Massen nehmen die Salzglasur nicht an und dienen deshalb zur Innenauskleidung von Öfen für Salzglasur.

Es müssen folglich Tone mit hohem Gehalt an SiO_2 bzw. freiem Quarz benutzt werden.

Die Anwesenheit von Eisenverbindungen im Ton unterstützt die Bildung einer Salzglasur; sie ist aber nicht unbedingt erforderlich, wie das alte Siegburger Steinzeug beweist.

0–2% Fe_2O_3 in der Masse ergibt weiße bis gelbe Glasur
3–5% Fe_2O_3 in der Masse ergibt braune Glasur
5–8% Fe_2O_3 in der Masse ergibt mahagonifarbene Glasur

Der Eisenoxidgehalt des Scherbens trägt doppelt zur Salzglasurbildung bei: einmal durch Reaktion mit den Salzdämpfen direkt, zum anderen durch seine Flußmittelwirkung im Scherben, wenn Fe_2O_3 bei hohen Temperaturen zu FeO reduziert wird. Deshalb brennt man auch bei brauner Ware noch gerne reduzierend im Bereich der Garbrandtemperatur, um die Verdichtung des Scherbens früher zu erreichen (= niedriger Brennen) und um Brennpocken zu vermeiden. Die endgültige Farbe der salzglasierten Oberfläche wird aber auch stark durch die sonstigen Bestandteile der benutzten Tone und Rohstoffe und vor allem durch die Brennweise (Ofenatmosphäre, Abkühlung) beeinflußt (vgl. Abs. 2.1.3.3 bis 2.1.3.6).

CaO in der Masse macht eine Salzglasur bei niedriger Temperatur stumpf und wandelt bei hoher Temperatur die Farbe einer eisenreichen Glasur nach Grüngelb bei langsamer, nach grünlichschwarz bei schneller Abkühlung. Wenig MgO (bis max. 1,3%) fördert die Salzglasurbildung; mehr als 2% machen die Oberfläche matt. Pyritverunreinigungen im Scherben ergeben dunkelbraune Ausschmelzungen, Glasurläufe und hinterlassen Löcher.

Trockenausblühungen von Sulfaten, starke Ruß- oder Flugascheablagerungen können den Salzglasuranflug u. U. völlig verhindern.

2.1.3.2 Die Glasurbildung beim Salzen

Die Brenntemperatur, bei der die Salzglasurbildung erfolgen sollte, ist abhängig von der Sintertemperatur der verwendeten Masse; normalerweise ist das nicht unterhalb SK 4a (1160 °C). Spezielle Massen mit hohem Eisenoxid- und Alkaligehalt können schon bei SK 03a bis 01a salzglasiert werden; in diesem Fall setzt man dem Kochsalz besser etwas Borax zu, um eine gute Glasurbildung zu garantieren.

Die eigentliche Glasurbildung erfolgt beim Steinzeug erst bei etwa SK 3a bis 6a auf rotbrennenden Tonen oder bei SK 8 bis 11 auf weißbrennenden und feuerfesten Tonen durch Zersetzung des Kochsalzes bei Gegenwart von Wasserdampf und Reaktion mit der Kieselsäure und den anderen Scherbenbestandteilen (Al_2O_3, FeO, Fe_2O_3, MgO, TiO_2, CaO etc.) nach etwa folgendem Formelschema:

$$NaCl + H_2O \rightarrow NaOH + HCl$$
$$2\,NaCl + H_2O \rightarrow Na_2O + 2\,HCl$$
$$2\,HCL + Na_2O + x\,SiO_2 + A \rightarrow Na_2O \cdot xSiO_2 \cdot A + 2\,HCl$$
$$A = Al_2O_3, Fe_2O_3 \text{ etc.}$$

In Wirklichkeit sind die Vorgänge weit komplizierter und die oft nur kurzzeitigen chemischen Umsetzungen überaus vielfältiger. Die Entstehung der Salzsäuredämpfe bewirkt starke Reizung der Schleimhäute, starke Nebelbildung bei feuchter Luft und starke Korrosion an allen ungeschützten Eisenteilen in der Nachbarschaft des Ofens und an diesem selbst.

Die Reaktion des Natriumoxids mit der Kieselsäure ergibt ein Natriumsilikat, das als niedrigviskose Glasschmelze dann Al_2O_3 und andere Bestandteile des Scherbens löst, so daß sich eine gut mit dem Scherben verbundene Glasur etwa folgender Zusammensetzung (nach Barringer) ergibt:

0,777 Na_2O 0,586 Al_2O_3 2,588 SiO_2
0,002 K_2O
0,002 MgO
0,174 CaO
0,045 FeO

Der dabei relativ hohe Gehalt an Al_2O_3 ergibt eine besonders widerstandsfähige, säurebeständige Glasur. Dabei ist die dünnste Glasurlage (bis etwa 0,025 mm) im allgemeinen die beste, weil haarrißfrei. Dicke Glasurlagen ergeben immer eine rissige Glasur (oft mit schönem Craquelée) durch den hohen Gehalt an Na_2O. Nicht hoch genug gebrannte, noch poröse Scherben können im Porenraum einen ziemlich großen Anteil an Kochsalz einlagern, der später bei geeigneten äußeren Bedingungen ausblühen kann.

Das Einbringen und Verteilen des Kochsalzes in den Ofen kann erfolgen mit dem Salzlöffel durch einfaches Einstreuen durch Öffnungen im Ofengewölbe, durch Einblasen in die Feuerung, durch Einsprühen von Salzlösungen oder Einblasen von Salzdämpfen mit Hilfe spezieller Apparate. In den meisten Fällen wird nicht nur einmal, sondern mehrmals mit dazwischenliegenden Intervallen Salz zugegeben oder sehr wenig Salz über einen längeren Zeitraum zugeführt.

Die Menge der Salzzugabe richtet sich nach der Art der benutzten Masse, nach Ofenvolumen und -konstruktion, nach Art der Salzzuführung und dem gewünschten Aussehen der glasierten Oberflächen. Es werden zwischen 0,5 und 3 kg Salz pro m³ Brennraum gebraucht. Die richtige Menge wird in der Regel durch Ziehproben festgestellt. Dies ist besonders zu empfehlen, wenn häufig mit unterschiedlichem Besatz gebrannt wird.

Besonders gefärbte salzglasierte Oberflächen können auf vier verschiedene Arten erzielt werden:

a) Benutzung farbig brennender Massen
b) Benutzung farbiger Engoben
c) durch vorherigen Auftrag farbiger Smalten oder Glasuren
d) durch Zusatz färbender Metallsalze zum Kochsalz.

Jede der genannten vier Methoden hat ihre Vor- und Nachteile:

– farbig brennende Massen benötigen keinen zusätzlichen Farbauftrag, haben aber in der Regel keine so gute Feuerstandfestigkeit wie hellbrennende Massen; die Färbung verursacht zusätzliche Kosten, die Farbpalette ist sehr beschränkt
– farbige Engoben müssen vor dem Brand auf den rohen Scherben aufgebracht werden, sind aber die sicherste Methode, die die wenigsten Fehler verursacht, denn sie können nach Wunsch und Notwendigkeit variabel zusammengesetzt werden. Bei zu dünnem Auftrag werden sie oft von der Salzglasur völlig aufgelöst. Gleiches gilt für Smalten, die aber bei dickem Auftrag oft zu stark schmelzen und laufen (vgl. Abs. 1.6.9).
– zusätzlich vor dem Brand aufgetragene Glasuren ergeben die reizvollsten und variabelsten Oberflächen, erfordern aber entweder einen vorhergehenden Schrühbrand der Stücke oder ergeben eine erhöhte Fehlergefahr durch das Rohglasieren, das

Ablaufen im Brand oder eine nicht erreichbare Wiederholbarkeit der Ergebnisse.
– dem Kochsalz zugesetzte andere, färbende Schwermetallsalze, wie Kupferchlorid, Kobaltchlorid, Manganchlorid usw. setzen sich natürlich auch auf Brennhilfsmitteln und Ofenwänden ab und können im nachfolgenden Brand unerwünschte Färbungen verursachen.

Siehe auch Conrad[24], Kerl[69], Lehnhäuser[90], Salzgl. Steinzeug[133], Singer a. Singer[142], Starkey[145], Tray[155], Wilbert[168].

2.1.3.3 Brennweise für Salzglasur

Bei einfach salzglasierten Stücken aus hellbrennenden Tonen wird, je nachdem ob man gelbe bis rotbraune oder weiß-graue Oberflächen haben will, oxidierend oder reduzierend gebrannt.

Beim reduzierenden Salzbrand, wie er für das blau-graue rheinische Steinzeug üblich ist, wird erst etwa 200° unterhalb der Garbrandtemperatur der Luftüberschuß gedrosselt, so daß das gelbfärbende Eisen (III)-oxid im dann noch porösen Scherben zu grauem FeO reduziert wird. Eine unvollständige Verbrennung des Brennstoffs unter Luftmangel, wie sie für eine solche Reduktion nötig ist, erkennt man an der rauchenden, oft sogar stark rußenden Flamme und daran, daß die durch Öffnungen (Schauloch) entweichenden Verbrennungsgase mit sichtbarer Flamme außerhalb des Ofens noch vollständig verbrennen, sofern der Ofen mit Überdruck gebrannt wird. Durch die unvollständige Verbrennung des Brennstoffs verlangsamt sich die Temperatursteigerung bis zur Garbrandtemperatur.

Kurz vor dem Salzen sollte immer einmal, etwa 5 bis 10 Minuten lang, mit klarer oxidierender Flamme gebrannt werden, damit Rußablagerungen im und auf dem Scherben wegbrennen können.

Soll der salzglasierte Scherben grau bleiben, so darf nach dem Salzen während des Abkühlens keine Luft in den Ofen gelangen (bei mit Holz und Kohle beheizten Öfen, in denen in der Regel keine Sturzkühlung möglich ist). Bei modernen Gasöfen kann nach dem Salzen sofort mit viel Luft bis auf etwa 700 °C schnell abgekühlt werden, ohne daß der Scherben braun wird, weil durch die Glasurschicht die Oberfläche so abgedichtet ist, daß kein Sauerstoff mehr bis an den Scherben vordringen kann, sofern die Abkühlung und damit das Erstarren der Glasur schnell genug geschieht (die Sturzkühlung soll innerhalb einer Stunde geschehen und darf auf keinen Fall unter 700 °C fortgeführt werden!). Bei langsamem Abkühlen in oxidierender Atmosphäre entstehen gelbe bis rotbraune oder braune Farbtöne in der Oberfläche des Scherbens.

2.1.3.4 Das Salzen mit verschiedenen Salzmischungen

Werden anstelle von Kochsalz NaCl andere Alkali- und Erdalkalisalze benutzt, kann ebenfalls eine Salzglasur entstehen, wenn es sich dabei um zwischen 900–1000 °C leicht verdampfbare Stoffe handelt. Sicherer wirken Mischungen aus NaCl mit Alkalikarbonaten, -boraten, -chloriden oder -nitraten, wie etwa:

Borax $Na_2B_4O_7$ bzw. $Na_2B_4O_7 \cdot 10H_2O$
Soda Na_2CO_3 bzw. $Na_2CO_3 \cdot 10H_2O$
Pottasche K_2CO_3 (nur in Lösungen brauchbar, weil hygroskopisch!)
Salpeter $NaNO_3$ bzw. KNO_3
krist. Borsäure (Sassolin) H_3BO_3
Zinkchlorid $ZnCl_2$ und andere.

Daraus können leichtere Schmelzbarkeit und ausreichende Glasurbildung auch schon bei niedrigerer Temperatur (ab 1060 °C) resultieren, sowie u. U. eine dickere Glasurlage. Allerdings steigen auch die Kosten für das Salzen erheblich.

Als positiv hat sich ein Zusatz von Borax oder besser Borsäure zum Kochsalz erwiesen, wenn bei möglichst niedrigen Temperaturen gesalzen werden soll, denn dadurch werden Glätte und Glanz der Glasuroberfläche verstärkt und die Haarrißbildung stark verringert. Zusatzmenge: 3 bis 15%.

Chloride und Nitrate der Schwermetalle, z. B. von Co, Cu, Mn, Fe, Ni, usw. können leicht den ganzen Besatz des Ofens färben, wenn sie dem Kochsalz zugesetzt werden (Zusatzmengen zwischen 5 bis 50%). Es entstehen dann die typischen Alkaliglasur-Färbungen. Salzglasuren mit chloridfreien Salzen verursachen keine Umweltprobleme, weil keine HCl-Nebel entstehen können. Es wird auch berichtet, daß Meerwasser zum Salzen benutzt wurde.

Breitere Erfahrungen fehlen in Deutschland völlig oder sind nicht bekannt geworden, weil fast nirgends kleine Versuchsöfen für Salzbrandexperimente zur Verfügung stehen.

NaCl allein hat sich als beste und billigste Möglichkeit erwiesen, denn es verdampft schon bei 800 °C merklich (bei einer Schmelztemperatur von 776 °C) und wird bei Berührung mit glühenden Oberflächen bei gleichzeitiger Anwesenheit von Wasserdampf besonders schnell zersetzt.

Das Salzen im elektrisch beheizten Ofen ist nicht sinnvoll, weil die metallischen Heizleiter durch die Salzdämpfe extrem schnell zerstört werden. Auch mit keramischer Faserauskleidung versehene Öfen sollten für Salzbrand nicht benutzt werden, weil die Fasermatten nach einigen Salzbränden plötzlich ihre typischen Eigenschaften verlieren.

2.1.3.5 Zusätzliche Glasuren für den Salzbrand

Zum Brand mit zusätzlicher Salzglasur lassen sich vor allem diejenigen Glasuren gut benutzen, die durch die Alkalizufuhr der Salzanflüge interessante Oberflächen bekommen, die sehr hochviskose Schmelzen bilden und üblicherweise bei höheren Temperaturen gebrannt werden, also Feldspat-, Steinzeug- und Porzellanglasuren. Je nach Stärke des Salzanflugs ergeben sich sehr unterschiedliche Oberflächen, denn die zusätzliche Zufuhr alkalischen Flußmittels bewirkt eine niedrigere Viskosität der Glasurschmelze, eine größere Wärmedehnung und ein sehr viel stärkeres Lösen von mattierenden, trübenden oder färbenden Glasurbestandteilen. Vor allem die durch Kupfer- und durch Eisenoxid gefärbten Glasuren können durch die zusätzliche Salzglasur stark an Farbe verlieren, weil diese Oxide im Moment des Salzens als Chloride besonders leicht flüchtig werden.

1)	SK 8/9	gelb-bräunlich, matt, oxidierend oder reduzierend,				*A. Oppermann*
		0,48 K_2O	0,70 Al_2O_3	4,80 SiO_2		52,5 Kali-Feldspat
		0.40 CaO		0.58 TiO_2		7,9 Kreide
		0.12 MgO				2,0 Magnesit
						11,0 china clay
						17,5 Quarz
						9,1 Rutil
2)	SK 8/9	graugrünlich, halbmatt, reduzierend,				*T. Burmeister*
		0.073 K_2O	0.44 Al_2O_3	2.40 SiO_2		25,7 Kali-Feldspat
		0.660 CaO				42,5 Kalkspat
		0.267 MgO				21,7 Talkum
						6,1 china clay
						4,0 Quarz

(3) 2.1.3.5

3)	SK 8/10	rötlichmatt bis grünlichglänzend, opak, oxidierend oder reduzierend,			*H. Jäger*

0.095 K$_2$O   0.132 Al$_2$O$_3$ 1.57 SiO$_2$
0.189 CaO   0.09 TiO$_2$
0.419 MgO   + 1.5% SnO$_2$
0.202 ZnO   2.0% CuO
0.095 PbO

 26,2 Kali-Feldspat
 20,5 Talkum
 13,2 Fritte 90001
  9,0 Quarz
  8,7 Dolomit
  8,3 Zinkoxid
  5,4 Wollastonit
  4,9 china clay
  3,8 Rutil
+ 2,0 Kupferoxid
  1,5 Zinnoxid

---

4)   SK 6a/8   glänzend, dunkelseladon, transparent, reduzierend,   *H. Wydra*

0.206 K$_2$O   0.513 Al$_2$O$_3$ 3.00 SiO$_2$
0.300 Na$_2$O
0.100 ZnO   + 1% Fe$_2$O$_3$
0.155 CaO
0.239 BaO

 31,8 Feldspat B 412
 43,6 Feldspat Ventilato
 13,0 Bariumcarbonat
  5,0 china clay
  4,3 Kreide
  2,3 Zinkoxid
+ 1,0 Eisen (III)-oxid

---

5)   SK 7/9   weiß, matt bis glänzend opak, oxidierend oder reduzierend,   *U. Winkler*

0.248 K$_2$O   0.315 Al$_2$O$_3$ 2.28 SiO$_2$
0.376 CaO   0.17 SnO$_2$
0.376 MgO

 52,4 Kali-Feldspat B 412
 26,2 Dolomit
 15,0 Quarz
  6,4 china clay
+ 9,5 Zinnoxid

---

6)   SK 5a/8   weiß, opak, glänzend, oxidierend oder reduzierend, brennbar

0.012 Li$_2$O   0.608 Al$_2$O$_3$ 2.857 SiO$_2$
0.072 K$_2$O   0.498 B$_2$O$_3$ 0.167 SnO$_2$
0.412 Na$_2$O
0.398 CaO
0.106 PbO

 22,7 china clay
 18,2 Na-Feldspat Ventilato
 13,6 Fritte 90062
  9,1 K-Feldspat B 412
  9,1 Quarz
  9,1 Kreide
  3,6 Lithiumcarbonat
  9,2 Zinnoxid

---

7)   SK 2a/6a   glänzend gelbbraun, niedrigviskos, transparent oxidierend oder reduzierend,

0.283 Li$_2$O   0.130 Al$_2$O$_3$ 0.820 SiO$_2$
0.110 Na$_2$O   0.309 B$_2$O$_3$
0.517 ZnO   0.131 Fe$_2$O$_3$
0.090 CaO

 19,6 Zinkoxid
 19,6 Kristallborax
 15,7 china clay
 15,7 Quarz
  9,8 Calciumborat-6-hydrat
  9,8 Lithiumcarbonat
  9,8 Eisen (III)-oxid

8) SK 5a/8 halbmatt-glänzend hellgrünoliv, reduzierend brennen!

0.008 Li_2O	0.249 Al_2O_3	1.150 SiO_2	39,6 K-Feldspat B 412
0.140 K_2O	0.004 Fe_2O_3		38,0 Kalkspat
0.801 CaO			14,3 Kaolinton 132/I
0.051 MgO			4,7 Dolomit
			2,8 Quarz
			0,3 Lithiumcarbonat
			0,3 Eisen (III)-oxid

9) SK 5a/8 farblos bis chinarot, glänzend, reduzierend brennen!

0.067 Na_2O	0.285 Al_2O_3	2.040 SiO_2	42,4 K-Feldspat B 412
0.268 K_2O	0.090 B_2O_3	0.060 SnO_2	21,1 Kreide
0.573 CaO			11,5 Quarz
0.030 BaO	+ 2.2% CuO		10,5 Fritte 90167
0.062 ZnO			5,3 china clay
			2,2 Bariumcarbonat
			1,8 Zinkoxid
			3,1 Zinnoxid
			2,1 Kupferoxid

10) SK 7/9 farblos, transparent glänzende Innenglasur, oxidierend oder reduzierend,

K. Glier

0.30 K_2O	0.50 Al_2O_3	2.90 SiO_2	41,5 K-Feldspat B 412
0.60 CaO	0.10 B_2O_3		25,2 Quarzmehl W 10
0.10 ZnO			12,8 Kaolin
			12,5 Kreide
			5,8 Calciumborat-6-hydrat
			2,2 Zinkoxid

11) SK 6a/8 matt bis glänzend titangrau bis -blau, reduzierend brennen!

0.15 Na_2O	0.225 Al_2O_3	2.80 SiO_2	24,2 K-Feldspat B 412
0.15 K_2O	0.150 B_2O_3	0.02 SnO_2	23,0 Quarzmehl W 10
0.20 CaO			16,3 Fritte 90001
0.05 MgO			11,7 Na-Feldspat Ventilato
0.25 ZnO	+ 3% TiO_2		8,2 Kristallborax
0.20 PbO			5,8 Zinkoxid
			4,4 Kreide
			2,6 Dolomit
			0,8 Zinnoxid
			+ 3,8 Titanoxid

12) SK 5a/7   matt bis kristallin, niedrigviskos, beigegelblich, oxidierend oder reduzierend

0.242 K_2O	0.042 Al_2O_3	1.530 SiO_2	57,6	Fritte 90012
0.462 ZnO	0.009 Sb_2O_3	0.47 TiO_2	14,1	Titanoxid
0.296 PbO	+ 0.5% WO_3		14,0	Zinkoxid
	2.0% MoO_3		10,2	Quarzmehl
			4,1	china clay
			1,0	Antimonoxid
			+ 2,0	Molybdänoxid
			0,5	Wolframoxid

13) SK 6a/8   matt bis halbmatt, weißlich halbopak, oxidierend oder reduzierend

0.540 Na_2O	1.659 Al_2O_3	5.60 SiO_2	30.5	Nephelin-Syenit
0.167 K_2O			24,8	Quarzmehl
0.147 CaO			20,5	china clay
0.073 MgO			12,2	Dolomit
0.073 ZnO			6,6	Kreide
			5,4	Zinkoxid

14) SK 6a/7   seidenmatt, schwarzbläulich, oxidierend oder reduzierend,   *C. Christmann*

0.092 K_2O	0.158 Al_2O_3	1.390 SiO_2	26,1	K-Feldspat
0.262 CaO	0.138 Fe_2O_3		21,8	Quarz
0.396 MgO			13,0	Magnesit
0.043 BaO	+ 1% $CoCO_3$		11,3	Eisen(III)-oxid
0.207 ZnO			8,8	Dolomit
			8,7	Kaolin
			8,7	Kalkspat
			8,6	Zinkoxid
			4,3	Bariumcarbonat
			+ 1,0	Kobaltcarbonat

15) SK 6a/7   seidenmatt, rötlichgrau, reduzierend,   *C. Christmann*

0.026 K_2O	0.053 Al_2O_3	0.86 SiO_2	35,4	Zinkoxid
0.116 CaO	0.024 B_2O_3		20,2	Talkum
0.224 MgO			15,2	Quarz
0.024 BaO	+ 1% $CuCO_3$		10,1	K-Feldspat
0.610 ZnO			6,5	Kalkspat
			5,1	china clay
			4,0	Calciumborat-6-hydrat
			3,5	Bariumcarbonat
			+ 1,0	Kupfercarbonat

16)	SK 6a/8	seidenmatt bis glänzend, braungelb bis grünlich, oxidierend oder reduzierend,		H. Otten

0.102 Na$_2$O	0.435 Al$_2$O$_3$	1.833 SiO$_2$	43,5 Ton W 100 weiß fett
0.073 K$_2$O	0.049 Fe$_2$O$_3$	0.024 TiO$_2$	26,1 Basaltmehl TK
0.179 CaO			17,4 Zinkoxid
0.160 MgO			13,0 Fritte 1233 M&M
0.486 ZnO			

17)	SK 6a/7 bis 8/9	»Kölschbraun«-Variationen, gelbbraun bis dunkelbraun, rotbraun bis grünlichbraun, je nach Brand und Salzanflug	
	SK 6a/7 :		78,0 Lavalith (Basaltlava) Kreutz
			17,0 fetter Steinzeugton, weiß
			5,0 Zinkoxid
	SK 7/9 :		38,4 Braunkohlenasche
			29,2 Na-Feldspat
			27,4 Steinzeugton weiß fett
			5,0 Eisen(III)-oxid
	SK 8/9 :		62,5 Basaltmehl
			20,0 Lepidolith
			17,5 Steinzeugton weiß fett
	SK 8/9 :		78,0 rotbrennender Steinzeugton
			12,0 Zinkoxid
			10,0 Kreide

Für dieses »Kölschbraun« lassen sich gut eisenoxidreiche Tone und/oder Gesteine verwenden. Enthalten diese größere Anteile an CaO, MgO oder auch TiO$_2$, können lebhafte Oberflächentexturen und -färbungen entstehen und angenehm warme gelbbraune Farben. Soll die gelbe Färbung überwiegen, können Zusätze von Alkalifritten, Zinkoxid, Titanoxid sinnvoll sein:

18)	SK 7/8	seidenmatt, opak, braungelb, oxidierend oder reduzierend,	D. Frank
			36,0 dolomitischer Kalkmergel
			28,3 Kreutzton, rotbrennend
			21,4 Lavalith Kreutz oder Basalt
			14,3 Fritte 90187 Degussa

19)	SK 6a/8	seidenmatt, opak, braungelb oxidierend oder reduzierend,	Y. Kallenberg
			52,0 Niederahrer Ton, rotbrennend
			22,1 Fritte 90368 Degussa
			14,8 Magnesit
			7,4 Kalkspat
			3,7 Rutil

2.1.3.6 Reduktionsglasuren im Salzbrand

Reduzierender Brand mit Salzglasur ist dort sinnvoll, wo

1. eine hellgraue Scherbenfarbe bei Steinzeug gewünscht wird als Kontrast zu andersfarbiger Bemalung;
2. der Scherben sehr stark verglast und bis nahe an die Grenze seiner Feuerstandfestigkeit gebrannt sein soll;
3. der besondere Reiz der durch Reduktion entstehenden Farben und Oberflächen genutzt werden soll;
4. schnellere und stärkere Rekristallisation der Glasur gewünscht wird.

2.1.3.6.1 Einflüsse des Salzens

Der Unterschied zum normalen Reduktionsbrand besteht darin, daß durch das Salzen mit Kochsalz eine sehr starke Zufuhr von Alkalioxid auftritt, welches bei den hohen Temperaturen entsprechend reaktionsfreudig ist und die färbenden Stoffe auf der Scherbenoberfläche löst und in ihrer Konzentration stark verdünnt; gleichzeitig wird dadurch eine dünnflüssige Schmelze gebildet, so daß sie leichter reduzierbar wird — allerdings auch leichter wieder aufoxidiert werden kann, wenn Sauerstoff vorhanden ist.

Zusätzlich werden die färbenden Oxide im Augenblick der Salzzugabe durch Bildung ihrer Chloride mobilisiert, wenn nicht sogar flüchtig. Dieser Vorgang wird durch die gleichzeitig ablaufende, aber trägere Salzglasurbildung, in der die färbenden Stoffe gelöst und damit festgehalten werden, gebremst und aufgehoben.

Die alkalireiche Salzglasur hat ein extrem hohes Lösevermögen für alle Arten färbender Schwermetalloxide.

Verdampfen als Chlorid und Lösen des Farbstoffes läßt oft jeden vorher etwas zu dünn aufgetragenen, farbigen Scherbenüberzug wirkungslos werden, so daß vielfach bei besonders dickem Salzglasuranflug nur noch die ursprüngliche Scherbenfarbe bestimmend bleibt.

Aus diesen Gründen ist im reduzierenden Salzbrand oft das Zusammenspiel der folgenden Faktoren enorm einflußreich auf das Aussehen der gebrannten Glasuroberfläche:

a) Zeitpunkt starker oder schwacher Reduktion und deren Dauer
b) Zeitpunkt der Salzzugabe und evtl. dazwischenliegende Intervalle bei gleichbleibender reduzierender Ofenatmosphäre
c) Menge des jeweils zugegebenen Salzes
d) Auftragsstärke der Engoben, Smalten, Farboxide oder Glasuren
e) Dichte und Art des Ofenbesatzes (und davon z. T. abhängig:)
f) Strömungswege und Strömungsgeschwindigkeit der Rauchgase und Salzdämpfe im Brennraum.

Außerdem können die typischen Reduktionsfarben nicht nur durch die vor dem Brand aufgetragenen Scherbenüberzüge oder Bemalungen entstehen, sondern auch durch den Anflug der unabsichtlich von anderen Oberflächen im Ofen verdampfenden Schwermetallchloride (z. B. Eisenchlorid aus den Ofenwänden). Auch bei den Öfen mit Hochgeschwindigkeitsbrennern und mit starker Turbulenz der Ofenatmosphäre ist es nicht gleichgültig, an welcher Stelle bestimmte Stücke im Ofen stehen, an welcher Stelle und auf welche Weise das Salz in den Ofen eingebracht wird.

2.1.3.6.2 Einflüsse der Farboxide

Besondere Reduktionsfarben können natürlich nur dort erwartet werden, wo sich durch den Sauerstoffentzug die Farbwirkung der Metalloxide ändert. Das ist nur der Fall bei Eisenoxiden, Kupferoxid, Titanoxid, Antimon- und Zinnoxid, Wismutoxid, Vanadin-, Molybdän- und Wolframoxid.

Kobaltblau, Chromgrün, Manganbraun und -violett und viele schwarze Glasurfarben verändern sich nicht im reduzierenden Salzbrand.

Schwarze, graue, braune bis gelbe Färbungen entstehen auch durch eingelagerten Kohlenstoff, wenn er in der schmelzenden Glasur oder der sich bildenden Salzglasur eingeschlossen wird, ehe er zu CO_2 oder CO verbrennen konnte.

a) Eisenoxide ergeben je nach Reduktionsgrad, Oxidation beim Abkühlen und prozentualem Anteil in der Glasurschicht gelbe, gelbgrüne, dunkelgrüne bis braungrüne Farbtöne, die auch ins grau- oder olivgrün spielen können, wenn das Eisenoxid völlig in der Glasur gelöst vorliegt; ist mehr als 4% Eisenoxid in der Glasurschicht vorhanden, so entstehen schnell braune, graubraune oder schwarze Färbungen, denn nur das ionogen gelöste FeO kann die typischen grünen Seladonfarben hervorrufen; ungelöstes, als Pigment vorhandenes FeO oder Fe_2O_3 muß mit seiner Eigenfarbe färben. Denn der höhere Gehalt an Eisenoxid und/oder Erdalkalioxiden bewirkt, daß beim Abkühlen der Schmelze, wenn sich deren Lösevermögen verringert, Eisenoxide oder Eisen-Erdalkali-Silikate kristallin ausgeschieden werden. Dies stört mehr oder weniger die Grünfärbung und kann mit einer Minderung der Transparenz bis zum völligen Opakwerden verbunden sein.

Da die lösende Wirkung der Salzglasur zusätzlich auftritt, entstehen im reduzierenden Salzbrand mit vielen sonst gelbbraun bis dunkelbraunen Glasuren schöne und angenehm klare Seladonglasuren, wenn nicht zu dick aufgetragen war und eine ausreichend dicke Salzglasurschicht gebildet wurde.

Aus den bisher geschilderten Vorgängen wird ersichtlich, daß der reduzierende Salzbrand besonders bei recht unterschiedlicher Auftragsstärke eisenoxidhaltiger Glasuren leicht auf einem Stück gleichzeitig gelbe, grüne, graue, braune und schwarze Farben allein durch Eisenoxide entstehenlassen kann.

b) Kupferoxid löst sich leicht und schnell in Alkalisilikatschmelzen mit grüner oder blauer Ionenfärbung und läßt sich auch leicht zu Cu_2O oder Cu reduzieren. Als metallisches atomares Kupfer ist es in der Silikatschmelze nicht mehr löslich und fällt aus und verleiht dann der erstarrenden Glasurschicht seine Eigenfarbe (kupferfarben bis braun); wenn es nur in geringen Mengen – meist weniger als 1%, maximal 2% – zugesetzt wurde, können sich die entstehenden metallischen Kupferatome nur bis zur kolloidalen Korngröße zusammenfinden und färben dann aufgrund optischer Erscheinungen intensiv rot. Sobald aber Sauerstoff erreichbar wird, löst sich dieses rote kolloidale »Pigment« sofort wieder als Cu^{2+}-Ion in der Schmelze auf, die Farbe verschwindet oder es bleibt allenfalls eine sehr schwache grünliche Färbung sichtbar.

Die Schwierigkeiten im Salzbrand liegen bei der Kupferrotfärbung besonders in den unter 1. genannten Zusammenhängen: der Kupferoxidzusatz für Kupferrot muß sehr niedrig sein, Kupferchlorid ist aber besonders leicht flüchtig, so daß oft überhaupt keine Rotfärbung zustande kommt; höherer Gehalt an Kupferoxid führt aber schnell zu braunroten oder leberbraunen Farben und schon bei leichtester Reoxidation zu Grün- und/oder Schwarzfärbung, oft in unregelmäßig fleckiger Form.

Zusätzliche Hemmnisse bietet die Tatsache, daß sich hochviskose Glasuren ohne Blei- und Boroxidgehalt, wie sie für den Salzbrand richtig sind, nicht so gut reduzieren lassen, die niedrigviskosen Alkali-Blei-Bor-Glasuren aber, die für Kupferrot ideal sind, zu leicht ablaufen. Dies gilt vor allem für die intensiv roten Oberflächen vom Typ »China-Rot«. Schöne Oberflächen können aber entstehen, wenn man mit Kupferoxid schwach grün gefärbte Mattglasuren zu recht variablen rosa bis hellpurpurgrauen Oberflächen brennt. Dabei nehmen die typischen basischen Mattglasuren den Salzanflug nicht so stark an und behalten mehr ihren Eigencharakter. Natürlich spielt die Farbe des reduzierend gebrannten Scherbens auch eine große Rolle, so daß die wirklich weißbrennenden Porzellanmassen auch die klarsten und leuchtendsten roten Oberflächen ergeben können.

Zinn- und Eisenoxide, wie sie zum Erreichen guter kolloidaler Kupferrotfarben als Reduktionshilfe oft empfohlen werden, sind im Salzbrand mit Sturzkühlung nicht unbedingt erforderlich.

c) Titanoxid nimmt im reduzierenden Salzbrand eine wichtige Stelle als Trübungs- und Mattierungsmittel ein, weil es sich aus den alkalireichen Salzglasurschmelzen ebenso leicht kristallin ausscheidet wie aus anderen niedrigviskosen Glasuren. Hierbei ist, vor allem bei den mit Sturzkühlung betriebenen Öfen, die Reduktion besonders förderlich.

Oxidierend gebrannt scheidet sich TiO_2 aus den Glasurschmelzen beim Abkühlen in der relativ grobkristallinen Form nadelförmigen Rutils aus. Je größer dabei die Einzelkristalle werden, desto eher soll gleichzeitig eine Gelbfärbung eintreten, die durch Spuren von Eisenoxid, Chromoxid, Antimonoxid oder Kobaltoxid noch verstärkt wird. Je kleiner die einzelnen Kristallindividuen bleiben, desto eher ist eine Weißtrübung feststellbar. Wird TiO_2 in der Form des Anatas ausgeschieden, soll die Färbung überwiegend weißbläulich sein. Dies ist eher in reinen Alkaliglasuren der Fall als in Glasuren mit höherem Erdalkaligehalt.

Durch den zusätzlichen Einfluß der Reduktion entstehen bei Abwesenheit von Eisenoxiden in der Regel im Salzbrand weiß bis grauweiße oder beigegraue, deckende, oft gewölkte, teils matte bis halbmatte oder auch glänzende

Glasoberflächen mit manchmal auftretenden silbermetallisch glitzernden Kristallausscheidungen. Im oxidierenden Brand gelbbrennende Glasuren werden dabei oft weiß mit einem Stich ins rötlichbraune.

Ist der TiO_2-Gehalt so gering, daß sich keine großen Kristallausscheidungen bilden können, sondern diese im kolloidalen Größenbereich bleiben, kommt es zu deutlicher Blaufärbung. Dieses Titanblau ist im Salzbrand als durchgehende Flächenfärbung nicht zu erreichen, weil die kolloidalen Teilchen in der dünnflüssigen Schmelze schon bei noch hohen Temperaturen schnell zu größeren, weiß bis gelblich trübenden Individuen heranwachsen. Das Titanblau ist deshalb auch kein transparentes Blau, sondern immer opak und meist mit hellen Wolken und Schlieren durchsetzt. Die leichte und schnelle Rekristallisation des in der Glasurschmelze gelösten TiO_2 als Rutil oder Anatas macht es im Salzbrand offensichtlich auch schwieriger, das gelb bis weiß trübende Pigment zum violettgrau gefärbten Ti^{3+}-Ion zu reduzieren, wie das beim Nachreduzieren im Elektrobrand so gut gelingt. Wahrscheinlich ist aber auch die Reoxidation beim Abkühlen so schnell, daß die Reduktionsfarbe des Ti_2O_3 nicht erhalten bleibt.

d) Antimonoxid und Zinnoxid bilden zusammen auch im Salzbrand ein angenehmes Taubengrau schon bei schwacher Reduktion. Das hohe Lösevermögen der Salzglasur stört hier aber stark sowohl die Farbe als auch die Farbintensität und Deckkraft. Empfehlenswert sind hier gleichzeitige Anwesenheit von Sb_2O_3, SnO_2 und TiO_2 sowie nicht zu starker Salzglasuranflug.

Interessante Gelbfarbtöne ergeben sich durch die Verbindung von ZnO, TiO_2 mit Sb_2O_3 und Spuren Chromoxid sowohl im oxidierenden wie reduzierenden Salzbrand.

e) Molybdän-, Vanadin-, Wolfram- und Wismutoxid erzeugen im reduzierenden Salzbrand gelbe, braune, grüne und blaue Färbungen, die sich deutlich vom oxidierend gebrannten Ergebnis unterscheiden. Wieweit diese Färbungen aber von der Glasurzusammensetzung oder durch zum Teil verdampfende andere färbende Oxide beeinflußt werden, konnte noch nicht eindeutig geklärt werden. Ähnliche Farbtöne können sicherlich mit entsprechenden Oxidkombinationen auf billigere Weise erreicht werden.

2.1.3.6.3 Einflüsse der Brandführung

Im Salzbrand tritt sehr häufig die Gefahr des »Verrauchens« auf, wenn zu früh und zu stark reduziert wird oder wenn man vor dem Salzen nicht eine Zeitlang klar oxidierend brennt.

Stark reduzieren sollte man erst dann, wenn die Oberflächen (Scherben, Engoben, Glasuren) schon beginnen zu sintern und zu schmelzen, damit nicht in die noch offenen Porenräume Kohlenstoff (Ruß = Graphit) eingelagert wird, der im Nachfolgenden nicht mehr verbrennt und dann als schwarzes Pigment von der Glasur eingeschlossen wird. Deshalb sollte auch im Zeitpunkt der Salzzugabe nur schwach reduzierend oder neutral gebrannt werden.

Plötzliches Einsetzen starker Reduktion verursacht in vielen Glasuren starke Blasenbildung und »Aufkochen«; dadurch entsteht bei geeigneter Zusammensetzung der Glasur vielfach eine lebendig gefleckte, mit verschiedenfarbigen Punkten und Adern versehene Oberflächentextur, die durch die Salzglasur meist nicht völlig verwischt, sondern nur zu fehlerfreier Oberfläche ausgeglichen wird.

In den meisten Fällen ist jedoch eine langsam einsetzende, nicht zu starke Reduktion, die über den gesamten Brand oberhalb 1000 °C anhält, sinnvoll.

2.1.3.6.4 Einflüsse der Abkühlung

Wenn nach dem Erreichen der Garbrandtemperatur und dem Salzen nicht sehr rasch (am besten innerhalb ½ bis 1 Stunde) auf 800 bis 700 °C abgekühlt werden kann − sei es, weil der Ventilator die dafür nötige Luftmenge nicht bringt oder weil gar keine Zwangsbelüftung möglich ist, muß dafür gesorgt werden, daß die Abkühlung ohne Luftzutritt in den Brennraum geschehen kann, am besten aber unter Erhaltung einer schwach reduzierenden Atmosphäre geschieht.

Sturzkühlung erhält die Reduktionsfarben am besten, weil die Zeit für eine merklich die Farbe verändernde Sauerstoffaufnahme zu kurz ist und durch die schnell ansteigende Viskosität der Glasurschicht alle Diffusionsvorgänge sehr rasch gebremst werden. Davon profitieren auch die Seladonglasuren, die bei Sturzkühlung ein klareres Grün oder Blaugrün erhalten; auch die kolloidale Korngröße der Kupferpartikel im China-Rot bleibt besser erhalten.

Schnelles Abkühlen zur Erhaltung der Reduktionsfarben behindert aber stets die Ausscheidung bzw. das Wachstum von Kristallphasen, die lebhafte Textur oder matte Oberflächen bewirken sollen oder eine Trübung hervorrufen. Lediglich Glasuren, die reich an ZnO und TiO_2 sind, können auch bei sehr schneller Abkühlung noch kristalline Ausscheidungen (Mattierung) bilden. Bei langsamer Abkühlung läßt die niedrigviskose Salzglasur aber auch reizvolle Kristallglasuren entstehen mit großen, gut sichtbaren Zinksilikat- oder Rutilkristallen.

2.1.3.7 Das Setzen zum Salzbrand

Da die Salzglasur als Anflug-Glasur den gesamten Besatz, Brenngut wie auch Brennhilfsmittel, mit einer Glasur überzieht, dürfen sich die einzelnen Brenngutteile natürlich nicht berühren und müssen eine spezielle Unterlage erhalten, damit sie nicht an den Brennhilfsmitteln oder aneinander festbacken. Dafür haben sich verschiedene Methoden eingeführt:

a) grober Quarzsand (0,5 bis 2 mm Korngröße) als Streusand; Nachteil: die lockeren Körner verursachen starken Befall der Ware (besonders im Moment des Salzens!).

b) feuchte, weiche Tonstücke, -streifen oder -ringe bestreut mit Quarzsand, dieser dann leicht festgeklopft, ergibt erheblich weniger Befall.

c) Anstrich mit Tonschlicker, der die groben Quarzkörner enthält und diese festhält, ergibt kaum noch Befall.

Die Quarzkörner als Trennmittel und Unterlage bewirken nur einzelne punktförmige Berührungsflächen, so daß sich die gebrannten Stücke beim Aussetzen leicht von den auch glasierten Brennhilfsmitteln lösen lassen.

Anwendbar sind auch Anstriche der Brennhilfsmittel oder Standflächen mit basischen, schwer schmelzbaren Stoffen, etwa auf der Basis von MgO oder Al_2O_3 (Magnesit, Magnesia, Dolomit, calz. Tonerde z. B.). Voraussetzung für deren Wirksamkeit sind jedoch:

genügende Schichtdicke des Anstrichs
geringer Auflagedruck (z. B. durch Eigengewicht d. Brennguts)
geringe Schichtdicke des Salzglasuranflugs

Am besten haben sich reine Al_2O_3-Anstrichmassen und -brennhilfsmittel bewährt. Sie sind aber erheblich teurer als Quarz!

Wichtig ist auch eine relativ lockere Setzweise, damit die Salzdämpfe gleichmäßig Zugang zu allen Teilen des Brenngutes finden. Gefäße mit engen Öffnungen werden vorteilhaft vor dem Brennen mit einer passenden Innenglasur ausglasiert, weil die Salzdämpfe nicht leicht ins Innere solcher Gefäße gelangen können.

2.2 Transparente Glasuren

sind durchsichtige, meist farblose, vielfach auch gefärbte Glasuren mit in der Regel glatter, glänzender Oberfläche, durch die der Scherbenuntergrund sichtbar bleibt.

2.2.0 Allgemeines – Zusammensetzung – Auftrag – Übersicht

Enthalten transparente Glasuren feine Bläschen, nicht gelöste, ungeschmolzene Teilchen oder einzelne kristalline Partikel, die sich beim Abkühlen ausgeschieden haben, oder auch Haarrisse, oder sind sie zu intensiv gefärbt, so erscheinen sie nicht mehr richtig durchsichtig und klar. Je dicker die Glasurschicht, desto eher ist dies der Fall. Deshalb sollen Transparentglasuren immer nur dünn aufgetragen werden, besonders die farblosen, die eine Unterglasur- oder Engobemalerei decken.

Abhängig von der jeweiligen Brenntemperaturhöhe darf demnach eine wirklich transparente Glasur keine sehr hohe Viskosität haben, damit die beim Schmelzen entstehenden Gasbläschen und die Luft aus den Scherbenporen leicht aus der flüssigen Glasurschicht entweichen können. Damit die beim Aufplatzen der Bläschen an der Oberfläche entstehenden »Löcher« (auch Nadelstiche, Krater usw. genannt) wieder glatt verfließen können, ist auch eine möglichst niedrige Oberflächenspannung (vgl. Abs. 1.4.2) der Glasurschmelze nötig.

Beides erreicht man durch der Brenntemperatur angemessenen Gehalt an PbO, B_2O_3 und Alkalioxiden in der Glasur und/oder durch möglichst hohe Brenntemperaturen sowie ausreichend langes Halten der Garbrandtemperatur.

Glänzende Transparentglasuren sind in der Regel neutrale Glasuren, in denen weder die sauren, noch die basischen Oxide überwiegen, noch irgendein Oxid mit besonders hohem Anteil enthalten sein soll. Am besten setzt sich eine transparente Glasur aus möglichst vielen verschiedenen Oxiden zusammen. Dies gilt vor allem für Glasuren, die unterhalb 1160 °C gebrannt werden sollen; fehlerfreie Glasuroberflächen entstehen leichter, wenn der Glasurauftrag so dünn wie möglich ist und die Glattbrandtemperatur mindestens ½ Stunde gehalten wird. Die Abkühlung kann schnell erfolgen.

Ein größerer Gehalt an MgO und Al_2O_3 sowie ausgesprochener Trübungsmittel wie ZrO_2, SnO_2, ZnO erhöht stark die Oberflächenspannung der Schmelze und mindert leicht die Transparenz; auch der Anteil des B_2O_3 sollte nicht zu hoch sein, weil sonst schnell eine Trübung (sogen. »Borschleier«) eintritt. In sehr SiO$_2$-reichen Glasuren, die noch viel ZnO oder CaO enthalten, kann diese Trübung besonders über dunklem Untergrund sehr stark erscheinen (vgl. Abs. 2.3.1.4) und eine blaue Färbung zeigen.

Sehr alkalireiche Glasuren müssen genügend Al$_2$O$_3$ und/oder SiO$_2$ und CaO enthalten, damit die gebrannte Glasurschicht genügend hart und chemisch stabil wird (wasserunlöslich bleibt). Solche Glasuren »kochen« beim Beginn des Schmelzens meist sehr stark auf im Gegensatz zu den völlig problemlos und glatt schmelzenden bleireichen Glasuren.

CaO darf in Anteilen von 0,2 bis 0,7 mol in transparenten Glasuren enthalten sein.

Übersicht:

Glasuren, die als transparente Gläser mit meist glänzender Oberfläche erstarren, können sein:

1. Fritten- oder Rohglasuren/Salzglasuren
2. Bleiglasuren, Bleiborglasuren, Alkaliglasuren, Alkaliborglasuren
3. bleifreie Geschirrglasuren
4. haarrißfreie Glasuren oder Craquelée-Glasuren
5. einfache Töpferglasuren, Rakuglasuren für niedrige Temperaturen
6. Steingutglasuren für mittleren Brenntemperaturbereich
7. Steinzeug- oder Porzellanglasuren für hohe Temperaturen
8. farbige Transparentglasuren wie etwa
   Alkaliglasuren mit ihren typischen Färbungen
   bleihaltige, intensiv farbige Ofenkachelglasuren
   Glasuren für weißengobierte Irdenware oder für Steingut
   Seladonglasuren für Steinzeug und Porzellan
9. Feldspatglasuren und Ascheglasuren

Viele dieser transparenten Glasuren lassen sich natürlich mehreren dieser Gruppen gleichzeitig zuordnen.

2.2.1 Frittenglasuren und Rohglasuren

Während Rohglasuren aus den pulverförmigen, in der Regel nicht wasserlöslichen, mineralischen Rohstoffen und chemischen Verbindungen direkt zu einem Glasurschlicker gemischt oder vermahlen werden, bestehen die Frittenglasuren zur Hauptsache aus einer Fritte, d. h. aus einem vorgeschmolzenen und wieder gemahlenen Glas (aus Rohstoffen, die auch wasserlöslich sein können), dem dann nur noch etwa 10 bis 20% Kaolin oder Ton zugesetzt werden müssen, um daraus einen auftragbaren, stabilen Glasurschlicker zu erhalten.

Solche Fritten sind heute in verschiedenster Zusammensetzung und mit den unterschiedlichsten Eigenschaften im Handel, so daß sich die Selbstherstellung von Fritten meist erübrigt.

Frittenglasuren haben entscheidende Vorteile gegenüber den Rohglasuren: die aus den Angaben der Hersteller ersichtlichen und auf Dauer garantierten Zusammensetzungen und Eigenschaften der Fritten, wie etwa Schmelzbereich, Wärmeausdehnungskoeffizient, Transformationsbereich, usw. erlauben je nach Verwendungszweck, Scherbenart und Brenntemperaturhöhe sofort die richtige Wahl der passenden Glasurzusammensetzung, die lediglich durch geringfügige Zusätze zur passenden Viskosität, Oberflächenspannung oder Wärmedehnung korrigiert werden muß.

Frittenglasuren schmelzen in der Regel bei Temperaturen, die 2 bis 3 Segerkegel niedriger sind, als Rohglasuren gleicher Segerformel; sie können deshalb erheblich mehr SiO$_2$ und Al$_2$O$_3$ enthalten, werden dadurch härter und stabiler.

Für Brenntemperaturen bis etwa 1160 °C wird man mit Vorteil Fritten benutzen; für Temperaturen oberhalb 1200 °C, wo PbO, B$_2$O$_3$ und viele Alkalioxide mehr und mehr durch Erdalkalioxide ersetzt werden können, sind Rohglasuren, weil billiger, sinnvoll.

Frittenglasuren, die zuwenig Ton oder Kaolin oder Bentonit enthalten, setzen sich leicht aus ihrer wässrigen Suspension ab, vor allem, wenn die Fritte ein hohes spezifisches Gewicht hat (wie das bei Bleifritten der Fall ist). Alkalifritten werden dabei leicht zu einem steinharten Bodensatz. Ist Zugabe von mehr Ton oder Kaolin aus keramischen Gründen nicht möglich, können auch quellfähige organische Klebstoffe, polymere Phosphate oder handelsübliche Glasurstellmittel benutzt werden. Hoch bleihaltige Glasuren sollten immer unter Verwendung von Bleifritten hergestellt werden, weil in diesen die giftigen Oxide schon in mehr oder weniger schwer- bis unlöslicher Form vorliegen, was das Arbeiten mit solchen Stoffen ungefährlicher macht.

C. Vittel[159] gibt folgende Grenzformeln an:

bleihaltige Frittenglasuren für 900 bis 1080 °C:

0,2 – 1,00 PbO	0,2 – 0,3 Al$_2$O$_3$	2,0 – 3,0 SiO$_2$
0,0 – 0,30 CaO		0,0 – 0,5 B$_2$O$_3$
0,0 – 0,25 K$_2$O		
0,0 – 0,25 Na$_2$O		
0,0 – 0,10 ZnO		
0,0 – 0,10 MgO		

bleihaltige Rohglasuren für 900 bis 1060 °C:

0,55 – 1,00 PbO	0,0 – 0,18 Al$_2$O$_3$	1,0 – 1,8 SiO$_2$
0,00 – 0,20 CaO		
0,00 – 0,20 MgO		
0,00 – 0,28 ZnO		
0,00 – 0,18 K$_2$O		
0,00 – 0,10 BaO		

2.2.1.1 Transparente farblose Frittenglasuren

Weil der größte Teil der Umwandlungs-, Zersetzungs- und Schmelzreaktionen der Rohstoffe schon beim Fritteschmelzen ablaufen konnte, sind Fritten besonders für Transparentglasuren gut geeignet und können auch deshalb schneller gebrannt werden als die entsprechende Rohglasur. Wirklich farblose Glasuren sind nur mit niedrigem Bleigehalt möglich; liegt der Anteil an PbO über 0,5 mol, sind die Glasuren mehr oder weniger gelblich.

Brenntemperat (handwritten)

20) SK 05a/03a glänzend, glatt, craquelée, bleihaltig

0.50 Na$_2$O	0.235 Al$_2$O$_3$	2.51 SiO$_2$	71,4 Fritte 90187 Degussa
0.50 PbO	1.000 B$_2$O$_3$		14,3 Quarzmehl W 10
			14,3 china clay

21) SK 06a/03a glänzend, craquelée, bleifrei,   *A. Bogatay*

0.45 Na$_2$O	0.272 Al$_2$O$_3$	3.503 SiO$_2$	62,5 Fritte 90167 Degussa
0.45 K$_2$O	0.600 B$_2$O$_3$		31,3 Quarzmehl
0.10 CaO			6,2 china clay

22) SK 04a/03a glatt, glänzend, rißfrei, bleihaltig   *G. Bähren*

0.075 Li$_2$O	0.286 Al$_2$O$_3$	3.242 SiO$_2$	69,9 Fritte 3568 Ferro
0.239 Na$_2$O	0.895 B$_2$O$_3$		21,0 Fritte 90062 Degussa
0.003 K$_2$O			9,1 china clay
0.359 CaO			
0.324 PbO			

23) SK 03a glatt, glänzend, rißfrei, bleihaltig   *U. Müller*

0.037 Na$_2$O	0.226 Al$_2$O$_3$	1.836 SiO$_2$	85,5 Fritte 3505 Ferro
0.053 K$_2$O	0.423 B$_2$O$_3$		6,8 Zinkoxid
0.519 CaO			4,3 Quarzmehl
0.030 MgO			3,4 Zinkborat
0.248 ZnO			
0.113 PbO			

24)	SK 03a/2a	glatt, glänzend, rißfrei, bleifrei				*J. Hardt*
		0.316 Na$_2$O	0.436 Al$_2$O$_3$	3.557 SiO$_2$	74,0 Fritte 3792 Ferro	
		0.007 K$_2$O	0.755 B$_2$O$_3$	0.002 TiO$_2$	14,8 Ton W 100	
		0.379 CaO	0.002 Fe$_2$O$_3$		7,4 Bariumcarbonat	
		0.036 MgO			3,8 Zinkborat	
		0.146 BaO				
		0.116 ZnO				
25)	SK 01a/2a	glänzend, rißfrei, hochviskos, bleifrei				
		0.40 Na$_2$O	0.589 Al$_2$O$_3$	4.478 SiO$_2$	83,3 Fritte 90378 Degussa	
		0.55 CaO	0.700 B$_2$O$_3$		16,7 china clay	
		0.05 ZnO				
26)	SK 2a	glänzend, glatt, rißfrei, schwach bleihaltig				
		0.069 Li$_2$O	0.322 Al$_2$O$_3$	2.980 SiO$_2$	82,6 Fritte 3568 Ferro	
		0.219 Na$_2$O	0.481 B$_2$O$_3$		8,3 china clay	
		0.003 K$_2$O			6,6 Zinkoxid	
		0.329 CaO			2,5 Bariumcarbonat	
		0.042 BaO				
		0.268 ZnO				
		0.070 PbO				
27)	SK 2a/3a	glänzend, glatt, rißfrei, bleifrei, hochviskos				
		0.20 Na$_2$O	0.422 Al$_2$O$_3$	2.343 SiO$_2$	83,3 Fritte 90368 Degussa	
		0.70 CaO	0.200 B$_2$O$_3$		16,7 china clay	
		0.10 MgO				
28)	SK 2a/4a	glänzend, glatt, craquelée, blei- und borfrei				
		0.40 Na$_2$O	0.114 Al$_2$O$_3$	4.208 SiO$_2$	62,5 Fritte 1233 M&M	
		0.30 K$_2$O			31,3 Quarzmehl	
		0.30 CaO			6,2 china clay	

2.2.1.2 Transparente farblose Rohglasuren

sind für höhere Brenntemperaturen (ab SK 2a/3a) geeignet, weil dann keine stark giftigen Bleiverbindungen und keine wasserlöslichen Alkaliverbindungen als Flußmittel nötig sind, um den Versatz schmelzen zu lassen; es genügen Feldspäte, Calciumborate, Erdalkalicarbonate, Zinkoxid, Bariumcarbonat oder geringe Anteile von Fritten als Flußmittel. Hier verhindern ZnO, Calciumborat und der in größeren Anteilen mögliche Ton oder Kaolin gut das Absetzen von Feststoffteilchen aus dem Glasurschlicker.

Hochviskose, wirklich transparente Steinzeugglasuren auf Feldspatbasis brauchen längere Brennzeiten im hohen Temperaturbereich (Halten der Garbrandtemperatur über 1 bis 5 Stunden) als niedrigviskose, borhaltige Glasuren, wenn sie bläschenfrei werden sollen.

MgO darf nur bei ausreichend hohem Gehalt an B$_2$O$_3$, Alkalien und SiO$_2$ in größerem Anteil enthalten sein (Grenzformel siehe Abs. 1.3.4).

29) SK 01a/2a   glänzend, bleifrei, zum Rohglasieren geeignet

0.106 Li$_2$O	0.282 Al$_2$O$_3$	1.268 SiO$_2$	37,72 Calciumborat-6-hydrat
0.105 K$_2$O	0.423 B$_2$O$_3$		22,41 K-Feldspat B 412
0.423 CaO			17,33 china clay
0.070 SrO			9,13 Zinkoxid
0.296 ZnO			6,45 Quarzmehl W 10
			3,98 Strontiumcarbonat
			2,98 Lithiumcarbonat

30) SK 2a   glänzend, borfrei, bleireich   nach *E. Berdel*[8]

0.15 K$_2$O	0.22 Al$_2$O$_3$	2.20 SiO$_2$	38,5 Mennige
0.30 CaO			25,5 K-Feldspat
0.55 PbO			21,3 Quarzsand
			9,2 Kalkspat
			5,5 china clay

31) SK 2a/6a   glänzend, rißfrei, bleifrei   *E. Loef*

0.047 K$_2$O	0.189 Al$_2$O$_3$	1.755 SiO$_2$	26,7 Calciumborat-6-hydrat
0.469 CaO	0.282 B$_2$O$_3$		22,8 Quarzmehl
0.235 MgO			14,8 china clay
0.096 BaO			10,6 K-Feldspat B 412
0.153 ZnO			8,8 Wollastonit
			7,5 Bariumcarbonat
			6,4 Magnesit
			5,0 Zinkoxid
			2,4 Talkum

32) SK 6a/7   glänzend, glatt, rißfrei, bleihaltig

0.013 Na$_2$O	0.364 Al$_2$O$_3$	2.484 SiO$_2$	30,8 K-Feldspat B 412
0.211 K$_2$O	0.312 B$_2$O$_3$		23,1 Kaolinton 132/I
0.250 CaO			23,0 Fritte 90062 Deg.
0.010 MgO			7,7 Kreide
0.308 ZnO			7,7 Zinkoxid
0.208 PbO			7,7 Quarzmehl

33) SK 6a/7   glänzend, rißfrei, bleifrei   *D. Frank*

0.147 Na$_2$O	0.380 Al$_2$O$_3$	2.22 SiO$_2$	21,8 china clay
0.090 K$_2$O	0.133 B$_2$O$_3$		17,4 K-Feldspat
0.608 CaO			17,4 Kalkspat
0.155 ZnO			13,1 Quarz
			8,7 Na-Feldspat
			8,7 Fritte 3782 Ferro
			8,7 Calciumborat
			4,2 Zinkoxid

34)	SK 7/9	glänzend, leicht grünlich, borfrei					*H. Ganter*
		0.191 Na$_2$O	0.279 Al$_2$O$_3$	1.653 SiO$_2$		45,5	Na-Feldspat Ventilato
		0.593 CaO				18,0	Dolomit
		0.216 MgO				17,2	Kalkspat
						10,2	china clay
						9,1	Quarzmehl W 10
35)	SK 9/10	glänzend, glatt					
		0.131 Na$_2$O	0.600 Al$_2$O$_3$	5.90 SiO$_2$		42,7	Quarzmehl
		0.126 K$_2$O				17,1	china clay
		0.413 CaO				13,6	K-Feldspat B 412
		0.330 MgO				13,3	Na-Feldspat
						7,5	Dolomit
						3,9	Kalkspat
						1,9	Magnesit
36)	SK 12/14	glänzend, glatt			nach		*Cramer/Hecht*
		0.11 K$_2$O	1.00 Al$_2$O$_3$	10.00 SiO$_2$		54,6	Quarz
		0.67 CaO				18,5	Kaolin
		0.22 MgO				9,2	geglühter Kaolin
						8,1	Marmor
						7,4	Feldspat
						2,2	Magnesit

2.2.2 Bleiglasuren und bleihaltige Transparentglasuren (mit B_2O_3)

Bleireiche Glasuren schmelzen leicht und meist ohne Blasenbildung zu einem glatten, glänzenden Glasurüberzug und zeigen selten nadelstichige Oberfläche infolge ihrer niedrigen Oberflächenspannung und ihres relativ breiten Schmelzintervalls. Blei- und borreiche Glasuren können schon ab 800 °C einwandfrei und glatt schmelzen, wenn ihr Al_2O_3- und SiO_2-Gehalt niedrig ist. Glasuren für Temperaturen bis SK 03a/02a brauchen stets wenigstens etwas PbO als Flußmittel; fehlerfreie bleifreie Glasuren lassen sich erst ab SK 02a sicher herstellen.

Bleihaltige Glasuren lösen leicht farbige Engoben und Unterglasurfarben (besonders Fe-haltige), verbinden sich gut mit dem Scherben und entwickeln Farben klar und intensiv. Sie dienen als ideale Ausgangsglasuren für weißgetrübte Fayence-Glasuren, sowie für niedrig zu brennende Farbglasuren (vgl. Abs. 2.2.4.1; 2.3.1; 2.3.2.2). Sie können als Fritte- wie auch als Rohglasur hergestellt werden, wobei nach Möglichkeit der Verwendung von Fritten als bleihaltigem Rohstoff der Vorzug zu geben ist.

Nachteile bleireicher Glasuren:
1. leichtes Verdampfen von PbO aus der Glasur beim Brand
2. geringe Oberflächenhärte der gebrannten Glasur
3. oft mehr oder weniger Gelbfärbung der Glasur
4. geringe Beständigkeit gegenüber Säuren
5. Löslichkeit des PbO aus der gebrannten Glasur in sauren Speisen — deshalb für Gebrauchsgeschirrglasuren ungeeignet bzw. nur beschränkt verwendbar, denn zulässig sind nur Mengen von 0,1 bis 0,5 mg/dm^2 gelöstes PbO aus der Glasuroberfläche bei Behandlung mit 4%iger Essigsäure (unterschiedl. Vorschriften der einzelnen Länder siehe auch Abs. 1.7.7).

Aus den mit Kupferoxid grün gefärbten Glasuren ist das PbO leichter löslich als aus den farblosen Glasuren!

---

37) SK 012a/010a glänzend, glatt, Frittenglasur, borreich, bleireich!

1.00 PbO	1.50 B_2O_3	2.29 SiO_2	76,9 Fritte 90062 Degussa
			23,1 Quarzmehl

---

38) SK 015a/010a glatt, glänzend, Frittenglasur, borreich, bleireich!

1.00 PbO	0.416 Al_2O_3	1.333 SiO_2	76,9 Fritte 90062 Degussa
	1.50 B_2O_3		23,1 china clay

---

39) SK 06a/05a glänzend, glatt, leicht, gelblich, bleireich! *J. Tranelis*

0.341 K_2O	0.519 Al_2O_3	2.781 SiO_2	50,0 Fritte 90062 Degussa
0.659 PbO	0.992 B_2O_3		40,0 Feldspat
			10,0 Kaolin

---

40) SK 05a glänzend, glatt, bleireich! nach *E. Berdel*

0.10 Na_2O	0.19 Al_2O_3	2.50 SiO_2	50,3 Fritte 90001
0.20 K_2O			23,8 K-Feldspat
0.18 CaO			9,8 Quarz
0.52 PbO			7,4 Fritte 1233 M&M
			5,1 Kaolin
			3,6 Kreide

(41) 2.2.2

| 41) | SK 04a | glänzend, glatt, bleireich! | | | nach | D. Rhodes |

0.15 K_2O 0.20 Al_2O_3 2.00 SiO_2 57,3 Fritte 90001 Degussa
0.20 CaO   28,2 K-Feldspat
0.05 MgO   6,7 Kalkspat
0.60 PbO   4,4 Kaolin
                                                     2,0 Quarz
                                                     1,4 Magnesit

42) 04a/03a   glänzend, glatt, hochviskos, bleireich!   J. Hardt

1.00 PbO   0.329 Al_2O_3 2.366 SiO_2 69,0 Fritte 90001 Degussa
                                                   20,7 china clay
                                                   10,3 Quarzmehl

43) SK 03a   glänzend, glatt, rißfrei, bleireich!   R. Kaiser

0.10 Li_2O 0.20 Al_2O_3 1.80 SiO_2 42,2 Fritte 90062 Degussa
0.25 CaO   0.75 B_2O_3 21,2 Quarz
0.25 ZnO   15,2 Kaolin
0.40 PbO   10,3 Calciumborat-6-hydrat
                                                    6,0 Zinkoxid
                                                    2,9 Kreide
                                                    2,2 Lithiumcarbonat

44) SK 2a/4a   glatt, glänzend, rißfrei, niedrigviskos, bleireich!

0.15 Na_2O 0.20 Al_2O_3 2.10 SiO_2 38,2 Fritte 90001 Degussa
0.15 K_2O 0.50 B_2O 18,0 Quarzmehl
0.20 CaO   12,9 Calciumborat-6-hydrat
0.50 PbO   11,3 china clay
                                                   10,4 Fritte 90062 Degussa
                                                    9,2 Fritte 90167 Degussa

auch Glasuren Nr. 20, 22, 30

2.2.3 Alkaliglasuren und Alkaliborglasuren

sind Glasuren, die als hauptsächliche und die Eigenschaften bestimmende Flußmittel die Alkalioxide Li_2O, Na_2O und K_2O enthalten oder zusätzlich zu diesen das Bortrioxid B_2O_3.

Bei diesen Glasuren zeigen sich öfters einige Zeit nach dem Brand weiße wasserlösliche Ausblühungen, die durch noch lösliche Verbindungen (Carbonate oder Hydroxide), welche von der Luftfeuchtigkeit herausgelöst werden, entstehen. Das tritt besonders dann auf, wenn die Glasurzusammensetzung zu wenig CaO, MgO, B_2O_3, Al_2O_3 und SiO_2 enthält.

2.2.3.1 Alkaliglasuren

haben als starke Flußmittel nur Alkalioxide in der Formel, schmelzen in der Regel unter starkem Schäumen zu einem glänzend-transparenten Glasurüberzug aus, der auf den meisten Scherben haarrissig wird, denn die Alkalioxide bewirken einen hohen Wärmedehnungswert des Glases (vgl. Abs. 1.4.3). Deswegen eignen sie sich gut als Craquelée-Glasuren mit dekorativem Rissenetz.

Je dicker die Glasurlage, desto stärker wird die Rißbildung, je höher der Alkaligehalt, desto engmaschiger das Rissenetz. Wie die Haarrißbildung aussehen wird, ist natürlich auch vom Wärmeausdehnungskoeffizienten (WAK) des Scherbens abhängig. Die Alkalioxide bewirken niedrige Schmelztemperatur und niedrige Viskosität der Schmelze, wenn auch der Gehalt an Al_2O_3 und SiO_2 niedrig ist. Solche Alkaliglasuren sind dann vielfach nicht witterungsbeständig und werden leichter durch längere Einwirkung von Wasser angelöst. Sie werden von Säuren stark angegriffen. Stabiler und chemisch widerstandsfähiger werden sie durch hohe Anteile von CaO, B_2O_3 und Al_2O_3 in der Glasur, und dadurch auch mechanisch stärker beanspruchbar. Sonst sind Alkaliglasuren wenig ritzhart. Alkaliglasuren werden nach dem Schmelzen mit steigender Temperatur schnell sehr dünnflüssig und laufen deshalb von senkrechten Flächen leicht ab, wenn sie dick aufgetragen wurden. Sollen sie glatt und blasenfrei ausfließen, ist längeres Halten der Garbrandtemperatur zu empfehlen.

Da die Verbindungen der Alkalioxide (außer den Feldspäten!) wasserlöslich sind, sollte man die Oxide in Form der entsprechenden Fritten in den Glasurversatz einführen.

Alkalireiche Glasurschmelzen haben von allen Glasuren das stärkste Lösevermögen; sie lösen – auch aufgrund ihrer niedrigen Viskosität – Engoben, Unterglasurfarben und Farboxide sowie zugefügte andere Rohstoffe leicht auf, ebenso natürlich auch die Scherbenoberfläche. Sie sind deshalb wenig geeignet, getrübte, opake (z. B. weißdeckende) Glasuren zu erreichen oder als Glasuren für Engobe- und Unterglasurdekor zu dienen. Eine Ausnahme sind die hochviskosen Feldspatglasuren durch ihren sehr hohen Al_2O_3- und SiO_2-Gehalt. Alkaliglasuren entwickeln typische Farben (oxidierend):

mit sehr wenig Cr_2O_3 (0,2 bis 0,5%) gelb bis gelbgrün
mit Nickeloxid (0,5 bis 2%) grau bis graugrün
mit Kupferoxid (0,5 bis 5%) blau, blaugrün, türkis
mit Manganoxid (1 bis 6%) rotviolett bis braunviolett
mit Eisenoxid (1 bis 8%) hellgelb bis braungelb.

Sie eignen sich wegen des großen Lösevermögens gut für Ionen- oder Lösungsfärbung, schlecht für Pigmentfärbung (durch Farbkörper), aufgrund ihrer niedrigen Viskosität gut als Ausgangsglasuren für Kristall-, Matt- und Reduktionsglasuren (Grenzzusammensetzungen siehe Abs. 1.3.4).

45)	SK 07a/05a	glänzend, craquelée, transparent, Frittenglasur			
		0.40 Na_2O	0.06 Al_2O_3	2.70 SiO_2	90,74 Fritte 1233 M&M
		0.30 K_2O			3,24 china clay
		0.30 CaO			6,02 Quarzmehl
46)	SK 06a/05a	glänzend, transparent, craquelée			W. Roil
		0.10 Li_2O	0.27 Al_2O_3	2.54 SiO_2	86,10 Fritte 1233 M&M
		0.36 Na_2O			10,40 Quarzmehl
		0.27 K_2O			3,50 Lithiumcarbonat
		0.27 CaO			

47) SK 03a/02a   glänzend, transparent, craquelée, Rohglasur

0.078 Li$_2$O	0.126 Al$_2$O$_3$	1.996 SiO$_2$	36,17 Quarzmehl W 10
0.722 Na$_2$O			31,60 Soda, kalz.
0.053 K$_2$O			12,17 K-Feldspat
0.147 CaO			11,61 Kaolin
			6,07 Kreide
			2,38 Lithiumcarbonat

48) SK 02a/1a   glänzend, transparent, craquelée

0.298 Na$_2$O	0.08 Al$_2$O$_3$	2.242 SiO$_2$	77,39 Fritte 1233 M&M
0.223 K$_2$O			15,48 Talkum
0.223 CaO			7,13 china clay
0.256 MgO			

49) SK 2a/3a   glänzend, transparent, haarrissig, Frittenglasur

0.40 Na$_2$O	0.129 Al$_2$O$_3$	4.765 SiO$_2$	58,1 Fritte 1233 M&M
0.30 K$_2$O			34,9 Quarzmehl W 10
0.30 CaO			6,9 china clay

50) SK 3a/5a   glänzend, transparent, Frittenglasur

0.265 Na$_2$O	0.148 Al$_2$O$_3$	2.613 SiO$_2$	57,35 Fritte 1233 M&M
0.197 K$_2$O			18,38 Quarzmehl
0.197 CaO			13,24 china clay
0.341 ZnO			11,03 Zinkoxid

51) SK 6a/7   glänzend, transparent, Rohglasur

0.30 Na$_2$O	0.50 Al$_2$O$_3$	3.25 SiO$_2$	45,88 Na-Feldspat
0.20 K$_2$O			32,46 K-Feldspat
0.30 CaO			11,50 Bariumcarbonat
0.20 BaO			10,16 Wollastonit

52) SK 7/8   halbglänzend, halbtransparent   *J. Preußer*

0.436 Na$_2$O	0.740 Al$_2$O$_3$	2.90 SiO$_2$	80,0 Nephelin-Syenit
0.149 K$_2$O			10,0 Kalkspat
0.408 CaO			10,0 china clay
0.007 MgO			

53) SK 9/10   transparent, glänzend, Rohglasur

0.499 K$_2$O	0.60 Al$_2$O$_3$	5.02 SiO$_2$	60,17 K-Feldspat
0.501 CaO			23,38 Quarzmehl
			10,82 Kalkspat
			5,63 Kaolin

Haarrissige Glasuren können selbstverständlich einen noch porösen Scherben nicht abdichten, sind also als Innenglasur für Hohlgeschirr nur auf Steinzeug- oder Porzellanscherben noch sinnvoll.

Mit Chromoxid bilden sich in alkalireichen Glasuren und bei niedrigen Brenntemperaturen öfters leicht wasserlösliche, giftige gelbe Alkalichromate, die sich an der Oberfläche der gebrannten Glasur beim Abkühlen als Belag ausscheiden. Dieser ist leicht mit Wasser abwaschbar.

2.2.3.2 Alkali-Bor-Glasuren

sind in der Regel leichtschmelzende, bleifreie Glasuren mit niedriger Viskosität und niedriger Oberflächenspannung der Schmelze, die meist mit glatter, glänzender Oberfläche erstarren.

Damit man den Anteil an Alkalioxiden verringern kann (weil dadurch ein kleinerer Wärmeausdehnungskoeffizient, also weniger Haarrisse entstehen) und gleichzeitig mehr schwerer schmelzbare, stabilisierende Oxide wie CaO, MgO, Al_2O_3 zugeben kann, ohne dadurch die Schmelztemperatur wesentlich zu erhöhen, ist es sinnvoll, B_2O_3 als starkes Flußmittel einzuführen und gleichzeitig möglichst mehrere verschiedene Alkalioxide zu benutzen. Da SiO_2 und B_2O_3 den Wärmeausdehnungskoeffizienten stark verkleinern, ist es dadurch möglich, leicht schmelzbare, haarrißarme und bleifreie Glasuren mit guter Beständigkeit gegen mechanische und chemische Beanspruchung zu erzeugen.

Die Oberflächenspannung der Glasurschmelze wird durch B_2O_3 erheblich kleiner, dadurch wird ein glattes Ausfließen gefördert, eine bessere Benetzung des Scherbens ermöglicht; gleichzeitig wird die Neigung zum Entglasen geringer, und die chemische Beständigkeit größer. Es können auf diese Weise viele Nachteile der bleifreien Alkaliglasuren ausgeschaltet werden.

Weil die meisten üblichen Borverbindungen wasserlöslich sind, benutzt man gern borhaltige Fritten als Versatzrohstoff.

Durch den B_2O_3-Gehalt werden allerdings die Farben solcher Glasuren nicht so klar und frisch, wie es bei den reinen Blei- und Alkaliglasuren der Fall ist.

Bleifreie Alkali-Bor-Glasuren sind für Brenntemperaturen zwischen 1000 und 1200 °C sinnvoll und eignen sich gut als Grundglasuren für:

1. deckende, opake, weiße oder farbige Glasuren (bei hohem ZnO-, CaO-, SiO_2- und B_2O_3-Gehalt – nicht für alle Farben gut!).
2. glänzende, dunkelfarbige opake Glasuren
3. bleifreie, harte Geschirr-Glasuren (bei hohem Al_2O_3- und CaO/MgO-Gehalt).
4. Aventurin-Glasuren mit hohem Alkali- und Bor-Gehalt und extrem niedrigen Al_2O_3-Gehalt
5. Steingut-Glasuren
6. bleifreie Mattglasuren (bei niedrigem SiO_2- und B_2O_3-Gehalt).

(Grenzzusammensetzung siehe Abs. 1.3.4)

54)	SK 06a/03a	glänzend, transparent, Frittenglasur			*W. Roil*
		0.699 Na_2O	0.301 Al_2O_3	3.327 SiO_2	59,26 Fritte 3759 Ferro
		0.301 CaO	1.590 B_2O_3		33,33 Fritte 3751 Ferro
					7,41 china clay
55)	SK 03a/1a	glänzend, transparent, Frittenglasur			
		0.45 Na_2O	0.417 Al_2O_3	2.423 SiO_2	66,66 Fritte 90167 Degussa
		0.45 K_2O	0.600 B_2O_3		20,00 china clay
		0.10 CaO			13,34 Quarzmehl

56)	SK 03a/02a	glänzend, transparent, Rohglasur			
		0.294 Li$_2$O	0.189 Al$_2$O$_3$	1.605 SiO$_2$	48,55 Calciumborat-6-hydrat
		0.106 K$_2$O	0.600 B$_2$O$_3$		19,22 K-Feldspat B 412
		0.600 CaO			17,43 Quarzmehl
					7,68 Lithiumcarbonat
					7,12 china clay
57)	SK 2a/5a	transparent, glänzend, Frittenglasur			
		0.399 Na$_2$O	0.549 Al$_2$O$_3$	4.408 SiO$_2$	86,96 Fritte 3782 Ferro
		0.503 CaO	0.794 B$_2$O$_3$		13,04 china clay
		0.048 MgO			
		0.050 ZnO			
58)	SK 2a/6a	transparent, glänzend, craquelée			*C. Rickhey*
		0.656 Na$_2$O	0.477 Al$_2$O$_3$	2.663 SiO$_2$	60,61 Fritte 3770 Ferro
		0.160 K$_2$O	0.301 B$_2$O$_3$		24,24 K-Feldspat
		0.184 CaO			6,06 china clay
					6,06 Kreide
					3,03 Quarzmehl
59)	SK 5a/6a	glänzend, transparent, farblos, Frittenglasur			
		0.410 Na$_2$O	0.566 Al$_2$O$_3$	2.810 SiO$_2$	90,9 Fritte 3754 Ferro
		0.100 K$_2$O	0.520 B$_2$O$_3$		9,1 china clay
		0.490 CaO			
60)	SK 5a/8	glänzend, transparent, Petalitglasur			*G. Schum*
		0.379 Li$_2$O	0.566 Al$_2$O$_3$	4.278 SiO$_2$	63,71 Petalit
		0.279 Na$_2$O	0.372 B$_2$O$_3$		31,86 Fritte 90167 Degussa
		0.279 K$_2$O			4,43 china clay
		0.063 CaO			
61)	SK 6a/8	transparent, glänzend, craquelée, Rohglasur			*U. Rhensius*
		0.296 K$_2$O	0.455 Al$_2$O$_3$	2.778 SiO$_2$	50,0 K-Feldspat
		0.704 CaO	0.088 B$_2$O$_3$		18,8 Kalkspat
					12,5 Quarzmehl
					12,5 china clay
					6,2 Calciumborat-6-hydrat
62)	SK 8/9	transparent, glänzend, craquelée, Rohglasur			
		0.300 Na$_2$O	0.443 Al$_2$O$_3$	3.244 SiO$_2$	55,1 Nephelin-Syenit
		0.094 K$_2$O	0.314 B$_2$O$_3$		21,9 Quarzmehl W 10
		0.606 CaO			12,3 Colemanit
					10,7 Kreide

2.2.4 Farbige Transparentglasuren

sind farbige, aber durchsichtige Glasuren mit glatter, glänzender Oberfläche, bei denen sowohl die Glasurfarbe als auch die Dicke der Glasurschicht und die Farbe des Untergrunds (Scherben, Engobe, etc.) den Gesamteindruck bestimmen. In der Regel werden sie über weißem Untergrund verwendet. Sie sind nur dann richtig transparent, wenn ihre Färbung durch völliges Auflösen der Farbsubstanzen im Glasfluß entsteht, d. h. nur bei Lösungs- oder Ionen-Färbung. Pigmentfärbung oder noch ungelöste Oxidteilchen würden solche Glasuren opak werden lassen, ebenso aber auch eine zu intensive Lösungsfarbe. Sie sind am schönsten bei schwacher Färbung und dicker Lage auf dem Scherben und vor allem für Relief-Oberflächen geeignet.

Blei- und Alkaliglasuren, unter Umständen mit etwas B_2O_3, aber mit niedrigem Gehalt an Al_2O_3 und Erdalkalioxiden sind gut geeignet. Der SiO_2-Gehalt darf hoch sein. Hoher Gehalt an B_2O_3 verhindert klare Farben!

Mögliche Färbungen im oxidierenden Brand:

Blau   mit Kobaltverbindungen in allen Glasurarten; Zusatzmenge zur farblosen Glasur: 0,1% bis max. 3% ergibt hellblau bis dunkelviolettblau.

Blau   mit Kupferverbindungen nur in reinen Alkaliglasuren mit sehr niedrigem Al_2O_3-Gehalt; Zusatz: 0,6% bis 4%.

Türkis mit Kupferverbindungen in Al_2O_3-reichen Alkaliglasuren, in Alkali-Bor- und in Alkali-Blei-Bor-Glasuren; größere Anteile von PbO, ZnO, B_2O_3 und Al_2O_3 machen das Alkali-Kupferblau türkisgrün. Zusatz: 1% bis 5%.

Gelb   mit Eisen-III-oxid in Alkali- und Bleiglasuren, die aber nur geringe Anteile an B_2O_3, Al_2O_3 und vor allem CaO und MgO haben dürfen. Zusatz: 1 bis 5% hellgelb bis braungelb.

Gelb   bis grüngelb mit Chromoxid in reinen Blei- oder Alkaliglasuren, oder in Blei-Alkali-Glasuren ohne Bor, nur bei niedrigen Brenntemperaturen (max. 1060° C) und niedrigem Gehalt von Al_2O_3, SiO_2; CaO, MgO, ZnO dürfen nicht enthalten sein; BaO stört nicht! Zusatz: 0,05 bis 0,8%.

Grün   mit Kupferverbindungen in Blei- und Blei-Bor-Glasuren. Je höher der B_2O_3-Anteil, desto mehr entsteht ein Blaugrün. Zusatz: 0,5 bis 5%.

Violett mit Manganverbindungen in reinen Alkaliglasuren. Mit höherem Gehalt an B_2O_3 und besonders PbO und/oder Al_2O_3 wird das Violett immer mehr braun. Erdalkalioxide stören wenig. Zusatz: 2 bis 6%.

Grün   mit Eisenoxid in allen Transparentglasuren bei reduzierendem Brand; Zusatz 0,5 bis 2%.

Alle Braunfärbungen (durch Eisen-, Mangan- oder Nickeloxid und deren Kombinationen) sind in der Regel nicht richtig transparent. Vgl. auch Abs. 2.5, Farbglasuren, Seite 261.

2.2.4.1 Transparente farbige Ofenkachelglasuren (bleireich)

sind in der Regel bleihaltige, frühschmelzende Glasuren, die für einen meist porösen, niedrig gebrannten, oft hellfarbigen oder weißen, vielfach kalkhaltigen Scherben bestimmt sind und meistens möglichst rißfreie, glatte und glänzende Oberflächen ergeben sollen.

Es sind entweder reine Bleiglasuren oder auch Alkali-Blei-Bor-Glasuren. Ihr Brennbereich liegt meist zwischen SK 06a und 2a. Der CaO-Gehalt und je nach erforderlicher Brenntemperaturhöhe auch der Al_2O_3- und SiO_2-Gehalt sollen meist möglichst hoch sein, um gute Oberflächenhärte und höhere Viskosität der Schmelze zu erreichen, was aber auf Kosten der klaren Färbung geht.

Höhere Anteile von Alkalioxiden ergeben schnell haarrissige Craquelée-Glasuren, wie sie auf Ofenkacheln auch beliebt sind. In diesem Fall soll auch auf hohen CaO- und SiO_2-Gehalt geachtet werden.

Ein breites Viskositätsfeld ist erwünscht und vielfach die Eignung zum Glasurauftrag auf den ungebrannten, rohen Scherben. Diese erfordert möglichst hohen Anteil an Ton oder Kaolin im Glasurversatz (Grenzformeln siehe Abs. 1.3.4).

---

63) SK 06a/03a   dunkelblau, glänzend, transparent, bleireich   nach *F. Häusler*[55]

         0.9 PbO   0.18 Al_2O_3 2.0 SiO_2 72,50 Fritte 90001 Degussa
         0.1 K_2O 15,83 K-Feldspat
                        + 3% $CoCO_3$ 5,86 Zettlitzer Kaolin
                                                                      5,81 Quarzmehl
                                                                  +   3,00 Kobaltcarbonat

64)	SK 06a/03a	türkisgrün, glänzend, craquelée, bleireich!			L. Mišić/S. Furjan
		0.5 Na_2O	0.235 Al_2O_3	2.973 SiO_2	71,5 Fritte 90187 Degussa
		0.5 PbO	1.00 B_2O_3		14,3 china clay
					+ 14,2 Quarzmehl
			+ 2,5% CuO		2,5 Kupferoxid
65)	SK 05a/03a	dunkelbraun, glänzend, für kalkreichen Scherben, bleireich			
		0.007 Na_2O	0.188 Al_2O_3	1.784 SiO_2	81,6 Fritte 3441 Ferro
		0.051 ZnO	0.015 B_2O_3		12,2 Quarzmehl
		0,942 PbO			4,2 Kaolin
					1,2 Zinkoxid
			+ 5% MnO_2		0,8 Kristallborax
			1% Fe_2O_3		+ 5,0 Braunstein
					1,0 Eisen(III)-oxid
66)	SK 05a/03a	dunkelgrün, glänzend, transparent, bleireich!			
		0.007 Na_2O	0.198 Al_2O_3	1.837 SiO_2	81,0 Fritte 3441 Ferro
		0.051 ZnO	0.015 B_2O_3		12,1 Quarzmehl
		0,942 PbO			4,9 Kaolin, Zettlitzer
					1,2 Zinkoxid
			+ 3% CuO		0,8 Kristallborax
			0,3% Cr_2O_3		+ 3,0 Kupferoxid
					0,3 Chromoxid
67)	SK 05a/01a	glatt, glänzend, hellgelb, bleireich!			
		0.010 Na_2O	0.134 Al_2O_3	1.651 SiO_2	86,0 Fritte 3441 Ferro
		0.033 ZnO	0.021 B_2O_3		12,0 Quarzmehl
		0.957 PbO			1,2 Kristallborax
					0,8 Zinnoxid
					+ 20,0 rotbrenn. Schieferton
					1,0 Eisen(III)-oxid
68)	SK 04a/02a	braun, glänzend, transparent, bleireich!		nach	F. Häusler[55]
		0.1 K_2O	0.3 Al_2O_3	1.9 SiO_2	58,24 Fritte 90001 Degussa
		0.1 MgO			23,48 Zettlitzer Kaolin
		0.8 PbO	+ 3% MnO_2		12,48 Fritte 1509 M&M
			1% Fe_2O_3		3,24 Quarz
					2,55 Magnesit
					+ 3,00 Braunstein
					1,00 Eisen(III)-oxid

69)	SK 03a/02a	hellgrün, glänzend, transparent, bleireich!				nach	*F. Häusler*[55]
		0.10 K_2O	0.15 Al_2O_3	1.9 SiO_2		59,25	Fritte 90001 Degussa
		0.25 CaO				17,91	K-Feldspat
		0.65 PbO	+ 2% CuO			10,63	Quarz
						8,05	Kreide
						4,16	Kaolin
					+	2,00	Kupferoxid

70)	SK 03a/02a	glänzend, blaugrün, bleihaltig!				nach	*F. Häusler*[55]
		0.22 K_2O	0.18 Al_2O_3	1.80 SiO_2		32,30	Fritte 90062 Degussa
		0.34 CaO	0.73 B_2O_3			20,88	Calciumborat
		0.44 PbO				17,10	K-Feldspat
			+ 2% CuO			15,18	Fritte 90012 Degussa
			0.5% CoO			6,65	Quarz
						6,35	Zettlitzer Kaolin
						1,54	Kreide
					+	2,00	Kupferoxid
						0,50	Kobaltoxid

71)	SK 04a/02a	gelb, glänzend, craquelée, transparent, bleireich!					*J. Oster*
		0.1 Na_2O	0.13 Al_2O_3	1.85 SiO_2		63,7	Fritte 90001 Degussa
		0.2 K_2O				16,9	Na-Feldspat
		0.7 PbO	+ 0.6% Cr_2O_3			10,5	Quarzmehl
						6,4	Pottasche
						2,5	china clay
					+	0,6	Chromoxid

72)	SK 01a/2a	grün, glänzend, dünnflüssig, bleihaltig!					*K. Rebmann*
		0.199 Na_2O	0.049 Al_2O_3	0.787 SiO_2		60,6	Fritte 90187 Degussa
		0.005 K_2O	0.394 B_2O_3			30,3	Kreide
		0.598 CaO				9,1	Ton 1200
		0.001 MgO	+ 1% CuO		+	1,0	Kupferoxid
		0.197 PbO					

2.2.4.2 Transparente farbige Alkali- und Alkali-Bor-Glasuren

sind frühschmelzende, leichtflüssige, glänzende Glasuren und stark haarrissig. Ihr besonderer Craquelée-Charakter kommt am besten bei extrem dicker Lage (bis 10 mm!) gut zur Geltung, auch wenn sie nur schwach gefärbt sind. Sie sollten stets nur über hellem Untergrund aufgetragen werden. Bei schnellem Brennen ohne Halten der Garbrandtemperatur erstarren sie mit vielen kleinen Bläschen. Ihr Viskositätsintervall ist sehr schmal. Sie sind in der Regel bleifrei. Bei sehr dickem Auftrag können sie oft nur horizontal liegend gebrannt werden und müssen zusätzlich durch Stege vor dem Ablaufen bewahrt werden (vgl. Abs. 2.2.3).

73)	SK 05a/03a	glänzend, honiggelb, craquelée			C. Zart/A. Bogatay
		0.378 Na$_2$O	0.255 Al$_2$O$_3$	1.835 SiO$_2$	71,5 Fritte 90167 Degussa
		0.378 K$_2$O	0.503 B$_2$O$_3$		14,3 Bariumcarbonat
		0.084 CaO			10,2 china clay
		0.160 BaO	+ 5% Fe$_2$O$_3$		4,0 Quarz
					+ 5,0 Eisen(III)-oxid
74)	SK 05a/03a	kupferblau, glänzend, craquelée			W. Roil
		0.36 Na$_2$O	0.027 Al$_2$O$_4$	2.54 SiO$_2$	82,2 Fritte 1233 M&M
		0.27 K$_2$O			9,9 Quarzmehl
		0.27 CaO	+ 5% CuO		3,3 Lithiumcarbonat
		0.10 Li$_2$O			4,6 Kupferoxid
75)	SK 03a	hellblau, glänzend, craquelée			
		0.40 Na$_2$O	0.03 Al$_2$O$_3$	3.12 SiO$_2$	83,4 Fritte 1233 M&M
		0.30 K$_2$O			16,6 Quarzmehl
		0.30 CaO	+ 0.4% CoO		+ 0,4 Kobaltoxid
76)	SK 01a/2a	türkis, glänzend, transparent, craquelée			
		0.96 Na$_2$O	0.714 Al$_2$O$_3$	3.828 SiO$_2$	66,7 Fritte 3770 Ferro
		0.04 K$_2$O	0.440 B$_2$O$_3$		20,0 china clay
					13,3 Quarzmehl W 10
			+ 3% CuCO$_3$		+ 3,0 Kupfercarbonat
77)	SK 01a/2a	goldgelb-bernsteinbraun, craquelée, dick glasieren!			
		0.45 Na$_2$O	0.417 Al$_2$O$_3$	2.858 SiO$_2$	66,7 Fritte 90167 Degussa
		0.45 K$_2$O	0.600 B$_2$O$_3$		20,0 china clay
		0.10 CaO			13,3 Quarzmehl
			+ 12% Fe$_2$O$_3$		+ 12.0 Eisen(III)-oxid
78)	SK 01a/3a	violettgraublau, glänzend, craquelée, transparent			
		0.263 Na$_2$O	0.146 Al$_2$O$_3$	2.624 SiO$_2$	57,0 Fritte 1233 M&M
		0.197 K$_2$O			19,0 Quarzmehl
		0.197 CaO	+ 1% MnO$_2$		13,0 china clay
		0.342 ZnO	0.5% CoO		11,0 Zinkoxid
					+ 1,0 Braunstein
					0,5 Kobaltoxid
79)	SK 1a/3a	hell rotviolett, glänzend, craquelée			
		0.40 Na$_2$O	0.105 Al$_2$O$_3$	4.430 SiO$_2$	62,5 Fritte 1233 M&M
		0.30 K$_2$O			31,2 Quarzmehl
		0.30 CaO	+ 2% MnO$_2$		6,3 Ton W 100
					+ 2,0 Manganoxid

Bild 6:
Terrinen von Rainer Kallies;
Salzglasur mit Engobe;
Rezept: SK 7/8   90,9 Niederahrer Ton
                  9,1 Titanoxid

Bild 7:
Schälchen von Beate Thiesmeyer und
Michael Sälzer;
Kupferreduktionsglasur;
Rezept: SK 8/9   36,6 Feldspat
                 26,8 Wollastonit
                 24,1 Quarz
                 13,4 Kalkspat
                 11,6 Zinkoxid
                  7,1 Zinnoxid
                  4,4 Kaolin
              +   1,0 Kupferoxid

Bild 8:
Teekanne von Nanni Höber;
glänzende Frittenglasur;
Rezept: SK 74,1 Fritte 90368 Degussa
6a/7   14,8 Quarzmehl W 10
             3,7 china clay RM
             3,7 Zinnoxid
        + 0,5 Kobaltcarbonat

Bild 9:
Flache Dose von Wolf Matthes;
Mattglasur mit blauem Schmuckemail und Glanzgold;
Rezept:
SK 7/8   54,4 Feldspat B 412
           13,0 Kreide
           13,0 Bariumcarbonat
            8,1 Knochenasche
            7,2 Quarz
            1,6 Lithiumcarbonat
            1,3 Zinkoxid
            1,3 Magnesit
       + 15,0 Eisen(III)-oxid

Bild 10:
Topf von Thomas Naethe;
eisenrote Engobe;
Rezept: SK 8/9   62,5 Ton 904 Schmidt
              25,0 Quarzmehl W 10
              12,5 china clay RM

Bild 11:
Porzellanschälchen von Wolf Matthes;
Barium-Magnesium-Mattglasur;
Rezept: SK 5a/6a 37,6 Ton W 100
              25,1 Bariumcarbonat
              12,5 Talkum
              12,5 Fritte 90001 Degussa
               6,3 Zinkoxid
               5,0 Fritte 90062 Degussa
               1,0 Ammonium-
                    molybdat
          +   0,8 Wismutnitrat
               2,0 Kobaltnitrat

Bild 12:
Gebrauchsgeschirrteile von Michael Sälzer und Beate Thiesmeyer;
Lehmglasur;
Rezept:
SK 9/10   100 Lehm von Kaub

Bild 13:
Kugelvase von Wolf Matthes;
Lehmglasur;
Rezept:
SK 6a   50 Opalinus-Schieferton
         50 Keuper-Kalkmergel

80)	SK 6a/8	graublau, glänzend, transparent, craquelée					*H. Wydra/T. Manche*
		0.30 Na_2O	0.5 Al_2O_3	3.25 SiO_2		45,50	Na-Feldspat
		0.20 K_2O				32,10	K-Feldspat
		0.25 CaO	+ 2% $NiCO_3$			14,25	Bariumcarbonat
		0.25 BaO	0.5% $CoCO_3$			8,15	Wollastonit
					+	2,0	Nickelcarbonat
						0,5	Kobaltcarbonat

2.2.4.3 Transparente farbige Steinzeug- und Weichporzellanglasuren

enthalten der hohen Brenntemperatur wegen selten PbO und benötigen auch nur in besonderen Fällen (z. B. zum Ausgleichen des Wärmeausdehnungskoeffizienten) B_2O_3 als Flußmittel. Als Erdalkali-Alkaliglasuren mit hohem Gehalt an Al_2O_3 und SiO_2 können sie, auch aufgrund der hohen Brenntemperaturen, kaum intensiv leuchtende, klare Farben entwickeln (außer mit Kobaltoxid!). Hier ist es sinnvoll, dezent gebrochene Farbtöne anzustreben, die allerdings leicht einen halbopaken Eindruck ergeben (vgl. auch Abs. 2.2.7). Als Feldspat-Rohglasuren brauchen sie für Transparenz ausreichend lange Haltezeiten der Garbrandtemperatur!

81)	SK 2a/7	dunkelblau, glänzend, Frittenglasur,					*C. Seul/H. Falkenbach*
		0.298 Na_2O	0.578 Al_2O_3	5.099 SiO_2		59,0	Fritte 90378 Degussa
		0.252 K_2O	0.526 B_2O_3			29,4	K-Feldspat
		0.412 CaO				5,8	Quarz
		0.038 ZnO				5,8	china clay
					+	4,0	Kobaltcarbonat

82)	SK 4a/7	glänzend, transparent, blaugrün, bleifrei, Rohglasur					
		0.23 K_2O	0.28 Al_2O_3	3.0 SiO_2		37,2	K-Feldspat
		0.27 ZnO	0.26 B_2O_3			26,5	Quarzmehl
		0.24 BaO				13,8	Bariumcarbonat
		0.26 CaO	+ 1–2% CuO			12,3	Calciumborat-2-hydrat
			0.5–1% CoO			6,4	Zinkoxid
			0.5% Fe_2O_3			3,8	china clay
					+	1,0	Kupferoxid
						1,0	Kobaltoxid
						0,5	Eisen(III)-oxid

83)	SK 5a/9	glänzend, transparent, rißfrei, bleihaltig, dunkelbraun					
		0.015 Na_2O	0.401 Al_2O_3	3.193 SiO_2		32,46	K-Feldspat
		0.253 K_2O	0.361 B_2O_3			23,87	Kaolinton 132/I
		0.282 CaO				23,07	Fritte 90062 Degussa
		0.011 MgO				8,67	Quarz
		0.201 ZnO	+ 4–5% Fe_2O_3			7,56	Kreide
		0.238 PbO	2–3% MnO_2			4,37	Zinkoxid
					+	5,00	Eisen(III)-oxid
						2,00	Manganoxid

84)	SK 6a/8	glänzend bis matt, grünlichgraublau			H. Ganter
		0.119 K_2O	0.184 Al_2O_3	1.675 SiO_2	30,7 K-Feldspat
		0.608 CaO			23,1 Dolomit
		0.273 MgO	+ 2% CuO		23,0 Quarz
			0.5% $CoCO_3$		15,5 Kalkspat
					7,7 china clay
					+ 2,0 Kupferoxid
					0,5 Kobaltcarbonat

85)	SK 7	hellseladongrün, transparent bis halbopak, glänzend			
		0.097 Na_2O	0.510 Al_2O_3	3.059 SiO_2	49,4 K-Feldspat B 412
		0.214 K_2O	0.062 B_2O_3		18,2 Kreide
		0.689 CaO			15,3 china clay
			+ 0.5 bis 2% CuO		14,1 Quarzmehl
					3,0 Calciumborat-2-hydrat
					+ 1,5 Kupferoxid

86)	8/9	grüngelblich, glänzend, transparent			nach Ch. Beck[4]
		0.010 Na_2O	0.459 Al_2O_3	2.866 SiO_2	45,0 K-Feldspat
		0.260 K_2O	0.147 B_2O_3		11,0 china clay
		0.316 CaO			10,5 Calciumborat-6-hydrat
		0.414 Mgo	+ 2–3% Fe_2O_3		9,5 Quarz
					9,5 Dolomit
					9,5 Talkum
					5,0 Ton W 100
					+ 2,5 Eisen(III)-oxid

87)	SK 8/9	glänzend, transparent, honigbraungelb			nach Ch. Beck[4]
		0.072 Na_2O	0.329 Al_2O_3	3.274 SiO_2	46,0 K-Feldspat
		0.187 K_2O			28,0 Quarzmehl
		0.406 CaO	+ 3–4% Fe_2O_3		9,0 Kreide
		0.116 MgO			6,5 Dolomit
		0.219 ZnO			5,5 china clay
					5,5 Zinkoxid
					+ 4,0 Eisenoxid

88)	SK 8/10	glänzend, transparent, dunkelgrün			
		0.10 Li_2O	0.35 Al_2O_3	5.20 SiO_2	51,0 Quarz
		0.12 K_2O			14,8 K-Feldspat
		0.45 CaO			13,2 china clay
		0.11 ZnO	+ 3–4% $CuCO_3$		5,2 Wollastonit
		0.10 BaO	0.5%–1% Fe_2O_3		4,9 Dolomit
		0.12 MgO			4,4 Bariumcarbonat
					2,9 Kreide
					2,0 Zinkoxid
					1,6 Lithiumcarbonat
					+ 3,0 Kupfercarbonat
					1,0 Eisen(III)-oxid

2.2.4.4 Sonstige farbige Transparentglasuren

Es können natürlich alle Arten von transparenten Glasuren mit sich darin völlig lösenden Oxiden gefärbt werden; sollen sie wirklich transparent bleiben, dürfen sie in der Regel nicht mehr als 0,5% Cr_2O_3 – 2,5% CoO – 3% NiO – 4% CuO – 4% MnO_2 – 4% Fe_2O_3 enthalten.

Reduzierend zu brennende, grüne Seladon-Glasuren sind in Abs. 2.6.3 zu finden.

Transparente Glasuren können im allgemeinen nicht mit Farbkörpern (Pigmentfarben) gefärbt werden, dagegen sind noch besser als die Oxide die sog. Farbfritten oder auch Smalten verwendbar (vgl. Abs. 1.6.9), falls deren eventueller Bleioxidgehalt nicht stört.

89) SK 010/09a   bleireich, glänzend, haarrissig, orangegelb

   1.00 PbO   0.40 SiO_2 50 Fritte 90001 Degussa
        + 1% Cr_2O_3 50 Mennige
                                                   + 1 Chromoxid

90) SK 05a/03a   bleireich, glänzend, gelb   *M. Sebus*

   0.50 Na_2O 0.12 Al_2O_3 2.75 SiO_2 76,9 Fritte 90187 Degussa
   0.50 PbO   1.00 B_2O_3 15,4 Quarz
                                                     7,7 china clay
                 + 0.1% Cr_2O_3 + 0,1 Chromoxid

91) SK 03a/02a   dunkelblau, glänzend, transparent, bleifrei   *J. Hardt*

   0.336 Na_2O 0.374 Al_2O_3 3.523 SiO_2 83,3 Fritte 90378 Degussa
   0.463 CaO   0.589 $B_2O_3$2   8,3 china clay
   0.159 BaO   8,4 Bariumcarbonat
   0.042 ZnO   + 1–2% CoO   + 1,0 Kobaltoxid

92) 03a/01a   glänzend, transparent, türkisgrün, bleireich, borfrei

   0.15 K_2O 0.20 Al_2O_3 2.00 SiO_2 52,6 Fritte 90001 Degussa
   0.15 CaO   18,5 china clay
   0.70 PbO   12,6 Fritte 1509 M&M
                                                   10,0 Quarz
                 + 2–3% CuO   6,3 Wollastonit
                 0,02–0,06% CoO   + 3,0 Kupferoxid
                                                    0,05 Kobaltoxid

93) SK 4a/5a   glänzend, transparent, kupfergrün, bleifrei

   0.22 K_2O 0.22 Al_2O_3 2.00 SiO_2 43,4 K-Feldspat
   0.30 CaO   0.20 B_2O_3 16,6 Calciumborat-6-hydrat
   0.20 BaO   14,5 Quarzmehl
   0.28 ZnO   + 2–3% CuO   13,9 Bariumcarbonat
                                                    8,1 Zinkoxid
                                                    3,5 Kreide
                                                 + 2,0 Kupferoxid

94)	SK 6a/7	glänzend, transparent, gelbbraun, bleihaltig, niedrigviskos				
		0.25 K_2O	0.25 Al_2O_3	2.50 SiO_2	42,4	K-Feldspat
		0.25 CaO	0.25 B_2O_3		21,6	Fritte 90001 Degussa
		0.25 ZnO			17,9	Calciumborat-6-hydrat
		0.25 PbO	+ 2–3% $NiCO_3$		11,9	Quarzmehl
					6,2	Zinkoxid
					+ 2,0	Nickelcarbonat

95)	SK 02a/1a	glänzend, transparent, craquelée, hellgelbgrün				*H. Hase/H. Konzack*
		0.119 Na_2O	0.255 Al_2O_3	1.954 SiO_2	62,5	Fritte 3757 Ferro
		0.032 K_2O	0.630 B_2O_3		31,2	Bariumcarbonat
		0.349 CaO			6,3	Ton W 100
		0.500 BaO	+ 0.2–0.5 Cr_2O_3		+ 0,3	Chromoxid

96)	SK 7/9	hellseladongrün, glänzend, feinblasig				*H. Ganter*
		0.259 Na_2O	0.344 Al_2O_3	2.673 SiO_2	45,5	Na-Feldspat
		0.003 K_2O			18,2	Quarzmehl
		0.531 CaO	+ 0.5% CuO		18,2	Kalkspat
		0.207 MgO			9,1	Ton W 100
					9,0	Talkum
					+ 0,5	Kupferoxid

2.2.5 Niedrigschmelzende Töpferglasuren für Irdenware

können bleihaltig oder bleifrei sein. Früher waren es meist reine Bleiglasuren, die aber den heutigen Ansprüchen nicht mehr genügen. Bleifreie Glasuren sind haarrißfrei und wirklich transparent nur oberhalb SK 03a möglich; sicher und mit ausreichend harter Oberfläche für Geschirr erst ab SK 2a.

Bleihaltige bzw. bleireiche Glasuren ergeben die besten, glatten und fehlerfreien Oberflächen, können schnell und ohne lange Haltezeiten der Garbrandtemperatur gebrannt werden. Für Geschirre sollte man grundsätzlich bleihaltige Glasuren zu vermeiden suchen. Ein möglichst hoher CaO-Gehalt sollte angestrebt werden, auch wegen der dadurch besseren Verbindung mit dem noch porösen Scherben (gute Ausbildung der Zwischenschicht bei kalkfreiem oder kalkarmem Scherben!). Als Glasuren für mehrfarbige Engobenmalerei sind bleireiche Glasuren am schönsten.

97) SK 04a/03a   glänzend, transparent, bleihaltig, gut färbbar, rißfrei

0.15 Li_2O 0.20 Al_2O_3 2.00 SiO_2 33,6 Fritte 90062 Degussa
0.20 CaO 0.40 B_2O_3 18,2 china clay
0.25 ZnO   15,6 Quarz
0.40 PbO   13,3 Fritte 90001 Degussa
                                                            8,2 Wollastonit
                                                            7,2 Zinkoxid
                                                            3,9 Lithiumcarbonat

98) SK 03a/02a   glänzend, bleifrei, borreich

0.12 Li_2O 0.32 Al_2O_3 1.48 SiO_2 26,7 Calciumborat-2-hydrat
0.10 K_2O 0.62 B_2O_3 22,9 china clay
0.14 Na_2O 20,6 Fritte 90167 Degussa
0.46 CaO   8,0 Quarz
0.10 BaO   7,9 Na-Feldspat
0.08 ZnO   7,4 Bariumcarbonat
                                                            3,3 Lithiumcarbonat
                                                            2,0 Zinkoxid
                                                            1,7 Zinkborat

99) SK 04a/02a   glänzend, glatt, rißfrei, bleireich, dünnflüssig   D. Eberz

0.041 Li_2O 0.206 Al_2O_3 2.09 SiO_2 47,2 Fritte 3568 Ferro
0.133 Na_2O 0.980 B_2O_3 47,2 Fritte 90062 Degussa
0.016 K_2O 5,6 china clay
0.199 CaO
0.625 PbO

100) SK 01a/2a   glänzend, glatt, rißfrei, bleihaltig   V. Jizba

0.076 K_2O 0.152 Al_2O_3 1.475 SiO_2 42,5 Fritte 90001 Degussa
0.156 CaO 0.156 B_2O_3 16,7 K-Feldspat
0.076 MgO   8,8 Quarz
0.313 ZnO   7,7 china clay
0.379 PbO   7,5 Zinkoxid
                                                            6,8 Zinkborat
                                                            6,2 Kalkspat
                                                            3,8 Talkum

(101) 2.2.5

101) SK 02a/01a glänzend, glatt, bleifrei, Rohglasur

0.30 Li$_2$O	0.18 Al$_2$O$_3$	1.60 SiO$_2$	48,6	Calciumborat-6-hydrat
0.10 K$_2$O	0.60 B$_2$O$_3$		19,2	K-Feldspat
0.60 CaO			17,4	Quarz
			7,7	Lithiumcarbonat
			7,1	china clay

102) SK 1a/2a glänzend, glatt, bleifrei, Frittenglasur   *A. Zenzen*

0.131 Na$_2$O	0.246 Al$_2$O$_3$	1.474 SiO$_2$	66,7	Fritte 90368
0.459 CaO	0.261 B$_2$O$_3$		10,0	china clay
0.066 MgO			10,0	Bariumcarbonat
0.117 BaO			6,7	Zinkborat
0.237 ZnO			6,6	Zinkoxid

103) SK 1a/4a glänzend, glatt, rißfrei, bleifrei   *B. Schmidt*

0.114 Na$_2$O	0.301 Al$_2$O$_3$	1.935 SiO$_2$	28,5	Calciumborat-6-hydrat
0.084 K$_2$O	0.369 B$_2$O$_3$		19,7	Na-Feldspat
0.425 CaO			15,4	K-Feldspat
0.147 MgO			13,5	Quarzmehl
0.230 ZnO			8,8	china clay
			6,1	Talkum
			6,1	Zinkoxid
			1,9	Kreide

104) SK 2a/4a glänzend, glatt, bleifrei   nach *D. Rhodes*[126]

0.255 K$_2$O	0.350 Al$_2$O$_3$	2.50 SiO$_2$	44,1	K-Feldspat
0.400 CaO	0.600 B$_2$O$_3$		25,6	Colemanit
0.105 MgO			9,2	Bariumcarbonat
0.150 BaO			7,6	china clay
0.090 ZnO			7,1	Quarz
			4,1	Talkum
			2,3	Zinkoxid

2.2.6 Transparente Steingutglasuren

sind für Geschirr meist bleifrei oder bleiarm; für Wandfliesen und Zierkeramik können sie bleihaltig bis bleireich sein. Ihre Brenntemperaturen liegen zwischen SK 03a und 3a; in der Regel sind es Frittenglasuren mit Borgehalt und oft ZnO-Gehalt, vielfach ist der CaO-Anteil hoch.

Die meisten transparenten Steingutglasuren zeigen noch feine Bläschen, wenn sie sehr dick aufgetragen wurden. Deshalb ist die Auftragsstärke gewöhnlich nur so, daß gerade eine glatte glänzende Oberfläche entsteht. Zu niedrig gebrannt, bleiben diese Glasuren oft leicht trübe durch noch nicht ganz aufgelöste Versatzbestandteile; zu hoch gebrannt erscheinen oft erneut Blasen und Nadelstiche durch stärkere Reaktion mit dem Scherben. Zu hoher Bor-Gehalt kann »Borschleier« verursachen, vor allem wenn gleichzeitig ZnO und/oder CaO mit großem Anteil beteiligt sind (Grenzzusammensetzungen siehe Abs. 1.3.4).

2.2.6.1 bleihaltige Steingutglasuren, transparent, glänzend, farblos

105)	SK 05a/1a				
		0.30 Na$_2$O	0.33 Al$_2$O$_3$	2.76 SiO$_2$	87,0 Fritte A 2315 R&S
		0.10 K$_2$O	0.55 B$_2$O$_3$		13,0 china clay
		0.30 CaO			
		0.30 PbO			
106)	SK 04a/01a				
		0.111 Na$_2$O	0.233 Al$_2$O$_3$	1.79 SiO$_2$	76,9 Fritte A 62 R&S
		0.334 CaO	0.334 B$_2$O$_3$		11,5 china clay
		0.258 ZnO			7,8 Zinkoxid
		0.297 PbO			3,8 Quarz
107)	SK 04a/01a				
		0.116 Na$_2$O	0.256 Al$_2$O$_3$	2.87 SiO$_2$	69,0 Fritte 3481 Ferro
		0.031 K$_2$O	0.194 B$_2$O$_3$		13,8 Quarz
		0.621 CaO			10,3 Kaolin
		0.232 PbO			6,9 Kreide
108)	SK 03a/02a				
		0.068 Li$_2$O	0.369 Al$_2$O$_3$	3.04 SiO$_2$	76,9 Fritte 3568 Ferro
		0.216 Na$_2$O	0.474 B$_2$O$_3$		11,5 china clay
		0.003 K$_2$O			3,9 Zinkoxid
		0.324 CaO			3,9 Strontiumcarbonat
		0.088 SrO			3,8 Bariumcarbonat
		0.068 BaO			
		0.164 ZnO			
		0.069 PbO			
109)	SK 02a/2a				
		0.11 Na$_2$O	0.42 Al$_2$O$_3$	4.05 SiO$_2$	76,9 Fritte 3486 Ferro
		0.06 K$_2$O	0.69 B$_2$O$_3$	0.04 ZrO$_2$	15,4 china clay
		0.30 CaO			7,7 Quarzmehl
		0.53 PbO			

110) SK 02a/1a

	0.085 Na_2O	0.424 Al_2O_3	2.41 SiO_2	76,9 Fritte 3505 Ferro
	0.057 K_2O	0.376 B_2O_3		11,5 china clay
	0.565 CaO			7,7 Na-Feldspat
	0.170 MgO			3,9 Magnesit
	0.123 PbO			

111) SK 02a/2a

	0.10 Na_2O	0.355 Al_2O_3	2.96 SiO_2	83,3 Fritte A 3241 R&S
	0.10 K_2O	0.300 B_2O_3		8,4 china clay
	0.65 CaO			8,3 Quarzmehl
	0.15 PbO			

112) SK 2a   *W. Roil*

	0.038 Na_2O	0.23 Al_2O_3	2.20 SiO_2	81,6 Fritte 3505 Ferro
	0.054 K_2O	0.35 B_2O_3		10,2 Quarz
	0.645 CaO			8,2 Dolomit
	0.148 MgO			
	0.115 PbO			

113) SK 4a   nach *E. Berdel*

	0.2 Na_2O	0.2 Al_2O_3	2.0 SiO_2	45,4 Calciumborat
	0.6 CaO	0.6 B_2O_3		33,9 Na-Feldspat
	0.2 ZnO			15,5 Quarz
				5,2 Zinkoxid

2.2.6.2 bleifreie Steingutglasuren, transparent, glänzend, farblos

114) SK 03a/2a

	0.275 Na_2O	0.371 Al_2O_3	3.019 SiO_2	76,9 Fritte 3782 Ferro
	0.187 Li_2O	0.546 B_2O_3		11,5 china clay
	0.346 CaO			7,8 Bariumcarbonat
	0.033 MgO			3,8 Lithiumcarbonat
	0.134 BaO			
	0.034 ZnO			

115) SK 02a/2a

	0.162 Na_2O	0.316 Al_2O_3	2.193 SiO_2	71,4 Fritte 90016 Degussa
	0.163 K_2O	0.325 B_2O_3		14,4 china clay
	0.432 CaO			7,1 Dolomit
	0.108 MgO			7,1 Strontiumcarbonat
	0.134 SrO			

116) SK 01a/2a

0.488 Na$_2$O	0.373 Al$_2$O$_3$	5.754 SiO$_2$	71,6	Fritte 3284 Ferro
0.220 BaO	1.429 B$_2$O$_3$		7,1	Quarz
0.292 SrO			7,1	china clay
			7,1	Bariumcarbonat
			7,1	Strontiumcarbonat

117) SK 1a/3a

0.149 Na$_2$O	0.423 Al$_2$O$_3$	2.065 SiO$_2$	64,1	Fritte 90368 Degussa
0.051 Li$_2$O	0.149 B$_2$O$_3$		19,2	china clay
0.520 CaO			7,7	Spodumen
0.074 MgO			5,1	Zinkoxid
0.048 BaO			3,9	Bariumcarbonat
0.158 ZnO				

118) SK 2a/3a

0.23 Na$_2$O	0.535 Al$_2$O$_3$	4.539 SiO$_2$	83,3	Fritte 3757 Ferro
0.06 K$_2$O	1.280 B$_2$O$_3$		8,3	Quarz
0.71 CaO			8,4	china clay

119) SK 2a/3a   *G. Schum*

0.450 Li$_2$O	0.639 Al$_2$O$_3$	4.159 SiO$_2$	60,6	Petalit
0.014 Na$_2$O	0.529 B$_2$O$_3$		27,3	Calciumborat-6-hydrat
0.007 K$_2$O			12,1	Ton W 100
0.529 CaO				

120) SK 4a   nach *E. Berdel*

0.25 K$_2$O	0.35 Al$_2$O$_3$	3.00 SiO$_2$	42,0	Calciumborat
0.75 CaO	0.75 B$_2$O$_3$		33,2	K-Feldspat
			18,6	Quarz
			6,2	china clay

121) SK 4a/6a   *C. Dallmer*

0.17 Na$_2$O	0.40 Al$_2$O$_3$	2.845 SiO$_2$	42,6	Fritte 90378 Degussa
0.16 K$_2$O	1.12 B$_2$O$_3$		21,1	K-Feldspat
0.29 CaO			12,8	Ton 501
0.38 MgO			12,8	Talkum
			6,4	Quarz
			4,3	Calciumborat-6-hydrat

2.2.7 Transparente Steinzeugglasuren

werden meist auf Feldspatbasis aufgebaut und sind üblicherweise Rohglasuren, können aber durchaus auch als Frittenglasuren zusammengesetzt sein. Damit sie glatt genug und bläschenfrei erstarren, dürfen Viskosität und Oberflächenspannung nicht zu hoch sein. Dafür ist oft ein B_2O_3-Gehalt nötig; dieser dient auch zum Verkleinern des WAK, zusammen mit SiO_2, zum Vermeiden von Haarrissen. PbO ist nicht mehr nötig. Sinnvoll ist es auch hier, möglichst viele verschiedene Oxide in der Segerformel und möglichst viele verschiedene Rohstoffe im Versatz zu haben. Als Flußmittel dominieren auf der Basenseite neben wenig Alkalioxid CaO, BaO, SrO, MgO, ZnO.

Je höher der CaO- und MgO-Gehalt neben Al_2O_3 und SiO_2, desto härter und ritzfester werden die Glasuroberflächen; hoher B_2O_3-, Al_2O_3- und SiO_2-Gehalt verhindert Rekristallisationen in der geschmolzenen Glasur, fördert also die Transparenz, solange die Glasur noch ausreichend niedrigviskos bleibt.

Die Zusammensetzungen schwanken stark, da auch die Eigenschaften der Steinzeugscherben sehr unterschiedlich sein können. Die einfachsten Versätze bestehen nur aus Feldspat, Kaolin, Kalk, Quarz. Die Rohglasuren brauchen zu richtiger Transparenz und Glätte meist längere Haltezeiten der Garbrandtemperatur (1 bis 2 Std.).

---

122) SK 4a/8   glänzend, transparent, farblos   *C. Christmann*

0.132 Li_2O	0.521 Al_2O_3	3.802 SiO_2
0.029 Na_2O	0.140 B_2O_3	
0.416 K_2O		
0.220 CaO		
0.084 MgO		
0.049 BaO		
0.070 ZnO		

30 Quarzmehl
19 K-Feldspat
10 china clay
 8 Na-Feldspat
 8 Dolomit
 8 Zinkborat
 7 Kreide
 5 Bariumcarbonat
 5 Lithiumcarbonat

---

123) SK 5a/6a   glänzend, rißfrei   nach *H. Griemert*

0.25 K_2O	0.25 Al_2O_3	2.5 SiO_2
0.25 CaO	0.25 B_2O_3	
0.25 BaO		
0.25 ZnO		

46,8 K-Feldspat
19,7 Calciumborat
16,6 Bariumcarbonat
10,8 Quarz
 6,8 Zinkoxid

---

124) SK 6a/7   glänzend, transparent, rißfrei   *W. Roil*

0.031 Na_2O	0.40 Al_2O_3	1.79 SiO_2
0.100 K_2O	0.50 B_2O_3	
0.232 CaO		
0.637 MgO		

40,7 Fritte 3244 Ferro
21,7 K-Feldspat B 412
17,0 china clay
16,4 Dolomit
 4,2 Fritte 3759 Ferro

125)	SK 5a/6a	glänzend, transparent, glatt				*D. Frank*
		0.090 K_2O	0.380 Al_2O_3	2.22 SiO_2		21,8 china clay
		0.147 Na_2O	0.133 B_2O_3			17,4 K-Feldspat B 412
		0.608 CaO				17,4 Kalkspat
		0:155 ZnO				13,1 Quarzmehl
						8,7 Na-Feldspat
						8,7 Calciumborat-6-hydrat
						8,7 Fritte 3782 Ferro
						4,2 Zinkoxid
126)	SK 6a/7	glänzend, glatt, rißfrei				*G. Schum*
		0.243 Li_2O	0.346 Al_2O_3	2.55 SiO_2		58,8 Petalit
		0.004 K_2O				29,4 Kalkspat
		0.008 Na_2O				11,8 Ton W 100
		0.745 CaO				
127)	SK 7/8	glänzend, glatt, hart				*G. Enzensberger*
		0.014 Na_2O	0.396 Al_2O_3	2.326 SiO_2		25,0 K-Feldspat B 412
		0.132 K_2O				25,0 Kalkspat
		0.778 CaO				20,0 Ton W 100
		0.076 MgO				18,0 Quarzmehl
						7,0 china clay
						5,0 Dolomit
128)	SK 7/9	glänzend, craquelée, grünlich				*R. Stolzenfeld*
		0.144 K_2O	0.240 Al_2O_3	2.366 SiO_2		31,5 K-Feldspat
		0.333 CaO				17,2 Talkum
		0.346 MgO				15,3 Wollastonit
		0.177 BaO				13,8 Bariumcarbonat
						12,5 Quarzmehl
						9,7 china clay

2.2.8 Transparente Porzellanglasuren für Weich- und Hartporzellan

Für die höheren Brenntemperaturen des Porzellans (SK 7 bis 16) sind nur Rohglasuren üblich, die aus Feldspäten, Kaolinen und Tonen, Quarz, Kalkspat, Kreide, Magnesit und Dolomit gemischt werden. Bor-, Barium-, Strontium- und Zinkverbindungen werden meistens lediglich zur Anpassung des Wärmeausdehnungskoeffizienten und Veränderung von Oberflächenspannung, Farbreaktivität, Oberflächenglanz und Viskosität benutzt. Bei Hartporzellanglasuren mit hohem Al_2O_3-Gehalt ist es üblich, einen Teil des dafür nötigen Kaolins in geglühter Form zuzusetzen, damit Trocken- und Brennschwindung der Glasurschicht nicht zu groß werden. In manchen Fällen wird dafür auch feingemahlener Porzellanglattbruch verwendet.

Soll das Weiß des Scherbens nicht beeinträchtigt werden, müssen sehr reine, eisenfreie und TiO_2-arme Rohstoffe ausgewählt werden. Das Verhältnis Al_2O_3 zu SiO_2 sollte nicht viel von 1 : 10 bis 1 : 8 abweichen. Je höher die Glattbrandtemperatur, desto höher werden die Anteile von Al_2O_3 und SiO_2, oft bei gleichbleibender Basenseite der Segerformel (Grenzzusammensetzungen siehe Abs. 1.3.4).

Die Weichporzellanglasuren entsprechen in vielen Fällen den Glasuren für Steinzeug.

Porzellane lassen sich sehr gut salzglasieren wegen ihres hohen Anteils an freier Kieselsäure und an Feldspäten in der Masse.

---

129) SK 6a/8   glänzend, transparent, rißfrei, für Weichporzellan   *E. Loef*

0.047 K_2O	0.189 Al_2O_3	2.755 SiO_2
0.469 CaO	0.282 B_2O_3	
0.235 MgO		
0.096 BaO		
0.153 ZnO		

50,2 Quarzmehl W 10
16,2 Calciumborat-6-hydrat
6,4 K-Feldspat
9,0 china clay
5,3 Wollastonit
3,9 Magnesit
3,0 Zinkoxid
4,5 Bariumcarbonat
1,5 Talkum

---

130) SK 7   glänzend, glatt, rißfrei, für Weichporzellan   *H. Ganter*

0.077 Na_2O	0.244 Al_2O_3	2.008 SiO_2
0.162 K_2O	0.103 B_2O_3	
0.339 CaO		
0.165 BaO		
0.257 ZnO		

22,1 Quarzmehl W 10
19,0 K-Feldspat B 412
12,7 china clay
12,7 Kalkspat
12,7 Bariumcarbonat
12,7 Fritte 90167 Degussa
8,1 Zinkoxid

---

131) SK 7/9   glänzend, feinblasig bis transparent   *J. Hardt*

0.194 K_2O	0.299 Al_2O_3	3.083 SiO_2
0.539 CaO		
0.267 ZnO		

34,5 K-Feldspat
32,8 Quarz
17,2 Kalkspat
8,6 china clay
6,9 Zinkoxid

2.2.8 (137)

132)	SK 8/9	glänzend, sehr glatt, niedrigviskos, für Weichporzellan				
		0.210 K$_2$O	0.300 Al$_2$O$_3$	3.413 SiO$_2$	32	Quarzmehl
		0.546 CaO	0.321 B$_2$O$_3$		32	K-Feldspat
		0.133 MgO			12	Colemanit
		0.111 BaO			9	Kreide
					6	Kaolin
					6	Bariumcarbonat
					3	Magnesit
133)	SK 9	glänzend, hart, rißfrei				
		0.320 K$_2$O	0.41 Al$_2$O$_3$	4.34 SiO$_2$	44,6	K-Feldspat
		0.400 CaO			33,7	Quarz
		0.211 MgO			9,7	Dolomit
		0.069 ZnO			5,9	Kaolin
					4,7	Kreide
					1,4	Zinkoxid
134)	SK 9/10	glänzend, glatt, craquelée				
		0.379 Na$_2$O	0.596 Al$_2$O$_3$	4.351 SiO$_2$	74,2	Feldspat K 30
		0.020 K$_2$O			12,8	Kreide
		0.588 CaO			7,3	Kaolin
		0.016 MgO			5,7	Quarz
135)	SK 10/11	glänzend			nach	*D. Rhodes*[127]
		0.015 Na$_2$O	0.418 Al$_2$O$_3$	3.932 SiO$_2$	33,0	K-Feldspat
		0.230 K$_2$O			32,0	Quarz
		0.755 CaO			20,0	Kalkspat
					15,0	Ton W 100
136)	SK 11/12	glänzend			nach	*F. Viehweger*[158]
		0.2 K$_2$O	1.05 Al$_2$O$_3$	8.0 SiO$_2$	44,3	Quarz
		0.8 CaO			24,2	Kaolin geglüht
					16,2	K-Feldspat
					11,6	Kalkspat
					3,7	Kaolin
137)	SK 13				nach	*E. Berdel*[8]
		0.05 Na$_2$O	0.70 Al$_2$O$_3$	6.50 SiO$_2$	43,1	Quarz
		0.20 K$_2$O			20,4	K-Feldspat
		0.45 CaO			14,2	Biskuitscherben
		0.30 MgO			10,0	Zettlitzer Kaolin
					7,9	Kreide
					4,4	Magnesit

(138) 2.2.8

138)	SK 12/14				nach	*Cramer/Hecht* in Kerl[69]

                  0.11 K_2O 1.00 Al_2O_3 10,0 SiO_2 48,0 Quarz
                  0.67 CaO   16,6 Kaolin, roh
                  0.22 MgO   9,3 Glattscherben
                                                                                                             9,3 Schrühscherben
                                                                                                              8,1 Marmor
                                                                                                              6,4 Kaolin geglüht
                                                                                                              2,3 Magnesit

2.2.9 Transparente bleifreie Geschirrglasuren

bereiten nur bei niedrigen Brenntemperaturen Schwierigkeiten. Bleifreie Geschirrglasuren mit ausreichender Viskosität schmelzen nur dann gut und ohne Oberflächenfehler glatt, wenn die Garbrandtemperatur langsam erreicht und längere Zeit gehalten wird, danach zum Vermeiden von Trübungen oder Mattierungen schnell gekühlt wird. Als transparent-glänzende Glasuren können sie dünn aufgetragen werden, so daß die Gefahr des Ablaufens oder eingeschlossener Bläschen selten auftreten kann. Der PbO-Anteil, der sonst bei niedrig zu brennenden Glasuren notwendig wäre, muß durch Li_2O, B_2O_3, SrO, BaO, ZnO ersetzt werden. Das ideale und ungiftige Flußmittel Wismutoxid Bi_2O_3 läßt sich wegen seines extrem hohen Preises leider nicht anstelle von Bleiverbindungen benutzen. Um eine hohe Oberflächenhärte und chemische Beständigkeit zu bekommen, soll der Anteil an Al_2O_3, MgO und CaO so hoch wie möglich sein.

Bei Brenntemperaturen unterhalb SK 6a wird man vorzugsweise Frittenglasuren oder Fritten als hauptsächliche Versatzkomponenten verwenden.

Siehe auch die Glasuren No. 24, 29, 31, 33, 82, 91, 101, 102, 103.

---

139) SK 03a/01a glatt, glänzend, Rohglasur

0.15 Li_2O	0.20 Al_2O_3	1.95 SiO_2
0.15 K_2O	0.35 B_2O_3	
0.20 CaO		
0.10 SrO		
0.10 BaO		
0.25 ZnO		
0.05 MgO		

30,1 K-Feldspat
20,5 Quarz
12,6 Calciumborat-6-hydrat
8,0 Zinkborat
7,1 Bariumcarbonat
5,3 Strontiumcarbonat
4,6 china clay
4,5 Zinkoxid
4,0 Lithiumcarbonat
3,3 Dolomit

---

140) SK 03a/1a glatt, glänzend

0.12 Li_2O	0.30 Al_2O_3	2.10 SiO_2
0.05 Na_2O	0.62 B_2O_3	
0.13 K_2O		
0.31 CaO		
0.10 SrO		
0.05 BaO		
0.24 ZnO		

23,1 K-Feldspat
15,9 Quarz
14,1 Zinkborat
14,0 china clay
9,0 Calciumborat-6-hydrat
6,1 Kreide
6,1 Fritte 90158
4,7 Strontiumcarbonat
3,2 Bariumcarbonat
2,7 Lithiumcarbonat
1,1 Zinkoxid

---

141) SK 1a/5a

0.154 Na_2O	0.290 Al_2O_3	2.20 SiO_2
0.680 CaO	0.211 B_2O_3	
0.046 MgO		
0.120 ZnO		

23,7 china clay
18,4 Quarz
15,5 Fritte 3759 Ferro
12,7 Kalkspat
13,2 Wollastonit
9,6 Na-Feldspat
3,7 Zinkoxid
3,2 Dolomit

142)	SK 2a/4a	Frittenglasur			
		0.170 Na$_2$O	0.319 Al$_2$O$_3$	1.821 SiO$_2$	68,3 Fritte 90368 Degussa
		0.598 CaO	0.142 B$_2$O$_3$		13,0 china clay
		0.170 MgO			8,1 Dolomit
		0.062 SrO			6,5 Na-Feldspat
					4,1 Strontiumcarbonat

143)	SK 2a/6a	glänzend, transparent, Rohglasur			*M. Moses*
		0.401 K$_2$O	0.507 Al$_2$O$_3$	2.613 SiO$_2$	65 K-Feldspat
		0.219 CaO	0.219 B$_2$O$_3$		15 Calciumborat
		0.086 BaO			8 Kaolin
		0.294 ZnO			7 Zinkoxid
					5 Bariumcarbonat

144)	SK 3a/6a	glänzend, transparent			*U. Radermacher*
		0.10 Na$_2$O	0.349 Al$_2$O$_3$	2.62 SiO$_2$	18,2 K-Feldspat
		0.10 K$_2$O	0.200 B$_2$O$_3$		17,2 Na-Feldspat
		0.70 CaO			16,1 Quarz
		0.10 MgO			15,4 Calciumborat-6-hydrat
					12,5 china clay
					11,3 Wollastonit
					6,0 Dolomit
					3,3 Kreide

145)	SK 6a/8	glänzend, transparent			*R. Winkler*
		0.323 Na$_2$O	0.440 Al$_2$O$_3$	3.649 SiO$_2$	29,7 Quarz
		0.592 CaO			28,3 china clay
		0.085 ZnO			20,3 Fritte 90208 Degussa
					17,0 Wollastonit
					2,7 Kreide
					2,0 Zinkoxid

146)	SK 7/8	glänzend, rißfrei auf quarzreicher Masse			*E. Reuter*
		0.180 Na$_2$O	0.457 Al$_2$O$_3$	2.562 SiO$_2$	34,2 Fritte 3244 Ferro
		0.048 K$_2$O	0.449 B$_2$O$_3$		32,5 Nephelin-Syenit
		0.349 CaO			16,7 Anorthitmehl Mandt
		0.423 MgO			8,3 Kalkspat
					8,3 Quarzmehl W 10

Alle Transparentglasuren schmelzen besser und zeigen weniger Fehler, können schneller gebrannt werden und haben glattere Oberflächen, wenn die Schlicker besonders lange, bzw. sehr fein vermahlen werden.

2.3 Opake, undurchsichtige, glänzende Glasuren

2.3.0 Allgemeines – Trübungsmechanismen – Auftrag

Opake Glasuren sollen den Untergrund verdecken und dem keramischen Scherben eine andersfarbige Oberfläche verleihen. Damit eine Glasurschmelze undurchsichtig, opak, wird und mit glatt-glänzender Oberfläche erstarrt, müssen in der Glasurschicht allerfeinste Partikelchen gleichmäßig verteilt sein, die entweder farbig sind oder farblos weiß und sich in diesem Fall in ihren Lichtbrechzahlen möglichst stark vom Glas, in das sie eingebettet sind, unterscheiden sollen. Dabei muß ihre Größe so fein sein, daß die Oberfläche der Glasurschicht nicht gestört wird, glatt und glänzend bleibt und daß keine körnige, punktförmige Färbung oder Trübung entsteht.

Eine maximale Trübungswirkung haben Teilchengrößen von etwa 0,24 μm.

Außerdem sollen die in der Glasurmatrix eingeschlossenen Pigmentteilchen von der Glasurschmelze möglichst wenig angegriffen werden, damit eine gleichmäßige Trübung oder Färbung mit möglichst geringem Pigmentzusatz erreicht wird. Dies ist aber wiederum stark abhängig von Viskosität und Lösekraft der Glasurschmelze und vom Chemismus von Pigment und Glasur.

Es kann sich positiv auswirken, wenn sich das Trübungsmittel bei Garbrandtemperatur wohl in der Schmelze löst und dadurch gleichmäßig verteilt, sich dann beim Abkühlen aber wieder feinstkristallin ausscheidet (wie bei der Zirkontrübung) oder wenn es in der Schmelze zu Entmischungen kommt, so daß sich im Glasurfluß feinste Tröpfchen einer anderen Glasphase bilden.

Die oxidische Zusammensetzung der Glasur und der benutzten Trübungsmittel, Oxide und Pigmente muß aufeinander abgestimmt sein (vgl. Abs. 1.5.6; 1.6.2; 2.5).

Ganz allgemein sind für gleichbleibend sichere, deckende, fehlerfreie glänzende Glasuroberflächen am besten Blei-Bor-Glasuren geeignet, in denen der Borgehalt zwischen 0,1 und 0,4 mol und der PbO-Gehalt zwischen 0,2 und 0,6 Mol-Anteile beträgt. Sie sollen möglichst wenig Alkalioxide enthalten und dürfen hochviskos sein. Für die bleifreien opaken Glasuren sind borreiche Fritten zu empfehlen, was aber u. U. die Ausbildung bestimmter Farbtöne stören kann.

Deckende Glasuren müssen erheblich dicker aufgetragen werden als transparente Glasuren und müssen deshalb in ihrer Wärmedehnung noch besser zum Scherben passen. Da einige Trübungsmittel den WAK der Glasur deutlich verändern, sind vor allem bei weißdeckenden Geschirrglasuren (Innenglasuren für Hohlgeschirr) entsprechende Prüfungen (vgl. Abs. 1.7.7) vor der Anwendung unbedingt zu empfehlen, damit keine Haarrisse bei zu großem WAK oder schlimmer Scherbenrisse durch zu kleinen WAK der Glasur entstehen.

Stark farbige Scherben müssen oft für ausreichend weiße oder klarfarbige Oberfläche unter der Glasur weiß engobiert werden, damit die Glasur nicht zu dick aufgetragen werden muß.

2.3.1 Weißgetrübte glänzende Glasuren — Fayenceglasuren

Die Weißtrübung kann auf verschiedene Weise entstehen, was jeweils eine entsprechende Behandlung und Zusammensetzung der Glasuren erfordert:

1. Durch nicht gelöstes, feinst verteiltes Weißpigment (zum Beispiel Zinnoxid), wie in den echten, bleireichen Fayenceglasuren. Hierbei darf für intensive Trübung und Deckkraft das Pigment nicht von der Glasurschmelze gelöst werden.

2. Durch Kristallisation feinster Teilchen in der Schmelze während dem Abkühl- und Erstarrungsvorgang (wie bei der Titanoxid- und der Zirkontrübung). Hier darf sich das Trübungsmittel im Schmelzfluß lösen; es muß sich lediglich durch geeignete (besser: gesteuerte) Abkühlgeschwindigkeit und richtige Viskosität der Schmelze in richtiger Korngröße und ausreichender Menge wieder ausscheiden.

3. Durch Entmischung der Glasurschmelze in nicht-mischbare Schmelzen verschiedener Zusammensetzung, so daß im Glas feinste Tröpfchen einer anderen Glasphase vorliegen, die entweder glasig oder kristallin erstarren (Borattrübung, Ca-Phosphattrübung) Hier ist besonders die Zusammensetzung des Glasurversatzes und die Höhe der Brenntemperatur entscheidend, sowie die Wechselwirkung zwischen Scherben und Glasur.

4. Durch feinste Bläschen, die in der hochviskosen Schmelze erhalten bleiben, oft zusammen mit Resten nicht völlig aufgelösten Quarzes oder anderer Silikatteilchen (in Feldspatglasuren). Eine Kombination der verschiedenen Trübungsmechanismen erbringt oft eine stärkere Deckkraft der getrübten Glasur, so daß ein dünnerer Auftrag oder kleinere Trübungsmittelanteile möglich werden.

2.3.1.1 Zinnoxidgetrübte Glasuren, bleihaltig und bleifrei

Es gehören hierzu die alten »echten« Fayence-Glasuren, die sog. »Schmelzglasuren«, als bleireiche Glasuren mit angestrebtem hohem Oberflächenglanz, die sich wegen ihres Schmelzverhaltens (Schmelzen ohne jegliche Blasenbildung!) besonders für Fayencemalerei (Malen mit Inglasurfarben auf die rohe, ungebrannte Glasurschicht) eignen. Früher wurden sie als »Äscher«-Glasuren aus Blei-Zinn-Asche hergestellt (siehe auch Abs. 2.8.9).

Mit Ausnahme der reinen Alkali- und Alkali-Bor-Glasuren eignen sich fast alle Glasurzusammensetzungen für eine Trübung mit Zinnoxid, SnO_2, wenn ihre Lösekraft für Pigmente nicht zu hoch ist, denn dies hätte einen zu großen Zinnoxid-Zusatz und damit zu hohe Kosten zur Folge. In der Regel sind 5 bis 10% Zusatz für ausreichende Deckkraft erforderlich. Hochviskose Glasurschmelzen und solche, die schon eine andere Trübungskomponente aufweisen, brauchen erheblich weniger Zinnoxid-Zusatz. Zinnoxidtrübungen sind für alle Brenntemperaturen geeignet, besonders auch für Schnellbrand. Sollen die Glasuren wirklich weiß bleiben, muß dafür gesorgt sein, daß sie keinen reduzierenden Einflüssen ausgesetzt werden und keine Spurenverunreinigung von Chromoxid möglich wird (vor allem bei CaO-reichen Glasuren!).

a) *bleihaltige, zinnoxidgetrübte Glasuren*

---

147) SK 05a glänzend, gut deckend, bleireiche Frittenglasur nach *E. Berdel*

0.25 K_2O	0.20 Al_2O_3	2.40 SiO_2
0.05 Na_2O		0.26 SnO_2
0.05 CaO		
0.65 PbO		

41,1 Fritte 1509 M&M
25,3 Fritte 3527 Ferro
10,0 Kaolin
6,7 Na-Feldspat
5,4 Quarz
1,3 Kreide
10,2 Zinnoxid

148) SK 04a/02a glänzend, nicht stark deckend, für weißen Scherben oder weiß engobierte Masse, bleireiche Frittenglasur

0.014 Na$_2$O	0.196 Al$_2$O$_3$	1.712 SiO$_2$	80,3 Fritte 3441 Ferro
0.032 ZnO	0.028 B$_2$O$_3$		10,2 Quarzmehl
0.954 PbO			4,4 Zettlitzer Kaolin
	+ 3–4% SnO$_2$		2,9 Zinnoxid
			1,5 Kristallborax
			0,7 Zinkoxid

149) SK 03a/01a weißglänzend, opak hochviskos *H. Liersch*

0.139 Na$_2$O	0.639 Al$_2$O$_3$	3.754 SiO$_2$	37,6 Fritte 3505 Ferro
0.287 K$_2$O	0.250 B$_2$O$_3$	0.094 SnO$_2$	50,4 K-Feldspat
0.377 CaO			6,8 china clay
0.020 MgO			3,5 Zinnoxid
0.086 ZnO			1,7 Zinkoxid
0.081 PbO			

150) SK 01a/2a glänzend, glatt, weißopak, rißfrei, Frittenglasur *R. Koch*

0.295 CaO	0.183 Al$_2$O$_3$	1.884 SiO$_2$	80 Fritte 8886 M&M
0.157 ZnO	0.084 B$_2$O$_3$	0.200 SnO$_2$	8 china clay
0.548 PbO			8 Zinnoxid
			4 Zinkoxid

151) SK 2a/3a glänzend, glatt, weißopak, Frittenglasur *M. Jürgen*

0.100 Li$_2$O	0.467 Al$_2$O$_3$	4.974 SiO$_2$	79,4 Fritte 3568 Ferro
0.318 Na$_2$O	0.697 B$_2$O$_3$		7,9 china clay
0.004 K$_2$O			7,9 Quarz
0.477 CaO	+ 5% SnO$_2$		4,8 Zinnoxid
0.101 PbO			
0.101 PbO			

152) SK 5a/9 glänzend, glatt, opakweiß

0.015 Na$_2$O	0.404 Al$_2$O$_3$	3.179 SiO$_2$	30,3 K-Feldspat B 412
0.254 K$_2$O	0.357 B$_2$O$_3$	0.176 SnO$_2$	22,3 Ton 132/I
0.282 CaO			21,5 Fritte 90062 Degussa
0.010 MgO			8,1 Quarzmehl
0.201 ZnO			7,0 Kreide
0.238 PbO			6,7 Zinnoxid
			4,1 Zinkoxid

153) SK 3a/4a weißglänzend mit matten Kristallflecken *A. Konietzny*

0.08 Na$_2$O	0.135 Al$_2$O$_3$	1.030 SiO$_2$	85,5 Fritte 3520 Ferro
0.01 K$_2$O	0.150 B$_2$O$_3$	0.078 SnO$_2$	8,6 china clay
0.13 CaO			7,9 Zinnoxid
0.07 MgO			
0.53 ZnO			
0.18 PbO			

(154) 2.3.1.1

b) *bleifreie, zinnoxidgetrübte Glasuren*

154)	SK 05a/01a	weißglänzend, hochviskose Frittenglasur				*F. Weber*
		0.31 Na_2O	0.46 Al_2O_3	2.42 SiO_2	91,7	Fritte 90353 Degussa
		0.35 CaO	1.00 B_2O_3	0.08 SnO_2	4,6	china clay
		0.30 MgO			3,7	Zinnoxid
		0.04 ZnO				
155)	SK 03a/3a	glänzend, weißopak, Frittenglasur, f. Geschirr				*G. Schum*
		0.408 Na_2O	0.544 Al_2O_3	4.524 SiO_2	78,7	Fritte 90378 Degussa
		0.010 K_2O	0.680 B_2O_3	0.132 SnO_2	15,8	Ton W 100
		0.534 CaO			5,5	Zinnoxid
		0.048 ZnO				
156)	SK 03a/2a	weiß glänzende Geschirrglasur, rißfrei				*H. Liersch*
		0.236 Na_2O	0.505 Al_2O_3	3.897 SiO_2	85,5	Fritte 3757 Ferro
		0.066 K_2O	1.260 B_2O_3	0.147 SnO_2	8,5	Ton W 100
		0.698 CaO		0.067 TiO_2	4,8	Zinnoxid
					1,2	Titanoxid
157)	SK 2a/6a	weiß, glänzend, nicht ganz deckend, wenn dünn aufgetragen, gut über Engoben, Geschirrglasur				*M. Hoffmann*
		0.252 Na_2O	0.461 Al_2O_3	4.660 SiO_2	54,0	Fritte 90378 Degussa
		0.345 CaO	0.440 B_2O_3	0.046 SnO_2	16,2	Quarzmehl W 10
		0.372 MgO			16,2	china clay
		0.031 ZnO			10,8	Talkum
					2,8	Zinnoxid
158)	SK 2a/8	weiß, glänzend, rißfreie Geschirrglasur				*A. Bogatay*
		0.142 Na_2O	0.670 Al_2O_3	2.51 SiO_2	37,5	Fritte 90378 Degussa
		0.517 CaO	0.248 B_2O_3		41,2	china clay
		0.323 MgO			16,8	Dolomit
		0.017 ZnO	+ 5% SnO_2		4,5	Zinnoxid
159)	SK 4a/7	weiß, glänzende Geschirrglasur				*N. Höber*
		0.20 Na_2O	0.33 Al_2O_3	3.06 SiO_2	74,1	Fritte 90368 Degussa
		0.70 CaO	0.20 B_2O_3		18,5	Quarz
		0.10 MgO			7,4	china clay
			+ 3–5% SnO_2		+ 3,0	Zinnoxid

160)	SK 5a/8	weiß glänzende Geschirrglasur, niedriger Wärmeausdehnungskoeffizient!			*G. Hausen*
		0.014 Na_2O	0.535 Al_2O_3	4.34 SiO_2	60,6 Fritte 3244 Ferro
		0.009 K_2O	0.974 B_2O_3		12,1 Quarzmehl W 10
		0.082 CaO			12,1 china clay RM
		0.895 MgO	+ 5–6% SnO_2		6,1 Anorthitmehl Mandt
					6,1 Zinnoxid
					3,0 Fritte 1233 M&M
161)	SK 6a/8	weiß glänzende Steinzeugglasur			*H. Ganter*
		0.188 K_2O	0.290 Al_2O_3	2.664 SiO_2	36,4 Kalifeldspat
		0.670 CaO			27,3 Quarz
		0.142 MgO	+ 5–8% SnO_2		18,2 Kalkspat
					9,1 china clay
					9,0 Dolomit
					+ 6,0 Zinnoxid
162)	SK 2a/6a	weißopak, glänzende Geschirrglasur			*E. Loef*
		0.047 K_2O	0.188 Al_2O_3	2.418 SiO_2	32,1 Quarzmehl W 10
		0.470 CaO	0.282 B_2O_3		22,1 Calciumborat-6-hydrat
		0.236 MgO			12,2 china clay
		0.094 BaO	+ 6–8% SnO_2		8,8 K-Feldspat
		0.153 ZnO			7,3 Wollastonit
					6,2 Bariumcarbonat
					5,3 Magnesit
					4,0 Zinkoxid
					2,0 Talkum
					+ 8,0 Zinnoxid

2.3.1.2 Weiße Glasuren mit Zirkontrübung

Man benutzt zur Herstellung entweder gleich fertige Zirkonfritten, die mit unterschiedlichem WAK und für die verschiedensten Brenntemperaturen bleifrei oder bleihaltig im Handel sind, oder setzt fertigen Glasurversätzen 10 bis 30% Zirkontrübungsmittel bzw. Zirkonsilikat zu. Die Trübung durch Zusatz von Zirkoniumoxid ist nicht so wirksam und viel teurer.

Es eignen sich dafür alle Glasuren, bis auf die mit sehr großer Lösekraft, d. h. reine Alkali-, Alkali-Bor-, Blei-Glasuren, die eine zu große Zusatzmenge erfordern würden.

Zirkongetrübte Glasuren werden in der Regel hochviskos, bekommen leicht Nadelstiche bei zu dicker Lage und lassen sich nur mit speziell angepaßten Farbkörpern gut färben (= sehr beschränkte Farbpalette). Ihre Deckkraft ist meist ausgezeichnet; sie bekommen keine Farbanflüge und sind für reduzierenden Brand gut geeignet. Ästhetisch sind die Oberflächen allerdings etwas kalt, hart, wirken leblos. Zirkonsilikat macht die Glasuren schwerer schmelzbar, härter, chemisch widerstandsfähiger und wirkt Haarrissen entgegen – in dieser Hinsicht hat es gleiche Eigenschaften wie das Zinnoxid.

163) SK 05a/03a weiß glänzende Frittenglasur, bleihaltig

0.232 Na$_2$O	0.351 Al$_2$O$_3$	3.084 SiO$_2$	60 Fritte A 3330 R&S
0.026 K$_2$O	0.491 B$_2$O$_3$	0.206 ZrO$_2$	20 Fritte A 3241 R&S
0.404 CaO			15 china clay
0.077 MgO			5 Zinkoxid
0.221 ZnO			
0.040 PbO			

164) SK 02a/01a bleifreie Frittenglasur

0.30 Na$_2$O	0.53 Al$_2$O$_3$	2.257 SiO$_2$	65 Fritte A 3022 R&S
0.40 CaO	0.90 B$_2$O$_3$		20 Zirkonsilikat Ultrox W 500
0.30 MgO			15 Zettlitzer Kaolin

+ 25% Zirkontrübungsmittel

165) SK 02a/1a weiß deckende, bleifreie Frittenglasur

0.35 Na$_2$O	0.48 Al$_2$O$_3$	4.72 SiO$_2$	75 Fritte A 3343 R&S
0.35 CaO	0.45 B$_2$O$_3$	0.40 ZrO$_2$	20 china clay
0.30 ZnO			5 Quarz

166) SK 02a/1a weiß glänzende, bleifreie Frittenglasur

0.31 Na$_2$O	0.52 Al$_2$O$_3$	2.54 SiO$_2$	82,0 Fritte 90353 Degussa
0.35 CaO	1.00 B$_2$O$_3$		9,8 Zirkonsilikat Degussa
0.30 MgO			8,2 china clay
0.04 ZnO	+ 10–15% Zirkonsilikat		

167) SK 01a/2a gut weiß deckende, bleifreie Geschirrglasur

E. Strierat

61,2 Fritte 3336 Ferro
20,0 Wollastonit
6,8 china clay
6,0 Talkum
3,0 Zirkonsilikat
3,0 Zinnoxid

168) SK 6a/7 weiß glänzende Steinzeugglasur

R. Winkler

0.22 Na$_2$O	0.30 Al$_2$O$_3$	3.0 SiO$_2$	40,0 Na-Feldspat
0.53 CaO	+ 10–15% Zirkonsilikat		22,3 Quarz
0.12 MgO			21,3 Wollastonit
0.05 BaO			7,2 china clay
0.08 ZnO			3,5 Magnesit
			3,4 Bariumcarbonat
			2,3 Zinkoxid
			+ 10,0 Zirkonsilikat Degussa

169)	SK 2a/3a	weiß, opak matte Frittenglasur			K. Kellner
					74,1 Fritte 3336 Ferro
					14,8 Magnesit
					11,1 china clay RM
170)	SK 6a/8	weiß glänzend, gut deckende Geschirrglasur			R. Lorenz
		0.162 Na_2O	0.312 Al_2O_3	2.325 SiO_2	54,5 Fritte 90368 Degussa
		0.564 CaO	0.162 B_2O_3	0.191 SnO_2	9,1 china clay
		0.080 MgO			9,1 Quarz
		0.194 SrO	+ 5–12% Zirkonsilikat		9,1 Strontiumcarbonat
					9,1 Zinnoxid
					9,1 Zirkonsilikat Degussa
171)	SK 5a/7	weiß, opak, seidenmatt bis glänzend			S. Furjan
		0.068 Na_2O	0.391 Al_2O_3	3.372 SiO_2	37,8 K-Feldspat B 412
		0.180 K_2O			24,4 Quarzmehl W 10
		0.680 CaO			18,0 Kreide
		0.072 MgO			9,2 china clay RM
					9,1 Zirkonsilikat
					1,5 Magnesit

2.3.1.3 Weiße Glasuren mit Antimonoxidtrübung

Die Weißtrübung durch Antimonoxid – besonders in der Emailindustrie angewandt – ist in der Regel nur in den alkalioxidreichen und niedrigviskosen Glasuren sinnvoll, weil das Sb_2O_3 von allen Trübungsmitteln aufgrund seines amphoteren Charakters in den Alkaliglasuren am wenigsten gelöst wird. Weil Antimonoxid in verschiedenen Oxidationsstufen existiert (ähnlich dem Manganoxid), als $Sb_2O_3 - Sb_2O_4 - Sb_2O_5$, entstehen beim Schmelzen oft durch Sauerstoffabspaltung hervorgerufene, starke Blasenbildungen, vor allem in zähflüssigen Glasurschmelzen. Die Blasenbildung tritt in Alkaliglasuren fast nie auf und kann durch langsames Brennen vermieden werden. Bleireiche Glasuren werden bei Brenntemperaturen unterhalb 1060° C gelb mit Antimonoxid (vgl. Abs. 1.5.6; 2.5.3). Zur ausreichenden Trübung sind meistens 6 bis 12% Antimonoxid nötig. Sehr wenig TiO_2, reichlich ZnO und B_2O_3 sind günstig.

172)	SK 05a/03a	glatt, glänzend, weiß, halbopak, Trübung oft leicht wolkig, teilweise craquelée			E. Reusch/A. Konietzny/U. Kraus
		1.00 Na_2O	0.149 Al_2O_3	3.348 SiO_2	71,4 Fritte 3759 Ferro
			1.990 B_2O_3		7,1 china clay
					21,5 Antimonoxid
		+ 18–40% Sb_2O_3			
173)	SK 05a/1a	weiß, wolkig getrübt, sehr hochviskos			R. Stolzenfeld
		0.31 Na_2O	0.40 Al_2O_3	2.30 SiO_2	100 Fritte 90353 Degussa
		0.35 CaO	1.00 B_2O_3		+ 5 Antimonoxid
		0.30 MgO			+ 0,8 Relatin
		0.04 ZnO	+ 5–8% Sb_2O_3		

174)	SK 03a/01a	weiß, opak, glänzend, rißfrei, bleihaltig			*W. Weber*
		0.04 Na_2O	0.30 Al_2O_3	1.86 SiO_2	80,0 Fritte 3505 Ferro
		0.05 K_2O	0.34 B_2O_3		8,0 china clay
		0.51 CaO			8,0 Zinkoxid
		0.03 MgO	+ 4–8% Sb_2O_3		4,0 Antimonoxid
		0.11 PbO			
		0.26 ZnO			
175)	SK 03a/02a	weiß, opak, glänzend, bleifrei			
		0.10 K_2O	0.18 Al_2O_3	1.60 SiO_2	48,6 Calciumborat-6-hydrat
		0.30 Li_2O	0.60 B_2O_3		19,2 K-Feldspat
		0.60 CaO			17,4 Quarz
			+ 8 bis 15% Sb_2O_3		17,7 Lithiumkarbonat
					7,1 china clay
					+ 10,0 Antimonoxid
176)	SK 1a/3a	weiß, opak, glänzend bis halbmatt			*C. Zart/A. Bogatay*
		0.45 Na_2O	0.49 Al_2O_3	2.37 SiO_2	69,0 Fritte 90167 Degussa
		0.45 K_2O	0.60 B_2O_3		20,7 china clay
		0.10 CaO			10,3 Antimonoxid
			+ 10–15% Sb_2O_3		

2.3.1.4 Weiße Glasuren mit Zinkoxidtrübung

Mit ZnO lassen sich glänzende, glatte, weißdeckende Glasuren herstellen, wenn in der Glasurformel gleichzeitig viel CaO, viel B_2O_3 und viel SiO_2 enthalten sind. Dann wirken auch hohe ZnO-Anteile noch nicht mattierend, was der Fall ist, wenn der B_2O_3-Gehalt unter 0,3 mol und der SiO_2-Gehalt unter 1,5 mol sinkt (abhängig von der Brenntemperatur!).

Zinkoxidtrübungen sind etwas unsicher, weil sich die Deckkraft sehr stark bei Brenntemperaturschwankungen und Unterschieden der Auftragsstärke verändert. ZnO fördert die Entmischung einer Boratglasphase aus der Glasurschmelze.

177)	SK 05a/03a	weiß, opak, leicht wolkig, glänzend, bleifrei			
		0.168 Na_2O	0.215 Al_2O_3	1.238 SiO_2	81,3 Fritte 90353 Degussa
		0.188 CaO	0.538 B_2O_3		18,7 Zinkoxid
		0.161 MgO			
		0.483 ZnO			
178)	SK 03a/2a	bleifreie, weiß glänzende Frittenglasur			*J. Oster*
		0.104 Na_2O	0.228 Al_2O_3	1.539 SiO_2	71,4 Fritte 90023 Degussa
		0.063 K_2O	0.417 B_2O_3		21,5 Zinkoxid
		0.250 CaO			7,1 china clay
		0.583 ZnO			

179)	SK 01a/2a	bleifreie, weiß deckende Frittenglasur				
		0.186 Na_2O	0.207 Al_2O_3	1.948 SiO_2	74,1	Fritte 90378 Degussa
		0.256 CaO	0.326 B_2O_3		18,5	Zinkoxid
		0.558 ZnO			7,4	china clay
180)	SK 5a/7	weiß deckend, glänzend bis seidenmatt, rißfrei				
		0.070 Na_2O	0.208 Al_2O_3	2.80 SiO_2	36,4	Quarz
		0.066 K_2O	0.156 B_2O_3		12,1	Na-Feldspat
		0.524 CaO			12,1	K-Feldspat
		0.340 ZnO			12,1	Kreide
					12,1	Calciumborat-6-hydrat
					9,1	Zinkoxid
					6,1	china clay
181)	SK 6a/7	weißdeckend, glänzende Frittenglasur				V. Vehring
		0.111 Na_2O	0.163 Al_2O_3	1.758 SiO_2	60,6	Fritte 90368 Degussa
		0.390 CaO	0.111 B_2O_3		18,2	Quarz
		0.056 MgO			18,2	Zinkoxid
		0.443 ZnO			3,0	china clay
182)	SK 6a/8	glatt, weiß, glänzend, opak, mit Kristallen				M. Hanisch
		0.026 Li_2O	0.215 Al_2O_3	1.883 SiO_2	43,5	Fritte 3568 Ferro
		0.081 Na_2O	0.178 B_2O_3		26,1	Zinkoxid
		0.001 K_2O			15,2	Quarz
		0.122 CaO			15,2	china clay
		0.026 PbO				
		0.744 ZnO				

Sehr großer Anteil von ZnO im Versatz gestattet einen sehr kleinen Anteil an Kaolin, weil die Quellfähigkeit des Zinkoxids mit Wasser einen stabilen Schlicker ergibt. Manchmal ist die Trockenschwindung dieser Glasuren sogar zu hoch. In diesem Falle sollte der größte Teil des ZnO durch Fritte eingebracht werden!

2.3.1.5 Durch Titanoxid getrübte Glasuren

Eine Weißtrübung mit Titanoxid – auf dem Emailsektor wichtigstes Trübungsmittel – ist auf keramischem Scherben bei gleichzeitig glänzender, glatter Oberfläche nur schwer zu erreichen, weil

a) geringste Eisenoxidspuren schnell eine Gelbfärbung bewirken;

b) in bleireichen und in borreichen Glasuren ebenfalls leicht eine Gelbfärbung eintritt, die vor allem dann erscheint, wenn zur Trübung viel TiO_2 zugefügt werden muß;

c) die die Trübung bewirkenden Kriställchen des meist in Rutilform sich ausscheidenden TiO_2 beim Abkühlen der Schmelze schnell wachsen und um so gelber erscheinen, je größer sie sind;

d) eine Zusatzmenge, die eine ausreichende Deckkraft verursacht, wegen des schnellen Kristallwachstums des nadelförmigen Rutils auch gleichzeitig leicht eine Mattierung der Oberfläche bewirken kann;

e) für eine gute Weißtrübung das TiO_2 zum größeren Teil als feinste Anataskriställchen vorliegen muß; dafür müssen die richtige Glasurzusammensetzung (hoher Alkaligehalt, hoher CaO-, MgO- und ZnO-Gehalt), relativ hohe Viskosität der Glasurschmelze und eine passende, schnelle Abkühlung zusammenkommen;

f) die geforderte, gut geeignete Zusammensetzung in der Regel einen höheren Wärmeausdehnungskoeffizienten bewirkt, was auf vielen keramischen Scherben zu Haarrissen führt.

(183) 2.3.1.5

Es werden zur Trübung zwischen 6 bis 12% TiO$_2$ empfohlen. Die Brennbedingungen sowie die Reaktion mit dem Scherben haben wahrscheinlich enorm großen Einfluß auf das Weiß der Titantrübung.

183) SK 06a/03a   weißlich-beige, glänzend

0.312 Na$_2$O	0.50 Al$_2$O$_3$	3.75 SiO$_2$
0.124 k$_2$O	0.53 B$_2$O$_3$	0.50 TiO$_2$
0.126 CaO		
0.300 MgO		
0.138 ZnO		

35,1 Fritte 90191 Degussa
18,3 china clay
13,7 Quarz
13,5 Fritte 90158 Degussa
9,1 Titanoxid
5,7 Magnesit
2,5 Zinkoxid
2,1 Kreide

184) SK 03a/2a   nach   E. Geiss/M. Beals

0.409 Na$_2$O	0.465 Al$_2$O$_3$	2.58 SiO$_2$
0.228 K$_2$O		
0.363 CaO	+ 10% TiO$_2$	

43,6 K-Feldspat
30,1 Fritte 90208 Degussa
13,8 china clay
12,5 Kalkspat
+ 10,0 Titanoxid

185) SK 6a   weiß, opak, glänzend   D. Müller/R. Lorenz

0.183 Na$_2$O	0.229 Al$_2$O$_3$	2.652 SiO$_2$
0.725 CaO	0.267 B$_2$O$_3$	0.246 TiO$_2$
0.092 MgO		

68,9 Fritte 90368 Degussa
17,3 Quarz
6,9 Calciumborat-6-hydrat
6,9 Titanoxid

186) SK 2a/6a   weiß, glänzend, bleihaltig   B. Konietzny

0.224 K$_2$O	0.224 Al$_2$O$_3$	1.368 SiO$_2$
0.339 CaO	0.067 B$_2$O$_3$	0.176 TiO$_2$
0.392 ZnO		
0.044 PbO		

56,6 K-Feldspat
15,4 Kalkspat
14,4 Zinkoxid
7,2 Fritte 90062 Degussa
6,4 Titanoxid

187) SK 7   glänzend, weiß deckend   S. Müller

0.084 Na$_2$O	0.412 Al$_2$O$_4$	4.408 SiO$_2$
0.228 K$_2$O		
0.404 CaO	+ 8–10% TiO$_2$	
0.216 MgO		
0.068 ZnO		

44,6 K-Feldspat
33,7 Quarz
9,7 Dolomit
5,9 china clay
4,7 Kreide
1,4 Zinkoxid
+ 8,0 Titanoxid

2.3.1.6 Weißgetrübte, glänzende Glasuren mit mehreren Trübungsmitteln oder ohne spezielles Trübungsmittel

Die Kombination mehrerer Trübungsmittel ist in vielen Fällen zu empfehlen, wenn man etwa bestimmte Färbungen, den Oberflächenglanz oder die Viskosität der Schmelze beeinflussen möchte. Oft werden damit auch insgesamt weniger Trübungsmittel bei gleicher Deckkraft gebraucht, als wenn nur ein bestimmtes Oxid benutzt würde. Auf diese Weise läßt sich die sonst unsichere Bläschentrübung oder die Borschleiertrübung zur Verbilligung der deckenden Glasuren nutzen. Besonders das Titanoxid ist hier in kleinen Anteilen von 1 bis 3% sehr vorteilhaft; es fördert die Trübungswirkung anderer Oxide stark, wirkt erniedrigend auf Viskosität und Oberflächenspannung und ist erheblich billiger als Zinn-, Zirkon- oder Antimonoxid. Allerdings wird das Schneeweiß meistens durch TiO_2-Zugabe etwas ins Gelbliche gebrochen. Es mindert auch schnell den Glanz und kann mattierend wirken(!), vor allem, wenn langsam abgekühlt wird. (Vgl. auch Abs. 2.4.2.1, S. 222)

188)	SK 05a/03a	weiß glänzend, opak, hochviskos, craquelée				*C. Wilhelm*
		0.252 Na_2O	0.441 Al_2O_3	4.064 SiO_2		55,6 K-Feldspat B 412
		0.558 K_2O				37,0 Fritte 1233 M&M
		0.190 CaO				3,7 Quarz
						3,7 china clay
						+ Relatin
189)	SK 01a/1a	weiß glänzend, glatt, opak, niedrigviskos				*J. Wüst*
		0.206 K_2O	0.270 Al_2O_3	1.361 SiO_2		55,6 Colemanit
		0.794 CaO	1.191 B_2O_3			38,9 K-Feldspat
						5,5 china clay
190)	SK 03a/01a	weiß glänzend, opak, hochviskos, bleihaltig!				*H. Liersch*
		0.129 Na_2O	0.606 Al_2O_3	3.722 SiO_2		56,6 Feldspat
		0.314 K_2O	0.238 B_2O_3			37,7 Fritte 3505 Ferro
		0.363 CaO				3,9 china clay
		0.026 MgO	+ 1–3% SnO_2			1,9 Zinkoxid
		0.090 ZnO	+ 1–3% TiO_2		+	1,5 Zinnoxid
		0.078 PbO				1,0 Titanoxid
191)	SK 2a/3a	weiß opak, glänzend, rißfrei				*A. Günther/J. Preußer*
		0.097 K_2O	0.258 Al_2O_3	1.680 $SiO2$		68,0 Fritte 90176 Degussa
		0.291 CaO	0.388 B_2O			20,4 Zinkoxid
		0.612 ZnO				6,8 china clay
			+ 3–4% $ZrSiO_4$			3,4 Zirkonsilikat
			1–2% SnO_2			1,4 Zinnoxid
192)	SK 2a/3a	weiß deckende, glänzende Frittenglasur				*M. Müksch*
		0.40 Na_2O	0.445 Al_2O_3	4.189 SiO_2		82,0 Fritte 90378 Degussa
		0.55 CaO	0.700 B_2O_3			8,2 Kaolin
		0.05 ZnO				4,1 Zinkoxid
			+ 4–6% ZnO			4,1 Zinnoxid
			4–5% SnO_2			1,6 Titanoxid
			1–3% TiO_2			

193)	SK 2a/5a	weiß deckende, glänzende Frittenglasur				*A. Bogatay*
		0.286 Na_2O	0.318 Al_2O_3	3.439 SiO_2	69,0	Fritte 90378 Degusssa
		0.393 CaO	0.742 B_2O_3		6,9	china clay
		0.321 ZnO			6,9	Quarzmehl
			+ 7–10% $Ca_2P_2O_7$		6,9	Zinkborat
					6,9	Dicalciumphosphat
					3,4	Zinkoxid

194)	SK 6a/8	weiß glänzende, hochviskose Feldspatglasur				*R. Weidner*
		0.085 Na_2O	0.476 Al_2O_3	3.641 SiO_2	48,4	K-Feldspat
		0.303 K_2O			12,9	Na-Feldspat
		0.612 CaO			12,9	Wollastonit
					12,9	Quarz
					6,5	Kalkspat
					6,5	china clay

2.3.1.7 Weißdeckende, getrübte Glasuren mit Seidenglanz

Die Kombination von Zinnoxid und Titanoxid verursacht häufig eine nicht mehr hochglänzende, seidenmatte Oberfläche, wenn beide einer hochglänzenden, transparenten Glasur zur Trübung zugesetzt werden. Eine an sich schon seidenmatte Glasur kann oft mit recht wenig Trübungsmittel stark deckend werden; auch die kristalline Ausscheidung bestimmter Ca-Mg-Silikate oder Zn-Ba-Silikate kann glatte, weiße, oft halbopake seidenglänzende Glasuren ergeben, so daß nur sehr kleine Zusatzmengen von SnO_2, TiO_2 oder Sb_2O_3 etc. nötig sind für hohe Deckkraft. Solche Glasuren können dann auch in dünnerer Lage aufgetragen werden.

195)	SK 010a	weiß, opak, bleireiche Frittenglasur				*J. Tranelis/C. Schmidt*
		0.585 PbO	0.040 Al_2O_3	0.926 SiO_2	76,9	Fritte 90062 Degussa
		0.415 MgO	0.877 B_2O_3		19,3	Talkum, weiß
					3,8	china clay

196)	SK 05a/03a	weiß deckend, bleifrei, seidenmatt				*C. Wilhelm/C. Zart*
		0.168 Na_2O	0.133 Al_2O_3	1.942 SiO_2	69,0	Fritte 3782 Ferro
		0.491 CaO	0.335 B_2O_3		13,8	Wollastonit
		0.020 MgO			10,3	Zinkoxid
		0.321 ZnO	+ 3–4% SnO_2		3,5	Zinnoxid
			3–4% TiO_2		3,4	Titanoxid

197)	SK 04a/03a	weiß opak, halbmatt, craquelèe				*L. Mišić/S. Furjan*
		0.437 Na_2O	0.326 Al_2O_3	6.204 SiO_2	45,4	Fritte 90167 Degussa
		0.451 K_2O	0.578 B_2O_3		45,5	Quarzmehl W 10
		0.107 CaO			9,1	Ton weiß fett 178 wf
		0.005 MgO				

198)	SK 03a/2a	weiß opak, wachsglatt, seidenmatt, bleihaltig!			*P. Dückershoff*
		0.08 Na$_2$O	0.135 Al$_2$O$_3$	1.03 SiO$_2$	84,7 Fritte 3520 Ferro
		0.01 K$_2$O	0.150 B$_2$O$_3$		8,5 china clay
		0.13 CaO			3,4 Zinnoxid
		0.07 MgO	+ 3–4% SnO2		3,4 Antimonoxid
		0.53 ZnO	3–4% Sb$_2$O$_3$		
		0.18 PbO			

199)	SK 01a/1a	weiß opak, seidenmatt, zirkongetrübt			
		0.259 Na$_2$O	0.138 Al$_2$O$_3$	2.950 SiO$_2$	83,0 Fritte A 3343 R&S
		0.259 CaO	0.333 B$_2$O$_3$	0.296 ZrO$_2$	10,0 Talkum
		0.260 MgO			5,0 china clay
		0.222 ZnO	+ 2–4% TiO$_2$		2,0 Titanoxid

200)	SK 01a/3a	weiß opak, glänzend bis seidenmatt, Geschirrglasur			*D. Müller/R. Lorenz*
		0.089 Na$_2$O	0.166 Al$_2$O$_3$	1.806 SiO$_2$	45,9 Fritte 90368 Degussa
		0.802 CaO	0.129 B$_2$O$_3$		27,5 Wollastonit
		0.044 MgO			9,2 Quarz
		0.065 ZnO	+ 2–3% TiO$_2$		6,9 Zinkborat
			1–3% SnO$_2$		6,9 china clay
					2,3 Titanoxid
					1,3 Zinnoxid

201)	SK 2a/3a	weißdeckend, seidenmatt, für Geschirr			*B. Staab*
		0.129 Na$_2$O	0.188 Al$_2$O$_3$	1.696 SiO$_2$	69,9 Fritte 90368 Degussa
		0.807 CaO	0.129 B$_2$O$_3$		21,0 Wollastonit
		0.064 MgO			5,6 Zirkonsilikat Ultrox
			+ 5–8% Ultrox		500 W R&S
					3,5 Kaolin

202)	SK 4a/7	beigeweiß, opak, seidenglänzend			*H. Konzack*
		0.014 Na$_2$O	0.217 Al$_2$O$_3$	1.308 SiO$_2$	37,3 K-Feldspat B 412
		0.142 K$_2$O	0.068 B$_2$O$_3$		14,9 Dolomit
		0.239 CaO			11,2 Talkum
		0.358 MgO	+ 3–5% ZrSiO$_4$		7,5 china clay
		0.193 ZnO	3–5% SnO$_2$		7,5 Calciumborat
		0.054 SrO			7,5 Zinkoxid
					7,4 Strontiumcarbonat
					3,7 Zirkonsilikat
					3,0 Zinnoxid

(203) 2.3.1.7

203)	SK 5a/6a	weiß opak, seidenmatt bei langsamer Abkühlung, glatt			*M. Moses*
		0.029 Na_2O	0.303 Al_2O_3	1.761 SiO_2	53,8 K-Feldspat B 412
		0.249 K_2O	0.058 B_2O_3		18,8 Zinkoxid
		0.162 CaO			15,4 Fritte 90016 Degussa
		0.031 MgO	+ 1–2% SnO_2		6,2 china clay
		0.529 ZnO	1–2% TiO_2		4,6 Kreide
					1,2 Magnesit
					+ 1,0 Zinnoxid
					1,0 Titanoxid

204)	SK 5a/7	glatt, weiß deckend, für Rohglasieren			*C. Craemer*
		0.06 Na_2O	0.60 Al_2O_3	1.50 SiO_2	50,0 Ton 161
		0.11 K_2O	0.30 B_2O_3		10,0 K-Feldspat
		0.17 Li_2O			10,0 Na-Feldspat
		0.45 CaO	+ 1–2% SnO_2		10,0 Dolomit
		0.15 MgO			10,0 Kalkspat
		0.07 ZnO			5,5 Zinkborat
					4,5 Lithiumcarbonat
					+ 1,5 Zinnoxid

205)	SK 6a/7	weiß opak, seidenmatt			*E. Martens/S. Müller*
		0.100 Li_2O	0.472 Al_2O_3	2.256 SiO_2	24,6 K-Feldspat
		0.124 K_2O			22,9 china clay
		0.495 CaO	+ 1–3% TiO_2		17,7 Kreide
		0.281 ZnO	1–2% $ZrSiO_4$		13,3 Quarzmehl
			1–2% SnO_2		13,3 Spodumen
					8,2 Zinkoxid
					+ 1,2 Titanoxid
					1,2 Zinnoxid
					2,0 Zirkonsilikat

206)	SK 6a/7	weiß, gut deckend, seidenmatt, für Geschirr			*M. Adam*
		0.316 Na_2O	0.423 Al_2O_3	2.286 SiO_2	55,5 Na-Feldspat
		0.549 CaO			18,5 Kalkspat
		0.135 ZnO	+ 6–8% TiO_2		9,3 china clay
			2–4% SnO_2		7,4 Titanoxid
					3,7 Quarz
					3,7 Zinkoxid
					1,9 Zinnoxid

207)	SK 6a/8	weiß halbopak, glänzend bis seidenmatt, craquelée			*H. Konzack*
		0.022 Na_2O	0.36 Al_2O_3	1.925 SiO_2	38,5 K-Feldspat B 412
		0.195 K_2O		0.054 P_2O_5	15,4 Tricalciumphosphat
		0.372 CaO			11,5 Talkum
		0.437 MgO			15,4 Dolomit
					7,7 Quarz
					7,7 china clay
					3,8 Na-Feldspat

2.3.2 Farbige, opake Glasuren mit glänzender Oberfläche

entstehen, wenn glänzende, weißgetrübte Glasuren gefärbt werden mit Farboxiden, wobei auch die Lösungsfärbung genutzt werden kann, oder durch Färbung mit Pigmentfarben, die sich nicht in der Schmelze lösen und die Glasurschicht undurchsichtig machen. Dafür sind im Normalfall Zusatzmengen von 5 bis 10% Farbkörper zur Transparentglasur nötig; bleibt man im erstgenannten Fall unter 5% Oxidzusatz, entstehen helle Pastellfarbtöne; welcher Farbton exakt erreicht wird, hängt dabei von der Art der Trübung ab und von der sonstigen Zusammensetzung der Glasur.

Opake Glasurschichten entstehen natürlich auch bei einer sehr intensiven Oxidfärbung durch Chromoxid (grün), Eisenoxid (braun bis schwarz), Nickeloxid (braun bis grün), Kobaltoxid (dunkelstes blau bis schwarz), Manganoxid (braun bis schwarz), Kupferoxid (schwarz).

2.3.2.1 Weißgetrübte, gefärbte Glasuren, pastellfarben

Am besten färbbar sind die bleireichen, durch Zinnoxid getrübten Glasuren. Am stärksten werden die üblichen Farbtöne durch die titanoxidgetrübten Glasuren verändert. Zirkongetrübte Glasuren lassen sich am besten mit den speziell für diese Glasuren entwickelten Farbkörpern (FK) färben.

Die borattrüben Glasuren bekommen häufig bei Färbung ein wolkig-ungleichmäßiges Aussehen.

---

208) SK 05a/02a Blei-Bor-Frittenglasur, blaugrün U. Martin/ M. Hoffmann

1.00 PbO	0.202 Al_2O_3	1.866 SiO_2
	0.540 B_2O_3	
	+ 4,5% SnO_2	
	1,3% CuO	

45,2 Fritte 90001 Degussa
32,3 Fritte 90062 Degussa
12,8 china clay
+ 9,7 Quarzmehl
4,5 Zinnoxid
1,3 Kupferoxid

---

209) SK 03a Bleiglasur, zinngetrübt, hellgrau R. Jochims

0.1 Li_2O	0.17 Al_2O_3	1.70 SiO_2
0.3 ZnO		
0.6 PbO	+ 10% SnO_2	
	0.5% Sb_2O_3	
	0.05% CoO	

53,7 Fritte 90001 Degussa
14,0 Quarz
13,5 Kaolin
9,0 Zinnoxid
7,5 Zinkoxid
2,3 Lithiumcarbonat
+ 0,5 Antimonoxid
0,05 Kobaltoxid

---

210) SK 02a/3a opak wolkig, zart blaugraugrün, bleihaltig! R. Fleischhut/ H. Falkenbach

0.100 Li_2O	0.467 Al_2O_3	4.317 SiO_2
0.318 Na_2O	0.697 B_2O_3	0.296 TiO_2
0.004 K_2O		
0.477 CaO	+ 0.12% CoO	
0.101 PbO	0.25% $NiCO_3$	

86,2 Fritte 3568 Ferro
8,6 china clay
5,2 Titanoxid
+ 0,12 Kobaltoxid
0,25 Nickelcarbonat

(211) 2.3.2.1

211)	SK 03a/02a	glatt, beigegelb, rißfrei, bleihaltig					*C. Holdorf*
		0.09 Na_2O	0.37 Al_2O_3	2.65 SiO_2		74,1	Fritte 3505 Ferro
		0.06 K_2O	0.46 B_2O_3	0.05 ZrO_2		14,8	Fritte A 3343 R&S
		0.64 CaO		0.15 TiO_2		3,7	Titanoxid
		0.04 MgO	+ 1–2% Ocker			7,4	china clay
		0.04 ZnO			+	1,5	gelber Ocker
		0.13 PbO					
212)	SK 04a/01a	niedrigviskose Bleiglasur, olivbraun					*M. Hoffmann*
		0.89 PbO	0.10 Al_2O_3	1.62 SiO_2		76,9	Fritte 90001 Degussa
		0.11 CaO		0.18 TiO_2		7,7	Quarz
						7,7	Kaolin
			+ 4–5% FK Cr			3,9	Wollastonit
						3,8	Titanoxid
					+	3,9	FK 14064 Cr Ferro
213)	SK 03a/2a	bleifreie Fritten-Lehmglasur, hellgraublau					*G. Blomert*
		0.157 Na_2O	0.481 Al_2O_3	4.127 SiO_2		50	Fritte 90038 Degussa
		0.197 K_2O	1.178 B_2O_3	0.139 ZrO_2		30	Fritte A 3330 R&S
		0.163 CaO	0.073 Fe_2O_3			20	Niederahrer Ton rot-brennend
		0.063 MgO					
		0.420 ZnO	+ 6–8% FK Sn-Sb		+	8	FK 13011 Sn-Sb Ferro
214)	SK 03a/2a	hellgelb opake, bleifreie, borreiche Glasur					*C. Dallmer*
		0.39 Na_2O	0.553 Al_2O_3	4.455 SiO_2		83,3	Fritte 90378 Degussa
		0.01 K_2O	0.680 B_2O_3	0.318 TiO_2		16,7	Ton W 100
		0.55 CaO	0.003 Fe_2O_3		+	5,8	Titanoxid
		0.05 ZnO					
215)	SK 03a/1a	wolkig halbopak, bleifrei, blaugrün					*E. Reusch*
		0.668 Na_2O	0.049 Al_2O_3	2.469 SiO_2		83,3	Fritte 3759 Ferro
		0.332 CaO	1.329 B_2O_3			12,5	Wollastonit
					+	4,2	china clay
			+ 6–8% Sb_2O_3			6,0	Antimonoxid
			2–3% CuO			2,5	Kupferoxid
216)	SK 2a/3a	hochviskos, bleifrei, grau mit weiß					*S. Lioliou*
		0.246 Na_2O	0.103 Al_2O_3	2.366 SiO_2		71,4	Fritte 3284 Ferro
		0.216 CaO	0.720 B_2O_3	0.272 TiO_2		14,4	Zinkoxid
		0.538 ZnO				7,1	Kreide
			+ 5–6% Cr_2O_3			7,1	Titanoxid
					+	5,7	Chromoxid

217) SK 4a/5a bleifrei, borreich, hellviolettblaugrau   R. Koch

    0.158 K_2O 0.450 Al_2O_3 3.142 SiO_2 31,4 Calciumborat-2-hydrat
    0.137 Na_2O 0.545 B_2O_3 21,6 K-Feldspat
    0,705 CaO   17,6 Na-Feldspat
         + 10–12% SnO_2 15,7 Quarz
           0.2% Fe_2O_3 9,8 Kaolin
           0.2% $NiCO_3$ 3,9 Kreide
           0.2% Cr_2O_3 + 11,8 Zinnoxid
           0.2% CoO   0,2 Eisen-III-oxid
                            0,2 Nickelcarbonat
                            0,2 Chromoxid
                            0,2 Kobaltoxid

218) SK 3a/6a bleifrei, glatt, glänzend, opak, pinkrosa   M. Nicolai

    0.158 Na_2O 0.230 Al_2O_3 2.21 SiO_2 71,0 Fritte 90368 Degussa
    0.638 CaO   0.158 B_2O_3 0.127 TiO_2 14,0 Quarz
    0.075 MgO   3,5 china clay
    0.125 ZnO   + 3–4% SnO_2 4,0 Zinkoxid
           6–8% FK Ca-Sn-Cr   4,0 Titanoxid
                            3,5 Kreide
                           + 3,5 Zinnoxid
                            7,0 FK 12004 Ca-Sn-Cr
                               Ferro

219) SK 4a/6a glänzend, opak, hellorangebraun   A. Pickal

    0.359 Na_2O 0.387 Al_2O_3 3.263 SiO_2 60,6 Fritte 90378 Degussa
    0.454 CaO   0.603 B_2O_3 0.289 TiO_2 15,2 Na-Feldspat
    0.156 SrO   6,1 china clay
    0.031 ZnO   + 2–3% Sb_2O_3 6,1 Colemanit
           0.5% Cr_2O_3 6,0 Strontiumcarbonat
                           6,5 Titanoxid
                          + 2,4 Antimonoxid
                           0,5 Chromoxid

220) SK 5a/6a glänzend, opak, taubenblau, bleihaltig!   C. Reiter

    0.11 Li_2O 0.64 Al_2O_3 4.89 SiO_2 69,0 Fritte 3568 Ferro
    0.33 Na_2O 0.65 B_2O_3 0.11 SnO_2 20,7 Ton W 100
    0.45 CaO   0.11 Sb_2O_3 6,9 Antimonoxid
    0.09 PbO   3,4 Zinnoxid
    0.01 K_2O + 0,17% $CoCO_3$ + 0,17 Kobaltcarbonat

221)	SK 6a/7	bleifreie Geschirrglasur, glänzend, opak, gut färbbar, mit breitem Viskositätsbereich			*M. Nicolai/N. Höber*
		0.18 Na_2O	0.26 Al_2O_3	2.47 SiO_2	74,1 Fritte 90368 Degussa
		0.62 CaO	0.18 B_2O_3	0.06 SnO_2	14,8 Quarzmehl
		0.09 MgO			3,7 china clay
		0.11 ZnO			3,7 Zinkoxid
					3,7 Zinnoxid
		hellbräunlich	+ 15% rotbrennender Ton		
		altrosa	+ 10% FK 12009 Al-Zn-Cr Ferro		
		hellblau	+ 0,5% Kobaltcarbonat		
		hellgraublau	+ 5% FK 13040 Sn-Sb-V Ferro		
		mattbraunbeige	+ 20% Rutil		

2.3.2.2 Bleihaltige, deckend-farbige Majolika-Glasuren

Die typische Majolikaglasur ist opak, gefärbt und in der Regel für niedrige Brenntemperaturen bestimmt, deshalb fast ausnahmslos eine Frittenglasur, und muß wie alle opaken Glasuren ausreichend dick aufgetragen werden, wenn sie eine Scherbenfarbe wirklich verdecken soll. Sie kann unter Umständen aber mit stark farbig brennenden Massen so kräftig reagieren, daß sie Farbstoffe (Eisenoxid, Manganoxid) aus dem Scherben aufnimmt und dadurch besonders reizvolle Farbspiele entwickelt, wenn sie verschieden dick appliziert wird. Bei sehr dünner Lage kann in solchen Fällen oft ihre Eigenfarbe gar nicht sichtbar werden, wie das bei den transparent farbigen Glasuren stets auch bei dicker Auftragsstärke der Fall ist.

Mit anderen Farbkörpern (FK), Farboxiden oder deren Mischungen können in den angegebenen Rezepten natürlich auch andere Färbungen erreicht werden.

Alle glänzend erstarrenden Glasuren dürfen, nach einer angemessenen Haltezeit der Garbrandtemperatur zum Glattfließen evtl. Oberflächenfehler, auch sehr schnell abgekühlt werden.

222)	SK 010a	glänzend, hellorangerot, opak			*B. Schmidt*
		0.986 PbO	0.08 Al_2O_3	1.19 SiO_2	88,9 Fritte 90001 Degussa
		0.014 Na_2O			5,8 china clay
			+ 3% SnO_2		3,1 Mennige
			3% Cr_2O_3		2,2 Na-Feldspat
					+ 3,0 Zinnoxid
					3,0 Chromoxid
223)	SK 06a/03a	glatt, intensiv, gelb, opak (Neapelgelb)			*C. Pederzani*
		1.00 PbO	0.17 Al_2O_3	2.26 SiO_2	74,1 Fritte 3527 Ferro
					11,5 china clay
			+ 3% Sb_2O_3		14,4 Quarz
			4.5% SnO_2		+ 3,0 Antimonoxid
			4.5% TiO_2		4,5 Zinnoxid
					4,5 Titanoxid

224)	SK 05a/03a	Bleiglasur, dunkelgelb			
		0.70 PbO 0.15 K$_2$O 0.15 CaO	0.20 Al$_2$O$_3$ + 5% SnO$_2$ 2.5% Sb$_2$O$_3$ 0.5% Fe$_2$O$_3$	2.00 SiO$_2$	60,5 Fritte 90001 Degussa 25,5 Feldspat 5,5 Quarzmehl 4,6 Kreide 3,9 Kaolin + 5,1 Zinnoxid 2,5 Antimonoxid 0,5 Eisen(III)-oxid
225)	SK 06a/02a	glänzend, rotbraun, Blei-Bor-Glasur			*C. Wilhelm*
		1.00 PbO	0.135 Al$_2$O$_3$ 0.500 B$_2$O$_3$ + 7–8% Fe$_2$O$_3$	1.77 SiO$_2$	90,0 Fritte A 3348 R&S 10,0 china clay + 8,0 Eisen(III)-oxid
226)	SK 05a/03a	glänzend, gelbbraune Bleiglasur			*U. Martin/* *M. Hoffmann*
		1.00 PbO	0.11 Al$_2$O$_3$ + 10–15 Ton, rotbrenn. 4–7% Fe$_2$O$_3$ 4–6% TiO$_2$	1.22 SiO$_2$	90,9 Fritte A 1315 R&S 9,1 china clay + 13,6 rotbrennender Ton 4,5 Titanoxid 6,2 Eisen(III)-oxid
227)	SK 04a/02a	Bleiglasur, halbopak, dunkelblau			*B. Kobbach*
		0.81 PbO 0.19 MgO	 + 2% CuO 5% CoCO$_3$	1.07 SiO$_2$	90 Fritte 90001 Degussa 10 Talkum + 5 Kobaltcarbonat 2 Kupferoxid
228)	SK 03a/02a	glänzend, opak, mittelgelb			*J. Oster/K. Konz*
		0.14 Na$_2$O 0.05 K$_2$O 0.27 CaO 0.54 PbO	0.31 Al$_2$O$_3$ 0.22 B$_2$O$_3$ + 10% FK Sn-V	3.26 SiO$_2$	90,0 Fritte 3496 Ferro 10,0 Kaolin + 10,0 FK 10022 Sn-V Ferro
229)	SK 03a/02a	hochglänzend, schwarz			*H. Scheler*
		0.061 Na$_2$O 0.008 K$_2$O 0.100 CaO 0.054 MgO 0.409 ZnO 0.368 PbO	0.138 Al$_2$O$_3$ 0.116 B$_2$O$_3$ + 5.4% MnO$_2$ 4.5% CoO 1.0% CuO 2.0% Fe$_2$O$_3$	1.436 SiO$_2$	54,4 Fritte 3520 Ferro 27,3 Fritte 3527 Ferro 9,1 Quarz 9,1 Kaolin + 5,4 Manganoxid 4,5 Kobaltoxid 2,0 Eisen(III)-oxid 1,0 Kupferoxid

230) SK 03a/7   glänzend, opak, violettbraun bis braunschwarz mit extrem *A. Pickal*
                 breitem Brennintervall

0.29 Na_2O	0.37 Al_2O_3	3.10 SiO_2	34,5 Fritte 90378 Degussa
0.24 CaO	0.30 B_2O_3		27,6 Fritte 90001 Degussa
0.02 ZnO			13,8 Na-Feldspat
0.45 PbO	+ 20% Fe_2O_3		17,2 Eisen(III)-oxid
			6,9 china clay

231) SK 01a/1a   glänzend, opak, gelbgrün   *L. Wörsdörfer*

0.14 Na_2O	0.17 Al_2O_3	2.98 SiO_2	89,2 Fritte 3496 Ferro
0.05 K_2O	0.22 B_2O_3	0.27 TiO_2	5,4 Titanoxid
0.27 CaO			5,4 Nickelcarbonat
0.54 PbO	+ 5–8% $NiCO_3$		

232) SK 01a/1a   glänzend, opak, preußischgrün   *R. Koch*

0.65 PbO	0.217 Al_2O_3	2.234 SiO_2	90,9 Fritte 8886 M&M
0.35 CaO	0.100 B_2O_3		9,1 china clay
			+ 2,0 FK 21011 Degussa
	+ 2–4% Fk Co-Cr-Al-Zn		

233) SK 2a   glänzend, schwarz   *U. Häring*

0.14 Na_2O	0.28 Al_2O_3	3.01 SiO_2	100 Fritte 3467 Ferro
0.05 K_2O	0.21 B_2O_3		+ 2 Kobaltoxid
0.45 CaO			2 Nickeloxid
0.12 MgO			2 FK 13019 Ferro
0.24 PbO	grasgrün: + 2–4% Chromoxid		

2.3.2.3 Bleifreie, opake farbige glänzende Glasuren

234) SK 03a/1a   opak, glänzend, türkisblau   *B. Kobbach*

0.095 Na_2O	0.156 Al_2O_3	2.032 SiO_2	70,9 Fritte 3757 Ferro
0.025 K_2O	0.526 B_2O_3		28,4 Wollastonit
0.860 CaO			+ 0,7 Zinkoxid
0.020 ZnO	+ 2–4% CuO		3,5 Kupferoxid
	0.2–0.4% $CoCO_3$		0,4 Kobaltcarbonat

235) SK 03a/3a   beigegelblich, dunkel gesprenkelt   *H. Liersch*

0.118 Na_2O	0.298 Al_2O_3	2.677 SiO_2	69,9 Fritte 3757 Ferro
0.031 K_2O	0.655 B_2O_3		21,0 Talkum
0.363 CaO			+ 9,1 china clay
0.488 MgO	+ 6–8% Thomasmehl		7,0 Thomasmehl

236) SK 03a/2a glänzend, opak, dunkelbraunschwarz, für Geschirr *H. Liersch*

0.129 Na$_2$O	0.450 Al$_2$O$_3$	2.761 SiO$_2$	54,1 Fritte 3757 Ferro
0.053 K$_2$O	0.595 B$_2$O$_3$	0.093 TiO$_2$	27,0 Lavalith
0.526 CaO	0.073 Fe$_2$O$_3$	0.070 SnO$_2$	9,0 china clay
0.292 MgO			5,4 Ton W 100
			3,1 Zinnoxid
	+ 12–16% Manganton		0,7 Titanoxid
			0,7 Eisen(III)-oxid
			+ 14,5 Manganton

237) SK 02a/3a glänzend, opak, chromgrün, Geschirrglasur *H. Liersch*

0.091 Li$_2$O	0.409 Al$_2$O$_3$	3.182 SiO$_2$	16,3 Petalit
0.091 Na$_2$O	0.182 B$_2$O$_3$		16,0 Quarz
0.091 K$_2$O			13,9 Na-Feldspat
0.091 MgO	+ 1–2% Cr$_2$O$_3$		14,8 K-Feldspat
0.636 CaO	0.5% CuO		12,4 Calciumborat-6-hydrat
			10,2 china clay
			6,2 Wollastonit
			5,3 Kreide
			4,9 Dolomit
			+ 1,5 Chromoxid
			0,5 Kupferoxid

238) SK 01a/2a glänzend opake Frittenglasur, hellzitronengelb *D. Müller*

0.174 Na$_2$O	0.326 Al$_2$O$_3$	1.959 SiO$_2$	77,0 Fritte 90368 Degussa
0.611 CaO	0.476 B$_2$O$_3$		11,5 Zinkborat
0.088 MgO			+ 11,5 china clay
0.127 ZnO	+ 8% FK Sn-V		8,0 FK K 183 Sn-V R&S

239) SK 1a 2a glänzend, opak, hochviskos, dunkelgrün *S. Lioliou*

0.165 Na$_2$O	0.226 Al$_2$O$_3$	2.464 SiO$_2$	78,1 Fritte 90016 Degussa
0.165 K$_2$O	0.329 B$_2$O$_3$		15,6 Wollastonit
0.670 CaO			6,3 china clay
	+ 5–8% Cr$_2$O$_3$		+ 7,8 Chromoxid
	3–4% CuCO$_3$		3,1 Kupfercarbonat

240) SK 1a/4a glänzend, opak, schwarze Geschirrglasur *H. Hase*

0.118 Na$_2$O	0.314 Al$_2$O$_3$	2.709 SiO$_2$	69,0 Fritte 3757 Ferro
0.031 K$_2$O	0.655 B$_2$O$_3$		20,7 Talkum
0.363 CaO			10,3 china clay
0.488 MgO	+ 10% Fe$_2$O$_3$		+ 10,0 Eisen(III)-oxid

(241) 2.3.2.3

241)	SK 2a/4a	glänzend, opak, intensiv hellgelb			B. Radlmaier
		0.267 Na_2O	0.669 Al_2O_3	2.551 SiO_2	33,0 Feldspat
		0.373 CaO	0.462 B_2O_3	0.589 TiO_2	24,6 china clay
		0,318 MgO			20,7 Calciumborat-2-hydrat
		0.042 ZnO			11,1 Titanoxid
					6,3 Magnesit
					2,3 Zinkborat
					2,0 Quarz
242)	SK 3a/4a	glänzend, dunkelbraun mit lebhafter Oberfläche			R. Koch
		0.055 Na_2O	0.319 Al_2O_3	1.584 SiO_2	75,0 Basaltmehl TK
		0.080 K_2O	0.206 B_2O_3		8,4 K-Feldspat
		0.456 CaO			8,3 Calciumborat-2-hydrat
		0.409 MgO			8,3 china clay
243)	SK 5a/6a	glänzend, opak, hellbraun mit blauen Flecken			R. Lins
		0.129 Na_2O	0.129 Al_2O_3	3.07 SiO_2	54,1 Fritte 90016 Degussa
		0.129 K_2O	0.257 B_2O_3		32,4 Quarzmehl
		0.258 CaO			13,5 Zinkoxid
		0.484 ZnO	+ 4–7% $NiCO_3$		+ 6,5 Nickelcarbonat
244)	SK 5a/6a	glänzend, opak, mittelbraun, zum Rohglasieren geeignet, hochviskose Geschirrglasur			H. Hase
		0.252 Na_2O	1.147 Al_2O_3	6.111 SiO_2	50,0 Fritte 3757 Ferro
		0.106 K_2O	1.049 B_2O_3		50,0 Niederahrer Ton
		0.607 CaO	0.248 Fe_2O_3		
		0.035 MgO			
245)	SK 5a/6a	glänzend, opak, wolkig, stahlblau-grünlich			B. Olleck
		0.20 Na_2O	0.342 Al_2O_3	3.185 SiO_2	72,0 Fritte 90368 Degussa
		0.70 CaO	0.200 B_2O_3		20,0 Quarz
		0.10 MgO			8,0 china clay
			+ 5–6% CoO		+ 6,0 Kobaltoxid
			3–4% $NiCO_3$		3,0 Nickelcarbonat
246)	SK 6a/7	opak, glänzend, pinkrosa			H. Wydra
		0.20 K_2O	0.50 Al_2O_3	3.00 SiO_2	45,5 Na-Feldspat
		0.30 Na_2O		0.09 SnO_2	32,1 K-Feldspat
		0.25 CaO			11,4 Bariumcarbonat
		0.25 BaO	+ 6% FK Ca-Sn-Cr		7,2 Kreide
					3,8 Zinnoxid
					+ 6,0 FK 12004 Ferro

247)	SK 5a/6a	opak, glänzend, intensiv blaugrau				E. Reuter
		0.132 Na_2O	0.178 Al_2O_3	2.049 SiO_2	26,7	Quarz
		0.303 CaO	0.124 B_2O_3		26,7	Na-Feldspat
		0.063 MgO			15,6	Zinkoxid
		0.502 ZnO	+ 1% CoO		11,7	Calciumborat
			1% CuO		6,7	Wollastonit
			1% Fe_2O_3		4,4	Dolomit
					4,4	Kreide
					4,4	china clay
					+ 1,0	Kobaltoxid
					1,0	Kupferoxid
					1,0	Eisen(III)-oxid
248)	SK 7/9	opak, glänzend, schwarz				C. Dallmer
		0.014 Na_2O	0.555 Al_2O_3	3.296 SiO_2	65,0	Kreutzton, rotbrennend
		0.235 K_2O	0.096 Fe_2O_3		20,0	K-Feldspat
		0.547 CaO			10,0	Kreide
		0.205 MgO	+ 5% CoO		5,0	china clay
					+ 5,0	Kobaltoxid
249)	SK 7/9	glänzend, dunkelblau				
		0.093 Na_2O	0.347 Al_2O_3	3.053 SiO_2	36,9	K-Feldspat B 412
		0.148 K_2O			24,6	Quarzmehl W 10
		0.599 CaO	+ 5–8% $Ca_2(PO_4)_2$		13,8	Kalkspat
		0.160 MgO	2,5% CuO		9,2	Dolomit
			1,0% CoO		7,8	Na-Feldspat Ventilato
					7,7	china clay
					+ 6,5	Tricalciumphosphat
					2,5	Kupferoxid
					1,0	Kobaltoxid

2.3.2.4 Glänzende, opake Glasuren mit besonderen Farb- und Oberflächeneffekten

Im Bereich höherer Brenntemperaturen entstehen auf Steinzeug- und Porzellanscherben lebendige und reizvolle Oberflächen mit Versätzen, die viel Eisenoxid enthalten, weil häufig ungleichmäßige Färbungen durch Entmischungserscheinungen in der schmelzflüssigen Glasurschicht auftreten. Diese werden durch Blasenbildung im Verlauf des Schmelzens und/oder durch Fließen im Bereich der Garbrandtemperatur und/oder Kristallisation bzw. Ausscheidungen beim Abkühlen hervorgerufen. Es ist selbstverständlich, daß dabei die Auftragsstärke der Glasur mit dem Einfluß der Scherbenzusammensetzung (Reaktion zwischen Scherben und Glasur bei den hohen Brenntemperaturen ist intensiv!), wie auch die Art des Brennens (vor allem Veränderungen der Ofenatmosphäre und der Verlauf der Temperatur-Zeit-Kurve) von maßgeblicher Bedeutung für das gebrannte Ergebnis sind.

Die entstehenden Glasuren sind, oft in Anlehnung an japanisch-chinesische Vorbilder, wie sie in Europa erst durch Bernard Leach und Shoji Hamada breiter bekannt gemacht wurden, unter den Bezeichnungen Temmoku-, Ölflecken (oil spot)-, Teestaub (Tessha)-Glasur, oder als Kaki-, Eisenrot-, Hasenfellglasuren bei Sammlern besonders beliebt geworden, weil sie oft einmalig schöne Oberflächen ergeben können. In vielen Fällen handelt es sich dabei um Feldspat-Aschen-Lehmglasuren, wobei der Eisenoxidgehalt vielfach aus Tonen und Aschen stammt.

2.3.2.4.1 Glänzende, opake Lehmglasuren

Sie eignen sich oft aufgrund ihres hohen Anteils an plastischem Ton und die dadurch hervorgerufene hohe Trocken- und Brennschwindung zum Rohglasieren auf lederharten oder getrockneten rohen Scherben. Bei entsprechender Zusammensetzung (arm an CaO!) haben sie meistens ein sehr breites Brennintervall, zeigen aber auch oft die typischen Nachteile der Lehmglasuren (vgl. Abs. 2.7.2, Lehmglasuren). Die eisenreichen Lehmglasuren verändern ihre Farbe sehr schnell, wenn ihnen 2–3% Zinnoxid, 2–6% Titanoxid (Farbe geht ins rotbraune bis gelb-orangebraun) oder CaO- und MgO-reiche Rohstoffe (Farbe geht oft ins gelblich-grünliche) zugesetzt werden. Hohe Gehalte an SiO_2 (durch Feldspatzusätze) bewirken häufig eher dunkelbraune bis schwarze Farbtöne.

---

250) SK 05a/4a glänzend, Fritten-Lehmglasur, orangegelbbraun bis dunkelbraun

1.00 Na_2O	1.99 B_2O_3	3.05 SiO_2	58,0 Fritte 3759 Ferro
		0.09 SnO_2	40,0 roter Magerton von Thierfeld
	+ 66,7% roter Ton		2,0 Zinnoxid

---

251) SK 03a/6a glänzend, Fritten-Lehmglasur, rotbraun bis dunkelbraun

0.880 Na_2O	0.857 Al_2O_3	5.720 SiO_2	52,0 Niederahrer Ton, rotbr. (auch 45 bis 60)
0.058 K_2O	1.629 B_2O_3		48,0 Fritte 90158 Degussa (auch 40 bis 53)
0.026 CaO	0.254 Fe_2O_3		
0.036 MgO			
	+ 2% SnO_2		+ 2,0 Zinnoxid
	2% TiO_2		2,0 Titanoxid

---

252) SK 3a/7 glänzend, schwarzbraune Geschirrglasur   *C. Zart*

0.017 Na_2O	0.446 Al_2O_3	2.972 SiO_2	83,3 Kreutzton, rotbrennend
0.134 K_2O	0.257 B_2O_3		8,3 Zinkborat
0.317 CaO			4,2 Dolomit
0.332 MgO	+ 0,5% CoO		4,2 Bariumcarbonat
0.128 ZnO			+ 0,5 Kobaltoxid
0.072 BaO			

---

253) SK 6a/7 opak, glänzend, schwarzbraune Lehm-Schlackenglasur   *S. Mosbach*

0.006 Na_2O	0.186 Al_2O_3	1.245 SiO_2	60,0 Odenwälder Ton, rotbr.
0.052 K_2O	0.103 Fe_2O_3	0.107 P_2O_5	40,0 Thomasschlacke
0.768 CaO			
0.174 MgO			

---

254) SK 6a/8 glänzend, mittelbraun, Ton-Feldspat-Glasur   *G. Blomert*

0.376 Na_2O	1.157 Al_2O_3	5.41 SiO_2	32,3 Kreutzton, rotbrennend
0.098 K_2O	0.071 Fe_2O_3	0.031 TiO_2	32,3 Ton W 100 weißbr. fett
0.231 Li_2O_2			32,2 Na-Feldspat
0.143 CaO			3,2 Lithiumcarbonat
0.152 MgO			

255)	SK 7/9	glänzend, opak, rotbraun für Reduktion			E. Reusch
		0.049 Na_2O	1.15 Al_2O_3	6,33 SiO_2	51,9 K-Feldspat
		0.686 K_2O	0.218 B_2O_2		37,0 Niederahrer Ton rotbr.
		0.237 CaO	0.192 Fe_2O_3		7,4 Calciumborat-6-hydrat
		0.028 MgO			3,7 Zinnoxid
			+ 3–4% SnO_2		
256)	SK 7/9	glänzend, opak, mittelbraun, lebendige Oberfläche			C. Wilhelm
		0.228 Na_2O	0.666 Al_2O_3	3.100 SiO_2	42,9 Odenwälder Ton rotbr.
		0.139 K_2O	0.123 Fe_2O_3		35,7 Bimssteinmehl
		0.338 CaO			14,3 Dolomit
		0.295 MgO			7,1 Niederahrer Ton, rotbr.
257)	SK 7/10	glänzend, hochviskos, rot- bis schwarzbraun			Y. Kallenberg
		0.029 Na_2O	0.868 Al_2O_3	4.768 SiO_2	75,0 Kreutzton, rotbrennend
		0.180 K_2O	0.186 Fe_2O_3	0.077 TiO_2	25,0 Opalinuston, rotbr.
		0.388 CaO			
		0.403 MgO			
258)	SK 6a/8	glänzend bis matt, mittelbraun, Lehm-Basaltglasur			H. Otten
					21,4 Kalkmergel
					21,4 Fritte 1233 M&M
					28,6 Basalt
					14,3 Ton W 100 weiß fett
					14,3 Opalinuston, rotbr.

2.3.2.4.2 Temmoku-Glasuren (siehe auch 2.6.4)

sind heute im üblichen Sinne glänzende, opake schwarze Glasuren, die aber meistens nicht völlig schwarz sind, wie die sogen. »black mirror«-Glasuren, sondern lebendig texturierte Oberflächen haben, die in den schwarzen Flächen braune, gelbe oder rotbraune Areale, Flecken oder Streifen zeigen bzw. in den dunkelbraunen Flächen schwarze Flecken. Vielfach zeigen sich die Kanten und Ränder und scharfen Umbrüche rostbraun gegen die sonst schwarze Fläche abgesetzt, nämlich dort, wo die Glasurschicht dünner ist. Häufig haben die andersfarbigen Flecken zugleich metallischen Glanz; sind sie dabei groß und eher rund, was häufig bei sehr dicker Glasurauflage auftritt, spricht man von »Ölflecken«-Glasur, siehe S. 213.

Die schwarzen Temmoku-Glasuren können im oxidierenden wie im reduzierenden Brand entstehen, wobei Reduktion die Glasur oft etwas flüssiger (FeO ist Flußmittel!) werden läßt und lebhaftere Oberflächen hervorruft, besonders wenn am Ende des Glattbrandes kurz oxidierend gebrannt wird, oder eine schnelle oxidierende Abkühlung geschehen kann.

Gute und typische Temmoku-Glasuren entstehen immer erst bei Brenntemperaturen oberhalb 1200 °C; am besten zwischen 1250° und 1320 °C, dabei ist in der Regel ein Eisenoxidgehalt von 8 bis 15% nötig. Einige Glasuren werden im oxidierenden Brand rotbraun bis rostrot und nur im stark reduzierenden Brand schwarz. Höhere Anteile von Li_2O, Al_2O_3, P_2O_5, TiO_2 fördern das Rostrot, mehr K_2O, Na_2O, SiO_2 fördern das Schwarz.

Das Eisenrot erscheint heller und weniger braun, wenn es durch Nachoxidieren einer reduzierend geschmolzenen Glasurschicht entsteht.

Allerdings ist die entstehende Farbe, die wir in der gebrannten Glasuroberfläche nach dem Abkühlen sehen, nicht immer voraussagbar, weil sie von mehreren, gegenläufigen Vorgängen abhängen kann, die wiederum an der Oberfläche der Glasur-

(259) 2.3.2.4

schmelze anders verlaufen als in der Tiefe direkt über dem Scherben oder in der Mitte der Glasurschicht:

1. Das dreiwertige Eisenoxid Fe_2O_3 löst sich in Silikatschmelzen mit gelber Farbe, das zweiwertige FeO dagegen mit grüner, bzw. blauer.

2. Die Schmelze kann bei hohen Temperaturen mehr Eisenoxid gelöst enthalten als bei niedrigen, d. h. beim Abkühlen kann sich das Eisenoxid im erstarrenden Glas als kristallines Körnchen ausscheiden, Fe_2O_3 dann meistens rotbraun, FeO dann schwarz.

3. Je nach Korngröße kann Fe_2O_3 auch verschieden aussehen: sehr feinkörnig ist es eher rostfarben rotbraun, grobkörnig und dicht kann es eher schwarz metallisch sein.

4. Rotes Fe_2O_3 zerfällt langsam und spontan auch im oxidierenden oder neutralen Brand oberhalb 1100° C zu schwarzem FeO oder Fe_3O_4, wenn nicht sehr viel Sauerstoff in der Ofenatmosphäre vorhanden ist.

5. FeO kann sich bei hohen Temperaturen auch zu Fe_2O_3 und Fe umwandeln.

6. Das Eisenoxid kann sich natürlich auch als feinkristalline Verbindung mit anderen Elementen oder Ionengruppen als gelbes, braunes, schwarzes oder grünes Pigment beim Abkühlen ausscheiden.

Je nach Viskosität und Lösekraft der Schmelze, und je nach Garbrandtemperatur, Haltezeit und Abkühlgeschwindigkeit wird der eine oder andere Vorgang überwiegen.

Aus all den genannten Gründen ist bei Temmoku-Glasuren wie bei allen durch Eisenoxid gefärbten Glasuren die Art des Brennens ganz besonders ausschlaggebend für das Ergebnis.

259)	SK 6a/7	oxidierend braun, reduzierend schwarz, glänzend, glatt, mit lebendiger Oberfläche				*F. Weber*
		0.03 Na_2O	0.29 Al_2O_3	2.06 SiO_2		40,0 Pholin-Basalt
		0.04 K_2O	0.12 Fe_2O_3	0.03 TiO_2		20,0 Quarzmehl
		0.38 CaO				10,0 Kreide
		0.55 MgO				10,0 Kaolin
						10,0 Kreutzton rotbr.
						10,0 Odenwälder Ton
						+ 4,0 Eisen(III)-oxid
260)	SK 6a/7	oxidierend braun, lebhaft, niedrigviskos				*A. Konietzny*
		0.218 Na_2O	0.423 Al_2O_3	3.140 SiO_2		36,4 K-Feldspat
		0.205 K_2O	0.188 B_2O_3			36,4 Na-Feldspat
		0.060 CaO				18,2 Talkum
		0.453 MgO	+ 7–9% Fe_2O_3			4,5 Zinkborat
		0.064 ZnO				4,5 Calciumborat-2-hydrat
						+ 7,0 Eisen(III)-oxid
261)	SK 6a/7	Fritten-Feldspat-Glasur, oxidierend oder reduzierend, dick glasiert = schwarz, dünn glasiert = braun				*E. Reusch*
		0.153 Na_2O	0.427 Al_2O_3	3.493 SiO_2		50 Fritte 90368 Degussa
		0.236 K_2O	0.153 B_2O_3			40 K-Feldspat B 412
		0.535 CaO				10 Quarz
		0.076 MgO	+ 10–12% Fe_2O_3			+ 10 Eisen(III)-oxid Relatin

2.3.2.4 (266)

262)	SK 6a/8	glänzend, opak, schwarz, mit braunen Flecken			C. Holdorf
		0.156 Na_2O	0.712 Al_2O_3	3.243 SiO_2	91,0 Trass TE
		0.217 K_2O	0.110 Fe_2O_3		4,5 Bariumcarbonat
		0.309 CaO			4,5 Strontiumcarbonat
		0.086 BaO			
		0.118 MgO			
		0.144 SrO			

263)	SK 6a/9	glänzend, opak, schwarz bis rotbraun bis senfbraun, oxidierend bis reduzierend oder neutral, Sturzkühlung gut, bleihaltig!			
		0.20 Li_2O	0.632 Al_2O_3	3.282 SiO_2	25 fetter Ton, weißbrennend
		0.06 Na_2O	0.202 B_2O_3	0.032 SnO_2	
		0.21 K_2O	0.244 Fe_2O_3		20 Na-Feldspat Ventilato
		0.46 CaO			10 K-Feldspat B412
		0.01 MgO	+ 10–12% Fe_2O_3		10 Kreide
		0.01 ZnO			10 Quarz
		0.05 PbO			15 Fritte 3782 Ferro
					5 Fritte 90062 Degussa
					4 Lithiumcarbonat
					1 Zinnoxid
					+ 10 Eisen(III)-oxid

264)	SK 7/9	glänzend, dunkelbraunschwarz, oxidierend bis reduzierend			C. Wilhelm
		0.175 Na_2O	0.614 Al_2O_3	2,091 SiO_2	36,1 china clay
		0.153 K_2O	0.103 B_2O_3		22,2 Kreide
		0.672 CaO			13,9 Feldspat
			+ 10% Fe_2O_3		13,9 Na-Feldspat
			2% SnO_2		13,9 Fritte 90167 Degussa
					+ 10,0 Eisen(III)-oxid
					2,0 Zinnoxid

265)	SK 7/9	schwarzbraun, oxidierend bis reduzierend			M. Müksch
		0.042 Na_2O	0.635 Al_2O_3	4.123 SiO_2	91,0 Kreutzton, rotbr.
		0.178 K_2O	0.111 Fe_2O_3	0.068 TiO_2	4,5 Anorthitmehl Mandt
		0.342 CaO			4,5 Bariumcarbonat
		0.342 MgO	+ 5–8% Fe_2O_3		+ 5,0 Eisen(III)-oxid
		0.096 BaO			

266)	SK 8/9	glänzend, schönes Schwarz, oxidierend bis reduzierend			D. Thom
		0.297 Na_2O	0,996 Al_2O_3	4.257 SiO_2	41,6 Trass TE
		0.192 K_2O	0.120 Fe_2O_3		41,6 Bimssteinmehl NR
		0.333 CaO			8,4 Ton W 100
		0.178 MgO			8,4 Lavalith Kreutz

(267) 2.3.2.4.

267)	SK 8/9	schwarzbraun, reduzierend brennen!			
		0.017 Na_2O	0.620 Al_2O_3	3.705 SiO_2	35,0 K-Feldspat
		0.282 K_2O	0.252 Fe_2O_3		20,0 Niederahrer Ton rotbr.
		0.692 CaO			16,0 Kalkspat
		0.009 MgO			14,0 Quarz
					8,0 china clay
					7,0 Eisen(III)-oxid
268)	SK 8/10	glänzend, sattes Schwarz, reduzierend brennen!			
					45,5 Melanit-Phonolith
					45,5 Sanidinit-Trachyt
					9,0 Kaolin
269)	SK 8/10	schwarzbraun, reduzierend brennen!			
		0.059 Na_2O	0.428 Al_2O_3	3.380 SiO_2	24,6 Feldspat K 614
		0.118 K_2O	0.223 Fe_2O_3		21,1 Kreide
		0.735 CaO			23,5 Ton W 100
		0.088 ZnO			28,8 Quarzmehl
					2,0 Zinkoxid
					+ 10,0 Eisen(III)-oxid
270)	SK 9/11	tiefschwarz, oxidierend			nach *H. Griemert*
		0.402 K_2O	0.725 Al_2O_3	3.791 SiO_2	54,3 K-Feldspat
		0.537 CaO			20,5 china clay
		0.061 MgO	+ 15,3% Fe_2O_3		13,3 Marmor
			1,1% Rutil		10,8 Quarz
					1,3 Magnesit
					+ 15,3 Eisen(III)oxid
					1,1 Rutil

2.3.2.4.3 »Hasenfell«-Glasuren

(siehe auch 2.5.7/2.5.8) sind schwarzbraune Temmoku-Glasuren, bei denen sich die hellen oder dunklen Flecken durch eine Fließbewegung der Glasurschmelze zu parallelen Streifen anordnen und optisch dadurch einen Felleindruck entstehen lassen. Die Glasurschmelze darf also nicht zu hochviskos sein. Auf horizontal liegend gebrannten Flächen kann solch ein Farbcharakter natürlich nicht entstehen. Oft erhält man solche Oberflächen auch, wenn man TiO_2 oder Rutil dem Versatz zugibt oder wenn man hellfarbige oder weiße Mattglasuren dünn über die schwarze Temmokuglasur überglasiert. Titanreiche Glasuren ergeben oftmals im Salzbrand gute »Hasenfell«-Effekte.

Es kommt bei diesem Streifeneffekt extrem stark auf die genau richtige Auftragsstärke an, sowie auf die richtige Haltezeit der Garbrandtemperatur.

271)	SK 3a/6a	dunkel- bis hellbraun, oxidierend, niedrigviskos, bleihaltig!			
		0.25 K_2O	0.25 Al_2O_3	2.41 SiO_2	42,4 Feldspat
		0.25 CaO	0.25 B_2O_3		21,6 Fritte 90001 Degussa
		0.25 ZnO			17,9 Calciumborat-6-hydrat
		0.25 PbO	+ 10–15% Fe_2O_3		11,9 Quarz
					6,2 Zinkoxid
					+ 10,0 Eisen(III)-oxid
272)	SK 4a/7	schwarzbraun mit helleren Streifen, reduzierend brennen, bleihaltig!			*G. Simmann*
		0.107 Na_2O	0.321 Al_2O_3	3.453 SiO_2	63,3 Fritte 3496 Ferro
		0.095 K_2O	0.156 B_2O_3		31,6 Kreutzton, rotbrenn.
		0.300 CaO	0.181 Fe_2O_3		5,1 Eisen (III)-oxid
		0.114 MgO			3,0 Titanoxid
		0.384 PbO			+ 3,0 Magnesit
273)	SK 5a/7	braunschwarz glänzend			nach *Lewenstein a. Cooper*[94]
		0.316 Na_2O	0.130 Al_2O_3	1.778 SiO_2	51,8 Fritte 3759 Ferro
		0.684 CaO	0.628 B_2O_3		33,9 Wollastonit
					+ 14,3 china clay
			+ 10–12% Fe_2O_3		10,0 Eisen(III)-oxid
274)	SK 7/9	schwarzbraun, reduzierend, brennen			nach *N. Wood*[171]
		0.147 Na_2O	0.440 Al_2O_3	2.29 SiO_2	50,2 Feldspat K 30
		0.082 K_2O			14,8 Ton W 100
		0.486 CaO	+ 4–6% Fe_2O_3		12,8 china clay geglüht
		0.285 MgO	0,5% Rutil		15,3 Dolomit
					6,9 Quarz
					+ 4,5 Eisen(III)-oxid
					0,5 Rutil
275)	SK 8/10	schwarzbraun, gelblich, Schlieren u. Streifen, oxidierend			
		0.01 Na_2O	0.42 Al_2O_3	3.75 SiO_2	25,0 Ton 1200
		0.18 K_2O	0.27 Fe_2O_3	0.17 TiO_2	20,0 K-Feldspat B 412
		0.66 CaO			26,0 Quarz
		0.10 MgO			16,0 Kalkspat
		0.05 ZnO			10,0 Eisen(III)-oxid
					2,0 Magnesit
					1,0 Zinkoxid
					+ 3,0 Titanoxid

2.3.2.4.4 Ölflecken-Glasuren

Der typische »Oil spot«-Effekt entsteht durch das Auftreten von Blasen beim Schmelzen einer dick aufgetragenen, hochviskosen eisenoxidreichen Glasur, wobei durch das Aufsteigen und Aufplatzen der Gasblasen und das wieder Glattfließen der Glasuroberfläche die Eisenoxidkonzentration oder -oxidationsform unterschiedlich wird, so daß an der Oberfläche stellenweise entweder mehr schwarzes oder mehr braunrotes Eisenoxid vorliegt. Brennen wir nach der Blasenbildung noch zu lange oder zu hoch, oder ist die Viskosität der Schmelze zu niedrig, so wird diese »Entmischung« wieder verwischt und es entsteht kein Ölflecken-Effekt. Brennen wir zu niedrig und zu schnell, so bleiben die Blasen erhalten und es gibt eine fehlerhafte, blasig-bucklige und kraterförmige Oberfläche. Ist der Gehalt an Eisenoxid zu gering (evtl. auch der Manganoxidgehalt!), gibt es auch keine Ölflecken.

Am besten entstehen diese Glasuroberflächen bei großem Anteil von rotbrennenden, eisenoxidreichen Tonen in einem Feldspatglasurversatz für hohe Brenntemperaturen. Die englische Literatur gibt deshalb vorwiegend Albany slip oder Fremington clay als Hauptrohstoffe an, also frühschmelzende, kalkhaltige Tone. Eisenoxidreiche Lehme oder Ziegeltone, rotbrennende Schiefertone, rotbrennender Kreutzton von Langenaubach, Niederahrer Ton, eisenreicher Trass usw. können als Rohstoffe benutzt werden. Aber auch reine Feldspatglasuren mit CaO/MgO-Anteil und ca. 8 bis 15% Fe_2O_3 sind möglich. Wesentlich ist, die richtige Auftragsstärke zu finden, zusammen mit der gerade richtigen Endtemperatur des Glattbrandes und der Abkühlgeschwindigkeit. Wirken diese drei wichtigsten Faktoren nicht richtig zusammen, kann oft ein an sich brauchbarer Glasurversatz nicht zum gewünschten Ergebnis führen. Brenntemperaturen zwischen 1230 und 1300 °C sind empfehlenswert. Oxidierender Brand ist vielfach besser. Ebenso ist meist schnelles Abkühlen besser.

276)	SK 6a/7	glänzend, dunkelbraunschwarz			*C. Dallmer*
				94,3	Kreutzton, rotbrennend
				5,7	Glimmerfeldspat »Granulite«
277)	SK 7/8	glänzend, schwarzbraun mit braunen Flecken			*C. Holdorf*
		0.147 Na_2O	0.285 Al_2O_3	2.054 SiO_2	38,1 Na-Feldspat
		0.138 K_2O	0.410 B_2O_3		38,1 K-Feldspat
		0.410 CaO	0.040 Fe_2O_3		19,0 Talkum
		0.305 MgO			4,8 Calciumborat-2-hydrat
					+ 7,6 Eisen(III)-oxid
278)	SK 8	glänzend, dunkles Schwarzbraun			*N. Höber*
		0.085 Na_2O	0.619 Al_2O_3	3.834 SiO_2	43,5 Kreutzton rotbr.
		0.209 K_2O	0.172 Fe_2O_3	0.043 TiO_2	21,7 K-Feldspat
		0.288 CaO			13,0 Na-Feldspat
		0.418 MgO			17,4 Lavalith
					2,2 Magnesit
					2,2 Eisen(III)-oxid
279)	SK 8/9	glänzend, rotbraun			nach *E. Cooper/D. Royle*[28]
		0.414 Na_2O	1.00 Al_2O_3	4.910 SiO_2	46 Nephelin-Syenit
		0.358 K_2O	0.105 Fe_2O_3	0.014 TiO_2	33 K-Feldspat
		0.128 CaO			21 Fremington clay
		0.100 MgO			+ 2 Eisen(III)-oxid
280)	SK 9/10	glänzend, schwarz			nach *J. Conrad*[23]
		0.160 Li_2O	0.571 Al_2O_3	4.247 SiO_2	79,0 Albany slip
		0.027 Na_2O	0.320 Fe_2O_3	0.032 TiO_2	13,0 Spodumen
		0.110 K_2O			8,0 Eisen(III)-oxid
		0.402 CaO			
		0.301 MgO			

2.4 Mattglasuren und Kristallglasuren

2.4.0 Allgemeines

Ist eine gebrannte Glasuroberfläche nicht spiegelnd glatt, sondern uneben rauh, erscheint sie dem Auge matt; die Rauhtiefe sowie die Form und Größe der Unebenheiten entscheiden, ob wir sie als rauhmatt, stumpfmatt, glattmatt, halbmatt oder seidenmatt empfinden, ob die Oberfläche an einzelnen Stellen noch glänzt oder allgemein noch einen Seidenglanz, Speckglanz usw. aufweist.

Die unebene rauhe Oberfläche kann durch Nicht-Ausschmelzen des gesamten Versatzes oder einer (bzw. mehrerer) Versatzkomponenten entstehen, durch chemische oder mechanische Zerstörung der glatten Oberfläche und durch Kristallisieren der Glasurschmelze beim Abkühlen verursacht werden.

Damit matte Oberflächen nicht zu rauh erscheinen, müssen die Unebenheiten der Glasuroberfläche möglichst klein bleiben; nicht geschmolzene Teilchen oder kristalline Ausscheidungen sollen dann kleiner als 0,06 mm sein.

Das Mattschleifen, Sandstrahlen oder Mattätzen glänzender Glasuroberflächen hat mit der Glasur als solcher nichts zu tun und kann hier nicht behandelt werden.

Glasuren, die durch nichtgeschmolzene Teilchen eine matte Oberfläche bekommen, können relativ dünn aufgetragen und schnell abgekühlt werden, dagegen müssen kristallisierte Mattglasuren dick genug aufgetragen werden (um einen etwaigen negativen Einfluß des Scherbens auszuschließen), und müssen in der Regel langsam abkühlen, damit eine ausreichende Mattierung entsteht. Reduzierende Ofenatmosphäre fördert in vielen Fällen die Ausbildung matter Oberflächen.

2.4.1 Mattierung durch schwer- oder nichtschmelzende Bestandteile

Die gesamte Glasurschicht ist nur gesintert, einem Steinzeugscherben ähnlich und besitzt einen mehr oder weniger großen Anteil an Glasphase. Solche Überzüge können nahezu bis völlig dicht sein, auch auf einem noch porösen Scherben. Je größer der Glasanteil und je feiner die Korngröße der nicht geschmolzenen Partikel ist, desto glatter und glänzender wird die Oberfläche. Weil die nichtgeschmolzenen Überzüge in der Regel unangenehm rauh wirken, sollten die Schlicker bei gewünschter Glätte lange genug naß gemahlen werden (etwa 6 bis 20 Stunden!). Im Grunde genommen ist jede unterfeuerte, nicht völlig geschmolzene Glasur auf diese Weise mattiert. Ob die Oberflächen brauchbar sind, d. h. den an sie gestellten Ansprüchen genügen, hängt natürlich von ihrer Zweckbestimmung ab. In vielen Fällen ist die mechanische Festigkeit nicht ausreichend wegen der mangelnden Bindung der einzelnen Materialkörnchen in der gesinterten Schicht, vor allem wenn sie zu groß sind und wenn der Glasphasenanteil niedrig ist.

2.4.1.1 Sinterengoben und Sintermassen

lassen sich bei hohem Ton- bzw. Kaolinanteil gut auf rohem Scherben auftragen und sind dann wie Lehmglasuren (Abs. 2.7.2) zu behandeln. Zum Auftrag auf geschrühten Scherben müssen sie mager genug sein und dürfen nur eine sehr kleine Trockenschwindung haben. Grundsätzlich können alle Massen, Engoben, Tone usw. in Sinterengoben verwandelt werden durch Zusatz der geeigneten Flußmittel (z. B. Kreide, Dolomit, Feldspat, Fritten). Die für den gewünschten Grad der Sinterung oder des Schmelzens nötige Brenntemperaturhöhe bzw. Flußmittelmenge muß in jedem Fall empirisch gefunden werden. Beides kann durch die Mahlfeinheit des Versatzes beeinflußt werden. Diese und Art und Menge des Flußmittels bestimmen wesentlich das Aussehen der gebrannten Oberfläche.

Sinterengoben können in der Regel sehr geringe Auftragsstärke haben; dadurch werden viele Fehler vermieden, die sonst bei Engoben und Glasuren auftreten können. Sind sie fein genug gemahlen, ergeben sie auch ohne Glasurüberzug dichte und ausreichend glatte, deckend gefärbte Oberflächen.

(281) 2.4.1.1

281)	SK 03a/01a	schwarz, bleihaltig!			D. Jausch
		a) 50 Niederahrer Ton 40 Manganton 10 Fritte 90001 Degussa	b) 40 Fritte 90358 Degussa 30 Manganton 30 ball clay Sanblend 75		
282)	SK 03a/1a	braungelb			G. Blomert
		0.196 Na_2O 0.081 K_2O 0.522 CaO 0.072 MgO 0.129 ZnO	0.732 Al_2O_3 0.220 B_2O_3 0.010 Fe_2O_3	3.842 SiO_2 0.110 ZrO_2 1.029 TiO_2	33,3 ball clay Sanblend 75 25,0 Fritte 90368 Degussa 25,0 Fritte A 3331 R&S 16,7 Rutil
283)	SK 03a/1a	hell, rötlich grau-bräunlich			G. Blomert
		0.010 Na_2O 0.068 K_2O 0.395 CaO 0.112 MgO 0.415 BaO	0.971 Al_2O_3 0.132 B_2O_3 0.044 Fe_2O_3	4.273 SiO_2 0.044 ZrO_2 0.034 TiO_2	41,6 Fritte 3257 Ferro 25,0 ball clay Sanblend 75 16,8 Kreutzton, rotbr. 16,6 china clay
284)	SK 02a/1a	mittelgelb			G. Blomert
		0.212 Na_2O 0.063 K_2O 0.352 CaO 0.347 MgO 0.026 ZuO	0,845 Al_2O_3 0.611 B_2O_3 0.047 Fe_2O_3	3.591 SiO_2 0.948 TiO_2	35,7 Fritte 90353 Degussa 28,6 ball clay Sanblend 75 14,3 Kalkmergel (Keuper) 14,3 Titanoxid 7,1 Odenwälder Ton
285)	Sk 1a/3a	hellsandgelb bis bräunlich			C. Wilhelm
		0.233 Na_2O 0.151 K_2O 0.342 ZnO 0.274 CaO	2.986 Al_2O_3 + 2–3% Fe_2O_3	16.822 SiO_2	86,6 Ton W 110 mager 9,6 china clay 1,9 Zinkoxid 1,9 Kreide + 2,0 Eisen(III)-oxid
286)	SK 2a/4a	dunkelgrün, bleihaltig, bleireich!			D. Füll
		0.163 Na_2O 0.081 K_2O 0.756 PbO	1.854 Al_2O_3 0.027 Fe_2O_3 + 8% FK Cr-Co	11.48 SiO_2 0.01 TiO_2	74,1 Ton W 105 weiß halbfett 18,5 Fritte 3527 Ferro 7,4 FK 14016 Cr-Co Ferro
287)	SK 2a/6a	blaugrün			A. Bogatay
		0.074 Na_2O 0.048 K_2O 0.310 CaO 0.310 MgO 0.258 SrO	0.762 Al_2O_3 4% Manganton + 2–3% Kupferoxid 1–3% CoO	4.89 SiO_2	76,9 Ton W 110 mager 11,5 Dolomit 7,7 Strontiumcarbonat 3,9 Manganton + 2,5 Kupferoxid 2,5 Kobaltoxid

288)	SK 2a/8	weißgrau				*J. L. Normand*
		0.022 Na$_2$O	0.995 Al$_2$O$_3$	5.348 SiO$_2$		30,0 china clay
		0.163 K$_2$O				20,0 Quarzmehl
		0.815 CaO	+ 3–5% SnO$_2$			20,0 Ton W 110
						15,0 K-Feldspat
						15,0 Kreide
						+ 3,0 Zinnoxid
289)	SK 3a/7	dunkelbraun				
		0.101 Na$_2$O	1,835 Al$_2$O$_3$	6.007 SiO$_2$		70,0 Niederahrer Ton
		0.086 K$_2$O	0.381 Fe$_2$O$_3$			20,0 china clay
		0.755 CaO				10,0 Kalkspat
		0.058 MgO	+ 5% Fe$_2$O$_3$			+ 5,0 Eisen(III)-oxid
			5% Manganton			5,0 Manganton
290)	SK 5a/8	weiß				
		0.081 Na$_2$O	1.899 Al$_2$O$_3$	5.161 SiO$_2$		70 china clay
		0.080 K$_2$O	0.168 B$_2$O$_3$			15 Fritte 90016 Degussa
		0.839 CaO				10 Kreide
						5 Quarzmehl
291)	SK 5a/8	mittelblau mit braunen Flecken				*F. Weber*
		0.123 Na$_2$O	5.851 Al$_2$O$_3$	13.262 SiO$_2$		66,7 china clay
		0.057 K$_2$O				28,6 Ton W 100 weiß fett
		0.820 CaO	+ 5% CoCO$_3$			4,7 Kreide
			3% Basalt			+ 5,0 Kobaltcarbonat
						3,0 Basaltgrus < 2 mm
292)	SK 6a/7	schneeweiß, sehr mager				*E. Loef*
		0.075 Na$_2$O	0.037 Al$_2$O$_3$	1.866 SiO$_2$		38,5 Quarzmehl
		0.056 K$_2$O				38,5 Kalkspat
		0.869 CaO				19,2 Fritte 1233 M&M
						3,8 china clay
293)	SK 6a/8	braungrau				*I. Florath*
		0.014 Na$_2$O	1.171 Al$_2$O$_3$	3.924 SiO$_2$		45,5 Kreutzton rotbraun
		0.096 K$_2$O	0.090 Fe$_2$O$_3$	0.038 TiO$_2$		45,4 china clay
		0.180 CaO				9,1 Magnesit
		0.706 MgO				
294)	SK 6a/8	rotbraun bis dunkelbraun				
		0.115 Na$_2$O	1.796 Al$_2$O$_3$	6.466 SiO$_2$		73,0 Schieferton, rotbr.
		0.095 K$_2$O	0.284 Fe$_2$O$_3$	0.108 TiO$_2$		(Opalinuston)
		0.405 CaO				23,0 Niederahrer Ton
		0.385 MgO				4,0 Na-Feldspat

295)	SK 6a/9	sandfarben, gelblich-grau mit dunklen Flecken, rauh, oxidierend und reduzierend				
		0.046 Na_2O	1.010 Al_2O_3	4.66 SiO_2	33,3	china clay
		0.106 K_2O	0.015 Fe_2O_3	0.03 TiO_2	16,7	feiner Quarzsand
		0.843 CaO			16,7	K-Feldspatsand
		0.005 MgO			16,7	Ton 904 Schmidt
					16,6	Kalkspat
296)	SK 7/10	ledergelb bis rostorange mit dunklen Flecken, oxidierend und reduzierend				
		0.11 Na_2O	33.3 Al_2O_3	208.1 SiO_2	62,5	Ton 904 Schmidt
		0.22 K_2O	2.2 Fe_2O_3	3.8 TiO_2	25,0	Quarzmehl
		0.23 CaO				
		0.44 MgO				
297)	SK 7/9	weißlichgrau, gut färbbar				*M. Müksch*
		0.136 Na_2O	0.351 Al_2O_3	1.364 SiO_2	49,0	Anorthitmehl Mandt
		0.011 K_2O			48,0	Bariumcarbonat
		0.174 CaO			3,0	china clay
		0.027 MgO				
		0.652 BaO				

2.4.1.2 Tonerde- und Kaolin-Mattglasuren

sind Glasuren mit sehr hohem Al_2O_3-Gehalt, der in Form von Kaolin, Ton oder kalzinierter Tonerde (γ-Al_2O_3) in den Versatz kommt. Hierbei ergeben sich die besten Oberflächen, wenn neben dem teilweisen Nichtschmelzen auch eine Kristallisation auftritt.

Da viel roher Kaolin oder Ton im Glasurversatz hohe Trockenschwindung bedeutet und damit Fehler hervorrufen kann, ist in vielen Fällen geglühter Kaolin oder reines γ-Al_2O_3 als Rohstoff besser geeignet.

Die Mattierung durch Al_2O_3 hat den Vorteil, daß sie die Glasuroberflächen härter, wetterfest und chemisch stabiler macht, was vor allem in den Blei- und Alkaliglasuren wichtig ist.

Fehlerfreie, angenehm glatte Mattglasuren lassen sich mit Kaolin erst bei höheren Brenntemperaturen (ab 1200 °C) gut schmelzen.

298)	SK 03a/02a	mittelgelb, glatt, matt				*W. Winkenbach*
		1.00 PbO	0.69 Al_2O_3	1.00 SiO_2	80,0	Fritte 90001 Degussa
					20,0	calc. Tonerde
			+ 0,4% Fe_2O_3		+ 0,4	Eisen(III)-oxid
299)	SK 2a/5a	hellblau, matt				
		0.40 Na_2O	0.849 Al_2O_3	5.143 SiO_2	74,1	Fritte 90378 Degussa
		0.55 CaO	0.700 B_2O_3		14,8	Quarz
		0.05 ZnO			11,1	calc. Tonerde
			+ 0.2−0.7% $CoCO_3$		+ 0,6	Kobaltcarbonat

300)	SK 4a/6a	stumpf, matt, weiß				*M. Weigel*
		0.181 Na$_2$O	0.580 Al$_2$O$_3$	2.513 SiO$_2$		65,8 Fritte 90368 Degussa
		0.729 CaO	0.181 B$_2$O$_3$			30,9 china clay
		0.090 MgO				3,3 Kreide

301)	SK 6a/7	matt, weiß				
		0.245 Li$_2$O	0.444 Al$_2$O$_3$	2.033 SiO$_2$		52,9 Kalifeldspat FS 90
		0.016 Na$_2$O				19,0 china clay RM
		0.229 K$_2$O				10,8 Bariumcarbonat
		0.152 BaO				6,6 Lithiumcarbonat
		0.204 MgO				4,5 Zinkoxid
		0.154 ZnO				

302)	SK 6a/7	matt, glatt, altrosa				*E. Martens*
		0.030 Na$_2$O	0.455 Al$_2$O$_3$	2.545 SiO$_2$		27,0 china clay
		0.091 K$_2$O				25,0 K-Feldspat
		0.758 CaO	+ 1–3% TiO$_2$			25,0 Kalkspat
		0.121 MgO	4–6% FK Al-Mn			18,0 Quarzmehl
						5,0 Talkum
					+	3,0 Titanoxid
						4,0 FK 12020 Al-Mn Ferro

303)	SK 6a/8	matt, hellblaugrau				*M. Weigel*
		0.079 K$_2$O	0.721 Al$_2$O$_3$	2.062 SiO$_2$		53,1 Kaolin
		0.421 CaO				19,9 Dolomit
		0.347 MgO	+ 5% FK Sn-Sb			13,8 K-Feldspat
		0.076 BaO				5,9 Quarz
		0.077 ZnO				4,9 Bariumcarbonat
						2,1 Zinkoxid
						0,3 Kreide
					+	5,0 FK 13011 Sn-Sb Ferro

304)	SK 7/8	matt, beigeweiß				*W. Hartmann*
		0.21 K$_2$O	0.55 Al$_2$O$_3$	2.33 SiO$_2$		40,0 K-Feldspat
		0.49 CaO				30,0 Kaolin
		0.30 MgO				17,0 Kreide
						13,0 Talkum

305)	SK 7/9	weiß, matt				*R. Stolzenfeld/A. Konietzny*
		0.08 K$_2$O	0.428 Al$_2$O$_3$	1.48 SiO$_2$		36,9 china clay
		0.42 CaO				25,8 Dolomit
		0.34 MgO				17,7 K-Feldspat
		0.08 BaO				7,6 Quarz
		0.08 ZnO				6,2 Bariumcarbonat
						3,2 Kreide
						2,6 Zinkoxid

(306) 2.4.1.2

306)	SK 7/9	grau, matt, reduzierend brennen			nach	H. Fraser[42]
		0.091 Na_2O	0.596 Al_2O_3	2.456 SiO_2		51,5 K-Feldspat
		0.212 K_2O				23,5 china clay
		0.397 CaO	+ 5% MnO_2			17,0 Dolomit
		0.300 MgO				3,0 Kreide
						5,0 Manganoxid

2.4.1.3 Kieselsäurereiche Mattglasuren, matt durch Quarz

Aus den sehr kieselsäurereichen Glasurschmelzen kann beim Abkühlen Cristobalit oder Tridymit kristallin abgeschieden werden, was die Oberflächen matt werden läßt. In Glasurversätzen mit sehr hohem Quarzanteil können sich bei schnellem Brennen oder zu niedriger Brenntemperatur vielfach die Quarzkörnchen nicht völlig auflösen, vor allem dann, wenn sie von Anfang an nicht feinkörnig genug waren (zu kurze Mahldauer des Glasurschlickers!). In diesem Fall kann die erstarrte Glasuroberfläche rauh matt, aber auch glattmatt werden, manchmal auch lediglich weißlich trüb, aber noch glänzend.

Diese Glasuren reagieren empfindlich auf Veränderungen der Brenntemperaturhöhe. Blei- und alkalireiche Grundglasuren oder Fritten eignen sich am besten für eine Mattierung mit Quarz. Grundsätzlich sind aber basische Mattierungen oder die durch Titanoxid sicherer.

Diese sauren Mattglasuren sollen möglichst wenig Al_2O_3 enthalten.

307)	SK 05a/03a	weiß, matt			E. Reusch/A. Konietzny
		1.00 Na_2O	0.149 Al_2O_3	8.468 SiO_2	52,6 Fritte 3759 Ferro
			1.990 B_2O_3		42,1 Quarzmehl
					5,3 china clay
308)	SK 03a/02a	weiß, matt, bleihaltig			L. Mišić
		0.50 Na_2O	0.117 Al_2O_3	6.785 SiO_2	47,6 Fritte 90187 Degussa
		0.50 PbO	1.000 B_2O_3		47,6 Quarz
					4,8 Kaolin
309)	SK 03a/02a	weiß, opak, halbmatt, craquelée			S. Furjan
		0.45 Na_2O	0.391 Al_2O_3	6.281 SiO_2	45,4 Fritte 90167 Degussa
		0.45 K_2O	0.600 B_2O_3		45,4 Quarz
		0.10 CaO			9,2 china clay
310)	SK 03a	matt, weiß, bleihaltig			E. Lindinger
		0.074 Na_2O	0.401 Al_2O_3	3.058 SiO_2	49,3 Fritte 3527 Ferro
		0.198 K_2O			37,5 K-Feldspat B 412
		0.004 CaO			7,6 china clay
		0.004 MgO			5,5 Quarz
		0.720 PbO			
311)	SK 01a/2a	weiß, seidenmatt, craquelée, bleihaltig!			U. Müller/J. Hardt
		0.205 Na_2O	0.409 B_2O_3	3.466 SiO_2	38,5 Fritte 90187 Degussa
		0.591 MgO			38,5 Quarz
		0.204 PbO			23,0 Talkum

312)	SK 2a/3a	schneeweiße Sintermasse, glatt, fein mahlen				
		0.10 KNaO	0.10 Al_2O_3	8.0 SiO_2		66,7 Quarzmehl
		0.45 BaO				33,3 Fritte 90420 Degussa
		0.45 ZnO				
313)	SK 5a/6a	matt, rauh, gelblich, bleireich!				
		1.00 PbO	2.60 SiO_2			74,7 Fritte 3527 Ferro
						25,3 Quarzmehl
314)	SK 6a/8	weiß, rauh, matt mit niedrigem Wärmeausdehnungskoeffizienten				*D. B. v. Tümpling*
		0.85 Na_2O	1.324 Al_2O_3	19.00 SiO_2		71,4 Fritte 90328 Degussa
		0.05 CaO	3.600 B_2O_3			21,4 Quarz
		0.10 MgO				7,2 china clay

2.4.2 Mattierung durch teilweise oder völlige Kristallisation der Schmelze

Bei den Glasuren, die durch Kristallisation matt werden, weil durch die Bildung der Kristalle, die als feste Teilchen auf der Oberfläche der Schmelze »schwimmen«, diese in ihrer Glätte gestört wird, müssen genügend viele und möglichst kleine Kristalle in der Oberfläche der erstarrten Glasur vorhanden sein. Dafür müssen sich beim Abkühlen in der noch flüssigen Schmelze möglichst viele Kristallkeime bilden können. Die große Zahl der Kristallkeime und eine ausreichend hohe Viskosität der Schmelze verhindern, daß diese Kristallkeime zu großen sichtbaren Einzelkristallen heranwachsen können, wie das bei den eigentlichen Kristallglasuren erwünscht ist. Die Geschwindigkeit der Abkühlung hat natürlich wesentlichen Einfluß; Mattglasuren müssen langsamer abkühlen als transparent glänzende Glasuren!

Überwiegen die sauren Oxide in der Formel, entstehen die sogenannten sauren Mattglasuren, bei denen sich Kristalle ausscheiden, die überwiegend Cristobalit/Tridymit, oder Rutil/Anatas/Titanate, oder Zirkonsilikat sind. Bei den basischen Mattglasuren, in denen der Gehalt an glasbildenden und sauren Oxiden (SiO_2, B_2O_3, Al_2O_3, TiO_2, ZrO_2) geringer ist, bilden sich gewöhnlich verschiedene Erdalkalisilikate als kristalline Phasen aus.

Der Grad der Mattierung (Größe, Zahl und Art der Kristalle) läßt sich demnach einmal durch den Anteil der Oxide in der Segerformel (bzw. Rohstoffe im Versatz), aber auch durch die Viskosität der Schmelze und die Abkühlgeschwindigkeit steuern. Wird die Glasuroberfläche zu stumpfmatt, erhöht man den Gehalt an Al_2O_3 und/oder SiO_2, kühlt schneller ab, brennt etwas höher oder verringert den Anteil an mattierenden Stoffen. Wird die Glasur zu glänzend, reicht oft langsameres Abkühlen oder es müssen die Anteile von SiO_2, B_2O_3 verringert werden.

Li_2O anstelle von K_2O oder Na_2O fördert das matte Erstarren, ebenso der Ersatz von Kali- oder Natronfeldspat im Versatz durch Nephelin-Syenit. Vergl. auch Abs. 1.2; 1.4; 1.5.

Die sauren Mattglasuren werden oft stumpfmatt rauh, so daß sie nur in besonderen Fällen zu empfehlen sind, Glasuren mit TiO_2-Mattierung ausgenommen.

Mattierungen mit Zinnoxid SnO_2 und Zirkonoxid ZrO_2 sind wegen des hohen Preises dieser Oxide nicht üblich, denn sie entstehen eher durch den zu großen Anteil an nichtgelöstem Oxid in der Glasurschicht.

Glasuren für niedrige Brenntemperaturen lassen sich am besten mit Hilfe von ZnO und/oder TiO_2 mattieren, bei höheren Brenntemperaturen sind die an MgO und CaO reichen Rohstoffe zur Mattierung üblich.

2.4.2.1 Saure Mattglasuren, matt durch Titanoxid (siehe auch 2.4.1.3)

Durch einen TiO_2- oder Rutilzusatz kann man leicht fast jede Glasur mattieren. Stark lösende Alkaliglasuren benötigen erheblich mehr TiO_2 zum Mattieren als z. B. die Bleiglasuren. Meist sind 8 bis 10% TiO_2 für eine matte Oberfläche notwendig. Enthalten die Glasuren schon andere mattierend wirkende Bestandteile, kann vielfach der TiO_2-Zusatz geringer sein. Durch TiO_2 mattierte Glasuren sind in der Regel beigegelblich bis gelb, seltener weiß, stark deckend und können dann leicht zu rauhmatt werden, wenn die Viskosität der Glasurschmelze zu niedrig ist. Rutil als natürliches Titanmineral enthält stets soviel Eisenoxid, daß es immer deutlich färbt.

Bei hohen Temperaturen (oberhalb 1120 °C) wirkt TiO_2 deutlich als zusätzliches Flußmittel.

TiO_2-Mattglasuren können lebhafte Oberflächentextur haben und oft wolkig gefleckt aussehen. Sie lassen sich in vielen Fällen mit Kupferoxid nicht grün, mit Chromoxid nicht grün, mit Kobaltoxid schwer blau färben. Mit Nickelverbindungen werden sie oft intensiv gelbgrün, mit Eisenoxid orangegelb bis orangebraun (vgl. Abs. 1.5.5; 1.5.6; 2.5). Die Titanoxidmattierung verleiht den Glasuren meist größere Oberflächenhärte und bessere Beständigkeit gegenüber Säuren.

Zu rauhe Mattierung kann durch Zusatz von Kaolin zum Versatz meist leicht gemildert werden.

---

315) SK 014a/010a stumpfmatt, gelb, bleireich — *J. Tranelis/C. Schmidt*

0.009 Na_2O	0.121 Al_2O_3	0.855 SiO_2
0.004 K_2O	1.481 B_2O_3	0.662 TiO_2
0.987 PbO		

- 80,0 Fritte 90062 Degussa
- 12,0 Titanoxid
- 8,0 Ton W 100

---

316) SK 05a stumpfmatt, weißbeige, bleifrei — *C. Zart/C. Wilhelm*

0.229 Na_2O	0.065 Al_2O_3	1.894 SiO_2
0.172 K_2O		0.233 TiO_2
0.599 CaO		

- 60,6 Fritte 1233 M&M
- 24,2 Wollastonit
- 9,1 Titanoxid
- 6,1 china clay

---

317) SK 03a stumpfmatt, hellbeige, ZnO-reiche Frittenglasur, bleihaltig! — *W. Winkenbach*

0.008 Na_2O	0.135 Al_2O_3	1.03 SiO_2
0.01 K_2O	0.150 B_2O_3	0.315 TiO_2
0.13 CaO		
0.07 MgO		
0.53 ZnO		
0.18 PbO		

- 80 Fritte 3520 Ferro
- 12 Titanoxid
- 8 Kaolin

---

318) SK 03a/1a glatt, stumpfmatt, beigebräunlich — *M. Schupp*

0.008 Na_2O	0.449 Al_2O_3	1.311 SiO_2
0.146 K_2O	0.625 B_2O_3	1.267 TiO_2
0.218 Li_2O		
0.624 CaO	+ 5–15% SnO_2	
0.004 MgO		

- 36,5 Lepidolith
- 25,4 Calciumborat-2-hydrat
- 25,4 Titanoxid
- 12,7 Zinnoxid

319) SK 1a/3a   matt, hellbeige, bleifrei   *M. Hoffmann*

                  0.173 Na_2O 0.236 Al_2O_3 1.769 SiO_2 44,4 Trass
                  0.159 K_2O 0.036 Fe_2O_3 0.335 TiO_2 27,3 Fritte 1233 M&M
                  0.410 CaO   16,7 Dolomit
                  0.258 MgO   11,1 Titanoxid

---

320) SK 2a/6a   gelblichweiß, glatt, matt, dick glasieren   *B. Radlmaier*

                  0.159 Na_2O 0.329 Al_2O_3 2.000 SiO_2 62,9 Fritte 90368 Degussa
                  0.553 CaO   0.159 B_2O_3 0.296 TiO_2 12,6 china clay
                  0.078 MgO   9,4 Quarz
                  0.210 ZnO   8,8 Titanoxid
                                  6,3 Zinkoxid

---

321) SK 3a/6a   weißbeige, fleckig, seidenmatt, glatt   *A. Bogatay*

                  0.058 Na_2O 0.236 Al_2O_3 1.685 SiO_2 78,1 Fritte 90420 Degussa
                  0.054 K_2O 0.201 TiO_2 15,6 Ton W 100
                  0.444 BaO   6,3 Titanoxid
                  0.444 ZnO

---

322) SK 6a   beigegelblich, matt, glatt   *V. Vehring*

                  0.132 Na_2O 0.162 Al_2O_3 2.00 SiO_2 58,8 Fritte 90368 Degussa
                  0.456 CaO   0.131 B_2O_3 0.351 TiO_2 17,6 Quarzmehl W 10
                  0.064 MgO   11,8 Zinkoxid
                  0.348 ZnO   11,8 Titanoxid

---

323) SK 6a/7   matt, gelblich   *E. Reusch*

                  0.025 Na_2O 0.376 Al_2O_3 2.275 SiO_2 59,1 Kalifeldspat B 412
                  0.294 K_2O 0.341 TiO_2 22,7 Kreide
                  0.681 CaO   9,1 Titanoxid
                                  4,6 china clay
                                  4,5 Quarz

---

324) SK 6a/7   glatt, matt, beigegelb, bleifrei   *G. Simmann*

                  0.336 Na_2O 0.564 Al_2O_3 2.689 SiO_2 54,0 Nephelin-Syenit
                  0.104 K_2O 0.356 TiO_2 13,5 Bariumcarbonat
                  0.083 CaO   13,5 Anorthitmehl
                  0.242 MgO   10,8 Sepiolith
                  0.235 BaO   8,2 Rutil

---

325) SK 6a/9   matt, beigegelblich   *D. Müller*

                  0.191 Na_2O 0.279 Al_2O_3 1.653 SiO_2 50,4 Na-Feldspat
                  0.593 CaO   16,4 Dolomit
                  0.216 MgO   + 5–6% TiO_2 15,6 Kalkspat
                                  9,3 china clay
                                  8,3 Quarzmehl
                             +   6,0 Titanoxid

326) SK 7/9   beigegelblichgrau, lebhaft, seidenmatt   *E. Martens*

0.023 Na_2O	0.308 Al_2O_3	1.292 SiO_2	20,8 K-Feldspat
0.061 K_2O		0.319 TiO_2	20,8 Kalkspat
0.583 CaO			25,0 china clay
0.333 MgO			8,4 Quarzmehl
			8,4 Titanoxid
			8,3 Dolomit
			8,3 Magnesit

327) SK 8/9   matt, gelbbräunlich, auch für Salzbrand   *A. Oppermann*

0.48 K_2O	0.70 Al_2O_3	4.80 SiO_2	52,5 K-Feldspat
0.40 CaO		0.58 TiO_2	17,5 Quarz
0.12 MgO			11,0 china clay
			9,1 Rutil
			7,9 Kreide
			2,0 Magnesit

328) SK 2a   matt, gelbgrün, bleireich!   *U. Schardt*

0.14 Na_2O	0.17 Al_2O_3	2.98 SiO_2	100,0 Fritte 3496 Ferro
0.05 K_2O	0.22 B_2O_3	0.27 TiO_2	+ 6,0 Titanoxid
0.27 CaO			6,0 Nickeloxid
0.54 PbO	+ 6–8% NiO		

329) SK 6a/7   matt, teils grobkristallin, weiß   *M. Adam*

0.118 Na_2O	0.175 Al_2O_3	1.858 SiO_2	54,1 Fritte 90368 Degussa
0.029 K_2O	0.107 B_2O_3	0.144 TiO_2	27,0 Sepiolith
0.375 CaO			10,8 K-Feldspat B 412
0.411 MgO			5,4 Titanoxid
0.067 ZnO			2,7 Zinkoxid

2.4.2.2 Die basischen Mattglasuren

sind die am häufigsten benutzten Mattglasurtypen. Ihr Gehalt an SiO_2 muß für die gewählte Brenntemperatur ungewöhnlich niedrig sein, der Al_2O_3-Gehalt kann normal bis hoch sein, der B_2O_3-Anteil soll klein sein. MgO, BaO, SrO, aber auch CaO und ZnO sollen mit großen Anteilen vertreten sein.

Wenn nur eines der basischen Oxide in der Basenseite der Segerformel stark dominiert, bekommt die Glasur oft extreme Eigenschaften (wie etwa sehr hohe Oberflächenspannung, hohe Trockenschwindung, zu niedrige Viskosität, zu schmales Schmelzintervall usw.), deshalb ist es meistens sinnvoll, ZnO, BaO, CaO, MgO gleichzeitig reichlich zu verwenden, evtl. mit TiO_2 kombiniert (vgl. auch Abs. 1.5.4).

Basische Mattglasuren ergeben die zuverlässigsten, glatten, matten Oberflächen; sie können auch grobe kristalline Texturen entwickeln, wenn sie zu hoch gebrannt werden, d. h. höher als sie zum eigentlichen Schmelzen brauchen.

2.4.2.2.1 Matt durch ZnO

Die typischen Zink-Mattglasuren brauchen in der Segerformel ca. 0,5 mol ZnO oder mehr, sind nur für Temperaturen bis etwa 1140 °C absolut sicher, weil darüber das Zinkoxid zu stark viskositätssenkend wirkt und eher große Zinksilikatkristalle bildet. Für höhere Temperaturen wäre der Anteil von Al_2O_3 dann stark zu erhöhen.

Die Glasuroberflächen sind gegenüber Säuren nicht ausreichend beständig und nicht hart, aber meistens angenehm glatt und fehlerfrei. Für Gebrauchsgeschirre sollten reine Zinkmattglasuren aus Gründen des Gesundheitsschutzes nicht verwendet werden, obwohl sie wegen des meist sehr niedrigen Wärmeausdehnungskoeffizienten und ihrer guten Deckkraft dazu geeignet erscheinen.

Zinkmattglasuren reagieren in der Regel stark mit eisenreichen Scherben, sichtbar in einer Gelbfärbung; sie lassen sich überhaupt sehr gut färben, nur ist mit Chromoxid kein Grün möglich, dafür aber gute und stabile Braunfarbtöne. Mit Kobaltverbindungen entsteht schon bei geringstem Zusatz ein leuchtendes Himmelblau. Fe_2O_3 färbt gelb bis rotbraun.

Wegen der Quellfähigkeit des Zinkoxids und damit hoher Trockenschwindung des Schlickers, was in Rohglasuren oft zum Abblättern der Glasurschicht vor dem Schmelzen führt, wird empfohlen, das ZnO vor der Verwendung bei etwa 1100° C zu glühen. Viel besser aber ist die Verwendung von ZnO-reichen Fritten. Der durch hohen ZnO-Gehalt verursachte, oft zu niedrige WAK kann Glasurabsprengungen verursachen (vgl. Abs. 1.4; 1.5.4). Zinkmattglasuren werden in der Regel schön weiß auf hellbrenendem Scherben.

330)	SK 05a/03a	weiße, glatte, matte Frittenglasur, bleihaltig				
		0.08 Na_2O	0.12 Al_2O_3		1.00 SiO_2	92,8 Fritte 3520 Ferro
		0.01 K_2O	0.15 B_2O_3			7,2 china clay
		0.13 CaO				
		0.07 MgO				
		0.53 ZnO				
		0.18 PbO				
331)	SK 03a/01a	weiß, matt, glatt, bleihaltig!				*M. Schupp/G. Schöffel*
		0.15 Na_2O	0.30 Al_2O_3		1.61 SiO_2	58,8 Fritte 3520 Ferro
		0.01 K_2O	0.12 B_2O_3			35,3 Anorthit
		0.21 CaO				5,9 china clay
		0.07 MgO				
		0.42 ZnO				
		0.14 PbO				
332)	SK 03a/01a	weiß, hart, stumpfmatt, bleihaltig!				*U. Martin/G. Schöffel*
		0.08 Na_2O	0.234 Al_2O_3		1.03 SiO_2	86,2 Fritte 3520 Ferro
		0.01 K_2O	0.15 B_2O_3			8,6 china clay
		0.13 CaO				5,2 calcinierte Tonerde
		0.07 MgO				
		0.53 ZnO				
		0.18 PbO				
333)	SK 1a/2a	weiß, opak, matt, rißfrei, bleifrei				*D. B. v. Tümpling*
		0.015 Na_2O	0.182 Al_2O_3		1.259 SiO_2	23,1 Zinkoxid
		0.052 K_2O	0.021 B_2O_3			14,5 K-Feldspat
		0.312 CaO				14,5 Kreide
		0.017 MgO				14,5 Quarz
		0.056 BaO				11,5 china clay
		0.548 ZnO				8,7 Ton W 110 mager, weiß
						5,8 Bariumcarbonat
						5,8 Fritte 90378 Degussa
						1,6 Dolomit

334)	SK 2a/3a	weiß, opak, glatt, bleifrei			*C. Overbeck*
		0.213 CaO	0.184 Al_2O_3	1.220 SiO_2	64,1 Fritte 3257 Ferro
		0.020 MgO	0.086 B_2O_3	0.030 ZrO_2	19,2 Zinkoxid
		0.274 BaO	+ 2–3% SnO_2		12,8 china clay
		0.493 ZnO	1–3% TiO_2		2,6 Zinnoxid
					1,3 Titanoxid
335)	SK 4a/6a	weiß, stumpfmatt, glatt, hohe Oberflächenspannung			*M. Weigel*
		0.086 Na_2O	0.233 Al_2O_3	1.110 SiO_2	54,1 Fritte 90368 Degussa
		0.301 CaO	0.086 B_2O_3		27,0 Zinkoxid
		0.043 MgO			18,9 china clay
		0.570 ZnO			
336)	SK 5a/6a	weiß, stumpfmatt, hohe Oberflächenspannung, bleihaltig!			*J. Ströder*
		0.005 Na_2O	0.213 Al_2O_3	0.974 SiO_2	30,6 Zinkoxid
		0.089 K_2O	0.132 B_2O_3		22,2 K-Feldspat
		0.104 CaO			16,7 Kaolinton 132/I
		0.005 MgO			16,7 Fritte 90062 Degussa
		0.709 ZnO			8,3 china clay
		0.088 PbO			5,5 Kalkspat
337)	SK 6a/7	weiß, matt, glatt			*M. Hanisch*
		0.042 Na_2O	0.160 Al_2O_3	1.880 SiO_2	40,0 K-Feldspat B 412
		0.113 K_2O		0.098 TiO_2	24,4 Zinkoxid
		0.176 CaO			24,3 Quarz
		0.002 MgO			7,8 Kreide
		0.667 ZnO			3,5 Titanoxid
338)	SK 2a/4a	weiß, matt, glatt, kristallisch, bleihaltig!			*M. Fischer*
		0.026 Li_2O	0.100 Al_2O_3	1.146 SiO_2	58,8 Fritte 3568 Ferro
		0.081 Na_2O	0.178 B_2O_3		35,3 Zinkoxid
		0.001 K_2O			3,0 china clay
		0.122 CaO			2,9 Quarz
		0.744 ZnO			
		0.026 PbO			
339)	SK 7/9	weiß, matt bis weiß, Kristall, niedrigviskos			*R. Stolzenfeld*
		0.027 Na_2O	0.178 Al_2O_3	1.445 SiO_2	32,6 K-Feldspat B 412
		0.076 K_2O			28,5 Zinkoxid
		0.251 CaO			15,9 Wollastonit
		0.001 MgO			12,9 Quarz
		0.645 ZnO			10,1 china clay

2.4.2.2.2 Matt durch CaO oder MgO

In diesen Glasuren dominieren CaO oder MgO auf der Basenseite der Segerformel. Es ist bei diesen Glasuren aber nicht gleichgültig, durch welche Rohstoffe der hohe Gehalt an CaO oder MgO in den Glasurversatz kommt, weil deren Zersetzungs-, Schmelz- und Reaktionsverhalten mit den anderen Komponenten der Glasur natürlich ganz verschieden sein kann. Talkum und Dolomit sind dem Magnesit vorzuziehen, weil dieser die Oberflächen schnell zu rauh werden läßt, im Glasurschlicker negative Wirkungen hervorrufen kann und bei der Aufbereitung (Mahlen) schwierig sein kann (vgl. Abs. 1.5.4). In der Regel ergeben größere Anteile MgO-führender Rohstoffe im Versatz keine weißen Farben der Glasur mehr wegen des stets darin enthaltenen, wechselnd hohen Fe_2O_3-Gehaltes.

Die durch CaO-reiche Stoffe mattierten Glasuren dagegen können oft gute weiße Oberflächen ergeben, ohne zusätzliche Weißtrübungsmittel.

Die durch CaO oder MgO mattierten Glasuroberflächen haben meist auch eine sehr hohe Ritzhärte und Abriebfestigkeit, und gute Beständigkeit gegenüber chemischer Beanspruchung.

Die Schmelzen haben durch den hohen CaO/MgO-Gehalt eine hohe Oberflächenspannung und neigen deshalb zum Zusammenziehen und Abrollen, deshalb ist ein gewisser B_2O_3- oder auch PbO-Gehalt immer zu empfehlen.

Die glänzend-opaken, weißen Zirkonglasuren lassen sich besonders gut durch Magnesit-Zusätze mattieren.

Viel CaO oder MgO in der Glasur beeinflußt besonders stark die Färbungen durch Fe_2O_3, Cr_2O_3, NiO, CuO (siehe Abs. 1.5.5).

Wie die Versatzangaben der Glasurbeispiele zeigen, kann man die meisten transparent-glänzenden Glasuren durch Zusatz von ausreichenden Mengen der erdalkalihaltigen Rohstoffe (Kalkspat, Kreide, Dolomit, Anorthit, Wollastonit, Magnesit, Talkum, Sepiolith – oft eignen sich auch kalkreiche oder dolomitische Tone = Mergel vorzüglich! –) in opake Mattglasuren verwandeln (vgl. Abs. 2.7.2, Lehmglasuren).

Glasuren, die nur durch Wollastonit mattiert wurden, sind oft angenehm glatt und nur halbopak, so daß der Untergrund durchscheinend sichtbar bleibt.

---

340) SK 05a/03a   matt, glatt, halbopak, bleihaltige Frittenglasur

0.031 Na_2O	0.254 Al_2O_3	1.938 SiO_2
0.044 K_2O	0.286 B_2O_3	
0.807 CaO		
0.025 MgO		
0.093 PbO		

74,1 Fritte 3505 Ferro
18,5 Wollastonit
7,4 china clay

---

341) SK 03a/1a   matt, glatt, halbopak bis weiß, bleifrei   *M. Hoffmann*

0.187 Na_2O	0.127 Al_2O_3	1.419 SiO_2
0.187 K_2O	0.248 B_2O_3	
0.626 CaO		

56,2 Fritte 90167 Degussa
37,5 Wollastonit
6,3 china clay

---

342) SK 03a/1a   matt, halbopak bis weiß, craquelée, bleifrei, borfrei

0.203 Na_2O	0.087 Al_2O_3	1.365 SiO_2
0.153 K_2O		
0.644 CaO		

62,1 Fritte 1233 M&M
27,6 Kalkspat
10,3 Kaolin

---

343) SK 2a/4a   matt, opak, weiß, bleifreie Rohglasur   *D. Tießen*

0.249 Li_2O	0.320 Al_2O_3	2.567 SiO_2
0.249 K_2O		
0.502 CaO		

51,7 K-Feldspat
13,8 Quarz
13,8 Wollastonit
6,9 Kreide
6,9 china clay
6,9 Lithiumcarbonat

344)	SK 2a/4a	sehr glatt, matt, halbopak				*E. Simon*
		0.139 Na$_2$O	0.261 Al$_2$O$_3$	1.880 SiO$_2$	61,1	Fritte 90368 Degussa
		0.058 MgO	0.118 B$_2$O$_3$		21,8	Wollastonit
		0.803 CaO			11,6	china clay
					5,5	Na-Feldspat
345)	SK 3a/5a	glatt, matt, bei höherer Temperatur glänzender				
		0.095 Na$_2$O	0.474 Al$_2$O$_3$	2.510 SiO$_2$	59,1	K-Feldspat B 412
		0.223 K$_2$O			22,7	Kalkspat
		0.682 CaO			13,6	china clay
					4,6	Quarz
346)	SK 6a/8	glatt, opak, sehr hart, matt				*G. Hausen/R. Stolzenfeld*
		0.195 Na$_2$O	0.455 Al$_2$O$_3$	1.898 SiO$_2$	62,5	Anorthitmehl Mandt
		0.039 K$_2$O			20,8	Kreide
		0.735 CaO			8,4	china clay
		0.031 MgO			8,3	Fritte 1233 M&M
347)	SK 03a/02a	matt, opak, weiß, bleihaltig,				*W. Weber/C. Holdorf*
		0.036 Na$_2$O	0.294 Al$_2$O$_3$	2.018 SiO$_2$	76,9	Fritte 3505 Ferro
		0.050 K$_2$O	0.330 B$_2$O$_3$	0.067 SnO$_2$	7,7	china clay
		0.496 CaO			7,7	Talkum
		0.310 MgO			3,9	Magnesit
		0.108 PbO			3,8	Zinnoxid
348)	SK 01a/2a	weiß opak, matt bis seidenmatt, craquelée, bleihaltig!				*U. Müller*
		0.205 Na$_2$O	0.409 B$_2$O$_3$	3.486 SiO$_2$	38,5	Fritte 90187
		0.590 MgO			38,5	Quarz
		0.205 PbO			23,0	Talkum
349)	SK 03a/1a	matt, craquelée, halbopak, bleihaltig!				
		0.240 Na$_2$O	0.169 Al$_2$O$_3$	1.059 SiO$_2$	62,5	Fritte 90187 Degussa
		0.520 MgO	0.480 B$_2$O$_3$		18,8	china clay
		0.240 PbO			18,7	Magnesit
350)	SK 2a/3a	matt, craquelée, halbopak, schwach bleihaltig				
		0.049 Li$_2$O	0.203 Al$_2$O$_3$	2.180 SiO$_2$	76,2	Fritte 3568 Ferro
		0.175 Na$_2$O	0.344 B$_2$O$_3$		15,2	Magnesit
		0.015 K$_2$O			4,8	china clay
		0.249 CaO			3,8	Fritte 1233 M&M
		0.463 MgO			+	Relatin
		0.049 PbO				

351)	SK 6a/7	matt, halbopak, auch für Salzbrand			*H. Konzack*
		0.158 Na_2O 0.057 K_2O 0.261 CaO 0.524 MgO	0.336 Al_2O_3	1.959 SiO_2	45 Nephelin-Syenit 20 Dolomit 15 Talkum 10 china clay 10 Quarz
352)	SK 6a/9	matt, weißopak bis halbopak, sehr hart			*M. Adam*
		0.079 Na_2O 0.061 K_2O 0.026 Li_2O 0.274 CaO 0.560 MgO	0.186 Al_2O_3 0.079 B_2O_3	2.136 SiO_2	38,5 Fritte 90368 Degussa 38,5 Sepiolith 15,4 K-Feldspat 7,6 Petalit
353)	SK 02a/01a	beige, matt, opak			*E. Reusch/A. Konietzny*
		0.305 Na_2O 0.695 MgO	0.045 Al_2O_3 0.606 B_2O_3	1.390 SiO_2	58,8 Fritte 3759 Ferro 17,6 Magnesit 17,6 Talkum 6,0 china clay

2.4.2.2.3 Matt durch CaO + MgO gemeinsam

Im Versatz benutzt man gern gleichzeitig Kalkspat und Dolomit, Talkum und Dolomit, Kreide und Sepiolith, Anorthit und Dolomit, Diopsid und Dolomit oder Dolomit, Kreide und Magnesit. Talkum und Sepiolith sind für die Stabilität der Glasurschlicker günstig. Bei größerem Anteil von Sepiolith, der sehr quellfähig ist, kann man auf Kaolin oder Ton für die Schlickerstabilität verzichten.

Diese Mattierungen eignen sich auch für höchste Brenntemperaturen gut.

354)	SK 2a/5a	stumpfmatt, weiß, opak, glatt			*H. Hase/H. Konzack*
		0.076 Na_2O 0.163 K_2O 0.447 CaO 0.314 MgO	0.497 Al_2O_3 0.081 B_2O_3	2.107 SiO_2	44,5 K-Feldspat 22,7 china clay 20,5 Dolomit 9,1 Fritte 3757 Ferro 3,2 Kreide
355)	SK 5a/6a	matt, glatt, halbopak			*G. Blomert*
		0.161 Na_2O 0.485 CaO 0.335 MgO 0.019 ZnO	0.161 Al_2O_3 0.037 B_2O_3	1.899 SiO_2	45,1 Na-Feldspat 30,1 Wollastonit 22,6 Talkum 2,2 Zinkborat

356)	SK 5a/8	teils matt, teils glänzend, wo dick glasiert = halbopak				*T. Gleiss*
		0.093 K_2O	0.486 Al_2O_3	1.915 SiO_2	66 Nephelin-Syenit	
		0.261 Na_2O			10 Kalkspat	
		0.416 CaO			10 Dolomit	
		0.139 MgO			10 china clay	
		0.026 BaO			2 Zinkoxid	
		0.065 ZnO			2 Bariumcarbonat	
357)	SK 6a/7	matt, weiß-gelblich, opak, hochviskos, gut als Überglasur auf braunen Basaltglasuren				*E. Reuter*
		0.113 K_2O	0.452 Al_2O_3	1.758 SiO_2	30,4 china clay	
		0.628 CaO			21,8 K-Feldspat	
		0.259 MgO			21,7 Kalkspat	
					14,8 Quarz	
					11,3 Talkum	
358)	SK 6a/7	weiß, glatt, matt				*E. Martens/N. Höber*
		0.027 Na_2O	0.284 Al_2O_3	1.245 SiO_2	25,1 china clay	
		0.059 K_2O			23,4 K-Feldspat B 412	
		0.582 CaO			23,4 Kalkspat	
		0.332 MgO			9,4 Magnesit	
					9,4 Dolomit	
					9,3 Quarz	
359)	SK 6a/8	seidenmatt, glatt, schwarz				*V. Lutter*
		0.07 Na_2O	0.34 Al_2O_3	2.62 SiO_2	18,8 Quarzmehl	
		0.07 K_2O			17,3 Sepiolith	
		0.57 CaO	+ 5% Fe_2O_3		17,1 Nephelin-Syenit	
		0.29 MgO	3% Cr_2O_3		17,0 china clay	
			4% NiO		12,8 Kreide	
			3% MnO_2		8,5 Wollastonit	
			3% $CoCO_3$		8,5 K-Feldspat	
360)	SK 7/8	matt, farblos, weiß, dick glasieren				*E. Reusch*
		0.064 Na_2O	0.249 Al_2O_3	1.779 SiO_2	55,8 K-Feldspat B 412	
		0.150 K_2O			23,3 Kreide	
		0.500 CaO			16,7 Talkum	
		0.286 MgO			4,2 china clay	
361)	SK 7/8	halbopak bis weiß, matt bis glänzend je nach Temperatur, hochviskos				*E. Reuter*
		0.128 Na_2O	0.201 Al_2O_3	3.292 SiO_2	42,8 Quarzmehl	
		0.046 K_2O			28,6 Nephelin-Syenit	
		0.598 CaO			14,3 Wollastonit	
		0.228 MgO			14,3 Dolomit	
					+ evtl. Relatin	

362) SK 7/9   glatt, opak, weiß, leicht kristallisch   *B. Konietzny*

         0.08 K_2O 0.428 Al_2O_3 1.480 SiO_2 36,9 china clay
         0.42 CaO   25,8 Dolomit
         0.34 MgO   17,7 K-Feldspat
         0.08 BaO   7,6 Quarz
         0.08 ZnO   6,2 Bariumcarbonat
               3,2 Kreide
               2,6 Zinkoxid

2.4.2.2.4 Matt durch BaO oder SrO

BaO und SrO wirken bei höheren Brenntemperaturen als kräftige Flußmittel und ergeben in der Regel sehr angenehm anzufassende, glatte, matte Oberflächen. Zum Mattieren einer sonst glänzenden Glasur müssen aber große Zusatzmengen (bis zu 200%!) verwendet werden, wenn nicht von Anfang an ein sehr niedriger SiO_2-Gehalt vorliegt. Daraus folgt:

a) die Glasuren reagieren vielfach empfindlich auf Überfeuern mit Blasenbildung, die auch durch längeres Halten der Garbrandtemperatur oder nochmaliges Brennen kaum zu beseitigen ist, weil die Glasuren hohe Oberflächenspannung haben. Sie tritt besonders leicht bei zu dicker Glasurlage, zu dichtem Besatz, unbewegter Ofenatmosphäre und schlechter Lüftung des Ofens auf.

b) eine fleckige Kristallisation (weiß bis halbopak), die eine zeitliche Abfolge der Ausscheidung verschiedener kristalliner Phasen anzeigt und bei Einfärbung mit Farboxiden noch deutlicher wird, ist häufig zu beobachten (vgl. Abs. 2.4.3.2; 2.4.3.8).

c) die Glasuren bekommen u. U. einen höheren Wärmeausdehnungskoeffizienten und werden haarrissig. Das ist aber von Art und Zusammensetzung der kristallinen Phasen abhängig.

d) die Oberflächenspannung der Glasurschmelze wird höher und die Viskosität der Schmelze wird sehr niedrig.

Mit BaO und/oder SrO lassen sich fast transparente Mattglasuren erzeugen. Die Glasuren sind gut zu färben, die Farben werden kräftig und klar, weichen aber oft vom üblichen Farbton ab. Die Mischung mit anderen Mattierungsmitteln ist immer empfehlenswert.

---

363) SK 04a/02a   matt, craquelée, glatt, grauweißlich, bleihaltig!

         0.064 Li_2O 0.084 Al_2O_3 0.685 SiO_2 41,1 Strontiumcarbonat
         0.084 CaO   0.169 B_2O_3 19,7 Fritte 90062 Degussa
         0.572 SrO   10,7 china clay
         0.107 ZnO   9,1 Quarz
         0.173 PbO   8,1 Fritte 90001 Degussa
               4,8 Wollastonit
               4,2 Zinkoxid
               2,3 Lithiumcarbonat

---

364) SK 02a/2a   opak bis fast transparent, matt, glatt   *A. Begge/C. Rosenthal*

         0.047 Na_2O 0.104 Al_2O_3 0.841 SiO_2 60,7 Bariumcarbonat
         0.047 K_2O 0.139 B_2O_3 0.062 ZrO_2 35,7 Fritte 1076 M&M
         0.070 CaO   3,6 china clay
         0.766 BaO
         0.070 ZnO

(365) 2.4.2.2

365)	SK 03a/01a	weiß, matt, bleifrei				
		0.050 Na$_2$O	0.093 Al$_2$O$_3$	0.608 SiO$_2$	60,0	Strontiumcarbonat
		0.124 K$_2$O	0.074 B$_2$O$_3$		32,2	Fritte 6640 M&M
		0.074 ZnO			7,8	china clay
		0.752 SrO				
366)	SK 6a/8	stumpfmatt, halbopak, grauweiß				*J. Tranelis*
		0.403 Na$_2$O	0.735 Al$_2$O$_3$	2.843 SiO$_2$	70,4	Nephelin-Syenit
		0.142 K$_2$O			22,4	Bariumcarbonat
		0.030 CaO			7,2	china clay
		0.425 BaO				
367)	SK 8/9	samtartig matt, weiß bis grau, halbopak				*J. Hardt*
		0.239 K$_2$O	0.326 Al$_2$O$_3$	2.126 SiO$_2$	49,1	K-Feldspat
		0.239 CaO			27,5	Schwerspat
		0.321 BaO			11,3	Quarz
		0.201 ZnO			8,8	Kreide
					8,3	china clay
					6,0	Zinkoxid

2.4.2.2.5 Matt durch Mischungen von CaO mit BaO/SrO oder MgO mit BaO/SrO

Solche Mischungen ergeben sicherere Mattierungen und ausgeglichenere Glasureigenschaften bei glatter Oberfläche. Da ZnO-frei, sind die Glasuren besser beständig gegen chemische Beanspruchung durch Säuren.

368)	SK 03a/02a	transparent matt bis weißlich opak, craquelée, deckender mit den Trübungsmitteln, bleihaltig!				*H. Liersch*
		0.023 Na$_2$O	0.135 Al$_2$O$_3$	1.19 SiO$_2$	52,1	Fritte 3505 Ferro
		0.030 K$_2$O	0.207 B$_2$O$_3$		31,2	Bariumcarbonat
		0.474 CaO			7,8	Wollastonit
		0.018 MgO	+ 10% Ton W 100		5,2	Ton W 100
		0.385 BaO	5% TiO$_2$		2,6	Titanoxid
		0.070 PbO	2% SnO$_2$		1,1	Zinnoxid
369)	SK 3a/6a	stumpfmatt, halbopak, glatt, niedrig viskos				*U. Ullmann*
		0.418 Li$_2$O		0.478 SiO$_2$	38,5	Sepiolith
		0.319 MgO			38,5	Bariumcarbonat
		0.262 BaO			23,0	Lithiumcarbonat

370)	SK 5a/8	stumpf- bis seidenmatt, halbopak, weißlich, hart, glatt, gut zum Rohglasieren geeignet			*U. Ullmann*
		0.186 Na$_2$O	0.316 Al$_2$O$_3$	2.338 SiO$_2$	20 K-Feldspat
		0.120 K$_2$O			20 Na-Feldspat
		0.013 CaO			20 Nephelin-Syenit
		0.410 MgO			20 Bariumcarbonat
		0.271 BaO			20 Sepiolith
371)	SK 6a/8	weiß, opak, stumpfmatt			*R. Koch*
		0.22 Na$_2$O	0.14 Al$_2$O$_3$	2.29 SiO$_2$	71,4 Anorthitmehl Mandt
		0.02 K$_2$O			21,4 Strontiumcarbonat
		0.28 CaO			7,2 china clay
		0.05 MgO			
		0.43 SrO			
372)	SK 6a/8	matt, opak, weiß-gelblich			*M. Adam*
		0.059 Li$_2$O	0.125 Al$_2$O$_3$	1.72 SiO$_2$	41,7 Sepiolith
		0.066 K$_2$O			16,7 K-Feldspat
		0.565 MgO			16,7 Bariumcarbonat
		0.187 BaO			16,7 Petalit
		0.123 SrO			8,2 Strontiumcarbonat

2.4.2.2.6 Matt durch ZnO und BaO

Die typischen Zink-Barium-Mattglasuren haben angenehm glatte, seidenmatte Oberflächen, sind meistens weiß opak, mit relativ niedriger Viskosität der Schmelze und mit niedrigem WAK. Sie sind bei hohem Anteil an ZnO + BaO empfindlich gegen Angriff von Säuren (selbst von schwachen organischen Säuren). Sie sind gut färbbar, benötigen besonders von Kobaltoxid nur geringste Mengen zur intensiven Blaufärbung und zeigen interessante fleckige Kristallisationen (oft mit radialstrahligen, runden Wachstumstexturen), die oft auch zonar gefärbt sein können, wenn man sie etwas (ca. 2 bis 3 Kegel) höher brennt, als es zum Ausschmelzen der Versätze nötig wäre. Je nach dem Verhältnis ZnO : BaO und der sonstigen Zusammensetzung ergeben sich vor allem mit Nickelverbindungen die unterschiedlichsten Farbtöne (vgl. Abs. 1.5.5.3; 2.5.1; 2.5.4; 2.5.5; 2.5.7; 2.4.3).

Sie dürfen, als Rohglasur hergestellt, wegen der Quellfähigkeit des ZnO nicht lange naßgemahlen werden, weil sie sonst leicht beim Trocknen abblättern.

Alle Zink-Barium-Mattglasuren reagieren empfindlich auf Überfeuern und auf zu dicken Auftrag mit Ablaufen und mit Überfeuerungsblasen (Reaktion mit dem Scherben oder dessen Verunreinigungen!).

373)	SK 03a/02a	weiß, matt, glatt, opak, bleifrei			*W. Hartmann*
		0.083 KNaO	0.148 Al$_2$O$_3$	1.212 SiO$_2$	83,3 Fritte 90420 Degussa
		0.167 CaO			8,4 china clay
		0.375 BaO			8,3 Kreide
		0.375 ZnO			

(374) 2.4.2.2

374)	SK 03a/1a	glatt, matt, halbopak, weißlich, bleihaltig!				*N. Rieter*
		0.060 Na$_2$O	0.104 Al$_2$O$_3$	0.769 SiO$_2$	66,7	Fritte 3520 Ferro
		0.007 K$_2$O	0.112 B$_2$O$_3$		26,7	Bariumcarbonat
		0.097 CaO			6,6	china clay
		0.052 MgO				
		0.254 BaO				
		0.396 ZnO				
		0.134 PbO				
375)	SK 1a/2a	glatt, matt, halbopak bis transparent, craquelée, bleihaltig!				*C. Reiter*
		0.074 K$_2$O	0.103 Al$_2$O$_3$	1.059 SiO$_2$	80,0	Fritte 4067 M&M
		0.259 CaO			16,0	Wollastonit
		0.370 BaO			4,0	china clay
		0.222 ZnO				
		0.075 PbO				
376)	SK 2a/5a	seidenmatt, niedrigviskos, hohe Oberflächenspannung				*A. Bogatay*
		0.118 Li$_2$O	0.120 Al$_2$O$_3$	1.221 SiO$_2$	29,6	Bariumcarbonat
		0.068 Na$_2$O			20,9	Na-Feldspat Ventilato
		0.002 K$_2$O			20,4	Zinkoxid
		0.004 CaO			19,6	Quarzmehl W 10
		0.302 BaO			5,1	china clay
		0.506 ZnO			4,4	Lithiumcarbonat
377)	SK 5a/6a	matt, glatt, halbopak, weißlich				
		0.042 Na$_2$O	0.161 Al$_2$O$_3$	1.365 SiO$_2$	41,2	K-Feldspat B 412
		0.113 K$_2$O	0.135 B$_2$O$_3$		19,4	Bariumcarbonat
		0.163 CaO			14,9	Zinkoxid
		0.002 MgO			10,3	Quarzmehl W 10
		0.213 BaO			7,4	Kreide
		0.467 ZnO			6,8	Zinkborat
378)	SK 6a/8	glatt, matt, bei SK 8 niedrigviskos und Kristallflecken			nach	*H. Griemert*
		0.25 K$_2$O	0.25 Al$_2$O$_3$	2.00 SiO$_2$	52,7	K-Feldspat
		0.25 CaO			18,7	Bariumcarbonat
		0.25 BaO			11,4	Quarzmehl
		0.25 ZnO			9,5	Kreide
					7,7	Zinkoxid
379)	SK 6a/7	matt, kristallin, weiß (wo dick glasiert)				*A. Bogatay*
		0.03 KNaO	0.34 Al$_2$O$_3$	1.89 SiO$_2$	76,9	Fritte 90420 Degussa
		0.20 MgO			15,4	Kaolin
		0.39 BaO			7,7	Magnesit
		0.38 ZnO				

380)	SK 5a/8	matt, teils weißkristallin, teils matt-transparent, glatt, lebendige Oberfläche, niedrigviskos			*C. Reiter*
		0.224 K_2O	0.224 Al_2O_3	1.341 SiO_2	53,8 K-Feldspat
		0.076 MgO			19,0 Bariumcarbonat
		0.221 BaO			16,6 Strontiumcarbonat
		0.258 SrO			7,8 Zinkoxid
		0.221 ZnO			2,8 Magnesit
381)	SK 7/8	seidenmatt, glatt			*U. Ullmann*
		0.031 Na_2O	0.120 Al_2O_3	1.220 SiO_2	35,0 K-Feldspat B 412
		0.084 K_2O			25,0 Zinkoxid
		0.098 CaO			20,0 Bariumcarbonat
		0.002 MgO			15,0 Quarz
		0.194 BaO			5,0 Kalkspat
		0.591 ZnO			

2.4.2.2.7 Matt durch ZnO mit CaO/MgO

Höherer CaO- und/oder MgO-Gehalt macht die Zink-Mattglasuren härter, chemisch beständiger und verleiht ihnen vor allem bessere Deckkraft und breiteren Anwendungsbereich bei höheren Brenntemperaturen.

382)	SK 6a	matt bis seidenmatt, weißlich-beige, hochviskos			*U. Radermacher*
		0.12 Na_2O	0.31 Al_2O_3	1.88 SiO_2	41,7 Ton W 100 weiß fett
		0.09 K_2O			25,0 Fritte 1233 M&M
		0.07 CaO			16,7 Zinkoxid
		0.28 MgO			16,6 Talkum
		0.44 ZnO			
383)	SK 6a/8	matt, weißopak, dünn glasieren, hochviskos			*D. B. v. Tümpling*
		0.13 Na_2O	0.60 Al_2O_3	2.19 SiO_2	50,1 Fritte 90368 Degussa
		0.46 CaO	0.13 B_2O_3		39,9 china clay
		0.23 MgO			5,0 Magnesit
		0,18 ZnO			5,0 Zinkoxid
384)	SK 6a/8	glatt, matt bis seidenmatt, weißopak			*E. Reuter/M. Hoffmann*
		0.132 Na_2O	0.342 Al_2O_3	1.673 SiO_2	60,0 Anorthitmehl Mandt
		0.012 K_2O		0.083 SnO_2	18,2 Wollastonit
		0.509 CaO			12,1 Zinkoxid
		0.026 MgO			6,1 Zinnoxid
		0.321 ZnO			3,0 china clay

385)	SK 7/8	matt, kristallin, weiß bis halbopak, lebhaft, zum Rohglasieren geeignet, große Trockenschwindung!			*C. Craemer*
		0.045 Na_2O	0.02 Al_2O_3	0.627 SiO_2	40,0 Sepiolith
		0.045 K_2O			40,0 Zinkoxid
		0.010 CaO			20,0 Fritte 90167 Degussa
		0.300 MgO			
		0.600 ZnO			
386)	SK 6a/8	weiß, opak, matt, dick auftragen			*F. Müller*
		0.272 Na_2O	0.412 Al_2O_3	2.287 SiO_2	62,0 Na-Feldspat Ventilato
		0.005 K_2O			17,5 Kalkspat
		0.125 Li_2O			9,5 china clay
		0.114 ZnO			4,0 Quarzmehl W 10
		0.484 CaO			3,5 Zinkoxid
					3,5 Lithiumcarbonat

2.4.2.2.8 Matt durch CaO + MgO + BaO + ZnO gemeinsam

Die extremen Eigenschaften, die durch Mattierung mit einem einzigen basischen Oxid entstehen könnten (zu niedriger oder zu hoher WAK, zu hohe Oberflächenspannung, zu rauhe Oberfläche, zu niedrige Viskosität, oder ungünstige Auswirkungen auf die Schlickereigenschaften oder die Farbe, usw.) werden durch die Verwendung aller möglichen Oxide gleichzeitig relativ leicht ausgeglichen, so daß auf einfache Weise zuverlässige Glasuren entstehen, die wenig empfindlich sind bei unterschiedlicher Auftragsstärke, Schwankungen der Brenntemperaturhöhe oder der Abkühlungsgeschwindigkeit. Ein niedriger SiO_2-Gehalt ist in jedem Falle nötig.

387)	SK 3a/5a	stumpfmatt, gut färbbar, opak, bleiarm!			*A. Konietzny*
		0.092 Na_2O	0.275 Al_2O_3	1.940 SiO_2	33,6 Fritte 4067 M&M
		0.113 K_2O		0.072 TiO_2	21,9 china clay
		0.220 CaO			19,0 Fritte 1233 M&M
		0.068 MgO			11,7 Quarz
		0.217 BaO			5,8 Kalkspat
		0.246 ZnO			3,6 Zinkoxid
		0.044 PbO			2,2 Magnesit
					2,2 Rutil
388)	SK 5a/6a	stumpfmatt, weiß, bei SK 8 kristallin			*D. Frank*
		0.023 Li_2O	0.320 Al_2O_3	1.391 SiO_2	23,9 china clay
		0.062 Na_2O			17,9 Zinkoxid
		0.055 K_2O			16,7 Na-Feldspat Ventilato
		0.234 CaO			15,5 K-Feldspat B 412
		0.188 MgO			13,9 Wollastonit
		0.437 ZnO			8,0 Magnesit
					4,1 Spodumen

389)	SK 5a/7	\multicolumn{3}{l	}{steinmatt, opak, grauweiß, gut zu färben, bleiarm!}	*M. Moses*

0.195 K_2O	0.293 Al_2O_3	1.498 SiO_2
0.323 CaO		
0.209 MgO		
0.089 BaO		
0.148 ZnO		
0.036 PbO		

48,2 K-Feldspat
14,2 Kreide
11,2 china clay
7,7 Magnesit
7,7 Bariumcarbonat
5,3 Zinkoxid
4,4 Fritte 90001 Degussa
1,3 Quarz

---

390) SK 5a/8 — glatt, matt, beigeweiß, opak — *M. Hoffmann*

0.258 K_2O	0.472 Al_2O_3	2.075 SiO_2
0.333 CaO		0.072 SnO_2
0.276 ZnO		

52,0 K-Feldspat
13,6 china clay
12,0 Kalkspat
8,0 Zinkoxid
4,0 Magnesit
4,0 Quarz
4,0 Zinnoxid
2,4 calcinierte Tonerde

---

391) SK 6a/7 — weißopak bis halbopak, seidenmatt glatt bis grobkristallin-matt, gut über Engoben — *L. Mišić*

0.002 Na_2O	0.245 Al_2O_3	1.508 SiO_2
0.201 K_2O		
0.299 CaO		
0.049 MgO		
0.249 BaO		
0.200 ZnO		

47,2 K-Feldspat B 412
20,9 Bariumcarbonat
10,6 Kalkspat
6,9 Zinkoxid
5,1 Quarzmehl W 10
3,9 Dolomit
2,7 china clay
2,7 Ton W 100 weiß fett

---

392) SK 6a/8 — glatt, opak weiß, gut für Schamottemassen, teils kristallin, teils glänzend, lebhaft, gut färbbar — *F. Müller/E. Reuter*

0.07 Li_2O	0.08 Al_2O_3	0.92 SiO_2
0.05 K_2O		
0.54 CaO		
0.20 MgO		
0.03 BaO		
0.11 ZnO		

25,0 Dolomit
18,8 Wollastonit
17,5 K-Feldspat
14,4 Quarz
6,3 Kalkspat
6,2 Zinkoxid
4,0 china clay
3,8 Bariumcarbonat
3,0 Lithiumcarbonat

393)	SK 6a/7	glatt, weiß, matt, opak, langsam abkühlen!			
		0.1 Na$_2$O	0.5 Al$_2$O$_3$	2.5 SiO$_2$	18,6 K-Feldspat
		0.1 K$_2$O			17,5 Na-Feldspat
		0.1 Li$_2$O			17,2 china clay
		0.2 CaO			13,2 Bariumcarbonat
		0.2 MgO			12,4 Spodumen
		0.2 BaO			8,4 Talkum
		0.1 SrO			7,7 Wollastonit
					5,0 Strontiumcarbonat
394)	SK 7/9	matt, weiß, dünn glasiert transparent-matt			*B. Vogl*
		0.1 Na$_2$O	0.5 Al$_2$O$_3$	4.0 SiO$_2$	63,1 K-Feldspat
		0.4 K$_2$O			14,8 Na-Feldspat
		0.2 CaO	+ 5–10% Al$_2$O$_3$		11,1 Bariumcarbonat
		0.2 BaO			5,6 Kreide
		0.1 MgO			2,9 Quarz
					2,5 Magnesit
					+ 7,5 calcinierte Tonerde

2.4.2.2.9 Erdalkalimatt mit ZnO und TiO$_2$

Ein Gehalt an TiO$_2$ (Zusätze zwischen 3 und 8% sind sinnvoll) läßt oft in den matten Glasuroberflächen hellere, stärker opake Flecken oder gelbliche Stellen entstehen. Auch wolkige Trübungen auf halbopakem Grund sind häufig. Es fördert punktförmige Kristallisationen und macht bei Einfärbungen die Glasuren lebendiger, aber auch empfindlicher auf Schwankungen in der Brandführung. TiO$_2$-Zusätze sind gut für stark deckende Mattglasuren und um zu glatte, fast glänzende Oberflächen (die besonders bei zu schneller Abkühlung entstehen) dennoch zu mattieren. Das sich schon bei hohen Temperaturen ausscheidende Rutil dient hierbei oft als Kristallisationskeim für andere kristalline Phasen. Solche Glasuren werden meistens auch noch bei recht dünner Lage matt.

395)	SK 4a/6a	glatt, matt-seidenmatt, niedrigviskos, bleihaltige Frittenglasur mit gelben Kristallflecken			*C. Reiter*
		0.067 K$_2$O	0.067 Al$_2$O$_3$	0.666 SiO$_2$	76,9 Fritte 4067 M&M
		0.332 BaO			15,4 Zinkoxid
		0.543 ZnO			7,7 Titanoxid
		0.067 PbO			
396)	SK 5a/6a	matt, weißopak, teils grobkristallin			*C. Wilhelm*
		0.041 Na$_2$O	0.232 Al$_2$O$_3$	1.060 SiO$_2$	43,5 K-Feldspat B 412
		0.100 K$_2$O			34,8 Kreide
		0.632 CaO	+ 2–4% TiO$_2$		13,0 china clay
		0.189 MgO	1–2% SnO$_2$		8,7 Magnesit
		0.038 ZnO			2,6 Titanoxid
					+ 1,7 Zinnoxid
					1,7 Zinkoxid

397)	SK 5a/6a	matt mit Kristallflecken, lebhaft, weiß				*N. Höber/G. Simmann*
		0.122 Na$_2$O	0.384 Al$_2$O$_3$	2.268 SiO$_2$	49,5	K-Feldspat
		0.228 K$_2$O	0.079 B$_2$O$_3$	0.191 TiO$_2$	15,6	Fritte 90016 Degussa
		0.222 CaO			12,8	Bariumcarbonat
		0.197 BaO			6,2	china clay
		0.231 ZnO			6,2	Zinkoxid
					4,7	Kreide
					5,0	Titanoxid
398)	SK 7/8	matt bis seidenmatt, glatt, opak				*T. Gleiss*
		0.237 Li$_2$O	0.429 Al$_2$O$_3$	3.210 SiO$_2$	21,7	Ton W 100 weiß fett
		0.067 Na$_2$O	0.454 B$_2$O$_3$	0.744 TiO$_2$	21,4	K-Feldspat B 412
		0.126 K$_2$O			21,4	Spodumen
		0.189 CaO	+ 5–10% ZrSiO$_4$		14,2	Titanoxid
		0.247 MgO			7,1	Calciumborat-2-hydrat
		0.134 ZnO			7,1	Zinkborat
					7,1	Talkum
					+ 5,0	Zirkonsilikat Ultrox W 500
399)	SK 7/9	stumpfmatt, lebhaft, cremegelblich				*M. Hoffmann*
		0.174 Na$_2$O	0.418 Al$_2$O$_3$	1.708 SiO$_2$	70,5	Anorthitmehl Mandt
		0.019 K$_2$O	0.005 Fe$_2$O$_3$	0.123 TrO$_2$	21,7	Dolomit
		0.496 CaO			4,2	Titanoxid
		0.311 MgO			3,6	Trass
400)	SK 7/8	matt, glatt, gelblich				*P. Schneider*
		0.207 Na$_2$O	0.723 Al$_2$O$_3$	2.176 SiO$_2$	50,0	Anorthitmehl Mandt
		0.077 K$_2$O	0.172 B$_2$O$_3$	0.270 TiO$_2$	14,5	K-Feldspat
		0.403 CaO			15,0	china clay
		0.039 MgO			8,0	Calciumborat-2-hydrat
		0.274 ZnO			6,3	Zinkoxid
					6,2	Titanoxid

2.4.2.3 Seidenmatte Glasuren

sind in der Regel etwas weniger opak als die richtigen Mattglasuren, sie können sogar oft fast transparent wirken. Man erreicht seidenmatte Oberflächen meistens besser in Glasuren mit größerem Al$_2$O$_3$-Gehalt, denn dieser verursacht eine höhere Viskosität der Schmelze und damit kleinteiligere Kristallisation. Als Mattierungsmittel werden Zinkoxid, Bariumcarbonat, Strontiumcarbonat, Talkum, Wollastonit, Sepiolith und in Glasuren für sehr hohe Brenntemperaturen auch Kaolin bevorzugt. Sollen die Glasuren stärker deckend sein, sind Zusätze der bekannten Trübungsmittel üblich. Reduzierende Ofenatmosphäre erzeugt oft bessere seidenmatte Oberflächen in sonst zu glänzenden Feldspat- oder Nephelin-Syenit-Glasuren. Die Kombination Zinnoxid + Titanoxid gibt gute seidenmatte Oberflächen in opaken, getrübten Glasuren.

Wird eine Oberfläche zu stumpfmatt, kann man bei sonst ausreichend niedriger Viskosität der Schmelze einfach mehr Kaolin in den Versatz geben.

(401) 2.4.2.3

Nephelin-Syenit statt Feldspat ist wegen seines relativ niedrigeren SiO_2-Gehaltes für Seidenmattglasuren günstiger. Die sichersten Seidenmattglasuren sind die Zink-Barium-Mattglasuren (Abs. 2.4.2.2.6) und die Feldspat-Glasuren mit Wollastonitmattierung.

401) SK 03a   opak, glatt, beigeweiß, bleihaltig!   *B. Vogl*

0.22 Na_2O	0.26 Al_2O_3	3.99 SiO_2	26,5 Fritte 90187 Degussa
0.39 CaO	0.52 B_2O	0.17 SnO_2	2,5 Fritte 90001 Degussa
0.19 ZnO		0.17 TiO_2	15,5 china clay
0.19 PbO			12,5 Quarz
			9,0 Kreide
			5,5 Zinnoxid
			3,5 Titanoxid
			3,0 Zinkborat
			3,0 Zinkoxid

402) SK 03a/02a   transparent, seidenmatt, bleihaltig   *U. Martin*

0.122 Na_2O	0.303 Al_2O_3	2.033 SiO_2	52,6 Fritte 3520 Ferro
0.145 K_2O	0.121 B_2O_3		42,1 K-Feldspat
0.105 CaO			5,3 china clay
0.056 MgO			
0.427 ZnO			
0.145 PbO			

403) SK 03a/02a   glatt, halbopak, beigeweiß, bleihaltig!   *D. Thom*

0.20 Na_2O	0.094 Al_2O_3	2.40 SiO_2	41,7 Fritte 90187 Degussa
0.60 ZnO	0.400 B_2O_3		33,3 Quarzmehl
0.20 PbO			16,7 Zinkoxid
			8,3 china clay

404) SK 1a/2a   opak, seidenmatt, grauweiß, bleihaltig!

0.08 Na_2O	0.26 Al_2O_3	1.29 SiO_2	76,9 Fritte 3520 Ferro
0.01 K_2O	0.15 B_2O_3		23,1 china clay
0.13 CaO			2,0 Zinnoxid
0.07 MgO	+ 2–4% SnO_2		+ 2,0 Antimonoxid
0.53 ZnO	1–3% Sb_2O_3		2,0 Titanoxid
0.18 PbO	2–4% TiO_2		

405) SK 1a/3a   weißopak, seidenglänzend, bleihaltig!   *K. Rebmann*

0.100 Li_2O	0.314 Al_2O_3	4.012 SiO_2	83,3 Fritte 3568 Ferro
0.318 Na_2O	0.697 B_2O_3	0.591 TiO_2	10,0 Titanoxid
0.004 K_2O			6,7 Zinnoxid
0.477 CaO			
0.101 PbO			

406)	SK 3a/8	beigeweiß, opak, glatt, auch gut für Reduktionsbrand, lebendige Oberfläche, bleifrei			*U. Witzmann*
		0.124 Na$_2$O	0.410 Al$_2$O$_3$	2.386 SiO$_2$	54,5 K-Feldspat B412
		0.239 K$_2$O	0.074 B$_2$O$_3$		15,5 Fritte 90016 Degussa
		0.209 CaO			11,0 Bariumcarbonat
		0.165 BaO	+ 4–8% TiO$_2$		7,2 Zinkoxid
		0.263 ZnO			7,2 china clay
					4,6 Kreide
					+ 5,0 Titanoxid

407)	SK 5a/7	weißbeige, opak, niedrigviskos, gut zum Überglasieren von dunkelgefärbten, glänzenden Glasuren, bleihaltig, langsam abkühlen!			
		0.033 Li$_2$O	0.385 Al$_2$O$_3$	1.451 SiO$_2$	37,6 Ton W 100 weiß fett
		0.062 Na$_2$O			25,1 Bariumcarbonat
		0.013 K$_2$O			12,5 Fritte 90001 Degussa
		0.254 MgO			12,5 Talkum
		0.326 BaO			5,0 Fritte 90062 Degussa
		0.200 ZnO			1,0 Lithiumcarbonat
		0.148 PbO			

408)	SK 6a/7	glatt, weißbeigegrau, dünn glasieren			*M. Hanisch*
		0.053 Na$_2$O	0.286 Al$_2$O$_3$	1.712 SiO$_2$	54,7 K-Feldspat
		0.233 K$_2$O		0.202 TiO$_2$	11,3 Na-Feldspat
		0.088 CaO			19,6 Zinkoxid
		0.050 BaO			4,2 Bariumcarbonat
		0.576 ZnO			3,7 Kalkspat
					6,8 Titanoxid

409)	SK 6a/8	glatt, weißopak bis transparent, seidenmatt			*C. Reiter*
		0.301 K$_2$O	0.301 Al$_2$O$_3$	1.808 SiO$_2$	64,5 K-Feldspat
		0.096 MgO			23,1 Bariumcarbonat
		0.304 BaO			9,3 Zinkoxid
		0.299 ZnO			3,1 Magnesit

410)	SK 7/8	glatt, halbopak, seidenmatt, oxidierend und reduzierend			*G. Simmann*
		0.268 Na$_2$O	0.433 Al$_2$O$_3$	2.263 SiO$_2$	47,6 Nephelin-Syenit
		0.081 K$_2$O	0.048 B$_2$O$_3$		23,3 Bariumcarbonat
		0.063 CaO			11,9 Anorthit
		0.227 MgO			11,9 Sepiolith
		0.361 BaO			4,8 Fritte 3284 Ferro

411)	SK 7/8	glatt, hart, beigegelblich, dünn glasieren			*G. Hausen*
		0.062 Na$_2$O	0.174 Al$_2$O$_3$	1.654 SiO$_2$	41,7 Talkum
		0.077 K$_2$O	0.037 B$_2$O$_3$		41,7 Trass
		0.227 CaO	0.025 Fe$_2$O$_3$		8,3 Kreide
		0.634 MgO			8,3 Fritte 90167 Degussa

2.4.2.4 Bleifreie seidenmatte Geschirrglasuren

brauchen einen hohen Gehalt an Al_2O_3, CaO und/oder MgO, um hart genug und chemisch beständig zu sein. ZnO sollte nur in kleinsten Mengen enthalten sein, B_2O_3 fördert das fehlerfreie Schmelzen und wirkt Haarrissen entgegen.

Ob die Oberfläche solcher Glasuren für Gebrauchsgeschirr nicht zu rauh ist — auch wenn sie sich glatt genug anfühlt — prüft man am besten mit dem Strich eines Bleistifts oder eines Silberlöffels; der dunkle Strich muß sich ohne weiteres mit dem nassen Finger wieder wegwischen lassen.

Glasuren von guter Qualität und ausreichender Ritzhärte lassen sich in der Regel nur bei höheren Brenntemperaturen erreichen. Die Höhe der Garbrandtemperatur und der Abkühlungsverlauf beeinflussen stark die Oberfläche!

---

412) SK 2a/3a   glatt, opak, leicht gelblich, gut zu färben   *B. Staab*

0.099 Na_2O	0.124 Al_2O_3	1.263 SiO_2	66,7 Fritte 90368 Ferro
0.736 CaO	0.099 B_2O_3		20,0 Wollastonit
0.165 MgO			13,3 Dolomit

---

413) SK 4a/5a   glatt, halbopak, dünn glasieren, beige   *A. Kothe*

0.187 Li_2O	0.262 Al_2O_3	2.586 SiO_2	45,0 Petalit
0.024 Na_2O			11,1 Talkum
0.014 K_2O			27,8 Wollastonit
0.567 CaO			5,1 K-Feldspat B 412
0.208 MgO			4,8 Na-Feldspat Ventilato
			4,8 china clay
			0.4 Lithiumcarbonat

---

414) SK 3a/6a   opak, cremeweiß   *M. Hoffmann*

0.181 Na_2O	0.623 Al_2O_3	3.560 SiO_2	39,8 Anorthitmehl Mandt
0.267 K_2O			13,5 china clay
0.471 CaO			12,4 K-Feldspat
0.081 MgO			12,4 Kalkspat
			11,9 Wollastonit
			5,0 Talkum
			5,0 Quarz

---

415) SK 5a/7   glatt, ritzhart, weißbräunlich, hochviskos, bei Reduktion grau-seidenmatt   *U. Ullmann*

0.096 K_2O	0.661 Al_2O_3	2.964 SiO_2	36 china clay
0.500 CaO	0.186 B_2O_3	0.089 TiO_2	17 Quarz
0.250 MgO			15 K-Feldspat
0.054 BaO			13 Dolomit
0.096 ZnO	+ 1–2% SnO_2		8 Wollastonit
			6 Zinkborat
			3 Bariumcarbonat
			1 Rutil
			1 Zinnoxid
			1 Titanoxid

416)	SK 5a/8	halbopak, glatt, speckglänzend bis seidenmatt			T. Gleiss
		0.064 Na_2O	0.257 Al_2O_3	1.793 SiO_2	51,3 K-Feldspat B 412
		0.147 K_2O	0.147 B_2O_3		25,6 Talkum
		0.147 CaO			10,3 Calciumborat-6-hydrat
		0.467 MgO			5,1 Zinkoxid
		0.030 BaO			5,1 china clay
		0.146 ZnO			2,6 Bariumcarbonat

417)	SK 6a/7	glatt, hart, sandbeige bis gelbbraun			U. Ullmann
		0.147 Na_2O	0.293 Al_2O_3	1.527 SiO_2	35,7 Nephelin-Syenit
		0.063 K_2O	0.050 Fe_2O_3	0.023 TiO_2	28,5 Basaltmehl
		0.161 CaO			17,9 Sepiolith
		0.423 MgO			17,9 Bariumcarbonat
		0.206 BaO			

418)	SK 6a/7	glatt, halbopak, seidenmatt, beige-creme-bräunlich, für Unterglasur- und Engobendekore			D. Jausch
		0.037 Na_2O	0.20 Al_2O_3	2.15 SiO_2	30,3 K-Feldspat
		0.120 K_2O	0.06 B_2O_3		23,7 Talkum
		0.290 CaO			15,5 Fritte 90378 Degussa
		0.540 MgO	+ 3% FK Zn-Al-Fe-Cr		10,0 Dolomit
		0.006 ZnO			8,4 Quarz
					6,2 Wollastonit
					5,9 china clay
					+ 3,0 FK 11033 Ferro

419)	SK 6a/8	glatt, halbopak, seidenglänzend			A. Mueller
		0.10 K_2O	0.60 Al_2O_3	2.90 SiO_2	35,6 china clay
		0.50 CaO	0.20 B_2O_3		17,4 Quarz
		0.25 MgO			15,3 K-Feldspat
		0.05 BaO	+ 2,5% TiO_2		12,7 Dolomit
		0.10 ZnO			8,0 Wollastonit
					6,1 Zinkborat
					2,7 Bariumcarbonat
					2,2 Titanoxid

420)	SK 6a/8	glatt, halbopak, für Reduktionsbrand, gut über Engoben			H. Gleiss
		0.16 K_2O	0.43 Al_2O_3	2.15 SiO_2	32,1 Kalifeldspat
		0.56 CaO			25,0 china clay
		0.16 MgO			14,3 Quarz
		0.12 ZnO			14,3 Kreide
					10,7 Dolomit
					3,6 Zinkoxid

421)	SK 7/9	glatt, hart, halbopak, beigeweiß			*A. Pickal*
		0.165 K$_2$O	0.272 Al$_2$O$_3$	2.78 SiO$_2$	35,4 K-Feldspat
		0.369 CaO			23,2 Talkum
		0.466 MgO			16,9 Wollastonit
					13,8 Quarz
					10,7 china clay

2.4.2.5 Matte Craquelée-Glasuren

Ob eine Glasur matt mit einem guten Craqueléenetz erstarrt, hängt nicht nur von der Art des Scherbens, sondern auch von der Brenntemperaturhöhe und der Abkühlgeschwindigkeit ab; auch die Art der Herstellung der Gegenstände hat einen Einfluß.

In der Regel muß die Glasur einen hohen Gehalt an Na$_2$O haben, daneben kann auch der BaO- bzw. der MgO-Gehalt hoch sein. Nephelin-Syenit ist aufgrund seines geringeren SiO$_2$-Gehaltes als Na$_2$O-Lieferant in Glasuren für hohe Brenntemperaturen am geeignetsten, für niedrige Brenntemperaturen sind mattierte Alkalifritten zu empfehlen.

Gut verglaste Steinzeugscherben haben oft einen recht niedrigen Wärmeausdehnungskoeffizienten, so daß Mattglasuren darauf leichter ein Rissenetz aufweisen. Der Anteil von freiem Quarz und Cristobalit im Scherben muß niedrig sein.

Dick aufgetragene Craqueléeglasuren können dünnwandige Scherben vor allem dann zerreißen, wenn sie nur einseitig aufgetragen wurden. Viele halbopake matte Craqueléeglasuren bekommen ihre volle Schönheit erst bei dicker Lage und vielfach bei reduzierendem Brennen.

422)	SK 010a/08a	matt, weißlich, wachsglatt, halbopak, bleireich!			*H. Otten*
		0.436 Li$_2$O	1.407 SiO$_2$		65,8 Fritte 3527 Ferro
		0.564 PbO			20,9 Quarz
					13,3 Lithiumcarbonat

423)	SK 04a/03a	glatt, halbopak, seidenmatt			*A. Zenzen/D. Frank*
		0.105 Na$_2$O	0.131 Al$_2$O$_3$	1.047 SiO$_2$	54,1 Fritte 90368 Degussa
		0.366 CaO	0.257 B$_2$O$_3$		37,8 Bariumcarbonat
		0.052 MgO			8,1 Zinkborat
		0.398 BaO			
		0.079 ZnO			

424)	SK 03a/2a	glatt, matt, niedrigviskos bei SK 2a, bleihaltig!			*H. Liersch*
		0.027 Na$_2$O	0.220 Al$_2$O	1.296 SiO$_2$	58,5 Fritte 3505 Ferro
		0.038 K$_2$O	0.247 B$_2$O$_3$		35,3 Bariumcarbonat
		0.371 CaO			5,9 china clay
		0.021 MgO	+ 2–4% SnO$_2$		+ 2,0 Zinnoxid
		0.462 BaO			
		0.081 PbO			

425)	SK 1a/2a	halbopak, glatt, niedrigviskos			*S. Hölzl*
		0.20 Na$_2$O	0.10 Al$_2$O$_3$	1.37 SiO$_2$	55,5 Fritte 1233 M&M
		0.15 K$_2$O			27,8 Strontiumcarbonat
		0.15 CaO			11,1 china clay
		0.37 SrO			5,6 Zinkoxid
		0.13 ZnO			

426)	SK 2a/3a	glatt, opak, gelblich, bleihaltig!				*M. Jürgen/B. Schmidt*
		0.049 Li_2O	0.156 Al_2O_3	2.086 SiO_2	80,0	Fritte 3568 Ferro
		0.174 Na_2O	0.344 B_2O_3		16,0	Magnesit
		0.016 K_2O			4,0	Fritte 1233 M&M
		0.248 CaO			+	Relatin
		0.463 MgO				
		0.050 PbO				
427)	SK 4a/6a	halbopak, teils glatt, teils kristallin, bleihaltig!				*M. Nicolay*
		0.080 Na_2O	0.252 Al_2O_3	1.487 SiO_2	74,1	Fritte 4067 M&M
		0.115 K_2O			22,2	Nephelin-Syenit
		0.009 CaO			3,7	Kaolin
		0.442 BaO				
		0.266 ZnO				
		0.088 PbO				
428)	SK 5a/9	glatt, halbopak, wachsartig, grobcraquelée				*A. Konietzny*
		0.158 Na_2O	0.244 Al_2O_3	2.063 SiO_2	46,2	Na-Feldspat Ventilato
		0.003 K_2O			46,2	Wollastonit
		0.839 CaO			7,6	china clay RM
429)	SK 7/9	wachsmatt, grobcraquelée, halbopak				*D. Müller*
		0.468 Na_2O	0.688 Al_2O_3	4.093 SiO_2	75	Na-Feldspat Ventilato
		0.011 K_2O			15	Wollastonit
		0.521 CaO			10	china clay
430)	SK 6a/7	weißopak, matt, grobcraquelée				*M. Seibert*
		0.253 Na_2O	0.528 Al_2O_3	2.794 SiO_2	38,2	Na-Feldspat
		0.116 K_2O			27,1	K-Feldspat
		0.250 CaO			17,9	Bariumcarbonat
		0.084 MgO			8,4	Wollastonit
		0.297 BaO			4,2	Sepiolith
					4,2	calc. Tonerde
431)	SK 6a/8	stumpfmatt, weißopak, craquelée				*R. Armbrust*
		0.202 Na_2O	0.635 Al_2O_3	2.466 SiO_2	18,5	K-Feldspat
		0.144 K_2O			18,5	Na-Feldspat
		0.593 CaO	+ 5% $Ca_3(PO_4)_2$		18,5	Nephelin-Syenit
		0.061 BaO			18,5	Kalkspat
					22,2	china clay
					+ 3,8	Bariumcarbonat
					5,0	Tricalciumphosphat

(432) 2.4.2.5

432)	SK 7/9	halbopak, seidenmatt, gut für Reduktionsbrand				*U. Witzmann*
		0.125 Na$_2$O	0.206 Al$_2$O$_3$	1.225 SiO$_2$	17,9	K-Feldspat
		0.063 K$_2$O			17,9	Na-Feldspat
		0.670 CaO			17,9	Nephelin-Syenit
		0.074 MgO			17,9	Kalkspat
		0.068 BaO			7,1	Kreide
					7,1	Wollastonit
					7,1	Dolomit
					7,1	Bariumcarbonat
433)	SK 7/9	opak, glatt, seidenmatt, hellgrauweiß für Reduktion				*A. Günther*
		0.058 Na$_2$O	0.340 Al$_2$O$_3$	1.927 SiO$_2$	37,0	K-Feldspat B 412
		0.135 K$_2$O			27,0	Bariumcarbonat
		0.408 CaO			14,0	Kreide
		0.399 BaO			13,0	china clay
					9,0	Feinstquarzmehl Sicron
434)	SK 7/9	matt, halbopak bis weißmatt, teils glänzend				*T. Gleiss*
		0.38 Na$_2$O	0.64 Al$_2$O$_3$	2.63 SiO$_2$	76,9	Nephelin-Syenit
		0.11 K$_2$O			11,5	Kalkspat
		0.44 CaO			7,7	china clay
		0.07 MgO			3,9	Dolomit
					+	Relatin od. organ. Klebstoff

2.4.3 Kristallglasuren

Unter der Bezeichnung Kristallglasuren verstehen wir solche, bei denen mit bloßem Auge deutlich sichtbare Kristallformen und -aggregate (von mm- bis cm-Größe) in der Glasurschicht eingelagert sind, wobei die Kristalle entweder einzeln in der sonst glasigen Matrix »schwimmen« und sich auch oft mit ihren leisten-, nadel- oder trapezförmigen Individuen zu strahlen-, rosetten- oder sternartigen Gebilden vereinigen, oder in mehr wirrer, seltener regelmäßiger Anordnung als dichter zusammenhängender oder eisblumenartiger »Teppich« den keramischen Scherben überziehen. Das Kristallwachstum geht dabei häufig von einem Punkt oder Zentrum (dem Kristallkeim) aus, von dem aus es sich meist radialstrahlig fortsetzt.

2.4.3.0 Allgemeines — Kristallwachstum und seine Voraussetzungen

Kristallglasuren können in ihrer Oberfläche glänzend und glatt sein, dann erstrecken sich die Kristalle mehr zweidimensional innerhalb der Glasurschicht und stören deren Oberfläche nicht.

Sind sie matt, bedeutet das, daß die einzelnen kristallinen Ausscheidungen die Oberfläche der Glasurschmelze durchdringen oder auf ihr wachsen und diese dadurch uneben und rauh werden lassen. Ob das eine oder andere geschieht, ist auch abhängig von der Form, Art und Zusammensetzung des Kristalls und der Zusammensetzung der noch nicht kristallisierten, restlichen Glasurschmelze und deren Viskosität.

Kristalle wachsen in einer silikatischen Glasurschmelze während der Abkühlung, indem sich an einen gebildeten Kristallkeim (d. h. dort, wo sich bestimmte Ionengruppen und Atome in der flüssigen Schmelze zu einer geregelten Ordnung zusammengefunden haben bzw. wo noch Reste nicht völlig aufgelöster kristalliner Strukturen der ursprünglichen Versatzrohstoffe in der Schmelze erhalten sind) weitere Atomgruppen anlagern, so daß die immer größer werdenden festen Kristalle in oder auf der restlichen flüssigen Schmelzphase schwimmen, welche dadurch immer ärmer wird an den Oxidverbindungen, die den Kristall aufbauen. Meistens werden ja nicht alle Bestandteile der Glasur zugleich kristallin, sondern es scheiden sich zuerst nur ganz bestimmte Komponenten aus. Während des Kristallwachstums verändert sich demnach die Zusammensetzung der Restschmelze kontinuierlich. Deshalb kann sich unter Umständen auch die Zusammensetzung der wachsenden Kristalle ändern und es können sich in der Folge auch Kristalle völlig anderer Formen bilden, so daß mehrere, unterschiedlich zusammengesetzte, neugebildete kristalline Verbindungen (= kristalline Phasen) mit ihren typischen Formen und Trachten nebeneinander auf der gleichen Oberfläche erscheinen können. Dabei haben die zuerst gebildeten Kristalle in der Regel die größten Individuen, während die zuletzt ausgeschiedenen vielfach mikroskopisch klein bleiben können.

Es entsteht so eine meist deutlich sichtbare, örtliche Differenzierung, unterschiedliche Verteilung und Entmischng der ursprünglich völlig gleichmäßig vermischten Bestandteile der Glasurschicht ohne jegliches Zutun des Keramikers, der diese Entwicklung allerdings durch Veränderung der äußeren Einflußfaktoren im Ofen und entsprechende Wahl der ursprünglichen Versatzrezeptur und durch angepaßten Auftrag der rohen Glasurschicht in bestimmte Richtungen lenken kann.

Bedingungen und Voraussetzungen für die Bildung möglichst großer Kristalle:

1. Die Glasurschmelze muß dünnflüssig genug sein, damit dem schnellen Wachstum der Kristalle wenig Widerstand entgegensteht und die für den Bau der Kristallgitterstruktur nötigen Komponenten in der Schmelze leicht beweglich sind. Das geschieht durch ausreichend hohen Gehalt an kräftigen Flußmitteln, wie etwa PbO-Li_2O – Na_2O – K_2O und niedrigen Gehalt an SiO_2 und besonders Al_2O_3, sowie durch möglichst hohe Brenntemperaturen. B_2O_3 als Flußmittel ist oft wegen seiner Wirkung als Glasbildner (Ausnahme: Eisen-Aventurin-Glasuren) nicht so günstig. Li_2O fördert die Kristallisation der Glasschmelze, senkt die Viskosität rapide. Allerdings muß man bei höherem Li_2O-Gehalt (oberhalb ca. 4%) damit rechnen, daß der WAK der erstarrten Glasurschicht sehr niedrig werden kann, was auch für die ZnO-reichen Kristallglasuren gilt. Bei Brenntemperaturen oberhalb 1200° C sind die Kristallbildner ZnO und TiO_2 auch sehr kräftige Flußmittel!

2. Die Glasur muß so lange flüssig bleiben, bis die Kristalle zur gewünschten Größe herangewachsen sind. Das geschieht durch ausreichend langes Halten der Endtemperatur und/oder sehr langsames, verzögertes Abkühlen des Ofens (Dauer: 12 bis 48 Stunden!) Die Garbrandtemperatur soll in der Regel höher sein, als zum lediglichen Schmelzen und Glattfließen der Glasur nötig ist.

3. Ein Halten der Temperatur über längere Zeit ist in dem Bereich günstig, wo die Wachstumsgeschwindigkeit der Kristallkeime am größten ist. Das ist eher bei höheren Temperaturen – nicht allzuweit unterhalb der Garbrandtemperatur – der Fall.

4. Die Zahl der zuerst vorhandenen oder gebildeten Kristallkeime darf nicht zu groß sein, damit sie sich beim Wachsen nicht gegenseitig behindern. Das erreicht man durch angemessenen Zusatz der typischen Kristallbildner, der durch Versuche zu ermitteln ist, sowie vor allem durch die Art der Abkühlung.

5. Die Glasurschicht muß gerade so dick sein, daß genügend Material zur Kristallbildung vorhanden ist, die Schmelze aber nicht zu leicht vom Scherben abläuft. Heikel sind hier vor allem die Zink- und die Zink-Barium-Kristallglasuren und manche Aventurin-Glasuren. Sehr dick aufgetragene Glasurschichten neigen leider auch oft zur Blasenbildung (besonders die BaO-reichen Glasuren). In einigen Fällen muß man Ablaufen in Kauf nehmen, in einigen kann sogar nur auf horizontal liegend zu brennenden Flächen glasiert werden.

6. Zur Vermeidung von Fehlern ist es vorzuziehen, nur sehr saubere Massen, wie Feinsteinzeug- und Porzellanmassen für Kristallglasuren zu benutzen, weil dann die Schmelze nicht zu viel dem Kristallwachstum oder der Färbung abträgliche Bestandteile aus dem Scherben lösen kann. Auch aus diesem Grund, weil eben die niedrigviskosen Schmelzen große Lösekraft besitzen, muß üblicherweise dick genug glasiert werden, denn die gelösten Oxide (meist SiO_2, Al_2O_3, Fe_2O_3) können nur beschränkt weit in die Glasurschicht diffundieren.

7. Um ein möglichst schnelles Wachstum zu erreichen, setzt man Kristallbildner ein, die beim Wachstum eine einzige Richtung bevorzugen, also vorwiegend nadelförmige Kristalle bilden. Dies sind vor allem Zinkoxid ZnO und Titanoxid (Rutil) TiO_2. Daneben werden auch Li_2O und CaO, MgO, BaO eingesetzt, Fe_2O_3 in Aventurin-Glasuren und in

Verbindung mit Bleioxid die Oxide des Chrom, Cr_2O_3, des Molybdän, MoO_3, des Vanadin, V_2O_5, und des Wolfram, WO_3.

Alle Kristallglasuren, mit Ausnahme der hochgebrannten bleifreien Rutilkristallglasuren und der seltenen mit Erdalkalisilikatkristallen, besonders aber die Bleichromat-, Zinksilikat- und Zink-Barium-Silikat-Glasuren sind chemisch nicht beständig und werden durch Säuren stark angegriffen. So können z. B. Zinksilikatkristalle durch die Gerbsäure des schwarzen Tees nach und nach völlig aus der Glasurschicht herausgelöst werden.

Aus dem Grund sind die meisten Kristallglasuren als Innenglasuren für Gebrauchsgeschirre nicht geeignet und auch nicht zulässig. Dies gilt vor allem für die bleireichen Glasuren.

In vielen Fällen sind die Oberflächen der Kristallglasuren auch nicht besonders hart und werden bei mechanischer Beanspruchung leicht zerkratzt und abgeschliffen.

Alle Glasuren können als Roh- oder als Frittenglasuren zusammengesetzt werden. Für Zinksilikat- und Zink-Barium-Silikat-Kristallglasuren ist die Benutzung geeigneter Fritten (z. B. 3520 Ferro, 3795 Ferro, 4067 Mondré und Manz, 90420 Degussa, 90352 Degussa, 90205 Degussa) empfehlenswert, um vor allem das Abrollen der Glasur beim beginnenden Schmelzen und das Abblättern der trocknenden Glasurschicht zu verhindern. Manchmal hat es sogar Vorteile, sich eine entsprechende Fritte passender Zusammensetzung selber zu schmelzen.

2.4.3.1 Glasuren mit Zinksilikat als kristalline Phase

haben in der Regel glänzende, seltener seidenmatte Oberflächen mit farblos weißen — leicht intensiv färbbaren — nadel- bis leistenförmigen großen Einzelkristallen, die sich auch gern zu radialstrahligen Sternen, Rosetten und fächerartigen, büscheligen Flecken und Gruppen vereinigen. Sehr wenig TiO_2 im Versatz fördert als Keimbildner diese Kristallausscheidung. Die Zusammensetzung der kristallinen Phase ist oft $2ZnO \cdot SiO_2$ — entsprechend dem aus der Natur bekannten Mineral Willemit.

Die Glasuren neigen zum Abrollen und Ablaufen, weil das ZnO in den nötigen Mengen im Versatz hohe Trocken- und Brennschwindung der Glasurschicht und hohe Oberflächenspannung der Schmelze bewirkt und bei hohen Temperaturen kräftiges Flußmittel ist.

Ein Zusatz von 30 bis 40% ZnO zu einer glänzend-transparenten Glasur kann schon oft zu einer Kristallglasur führen, sofern die richtige Brennweise gewählt wurde. Zinksilikate verursachen einen niedrigen WAK der Glasurschicht, was eine Gefahr von Absprengungen bedeuten kann.

---

435) SK 1a farblos bis weißtrüb, weiße bis hellgraue Kristalle

0.146 Na_2O	0.042 Al_2O_3	0.937 SiO_2
0.109 K_2O		
0.109 CaO		
0.041 BaO		
0.594 ZnO		

55,6 Fritte 1233 M&M
33,2 Zinkoxid
5,6 Bariumcarbonat
5,6 china clay

---

436) SK 2a/3a opak, gelblichbeige mit blauen Nadeln und Flecken

M. Jürgen

0.041 Li_2O	0.190 Al_2O_3	1.756 SiO_2
0.129 Na_2O	0.281 B_2O_3	
0.002 K_2O		
0.194 CaO	+ 1% $NiCO_3$	
0.041 PbO		
0.593 ZnO		

71,4 Fritte 3568 Ferro
21,4 Zinkoxid
7,2 china clay
+ 1,0 Nickelcarbonat

---

437) SK 2a glänzend, weiß, opak, mit farblosen Kristallen, bleihaltig!

0.08 Na_2O	0.10 Al_2O_3	0,96 SiO_2
0.01 K_2O	0.15 B_2O_3	
0.13 CaO		
0.07 MgO		
0.53 ZnO		
0.18 PbO		

96,2 Fritte 3520 Ferro
3,8 china clay

438)	SK 6a	weißkristallin in transparentem Glas, dick glasieren!			*C. Craemer*
		0.088 Na_2O	0.069 Al_2O_3	1.267 SiO_2	50,0 Fritte 3782
		0.111 CaO	0.175 B_2O_3		25,0 Sepiolith
		0.270 MgO			25,0 Zinkoxid
		0.531 ZnO			

439)	SK 6a/7	helle Kristallnadeln im dunkleren Grund, hellblau			*R. Stolzenfeld/W. Schmitz*
		0.032 Na_2O	0.212 Al_2O_3	1.725 SiO_2	35,1 Kalifeldspat B 412
		0.089 K_2O			23,1 Zinkoxid
		0.299 CaO	+ 0.1–0.5% $CoCO_3$		17,1 Wollastonit
		0.002 MgO			13,9 Quarz
		0.577 ZnO			10,8 china clay
					+ 0,3 Kobaltcarbonat

440)	SK 6a/8	seidenmatt bis glänzend, farblose Kristallflecken, bleihaltig!			
		0.079 Li_2O	0.143 Al_2O_3	1.50 SiO_2	30,1 Quarzmehl
		0.210 BaO			22,6 Zinkoxid
		0.632 ZnO			18,4 Bariumcarbonat
		0.079 PbO			16,3 Kaolin
					10,0 Fritte 3527 Ferro
					2,6 Lithiumcarbonat

2.4.3.2 Kristallglasuren mit ZnO + TiO_2

Durch Mischung von Zinksilikat-Kristallglasuren mit Rutil-Kristallglasuren, bzw. durch Zusatz von TiO_2 (oder Rutil, auch Ilmenit $FeTiO_3$ wird empfohlen) zu reinen Zinksilikat-Kristallglasuren können besonders lebhafte, in Farbe und Kristallisation recht variable und noch leichter und schneller kristallisierende Glasuren erzielt werden, die aber auf Veränderungen der Brennkurve auch sehr empfindlich reagieren. Als kristalline Phasen können hier, oft nebeneinander oder auch als Mischkristalle, Rutil, TiO_2, Zinktitanate $ZnTiO_3$, Zn_2TiO_4, oder Zinksilikate und Zinktitansilikate, z. B. $ZnTiSiO_5$, auftreten. Oft erscheinen große Einzelkristalle, sehr lange Nadelbüschel in feinkristallinem mattem Grund oder glänzende strahlenförmige Aggregate in seidenmatter Oberfläche. Die Glasuren sind oft gut opak und entwickeln vor allem mit Eisenoxid warme goldgelbe bis orangegelbe Farben. Am besten werden sie mit nur geringsten Farboxidzusätzen von etwa 0,1 bis 1%.

441)	SK 2a	glänzend, opak, weißbeige, nicht zu dick glasieren, bleihaltig!			*L. Mišić*
		0.08 Na_2O	0.103 Al_2O_3	0.965 SiO_2	91,7 Fritte 3520 Ferro
		0.01 K_2O		0.084 TiO_2	4,6 china clay
		0.13 CaO			3,7 Titanoxid
		0.07 MgO			
		0.53 ZnO			
		0.18 PbO			

442)	SK 5a/6a	seidenmatt, niedrigviskos opak, weißbeige-silbrig mit gelben Flecken, mitteldick glasieren, bleihaltig!			
		0.22 K$_2$O	0.05 Al$_2$O$_3$	1.60 SiO$_2$	57,6 Fritte 1509 M&M
		0.27 PbO		0.52 TiO$_2$	14,1 Titanoxid
		0.51 ZnO			14,0 Zinkoxid
					10,2 Quarz
					4,1 china clay
					+ Stellmittel

443)	SK 6a/7	weiß glänzend, opak, mit goldgelben Kristallen			*M. Hanisch*
		0.132 K$_2$O	0.171 Al$_2$O$_3$	1.617 SiO$_2$	36 Kalifeldspat
		0.265 CaO			24 Zinkoxid
		0.603 ZnO	+ 4% TiO$_2$ od. Rutil		22 Quarz
					13 Kreide
					5 china clay
					+ 4 Titanoxid

444)	SK 6a/7	glänzend, weißopak mit gelben Kristallflecken			*G. Schum*
		0.156 K$_2$O	0.168 Al$_2$O$_3$	1.181 SiO$_2$	45,5 K-Feldspat
		0.303 CaO		0.166 TiO$_2$	23,0 Zinkoxide
		0.541 ZnO			15,9 Kreide
					7,0 Quarz
					7,0 Titanoxid
					1,6 china clay

445)	SK 6a/8	glänzend, weißbeige mit goldgelben Kristallen			*M. Richter*
		0.12 Na$_2$O	0.174 Al$_2$O$_3$	1.71 SiO$_2$	30,9 Fritte 1233 M&M
		0.09 K$_2$O		0.117 TiO$_2$	24,2 Zinkoxid
		0.16 CaO			22,0 Quarz
		0.63 ZnO			20,2 china clay
					5,8 Wollastonit
					+ 4,5 Titanoxid

446)	SK 8/9	glänzend, halbopak, hellblau mit dunkelblauen Kristallen			
		0.181 K$_2$O	0.212 Al$_2$O$_3$	1.842 SiO$_2$	43,6 K-Feldspat
		0.066 CaO	0.065 B$_2$O$_3$		23,2 Zinkoxid
		0.058 BaO			16,7 Quarz
		0.030 MgO	+ 2–3% TiO$_2$		6,5 Calciumborat-6-hydrat
		0.665 ZnO	1–2% NiCO$_3$		5,0 Bariumcarbonat
					3,4 china clay
					1,6 Talkum
					+ 2,0 Titanoxid
					1,0 Nickelcarbonat

2.4.3.3 Zink-Barium-Silikat-Kristallglasuren

sind fast immer matte bis seidenmatte Glasuren mit angenehm glatter Oberfläche, vielfach mit heller oder dunkler gefärbten rundlichen Tupfen und Flecken, die wiederum oft heller oder dunkler umrandet sind und aus feinsten radialstrahligen Kristallaggregaten bestehen. Die zonar anders gefärbten Zentral- und Randbereich der Flecken unterscheiden sich in der Farbe meist wesentlich von der übrigen Oberfläche. Es sind fast alle nur denkbaren Färbungen möglich; besonders können mit Nickelverbindungen typische Färbungen zwischen blau-violett-weinrot-rosa-braun-gelb-grau-grün entstehen, je nach Oxidanteilen der Basenseite und vor allem je nach dem Verhältnis ZnO zu BaO und den Bedingungen der Kristallisation.

Die Kristalle sind meist Mischkristalle oder geordnete Verwachsungen aus $BaO \cdot 2SiO_2$ und $2ZnO \cdot SiO_2$. Es sind aber auch noch andere Bariumsilikate (von $BaO \cdot SiO_2$ bis $3 BaO \cdot 5SiO_2$) und Barium-Aluminium-Silikate, wie etwa der feldspatähnliche Celsian, bekannt.

Auch hier müssen die Glasuren höher gebrannt werden, als es zum eigentlichen Ausschmelzen nötig wäre, wenn sie ihre volle Eigenart und Schönheit entfalten sollen. Dafür muß dann auch langsam abgekühlt werden. Interessante Oberflächen entstehen, wenn unterschiedlich gefärbte Zink-Barium-Glasuren übereinander aufgetragen werden.

Als Rohglasuren dürfen die Versätze nicht zu lange gemahlen werden, sonst besteht Gefahr des Abblätterns und Abrollens.

Die Glasuren neigen leicht zu Überfeuerungsblasen, welche auch durch einen zweiten Brand nicht zu beseitigen sind. In diesem Fall muß die Garbrandtemperatur erniedrigt werden, oder der Al_2O_3-Gehalt erhöht werden, oder es muß ein Porzellanscherben benutzt werden.

SrO kann BaO in den Glasuren weitgehend ersetzen. Beide sind bei Temperaturen oberhalb 1160 °C starke Flußmittel. Schon kleinste Farboxidzusätze wirken kräftig färbend.

---

447) SK 2a/5a weißgrau, matt bis seidenmatt mit hellen Kristallflecken, niedrigviskos bei SK 5a, bleihaltig!

0.060 Na$_2$O	0.117 Al$_2$O$_3$	0.801 SiO$_2$	66,7 Fritte 3520 Ferro
0.007 K$_2$O	0.112 B$_2$O$_3$		26,7 Bariumcarbonat
0.097 CaO			6,6 china clay
0.052 MgO			
0.254 BaO			
0.395 ZnO			
0.135 PbO			

---

448) SK 2a/6a weiß, seidenmatt, glatt, niedrigviskos bei SK 6a, bleihaltig!   *R. Nackunstz*

0.144 K$_2$O	0.176 Al$_2$O$_3$	1.963 SiO$_2$	27,4 K-Feldspat
0.192 BaO	0.059 B$_2$O$_3$		18,6 Fritte 90001 Degussa
0.231 PbO			13,0 Bariumcarbonat
0.433 ZnO			13,0 Quarz
			12,0 Zinkoxid
			11,2 china clay
			4,8 Fritte 90062 Degussa

---

449) SK 4a/5a weiß, seidenmatt, glatt, bleihaltig!   *H. Jäger*

0.025 Na$_2$O	0.187 Al$_2$O$_3$	1.473 SiO$_2$	60,0 Fritte 4067 M&M
0.134 K$_2$O			12,0 K-Feldspat
0.018 CaO			8,0 china clay
0.333 BaO			8,0 Zinkoxid
0.423 ZnO			6,0 Fritte 1233 M&M
0.067 PbO			6,0 Quarz

450)	SK 5a/6a	weiß, seidenmatt, weißbeige Kristallflecken			*M. Hanisch*
		0.143 K$_2$O	0.169 Al$_2$O$_3$	1.467 SiO$_2$	35,6 K-Feldspat
		0.051 CaO	0.051 B$_2$O$_3$	0.042 TiO$_2$	20,8 Bariumcarbonat
		0.080 MgO			18,9 Zinkoxid
		0.226 BaO			13,6 Quarz
		0.490 ZnO			5,3 Calciumborat-2-hydrat
					2,7 china clay
					1,5 Talkum
					1,5 Titanoxid
451)	SK 6a/9	weißlich-grau mit hellen Flecken, seidenmatt			
		0.21 K$_2$O	0.26 Al$_2$O$_3$	1.63 SiO$_2$	45,6 K-Feldspat
		0.39 ZnO			30,8 Bariumcarbonat
		0.40 BaO			12,3 Zinkoxid
					6,3 Quarz
					5,0 Kaolin
452)	SK 2a/4a	seidenmatt mit verschieden helleren Flecken, gut färbbar			
		0.10 K$_2$O	0.179 Al$_2$O$_3$	1.157 SiO$_2$	83,3 Fritte 4067 M&M
		0.50 BaO		0.253 TiO$_2$	8,3 china clay
		0.30 ZnO			8,4 Titanoxid
		0.10 PbO			
453)	SK 5a/6a	seidenmatt-glatt mit helleren Flecken, niedrigviskos, gut färbbar			
		0.10 Li$_2$O	0.15 Al$_2$O$_3$	1.50 SiO$_2$	23,0 K-Feldspat
		0.10 K$_2$O	0.20 B$_2$O$_3$	0.20 TiO$_2$	19,8 Quarz
		0.20 BaO			16,7 Zinkoxid
		0.60 ZnO			16,3 Bariumcarbonat
					9,1 Zinkborat
					5,3 Kaolin
					3,1 Lithiumcarbonat
					6,7 Titanoxid (oder Rutil)

2.4.3.4 Rutil-Kristallglasuren

können matt bis glänzend ausfallen, zeigen meistens deutlich ausgebildete, sehr dünne und lange, oft haarfeine nadelige Kristalle von gelblicher, goldfarbener, gelber oder brauner Farbe im heller oder dunkler erscheinenden Untergrund (je nach Einfärbung der Glasur). Selten regelmäßig oder strahlenförmig angeordnet, finden sich häufig auch wirr-filzige Ausscheidungen; bei starker Kristallisation, die hier fast immer an der Oberfläche der Schmelze beginnt, sind meistens rauhe, unangenehm anzufassende Oberflächen die Folge. Das passiert vor allem dann, wenn die Glasurschicht sehr dick ist. Die Glasuren sind in der Regel stark opak. Gute Färbungen sind mit Eisenoxid möglich. Färbungen mit anderen Oxiden ergeben oft unerwartete Farbverschiebungen. Die großen Kristalle sind meist ausschließlich TiO$_2$ mit der Baustruktur des Rutils, daneben können als jedoch viel kleinere Kristalle diverse Titanate auftreten, die dann zusätzliche Trübung oder feine Mattierung bewirken.

454)	SK 6a	bleihaltig!			
		0.12 Na$_2$O	0.35 Al$_2$O$_3$	2.70 SiO$_2$	34,8 Feldspat K 40
		0.18 K$_2$O	0.30 B$_2$O$_3$		24,2 Fritte 90001 Degussa
		0.30 CaO			15,2 Calciumborat
		0.40 PbO	+ 6–10% TiO$_2$ od. Rutil		11,5 Kaolin
					8,5 Rutil
					5,8 Quarz

455)	SK 6a/7	halbopak, gelbbräunlich mit goldbraunen Kristallen			
		0.143 Na$_2$O	0.317 Al$_2$O$_3$	2.531 SiO$_2$	30,4 Na-Feldspat Ventilato
		0.003 K$_2$O			25,6 Quarzmehl W 10
		0.549 CaO	+ 12% Rutil		16,0 Dolomit
		0.248 MgO	2% Ilmenit		13,8 china clay
		0.057 BaO			10,2 Kreide
					4,0 Bariumcarbonat
					+ 12,0 Rutil
					2,0 Ilmenit

456)	SK 7/9	bleihaltig!			
		0.212	0.351 Al$_2$O$_3$	2.857 SiO$_2$	19,5 Na-Feldspat
		0.152 Na$_2$O	0.498 B$_2$O$_3$		17,3 Quarz
		0.072 K$_2$O			14,6 Fritte 90062 Degussa
		0.398 CaO	+ 8–10% TiO$_2$		14,3 Calciumborat-6-hydrat
		0.166 PbO			9,8 K-Feldspat
					8,0 china clay
					3,8 Lithiumcarbonat
					3,6 Kreide
					9,1 Titanoxid

457)	SK 9/10	glatt, seidenmatt, gelbgraubraun mit helleren Kristallen			
		0.258 Na$_2$O	0.798 Al$_2$O$_3$	2.860 SiO$_2$	71,4 Anorthitmehl Mandt
		0.021 K$_2$O			14,3 china clay
		0.331 CaO	+ 6–10% TiO$_2$		7,2 Lithiumcarbonat
		0.052 MgO			7,1 Rutil
		0.338 Li$_2$O			

2.4.3.5 Aventurin-Glasuren

haben ihren Namen vom Schmuckstein Aventurin (= Quarz oder Feldspat mit eingeschlossenen Eisenglanzschüppchen). Es sind meist glänzende, seltener durch sehr starke Ausscheidungen matt erscheinende Alkali-Bor-Glasuren, in denen sich ein hoher Gehalt an Eisen(III)-oxid, Fe$_2$O$_3$ (15–30%) aus der Schmelze beim Abkühlen ausscheidet in Form von stark reflektierenden, glänzenden, plättchenförmigen Hämatitkristallen, die mit einer Größe von etwa 0,1 bis 4 mm gleichmäßig verteilt oder auch stellenweise angereichert im Inneren der Glasur »schwimmen«. Seltener findet eine Konzentration der Kristallchen an der Oberfläche statt. Die Farbe ist gelb, gelborange, gelbbraun, kupferfarben bis rotbraun oder sogar schwarz, je nach Zahl der Schüppchen, Gehalt an noch gelöstem Eisenoxid und evtl. Bleigehalt der Glasur.

Der stark glitzernde Effekt der Kristallflitter in der Glasur und die oft extreme Dünnflüssigkeit der Schmelze macht ihre handwerklich-technische wie künstlerische Verwendbarkeit problematisch. Die Zusammensetzung der Kristalle ist ausschließlich

(458) 2.4.3.5

Fe_2O_3 in Form gutkristallisierten Hämatits. Diese Ausscheidung wird durch sehr wenig Molybdän- oder Wolframoxid stark gefördert.

Die Glasuren müssen sehr wenig Al_2O_3 enthalten, dürfen statt der Alkalioxide auch PbO enthalten. Der B_2O_3-Gehalt soll so hoch wie möglich sein; der SiO_2-Gehalt dient der Regelung des Schmelzbereichs. Die Verwendung von Alkali-Bor-Fritten ist empfehlenswert!

Wie die gebrannten Oberflächen aussehen, hängt stark von der Scherbenunterlage, also dem Glasurträger, der Auftragsstärke der Glasur, der effektiven Brenntemperaturhöhe und stark von der Abkühlgeschwindigkeit ab.

458)	SK 08a/07a	\multicolumn{4}{l}{glänzend, gelbrötlich, orangerot erscheinende Flitter, halbtransparent bei dünnem Auftrag, muß dick glasiert werden}
		1.00 Na_2O	2.00 B_2O_3	1.144 SiO_2	69,2 kalzinierter Borax
			0.34 Fe_2O_3		23,4 Quarzmehl
					7,4 Eisen(III)-oxid
459)	SK 05a/03a	\multicolumn{4}{l}{glänzend, opak, goldbraun mit vielen kleinen Flittern}
		1.00 Na_2O	0.140 Al_2O_3	7.029 SiO_2	55,0 Quarzmehl W 10
			1.265 B_2O_3		15,0 Eisen(III)-oxid
			0.691 Fe_2O_3		14,0 Borax, kalziniert
					7,0 Soda, kalziniert
					5,0 china clay
					4,0 Borsäure, krist.
460)	SK 03a	\multicolumn{4}{l}{glänzend bis matt, kupferfarben, rotbraun bis schwarzbraun}
		1.00 Na_2O	0.149 Al_2O_3	3.348 SiO_2	80,9 Fritte 3759 Ferro
			1.990 B_2O_3		11,0 Eisen(III)-oxid
			0.326 Fe_2O_3		8,1 china clay
461)	SK 03a/2a	schwarz, seidenmatt, bleireich!			S. Lioliou
		0.50 Na_2O	0.14 Al_2O_3	1.78 SiO_2	76,6 Fritte 90187 Degussa
		0.50 PbO	1.00 B_2O_3		15,2 Eisen(III)-oxid
			0.38 Fe_2O_3		9,2 china clay
462)	SK 4a	glänzend bis matt, grobstrukturiert			E. Schindler
		0.328 Li_2O	0.014 Al_2O_3	3.609 SiO_2	35 Fritte 3759 Ferro
		0.498 Na_2O	1.048 B_2O_3		25 Eisen(III)-oxid
		0.174 MgO	0.754 Fe_2O_3		21 Quarz
					11 Fritte 3784 Ferro
					3 Magnesit
					5 Lithiumcarbonat
463)	SK 7/8	\multicolumn{4}{l}{für reduzierten Salzbrand, rotbraun mit feinsten Flittern, bleireich!}
		0.03 Na_2O	0.301 Al_2O_3	2.40 SiO_2	94,0 Farbfritte J3392 R&S
		0.12 K_2O	0.460 B_2O_3		6,0 china clay
		0.35 CaO	0.450 Fe_2O_3		
		0.50 PbO			

2.4.3.6 Glasuren mit Chromat-, Vanadat-, Molybdat-, Wolframat-Kristallphasen

Chromat-Kristallglasuren sind bei niedrigen Temperaturen gebrannte, stark bleihaltige Glasuren, auf deren Oberfläche sich meist eisblumenartige, rote bis rotgelbe Bleichromatkristalle von oft beachtlicher Größe ausbreiten. Die Zusammensetzung der kristallinen Bleichromate, die in der Natur z. B. als Rotbleierz Krokoit $PbCrO_4$ oder als Melanochroit $Pb_3O(CrO_4)_2$ gefunden werden, kann von $PbCrO_4$ über Pb_2CrO_5 bis $Pb_7Cr_2O_{10}$ variieren. Aluminiumoxid und Kieselsäure sind in diesen chromroten Glasuren nur in kleinen Mengen enthalten. Die Oberflächen sind sehr weich (mit dem Messer ritzbar), und gegenüber Säuren sehr empfindlich. Chromrote Glasuren sind hochgiftig und nur für rein dekorative Zwecke zu verwenden.

Der Brennbereich liegt zwischen 880 und maximal 1000° C. Die möglichen Farben liegen zwischen hellorangerot bis dunkeltomatenrot und fast braun. Zuviel Al_2O_3 und/oder SiO_2 stört die rote Farbe und macht braun bis schwarz, zu hohe Brenntemperaturen verwandeln das Rot in schwarzoliv bis chromgrün (vgl. Abs. 1.5.5.4 sowie 2.5.1.1).

---

464) SK 011a/09a dunkeltomatenrot, niedrigviskos, grobkristallin, bleireich!

1.00 PbO	0.150 Al_2O_3	0.80 SiO_2	48,0 Fritte 3527 Ferro
			39,9 Mennige
	+ 4% Cr_2O_3		13,1 china clay
	2% SnO_2		+ 4,0 Chromoxid
			2,0 Zinnoxid

465) SK 010a/09a hell- bis mittelrot, kleinkristallin, bleireich!

1.00 PbO	0.08 Al_2O_3	0.85 SiO_2	68,1 Fritte 90001 Degussa
			24,7 Mennige
	+ 3% Cr_2O_3		7,2 china clay
	2% SnO_2		+ 3,0 Chromoxid
			2,0 Zinnoxid

---

466) SK 010a/09a dunkelrotbraun, feinkristallin, bleireich!   *J. Oster*

0.687 PbO	0.072 Al_2O_3	0.730 SiO_2	80,6 Fritte 3527 Ferro
0.306 MgO			10,7 Magnesit
0.007 Na_2O	+ 5% Cr_2O_3		7,0 china clay
			1,6 Na-Feldspat
			+ 5,0 Chromoxid

Vanadat-, Molybdat- und Wolframat-Kristallglasuren zeigen meist gleichsam auf der Glasuroberfläche schwimmende, stark irisierende 2 bis 10 mm große trapez- bis rautenförmige Kristallbildungen mit deutlichen Wachstumsstrukturen, die sich auch zu stern- oder rosettenartigen, baumförmigen Skelettaggregaten vereinigen können oder die ganze Oberfläche eng aneinanderliegend überziehen. Oft sind die eigentlichen Kristallbildungen farblos transparent in der sonst irgendwie gefärbten, bleireichen Glasur.

Die Kristalle sind immer Bleiverbindungen des Vanadins, Molybdäns oder des Wolframs, die meist deutlich den aus der Natur bekannten Mineralen Stolzit $PbWO_4$, Wulfenit $PbMoO_4$, Vanadinit, Descloizit u. a. ähneln, aber in der Glasur sicherlich auch recht variable Zusammensetzung haben können. Die Glasuren sind nur sehr beschränkt und nur für dekorative Zwecke verwendbar. Die Grundglasuren sind reine Bleiglasuren, oxidierend gebrannt.

Grenzformel SK 03a bis SK 8:

0.00–0.20 Li_2O	0.10–0.30 Al_2O_3	1.10–5.00 SiO_2
0.10–0.20 Na_2O	0.00–0.20 B_2O_3	
0.10–0.30 K_2O		
0.05–0.30 CaO	+ 1–4% Molybdänoxid MoO_3	
0.00–0.15 MgO	und/oder 1–4% Vanadinoxid V_2O_5	
0.00–0.20 BaO	und/oder 1–4% Wolframoxid WO_3	
0.00–0.30 ZnO	und evtl. 1–5% TiO_2	
0.30–0.85 PbO		

467) SK 03a/1a halbtransparent, glänzend, mit irisierenden Kristallen, bleireich!

0.54 PbO	0.18 Al_2O_3	2.0 SiO_2	31,0	Fritte 90062 Degussa
0.18 ZnO	0.59 B_2O_3		19,2	Quarz
0.21 CaO			13,9	Fritte 90001 Degussa
0.07 Na_2O	+ 5% $(NH_4)_6Mo_7O_{24}$		13,4	china clay
	1% V_2O_5		12,2	Fritte 90187 Degussa
	1% WO_3		6,1	Kreide
			4,2	Zinkoxid
			+ 5,0	Ammoniummolybdat
			1,0	Vanadinoxid
			1,0	Wolframoxid

468) SK 2a/3a transparent, glänzend, mit farblosen Kristallen, bleireich!

0.10 Li_2O	0.17 Al_2O_3	1.72 SiO_2	42,3	Fritte 3527 Ferro
0.25 CaO			20,1	Quarz
0.10 SrO	+ 2% WO_3		10,5	china clay
0.15 ZnO	1% MoO_3		10,8	Wollastonit
0.40 PbO			8,9	Strontiumcarbonat
			4,6	Zinkoxid
			2,8	Lithiumcarbonat
			+ 2,0	Wolframoxid
			1,0	Molybdänoxid

469) SK 3a/4a opak, beigegelb, glänzend, mit irisierenden Kristallen, bleireich!   nach *H. Sanders*[134]

0.491 PbO	0.123 Al_2O_3	1.232 SiO_2	57,0	Fritte 3527 Ferro
0.210 CaO	0.064 B_2O_3		13,0	china clay
0.050 MgO			9,8	Quarz
0.050 BaO			5,0	Zinkoxid
0.050 SrO	+ 4% MoO_3		4,3	Calciumborat-2-hydrat
0.149 ZnO	4% TiO_2		4,1	Bariumcarbonat
			3,8	Dolomit
			3,0	Strontiumcarbonat
			4,0	Molybdänoxid
			+ 4,0	Titanoxid

2.4.3.7 Glasuren mit Erdalkali- und Alkalisilikat-Kristallen

Erdalkalisilikatglasuren mit Ausscheidungen von Calcium- und/oder Magnesiumsilikatkristallen zeigen meistens keine deutlich sichtbaren Einzelkristalle, sondern eher punkt- und fleckenartige Anhäufungen von Kristallaggregaten in der sonst glänzenden Glasur, die bei zahlenmäßig großer Anzahl die gesamte Glasuroberfläche matt werden lassen. Sie können dunkler oder heller sein als der Untergrund und alle möglichen Farben annehmen, je nachdem, wodurch die Glasur gefärbt wurde. Meistens sind die Kristallbildungen dann heller. Sie entstehen nur gut bei dickem Glasurauftrag. Die Kristallzusammensetzung kann sehr variabel sein und entspricht den in der Natur vorkommenden analogen Mineralen, wie etwa dem Wollastonit, Anorthit, Diopsid, Cordierit usw.

Diese Art kristalliner Glasuren ist oft recht ritzhart und chemisch beständig gegenüber Säuren und Laugen, weil die ausgeschiedenen Kristalle selbst hohe Härte haben und zudem sehr fest in der Glasurschicht verankert sind. Die Glasuren werden nur gut aus Versätzen für hohe Brenntemperaturen (vgl. auch Abs. 2.4.2; 1.5.4).

Trägt man diese Glasuren über andere glänzende, fertige Glasuren auf, so ergeben sich oft reizvolle, größere Kristallbildungen.

---

470) SK 1a/2a   halbopak bis weiß, matt bis rauhkristallin   *C. Wilhelm*

0.140 Li_2O	0.055 Al_2O_3	1.596 SiO_2	61,0 Fritte 1233 M&M
0.192 Na_2O			24,4 Wollastonit
0.144 K_2O			6,1 china clay
0.503 CaO			6,1 Lithiumcarbonat
0.021 BaO			2,4 Bariumcarbonat

---

471) SK 3a/4a   teils glänzend, teils matt, weiß, kristallin   *V. Thies*

0.149 Na_2	0.242 Al_2O_3	2.131 SiO_2	64,5 Fritte 3244 Ferro
0.114 K_2O			32,3 Fritte 1233 M&M
0.114 CaO			3,2 china clay
0.623 MgO			

---

472) Sk 4a/5a   weiß, gelblich, nadelig, rauh, grobkristallin   *E. Strierath*

0.061 Li_2O	0.062 B_2O_3	1.469 SiO_2	42,0 Fritte 3783 Ferro
0.249 Na_2O			38,0 Wollastonit
0.489 CaO			17,0 Talkum
0.201 MgO			3,0 Lithiumcarbonat

---

473) SK 4a/7   teils glänzend, teils matt, weiße Kristallflächen   *G. Schum*

0.217 Li_2O	0.648 Al_2O_3	2.10 SiO_2	58,8 Petalit
0.012 Na_O			29,4 Dolomit
0.006 K_2O			11,8 Ton W 100
0.382 CaO			
0.383 MgO			

---

474) SK 6a/7   glänzend bis matt kristallin, craquelée   *A. Bogatay*

0.056 Na_2O	0.074 Al_2O_3	0.618 SiO_2	59,3 Kalkspat
0.001 K_2O	0.093 B_2O_3		33,9 Fritte 90378 Degussa
0.937 CaO			6,8 Ton W 100
0.006 ZnO			

475)	SK 6a/7	cremeweiß, grobkristallisch, matt				*M. Adam*
		0.103 Na$_2$O	0.151 Al$_2$O$_3$	1.602 SiO$_2$	52,6	Fritte 90368 Degussa
		0.026 K$_2$O	0.092 B$_2$O$_3$		26,3	Sepiolith
		0.520 CaO			10,6	K-Feldspat
		0.331 MgO			10,5	Kreide
476)	SK 7/9	gelblich, matt, grobkristallin, dick glasieren				
		0.198 Li$_2$O	0.305 Al$_2$O$_3$	0.799 SiO$_2$	28,8	china clay
		0.290 CaO		0.223 TiO$_2$	28,8	Dolomit
		0.292 MgO			19,9	Spodumen
		0.220 ZnO			9,6	Zinkoxid
					9,6	Rutil
					4,0	Lithiumcarbonat

Der Vollständigkeit halber seien noch die Glasuren mit Lithiumsilikatkristallen genannt, die aus sehr niedrigviskosen Schmelzen bei niedrigen Brenntemperaturen entstehen. Es bilden sich dabei sehr große, eisblumenartige Kristalle mit starkem Relief der Oberfläche, die aber mechanisch und chemisch sehr wenig beständig sind. Der Brennbereich liegt zwischen 980 und 1050° C. Die Glasuren sind extrem dünnflüssig und können nur auf absolut horizontal liegenden Flächen gebrannt werden; sie entwickeln die typischen Alkalifarben (vgl. Abs. 2.2.4.2). Eine ausreichende Beständigkeit gegen Wasser und Feuchtigkeit kann durch möglichst hohen CaO-Gehalt erreicht werden. Es braucht nicht langsam abgekühlt zu werden. Die Glasuren sind nur für rein dekorative Zwecke brauchbar, ihre Oberflächen sind hart.

477)	SK 05a/03a	sehr dünnflüssig, glänzend bis uneben-grobkristallin, bleiarm!				
		0.693 Li$_2$O	0.031 Al$_2$O$_3$	0.761 SiO$_2$	44,8	Fritte 1233 M&M
		0.132 Na$_2$O	0.048 B$_2$O$_3$		39,5	Lithiumcarbonat
		0.081 K$_2$O			11,2	Fritte 90187 Degussa
		0.080 CaO			4,5	china clay
		0.024 PbO				

2.4.3.8 Die Färbung von Kristallglasuren

Die verschiedenen Farboxide und Farbkörper können das Kristallwachstum fördern oder behindern, wenn sie etwa die Viskosität der Schmelze stark beeinflussen. So fördern MnO$_2$, CuO, CoO als kräftige Flußmittel das schnelle Wachstum vorhandener Kristallkeime, während SnO$_2$- und ZrO$_2$-haltige Färbemittel und Al$_2$O$_3$-reiche Farbkörper eher ungünstig wirken.

Manche Kristallbildungen bauen färbende Oxide selektiv in ihre Gitterstruktur ein, so daß oft die Kristalle andere Farbe aufweisen als ihre noch glasige Umgebung. Es kann auch eine unterschiedliche Färbung durch ein und dasselbe Oxid in der gleichen Oberfläche auftreten, wenn nämlich Kristalle verschiedener Zusammensetzung in der gleichen Glasur entstehen, in denen das färbende Element mit unterschiedlicher Koordinationszahl eingebaut wird. Dies geschieht besonders leicht in den Zinksilikat- und den Zink-Barium-Silikat-Kristallen, so daß wir in diesen Glasuren oft eine zonar wechselnde Färbung der Kristallflecken beobachten können oder gelbopake Oberflächen mit dunkelblauen Sternchen oder mattbraune Oberflächen mit roten Kristallflecken. Kobaltoxid wird besonders leicht ins Zinksilikatgitter eingebaut, so daß hier schon 0,05 bis 0,1% Kobaltoxid deutliche Färbung hervorruft (vgl. Abs. 2.5.1.5; 2.5.5.1; 2.5.5.3). Zinksilikatkristalle entwickeln mit Nickelverbindungen typisches Blau, dagegen bilden kristalline Zink-Barium-Glasuren mit Mischkristallen aus Zink- und Bariumsilikaten ganz bestimmter Zusammensetzung (der Molanteil des BaO muß gleich oder höher sein als der des ZnO) violette bis rote Farben. Wo sich diese speziellen Mischkristalle nicht bilden, färbt das Nickeloxid braun. So können die braunen Seidenmattglasuren mit den roten Kristallflecken entstehen. Bei

Färbung durch Kupferoxid können grüne Glasuren mit schwarzen Kristallflecken entstehen, weil das Kupferoxid dann im festen Kristall oft nicht mehr gelöst vorliegen kann und sich als schwarzes Oxid ausscheidet. In den reinen Lithiumsilikat-Kristallglasuren ergibt wenig CuO ein sattes Blau. Richtig kupferrote, reduzierend gebrannte Kristallglasuren sind nicht möglich, weil die Kristalle als Feststoff den Sauerstoffaustausch behindern und der Bildung und Ausscheidung des metallischen Kupfers im kolloiden Korngrößenbereich (0,3 nm bis 6 nm) im Wege stehen. Färbt man mit den stabileren, erheblich schwerer löslichen Farbkörpern (Pigmentfarben), so wird oft nur das nicht kristalline Glas (= Restschmelze) stärker farbig, während die Kristalle farblos oder heller bleiben. Dies gilt vor allem für die Rutilkristalle und die Molybdat-(Vanadat-)-Kristalle.

Eisen-Aventurin-Glasuren werden um so rötlicher, je mehr B_2O_3 und Fe_2O_3 enthalten sind; Li_2O macht sie heller und gelber, PbO in größeren Mengen dagegen braun bis schwarz.

Die Chromrot-Glasuren benötigen Zusätze von 1,0 bis 4% Cr_2O_3; je höher der Zusatz, desto dunkler wird das Rot, bis es in dunkelbraun und schwarz übergeht. Zusätze von 1 bis 3% Zinnoxid bewirken ein hellorange bis hellrot, stören aber die Kristallisation, so daß eher opake glänzende bis seidenmatte Oberflächen entstehen (vgl. auch Abs. 2.5, Farbglasuren).

2.4.3.9 Aufbereitung, Auftrag und Brand von Kristallglasuren

In den meisten Kristallglasuren darf der Gehalt an Al_2O_3 nicht hoch sein, was dazu führt, daß im Versatz nur sehr wenig oder kein Kaolin oder Ton enthalten ist. Der Glasurschlicker wird dadurch instabil, manche Rohstoffe setzen sich dann schnell aus der Schlickersuspension ab (etwa die bleireichen Fritten, Rutil, Titanoxid). Die trockene Glasurschicht wird dadurch weniger haftfest. Zum Ausgleich dieses Nachteils, der in Versätzen mit viel rohem Zinkoxid oder mit mehr als 10% Sepiolith nicht auftritt, setzt man gerne dem Schlicker schon bei der Aufbereitung nichtschäumende(!) Zellulosekleber (0,1–0,8% Relatin oder Optapix) zu, die vorher mit Wasser verrührt und 2 Stunden lang gequollen sein müssen. Dadurch kann auch das Litergewicht der Schlicker stark erhöht werden, weil die Schlicker dann auf porösem Scherben beim Auftrag nicht so schnell anziehen.

Die Mahldauer ist abhängig von der Aufgabekorngröße der Rohstoffe; Glasuren für hohe Brenntemperaturen brauchen keine lange Mahlung – das Sieben der trockengemischten pulvrigen Rohstoffe bringt hier ohne Mahlen oft sogar bessere Ergebnisse. Zink- und Zink-Barium-Kristallglasuren dürfen als Rohglasur, wenn sie also nicht mit Fritten zusammengesetzt werden, keinesfalls zu lange gemahlen werden, weil sie sonst beim Trocknen sehr leicht wieder abblättern, vor allem, wenn sehr dick oder zweimal glasiert wurde. 10 bis 15 Minuten Laufzeit der Trommelmühle reichen meist völlig zur homogenen Mischung aus, wenn alle Rohstoffe feinpulvrig eingewogen wurden.

Die sehr alkalireichen Aventurin-Glasuren müssen nach dem Aufmahlen des Schlickers nach Möglichkeit sofort völlig verbraucht werden – so wie das auch für die Magnesit-Mattglasuren gilt – weil sie durch längeres Stehenlassen steinhart absetzen und nur äußerst schwer wieder aufzurühren sind. Auch die titan- bzw. rutilhaltigen Kristallglasuren setzen sehr schnell ab. Hier helfen Zusätze handelsüblicher Glasurstellmittel gut, sowie Zusätze langkettiger Alkali-Phosphate. Solche Glasuren werden auch besser nicht in Kunststoffbehältern aufbewahrt.

Aus Glasurschlickern, die Lithiumkarbonat enthalten, kann sich dieses bei Temperaturen unter 8 °C leicht in cm-großen, kandiszuckerähnlichen Kristallen ausscheiden, die sich erst beim Erhitzen des Schlickers auf etwa 60 bis 70 °C wieder lösen.

Die richtige Auftragsstärke von Kristallglasuren zu treffen, ist ein empirisches Problem. Es empfiehlt sich, bei Versuchen und Erprobungen nach Möglichkeit jeweils Auftragsgewicht/pro dm² Fläche, Litergewicht des Schlickers und die Auftragsstärke zu messen, um Anhaltspunkte zu bekommen. Zu dicke Glasurlage verursacht vielfach rauhe und unschöne Oberflächen. Manche Glasuren muß man deshalb ablaufen lassen im Brand.

Zum Schutze der Brennhilfsmittel und Einsetzplatten kann man am Fuße der Gegenstände eine extrem hochviskose »Auffangglasur« auftragen, die evtl. herablaufende Glasur aufnimmt und im Fließen bremst.

Als Brennhilfsmittel für die leichtflüssigen, niedrigviskosen Kristallglasuren haben sich etwa 0,5 bis 2 cm dicke Plättchen und Scheiben bewährt, die man sich aus den hochporösen Feuerleichtsteinen schneidet (oder sich als Abfall von den Ofenbaufirmen besorgt). Sie sollten jeweils allseitig etwa 3 cm größer sein als die Standfläche des Brenngutes. Dieses bekommt keine Risse beim Abkühlen, weil es nicht direkt auf der Schamotte- oder SiC-Platte mit deren völlig anderer Wärmedehnung festklebt, wenn die Glasur abgelaufen ist, das Plättchen saugt das Zuviel der Glasur in seinen Hohlräumen auf, die porösen Reste der Plättchen lassen sich im Falle des Anklebens leicht abbrechen und abschleifen. Eine andere vielbenutzte Möglichkeit sind gedrehte Füße, die in ihrem Durchmesser genau unter die Stücke passen müssen. Der hochgezogene untere Rand fängt ablaufende Glasur auf. Als Masse für solche leicht selbst herstellbaren Bomsen sollte man eine bei Glattbrandtemperatur noch porös bleibende, nicht sinternde Mischung aus Kaolin, Quarzmehl und fettem Steinzeugton wählen (siehe Abb. 20, S. 260).

Brennbedingungen und Brennkurven

Das Brennen bei etwas zu hoher Temperatur, wie sie für das Ausschmelzen und Glattfließen der Glasuren eigentlich gar nicht nötig wäre, ist ein typisches Merkmal für den Kristallglasurbrand. Dadurch wird in der Regel die Keimbildung verlangsamt, die Wachstumsgeschwindigkeit der vorhandenen Keime beschleunigt, solange die Schmelze die entstehenden Kristalle nicht wieder auflöst.

Damit die Glasuren von der Zusammensetzung her nicht zu niedrigviskos gemacht werden müssen und dadurch viel zu leicht von senkrechten Flächen ablaufen würden, stellt man die Glasurschmelze lieber etwas zähflüssiger ein und hält dafür die hohe Ofentemperatur möglichst lange. Das gilt für die Zinksilikat-, Zink-Titan-, Rutil- und Zink-Bariumsilikat-Kristallglasuren. Die optimale Brennkurve muß jeweils empirisch ermittelt werden, was manchmal acht bis zehn Versuchsbrände nötig macht.

Eine sinnvolle Brennkurve könnte etwa folgendermaßen aussehen: Einer normalen Aufheizgeschwindigkeit von 130 bis 180 K/h folgt eine Haltezeit von 20 bis 45 Minuten etwas unterhalb der vorgesehenen Garbrandtemperatur, um Blasenbildungen und Unebenheiten glattfließen zu lassen; dann wird bis zum Fallen des gewünschten Kegels schnell hochgeheizt und wieder um 20 bis 40 K abgekühlt. Von da an steuert man nun die Abkühlung so, daß die Temperatur sehr langsam über mehrere Stunden (es werden 3 bis 48! empfohlen) bis auf 1000 oder 900 °C sinkt. Sehr große Öfen mit schwerer Ausmauerung und großem Gesamtbesatzgewicht kühlen von selbst so ab, sind deshalb für Kristallglasuren ideal.

Es wird auch empfohlen, bis auf 1100 °C langsam zu kühlen, diese Temperatur 3 Stunden lang zu halten und danach normal abkühlen zu lassen. Gute Ergebnisse kamen auch zustande bei einer stufenweisen Abkühlung um 20 bis 30 K mit dazwischenliegendem Halten der Temperatur über je eine Stunde, bis der Ofen die Temperatur von 1000 °C hatte.

Gewünschte große Kristalle erfordern in jedem Falle eine dem Typ der Glasur angepaßte sehr langsame Abkühlung. Außerdem muß durch Probieren ermittelt werden, in welchem Temperaturbereich eine längere Haltezeit die beste Wirkung ergibt.

Legt man die Haltezeit oder die verlangsamte Abkühlperiode mehr in den Bereich tieferer Temperaturen, oder heizt man sogar wieder auf, weil der Ofen versehentlich zu schnell abkühlte, erreicht man meistens eher Mattglasuren, oft mit zu rauher kristalliner Oberfläche. Das Gleiche passiert, wenn zuviel kristallbildende Bestandteile in der Glasur sind oder auch, wenn man sehr langsam hochheizt oberhalb 900 °C.

Aventuringlasuren brauchen keine langen Abkühlzeiten, weil sie die Hämatitflitter nicht zu großen Individuen ausbilden, sondern bei besonders langsamer Kühlung eher matte, nur metallisch glitzernde, opake Oberflächen entstehen lassen und damit der eigentliche Aventurineffekt undeutlich wird. Aventuringlasuren entwickeln sich auch bei niedrigen Garbrandtemperaturen schon optimal, was für Zinksilikat- und Rutilkristalle nicht gilt. Diese werden besser bei Temperaturen oberhalb 1100 °C.

Chromrot-Kristallglasuren sind mit Sicherheit nur unterhalb 980 °C zu erreichen.

Molybdat-Kristallglasuren können bei jeder Temperatur gebrannt werden. Ihre Entstehung ist nicht an eine bestimmte Temperatur gebunden. Man soll sie auch als Anflugglasur erreichen können, weil das Molybdänoxid ab etwa 700 °C zum Sublimieren neigt, und sich also leicht auf benachbarten Glasuroberflächen niederschlagen und Kristallisationen hervorrufen kann.

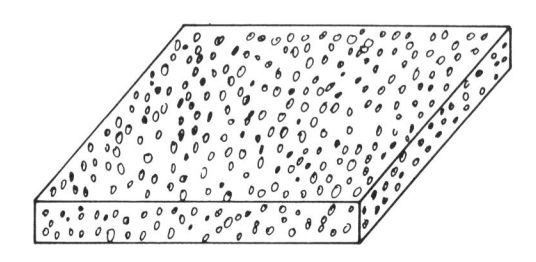

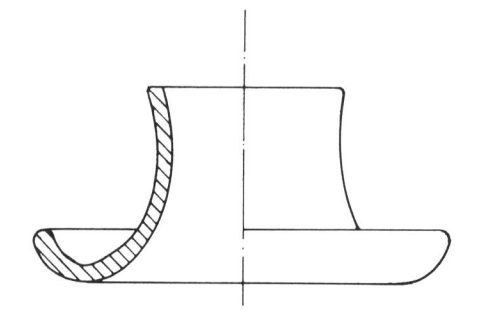

Abb. 20
Brennhilfsmittel

2.5 Farbglasuren (meistens Mattglasuren)

2.5.0 Allgemeines

Über die Färbewirkung von Oxiden und Farbkörpern wurde bereits in Abs. 1.5.5 und 1.6 berichtet. Glänzend-farbige Majolikaglasuren, transparente glänzende farbige Glasuren sind mit entsprechenden Rezepten schon in den Abs. 2.1.4; 2. 2. 4 und 2. 3. 2 zu finden. Hier sollen übersichtlich Beispiele für typische Färbemöglichkeiten gegeben werden mit nur kurzen Hinweisen auf Besonderheiten, die u. U. schon in den vorhergehenden Abschnitten ausführlicher dargestellt wurden – um dem flüchtig Suchenden ein Nachschlagen zu ersparen und an Wesentliches zu erinnern.

Bei den Rezepturen handelt es sich vielfach um Mattglasuren. In den meisten Fällen können die angegebenen Versätze auch durch andere Farboxide oder Farbkörper anders gefärbt werden, wie das bei den vorher genannten Glasurbeispielen selbstverständlich auch der Fall ist. In der Regel sind folgende Mengenbereiche färbender Zusätze zur farblosen Grundglasur üblich:

Kobaltoxid CoO	0,1 bis 3%
Kupferoxid CuO	0,5 bis 5%
Manganoxid MnO_2	2,0 bis 8%
Eisenoxid Fe_2O_3	1,0 bis 10%
Nickeloxid NiO	0,5 bis 5%
Chromoxid Cr_2O_3	0,1 bis 4%
Titanoxid TiO_2	2,0 bis 10%
Antimonoxid Sb_2O_3	1,0 bis 5%
Zinnoxid SnO_2	0,5 bis 5%
Gelbfarbkörper	4 bis 10%
Blaufarbkörper	1 bis 6%
Grünfarbkörper	1 bis 8%
Pinkfarbkörper	4 bis 12%
Schwarzfarbkörper	5 bis 10%
Braunfarbkörper	3 bis 8%

Eine Vielzahl von Hinweisen, Formeln, Versätzen und Angaben zur Färbung finden sich auch in den Glasurbüchern von W. Lehnhäuser[90], J. Conrad[23,24], E. Cooper[26,27], J. Chappell[22], R. Hopper[63], F. Viehweger[158] und anderen.

2.5.1 Rote Glasuren

sind am einfachsten bei niedrigen Temperaturen zu erreichen. Lediglich Eisenrot und Kupfer-Reduktionsrot entstehen auch oder sogar besser in Glasuren für hohe Brenntemperaturen. Zinnoxid, Phosphoroxid, Strontiumoxid scheinen generell die Ausbildung von roten Farben in den Glasuren zu fördern. In der Regel muß die Zusammesetzung der Glasur in engen Grenzen auf die färbende Substanz eingestellt sein. Nur die Rotfärbung durch Kupfer und durch Einschluß-Farbkörper ist nicht so empfindlich.

2.5.1.1 Chromrote Glasuren

sind immer bleireiche Glasuren. Sie dürfen nicht höher als SK 05a gebrannt werden; am besten entstehen sie bei Brenntemperaturen von ca. 900° C. Sie enthalten sehr wenig Al_2O_3 und SiO_2. Sehr wenig Alkalioxid stört nicht, dagegen aber die meisten anderen Glasurbestandteile. Die Glasuren sind sehr giftig, chemisch und mechanisch sehr unbeständig. Die Farbskala reicht von leuchtend hellorange bis dunkeltomatenrot. Je höher der Cr_2O_3-Gehalt steigt, desto dunkler wird der Rotton, Hellorange entsteht mit wenig Cr_2O_3 und 1 bis 3% Zinnoxid. Chromrote Glasuren zeigen extrem niedrige Oberflächenspannung (Grenzformel, siehe Abs. 1.3.4, vgl. auch die Glasuren No. 223, 464, 465, 466 sowie Abs. 2.4.3.6).

---

478) SK 010a hellrot, opak, glänzend, bleireich! *J. Hardt*

1.00 PbO   0.051 Al_2O_3 0.598 SiO_2 52,2 Fritte 3527 Ferro
             + 1% Cr_2O_3 42,9 Mennige
                                                   4,9 china clay
                                                 + 1,0 Chromoxid

479)	SK 011a/09a	hellrot, teils glänzend, teils matt, bleireich!				*J. Oster*
		1.00 PbO	0.06 Al$_2$O$_3$	0.92 SiO$_2$		78,3 Mennige
						16,4 Quarzmehl
			+ 4% Cr$_2$O$_3$			5,3 china clay
			3% SnO$_2$		+	4,0 Chromoxid
						3,0 Zinnoxid
480)	SK 09a/08a	mittelrot, opak, nicht hochglänzend, bleireich!				
		0.90 PbO	0.09 Al$_2$O$_3$	0.90 SiO$_2$		50,8 Fritte 3527 Ferro
		0.05 Li$_2$O				28,1 Mennige
		0.05 K$_2$O	+ 2% Cr$_2$O$_3$			11,4 Fritte 1509 M&M
			1% SnO$_2$			8,4 china clay
						1,3 Lithiumcarbonat
					+	2,0 Chromoxid
						1,0 Zinnoxid
481)	SK 010a	stumpfmatt, dunkelrot, bleireich!				
		1.00 PbO	0.17 Al$_2$O$_3$	0.61 SiO$_2$		79,2 Mennige
						15,2 china clay
						5,6 Quarz
			+ 4–5,5% Cr$_2$O$_3$		+	5,2 Chromoxid
482)	SK 010a/09a	hellrot, opak, mit hellen Punkten, bleireich!				*B. Schmidt*
		0.84 PbO	0.045 Al$_2$O$_3$	0.93 SiO$_2$		90,0 Fritte 90001 Degussa
		0.16 Li$_2$O				5,4 china clay
			+ 9% SnO$_2$			4,6 Lithiumcarbonat
			2–3% Cr$_2$O$_3$		+	9,0 Zinnoxid
						2,3 Chromoxid

2.5.1.2 Cadmium-selenrote Glasuren

Um das rote Cadmiumsulfidselenid als nichtoxidisches Pigment auch im Temperaturbereich zwischen 900 bis 1100 °C brennstabil zu erhalten, müssen für diese tomatenroten Glasuren alkalische, bleifreie und borarme Glasuren benutzt werden. Das bedeutet in der Regel einen sehr hohen Wärmeausdehnungskoeffizienten der Glasur, folglich auf den meisten Scherben starke Haarrißbildung. Da Selen, Cadmium und deren Verbindungen bei höheren Temperaturen schnell verdampfen bzw. zerfallen, muß das Einschmelzen zu farbigen Gläsern unter speziellen Bedingungen und mit besonderen Zusätzen im Versatz geschehen. Man verwendet deshalb nur fertige, sog. Selenrot-Glasuren der Fritten- und Glasurenhersteller, die es für verschiedene Brennbereiche zwischen 900 und 1160 °C, mit verschiedenen Wärmedehnungskoeffizienten, glänzend oder matt erstarrend, gibt. Die glänzenden Selenrot-Glasuren müssen in der Regel sehr »luftig« gebrannt werden, d. h. mit geringer Besatzdichte und guter Belüftung des Ofens. Die Selenrot-Glasuren können meist unbegrenzt mit den ihren Eigenschaften angepaßten Cadmiumgelb-Glasuren gemischt werden, um hellrote bis orangerote oder orangegelbe Farben zu bekommen.

Bsp.: Glasur No. 5488/p selenrot, glänzend +
Glasur No. 5489/p cadmiumgelb, glänzend der Fa. Reimbold und Strick, Köln mit einem WAK von $65-70 \cdot 10^{-7}$ für einen Brennbereich von 900 bis 1140 °C.

Die Glasuren lassen sich durch Zusatz von calcinierter Tonerde (Al$_2$O$_3$) mattieren. Es sind heute die einzigen, ausreichend chemisch und mechanisch stabilen intensivroten Glasuren für oxidierenden Brand. Für höhere Brenntemperaturen gibt es die Selenrot-Einschlußfarbkörper (siehe Abs. 1.6).

2.5.1.3 Eisenrote Glasuren

zeigen kein leuchtendes Tomatenrot, wie es die durch Bleichromate oder Cadmiumselensulfide gefärbten Glasuren aufweisen, sondern haben stets ein gebrochenes Rot, das zu Rotbraun, Braunorange, Rostrot oder Weinrot tendiert.

Sie entstehen entweder bei niedrigen Temperaturen in einer Alkali-Bor-Grundglasur durch Zusätze von 5–10% Fe_2O_3 im gut oxidierenden Brand oder bei sehr hohen Temperaturen oberhalb SK 7 als Steinzeug- und Porzellanglasuren. Diese sollen CaO- und MgO-haltige Glasuren sein. In jedem Fall soll mehr oder weniger P_2O_5 aus Holzaschen, Knochenasche oder anderen Phosphaten zugegen sein. K_2O, wenig Li_2O, wenig TiO_2 und SnO_2 fördern den roten Farbton, der am besten entsteht, wenn sich vorher in der Schmelze gelöstes Eisenoxid an der Oberfläche der Glasurschicht als reines Fe_2O_3 ausscheidet. Gut geeignet ist ein reduzierender Brand mit Nachoxidieren bei Garbrandtemperatur. Günstig sind möglichst hohe Brenntemperaturen. Die Glasuren müssen in der Regel in dicker Lage aufgetragen werden (vgl. auch Abs. 2.3.2.4 und 2.7.2).

483) SK 05a/1a rotbraun, glänzend, glatt, opak

0.798 Na_2O	0.568 Al_2O_3	4.475 SiO_2
0.038 K_2O	1.501 B_2O_3	0.066 P_2O_5
0.148 MgO	0.169 Fe_2O_3	
0.016 CaO		

53,0 Fritte 3759 Ferro
41,0 Niederahrer Ton
 4,0 Magnesiumhydrogenphosphat
 2,0 Zinnoxid

484) SK 03a/2a rostrotbraun, glänzend, opak   *M. Jürgen/B. Schmidt*

1.00 Na_2O	0.76 Al_2O_3	10.32 SiO_2
	2.93 B_2O_3	
	0.28 Fe_2O_3	

87,00 Fritte 3784 Ferro
 8,7 china clay
 4,3 Eisen-3-oxid

485) SK 6a/7 hellbräunlichrot, glatt, glänzend, opak

0.436 Li_2O	0.883 Al_2O_3	3.038 SiO_2
0.02 Na_2O	0.111 Fe_2O_3	0.036 TiO_2
0.043 K_2O		
0.255 CaO		
0.244 MgO		

90,9 Schieferton (Opalinuston)
 9,1 Lithiumcarbonat

486) SK 4a/7 rostrot, glänzend, opak, bleihaltig!   nach *J. Conrad*[23]

0.263 Na_2O	0.364 Al_2O_3	3.545 SiO_2
0.569 CaO	0.230 Fe_2O_3	0.522 SnO_2
0.167 PbO		

28,7 Na-Feldspat
20,0 Quarz
16,4 Zinnoxid
11,9 Kreide
 9,9 Mennige
 7,7 Eisen(III)-oxid
 5,4 china clay

487) SK 5a/8 orangebraun, halbmatt   nach *E. Cooper*

0.208 Na_2O	0.534 Al_2O_3	1.920 SiO_2
0.074 K_2O		0.160 TiO_2
0.613 CaO		0.071 P_2O_5
0.105 MgO		

52,0 Nephelin-Syenit
20,0 china clay
15,0 Kreide
 8,0 Knochenasche
 5,0 Talkum
+ 5,0 Rutil
 4,0 Eisen(III)-oxid

488)	SK 6a/7	rostorangebraun, halbmatt, reduzierend gebrannt				
		0.332 Na_2O	0.760 Al_2O_3	4.313 SiO_2	78,0	Andesit
		0.106 K_2O	0.152 Fe_2O_3	0.249 TiO_2	8,0	china clay
		0.332 CaO		0.130 P_2O_5	4,0	Fritte 1233 M&M
		0.230 MgO			4,0	Titanoxid
					6,0	Na-Polyphosphat

489)	SK 7/9	hellrostrot, glänzend, opak, oxidierend				*F. Roßmann*
		0.217 K_2O	0.344 Al_2O_3	3.173 SiO_2	55,0	K-Feldspat B412
		0.080 Na_2O	0.198 Fe_2O_3	0.006 TiO_2	15,0	Quarzmehl W10
		0.455 CaO		0.136 P_2O_5	15,0	Tricalciumphosphat
		0.248 MgO			10,0	Talkum
					5,0	Ton 904 Schmidt
					+ 10,0	Eisen(III)-oxid

490)	SK 8/10	glänzend, opak, hellrot, fleckig				*A. Günther* nach *Brown/Pirie*
		0.288 K_2O	0.371 Al_2O_3	3.009 SiO_2	52,0	K-Feldspat
		0.267 MgO	0.230 Fe_2O_3	0.147 P_2O_5	15,0	Quarz
		0.445 CaO			15,0	Tricalciumphosphat
					11,0	Talkum
					7,0	china clay
					12,0	Eisen(III)-oxid
		+ 1% Lepidolith			+ 1,0	Lepidolith

491)	SK 9/11	matt, tief kirschrot			nach	*H. Griemert*
		0.397 K_2O	0.989 Al_2O_3	3.976 SiO_2	34,6	K-Feldspat
		0.603 CaO	1.130 Fe_2O_3		28,3	Eisen(III)-oxid
					23,9	Kaolin
					9,4	Marmor
					3,8	Quarz

2.5.1.4 Kupferrote Glasuren

sind bei allen Brenntemperaturen möglich und entstehen am besten in gut flüssigen – daher leicht reduzierbaren – Glasuren jeglicher Zusammensetzung, wenn sie nicht rekristallisieren (= matt werden) und stark reduzierend gebrannt werden. Sie können intensiv blutrot sein und brauchen 0,5 bis maximal 2% Kupferoxid für die Rotfärbung. Im übrigen siehe Abs. 2.1.3.6 sowie Abs. 2.6, Glasuren für reduzierenden Brand, vgl. Glasuren Nr. 755, 756, 757, 758, 759, 760, 761, 762, 763, 764, 765.

492)	SK 03a/1a	glänzend, dunkelrot, bleihaltig				*W. Roil*
		0.172 Na_2O	0.168 Al_2O_3	2.201 SiO_2	20,3	Calciumborat-6-hydrat
		0.106 K_2O	0.659 B_2O_3	0.048 SnO_2	28,3	Fritte 90187 Degussa
		0.319 CaO			17,7	Fritte 90001 Degussa
		0.403 PbO	+ 0.5–1.5% CuO		15,9	K-Feldspat
					11,5	Quarzmehl
					4,4	china clay
					1,9	Zinnoxid
					+ 0,9	Kupferoxid

| 493) | SK 03a/4a | dunkelrot, glänzend, niedrigviskos, teils mit violett-blauroten Flecken, stark bleihaltig! | | | nach | E. Stauber |

		0.15 Na$_2$O	0.20 Al$_2$O$_3$	2.10 SiO$_2$		26,7 Fritte Nabo 115 Tego
		0.15 K$_2$O	0.50 B$_2$O$_3$			20,8 Fritte 110 Tego
		0.20 CaO				18,7 Fritte Kabo 115 Tego
		0,50 PbO	+ 0.5% CuO			11,4 Kaolin
			1.0% SnO$_2$			8,9 Quarz
			0.5% TiO$_2$			7,6 K-Feldspat
						5,9 Kalkspat
					+	0,5 Kupferoxid
						0,5 Titanoxid
						1,0 Zinnoxid

| 494) | SK 5a/6a | rot, glänzend, glatt | | | | A. Zenzen |

		0.11 Na$_2$O	0.43 Al$_2$O$_3$	2.72 SiO$_2$		50,0 Fritte 3505 Ferro
		0.07 K$_2$O	0.25 B$_2$O$_3$			15,0 Nephelin-Syenit
		0.53 CaO				15,0 Ton W 100
		0.21 MgO	+ 0.5% CuO			10,0 Quarzmehl W 10
		0,08 PbO	1.5% SnO$_2$		+	5,0 Magnesit
						5,0 Kreide
						1,5 Zinnoxid
						0,5 Kupferoxid

| 495) | SK 8/9 | ochsenblutrot, glänzend, glatt | | | | |

		0.016 Li$_2$O	0.700 Al$_2$O$_3$	5.020 SiO$_2$		71,1 K-Feldspat
		0.605 K$_2$O		0.016 SnO$_2$		15,2 Quarzmehl
		0.379 CaO	+ 1–3% CuO			8,2 Kalkspat
						5,2 china clay
						0,3 Lithiumcarbonat
					+	0,5 Zinnoxid
						2,0 Kupferoxid

2.5.1.5 Nickelrote Glasuren

Nickelverbindungen bilden rote Farben (von weinrot, rosa bis dunkelrotviolett) in BaO- und SrO-reichen Glasuren, wenn das Nickeloxid in bestimmte kristalline Strontium-, Barium- oder Zink-Barium-Silikate mit entsprechender Koordinationszahl eingebaut wird. Die rote Färbung durch Nickeloxid kann demnach nur in Matt- bzw. Kristallglasuren entstehen. K$_2$O in größeren Anteilen soll dieser Färbung förderlich sein. Nach unseren Erfahrungen werden nickelrote Glasuren erst von 1060 °C an aufwärts gut. Die besten Ergebnisse sind von Brenntemperaturen um SK 6a/8 bekannt. In der Regel benutzt man zur Färbung zwischen 1 bis 4% Nickeloxid oder Nickelcarbonat. Zu hoch gebrannte Nickelrot-Glasuren werden braun bzw. grün. Das gleiche beobachtet man bei zu hohem NiO-Zusatz.

496)	SK 2a/5a	hellviolettrot bis dunkelbraunrot mit steigendem NiO-Anteil, seidenmatt, bleihaltig!			*A. Bogatay*
		0.05 K$_2$O	0.12 Al$_2$O$_3$	1.20 SiO$_2$	33,6 Bariumcarbonat
		0.40 ZnO			18,1 Fritte 90001 Degussa
		0.40 BaO	+ 0.5–12% NiCO$_3$		15,6 Quarzmehl
		0.15 PbO			13,8 Zinkoxid
					11,2 K-Feldspat
					7,2 china clay
					1,5 Nickelcarbonat
497)	SK 3a/5a	intensivrot, seidenmatt, niedrigviskos			*M. Nicolai*
		0.045 Na$_2$O	0.162 Al$_2$O$_3$	1.321 SiO$_2$	83,4 Fritte 90420 Degussa
		0.046 K$_2$O			8,3 china clay
		0.501 BaO	+ 2–4% NiO		8,3 Bariumcarbonat
		0.408 ZnO			+ 3,5 Nickeloxid
498)	SK 4a/5a	hellnickelrot, matt, bleihaltig!			*M. Nicolai*
		0.083 K$_2$O	0.15 Al$_2$O$_3$	1.02 SiO$_2$	80,0 Fritte 4067 M&M
		0.116 SrO			8,0 china clay
		0.413 BaO	+ 2–3% NiO		8,0 Fritte 90001 Degussa
		0.248 ZnO			4,0 Strontiumcarbonat
		0.140 PbO			+ 2,4 Nickeloxid
499)	SK 5a/6a	weinrot oder braun mit roten Flecken, glatt, matt, bleihaltig!			
		0.099 K$_2$O	0.165 Al$_2$O$_3$	1.360 SiO$_2$	34,5 Bariumcarbonat
		0.087 MgO			21,8 K-Feldspat
		0.442 BaO	+ 2–4% NiCO$_3$		13,9 Fritte 3527 Ferro
		0.248 ZnO			12,1 Quarzmehl W 10
		0.124 PbO			8,0 Zinkoxid
					6,8 china clay
					2,9 Magnesit
					+ 3,0 Nickelcarbonat
500)	SK 6a/7	rosarot, opak, seidenmatt, bleihaltig!			*C. Reiter/M. Nicolai*
		0.08 K$_2$O	0.08 Al$_2$O$_3$	0.99 SiO$_2$	86,9 Fritte 4067 M&M
		0.13 MgO			8,7 Talkum
		0.06 SrO	+ 2–3% NiO		4,4 Strontiumcarbonat
		0.41 BaO			+ 2,6 Nickeloxid
		0.24 ZnO			
		0.08 PbO			

2.5.1.6 Rote bis rosa Glasuren durch Farbkörper (FK)

Die Färbewirkung der Rot- bzw. Pink-Farbkörper ist stark durch die Glasurzusammensetzung beeinflußbar und in einigen

Fällen auch durch die Ofenatmosphäre. Es sind verschiedene Farbkörper, beständig bis 1250 oder gar 1300 °C, im Handel (vgl. Abs. 1.6.1 bis 1.6.5).

2.5.1.6.1 Färbung durch Farbkörper der Basis Ca–Sn–Cr

Diese Farbkörper brauchen CaO-reiche und ZnO-arme oder -freie Glasuren, die gleichzeitig etwas SnO_2 oder/und TiO_2 enthalten sollen. Sie dürfen keiner Reduktion ausgesetzt werden. Zur guten Entwicklung der Farbe soll der MgO-Gehalt und der B_2O_3-Gehalt der Glasuren niedrig sein; im Versatz soll das CaO durch größere Anteile an Kreide, Kalkspat, Mergelton oder Wollastonit eingeführt werden. Der PbO-Anteil darf hoch sein. Die Farbkörper sind bis 1250 °C sicher beständig. Für ausreichende Färbung werden 5–12% zugesetzt. Die hellrosa bis weinroten Farben entstehen auch in Zinn- oder TiO_2-getrübten Kalkglasuren mit Spuren von Chromoxid oder Chromoxidanflügen im Brand.

---

501) SK 03a/1a hellrosa bis purpurrot, glänzend, halbopak, bleireich!

0.964 PbO	0.197 Al_2O_3	1.731 SiO_2	80,3 Fritte 3441 Ferro
0.036 ZnO		0.100 SnO_2	10,4 Quarzmehl
			4,3 Kaolin
	+ 10% Kalkmergel		4,2 Zinnoxid
	Spuren Cr_2O_3		0,8 Zinkoxid
			+ 10,0 Kalkmergel
			Spuren Chromoxid oder Anflug

---

502) SK 2a/3a dunkelrosa, matt, opak, bleiarm! *B. Schmidt*

0.328 Li_2O	0.195 Al_2O_3	4.134 SiO_2	69,4 Fritte 3568 Ferro
0.165 Na_2O	0.362 B_2O_3	0.493 TiO_2	6,9 Lithiumcarbonat
0.002 K_2O		0.261 SnO_2	6,9 Kreide
0.453 CaO			6,9 Titanoxid
0.052 PbO	+ 2–4% FK Ca-Sn-Cr		6,9 Zinnoxid
			3,0 china clay
			+ 2,8 FK 12004 Ferro

---

503) SK 2a/5a violettrosa, glänzend, halbopak *C. Holdorf*

0.148 Na_2O	0.389 Al_2O_3	2.764 SiO_2	54,5 Fritte 90368 Degussa
0.779 CaO	0.148 B_2O_3		18,2 Quarzmehl
0.073 MgO			18,2 china clay
	+ 2–4% SnO_2		9,1 Kreide
	4–6% FK Ca-Sn-Cr		+ 2,7 Zinnoxid
			4,7 FK 12021 Ferro

---

504) SK 6a/7 purpurkirschrot, glänzend bis halbmatt, opak *H. Ganter*

0.119 K_2O	0.185 Al_2O_3	2.85 SiO_2	30,7 K-Feldspat
0.609 CaO			23,1 Dolomit
0.272 MgO	+ 3% SnO_2		23,0 Quarzmehl
	11% FK Ca-Sn-Cr		15,5 Kalkspat
			7,7 china clay
			+ 3,0 Zinnoxid
			11,0 FK K2278 R&S

505)	SK 7/9	pinkrosarot, matt, glatt			R. Stolzenfeld/M. Hofmann
		0.197 Na_2O	0.540 Al_2O_3	2.540 SiO_2	71,4 Anorthitmehl Mandt
		0.015 K_2O			21,5 Wollastonit
		0.747 CaO	+ 2% SnO_2		7,1 china clay
		0.041 MgO	0.05% Cr_2O_3		+ 2,0 Zinnoxid
					0,05 Chromoxid

2.5.1.6.2 Färbung durch Farbkörper auf Al-Mn-Basis

ist bis 1300 oder 1400 °C beständig und verträgt auch reduzierende Ofenatmosphäre. Diese Farbkörper ergeben reine, hell- bis dunkelrosa Farben in Glasuren, die hochviskos und Al_2O_3-reich sind, aber nur wenig PbO, ZnO oder B_2O_3 enthalten dürfen. Glänzende Glasuren können durch größere Zusatzmengen dieser Farbkörper matt und schwerer schmelzbar werden. Es werden 4–10% FK zu ausreichender Färbung gebraucht.

506)	SK 3a/4a	glänzend, halbopak, hellrosa			
		0.15 Na_2O	0.48 Al_2O_3	3.04 SiO_2	37,9 Na-Feldspat
		0.25 K_2O	0.22 B_2O_3		24,1 K-Feldspat
		0.22 CaO			14,9 Calciumborat-6-hydrat
		0.34 ZnO	+ 5–8% FK Mn-Al		8,3 Quarz
		0.04 Li_2O			8,0 Zinkoxid
					6,0 china clay
					0,8 Lithiumcarbonat
					+ 5,0 FK 27050 Degussa

507)	SK 6a/7	matt, glatt, himbeerrosa			H. Wydra
		0.30 Na_2O	0.50 Al_2O_3	3.00 SiO_2	46,1 Na-Feldspat
		0.20 K_2O			32,6 K-Feldspat
		0.15 CaO	+ 5–7% FK Al-Mn		14,5 Bariumcarbonat
		0.25 BaO			4,4 Kreide
		0.10 ZnO			2,4 Zinkoxid
					+ 6,0 FK 12020 Ferro

508)	SK 6a/8	altrosa, matt, hochviskos			E. Martens
		0.134 K_2O	0.448 Al_2O_3	2.484 SiO_2	27,0 china clay
		0.747 CaO			25,0 K-Feldspat
		0.119 MgO	+ 2–4% TiO_2		25,0 Kalkspat
			2–4% FK Al-Mn		18,0 Quarzmehl
					5,0 Talkum
					+ 3,0 Titanoxid
					4,0 FK 12020 Ferro

2.5.1.6.3 Färbung durch Farbkörper auf Al-Zn-Cr-Basis

ist bis 1300 °C beständig und eignet sich für zähflüssige, auch zirkongetrübte, Al$_2$O$_3$-reiche und ZnO-reiche Glasuren, die nur wenig CaO, PbO und B$_2$O$_3$ enthalten. Hohe Zusätze dieser Farbkörper wirken mattierend und machen schwer schmelzbar. Es werden 3–10% FK-Zusatz zur farblosen Glasur benötigt.

509) SK 03a/1a himbeerrosa, matt bis seidenmatt, bleihaltig! *A. Pickal*

0.07 Na$_2$O	0.21 Al$_2$O$_3$	1.08 SiO$_2$
0.01 K$_2$O	0.13 B$_2$O$_3$	
0.59 ZnO		
0.11 CaO	+ 3–5% FK Al-Zn-Cr	
0.06 MgO		
0.16 PbO		

75,7 Fritte 3520 Ferro
19,2 china clay
5,1 Zinkoxid
+ 3,0 FK 12009 Ferro

510) SK 5a/7 altrosa, glatt, matt *M. Richter*

0.10 Na$_2$O	0.20 Al$_2$O$_3$	2.00 SiO$_2$
0.10 K$_2$O		
0.20 CaO	+ 6–9% FK Al-Zn-Cr	
0.60 ZnO		

24,8 K-Feldspat
23,3 Na-Feldspat
21,4 Quarz
21,6 Zinnoxid
+ 8,9 Kreide
8,0 FK 27273 Degussa

511) SK 6a/8 zartrosa, glänzend bis halbmatt, opak

0.032 Li$_2$O	0.438 Al$_2$O$_3$	2.043 SiO$_2$
0.163 K$_2$O		
0.112 CaO	+ 6–8% FK Al-Zn-Cr	
0.112 MgO		
0.206 BaO		
0.375 ZnO		

31,9 K-Feldspat
24,8 china clay
14,2 Bariumcarbonat
10,6 Quarz
10,6 Zinkoxid
7,1 Dolomit
+ 0,8 Lithiumcarbonat
8,0 FK K2114 R & S

2.5.1.6.4 Färbung durch Zr-Si-Cd-S-Se-Einschlußfarbkörper

kann mit diesen intensiv rot färbenden Farbkörpern auch bei hohen Brenntemperaturen (oberhalb 1160° C) verwendet werden, weil das rote Cadmiumsulfidselenid im Inneren von Zirkonsilikatkristallen eingeschlossen und so vor dem Angriff der Glasurschmelzen geschützt wird (z. B. Degussa Nr. 27405, 279337, 27337, 27338, 279338). 8–15% Zusatz werden benötigt; fast alle Glasurzusammensetzungen sind möglich. Ideal sind Glasuren mit ZrO$_2$-Gehalt, hohem Anteil an Al$_2$O$_3$ und SiO$_2$ sowie auch CaO. Der Gehalt an Alkalioxiden und B$_2$O$_3$ sollte niedriger sein.

512)	SK 01a/2a	glänzend, wolkig, hell tomatenrot, bleireich!				E. Ische
		0.234 CaO	0.312 Al_2O_3	1.543 SiO_2	45,6	Fritte 90001 Degussa
		0.130 MgO	0.299 B_2O_3		27,4	china clay
		0.139 ZnO			10,0	Zinkborat
		0.497 PbO	+ 2–3% SnO_2		6,9	Kreide
			10–12%		5,3	Talkum
			FK Zr-Si-Ca-S-Se		3,6	Quarzmehl W 10
					+ 1,2	Calciumborat-2-hydrat
					2,7	Zinnoxid
					10,0	FK 27337 Degussa

513)	SK 2a/5a	glänzend, rißfrei, tomatenrot, bleihaltig!				
		0.190 $\begin{matrix}Na_2O\\K_2O\end{matrix}$	0.353 Al_2O_3	2.634 SiO_2	82,0	Fritte 90150 Degussa
			0.302 B_2O_3		9,9	china clay RM
		0.115 CaO			3,1	Zinkoxid
		0.197 MgO			2,5	Bariumcarbonat
		0.068 BaO	+ 8–10%		2,5	Talkum
		0.129 ZnO	FK Zr-Si-Cd-S-Se		+ 8,5	FK 27338 Degussa
		0.301 PbO				

514)	SK 8/9	glänzend, glatt, rißfrei, intensiv rot				
		0.284 Na_2O	0.474 Al_2O_3	3.821 SiO_2	46,5	Na-Feldspat Ventilato
		0.007 K_2O			24,0	Quarzmehl W 10
		0.418 CaO			10,7	Kreide
		0.112 SrO	+ 10–15%		10,5	china clay RM
		0.179 ZnO	FK Zr-Si-Ca-S-Se		4,4	Strontiumcarbonat
					3,9	Zinkoxid
					+ 10,4	FK 279337 Degussa

2.5.1.7 Uranrote Glasuren

sind giftige Glasuren wegen ihres hohen Gehaltes an PbO wie UO_2, denn das Uranoxid färbt durch Bildung des basischen Bleiuranates intensiv feuerrot bis dunkeltomatenrot oder bis zu hellgelborange. Da Uranverbindungen radioaktiv sind, sind sie im Rohstoffhandel der Bundesrepublik nicht mehr erhältlich. In den USA soll von strahlenden Isotopen befreites Uranoxid erhältlich sein. Die Bleiglasuren sollen arm an Al_2O_3, CaO und B_2O_3 sein, um, analog zum Chromrot, eine gute Rotfärbung zu bekommen (vgl. Abs. 2.5.1.1). Zur Rotfärbung werden 10 bis 20% Uranoxid oder Natriumuranat benötigt.

515)	SK 07a/09a	intensivrot, halbmatt, bleireich!			nach	Binns
		0.07 K_2O	0.13 Al_2O_3	1.19 SiO_2	65,2	Mennige
		0.93 PbO	+ 20% UO_3		12,0	K-Feldspat
					22,8	Quarz
					+ 22,0	Uranoxid oder Natriumuranat

516)	SK 04a/03a	glänzend, dunkelrot, bleireich!			nach	*Dietzel*
		0.13 K$_2$O	0.12 Al$_2$O$_3$	1.459 SiO$_2$		60,4 Fritte 3527 Ferro
		0.07 ZnO				27,4 Fritte 1509 M&M
		0.80 PbO	+ 20% UO$_3$			10,3 china clay
						1,9 Zinkoxid
						+ 20,0 Uranoxid
517)	SK 03a/02a	glänzend, hell bis dunkelrot, bleireich!			nach	*Binns*
		0.03 K$_2$O	0.156 Al$_2$O$_3$	1.37 SiO$_2$		82,9 Fritte 3527 Ferro
		0.03 ZnO		0.02 SnO$_2$		10,1 china clay
		0.94 PbO	+ 20–25% Na$_2$U$_2$O$_7$			5,2 K-Feldspat
						0,9 Zinnoxid
						0,8 Zinkoxid
						+ 24,0 Natriumuranat

2.5.2 Orangefarbene Glasuren

lassen sich zum Teil von den roten oder von den gelben Glasuren ableiten. Ihr Farbton tendiert deshalb oft entweder mehr nach rot oder mehr nach gelb oder mehr nach braun. Klare orange Farbtöne erhält man lediglich mit den Cadmium-Selen-Glasuren, mit Bleichromat-Glasuren bei extrem niedrigen Brenntemperaturen und mit Uranfärbungen in bleireichen Glasuren bei niedrigen Temperaturen. Orangefarbene Glasuren lassen sich als Roh- oder Frittenglasuren herstellen, sowie mit entsprechenden Farbkörpern.

2.5.2.1 Cadmium-Selen-Orange

Mischungen von Cadmiumgelb-Glasuren mit Selenrot-Glasuren (als Fertigglasuren nach eigener Wahl mischbar) sind für den Brennbereich von 900 bis 1160 °C mit glänzender, opaker und klarfarbiger Oberfläche bei den üblichen Glasurlieferanten zu haben. Es sind alle Übergänge zwischen Rot und Gelb möglich. Es gibt jeweils verschiedene Typen für diverse Brennbereiche und mit verschiedenem Wärmeausdehnungskoeffizienten. Zusammenpassende Glasuren sind z. B. von Reimbold und Strick, Köln: Glasur G 5490 p selenrot glänzend und Glasur G 5491 p cadmiumgelb glänzend mit einem WAK von 60 · 10^{-7} für einen Brennbereich von 920 bis 960 °C. Es gibt die entsprechenden Zirkonsilikat-Einschlußfarbkörper, z. B. Degussa Nr. 23508, 239508.

2.5.2.2 Orangefärbung durch Eisenoxid

entsteht entweder in reinen Blei- bzw. Alkaliglasuren, wenn gerade der richtige Anteil Fe$_2$O$_3$ zugegeben wird, oxidierend gebrannt wird und nicht zu viel CaO in der Glasur enthalten ist. Die Färbung wird nur bei niedrigen Brenntemperaturen gut. Diese Farben tendieren aber immer zum Gelb oder Braun. Bessere Farbtöne, die besonders auch in bleifreien Glasuren beliebiger Zusammensetzung, auch mit reichlich CaO- und/oder MgO-Anteil, entstehen, lassen sich vorwiegend mit matt bis seidenmatt erstarrender Oberfläche durch Zugabe von mehr oder weniger TiO$_2$ oder Rutil bei hohen Brenntemperaturen erreichen. Am besten entstehen solche Färbungen, wenn mit schwach reduzierender Atmosphäre gargebrannt und anschließend oxidierend nachgefeuert wird; sie sind aber auch im neutralen Elektrobrand leicht zu erreichen.

518)	SK 02a/04a	\multicolumn{3}{l	}{dunkel honigfarben, matt bis glänzend, je nach Temperatur, Auftragsstärke und Abkühlung, transparent bis halbopak, bleireich!}	*B. Vogel*

518) SK 02a/04a — dunkel honigfarben, matt bis glänzend, je nach Temperatur, Auftragsstärke und Abkühlung, transparent bis halbopak, bleireich!   *B. Vogel*

0.071 K_2O	0.392 Al_2O_3	2.019 SiO_2		55,3 Fritte 90001 Degussa
0.116 MgO				11,9 Fritte 1509 M&M
0.813 PbO	+ 3–5% Fe_2O_3			27,1 china clay
				3,1 Quarz
				2,6 Magnesit
			+	3,8 Eisen(III)-oxid

519) SK 2a/3a — transparent, craquelée, orangegelb   *L. Wörsdörfer*

0.36 Na_2O	0.27 Al_2O_3	1.84 SiO_2		71,5 Fritte 90167 Degussa
0.36 K_2O	0.48 B_2O_3			14,3 Bariumcarbonat
0.08 CaO				10,2 china clay
0.20 BaO	+ 8–10% Fe_2O_3			4,0 Quarzmehl
			+	9,4 Eisen(III)-oxid

520) SK 7/8 — matt, glatt, gelborange, opak   *R. Kallies*

0.212 Na_2O	0.554 Al_2O_3	2.337 SiO_2	36,4 Nephelin-Syenit
0.168 K_2O	0.079 Fe_2O_3	0.386 TiO_2	36,3 Ton 415 St. Schmidt
0.616 CaO			18,2 Kreide
0.004 MgO			9,1 Titanoxid

521) SK 7/8 — matt-seidenmatt, opak, reduzierend brennen mit Nachoxidieren, hell- bis braunorange   *H. Gleiss*

0.429 Na_2O	0.815 Al_2O_3	3.691 SiO_2	65,6 Nephelin-Syenit
0.155 K_2O		0.442 TiO_2	8,2 Kalkspat
0.382 CaO	+ 3–5% Fe_2O_3		8,2 china clay
0.034 BaO			8,2 Quarzmehl
			8,2 Titanoxid
			1,6 Bariumcarbonat
			4,5 Eisen(III)-oxid

522) SK 7/8 — matt, glatt, opak, Lehmglasur für rohen Scherben, rostorangebraun, reduzierend brennen mit Nachoxidieren   *D. Füll*

0.040 Na_2O	0.510 Al_2O_3	1.704 SiO_2		30 Niederahrer Ton
0.026 K_2O	0.105 Fe_2O_3	0.356 TiO_2		30 Ton W 100
0.575 CaO				20 Kalkspat
0.009 MgO	+ 0–4% Fe_2O_3			10 Zinkoxid
0.350 ZnO				10 Rutil
			+	2 Eisen(III)-oxid

| 523) | SK 7/9 | orange bis ziegelrot, opak, oxidierend | | | nach | *E. Cooper* |

                     0.193 Na_2O 0.276 Al_2O_3 1.417 SiO_2 30 Na-Feldspat
                     0.020 K_2O 0.162 B_2O_3 0.042 P_2O_5 20 Dolomit
                     0.548 CaO   0.015 Fe_2O_3 14 Fritte 90158 Degussa
                     0.239 MgO   12 china clay
                                                                                              10 Ton 415
                                                                                                8 Kreide
                                                                                           + 6 Tricalciumphosphat
                                                                                                3 Zinnoxid

---

524)   SK 6a/8   glänzend, opak, bei SK 6a = temmokuschwarz,   *D. Thul*
                        bei SK 8 = rostorange, oxidierend, niedrigviskos

                     0.113 Li_2O 0.605 Al_2O_3 3.655 SiO_2 34,7 K-Feldspat
                     0.261 Na_2O 0.365 B_2O_3 32,7 Na-Feldspat
                     0.261 K_2O 20,4 Calciumborat-2-hydrat
                     0.365 CaO   + 8–10% Fe_2O_3 5,1 china clay
                                                                                               5,1 Quarz
                                                                                          + 2,0 Lithiumcarbonat
                                                                                               8,0 Eisen(III)-oxid

2.5.2.3 Orange durch Antimonoxid + Titanoxid + Chromoxid

Glasuren, die Titanoxid und/oder Antimonoxid enthalten, können sich durch Spuren von Chromoxid oder Chromoxidanflüge gelborange bis braunorange verfärben. Ein Gehalt an ZnO in der Glasur ist förderlich. Es wurden auch Farbkörper auf dieser Basis hergestellt. Die Färbung entsteht unabhängig von der Temperaturhöhe und ist recht stabil.

Antimongelbe Glasuren können durch kleine Zusatzmengen von Eisenoxid ebenfalls zum Orange (mit Braunstich) verändert werden. Dies ist allerdings nur bis zur Beständigkeitsgrenze des Bleiantimonats (max. 1080 °C) möglich (vgl. Abs. 2.5.3.1).

---

525)   SK 01a   gelborange, matt, glatt, opak, bleihaltig!   *M. Schupp*

                    0.08 Na_2O 0.135 Al_2O_3 1.03 SiO_2 83,4 Fritte 3520 Ferro
                    0.01 K_2O 0.150 B_2O_3 0.21 TiO_2 8,3 china clay
                    0.13 CaO   8,3 Titanoxid
                    0.07 MgO   + 0.05% Cr_2O_3 0,05 Chromoxid
                    0.53 ZnO
                    0.18 PbO

526)   SK 3a/6a   orange, matt-seidenmatt, opak, niedrigviskos bei SK 6a, bleihaltig!

                    0.27 PbO   0.18 Al_2O_3 1.60 SiO_2 49,2 Fritte 1509 M&M
                    0.22 K_2O 0.52 TiO_2 16,3 china clay
                    0.51 ZnO   + 2–3% Sb_2O_5 14,6 Titanoxid
                                                               0.1% Cr_2O_3 14,5 Zinkoxid
                                                                                                 5,4 Quarzmehl
                                                                                           + 2,0 Antimonoxid
                                                                                               0,1 Chromoxid

527) SK 5a/7   seidenmatt bis leicht glänzend, opak, orangegelb   *D. B. v. Tümpling*

0.111 Na_2O	0.184 Al_2O_3	1.208 SiO_2	60,6	Fritte 90368 Degussa
0.389 CaO	0.111 B_2O_3	0.375 TiO_2	18,2	Zinkoxid
0.055 MgO			15,2	Titanoxid
0.445 ZnO	+ 2–4% Sb_2O_5		6,0	china clay
	0.1–0.3% Cr_2O_3		2,5	Antimonoxid
			0,2	Chromoxid

528) SK 5a/6a   stumpfmatt, intensiv orangegelb, niedrigviskos   *A. Pickal*

0.23 Na_2O	0.25 Al_2O_3	2.05 SiO_2	41,7	Fritte 90378 Degussa
0.44 CaO	0.61 B_2O_3	0.58 TiO_2	13,8	Strontiumcarbonat
0.31 SrO			13,7	Colemanit
0.02 ZnO	+ 2–4% Sb_2O_3		13,7	Titanoxid
	0.2–0.5% Cr_2O_3		12,9	Na-Feldspat
			4,2	china clay
			+ 2,1	Antimonoxid
			0,4	Chromoxid

529) SK 05a/03a   glänzend, opak, orangegelb, bleireich!   *J. Hardt*

0.876 PbO	0.096 Al_2O_3	1.068 SiO_2	86,9	Fritte 3527 Ferro
0.124 CaO			8,8	china clay
	+ 2–4% SnO_2		+ 4,3	Kreide
	1–3% Sb_2O_3		2,0	Zinnoxid
	1–3% TiO_2		2,0	Antimonoxid
	0.5–1% Fe_2O_3		2,0	Titanoxid
			0,8	Eisen(III)-oxid

2.5.2.4 Orange durch Bleichromat

Steigert man in normalerweise roten chromhaltigen Bleiglasuren den Anteil an SiO_2 und senkt man den PbO-Anteil, so verwandelt sich das Rot immer mehr in Gelb. Das gleiche geschieht mit sinkendem Chromoxidzusatz, weil dann nicht mehr genügend rotes basisches Bleichromat gebildet wird (Vgl. Abs. 2.5.1.1; 2.5.3.3). Sind also auf der Basenseite der Segerformel auch noch größere Anteile anderer Oxide als PbO vorhanden und/oder SnO_2 in der Glasur, so entstehen mehr orange Farbtöne, die sich mit sinkendem PbO-Gehalt zu chromgelber Farbe umwandeln, sofern kein Zuviel an Chromoxid Grün bewirkt.

530) SK 010a   transparent, glänzend, hellorange, bleireich!   *B. Schmidt*

0.15 Li_2O	0.18 Al_2O_3	1.15 SiO_2	76,9	Fritte 90001 Degussa
0.85 PbO			15,5	china clay
	+ 2–4% Cr_2O_3		3,8	Mennige
			3,8	Lithiumcarbonat
			+ 3,1	Chromoxid

531)　　SK 010a/08a　hellorangerot, glänzend bis halbmatt, opak, bleireich!

0.017 Na$_2$O	0.017 Al$_2$O$_3$	1.089 SiO$_2$	96,8	Fritte 3527 Ferro
0.983 PbO			3,2	Na-Feldspat
	+ 4–5% SnO$_2$		+ 3,0	Chromoxid
	2–3% Cr$_2$O$_3$		4,0	Zinnoxid

2.5.2.5 Orange-Färbung durch spezielle Farbkörper (FK)

Außer den klarfarbigen teuren Farbkörpern auf der Basis Zr-Si-Cd-Se-S sind Farbkörper der Gruppen Pb-Sb-Ti(-Fe), Pb-Sb-Sn-Fe, Ti-Sb-Cr, Pb-Sb-Fe üblich, deren Orangefarbton immer etwas zum Gelb oder Braun tendiert. Die bleihaltigen Farbkörper sollen immer in bleihaltigen bis bleireichen Glasuren benutzt werden und sind in der Regel bis ca. 1050° C beständig.

Die Farbkörper auf der Basis Ti-Sb-Cr halten auch Temperaturen bis SK 5a/6a aus, ein ZnO-Gehalt ist förderlich. In vielen Fällen erhöht ein Zusatz von 1–3% Zinnoxid oder Zirkonsilikat die Stabilität der Färbung.

Die Zirkonsilikat-Cadmiumselensulfid-Einschlußfarbkörper (vgl. Abs. 1.6.4 und 2.5.1.6) sind für höhere Brenntemperaturen bestimmt.

532)　　SK 05a/03a　glänzend, glatt, opak, orangegelb, bleihaltig!

0.102 Na$_2$O	0.271 Al$_2$O$_3$	2.482 SiO$_2$	76,9	Fritte 3496 Ferro
0.037 K$_2$O	0.161 B$_2$O$_3$		11,5	china clay
0.423 CaO			8,5	Kreide
0.044 MgO	+ 8–10% FK Pb-Sb-Al		3,1	Dolomit
0.394 PbO			+ 8,0	FK K2282 R&S

533)　　SK 05a/02a　glänzend, opak, glatt, orangegelb, bleireich!

0.01 K$_2$O	0.22 Al$_2$O$_3$	2.16 SiO$_2$	60,8	Fritte 90001 Degussa
0.01 CaO	0.20 B$_2$O$_3$		13,7	Kaolin
0.98 PbO			12,1	Fritte 90062 Degussa
	+ 6–8% FK Pb-Sb-Ti		11,7	Quarzmehl W 10
			1,4	K-Feldspat
			0,3	Kreide
			+ 6,0	FK 23339 Degussa

534)　　SK 05a/03a　orangegelb, opak, glänzend bis halbmatt, bleihaltig!　　　*W. Weber*

0.026 Na$_2$O	0.225 Al$_2$O$_3$	1.793 SiO$_2$	63,1	Fritte 3505 Ferro
0.038 K$_2$O	0.242 B$_2$O$_3$		11,0	Fritte 3527 Ferro
0.361 CaO			14,8	Talkum
0.296 MgO	+ 5–10% FK Pb-Sb-Sn-Fe		7,4	china clay
0.108 ZnO			3,7	Zinkoxid
0.171 PbO			+ 7,5	FK 10025 Ferro

535) SK 1a/3a bräunlichorangegelb, opak, matt   *M. Janssen*

        0.015 Na_2O 0.193 Al_2O_3 1.543 SiO_2 34,2 K-Feldspat
        0.121 K_2O 0.012 B_2O_3 22,6 Zinkoxid
        0.297 CaO   18,0 Quarzmehl
        0.567 ZnO   + 5–10% FK Ti-Sb-Cr   + 14,0 Kreide
                                                                                                          8,0 china clay
                                                                                                           3,2 Fritte 90016 Degussa
                                                                                                           5,8 FK 11041 Ferro

536) SK 5a/6a glänzend, opak, gelborange   *A. Pickal*

        0.216 K_2O 0.288 Al_2O_3 2.715 SiO_2 38,9 K-Feldspat B 412
        0.095 Na_2O 0.166 B_2O_3 28,6 Fritte 90378 Degussa
        0.255 CaO   13,5 Bariumcarbonat
        0.212 BaO   + 6–8% FK Zr-Si-Cd-Se-S   9,5 Quarzmehl
        0.222 ZnO   5,5 Zinkoxid
                                                                                        + 4,0 Kreide
                                                                                        8,0 FK 23508 Degussa

2.5.2.6 Orangefärbung durch Uranverbindungen

Wie beim Bleichromat-Orange ergeben geringere Uranoxidzusätze und niedrigerer Bleioxidgehalt statt Uranrot eher orange bis gelbe Farben. Vgl. Abs. 2.5.1.7 und 2.5.3.8.

537) SK 05a/03a hellorangerot, seidenmatt, bleireich!

        0.085 K_2O 0.085 Al_2O_3 1.194 SiO_2 74,4 Fritte 3527 Ferro
        0.148 MgO   18,2 K-Feldspat
        0.085 ZnO   + 20% $Na_2U_2O_7$ 4,8 Magnesit
        0.682 PbO   2,6 Zinkoxid
                                                                                    + 20,0 Natriumuranat

538) SK 03a/01a halbopak, halbmatt, orangerot, bleireich!   nach *J. W. Conrad*

        0.083 ZnO   0.183 Al_2O_3 0.584 SiO_2 75,9 Mennige
        0.917 PbO   16,9 china clay
                                       + 15–20% UO_3 4,8 Quarz
                                                                                    2,4 Zinkoxid
                                                                                   + 20,5 Uranoxid

2.5.3 Gelbe Glasuren

können durch Ionenfärbung als transparente Glasuren und durch Pigmentfärbung als opake, deckende Glasurüberzüge entstehen. Mattglasuren können ihre Farbe durch beide Färbemechanismen erhalten. Transparent gelbe Glasuren sind durch Eisenoxid (völlig gelöstes 3wertiges Oxid, Fe^{3+}-Ion), Chromoxid (Chromat-Ion, CrO_4^{2-}) und Uranoxid (Uranat-Ion $U_2O_7^{2-}$) möglich. Geringe Mengen feinteiliger Gelbpigmente verursachen eine halbopake hellgelbe Färbung; opake gelbe Glasuren bekommen wir mit gelbem Bleiantimonat, gelbem Cadmiumsulfid, Rutil und Titanoxid, gelben Fe-haltigen Silikaten, Titanaten, etc., mit Vanadin-Gelb-Farbkörpern und anderen Gelb-Farbkörpern.

2.5.3.1 Neapelgelbe Glasuren (gelb durch Bleiantimonat)

Bleireiche Glasuren ergeben mit 1–3% Antimonoxidzusatz intensiv gelbe, opake Glasuren, wenn der PbO-Gehalt hoch genug ist und nicht höher als maximal 1040 bis 1060 °C gebrannt wird. Zu niedriger PbO-Gehalt oder zu hohe Brenntemperatur läßt das Gelb verblassen bis zu opak weiß. Die Gelbfärbung kann stabilisiert werden durch geringe Zusatzmengen von TiO_2, SnO_2, ZnO, Fe_2O_3 und höheren Al_2O_3-Anteil in der Glasur.

---

539) SK 06a/03a opak, glänzend, hellgelb, bleireich! *B. Schmidt*

1.00 PbO	0.175 Al_2O_3	1.80 SiO_2
	+ 2–3% Sb_2O_3	
	1–3% SnO_2	
	1–3% TiO_2	

    79,5 Fritte 3527 Ferro
    12,9 china clay
     7,6 Quarzmehl
+ 2,0 Antimonoxid
     2,0 Zinnoxid
     4,0 Titanoxid

---

540) SK 05a/03a opak, glänzend, intensiv gelb, bleireich! *U. Müller/J. Hardt*

0.50 Na_2O	0.06 Al_2O_3	1.62 SiO_2
0.50 PbO	1.00 B_2O_3	
	+ 8–10% Sb_2O_3	
	0–2 % Fe_2O_3	

    95,2 Fritte 90187 Degussa
     4,8 china clay
+ 10,0 Antimonoxid
+ 1,0 Eisen(III)-oxid

---

541) SK 03a/02a glänzend, opak, mittelgelb, bleireich!

0.15 K_2O	0.20 Al_2O_3	2.00 SiO_2
0.15 CaO		
0.70 PbO	+ 2–4% SnO_2	
	2–4% Sb_2O_3	
	0.2–0.6% Fe_2O_3	

    60,5 Fritte 3527 Ferro
    25,5 K-Feldspat
     3,9 china clay
+ 4,6 Kreide
     5,5 Quarzmehl
     4,0 Zinnoxid
     2,5 Antimonoxid
     0,5 Eisen(III)-oxid

2.5.3.2 Cadmiumgelbe Glasuren

Cadmiumgelbe Glasuren verwendet man am besten als fertige Alkaliglasuren, die, durch Cadmiumsulfid opak gelb gefärbt, von allen Glasurherstellern zu beziehen sind. Es sind bleifreie, glänzend erstarrende Glasuren für Brenntemperaturen zwischen 900 und etwa 1140 °C. Es gibt auch matte Cadmiumgelb-Glasuren. Schwermetallverunreinigungen und reduzierende Einflüsse können das Gelb zerstören. Der Farbton ist meist ein helles Zitronengelb. Mischungen mit anderen Glasuren sind nicht zu empfehlen. Die ungebrannte Glasurmischung ist giftig.

2.5.3.3 Chromgelbe Glasuren

entstehen in bleireichen Glasuren mit sehr wenig Chromoxid, können aber auch durch andere gelöste gelbe Chromate (Alkali-, Barium-, Calciumchromat) erreicht werden. Alle Chromate sind leicht säurelöslich, die der Alkalien leicht wasserlöslich. Sie werden auch aus den gebrannten Glasuroberflächen gelöst. Transparente Alkaliglasuren werden hellgelb, goldgelb oder grüngelb mit wenig Cr_2O_3; Bariummattglasuren benötigen zur Gelbfärbung auch nur wenig Chromoxid. Nicht völlig zu Chromaten umgesetztes Chromoxid färbt grün; deshalb braucht man zur Gelbfärbung nur etwa 0,1 bis max. 1,5% Cr_2O_3. In manchen Fällen wird auch Bleichromat oder Kaliumchromat benutzt. Chromgelbe Glasuren sind giftig!

542) SK 011a/010a glänzend, transparent, hellgelb, bleireich! *J. Hardt*

1.00 PbO	1.946 SiO_2	83,3 Fritte A 1316 R&S
		16,7 Quarzmehl
+ 0,2–0,3 Cr_2O_3		+ 0,2 Chromoxid
		1,0 Relatin

543) SK 05a/03a matt, opak, gelb mit Grünstich, bleireich! *E. Lindinger*

0.414 BaO	0.100 Al_2O_3	0.994 SiO_2	58,0 Fritte 3527 Ferro
0.586 PbO			28,6 Bariumcarbonat
			9,0 china clay
	+ 0.5–0.8% Cr_2O_3		4,4 Quarz
			+ 0,7 Chromoxid

544) SK 02a/1a transparent, craquelée, gelb mit Grünstich, bleifrei!

0.45 Na_2O	0.487 Al_2O_3	3.192 SiO_2	66,7 Fritte 90167 Degussa
0.45 K_2O	0.600 B_2O_3		20,0 china clay
0.10 CaO			13,3 Quarzmehl
	+ 1–2% Cr_2O_3		+ 1,0 Chromoxid

2.5.3.4 Gelbe Glasurfärbung durch Eisenoxid

entsteht bei gut oxidierendem Brand und niedrigem Fe_2O_3-Gehalt. Reduktionseinflüsse müssen vermieden werden. Gutes Eisengelb entsteht auf verschiedene Art:

1. Gelbe Transparentglasuren bekommen wir durch Zusatz von 3–4% Fe_2O_3 in reine Blei- oder reine Alkaliglasuren, in denen der Gehalt an CaO, MgO, Al_2O_3 und B_2O_3 möglichst niedrig sein soll. Größere Anteile von BaO, SrO, ZnO, SiO_2 stören nicht. Zinnoxid darf nicht zugegen sein. Die Brenntemperaturen liegen dann zwischen 900 und etwa 1100 °C.

2. Zinkoxid- und bariumoxidreiche Mattglasuren werden mit Fe_3O_3 gelb, wenn nicht mehr als 2–3% zugesetzt werden; dabei fördert TiO_2 die Gelbfärbung. Hier ist Gelb in allen Temperaturbereichen möglich.

3. Titan- bzw. rutilmattierte Glasuren werden gelb mit Zusätzen bis max. 5% Fe_2O_3.

Wesentlich für die Gelbfärbung ist, daß alles Eisenoxid als 3wertiges Ion gelöst ist oder in Silikatform gebunden wird; bleibt freies Fe_2O_3 im Glas vorhanden, färbt es als rotbraunes Pigment oder verursacht graue bis schwarze Färbung, wenn sich FeO bzw. Fe_3O_4 bilden konnte, was vor allem bei hohen Brenntemperaturen spontan passiert (vgl. Abs. 2.3.2.4). Ein hoher Gehalt an CaO kann grüne Farbnuancen hervorrufen. Ein hoher Anteil an Al_2O_3 ist für Eisengelb immer ungünstig.

Vgl. auch Abs. 2.2.4 und Glasuren Nr. 67, 71, 73, 77, 87, 90, 211, 214.

545)	SK 03a/1a	glänzend, transparent, craquelée, honiggelb, bleireich!			*U. Müller/J. Hardt*
		0.50 Na$_2$O	0.352 Al$_2$O$_3$	2.205 SiO$_2$	76,9 Fritte 90187 Degussa
		0.50 PbO	1.00 B$_2$O$_3$		23,1 china clay
					+ 3,2 Eisen(III)-oxid
			+ 3–5% Fe$_2$O$_3$		
546)	SK 05a/03a	matt, opak, bleifrei, warm-honiggelb, bleifrei!			*C. Zart*
		0.138 Na$_2$O	0.118 Al$_2$O$_3$	0.665 SiO$_2$	33,3 Fritte 90167 Degussa
		0.138 K$_2$O	0.183 B$_2$O$_3$		60,5 Bariumcarbonat
		0.032 CaO			6,4 china clay
		0.692 BaO	+ 5–8% Fe$_2$O$_3$		+ 6,4 Eisen(III)-oxid
547)	SK 03a/1a	matt, opak, dunkelgelb, bleireich!			*W. Winkenbach*
		1.00 PbO	0.55 Al$_2$O$_3$	1.00 SiO$_2$	83,5 Fritte A 1316 R&S
					16,5 calcinierte Tonerde
			+ 0.4–1.0% Fe$_2$O$_3$		0,6 Eisen(III)-oxid
					2,0 Zellulosekleber
548)	SK 05a/2a	glänzend, craquelée, hellgelb, halbopak bis transparent, bleihaltig!			
		0,237 Li$_2$O	0.222 Al$_2$O$_3$	1.985 SiO$_2$	40,0 Fritte 1509 M&M
		0.284 Na$_2$O	0.436 B$_2$O$_3$	0.012 TiO$_2$	39,0 Odenwälder Ton
		0.251 K$_2$O	0.061 Fe$_2$O$_3$		15,0 Borax, calciniert
		0.003 MgO			6,0 Lithiumcarbonat
		0.225 PbO			
549)	SK 03a/01a	matt-seidenmatt, hellgelb, bleihaltig!			
		0.08 Na$_2$O	0.135 Al$_2$O$_3$	1.030 SiO$_2$	90,9 Fritte 3520 Ferro
		0.01 K$_2$O	0.150 B$_2$O$_3$		9,1 china clay
		0.13 CaO			+ 1,5 Eisen(III)-oxid
		0.07 MgO	+ 1–2% Fe$_2$O$_3$		
		0.53 ZnO			
		0.18 PbO			
550)	6a/7	opak, matt bis seidenmatt, dick auftragen, bleifrei!			*C. Craemer/U. Ullmann*
		0.149 Na$_2$O	0.293 Al$_2$O$_3$	1.731 SiO$_2$	35,7 Nephelin-Syenit
		0.063 K$_2$O	0.054 Fe$_2$O$_3$	0.122 TiO$_2$	28,6 Basaltmehl
		0.161 CaO			17,8 Bariumcarbonat
		0.424 MgO			17,9 Sepiolith
		0.204 BaO			
551)	SK 6a/8	seidenmatt, intensiv gelb, wenn dick glasiert, bleifrei!			*M. Lohner*
		0.091 K$_2$O	0.494 Al$_2$O$_3$	2.213 SiO$_2$	38,5 Nephelin-Syenit
		0.188 Na$_2$O	0.028 Fe$_2$O$_3$	0.019 TiO$_2$	23,1 Kalkspat
		0.022 MgO			19,2 Trass TE
		0.699 CaO			19,2 Ton 904 Schmidt

552) SK 7/8   seidenmatt, opak, glatt, intensiv gelb   *R. Ternes*

    0.095 Na$_2$O   0.224 Al$_2$O$_3$ 0.915 SiO$_2$ 60,0 Anorthitmehl Mandt
    0.007 K$_2$O   40,0 Zinkoxid
    0.123 CaO   + 5–10% Fe$_2$O$_3$ +   6,5 Eisen(III)-oxid
    0.019 MgO
    0.756 ZnO

2.5.3.5 Gelbe Glasurfarben durch TiO$_2$ bzw. Rutil

In bleireichen Glasuren färbt Titanoxid in der Regel immer deutlich gelb, besonders wenn genügend B$_2$O$_3$ und/oder Spuren von Fe$_2$O$_3$ in der Glasur vorhanden sind. Da natürlicher Rutil einen deutlichen Gehalt an Eisenoxid aufweist, ist er für Gelbfärbungen gut verwendbar. Das gilt für Brenntemperaturen zwischen SK 010a bis 8, oxidierende Brennführung vorausgesetzt. Schon sehr leichte Reduktionswirkungen stören die Gelbfärbung. Titangelbe Glasuren sind in der Regel opak, vielfach auch matt durch Kristallisation (vgl. Abs. 2.1.3.6; 2.3.5; 1.5.6.4). Bei hohen Brenntemperaturen ist kein PbO in der Glasur nötig, zur gelben Farbe sind dann oft die Fe$_2$O$_3$-Verunreinigungen der übrigen Glasurrohstoffe ausreichend.

553) SK 04a/03a   matt, opak, dunkelgelb, bleireich!   *J. Tranelis/C. Schmidt*

    1.00 PbO   0.28 Al$_2$O$_3$ 1.65 SiO$_2$ 76,9 Fritte 90062 Degussa
                      1.49 B$_2$O$_3$ 15,4 china clay
                                                                        7,7 Quarz
                      + 8–10% TiO$_2$ +   8,0 Titanoxid

554) SK 01a/4a   glatt, glänzend, opak, hellgelb   *J. Preußer/A. Günther*

    0.25 K$_2$O   0.215 Al$_2$O$_3$ 4.33 SiO$_2$ 90,9 Fritte 90176 Degussa
    0.75 CaO   1.000 B$_2$O$_3$ 9,1 china clay
                                                                   +   10,0 Titanoxid
                      + 8–10% TiO$_2$ 1,0 Eisen(III)-oxid
                        1–2 % Fe$_2$O$_3$

555) SK 02a/2a   glatt, seidenmatt, hellgelb, bleireich   *J. Oster*

    0.764 PbO   0.167 Al$_2$O$_3$ 1.100 SiO$_2$ 66,7 Fritte 3527 Ferro
    0.118 CaO   0.541 TiO$_2$ 13,3 china clay
    0.118 MgO   13,3 Titanoxid
                                                                        6,7 Dolomit

556) SK 2a/3a   opak, glänzend, mittelgelb   *R. Kittsteiner*

    0.23 Na$_2$O   0.54 Al$_2$O$_3$ 3.87 SiO$_2$ 90,9 Fritte 3757 Ferro
    0.06 K$_2$O   1.28 B$_2$O$_3$ 9,1 china clay
    0.71 CaO   +   4,0 Titanoxid
                                                                        4,0 Rutil

557)	SK 5a/6a	seidenmatt, opak, glatt, helles Titangelb, bleihaltig!			*C. Reiter*
		0.08 K$_2$O	0.143 Al$_2$O$_3$	0.925 SiO$_2$	71,4 Fritte 4067 M&M
		0.40 BaO		0.406 TiO$_2$	14,3 Rutil
		0.44 ZnO			7,2 Kaolin
		0.08 PbO			7,1 Zinkoxid
558)	SK 6a/8	matt bis seidenmatt, opak, braungelb			*U. Ullmann*
		0.155 Na$_2$O	0.327 Al$_2$O$_3$	1.820 SiO$_2$	35,0 Nephelin-Syenit
		0.066 K$_2$O	0.041 Fe$_2$O$_3$	0.195 TiO$_2$	21,0 Basalt
		0.135 CaO			17,5 Bariumcarbonat
		0.418 MgO			17,5 Sepiolith
		0.226 BaO			5,6 Rutil oder Titanoxid
					3,4 china clay

2.5.3.6 Gelbe Glasuren durch spezielle Farbkörper (FK)

1. Für niedrige Brenntemperaturen bis maximal SK 02a, wo auch ein Bleigehalt der Glasur nicht stört, benutzt man die Farbkörper vom Typ Neapelgelb (Pb-Sb, Pb-Sb-Ti, Pb-Sb-Fe, Pb-Sb-Al), die nur bleireiche Glasuren gut färben und oxidierend gebrannt werden müssen. In bleifreien Glasuren müßten diese Farbkörper in viel zu großen Mengen zugesetzt werden, um überhaupt eine Färbung zu ergeben. Übliche Zugaben für ausreichende Färbung liegen zwischen 5 bis 8%.

559)	SK 05a/03a	glänzend, opak, mittelgelb, bleireich!			
		0.90 PbO	0.20 Al$_2$O$_3$	2.20 SiO$_2$	56,6 Fritte 3527 Ferro
		0.05 CaO	0.20 B$_2$O$_3$		14,5 Quarzmehl
		0.04 ZnO			12,8 china clay
		0.01 K$_2$O	+ 5–8% FK Pb-Sb-Ti		12,4 Fritte 90062 Degussa
					1,5 K-Feldspat
					1,3 Kreide
					0,9 Zinkoxid
					+ 6,0 FK 10033 Ferro

2. Zinn-Vanadin-Gelb-Farbkörper sind universell in allen Glasurzusammensetzungen brauchbar, müssen oxidierend gebrannt werden und vertragen maximal 1350 °C. Es werden je nach Lösevermögen der Glasur und gewünschter Farbintensität und Deckkraft 4 bis 12% Sn-V-Farbkörper gebraucht.

560)	SK 02a/2a	glänzend, craquelée, halbopak, hellzitrongelb			*H. Erim*
		0.45 Na$_2$O	0.61 Al$_2$O$_3$	2.62 SiO$_2$	70,0 Fritte 90167 Degussa
		0.45 K$_2$O	0.60 B$_2$O$_3$		30,0 china clay
		0.10 CaO			+ 5,0 FK 10022 Ferro
			+ 4–7% FK Sn-V		

561)	SK 2a/5a	glänzend, opak, mittelgelb			P. Dückershoff
		0.40 Na$_2$O	0.507 Al$_2$O$_3$	4.313 SiO$_2$	87,5 Fritte 90378 Degussa
		0.55 CaO	0.700 B$_2$O$_3$		12,5 china clay
		0.05 ZnO			+ 4,0 FK 10063 Ferro
		+ 4–7% FK Sn-V-Ti			
562)	SK 7/9	matt, opak, hochviskos, hellgelb			D. Füll
		0.159 Na$_2$O	0.562 Al$_2$O$_3$	2.671 SiO$_2$	23,4 Na-Feldspat
		0.098 K$_2$O	0.022 B$_2$O$_3$		23,4 K-Feldspat
		0.508 CaO			23,4 china clay
		0.003 MgO	+ 5–8% FK Sn-V		15,6 Kalkspat
		0.232 ZnO			7,8 Quarz
					5,6 Zinkoxid
					+ 0,8 Zinkborat
					5,0 FK K183 R&S

3. Farbkörper auf der Basis Zr-V, oder Zr-In-V ergeben helles Gelb, sind beständig bis maximal 1400 °C und können oxidierend oder reduzierend gebrannt werden, vertragen aber keine blei- und borreichen Glasuren; am besten geeignet sind sie für hochviskose Zirkonglasuren.

563)	SK 6a/7	opak, glatte Geschirrglasur, mittelgelb			M. Hadeball
		0.12 Na$_2$O	0.30 Al$_2$O$_3$	2.05 SiO$_2$	56,7 Fritte 90368 Degussa
		0.65 CaO	0.12 B$_2$O$_3$	0.07 SnO$_2$	18,1 china clay
		0.23 MgO			16,4 Quarz
			+ 5–8% FK Zr-In-V		8,8 Dolomit
					+ 5,3 Zinnoxid
					6,0 FK 10071 Ferro

4. Gelbfarbkörper der Basis Zr-Si-Pr können meistens bis maximal 1300 °C benutzt werden; sie sind in allen Glasurzusammensetzungen brauchbar, verblassen aber in blei- und alkalireichen, niedrigviskosen Glasuren schnell, d. h. sie entwickeln da nicht ihre volle Farbkraft. Zinkhaltige Glasuren sind günstig. Sie können oxidierend bis schwach reduzierend gebrannt werden.

564)	SK 2a/5a	glänzend, opak, intensiv sonnengelb			
		0.25 Na$_2$O	0.45 Al$_2$O$_3$	3.20 SiO$_2$	38,4 Na-Feldspat
		0.15 K$_2$O	0.20 B$_2$O$_3$		24,5 K-Feldspat
		0.25 CaO			12,3 Quarz
		0.30 ZnO	+ 4–6% FK Zr-Si-Pr		9,5 Calciumborat-2-hydrat
		0.05 BaO			7,1 Zinkoxid
					3,8 china clay
					2,9 Bariumcarbonat
					+ 1,5 Kreide
					5,0 FK K2285 R&S

Alle Gelbfarbkörper färben in transparenten Glasuren erheblich intensiver als in weißgetrübten Glasuren; lediglich bei den Pb-Sb-Farbkörpern ist der Unterschied nicht groß.

2.5.3.7 Urangelbe Glasuren

Bleihaltige Glasuren mit höherem B_2O_3- und Erdalkaligehalt (wie z. B. Mattglasuren auf Kalk-, Dolomit-, Magnesit-Basis) und geringerem Alkaligehalt ergeben mit 3 bis 8% Natriumuranat gelbe Färbungen bei Temperaturen bis 1260 °C. Es muß oxidierend bis neutral gebrannt werden. Alle durch Uranverbindungen gefärbten Glasuren sind nicht als Geschirrglasuren anwendbar, giftig und heute nicht mehr herstellbar.

---

565) SK 02a/1a opak, matt, hellgelb, teils hellfleckig, bleihaltig! nach *R. Bampi*

0.197 Na_2O	0.367 Al_2O_3	2.56 SiO_2
0.260 K_2O	0.203 B_2O_3	0.083 TiO_2
0.210 CaO		
0.006 MgO	+ 5–10% UO_3	
0.140 BaO		
0.087 ZnO		
0.100 PbO		

- 61,2 Kalifeldspat B 412
- 18,4 Fritte 90187 Degussa
- 8,2 Bariumcarbonat
- 6,1 Kreide
- 2,1 Zinkoxid
- 2,0 Titanoxid
- 2,0 Zinnoxid
- + 7,0 Uranoxid

---

566) SK 5a/7 halbmatt, halbopak, gelb nach *J. W. Conrad*

0.287 Na_2O	0.491 Al_2O_3	4.543 SiO_2
0.017 K_2O		0.004 TiO_2
0.048 CaO	+ 5–8% $Na_2U_2O_7$	
0.013 MgO		
0.287 BaO		
0.348 ZnO		

- 53,0 Na-Feldspat K 30
- 18,5 Quarz
- 13,0 Bariumcarbonat
- 6,5 Zinkoxid
- 4,5 Ton 1200 weiß, fett
- 4,5 china clay
- + 6,0 Natriumuranat

2.5.3.8 Gelbfärbung durch Silberverbindungen

Im schwach reduzierenden Brand können besonders in den leichtflüssigen, alkalireichen Glasuren, aber auch in bleihaltigen, durch Silberverbindungen gelbe Farben entstehen. Die Gelbfärbung wird nach Parmelee[111] durch metallisches Silber hervorgerufen, denn Silberionen färben nicht. Es werden Silberkarbonat oder Silbernitrat in Mengen von 1 bis 5% empfohlen. Die Farbe ist von der Stärke der Reduktion und der Art der Abkühlung abhängig. Silbergelb kann auch analog zur Erzeugung des Gold-Rubinglases durch »Anlassen« oder bei Nachreduktion im E-Ofen entstehen oder analog der Technik der »Gelbbeize« bei der Glasveredlung.

---

567) SK 1a/4a matt, halbtransparent, teils glänzend, dick glasieren, je nach Auftrag und Reduktion graugelb bis hellgelb

0.068 K_2O	0.415 Al_2O_3	1.749 SiO_2
0.248 Na_2O		
0.433 CaO	+ 5–10% Ag_2CO_3	
0.129 MgO		
0.122 ZnO		

- 52,8 Nephelin-syenit
- 15,0 Na-Feldspat
- 12,2 Kalkspat
- 10,2 Dolomit
- 5,6 china clay
- + 4,2 Zinkoxid
- 5,0 Silbercarbonat

2.5.3.9 Gelbfärbung durch Molybdänverbindungen

In bleireichen Glasuren ergeben Molybdänverbindungen durch Bildung von gelbem Bleimolybdat – entsprechend dem natürlich vorkommenden Gelbbleierz oder Wulfenit, $PbMoO_4$ – gelbe Färbung. Der Brennbereich der Glasuren, die auch CaO und K_2O enthalten dürfen, liegt zwischen SK 05a und 2a. Es werden in der Regel 5 bis 15% Molybdänoxid MoO_3 oder andere Molybdänverbindungen gebraucht. Die Glasuren und Färbungen sind unsicher und reagieren empfindlich auf veränderte Brandführung (vgl. Abs. 1.5.7).

568) SK 02a/01a opak, matt, beige mit intensiv gelben Flecken, bleireich!

0.033 K_2O	0.176 Al_2O_3	1.419 SiO_2	72,7 Fritte A 1316 R&S
0.185 CaO			12,1 china clay
0.781 PbO	+ 6–10% MoO_3		6,1 Kreide
			6,1 K-Feldspat
			+ 3,0 Quarz
			9,0 Molybdänoxid

569) SK 4a/7 matt, beigeweiß, mit gelben und silbrigen Flecken, sehr variabel, niedrigviskos, nicht dick glasieren, bleihaltig!

0.241 K_2O	0.042 Al_2O_3	1.597 SiO_2	57,4 Fritte 1509 M&M
0.464 ZnO		0.472 TiO_2	14,2 Zinkoxid
0.295 PbO	+ 1–2% Sb_2O_3		14,2 Titanoxid
	1–2% MoO_3		10,1 Quarzmehl
			4,1 china clay
			+ 2,0 Antimonoxid
			1,3 Molybdänoxid

2.5.4 Grüne Glasuren

entstehen als transparente Glasuren durch Ionenfärbung nur gut mit Kupferoxid, oxidierend gebrannt, und mit wenig Eisenoxid, reduzierend gebrannt (= echte Seladonglasuren, Abs. 2.6.3). Die färbenden zweiwertigen Oxide müssen sich dabei völlig in der Schmelze lösen; CuO und FeO tun das besonders leicht und schnell. Halbopake und deckende grüne Glasuren entstehen durch Pigmentfärbung mit Chromoxid, Nickeloxid, Kobalt- und Titanoxid sowie mit speziellen Farbkörpern. Bestimmte weißdeckende oder auch Mattglasuren können nicht immer zufriedenstellend grün gefärbt werden (z. B. die MgO-reichen Mattglasuren, vgl. Abs. 1.5.5).

2.5.4.1 Kupfergrüne Glasuren

Klares, leuchtendes Sattgrün erhält man vor allem in den bleireichen, an B_2O_3, Al_2O_3 und MgO armen Glasuren für niedrige Brenntemperaturen. Bei den Mattglasuren sind die CaO-, ZnO- und BaO-reichen Glasuren für kupfergrüne Färbungen geeignet. Die Titanmattglasuren ergeben mit CuO kein gutes klares Grün, sie werden eher oliv bis braunfleckig durch die Kupferfärbung. Je höher der Gehalt an Alkalioxiden in der Glasur ist, desto stärker verwandelt sich das Grasgrün in Türkis- bis Blaugrün. Nicht gelöstes Kupferoxid färbt durch seine Eigenfarbe als Pigment schwarz (vgl. Abs. 2.5.8.3). In der Regel braucht man 2 bis 6% Kupferoxid zu ausreichender Grünfärbung. Bleihaltige, mit Kupferoxid gefärbte Glasuren sollen nicht als Geschirrglasuren verwendet werden (vgl. auch Abs. 1.5.5.2). Die Flußmittelwirkung von Kupferoxid ist beachtlich, desgleichen sein leichtes Verdampfen bei hohen Temperaturen!

570)	SK 05a/03a	halbopak, glänzend, glatt, hell blaugrün, bleireich!					*U. Martin*
		1.00 PbO	0..202 Al$_2$O$_3$ 0.539 B$_2$O$_3$	1.655 SiO$_2$		46,7 33,3 13,3 6,7 3,0	Fritte 90001 Degussa Fritte 90062 Degussa china clay Quarzmehl Zinnoxid
			+ 3% SnO$_2$ 1.2–1.8% CuO			+ 1,3	Kupferoxid
571)	SK 05a/02a	transparent, glatt, glänzend, dunkelgrün, bleireich!					
		1.00 PbO	0.112 Al$_2$O$_3$	1.690 SiO$_2$		83,3 8,4 8,3	Fritte A 1316 R&S china clay Quarzmehl
			+ 4–6% CuCO$_3$			+ 5,0	Kupfercarbonat
572)	SK 03a/1a	wolkig, opak, glänzend, türkisgrün					*G. Schum*
		0.063 Na$_2$O 0.087 K$_2$O 0.227 CaO 0.623 MgO	0.316 Al$_2$O$_3$ 0.487 B$_2$O$_3$ + 2–3% CuO	2.023 SiO$_2$		40,7 21,4 17,0 16,4 + 4,5 2,0	Fritte 3244 Ferro K-Feldspat Kaolinton 132/I Dolomit Fritte 3759 Ferro Kupferoxid
573)	SK 01a/2a	seidenmatt, dunkel-patinagrün					*M. Sebus*
		0.05 Na$_2$O 0.05 K$_2$O 0.45 BaO 0.45 ZnO	0.217 Al$_2$O$_3$ + 5–8% CuO	1.534 SiO$_2$		86,9 13,1 + 8,0	Fritte 90420 Degussa Kaolin Kupferoxid
574)	SK 2a	glänzend, glatt, opak, preußischgrün					*S. Lioliou*
		0.169 Na$_2$O 0.592 ZnO 0.239 CaO	0.071 Al$_2$O$_3$ 0.494 B$_2$O$_3$ + 8–14% CuCO$_3$	1.627 SiO$_2$		67,6 21,6 10,8 + 13,5	Fritte 3284 Ferro Zinkoxid Kreide Kupfercarbonat
575)	SK 2a/6a	matt bis seidenmatt, glatt, olivgrün, bleihaltig!					*R. Kuhse*
		0.057 Na$_2$O 0.007 K$_2$O 0.092 CaO 0.339 MgO 0.377 ZnO 0.128 PbO	0.300 Al$_2$O$_3$ 0.107 B$_2$O$_3$ + 4–6% CuCO$_3$	1.525 SiO$_2$		54,2 29,2 16,6 + 5,55	Fritte 3520 Ferro china clay Talkum Kupfercarbonat

576)	SK 4a/6a	seidenmatt, glatt, opak, mittelgrün					*D. Müller*
		0.025 Na_2O	0.273 Al_2O_3	2.49 SiO_2		35,0	Fritte 90368 Degussa
		0.934 CaO	0.082 B_2O_3			35,0	Na-Feldspat
		0.040 MgO				30,0	Wollastonit
			+ 5–10% Kaolin		+	5,0	china clay
			1–2 % $CuCO_3$			2,0	Kupfercarbonat
			2–4 % Niederahrer Ton			2,0	Niederahrer Ton

577)	SK 5a/6a	matt, glatt, craquelée, blaugrün bis türkis					*U. Ullmann*
		0.352 Na_2O	0.361 Al_2O_3	2.005 SiO_2		47,5	Fritte 90208 Degussa
		0.648 CaO				47,5	Wollastonit
			+ 2–3% CuO			5,0	china clay
					+	2,5	Kupferoxid

578)	SK 6a/7	matt-seidenmatt, opak, zartes türkisgrün, dünn glasieren				
		0.117 K_2O	0.272 Al_2O_3	1.867 SiO_2	26,4	K-Feldspat B 412
		0.065 Na_2O		0.057 P_2O_5	13,3	Bariumcarbonat
		0.410 CaO		0.209 SO_3	13,2	Gips (dihydrat)
		0.003 MgO			13,2	Quarzmehl
		0.185 BaO	+ 0,8–2,0 CuO		13,1	china clay
		0.220 ZnO			6,6	Zinkoxid
					6,6	Knochenasche
					+ 6,6	Fritte 1233 M&M
					1,2	Kupferoxid

579)	SK 6a/7	glänzend, transparent, grün mit mattschwarzen Kristallflecken					*R. Armbrust*
		0.167 Na_2O	0.278 Al_2O_3	1.500 SiO_2		20,8	Na-Feldspat
		0.084 K_2O				20,8	K-Feldspat
		0.654 CaO				20,9	Nephelin-Syenit
		0.002 MgO	+ 5–7% $CuCO_3$			20,9	Kalkspat
		0.093 BaO				8,3	Bariumcarbonat
					+	8,3	Kreide
						6,0	Kupfercarbonat

580)	SK 6a/8	transparent, glänzend, Geschirrglasur, zart-bläulichgrün					*E. Reuter*
		0.030 Li_2O	0.542 Al_2O_3	2.878 SiO_2		36,8	Fritte 3754 Ferro
		0.153 Na_2O	0.360 B_2O_3			18,4	Ton W 100 weiß, fett
		0.065 K_2O				14,7	Dolomit
		0.389 CaO	+ 2–4% $CuCO_3$			18,4	Quarzmehl
		0.222 MgO				7,4	Zinkborat
		0.092 ZnO				3,6	Bariumcarbonat
		0.051 BaO				0,7	Lithiumcarbonat
					+	3,0	Kupfercarbonat

Siehe auch die Glasuren Nr. 3, 64, 66, 69, 70, 72, 76, 82, 84, 85, 88, 92, 93, 96, 208, 215, 239

2.5.4.2 Chromgrüne Glasuren

Chromoxid färbt als Pigment grün stets durch seine charakteristische Eigenfarbe. Verschiedene Farbnuancen entstehen durch gleichzeitige Zugabe anderer färbender Verbindungen oder Farbkörper. Glasuren mit großem Anteil an ZnO, MgO lassen sich meistens nicht gut grün färben durch Chromoxid (vgl. Abs. 1.5.5.4). Größere Zusatzmengen Cr_2O_3 machen schnell schwer schmelzbar. Chromoxid eignet sich besonders als grünfärbendes Pigment für B_2O_3- und Al_2O_3-reiche, CaO-haltige und ZnO-arme Glasuren, auch für hohe und höchste Brenntemperaturen. Man braucht normalerweise 1 bis maximal 4% für ausreichende Grünfärbung (vgl. auch Abs. 2.5.3.3, Chromgelbe Glasuren, siehe auch die Glasuren Nr. 238, 240, 959, 974, 1031, 1136, 1151).

---

581)   SK 03a/02a   matt, gelbgrün, niedrigviskos

        0.128 Na_2O 0.057 Al_2O_3 0.515 SiO_2 66,7 Bariumcarbonat
        0.129 K_2O 0.172 B_2O_3 33,3 Fritte 90167 Degussa
        0.029 CaO   + 2,5 Chromoxid
        0.714 BaO   + 1–4% Cr_2O_3

---

582)   SK 03a/2a   glänzend, halbopak, hellgrün mit Gelbstich, bleireich!   *D. Jausch*

        0.104 K_2O 0.190 Al_2O_3 2.05 SiO_2 72,1 Fritte 3527 Ferro
        0.896 PbO   15,9 K-Feldspat
        + 0.6–1.0% Cr_2O_3 6,0 Quarz
        6,0 china clay
        0,8 Chromoxid

---

583)   SK 2a/3a   opak, glänzend, dunkelchromgrün   *U. Schardt*

        0.20 Na_2O 0.292 Al_2O_3 2.083 SiO_2 95,2 Fritte 90368 Degussa
        0.70 CaO   0.200 B_2O_3 4,8 china clay
        0.10 MgO   + 5,0 Zinnoxid
        + 3–5% SnO_2 4,0 Chromoxid
        3–4% Cr_2O_3

---

584)   SK 2a/4a   opak, glänzend, glatt, kräftig-preußischgrün   *E. Simon/M. Müksch*

        0.40 Na_2O 0.459 Al_2O_3 4.218 SiO_2 90,0 Fritte 90378 Degussa
        0.55 CaO   0.700 B_2O_3 10,0 china clay
        0.05 ZnO   + 10,0 Farbfritte J3394 R&S
        3,5 Chromoxid

---

585)   SK 4a/5a   seidenmatte Geschirrglasur, gelblichgrün   *N. Höber*

        0.199 Na_2O 0.224 Al_2O_3 1.994 SiO_2 34,5 Fritte 90368 Degussa
        0.750 CaO   0.102 B_2O_3 34,5 Na-Feldspat
        0.051 MgO   31,0 Wollastonit
        + 0.8–1.4 Cr_2O_3 + 1,0 Chromoxid

---

586)   SK 2a/8   opak, glänzend, chromgrün   *C. Seul*

        0.300 Na_2O 0.584 Al_2O_3 5.112 SiO_2 58,8 Fritte 90378 Degussa
        0.251 K_2O 0.524 B_2O_3 29,4 K-Feldspat
        0.412 CaO   5,9 Quarz
        0.037 ZnO   + 3–4% Cr_2O_3 5,9 Kaolin
        + 4,0 Chromoxid

2.5.4.3 Eisenoxidgrüne Glasuren

Eisenoxid färbt grün, wenn es als zweiwertiges FeO in der Glasurschmelze gelöst wird. Das ist normalerweise im reduzierenden Brand der Fall, wenn der Eisenoxidgehalt der Glasur zwischen 0,5 und 2% liegt. Es entstehen so die bekannten »echten« Seladonglasuren (siehe Abs. 2.6.3, Grüne Eisenreduktionsglasuren).

Im oxidierenden Brand wird dreiwertiges Eisenoxid auf chemischem Wege zu FeO reduziert, wenn viel CaO (und/oder MgO) in der Glasur vorhanden ist. Es entsteht jedoch meistens kein klares Grün wie bei den Seladonglasuren, sondern eher ein Olivgrün. Deshalb ist in CaO-reichen Glasuren kein Eisengelb und kein gutes warmes Eisenbraun ohne Titanoxid möglich.

Ein Sonderfall ist die Grünfärbung, die durch Zusatz von 1–2% Fe_2O_3 zu Cadmiumgelb-Glasuren hervorgerufen wird. Es entstehen so hellgrüne, intensive Farbtöne, die immer einen mehr oder minder starken Gelbstich zeigen.

587)	SK 03a/2a	glänzend, opak, olivgrün				*G. Schum/C. Dallmer*
		0.40 Na_2O	0.343 Al_2O_3	5,23 SiO_2		81,3 Fritte 90378 Degussa
		0.55 CaO	0.700 B_2O_3			16,3 Quarzmehl
		0.05 ZnO				2,4 Kaolin
			+ 4–7% Fe_2O_3		+	5,2 Eisen(III)-oxid
588)	SK 4a/6a	matt, kristallin, grünoliv				*D. Müller*
		0.210 Li_2O	0.406 Al_2O_3	1.591 SiO_2		36,4 Glasurmehl Lavalith
		0.026 Na_2O	0.054 Fe_2O_3	0.015 TiO_2		36,4 Spodumen
		0.022 K_2O				18,2 Kreide
		0.553 CaO				9,0 china clay
		0.189 MgO				
589)	SK 7/8	matt, mittelgrün, auch für reduzierenden Salzbrand				*G. Simmann*
		0.103 Na_2O	0.356 Al_2O_3	2.296 SiO_2		45,4 K-Feldspat
		0.178 K_2O	0.028 Fe_2O_3			22,7 Bariumcarbonat
		0.106 CaO				11,4 Sepiolith
		0.282 MgO				11,4 Anorthitmehl Mandt
		0.331 BaO				9,1 Basaltmehl

2.5.4.4 Nickelgrüne Glasuren

entstehen besonders leicht mit hellgrünem Farbton in MgO-reichen, mit »giftig« gelbgrünem Farbton in TiO_2-reichen und mit mehr blaugrünem Farbton in ZnO-MgO-mattierten Glasuren bei niedrigen wie hohen Brenntemperaturen. Es werden in der Regel 2 bis 8% Nickeloxid oder -carbonat gebraucht; oxidierender Brand ist notwendig. Eine Übersättigung mit Nickeloxid führt auch in anderen Glasurzusammensetzungen zu oft schwerschmelzbaren oder rauhen grünen Oberflächen.

590)	SK 03a/1a	matt bis halbmatt, hellgrün, bleihaltig!				*U. Müller*
		0.205 Na_2O	0.206 B_2O_3	1.399 SiO_2		62,5 Fritte 90187 Degussa
		0.591 MgO				37,5 Talkum
		0.204 PbO	+ 2–4% $NiCO_3$		+	2,0 Nickelcarbonat

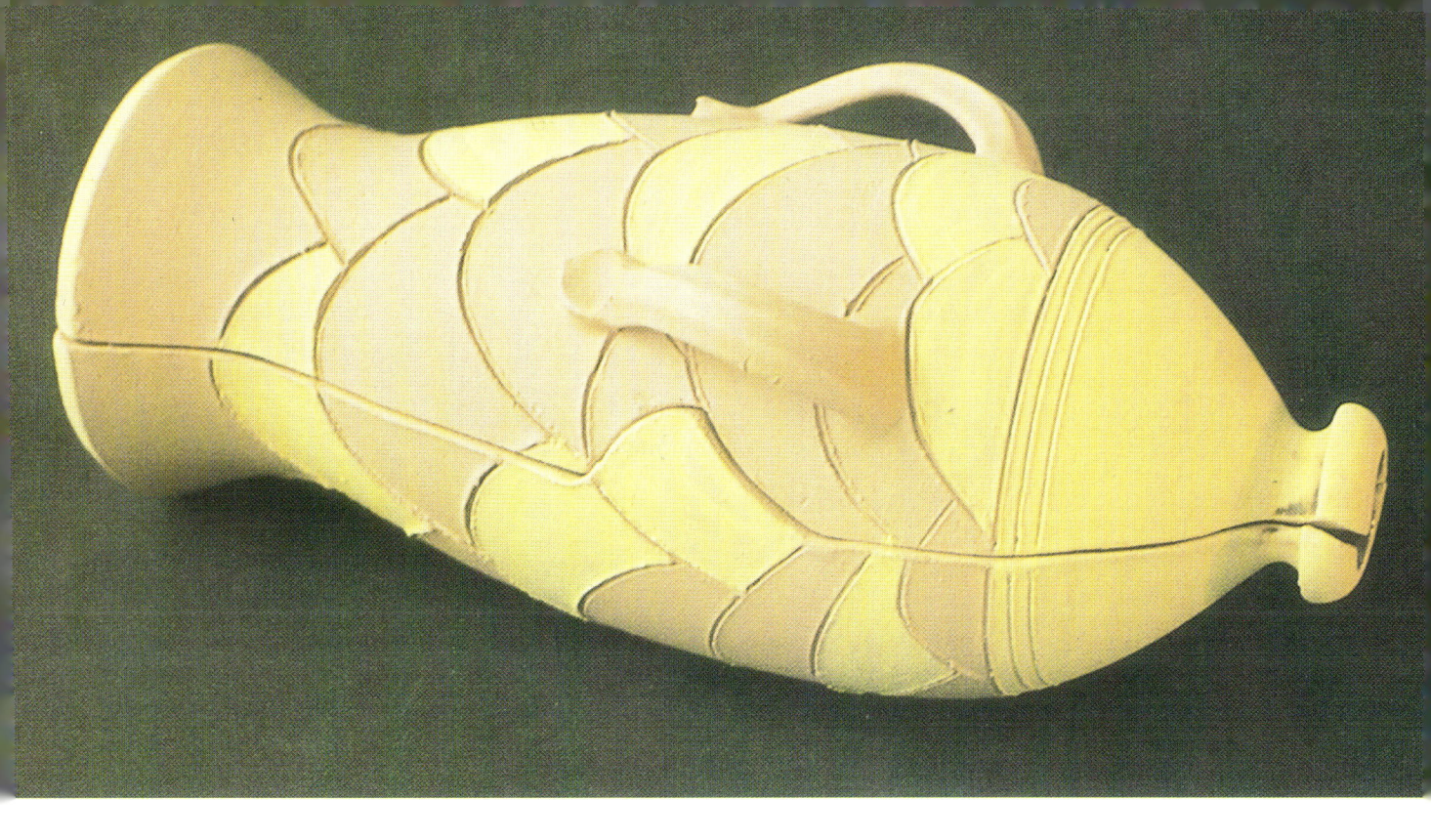

Bild 14: Fischbackformen von Gisela Blomert; Sinterengoben;

Rezepte: SK 02a/1a, hellgelb 60 Kalkmergel
                              20 Fritte 3244 Ferro
                              20 Fritte 90368 Degussa

fleischfarben 38,5 ball clay
                15,4 Odenwälder Ton
                30,8 Fritte 3336 Ferro
                15,3 Titanoxid

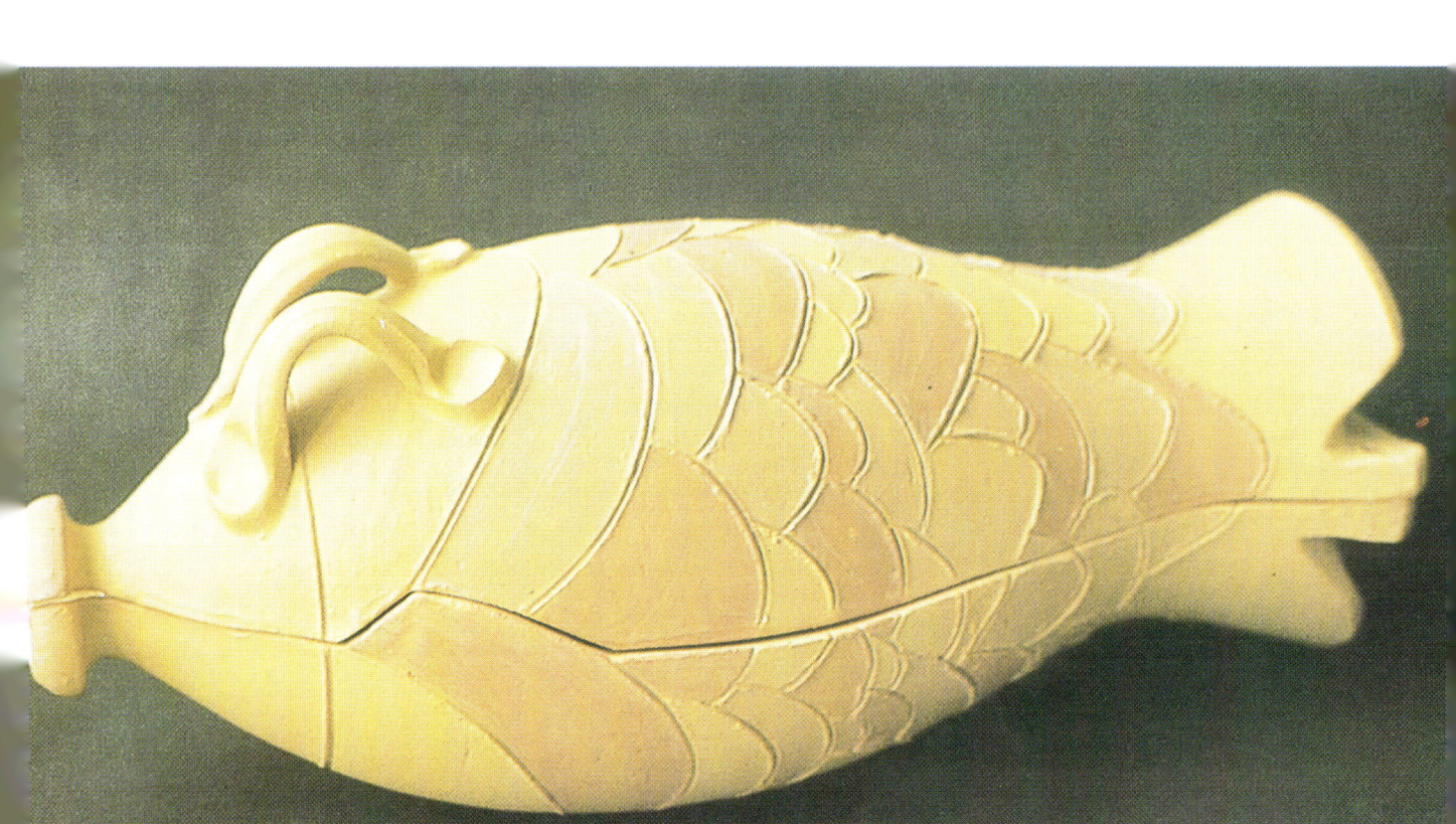

Bild 15:
Dose mit Doppeldeckel von Heidi Lederle; blau-glänzende und weiß-matte Steinzeugglasur;
Rezepte:

SK 6a/8
blau:
- 65,4 Feldspat B 412
- 23,1 Niederahrer Ton
- 11,5 Kalkspat
- + 1,0 Kobaltcarbonat

grauweiß:
- 42,5 Feldspat B 412
- 21,3 Quarzmehl W 10
- 13,8 Kreide
- 10,6 Na-Feldspat
- 3,2 Bariumcarbonat
- 8,6 Knochenasche

Bild 16: Kaffeekanne von Jörg Stein; Rezept: SK 3a 95,0 Fritte 52189 Ferro
gelbglänzende Frittenglasur; 5,0 china clay RM
+ 6,0 Farbkörper 10032 Ferro

Bild 17:
Ofenkacheln von Gesine Simmann;
goldbraun-seidenmatte Kachelglasur;
Rezept: SK 03a   69,5 Fritte 90001 Degussa
                  13,9 china clay RM
                   6,9 Feldspat B 412
                   6,9 Quarzmehl W 10
                   2,8 Rutil
                + 3,5 Eisen(III)-oxid

Bild 18:
Eisbecher von Carola Gänsslen;
Zinkmattglasur mit Siebdruckdekor;
Rezept: SK 02a   61,5 Fritte 3520 Ferro
                  23,1 china clay
                   7,7 Quarz
                   7,7 Fritte 1233 M&M
gelb: + 8% Farbkörper K 183 R&S
türkis: + 5% Farbkörper 2318 R&S

591)	SK 01a/3a	matt, glatt, craquelée, gelblichgrün, bleihaltig!				L. Wörsdörfer
		0.056 Li_2O	0.217 Al_2O_3	2.318 SiO_2		82,0 Fritte 3568 Ferro
		0.177 Na_2O	0.388 B_2O_3			13,9 Magnesit
		0.002 K_2O				4,1 Kaolin
		0.265 CaO	+ 3–5% $NiCO_3$		+	4,0 Nickelcarbonat
		0.444 MgO	0–0.8% CuO			0,5 Kupferoxid
		0.056 PbO				

592)	SK 2a/3a	glatt, matt, hellgelbgrün, bleihaltig!				H. Bähren
		0.08 Na_2O	0.20 Al_2O_3	1.16 SiO_2		71,4 Fritte 3520 Ferro
		0.01 K_2O	0.15 B_2O_3	0.42 TiO_2		14,3 Titanoxid
		0.13 CaO				14,3 china clay
		0.07 MgO	+ 2–3% $NiCO_3$		+	2,1 Nickelcarbonat
		0.53 ZnO				
		0.18 PbO				

593)	SK 6a/7	teils glänzend, teils matt, olivgrün bis hellgraugrün bis schwarzgrün, je nach Aufragsstärke				M. Seibert
		0.270 Na_2O	0.481 Al_2O_3	1.928 SiO_2		66,0 Nephelin-Syenit
		0.082 K_2O				10,0 Kalkspat
		0.419 CaO	+ 4–6% NiO			10,0 Dolomit
		0.139 MgO				10,0 china clay
		0.064 ZnO				2,0 Zinkoxid
		0.026 BaO				2,0 Bariumcarbonat
					+	5,0 Nickeloxid

594)	SK 6a/8	matt, glatt, hellgrün				E. Junge
		0.027 Na_2O	0.106 Al_2O_3	2.207 SiO_2		33,2 Talkum
		0.076 K_2O	0.114 B_2O_3			27,5 K-Feldspat
		0.117 CaO				16,1 Quarz
		0.570 MgO	+ 4–5% $NiCO_3$			12,5 Calciumborat-6-hydrat
		0.158 ZnO				5,9 Zinkoxid
		0.052 BaO				4,8 Bariumcarbonat
					+	4,5 Nickelcarbonat

595)	SK 2a/1a	matt, intensiv-gelbgrün, bleireich!				U. Schardt
		0.14 Na_2O	0.31 Al_2O	3.26 SiO_2		90,9 Fritte 3496 Ferro
		0.05 K_2O	0.22 B_2O_3			9,1 china clay
		0.27 CaO			+	6,0 Titanoxid
		0.54 PbO	+ 4–6% $NiCO_3$			6,0 Nickelcarbonat
			4–6% TiO_2			

2.5.4.5 Grün durch Kobaltoxid mit Titanoxid

Kann sich in einer Glasur Kobalttitanat, Co_2TiO_4, $CoTiO_3$ bilden, so entstehen grüne Farben. Dafür ist ein ausreichender Gehalt an TiO_2 notwendig, so daß es sich bei diesen kobaltgrünen Glasuren fast ausschließlich um Mattglasuren handelt. Es werden 5 bis 15% TiO_2 und 1 bis 6% Kobaltoxid benötigt. Es muß oxidierend bis neutral gebrannt werden.

596) SK 05a/02a halbmatt, opak, mittelgrüne Alkaliglasur

1.00 Na_2O	0.558 Al_2O_3	9.905 SiO_2
	2.930 B_2O_3	
	+ 5–8% TiO_2	
	1–2% CoO	

96,2 Fritte 3784 Ferro
3,8 Kaolin
+ 5,5 Titanoxid
1,5 Kobaltoxid

597) SK 04a/02a opak, glänzend bis seidenmatt, olivgrün   *E. Reuter*

1.00 Na_2O	0.296 Al_2O_3	3.645 SiO_2
	1.990 B_2O_3	0.242 TiO_2
	0.070 Sb_2O_3	0.253 SnO_2
	+ 5–7% CoO	

71,4 Fritte 3759 Ferro
14,3 china clay
7,1 Zinnoxid
3,6 Antimonoxid
3,6 Titanoxid
+ 6,0 Kobaltoxid

598) SK 01a/2a seidenmatt, niedrigviskos, hell bis mittelgrün   *M. Nicolay*

0.268 Li_2O	0.049 Al_2O_3	0.488 SiO_2
0.049 K_2O		0.247 TiO_2
0.390 ZnO		
0.244 BaO	+ 0.8–2.5% $CoCO_3$	
0.049 PbO		

62,5 Fritte 4067 M&M
12,5 Zinkoxid
12,5 Titanoxid
12,5 Lithiumcarbonat
+ 1,2 Kobaltcarbonat

599) SK 5a/8 matt, kristallin, dunkelgrün   *B. Olleck*

0.039 Na_2O	0.402 Al_2O_3	2.354 SiO_2
0.333 K_2O	0.077 B_2O_3	
0.226 CaO		
0.220 ZnO	+ 5–7% TiO_2	
0.182 BaO	5–7% CoO	

55,0 K-Feldspat
16,0 Fritte 90016 Degussa
12,0 Bariumcarbonat
6,0 Zinkoxid
6,0 china clay
5,0 Kreide
+ 6,5 Titanoxid
5,5 Kobaltoxid

2.5.4.6 Grün durch spezielle Farbkörper (FK)

Es gibt drei Gruppen von Grünfarbkörpern, nämlich die Ca-Si-Cr- oder Viktoria-Grünfarbkörper, die auf der Basis Co-Cr aufgebauten Farbkörper (Co-Cr-Zn, Co-Cr-Ca-Zn, Al-Co-Cr, Si-Cr-Zn-Co) und die Gruppe der Vanadin-Grün-Farbkörper (Zr-Si-Sn-V, Zr-Si-Pr-V), die ein Mischfarbkörper aus Zinn-Vanadin-Gelb oder Zirkon-Praseodym-Gelb mit Zirkon-Vanadin-Blau sind. Die Grünfarbkörper auf der Basis von Kupferoxid eignen sich vor allem zum Färben bleireicher Glasuren für niedrige Brenntemperaturen, auch für Zinnoxid-Trübung.

1. Grün durch Ca-Si-Cr-Farbkörper entsteht am besten in bleifreien, CaO-reichen Glasuren, die kein ZnO enthalten dürfen. Die Farbe wird auch am besten in transparenten Glasuren mit Wollastonit im Versatz und ist bis 1200 °C gut beständig.

600)   SK 2a/6a   glänzend, halbopak, hellgrün

0.138 Na$_2$O	0.228 Al$_2$O$_3$	1.685 SiO$_2$	74,0	Fritte 90368 Degussa
0.715 CaO	0.138 B$_2$O$_3$		11,1	Wollastonit
0.109 MgO			7,5	china clay
0.038 BaO	+ 2−5% FK Ca-Si-Cr		3,7	Dolomit
			3,7	Bariumcarbonat
			+ 3,0	FK 21223 Degussa

601)   SK 5a/6a   glatt, seidenmatt, leuchtendgrün-hell

0.337 Li$_2$O	0.707 Al$_2$O$_3$	2.683 SiO$_2$	83,3	Anorthitmehl Mandt
0.257 Na$_2$O			8,3	Lithiumcarbonat
0.020 K$_2$O	+ 2.5−5% FK Ca-Si-Cr		8,3	china clay
0.333 CaO			+ 4,4	FK 14038 Ferro
0.053 MgO				

2. Die Chrom-Kobalt-Grünfarbkörper dürfen nur in ZnO-freien Glasuren benutzt werden, wenn ihr Farbton nicht gestört werden soll. Die Glasuren müssen auch arm an MgO sein, weil sonst wie beim ZnO eine Braunverfärbung eintritt. Sie können oxidierend wie reduzierend gebrannt werden und sind bis maximal 1350−1400 °C beständig.

602)   SK 2a   seidenmatt bis glänzend, dunkelgrün mit Blaustich   H. Otten

0.154 Na$_2$O	0.339 Al$_2$O$_3$	1.692 SiO$_2$	30,0	Na-Feldspat Ventilato
0.068 K$_2$O	0.243 B$_2$O$_3$		20,0	K-Feldspat B 412
0.645 CaO			15,0	Kalkspat
0.133 BaO	+ 3−5% FK Cr-Co-Si-Zn		15,0	Calciumborat-2-hydrat
			10,0	Bariumcarbonat
			10,0	china clay
			+ 3,5	FK 14034 Ferro

603)   SK 6a/7   matt, lebhaft kristallin, hell olivgrün bis dunkelbraungrün, je nach Auftrag   H. Riedel

0.118 Na$_2$O	0.318 Al$_2$O$_3$	1.806 SiO$_2$	33,3	Ton 904 St. Schmidt
0.011 K$_2$O	0.025 Fe$_2$O$_3$	0.025 TiO$_2$	33,3	Zement PZ 35
0.833 CaO			33,4	Na-Feldspat
0.038 MgO	+ 3% FK Cr-Co		+ 3,0	FK 14016 Ferro

3. Die Zirkon-Silizium-Vanadium-Grünfarbkörper sind bis 1300 °C beständig und gut für zirkongetrübte Glasuren geeignet, die hochviskos, bleihaltig oder bleifrei sein dürfen. Blei- und alkalireiche Glasuren sind weniger geeignet. Es soll oxidierend bis neutral gebrannt werden. Man braucht 4 bis 8% Farbkörper-Zusatz für ausreichende Grünfärbung.

604)   SK 5a/6a   glänzend, halbopak, Geschirrglasur, zart-hellgrün

0.159 Na$_2$O	0.330 Al$_2$O$_3$	1.941 SiO$_2$	71,4	Fritte 90368 Degussa
0.553 CaO	0.158 B$_2$O$_3$	0.090 ZrO$_2$	14,3	china clay
0.079 MgO			7,1	Zinkoxid
0.209 ZnO	+ 2−6% FK Zr-Si-Sn-V		7,2	Zirkonsilikat Ultrox 500 W R&S
			+ 3,8	FK 21486 Degussa

2.5.4.7 Seladongrüne Glasuren für oxidierenden Brand

sind zartgrüne Glasuren, die den »echten Seladonglasuren« (Abs. 2.6.3, S. 333) ähnlich sehen, aber durch Kupfer- oder Chromverbindungen oder Farbkörper gefärbt sind. Da es hierbei auch auf die Oberflächenqualitäten ankommt, sind solche Glasuren fast ausnahmslos nur bei hohen Brenntemperaturen gut zu erreichen.

605) SK 5a/7   seidenmatt, zartgrün bis olivgrün, je nach Auftrag, halbopak, glatt, bleihaltig!   *U. Ullmann*

0.118 K_2O	0.160 Al_2O_3	1.943 SiO_2
0.232 CaO		
0.534 MgO	+ 1–4% CuO	
0.116 PbO		

- 30,0 K-Feldspat
- 24,0 Talkum
- 15,0 Fritte 90001 Degussa
- 10,0 Quarz
- 10,0 Dolomit
- 6,0 Wollastonit
- 5,0 china clay
- + 3,0 Kupferoxid

606) SK 5a/7   seidenmatt, zart gelblichgrün, bleihaltig!   *U. Radermacher*

0.012 Na_2O	0.145 Al_2O_3	2.09 SiO_2
0.030 K_2O	0.169 B_2O_3	
0.002 CaO	0.002 Fe_2O_3	
0.335 MgO		
0.508 ZnO	+ 1–2% CuO	
0.113 PbO		

- 29,8 Kaolinton 132/I
- 17,9 Talkum
- 17,8 Fritte 90062 Degussa
- 17,8 Zinkoxid
- 16,7 Quarzmehl W 10
- + 0,8 Kupfercarbonat

607) SK 6a/7   seidenglänzend, halbopak, olivgrün   *R. Piscaer*

0.126 K_2O	0.635 Al_2O_3	2.540 SiO_2
0.505 ZnO		
0.243 SrO	+ 0.5–2% CuO	
0.126 BaO	0.2–0.5% Cr_2O_3	

- 37,4 Kaolin
- 20,1 K-Feldspat
- 13,0 Quarzmehl
- 11,7 Zinkoxid
- 10,7 Strontiumcarbonat
- 7,1 Bariumcarbonat
- + 1,0 Kupferoxid
- 0,5 Chromoxid

608) SK 7/9   glänzend bis seidenmatt, bläulichgrün   *H. Ganter/R. Piscaer*

0.034 Na_2O	0.419 Al_2O_3	2,148 SiO_2
0.089 K_2O		
0.829 CaO	+ 0.5–1.0% CuO	
0.047 MgO		

- 28,0 Kalkspat
- 27,0 china clay
- 25,0 K-Feldspat B 412
- 17,0 Quarzmehl W 10
- 3,0 Dolomit
- + 0,5 Kupferoxid

2.5.5 Blaue Glasuren

2.5.5.1 Kobaltblaue Glasuren

entstehen am einfachsten durch Kobaltverbindungen, weil diese in fast allen silikatischen Glasurzusammensetzungen sowohl im oxidierenden wie im reduzierenden Brand und bei allen Temperaturen bis über 1400 °C intensiv blau färben und deshalb schon geringste Mengen des Farboxids ausreichen.

Reine Alkaliglasuren werden durch Kupferoxid blau (ohne Violettstich wie bei Kobaltoxid, dafür mit Neigung zum Türkisgrün).

ZnO-reiche Mattglasuren können durch Nickelverbindungen blau gefärbt werden.

Titanhaltige Glasuren mit Alkaligehalt können bei reduzierendem Brand blaue Färbungen bilden, desgleichen kupferhaltige Glasuren.

Außerdem ist die Blaufärbung auch durch Vanadin-Blau-Farbkörper möglich (vgl. auch Abs. 1.5.5).

haben häufig einen typischen Violettstich. Dieser verschwindet in ZnO-reichen Glasuren (Zinkmattglasuren). Rötlichviolett entsteht in MgO-reichen Glasuren (Magnesiummattglasuren). Es werden in der Regel 0,1 bis maximal 3% Kobaltoxid benötigt; Karbonate und Phosphate des Kobalts lösen sich leichter und schneller als die Oxide in der Glasurschmelze. Zirkongetrübte Glasuren ergeben mit Kobaltoxid keine guten Blaufarbtöne. Kobaltblau erscheint oft angenehmer fürs Auge, wenn es durch gleichzeitige Zugabe von sehr wenig Fe_2O_3, oder MnO_2 oder CuO oder NiO gebrochen wird. Vgl. auch Abs. 1.5.5.1 und die Glasuren Nr. 14, 63, 70, 75, 78, 80, 81, 82, 84, 91, 220, 227, 234, 245, 249.

---

609) SK 016/014   glänzend, halbopak, dunkelblau, bleihaltig!

0.098 Li_2O	0.014 Al_2O_3	1.370 SiO_2
0.202 Na_2O	0.461 B_2O_3	
0.152 K_2O		
0.152 CaO		
0.089 ZnO	+ 1–2% $CoCO_3$	
0.307 PbO		

46,9 Fritte 90062 Degussa
46,9 Fritte 1233 M&M
3,1 Zinkoxid
3,1 Lithiumcarbonat
+ 1,2 Kobaltcarbonat

---

610) SK 03a/01a   opak, matt, glatt, intensiv-blau, bleihaltig!   *H. Erenler*

0.08 Na_2O	0.096 Al_2O_3	0.952 SiO_2
0.01 K_2O		0.023 SnO_2
0.13 CaO		
0.07 MgO	+ 0.3–0.7% $CoCO_3$	
0.53 ZnO		
0.18 PbO		

94,3 Fritte 3520 Ferro
3,8 china clay
1,9 Zinnoxid
+ 0,5 Kobaltcarbonat

---

611) SK 03a/2a   opak, matt, glatt, violettblau, bleiarm!

0.040 Li_2O	0.154 Al_2O_3	1.648 SiO_2
0.126 Na_2O	0.276 B_2O_3	
0.002 K_2O		
0.441 CaO		
0.254 MgO	+ 1–2% $CoCO_3$	
0.096 ZnO		
0.040 PbO		

71,4 Fritte 3568 Ferro
21,4 Dolomit
3,6 Zinkoxid
3,6 china clay
+ 1,0 Kobaltcarbonat

| 612) | SK 2a/4a | matt, glatt, opak, niedrigviskos, mittelblau, bleiarm! | | | *M. Müksch* |

$$0.149 \text{ Na}_2\text{O} \quad 0.179 \text{ Al}_2\text{O}_3 \quad 2.229 \text{ SiO}_2$$
$$0.007 \text{ K}_2\text{O} \quad 0.276 \text{ B}_2\text{O}_3$$
$$0.804 \text{ CaO}$$
$$0.019 \text{ ZnO}$$
$$0.021 \text{ PbO}$$

- 58,0 Fritte 90378 Degussa
- 29,0 Wollastonit
- 6,5 china clay
- 6,5 Farbfritte J3394 R&S

---

613) SK 2a/7 — opak, glänzend, hellblau — *C. Seul/H. Falkenbach*

$$0.298 \text{ Na}_2\text{O} \quad 0.578 \text{ Al}_2\text{O}_3 \quad 5.099 \text{ SiO}_2$$
$$0.252 \text{ K}_2\text{O} \quad 0.526 \text{ B}_2\text{O}_3$$
$$0.412 \text{ CaO}$$
$$0.038 \text{ ZnO} \quad + 4-6\% \text{ SnO}_2$$
$$\quad\quad\quad\quad\quad 0.2-0.6\% \text{ CoO}$$

- 58,8 Fritte 90378 Degussa
- 29,4 K-Feldspat
- 5,9 Quarzmehl
- 5,9 china clay
- \+ 6,0 Zinnoxid
- 0,5 Kobaltoxid

---

614) SK 4a/7 — seidenmatt, dunkelblau, dünn glasieren, bei SK 7 glänzend, auch gut für reduzierenden Brand — *U. Ullmann*

$$0.123 \text{ Na}_2\text{O} \quad 0.265 \text{ Al}_2\text{O}_3 \quad 1.538 \text{ SiO}_2$$
$$0.119 \text{ K}_2\text{O} \quad 0.058 \text{ B}_2\text{O}_3$$
$$0.170 \text{ CaO}$$
$$0.148 \text{ BaO} \quad + 2-3\% \text{ CoCO}_3$$
$$0.439 \text{ ZnO} \quad 0.2-0.6\% \text{ Cr}_2\text{O}_3$$

- 22,0 K-Feldspat B 412
- 22,0 Na-Feldspat
- 16,0 Zinkoxid
- 16,0 Fritte 90016 Degussa
- 13,0 Bariumcarbonat
- 6,0 china clay
- 5,0 Kreide
- \+ 3,0 Kobaltcarbonat
- 0,5 Chromoxid

---

615) SK 5a/6a — matt bis seidenmatt, dunkelblau mit hellen, violetten Flecken, typisches Zink-Barium-Matt, bleihaltig! — *M. Nicolay*

$$0.086 \text{ K}_2\text{O} \quad 0..086 \text{ Al}_2\text{O}_3 \quad 1.046 \text{ SiO}_2$$
$$0.431 \text{ BaO} \quad\quad\quad\quad\quad\quad\quad 0.109 \text{ TiO}_2$$
$$0.139 \text{ MgO} \quad + 0.6-1.2\% \text{ CoO}$$
$$0.258 \text{ ZnO}$$
$$0.086 \text{ PbO}$$

- 87,0 Fritte 4067 M&M
- 8,7 Talkum
- 4,3 Titanoxid
- \+ 0,9 Kobaltoxid

---

616) SK 7 — opak, seidenmatt bis fast glänzend, je nach Auftragsstärke, Geschirrglasur, hellblau — *M. Adam*

$$0.074 \text{ Li}_2\text{O} \quad 0.401 \text{ Al}_2\text{O}_3 \quad 2.392 \text{ SiO}_2$$
$$0.052 \text{ Na}_2\text{O} \quad\quad\quad\quad\quad\quad 0.343 \text{ TiO}_2$$
$$0.093 \text{ K}_2\text{O} \quad + 0.5\% \text{ CoCO}_3$$
$$0.735 \text{ CaO} \quad 0.5\% \text{ CuCO}_3$$
$$0.046 \text{ MgO} \quad 0.2\% \text{ Fe}_2\text{O}_3$$

- 22,3 K-Feldspat B 412
- 22,3 Kalkspat
- 17,9 Ton W 100, weiß fett
- 17,9 Quarzmehl W 10
- 8,9 Titanoxid
- 6,2 china clay
- 2,7 Dolomit
- 1,8 Lithiumcarbonat
- \+ 0,5 Kobaltcarbonat
- 0,5 Kupfercarbonat
- 0,2 Eisen(III)-oxid

617)	SK 6a/8	glatt, matt bis glänzend, je nach Auftragsstärke, schwarzgrüblau				H. Heumüller
		0.388 Na_2O	0.508 Al_2O_3	3.049 SiO_2		72,7 Na-Feldspat
		0.028 K_2O	0.043 Fe_2O_3	0.018 TiO_2		18,2 Basaltmehl TK
		0.434 CaO				9,1 Kreide
		0.150 MgO	+ 2–3% CoO			+ 2,3 Kobaltoxid
618)	SK 6a/9	matt, glatt, dunkelblau ohne Violettstich				E. Martens
		0.101 Li_2O	0.486 Al_2O_3	2.274 SiO_2		24,6 K-Feldspat B 412
		0.036 Na_2O				22,9 china clay
		0.087 K_2O	+ 1,0% $CuCO_3$			17,7 Kreide
		0.494 CaO	2–5% $CoCO_3$			13,3 Quarzmehl
		0.282 ZnO				13,3 Spodumen
						8,2 Zinkoxid
						+ 3,5 Kobaltcarbonat
						1,0 Kupfercarbonat

2.5.5.2 Kupferblaue Glasuren (»ägyptischblau«)

entstehen nur in Alkaliglasuren, die gleichzeitig nur sehr wenig Al_2O_3 enthalten. Mehr Al_2O_3 und andere basische Oxide ziehen das Blau immer ins Türkisblau bis -grün. Am wenigsten wird das Kupferblau gestört durch: CaO, MgO, BaO. Diese Glasuren eignen sich wegen ihres hohen Alkali-Gehalts und niedrigen Al_2O_3-Anteils nur für niedrige Brenntemperaturen, denn sie schmelzen, mit mehr SiO_2 für hohe Temperaturen eingestellt, nicht glatt genug. Es werden in der Regel 2 bis 5% Kupferoxid gebraucht (vgl. Abs. 1.5.5.2; 2.2.3; 2.2.4).

619)	SK 04a/03a	glänzend, transparent, craquelée, türkisblau				M. Kropp
		0.40 Na_2O	0.198 Al_2O_3	3.098 SiO_2		76,9 Fritte 1233 M&M
		0.30 K_2O				15,4 china clay
		0.30 CaO	+ 2–4% CuO			7,7 Quarz
						+ 3,5 Kupferoxid
620)	SK 03a/02a	matt, opak, niedrigviskos, türkisblau				C. Zart
		0.129 Na_2O	0.057 Al_2O_3	0.514 SiO_2		66,7 Bariumcarbonat
		0.129 K_2O	0.172 B_2O_3			33,3 Fritte 90167 Degussa
		0.029 CaO				+ 1,5 Kupferoxid
		0.713 BaO	+ 0.5–2% CuO			
621)	SK 2a/3a	opak, matt, türkisblau				K. Rebmann
		0.303 Na_2O	0.068 Al_2O_3	1.985 SiO_2		66,7 Fritte 1233 M&M
		0.231 K_2O	0.001 Fe_2O_3	0.002 TiO_2		26,6 Magnesit
		0.227 CaO				6,7 Ton 1200 GuS
		0.239 MgO	+ 4–5% CuO			+ 4,0 Kupferoxid

Siehe auch Glasuren Nr. 74, 76.

2.5.5.3 Nickelblaue Glasuren

müssen viel Zinkoxid enthalten. Sie neigen deshalb zu hoher Trockenschwindung (Gefahr des Abblätterns beim Trocknen des Glasurschlickers!) und wegen hoher Oberflächenspannung der Schmelze dazu, den Scherben schlecht zu benetzen. Wenn man sie höher brennt, als zum Schmelzen unbedingt notwendig, werden sie schnell sehr niedrigviskos und können Kristallglasuren ergeben. Aufgrund des hohen ZnO-Gehaltes sind sie in der Regel matt. Durch mehr Barium- und/oder Strontiumoxid in der Segerformel kann das Nickelblau zum Blauviolett-Rotviolett-Weinrot werden (vgl. Abs. 2.5.1.5). Der hohe ZnO-Anteil im Versatz ermöglicht niedrige Anteile von Kaolin oder fettem Ton – welche das Nickelblau auch nachteilig beeinflussen würden. Dadurch wird gleichzeitig eine gefährlich große Trockenschwindung verringert. Es ist dabei auch sinnvoll, einen Teil des Zinkoxids in Form von Fritten einzuführen (siehe auch Abs. 2.4.2.2, Zinkmattglasuren). Es werden 1 bis 4% Nickeloxid oder -karbonat gebraucht. Das Nickelblau hat vielfach einen deutlichen Grünstich.

---

622) SK 03a/2a   matt, glatt, bei SK 4a blaue Kristallglasur, bleihaltig!   *H. Erenler*

0.069 Li$_2$O	0.078 Al$_2$O$_3$	0.654 SiO$_2$	71,4 Fritte 3520 Ferro
0.052 Na$_2$O	0.092 B$_2$O$_3$		17,8 Zinkoxid
0.007 K$_2$O			7,2 Ton W 100 weiß fett
0.079 CaO	+ 1–2% NiCO$_3$		3,6 Lithiumcarbonat
0.043 MgO			+ 1,5 Nickelcarbonat
0.640 ZnO			
0.110 PbO			

---

623) SK 2a/5a   seidenmatt, leuchtendviolettblau, bei SK 5a dunkelbraun, bleihaltig!   *A. Bogatay*

0.026 Na$_2$O	0.118 Al$_2$O$_3$	1.245 SiO$_2$	38,9 Strontiumcarbonat
0.057 K$_2$O			19,5 K-Feldspat B 412
0.596 SrO			15,3 Fritte 3527 Ferro
0.199 ZnO	+ 3–4% NiCO$_3$		14,7 Quarz
0.122 PbO			7,1 Zinkoxid
			4,5 china clay
			+ 4,0 Nickelcarbonat

---

624) SK 2a/3a   stumpfmatt, blau mit Graustich, bleihaltig!   *U. Radermacher*

0.030 Na$_2$O	0.100 Al$_2$O$_3$	0.900 SiO$_2$	32,8 Fritte 3527 Ferro
0.170 BaO			18,8 Zinkoxid
0.520 ZnO	+ 2–3% NiCO$_3$		15,2 Bariumcarbonat
0.260 PbO			10,2 Na-Feldspat
			14,2 Quarz
			7,0 china clay
			+ 2,0 Nickelcarbonat

---

625) SK 3a/6a   glatt, seidenmatt, dunkelblau   *W. Roil*

0.094 Li$_2$O	0.162 Al$_2$O$_3$	1.209 SiO$_2$	43,7 K-Feldspat B 412
0.042 Na$_2$O			29,1 Zinkoxid
0.097 K$_2$O			10,9 Quarzmehl W 10
0.089 CaO			5,1 Kreide
0.626 ZnO			4,0 Lithiumcarbonat
0.052 NiO			3,6 china clay
			3,6 Nickelcarbonat

2.5.5.4 Titanblaue Glasuren

Titanblau erscheint, wie auch das Blau der Borschleier oder das Kupferblau der Reduktionsglasuren, deutlich nur über dunklem Untergrund oder in dunkel gefärbten, glänzenden Glasuren und beruht nach allen bisherigen Erfahrungen auf Ausscheidungen im kolloidalen Größenbereich. Dafür ist reduzierendes Brennen erforderlich, es bedarf aber oft nur sehr schwacher Reduktion. Die kolloidal gelösten Teilchen müssen für einen blauen Farbeindruck im Größenbereich zwischen 0,4 und 0,8 μm liegen. In der Praxis ist es nahezu unmöglich, dies in ausreichender Menge und in gleichmäßiger Verteilung in der Glasurschicht zu erreichen. Es entstehen deshalb unzuverlässige Färbungen, die in der Regel neben blau opak auch weißtrübe oder transparente Stellen aufweisen, und sehr stark von den Faktoren des gesamten Brandes abhängig sind. Manchmal ist auch zweimaliges Brennen von Vorteil, im ersten Brand stark reduzierend, im zweiten Brand neutral bis leicht oxidierend.

626) SK 1a/6a glänzend, niedrigviskos, opak bis transparent, beige bis blau, reduzierend brennen, bleireich!

0.15 Na_2O	0.20 Al_2O_3	2.10 SiO_2	38,2 Fritte 90001 Degussa
0.15 K_2O	0.50 B_2O_3	0.02 SnO_2	18,0 Quarz
0.20 CaO			12,9 Calciumborat-6-hydrat
0.50 PbO	+ 2–4% TiO_2		11,3 Kaolin
			10,4 Fritte 90062 Degussa
			9,2 Fritte 90167 Degussa
			+ 1,0 Zinnoxid
			3,0 Titanoxid

627) SK 5a/7 seidenmatt bis glänzend, beigegelb bis dunkel-titanblau, reduzierend brennen

0.30 K_2O	0.15 Al_2O_3	1.40 SiO_2	33,3 K-Feldspat
0.30 BaO	0.01 B_2O_3	0.30 TiO_2	23,6 Bariumcarbonat
0.30 ZnO			12,0 Quarz
0.10 MgO			9,6 Titanoxid
			9,5 Zinkoxid
			8,3 Pottasche
			3,3 Magnesit
			0,4 Zinkborat

628) SK 7/8 glänzend, opak hell titanblau, nadelstichig, reduzierend brennen *P. Thumm*

0.293 Na_2O	0.667 Al_2O_3	4.031 SiO_2	30,0 Na-Feldspat Ventilato
0.176 K_2O	0.563 B_2O_3	0.563 TiO_2	30,0 K-Feldspat B 412
0.013 CaO			30,0 Fritte 3244 Ferro
0.518 MgO			10,0 Titanoxid

siehe auch Abschnitt 2.6.5.1, Seite 343

2.5.5.5 Blau durch Borschleier

Ausscheidungen oder Entmischungen im kolloidalen Größenbereich sind auch für folgende zwei Glasuren farbbestimmend; deren blaue Färbung wird aber nur über dunkler Engobe oder auf dunklem Scherben sichtbar. Mit sehr wenig Kobaltoxid gefärbt, ergeben sie ein beißend leuchtendes Blau. Sie sind nicht ganz transparent, sondern wolkig trüb. Für Borschleier-Blau muß viel CaO, B_2O_3 und etwas TiO_2, ZnO, aber wenig PbO in der Glasur enthalten sein.

629)	SK 03a/1a	glänzend, halbopak, hellblau			
		0.40 Na$_2$O	0.372 Al$_2$O$_3$	4.046 SiO$_2$	95,2 Fritte 90378 Degussa
		0.55 CaO	0.700 B$_2$O$_3$		4,8 Kaolin
		0.05 ZnO			+ 2,0 Titanoxid
			+ 2–3% TiO$_2$		
630)	SK 1a/2a	glänzend, halbopak, hellblau			
		0.25 Na$_2$O	0.368 Al$_2$O$_3$	3.136 SiO$_2$	90,9 Fritte 90016 Degussa
		0.25 K$_2$O	0.500 B$_2$O$_3$		9,1 china clay
		0.50 CaO			

2.5.5.6 Blaue Glasuren mit Farbkörpern (FK)

Die üblichen Blaufarbkörper sind meist auf einem Co-Al-Spinelltyp aufgebaut. Sie reagieren wegen des hohen Al$_2$O$_3$-Gehaltes nicht wie reines Kobaltoxid als Flußmittel, sondern machen häufig die Glasuren etwas schwerer schmelzbar.

Farbnuancen nach violettblau und typisches Kobaltblau bieten die Co-Si- und die Co-Si-Al-Farbkörper, nach himmelblau die Co-Al-Zn-Farbkörper. Die kobalthaltigen Farbkörper sind meistens bis 1450 °C beständig und eignen sich für alle Glasurarten, oxidierend wie reduzierend gebrannt. Man benutzt sie vor allem dort, wo mit den Oxiden Blasenbildung auftritt. Man benötigt etwa 2 bis 5% Blaufarbkörper für ausreichende Färbung.

Soll ein größerer Grünanteil im Blau sein, oder müssen hochviskose zirkongetrübte Glasuren gefärbt werden, nimmt man lieber Zirkon-Silizium-Vanadin-Blau-Farbkörper. Diese sind bis 1350 °C anwendbar, sollen oxidierend gebrannt werden, und müssen in Mengen zwischen 4 und 8% zugesetzt werden; sie eignen sich auch gut zur Färbung MgO-reicher Glasuren.

631)	SK 02a/2a	seidenmatt, opak, hellblautürkis, bleihaltig!			*H. Konz*
		0.057 Na$_2$O	0.096 Al$_2$O$_3$	1.116 SiO$_2$	71,4 Fritte 3520 Ferro
		0.007 K$_2$O	0.107 B$_2$O$_3$		21,4 Talkum
		0.093 CaO			7,2 china clay
		0.336 MgO	+ 4–6% FK Zr-Si-V		+ 5,0 FK 15094 Ferro
		0.379 ZnO			
		0.128 PbO			
632)	SK 2a/3a	seidenmatt, opak, hellblau			*W. Euler*
		0.032 Na$_2$O	0.177 Al$_2$O$_3$	1.084 SiO$_2$	70,0 Fritte 90420 Degussa
		0.032 K$_2$O			15,0 china clay
		0.052 CaO	+ 2–4% FK Zr-Si-V		10,0 Zinkoxid
		0.052 MgO			5,0 Dolomit
		0.299 BaO			+ 3,0 FK 22330 Degussa
		0.533 ZnO			
633)	SK 6a	matt bis seidenmatt, intensiv leuchtendblau			*G. Hartleb*
		0.044 Na$_2$O	0.139 Al$_2$O$_3$	0.888 SiO$_2$	41,8 Zinkoxid
		0.005 K$_2$O			17,1 Na-Feldspat
		0.161 CaO	+ 2–4% FK Si-Zn-Co		13,7 Quarz
		0.790 ZnO			10,3 china clay
					10,3 Kreide
					6,8 Ton 1200, weiß, fett
					+ 2,7 FK 15054 Ferro

2.5.6 Violette Glasuren

sind entweder mehr rotviolett oder mehr blauviolett; sie können in den jeweils passenden Glasurzusammensetzungen durch Manganverbindungen in Alkali-Glasuren, Kobaltverbindungen in MgO-reichen Glasuren, mit Nickelverbindungen in ZnO-BaO-SrO-haltigen Glasuren, mit Kupferoxid in titanoxidhaltigen Reduktionsglasuren, durch Kombination von Pinkfarbkörpern mit Kobaltverbindungen erreicht werden oder auch durch spezielle Farbkörper (vgl. auch Abs. 2.2.4.2; 2.5.5.1; 2.5.5.3; 2.6.2).

2.5.6.1 Manganviolette Glasuren

müssen reine Alkaliglasuren sein, mit sehr wenig Al_2O_3 und wenig B_2O_3 und PbO. Manganviolett ist immer ein Rotviolett, das durch die üblichen Trübungsmittel in seiner klaren Farbe gestört wird. BaO, CaO, MgO stören die Farbe weniger. Manganviolette Glasuren sind deshalb meistens Craquelée-Glasuren und eher für niedrige Brenntemperaturen geeignet. Höhere Gehalte an PbO, B_2O_3, Al_2O_3, ZnO, lassen das Violett zu Braun werden. Vgl. Glasuren Nr. 65, 79, 236.

634)	SK 03a	opak, matt, violett					*C. Zart*
		0.206 Na_2O	0.164 Al_2O_3	1.024 SiO_2		58,8	Fritte 90167 Degussa
		0.203 K_2O	0.267 B_2O_3			29,4	Kreide
		0.591 CaO				11,8	Ton W 100
			+ 2–3% MnO_2			+ 2,0	Braunstein
635)	SK 03a/1a	matt, halbopak, violett(-bräunlich)					
		0.20 Na_2O	0.08 Al_2O_3	2.00 SiO_2		41,1	Fritte 1233 M&M
		0.15 K_2O				37,3	Bariumcarbonat
		0.15 CaO	+ 3–5% $MnCO_3$			15,2	Quarz
		0.50 BaO				6,4	china clay
						+ 3,5	Mangancarbonat

2.5.6.2 Kobaltviolette Glasuren

Kobaltviolett entsteht am besten in den Magnesium-Mattglasuren, also in Glasuren, deren Versätze hohe Anteile an Talkum, Dolomit, Magnesit oder Sepiolith aufweisen. Die Farbe reicht bis zum deutlichen Rotviolett. Al_2O_3 und B_2O_3 stören offensichtlich auch in höheren Anteilen nicht.

636)	SK 03a/2a	glänzend bis matt, kräftig rotviolett					*E. Ische*
		0.063 Na_2O	0.317 Al_2O_3	2.045 SiO_2		83,0	Fritte 3244 Ferro
		0.048 K_2O	0.923 B_2O_3			12,8	Fritte 1233 M&M
		0.048 CaO				4,2	china clay
		0.841 MgO	+ 1–3% $CoCO_3$			+ 2,0	Kobaltcarbonat
637)	SK 2a/3a	matt, opak, mittel bis hellviolett					*W. Hartmann*
		0.122 Na_2O	0.254 Al_2O_3	1.423 SiO_2		68,0	Fritte 90368 Degussa
		0.427 CaO	0.122 B_2O_3			17,2	Magnesit
		0.451 MgO				13,8	china clay
			+ 1.5–3% CoO			+ 2,1	Kobaltoxid

638)	SK 6a/7	matt bis stumpfmatt, violettblau bis rötlichlila				*B. Olleck*
		0.165 Na$_2$O	0.299 Al$_2$O$_3$	2.229 SiO$_2$	64,5	Fritte 1076 M&M
		0.117 K$_2$O	0.285 B$_2$O$_3$	0.128 ZrO$_2$	23,6	Bimssteinmehl
		0.173 CaO	0.011 Fe$_2$O$_3$	0.095 F	11,9	Magnesit
		0.402 MgO			+ 2,0	Kobaltcarbonat
		0.143 ZnO	+ 1.5–2% CoCO$_3$			
639)	SK 7/9	matt, glatt, violett				*R. Stolzenfeld*
		0.032 Na$_2$O	0.183 Al$_2$O$_3$	2.318 SiO$_2$	37,5	Talkum
		0.077 K$_2$O			28,5	K-Feldspat B 412
		0.256 CaO	+ 4–5% CoCO$_3$		13,9	Wollastonit
		0.635 MgO			11,3	Quarzmehl
					8,8	china clay
					+ 4,6	Kobaltcarbonat

2.5.6.3 Nickelviolette Glasuren

In Zink-Barium-(Strontium)-Mattglasuren kann Nickeloxid violette Färbungen erzeugen, wenn Zinkoxid und Bariumoxid gerade in einem solchen Verhältnis zueinander stehen, daß weder Nickelblau (vgl. Abs. 2.5.5.3) noch Nickelrot (vgl. Abs. 2.5.1.5) sich bilden können. Man kann aber auch Nickelrot-Glasuren sehr wenig Kobaltoxid zusetzen. Man braucht in der Regel 2 bis 4% Nickeloxid oder -carbonat.

640)	SK 03a/02a	matt bis seidenmatt, veilchenblau, bleihaltig!				
		0.104 Li$_2$O	0.138 Al$_2$O$_3$	1.382 SiO$_2$	25,8	Fritte 90062 Degussa
		0.138 CaO	0.276 B$_2$O$_3$		23,2	Bariumcarbonat
		0.309 BaO			14,0	china clay
		0.173 ZnO	+ 1–3% NiCO$_3$		12,0	Quarz
		0.276 PbO			10,2	Fritte 90001
					6,3	Wollastonit
					5,5	Zinkoxid
					3,9	Lithiumcarbonat
					+ 3,0	Nickelcarbonat
641)	SK 1a/4a	seidenmatt, intensiv blauviolett, dick glasieren, bleihaltig!				
		0.072 Na$_2$O	0.125 Al$_2$O$_3$	1.254 SiO$_2$	42,8	Strontiumcarbonat
		0.007 K$_2$O			18,8	Na-Feldspat Ventilato
		0.667 SrO	+ 2–4% NiCO$_3$		15,2	Fritte 90001 Degussa
		0.129 ZnO			14,1	Quarz
		0.125 PbO			4,6	china clay
					4,5	Zinkoxid
					+ 3,5	Nickelcarbonat

642)   SK 5a/6a   seidenmatt, hellrötlichviolett   *U. Benzing*

                   0.035 Na_2O 0.138 Al_2O_3 1.21 SiO_2 34,2 Bariumcarbonat
                   0.082 K_2O 0.061 B_2O_3 30,1 K-Feldspat B 412
                   0.061 CaO   15,9 Zinkoxid
                   0.022 MgO   + 2–4% $NiCO_3$ 11,7 Quarz
                   0.376 BaO   0.5–0.8% $CoCO_3$ 4,6 Calciumborat-2-hydrat
                   0.424 ZnO   2,2 china clay
                                                                                1,3 Talkum
                                                                          + 3,3 Nickelcarbonat
                                                                                0,7 Kobaltcarbonat

2.5.6.4 Violett durch Pinkfarbkörper + Kobaltoxid

Je nach Anteil der Kobaltverbindungen und nach Art der Pinkfarbkörper kann natürlich das Violett mehr rötlich oder mehr bläulich wirken. Es werden etwa 5–6% Farbkörper und 0,1% bis 0,5% Kobaltverbindungen gebraucht. Je nach Art der Pinkfarbkörper sollten auch die entsprechend geeigneten Glasurzusammensetzungen benutzt werden (vgl. Abs. 2.5.1.6.1–2.5.1.6.4).

643)   SK 2a/3a   glänzend bis seidenmatt, opak, rotviolett   *R. Kittsteiner*

                   0.126 Na_2O 0.350 Al_2O_3 1.97 SiO_2 27,0 Calciumborat-6-hydrat
                   0.124 K_2O 0.394 B_2O_3 20,2 K-Feldspat B 412
                   0.500 CaO   19,4 Na-Feldspat
                   0.250 BaO   + 2–3% SnO_2 14,4 Bariumcarbonat
                                       6–8% FK Ca-Sn-Cr   8,3 Quarz
                                       0.3–0.6% $CoCO_3$ 7,6 china clay
                                                                           3,1 Kreide
                                                                         + 2,0 Zinnoxid
                                                                           8,0 FK 12004 Ferro
                                                                           0,5 Kobaltcarbonat

644)   SK 3a/6a   seidenmatt, opak, rotviolett, niedrigviskos   *B. Schmidt*

                   0.294 Li_2O 0.130 Al_2O_3 1.556 SiO_2 67,6 Fritte 3568 Ferro
                   0.112 Na_2O 0.241 B_2O_3 13,5 Kreide
                   0.002 K_2O 9,5 Lithiumcarbonat
                   0.558 CaO   + 5–10% SnO_2 6,7 Wollastonit
                   0.034 PbO   3–5% TiO_2 2,7 china clay
                                            3–5% FK Sn-Cr-B   + 6,7 Zinnoxid
                                           3–5% FK-Sn-Si-Ca-Cr   3,4 Titanoxid
                                            1–3% FK Co-Si   3,0 FK 12010 Ferro
                                                                         4,0 FK 12007 Ferro
                                                                         1,5 FK 15033 Ferro

2.5.6.5 Violett durch spezielle Farbkörper (FK)

Blei- und borreiche Glasuren, die nicht zuviel CaO enthalten sollen und alkaliarm sowie ZnO-frei sein sollen, kann man recht gut mit Farbkörpern der Basis Sn-Cr, Sn-Cr-Co, Sn-B-Co, Sn-Cr-B violett färben. Bei richtiger Glasurzusammensetzung sind die Farbkörper bis 1250 °C stabil. Reduktion führt zu Entfärbung. Man braucht in der Regel 5 bis 9% FK zu ausreichender Färbung.

645) SK 02a/1a glänzend, opak, hell-lila, bleihaltig!

0.123 Na$_2$O	0.270 Al$_2$O$_3$	3.017 SiO$_2$	84,7 Fritte 3496 Ferro
0.044 K$_2$O	0.192 B$_2$O$_3$	0.063 SnO$_2$	8,5 china clay
0.236 CaO			4,3 Talkum
0.125 MgO	+ 6–8% FK Sn-B-Co-Cr		2,5 Zinnoxid
0.472 PbO			+ 7,0 FK 15053 Ferro

646) SK 03a/02a glänzend, halbopak, violett, bleihaltig!

0.25 KNaO	0.385 Al$_2$O$_3$	3.171 SiO$_2$	94,3 Fritte 90150 Degussa
0.15 CaO	0.400 B$_2$O$_3$		5,7 Kaolin
0.17 MgO			+ 7,0 FK 28029 Degussa
0.03 BaO	+ 6–8% FK Sn-Cr-Co		
0.40 PbO			

647) SK 4a/6a glänzend, opak, aubergine-violett, niedrigviskos, bleihaltig!

0.25 K$_2$O	0.25 Al$_2$O$_3$	2.50 SiO$_2$	38,4 K-Feldspat
0.25 CaO	0.25 B$_2$O$_3$		19,5 Fritte A 1316 R&S
0.25 BaO			16,1 Calciumborat-6-hydrat
0.25 PbO	+ 7–10% FK SnCr		13,6 Bariumcarbonat
			12,4 Quarz
			+ 9,0 FK K2274 R&S

2.5.6.6 Kupfer-Titan-violette Glasuren

Im reduzierenden Brand können rotviolette Farben entstehen, wenn man kupferroten Glasuren wenig Titanoxid zusetzt. Dafür werden etwa 0,5 bis 2% Kupferoxid und 0,5 bis 2% Titanoxid benötigt. Die Färbung erscheint meist wolkig-fleckig; die Glasuren müssen niedrigviskos sein. Eine sehr gleichmäßige violette Färbung entsteht nicht (siehe Abs. 2.6.2; 2.5.1.4; 2.1.3.6).

2.5.7 Braune Glasuren

können die verschiedensten Farbnuancen aufweisen, von gelbbraun über rotbraun, violettbraun, grünbraun bis schwarzbraun, je nach Grundzusammensetzung der Glasur, Brenntemperatur und Art der färbenden Substanzen.

Gewöhnlich benutzt man für braune Glasuren eisenoxidreiche Tone oder Gesteine (siehe auch Abs. 2.3.2.4.1, Glänzende Lehmglasuren; Abs. 2.7.1.1, Basaltglasuren; Abs. 2.7.2, Lehmglasuren) oder eisenoxidreiche Aschen und Schlacken oder man färbt mit reinen Eisenoxiden – vor allem dann, wenn ganz bestimmte Glasureigenschaften und -oberflächen gewünscht werden, welche die natürlichen Rohstoffe nicht bringen können.

Wo man nicht mit Fe_2O_3 färben kann, werden auch Manganverbindungen, Nickelverbindungen, Chromoxid in Verbindung mit Zinkoxid oder Magnesiumoxid sowie auch spezielle Farbkörper eingesetzt.

Durch Einschluß von Kohlenstoff können in der reduzierend geschmolzenen Glasur auch braune Färbungen entstehen, was oft ein unerwünschter Brennfehler ist. Die gezielte Nutzung dieser einfachen Färbemethode ist in der Glasurtechnik nicht üblich, weil sie zu schwer steuerbar ist.

2.5.7.1 Eisenbraune Glasuren

Glasurzusammensetzung, Auftragsstärke, Art des Brandes und Abkühlgeschwindigkeit beeinflussen die Färbung durch Eisenoxid ganz besonders stark (vgl. Abs. 2.1.3.5; 2.1.3.6; 2.2.4; 2.3.4).

Je nach Art der Grundzusammensetzung der Glasur braucht man einen mehr oder weniger hohen Fe_2O_3-Gehalt für eine Braunfärbung (zwischen 3 und 10% Fe_2O_3). Glasuren mit sehr hohem Alkali- oder Bleioxidanteil lösen das Eisenoxid stärker und brauchen deshalb größere Mengen zur Braunfärbung. Reine Bleiglasuren werden schwarz durch Übersättigung mit Fe_2O_3, Alkali-Bor-Glasuren dagegen rotbraun. Geringe Zugaben von Zinnoxid fördern das Rotbraun, von Titanoxid das Gelbbraun bis Goldbraun. Zinkoxid verursacht Gelbbraun, CaO und MgO fördern das Grünbraun; sie können sogar bei hohen Anteilen in der Glasur ein richtiges Eisenbraun völlig verhindern. Sehr hoher Gehalt an Al_2O_3 fördert das Rotbraun, ähnliche Wirkung zeigen Li_2O und P_2O_5 (vgl. Abs. 2.5.1.3, Eisenrote Glasuren; Abs. 2.5.2.2, Eisen-Titan-Orange; 2.5.3.4, Eisengelbe Glasuren). Niedrige Brenntemperaturen ermöglichen eher gelb- bis rotbraun, mittlere bis hohe Temperaturen erleichtern das Mittel- bis Dunkelbraun, sogar Schwarzbraun, sehr hohe Temperaturen ergeben wieder leichter Eisenrot oder Gelbbraun. Die Erklärung hierfür ist in den bei den verschiedenen Temperaturen sehr unterschiedlichen Löse- und Ausscheidungsverhältnissen zu suchen, sowie in der spontanen aber langsamen Umwandlung des Fe_2O_3 in Fe_3O_4 oder FeO bei Temperaturen oberhalb 1100 °C, in der Neubildung verschieden gefärbter Eisenverbindungen oder in oberflächlichen Oxidations- und Reduktionserscheinungen. Auch die Korngröße der bei der Abkühlung eventuell ausgeschiedenen Eisenoxidpartikel spielt eine oft unterschätzte Rolle.

1. Eisenbraun durch Zusatz von Eisenoxid zur farblosen Glasur:

648)	SK 06a/01a	matt, gelb (+ 2%) bis rotbraun (+ 8%)			*C. Wilhelm*
		0.25 Na_2O	0.11 Al_2O_3	1.12 SiO_2	90,0 Fritte A 1561 R&S
		0.05 K_2O	0.18 B_2O_3		10,0 china clay
		0.13 CaO			+ 2,0–8,0 Eisen(III)-oxid
		0.55 ZnO	+ 2–8% Fe_2O_3		
		0.02 PbO			

649) SK 03a/02a glänzend, transparent, craquelée, honigbraun, bleihaltig!

0.20 Na$_2$O	0.20 Al$_2$O$_3$	1.70 SiO$_2$		34,7 Fritte 90167 Degussa
0.20 K$_2$O	0.20 B$_2$O$_3$			16,0 Quarz
0.50 CaO				16,0 Wollastonit
0.10 PbO	+ 10–12% Fe$_2$O$_3$			13,3 Fritte 90001 Degussa
				12,0 china clay
				8,0 Fritte 90187 Degussa
			+	11,0 Eisen(III)-oxid

650) SK 01a/1a teils glänzend, teils matt kristallin, rotbraun, bleireich!

C. Wilhelm

0.800 PbO	0.097 Al$_2$O$_3$	1.263 SiO$_2$		81,8 Fritte A 1316 R&S
0.200 MgO		0.125 TiO$_2$		9,1 china clay
	+ 4–6% Fe$_2$O$_3$			9,1 Talkum
			+	5,4 Eisen(III)-oxid
				3,6 Titanoxid

651) SK 01a/2a seidenmatt, rotgelbbraun

H. Schwickert

0.10 KNaO	0.178 Al$_2$O$_3$	1.456 SiO$_2$		90,9 Fritte 90420 Degussa
0.45 BaO				9,1 china clay
0.45 ZnO	+ 6–10% Fe$_2$O$_3$		+	9,0 Eisen(III)-oxid

652) SK 2a/5a glänzend, opak, dunkelrotbraun

J.-L. Normand

0.336 Na$_2$O	0.390 Al$_2$O$_3$	3.565 SiO$_2$		87,7 Fritte 3782 Ferro
0.423 CaO	0.668 B$_2$O$_3$			8,8 china clay
0.040 MgO				3,5 Zinkoxid
0.201 ZnO	+ 5–10% SnO$_2$		+	8,5 Zinnoxid
	4–6% Fe$_2$O$_3$			4,5 Eisen(III)-oxid

653) SK 3a/4a seidenmatt, gelblich bis rötlichbraun

T. Gleiss

0.131 Na$_2$O	0.163 Al$_2$O$_3$	1.775 SiO$_2$		62,5 Fritte 90368 Degussa
0.457 CaO	0.131 B$_2$O$_3$	0.351 TiO$_2$		12,5 Zinkoxid
0.065 MgO				12,5 Titanoxid
0.347 ZnO	+ 2–4% Fe$_2$O$_3$			12,5 Quarz
			+	3,0 Eisen(III)-oxid

654) SK 5a/9 glänzend, lebendig braun, Geschirrglasur

M. Adam

0.12 K$_2$O	0.26 Al$_2$O$_3$	2.84 SiO$_2$		24,3 K-Feldspat
0.28 CaO				22,0 Talkum
0.48 MgO	+ 6–10% Fe$_2$O$_3$			17,8 Quarz
0.06 BaO				17,8 china clay
0.06 ZnO				11,8 Wollastonit
				4,5 Bariumcarbonat
				1,8 Zinkoxid
			+	6,3 Eisen(III)-oxid

655)	SK 6a/7	matt bis halbmatt, dunkelrotbraun bis gelbgrünlich, je nach Auftragsstärke, Geschirrglasur			*M. Goedersmann*
		0.046 Na$_2$O	0.410 Al$_2$O$_3$	2,046 SiO$_2$	25,4 Kreutzton, rotbr.
		0.135 K$_2$O	0.030 Fe$_2$O$_3$	0.051 TiO$_2$	29,9 K-Feldspat
		0.612 CaO			20,6 Kalkspat
		0.159 MgO	+ 4–8% Fe$_2$O$_3$		15,0 china clay
		0.048 BaO			4,5 Talkum
					3,5 Bariumcarbonat
					1,1 Titanoxid
					+ 7,0 Eisen(III)-oxid
656)	SK 6a/8	glänzend bis halbmatt, braun bis beige			*A. Pickal*
		0.36 Na$_2$O	0.38 Al$_2$O$_3$	3.25 SiO$_2$	50,8 Fritte 90378 Degussa
		0.46 CaO	0.61 B$_2$O$_3$	0.29 TiO$_2$	28,8 Na-Feldspat
		0.16 SrO			5,1 china clay
		0.03 ZnO	+ 5% Fe$_2$O$_3$		5,1 Colemanit
					5,1 Strontiumcarbonat
					5,1 Titanoxid
					+ 5,0 Eisen(III)-oxid
657)	SK 6a/8	matt bis seidenglänzend, rotbraun bis gelbbraun, oxidierend und reduzierend, Geschirrglasur			*J. Preußer*
		0.169 Na$_2$O	0.543 Al$_2$O$_3$	2.344 SiO$_2$	32,4 K-Feldspat
		0.131 K$_2$O			23,6 Na-Feldspat
		0.700 CaO	+ 3–8% Fe$_2$O$_3$		23,6 Kreide
					20,4 china clay
					+ 7,0 Eisen(III)-oxid

2. Eisenbraun durch rotbrennende Tone oder Basalte
   (siehe auch Abs. 2.7.1.1; 2.7.2; 2.3.2.4)

658)	SK 03a/2a	seidenmatt, opak bis halbtransparent, glänzend, mittelbraun			*C. Dallmer*
		0.116 Na$_2$O	0.294 Al$_2$O$_3$	2.043 SiO$_2$	53,6 Lavalith (Kreutz)
		0.036 K$_2$O	0.123 B$_2$O$_3$	0.023 TiO$_2$	28,6 Fritte 90378 Degussa
		0.349 CaO	0.084 Fe$_2$O$_3$		10,7 Talkum
		0.489 MgO			7,1 Ton W 100, weiß, fett
659)	SK 1a/4a	glatt, matt, gelbbräunlich, bleihaltig!			*C. Reiter/M. Nicolay*
		0.003 Na$_2$O	0.138 Al$_2$O$_3$	1.231 SiO$_2$	71,4 Fritte 4067 M&M
		0.106 K$_2$O	0.011 Fe$_2$O$_3$	0.361 TiO$_2$	10,7 Kreutzton, rotbr.
		0.024 CaO			10,7 Titanoxid
		0.026 MgO			7,2 china clay
		0.467 BaO			
		0.281 ZnO			
		0.093 PbO			

660)	SK 2a/3a	seidenmatt bis matt, hellrotbraun					*V. Thies*
		0.016 Na$_2$O	0.123 Al$_2$O$_3$	1.298 SiO$_2$		50,0	Fritte 3257 Ferro
		0.014 K$_2$O	0.064 B$_2$O$_3$	0.022 ZrO$_2$		25,0	Lavalith Kreutz
		0.262 CaO	0.034 Fe$_2$O$_3$	0.020 SnO$_2$		15,0	Zinkoxid
		0.135 MgO		0.036 TiO$_2$		5,0	china clay
		0.205 BaO				2,5	Quarz
		0.368 ZnO				1,5	Zinnoxid
						1,0	Titanoxid
661)	SK 6a/7	matt, braun bis beigebraun					*E. Reusch*
		0.183 Na$_2$O	0.659 Al$_2$O$_3$	3.504 SiO$_2$		31,3	Niederahrer Ton
		0.182 K$_2$O	0.091 B$_2$O$_3$	0.506 TiO$_2$		31,3	K-Feldspat
		0.575 CaO	0.095 Fe$_2$O$_3$			25,0	Fritte 90368 Degussa
		0.060 MgO				6,2	Kreide
						6,2	Rutil
					+	4,0	Titanoxid
662)	SK 6a/8	seidenmatt, grünlich- bis mittelbraun					*A. Konietzny*
		0.106 Na$_2$O	0.284 Al$_2$O$_3$	2.058 SiO$_2$		40,0	Wollastonit
		0.044 K$_2$O	0.037 Fe$_2$O$_3$	0.006 TiO$_2$		30,0	Anorthit Mandt
		0.835 CaO				30,0	Odenwälder Ton
		0.015 MgO					
663)	SK 6a/8	seidenmatt, dunkelbraun mit hellen und dunklen Flecken, Versatz nicht lange mahlen!					*M. Lohner*
		0.316 Na$_2$O	0.838 Al$_2$O$_3$	3.739 SiO$_2$		45,4	Nephelin-Syenit
		0.158 K$_2$O	0.047 Fe$_2$O$_3$	0.205 TiO$_2$		22,8	Vulkanton TE
		0.296 CaO					(= Trass)
		0.230 MgO				22,7	Ton 904 Schmidt
						9,1	Dolomit
					+	3,5	Titanoxid oder Rutil

2.5.7.2 Manganbraune Glasuren

lassen sich vor allem in bleihaltigen Glasuren gut erzielen, wenn deren Lösevermögen groß ist, so daß nicht so schnell eine Schwarzfärbung durch Übersättigung an MnO$_2$ bzw. MnO eintritt. Die Färbungen können zwischen hellbraun, violettbraun, sattbraun oder schwarzbraun liegen. Viel Na$_2$O, K$_2$O, B$_2$O$_3$ und BaO in der Glasur verändern das Braun zum Violettbraun oder sogar Rotviolett in reinen Alkaliglasuren. Je größer der Al$_2$O$_3$-Gehalt der Glasur, desto eher entsteht dunkelbraun bis schwarzbraun. Sehr zähflüssige Glasuren können durch die Manganfärbung stark blasig werden, weil das MnO$_2$ sich in der Regel als MnO in der Glasur löst, also bei höheren Temperaturen Sauerstoff abspaltet. Dies gilt auch besonders für die zirkongetrübten Glasuren.

Zur Verbesserung der Färbung, für eine wärmere Tönung des Brauns verbindet man gerne Mangan- und Eisenfärbung. Bei Verwendung von Manganton kommt meist schon ein ausreichender Anteil an Fe$_2$O$_3$ mit in den Versatz.

664)	SK 03a/02a	matt, glatt, opak, dunkelbraun, bleireich!			*W. Zeitzheim*
		0.50 Na_2O	0.232 Al_2O_3	2.474 SiO_2	69,0 Fritte 90187 Degussa
		0.50 PbO	1.000 B_2O_3	0.566 TiO_2	13,8 china clay
					6,9 Quarz
		+ 2– 4% SnO_2			10,3 Titanoxid
		8–11% MnO_2			
					+ 4,0 Zinnoxid
					10,0 Manganoxid

665)	SK 01a/2a	seidenmatt, dunkelviolettbraun, bleihaltig!			*W. Roil*
		0.10 K_2O	0.142 Al_2O_3	1.083 SiO_2	95,0 Fritte 4067 M&M
		0.50 BaO			5,0 china clay
		0.30 ZnO	+ 4–6% MnO_2		+ 5,0 Braunstein
		0.10 PbO			

666)	SK 2a	glänzend, opak, schwarzbraun			*D. B. v. Tümpling*
		0.20 Na_2O	0.25 Al_2O_3	3.63 SiO_2	48,8 Fritte 90368 Degussa
		0.70 CaO	0.20 B_2O_3		29,3 Manganton Jäger
		0.10 MgO			21,9 Quarzmehl
		+ 40% Manganton			

667)	SK 5a/6a	glatt, sehr gleichmäßig matt, schwarzbraun			*D. Müller*
		0.617 Li_2O	0.617 Al_2O_3	2.471 SiO_2	60,0 Spodumen
		0.383 CaO			30,0 Manganton Jäger
		+ 40–50% Manganton			10,0 Kreide

668)	SK 6a/7	matt, dunkelbraun			*C. Reiter*
		0.233 CaO	0.071 Al_2O_3	0.323 SiO_2	62,5 Schwerspat
		0.008 MgO	0.227 B_2O_3	0.119 MnO_2	18,8 Calciumborat-6-hydrat
		0.759 BaO	0.096 Fe_2O_3	0.759 SO_3	18,7 Manganton

2.5.7.3 Nickelbraune Glasuren

entstehen vor allem gut mit Glasuren, die reich an CaO, BaO und/oder SrO sind und hohe Lösekraft haben. Sie können dabei auch reich an PbO, Alkalien oder B_2O_3 sein. Ein großer Anteil an Al_2O_3 oder MgO in der Glasur führt dagegen schnell zu olivgrünen oder grünen Farbtönen. Man braucht in der Regel 2 bis 5% Nickelkarbonat oder -oxid als färbenden Zusatz.

669)	SK 03a/02a	glänzend, opak, hellbraun			
		0.30 Li_2O	0.18 Al_2O_3	1.60 SiO_2	48,6 Calciumborat-6-hydrat
		0.10 K_2O	0.60 B_2O_3		19,2 K-Feldspat
		0.60 CaO			17,4 Quarz
		+ 2–4% Sb_2O_5			7,7 Lithiumcarbonat
		4–5% $NiCO_3$			7,1 china clay
					+ 2,0 Antimon-(V)-oxid
					4,0 Nickelcarbonat

670) SK 03a/02a   matt, craquelée, braun

0.148 Na$_2$O	0.065 Al$_2$O$_3$	0.589 SiO$_2$		66,7 Bariumcarbonat
0.002 K$_2$O				33,3 Fritte 90167 Degussa
0.031 CaO	+ 2–3% NiO		+	2,0 Nickeloxid
0.819 BaO				

671) SK 02a/1a   seidenmatt, glatt, dunkelbraun, bleihaltig!

0.096 Li$_2$O	0.126 Al$_2$O$_3$	1.018 SiO$_2$		28,6 Bariumcarbonat
0.128 CaO	0.154 B$_2$O$_3$			24,0 Fritte 90062 Degussa
0.364 BaO				13,0 china clay
0.158 ZnO	+ 4–6% NiCO$_3$			11,1 Quarz
0.254 PbO				9,5 Fritte 90001 Degussa
				5,9 Wollastonit
				5,1 Zinkoxid
				2,8 Lithiumcarbonat
			+	5,0 Nickelcarbonat

672) SK 5a/7   matt, zimtrosabraun bis dunkelbraun   *A. Ketterer*

0.034 Na$_2$O	0.342 Al$_2$O$_3$	1.916 SiO$_2$		25,0 K-Feldspat
0.077 K$_2$O				25,0 Kalkspat
0.602 CaO	+ 3–6% NiCO$_3$			25,0 china clay
0.287 MgO				15,0 Talkum
				10,0 Quarz
			+	4,0 Nickelcarbonat

2.5.7.4 Rutilbraune Glasuren

sind durch den TiO$_2$-Gehalt von meist mehr als 0,1 Mol in der Regel matt und durch den natürlichen Fe$_2$O$_3$-Gehalt im Mineral Rutil mehr oder weniger hellbraun bis dunkelbraun. Man benutzt Zusatzmengen von 5 bis 20% Rutil.

673) SK 05a/03a   steinmatt, sandbraun, bleihaltig!   *M. Schupp*

0.08 Na$_2$O	0.135 Al$_2$O$_3$	1.030 SiO$_2$	80,0 Fritte 3520 Ferro
0.01 K$_2$O	0.150 B$_2$O$_3$	0.315 TiO$_2$	12,0 Rutil
0.13 CaO			8,0 china clay
0.07 MgO			
0.53 ZnO			
0.18 PbO			

674) SK 1a/2a   matt-seidenmatt, halbopak, rötlichbräunlich, bleireich!   *R. Koch*

0.35 CaO	0.217 Al$_2$O$_3$	2.234 SiO$_2$	83,3 Fritte 8886 M&M
0.65 PbO	0.100 B$_2$O$_3$	0.377 TiO$_2$	8,4 china clay
			8,3 Rutil

675)	SK 4a/7	matt, teils kristallin, orangebraun				*B. Vogl*
			0.153 Li$_2$O	0.272 Al$_2$O$_3$	2.515 SiO$_2$	43,2 K-Feldspat
			0.068 Na$_2$O	0.069 B$_2$O$_3$	0.578 TiO$_2$	21,1 Wollastonit
			0.165 K$_2$O			15,4 Rutil
			0.614 CaO			9,3 Quarz
						3,8 Calciumborat-2-hydrat
						3,8 Lithiumcarbonat
						3,4 china clay
676)	SK 6a/8	seidenmatt, halbopak, hellrotbraun				*H. Ganter*
			0.275 Na$_2$O	0.512 Al$_2$O$_3$	2.447 SiO$_2$	45,4 Na-Feldspat Ventilato
			0.027 K$_2$O		0.780 TiO$_2$	18,2 Ton W 100, weiß, fett
			0.313 CaO			18,2 Rutil
			0.385 ZnO			9,1 Zinkoxid
						9,1 Kreide

2.5.7.5 Braun durch Mischung verschiedener färbender Oxide

Meistens werden in ZnO-reichen Glasuren Eisenoxid, Chromoxid und Rutil oder Eisenoxid, Chromoxid und Nickeloxid kombiniert eingesetzt; oft ist eine Kombination von Eisenoxid, Manganoxid und Titanoxid vorteilhaft, vor allem in den CaO- und MgO-reichen Glasuren.

677)	SK 04a/02a	glänzend, opak, rötlichgelb-mittelbraun				*H. Niklaus*
			0.159 Na$_2$O	0.435 Al$_2$O$_3$	2.870 SiO$_2$	66,7 Fritte 90023 Degussa
			0.096 K$_2$O	0.585 B$_2$O$_3$	0.007 TiO$_2$	11,1 china clay
			0.429 CaO			11,1 Lavalith Kreutz
			0.090 MgO	+ 4–6% Fe$_2$O$_3$		5,6 Quarz
			0.226 ZnO	2–4% Cr$_2$O$_3$		5,5 Zinkoxid
				1–3% TiO$_2$		+ 5,0 Eisen(III)-oxid
						4,0 Chromoxid
						1,0 Titanoxid
678)	SK 2a/3a	matt, glatt, opak, dunkelbraun, Geschirrglasur				*H. Liersch*
			0.159 K$_2$O	0.279 Al$_2$O$_3$	1.928 SiO$_2$	36,4 K-Feldspat
			0.298 CaO	0.266 B$_2$O$_3$		26,2 Fritte 3244 Ferro
			0.543 MgO			22,5 Dolomit
				+ 11% TiO$_2$		10,5 Quarz
				6% SnO$_2$		4,4 Kaolin
				11% Fe$_2$O$_3$		+ 11,0 Titanoxid
				2.5% MnO$_2$		6,0 Zinnoxid
						11,0 Eisen(III)-oxid
						2,5 Braunstein

679) SK 2a/7   matt bis seidenmatt, rotbraun bis dunkelbraun, lebhafte
              Oberflächenstruktur, dick glasieren

0.122 Na$_2$O	0.278 Al$_2$O$_3$	1.803 SiO$_2$		57,1 Fritte 90368 Degussa
0.426 CaO	0.122 B$_2$O$_3$	0.163 TiO$_2$		14,3 Magnesit
0.452 MgO				14,3 china clay
	+ 6–12% Fe$_2$O$_3$			8,6 Quarz
	1–2% Cr$_2$O$_3$			5,7 Titanoxid
	2–6% NiCO$_3$		+	8,0 Eisen(III)-oxid
	1–4% CoCO$_3$			4,0 Nickelcarbonat
	2–4% MnO$_2$			2,0 Kobaltcarbonat
				1,0 Chromoxid
				2,0 Braunstein

680) SK 5a/6a   matt, hellbraun, bleihaltig!   *G. Blomert*

0.060 Na$_2$O	0.112 Al$_2$O$_3$	1.461 SiO$_2$		28,4 Fritte 90378 Degussa
0.021 K$_2$O	0.164 B$_2$O$_3$			28,4 Farbfritte J3395 R&S
0.125 CaO				25,0 Talkum
0.369 MgO	+ 3–4% Fe$_2$O$_3$			12,5 Zinkoxid
0.294 ZnO				5,7 china clay
0.075 PbO			+	3,0 Eisen(III)-oxid
0.056 NiO				

681) SK 5a/9   glatt, matt, schwarzbraun, stark deckend, dünn glasieren

0.066 Na$_2$O	0.545 Al$_2$O$_3$	2.817 SiO$_2$		81,3 Schiefermehl TK
0.109 K$_2$O	0.149 Fe$_2$O$_3$			16,3 Kreide
0.630 CaO				2,4 china clay
0.195 MgO	+ 4–6% TiO$_2$		+	5,0 Titanoxid
	3–5% CoCO$_3$			3,0 Kobaltcarbonat
	1–2% Cr$_2$O$_3$			1,0 Chromoxid
	2–3% NiCO$_3$			2,0 Nickelcarbonat

682) SK 6a   seidenmatt, lebhaft warm-hellbraun, niedrigviskos   *M. Sebus*

0.029 Na$_2$O	0.196 Al$_2$O$_3$	0.957 SiO$_2$		28,0 K-Feldspat
0.070 K$_2$O	0.410 B$_2$O$_3$	0.291 TiO$_2$		24,0 Calciumborat-2-hydrat
0.287 CaO				23,0 Zinkoxid
0.614 ZnO	+ 2–4% Fe$_2$O$_3$			13,0 Kaolin
	2–5% MnO$_2$			7,0 Zinkborat
				5,0 Quarz
			+	12,0 Titanoxid
				3,0 Eisen(III)-oxid
				4,0 Manganoxid

683)	SK 6a/8	matt, graubraun			F. Weber
		0.054 Na$_2$O	0.320 Al$_2$O$_3$	2.731 SiO$_2$	29,8 K-Feldspat
		0.128 K$_2$O			26,9 Bariumcarbonat
		0.458 BaO	+ 5–8% Rutil		24,0 Quarz
		0.360 ZnO	2–4% Fe$_2$O$_3$		10,6 china clay
					8,7 Zinkoxid
					+ 5,0 Rutil
					3,0 Eisen(III)-oxid

2.5.7.6 Braun durch spezielle Farbkörper (FK)

Die meisten Braunfarbkörper sind auf der Basis Zn-Fe-Cr aufgebaut. Je nach Farbton sind noch Sn, Al, Ni beteiligt. Sie sind bis 1300 °C beständig und in den meisten Glasurzusammensetzungen gut anwendbar. Ein gewisser ZnO-Gehalt der Glasuren ist günstig. Die Farbkörper sind recht farbkräftig, machen transparente Glasuren schnell opak, können aber im Brand Farbanflüge an benachbarten weißen oder titanmattierten Glasuren verursachen durch ihren Gehalt an Chromoxid.

Mehr orange-braune Farben erreicht man mit Farbkörpern der Basis Ti-Sb-Cr, die bis 1200 °C beständig sind.

684)	SK 03a/1a	seidenmatt, orangebraun, bleireich!			L. Mišić
		1.00 PbO	1.500 B$_2$O$_3$	1.663 SiO$_2$	71,4 Fritte 90062 Degussa
			0.276 Al$_2$O$_3$	0.447 TiO$_2$	14,3 china clay
					7,2 Quarz
			+ 5–8% FK Ti-Sb-Cr		7,1 Titanoxid
					+ 6,0 FK 11041 Ferro

685)	SK 1a/2a	opak, glänzend, rotbraun bis violettbraun wolkig			
		0.31 Na$_2$O	0.52 Al$_2$O$_3$	2.535 SiO$_2$	86,2 Fritte 90353 Degussa
		0.35 CaO	1.00 B$_2$O$_3$	0.227 TiO$_2$	8,6 china clay
		0.30 MgO			5,2 Titanoxid
		0.04 ZnO	+ 5–8% FK Cr-Fe-Zn		+ 6,0 FK 26029 Degussa

2.5.8 Schwarze und graue Glasuren

Schwarz entsteht einmal durch Übersättigung einer Glasur mit Oxiden, die eine schwarze Eigenfarbe haben (wie etwa Kupferoxid, Manganoxid, Kobaltoxid) sowohl im oxidierend/neutralen Brand wie im reduzierenden Brand oder auch durch viel Eisenoxid, das sich beim Brennen in schwarzes FeO bzw. Fe_3O_4 umwandelt und ungelöst als Pigment in der Glasur vorliegt oder auch schwarze Ferrite mit anderen Glasurkomponenten bildet. Durch Kombination mehrerer dunkel färbender Oxide entsteht vielfach ein besseres Schwarz als durch viel Zusatz eines einzigen Oxides. Man kombiniert meistens Fe_2O_3 + Cr_2O_3 + MnO_2 + NiO oder Fe_2O_3 + NiO + CoO oder Fe_2O_3 + CoO + MnO_2 oder Fe_2O_3 + Cr_2O_3 + CoO + NiO, ähnlich den üblichen Farbkörperzusammensetzungen für Schwarz.

Auch die Einlagerung von viel Kohlenstoff in die noch poröse Glasurschicht beim reduzierenden Brand, der während des Schmelzens der Glasur nicht verbrennt, ergibt oft gute Schwarzfärbung. Schwarz durch Manganoxid oder Kupferoxid hat deutliche Verringerung der Viskosität der Schmelze zur Folge. Diese durch Übersättigung von MnO_2 und/oder CuO geschwärzten Glasuren bekommen meistens sehr empfindliche, metallisch aussehende Oberflächen, auf denen man jeden Fingerabdruck sieht. Bei der Manganoxidübersättigung können metallisch-golden schimmernde Oberflächen entstehen. In hochviskosen Glasuren soll man wegen der möglichen Blasenbildung manganhaltige Färbungen vermeiden. Kobaltoxid wird wegen seines hohen Preises nach Möglichkeit nur noch in kleinsten Mengen benutzt. Weiß getrübte Glasuren können einzelne Farboxide selektiv lösen, wenn sie über schwarze Glasuren aufgetragen werden und sich dadurch verfärben (vor allem blau durch Kobaltoxid).

2.5.8.1 Eisenschwarze Glasuren

In Feldspat-Kalk-Glasuren mit hohem SiO_2-Gehalt entsteht mit ca. 8 bis 15% Eisenoxid-Zusatz ab SK 5a/6a eine schwarze Färbung. Bleiglasuren für niedrige Brenntemperaturen werden ebenfalls schwarz mit ca. 12 bis 20% Eisenoxid. Enthalten diese gleichzeitig viel B_2O_3, werden die Glasuren eher rotbraun. Bei den hohen Brenntemperaturen stört das B_2O_3 die schwarze Farbe weniger. Fast alle Glasuren mit mehr als 5% Fe_2O_3 werden im reduzierenden Brand schwarz, wenn die Oberfläche nicht wieder oxidieren kann beim Abkühlen (vgl. Abs. 2.3.4, 2.6.4).

Eisenoxidreiche Lehme, Tone oder andere Gesteine lassen sich auch in vielen Fällen zu guten schwarzen Glasuren brennen, wenn im Versatz noch Feldspäte zugesetzt und/oder mit sehr wenig MnO_2, CoO, CuO zusätzlich gefärbt wird.

Ein hoher Gehalt an SiO_2 und Al_2O_3 in der Schmelze fördert das Schwarz, weil die dadurch bedingte hohe Viskosität eine geringere Lösekraft der Schmelze und dadurch leichteres Ausscheiden schwarzer Eisenoxidpartikelchen bei der Abkühlung bewirkt (vgl. Glasuren Nr. 252, 253, 259, 261, 266, 268, 270, 280).

---

686) SK 05a/03a — seidenmatt, glatt, schwarz, bleireich! — *C. Wilhelm*

0.309 MgO	0.084 Al_2O_3	1.271 SiO_2
0.691 PbO		
	+ 5–7% Fe_2O_3	

- 76,3 Fritte A1316 R&S
- 15,3 Talkum
- 8,4 china clay
- + 6,0 Eisen(III)-oxid

---

687) SK 010a/1a — matt, schwarzrotbraun bei SK 010a, matt kristallisch-schwarz, niedrigviskos bei SK 03a bis SK 1a, bleihaltig!

0.443 Na_2O	0.883 B_2O_3	1.110 SiO_2
0.251 K_2O	0.601 Fe_2O_3	
0.306 PbO		

- 46,0 Fritte 1509 M&M
- 28,0 Eisen(III)-oxid
- 26,0 Borax, calciniert

---

688) SK 2a/6a — glänzend, glatt, opak, schwarz, bleihaltig! — *J. Haselwander*

0.14 Na_2O	0.342 Al_2O_3	3.134 SiO_2
0.05 K_2O	0.210 B_2O_3	
0.45 CaO		
0.12 MgO	+ 10–12% Fe_2O_3	
0.24 PbO		

- 95,2 Fritte 3467 Ferro
- 4,8 china clay
- + 10,0 Eisen(III)-oxid

689)	SK 5a/7	glänzend bis seidenmatt, schwarz, dick glasieren!			*A. Konietzny*
		0.285 Na$_2$O	0.596 Al$_2$O$_3$	3.036 SiO$_2$	26,7 Na-Feldspat Ventilato
		0.073 K$_2$O	0.136 B$_2$O$_3$	0.017 TiO$_2$	26,7 Lavalith Kreutz
		0.417 CaO	0.099 Fe$_2$O$_3$		20,0 Odenwälder Ton
		0.225 MgO			20,0 Anorthit Mandt
			+ 7–10% Fe$_2$O$_3$		6,6 Calciumborat-2-hydrat
					+ 8,0 Eisen(III)-oxid

690)	SK 6a/8	matt, glatt, schwarz			*E. Junge*
		0.032 Na$_2$O	0.108 Al$_2$O$_3$	1.991 SiO$_2$	33,2 Talkum
		0.076 K$_2$O	0.114 B$_2$O$_3$		27,5 K-Feldspat B 412
		0.114 CaO			16,1 Quarz
		0.568 MgO	+ 12–16% Fe$_2$O$_3$		12,5 Calciumborat-6-hydrat
		0.052 BaO			5,9 Zinkoxid
		0.158 ZnO			4,8 Bariumcarbonat
					+ 14,3 Eisen(III)-oxid

691)	SK 4a/6a	glänzend, opak, schwarz			*A. Bogatay*
		0.175 Na$_2$O	0.629 Al$_2$O$_3$	4.555 SiO$_2$	62,5 Kreutzton rotbr.
		0.131 K$_2$O	0.258 B$_2$O$_3$	0.048 TiO$_2$	31,3 Fritte 90378 Degussa
		0.432 CaO	0.114 Fe$_2$O$_3$		6,2 Ton W 100, weiß, fett
		0.245 MgO			
		0.017 ZnO			

692)	SK 7/8	glänzend, schwarz mit gelben Flecken			*D. Thom*
		0.347 Na$_2$O	1.037 Al$_2$O$_3$	4.625 SiO$_2$	50 Vulkanton TE = Trass
		0.227 K$_2$O	0.111 Fe$_2$O$_3$		50 Bimssteinmehl NR
		0.320 CaO			
		0.106 MgO			

693)	SK 6a/8	schwarz, matt, reduzierend brennend			*G. Hausen*
		0.217 Na$_2$O	0.886 Al$_2$O$_3$	5.467 SiO$_2$	50,0 Odenwälder Ton
		0.304 K$_2$O	0.065 B$_2$O$_3$	0.033 TiO$_2$	20,6 K-Feldspat B 412
		0.473 CaO	0.141 Fe$_2$O$_3$		12,6 Quarz
		0.006 MgO			7,5 china clay
					7,4 Kreide
					1,9 Calciumborat-2-hydrat

2.5.8.2 Schwarz durch Eisenoxid und Manganoxid gemeinsam

Eine Verstärkung des Eisenschwarz und ein Vermeiden von Braunstich bewirkt ein Zusatz von Manganverbindungen zu den eisenbraunen bzw. -schwarzen Glasuren. Gleichzeitig kann ein Zusatz von Manganoxid die Schmelzbarkeit verbessern und das Glattfließen fördern.

694)	SK 2a/6a	glänzend, opak, schwarz				*C. Rickhey*
		0.40 Na$_2$O	0.445 Al$_2$O$_3$	4.189 SiO$_2$		90,9 Fritte 90378 Degussa
		0.55 CaO	0.700 B$_2$O$_3$			9,1 Kaolin
		0.05 ZnO				+ 9,0 Eisen(III)-oxid
			+ 8–10% Fe$_2$O$_3$			3,0 Mangan(IV)-oxid
			2–4% MnO$_2$			
695)	SK 5a/6a	seidenmatt, schwarz, bleiarm!				*A. Zenzen*
		0.031 Na$_2$O	0.650 Al$_2$O$_3$	3.739 SiO$_2$		47,1 Kreutzton, rotbr.
		0.119 K$_2$O	0.084 B$_2$O$_3$	0.035 TiO$_2$		23,5 Manganton Jäger
		0.465 CaO	0.314 Fe$_2$O$_3$	0.235 MnO$_2$		11,8 Niederahrer Ton
		0.358 MgO				11,7 Fritte 3505 Ferro
		0.027 PbO				5,9 Dolomit
696)	SK 6a/7	matt, schwarz, niedrigviskos				*E. Reuter*
						34,0 Manganton Jäger
						33,0 Basaltmehl WB
						33,0 Obstbaumasche, gemischt
697)	SK 6a/8	seidenmatt, schwarz, hochviskos				*H. Bergmeier*
		0.102 Na$_2$O	0.549 Al$_2$O$_3$	4.730 SiO$_2$		42,5 K-Feldspat B 412
		0.235 K$_2$O				30,0 Quarz
		0.663 CaO	+ 10–12% Fe$_2$O$_3$			15,0 Kreide
			2–3% MnO$_2$			12,5 china clay
						+ 10,5 Eisen(III)-oxid
						2,5 Mangan(IV)-oxid
698)	SK 7/8	seidenmatt, schwarz				*B. Lidl*
		0.084 Na$_2$O	0.646 Al$_2$O$_3$	3.456 SiO$_2$		80,0 Schiefermehl TK
		0.135 K$_2$O	0.186 Fe$_2$O$_3$			10,0 Manganton Jäger
		0.536 CaO				10,0 Kreide
		0.245 MgO	+ 10–12% Manganton			+ 2,0 Kobaltoxid
			2–3% CoO			
699)	SK 2a/6a	glänzend, opak, schwarz				*H. Hase*
		0.212 Na$_2$O	0.825 Al$_2$O$_3$	5.460 SiO$_2$		50,0 Fritte 3757 Ferro
		0.051 K$_2$O	1.168 B$_2$O$_3$	0.817 MnO$_2$		50,0 Manganton Jäger
		0.679 CaO	0.664 Fe$_2$O$_3$			
		0.058 MgO				

2.5.8.3 Manganschwarze Glasuren

sind in der Regel niedrigviskos, benetzen den Scherben sehr gut und werden schnell matt bis seidenmatt (bzw. metallisch schwarz), weil sich vielfach das entstehende Mangansilikat kristallin ausscheidet. Es werden in der Regel 8 bis 12% Manganoxid gebraucht.

700) SK 05a/03a glänzend, opak, schwarz, bleireich!

0.655 PbO   0.231 Al_2O_3 2.056 SiO_2 40,4 Fritte 3527 Ferro
0.155 K_2O 30,0 Fritte 1509 M&M
0.190 CaO   + 6–10% MnO_2 18,3 china clay
                                                     6,7 Wollastonit
                                                     4,6 Quarz
                                                  + 10,0 Braunstein

701) SK 3a/5a matt, schwarz, bleifrei!

0.076 Na_2O 0.254 Al_2O_3 2.355 SiO_2 54,5 K-Feldspat B 412
0.176 K_2O 18,2 Dolomit
0.492 CaO   + 10–12% MnO_2 18,2 Quarz
0.256 MgO   9,1 Kreide
                                                  + 12,0 Manganoxid

2.5.8.4 Kupferschwarze Glasuren

entstehen sehr schnell, wenn man einer Glasur mehr CuO zusetzt, als sie lösen kann. Die Glasuroberflächen sehen dann in der Regel schwarz metallisch aus, und vom Anfassen zurückbleibende Fingerflecken lassen sich nur schwer oder gar nicht mehr entfernen. Die Glasurschmelzen werden dadurch auch schnell sehr dünnflüssig. Schwarzfärbung mit Kupferoxid führt deshalb nur selten zu brauchbaren, zuverlässigen Glasuren. Die beiden folgenden Rezepte sind gute Ausnahmen:

702) SK 4a/6a glänzend, glatt, schwarz   *C. Dallmer*

0.016 Na_2O 0.416 Al_2O_3 2.774 SiO_2 86,9 Kreutzton, rotbr.
0.125 K_2O 0.110 Fe_2O_3 0.048 TiO_2 13,1 Kalkspat
0.622 CaO   + 5,2 Kupferoxid
0.237 MgO   + 5–6% CuO

703) SK 7/9 matt, hart, schwarz   *R. Stolzenfeld*

0.249 Na_2O 0.634 Al_2O_3 2.488 SiO_2 83,3 Anorthit Mandt
0.019 K_2O 12,5 Kreide
0.681 CaO   + 6–8% CuO   4,2 china clay
0.051 MgO   + 6,4 Kupferoxid

2.5.8.5 Schwarz durch mehrere Farboxide gemeinsam

Je nachdem, welche Farboxide in größerem Anteil vorhanden sind, können diese Glasuren mehr braunschwarz (Fe_2O_3), blauschwarz (CoO), grünlichschwarz (Cr_2O_3, NiO) aussehen. Diese Mischungsfärbungen sind für alle Brenntemperaturen geeignet. Viele dieser schwarzen Glasuren lassen sich gut mit weißen Glasuren überglasuren, die sich dann oft auf besonders lebendige Weise färben. Dafür sind vor allem die kristallisierenden Mattglasuren, etwa vom Typ Zink-Barium-Titan-Matt, geeignet. Unterschiede in der Auftragsstärke beider Glasuren gestatten dann gezielte Einflußnahme auf die Art der Oberflächenfärbung.

1. Chromoxid- und manganoxidfreies Schwarz

704)	SK 1a/2a	matt, schwarz, glatt, bleireich!				U. Häring
		0.50 Na_2O	0.117 Al_2O_3	5.268 SiO_2		55,5 Fritte 90187 Degussa
		0.50 PbO	1.000 B_2O_3			38,9 Quarz
						5,6 china clay
		+ 2–4% CoO			+	2,2 Kobaltoxid
		2–4% Fe_2O_3				2,2 Eisen(III)-oxid
		2–4% $NiCO_3$				2,2 Nickelcarbonat
		2–3% CuO				2,2 Kupferoxid
705)	SK 2a/3a	glänzend, opak, schwarz, bleihaltig!				U. Häring
		0.096 Na_2O	0.263 Al_2O_3	2.131 SiO_2		58,8 Fritte 3467 Ferro
		0.051 K_2O	0.157 B_2O_3	0.031 TiO_2		35,3 Basaltmehl TK
		0.410 CaO	0.069 Fe_2O_3			5,9 Fritte 90062 Degussa
		0.292 MgO			+	1,2 Kobaltoxid
		0.151 PbO	+ 1–2% CoO			1,2 Kupferoxid
			1–2% CuO			1,2 Nickeloxid
			1–2% NiO			Relatin
706)	SK 5a/6a	seidenmatt, glatt, schwarz				E. Reuter
		0.139 Na_2O	0.494 Al_2O_3	2.930 SiO_2		69,9 K-Feldspat B 412
		0.294 K_2O	0.055 Fe_2O_3	0.024 TiO_2		23,1 Basaltmehl TK
		0.376 CaO				7,0 Kreide
		0.191 MgO	+ 2–3% CoO		+	2,1 Kobaltoxid
707)	SK 6a	opak, glänzend, schwarz				S. Furjan
		0.077 Na_2O	0.383 Al_2O_3	3.292 SiO_2		41,4 K-Feldspat
		0.178 K_2O				26,7 Quarz
		0.681 CaO	+ 8–12% Fe_2O_3			20,2 Kreide
		0.064 MgO	2–4% $NiCO_3$			10,1 china clay
			2–4% CoO			1,6 Magnesit
					+	2,5 Nickelcarbonat
						2,5 Kobaltoxid
						10,0 Eisen(III)-oxid

708)	SK 6a/7	matt, glatt, schwarz, etwas grau-grünlich, wenn dick glasiert				*U. Witzmann*
		0.208 Na$_2$O	0.548 Al$_2$O$_3$	2.235 SiO$_2$	58,8	Anorthit Mandt
		0.055 K$_2$O	0.044 B$_2$O$_3$		17,6	Kreide
		0.704 CaO			11,8	K-Feldspat
		0.033 MgO	+ 5–6% Fe$_2$O$_3$		8,8	china clay
			2–3% NiO		3,0	Fritte 3759 Ferro
			1–2% CoO		+ 6,0	Eisen(III)-oxid
					2,0	Nickeloxid
					1,5	Kobaltoxid

709)	SK 6a/8	matt bis seidenmatt, schwarz, für reduzierenden Brand, gut als Unterglasur				*G. Enzensberger*
		0.032 Na$_2$O	0.168 Al$_2$O$_3$	1.400 SiO$_2$	21,7	Quarzmehl
		0.061 K$_2$O			17,5	K-Feldspat
		0.265 CaO	+ 0.5–1.0% CoO		13,0	Magnesit
		0.394 MgO	10–13% Fe$_2$O$_3$		8,7	Na-Feldspat
		0.245 ZnO			8,7	china clay
		0.043 BaO			8,7	Kalkspat
					8,7	Dolomit
					8,7	Zinkoxid
					4,3	Bariumcarbonat
					+ 11,3	Eisen(III)-oxid
					0,8	Kobaltoxid

2. Chromoxidhaltige, manganoxidfreie schwarze Glasuren

Diese Glasuren können im Brand wegen des sehr hohen Dampfdrucks des Chromoxids u. U. benachbarte helle Glasuren (vor allem die TiO$_2$-, SnO$_2$- und Sb$_2$O$_3$-getrübten, sowie ZnO-reiche Glasuren) durch Anflüge des verdampften Cr$_2$O$_3$ verfärben. Schon die geringen Gehalte an Nickeloxid und Chromoxid erhöhen die Viskosität der Schmelze. Die Kombination der Oxide von Eisen, Nickel, Chrom und Kobalt ergibt die stabilste Schwarzfärbung, weil sich dadurch sehr beständige schwarze Verbindungen mit Spinellstruktur bilden können. Das Fehlen des Manganoxids vermindert die Gefahr der Blasenbildung.

710)	SK 2a/6a	glänzend bis seidenmatt, blauschwarz				*V. Thies*
		0.200 CaO	0.242 Al$_2$O$_3$	1.516 SiO$_2$	54,0	Fritte 3257 Ferro
		0.019 MgO	0.081 B$_2$O$_3$	0.028 ZrO$_2$	18,2	Zinkoxid
		0.258 BaO		0.037 SnO$_2$	18,2	china clay
		0.523 ZnO		0.035 TiO$_2$	6,0	Quarz
			+ 4% CoCO$_3$		2,4	Zinnoxid
			3% Fe$_2$O$_3$		1,2	Titanoxid
			2% Cr$_2$O$_3$		+ 4,0	Kobaltcarbonat
					3,0	Eisen(III)-oxid
					2,0	Chromoxid

711)	SK 3a/6a	glatt, seidenmatt bis glänzend, neutralschwarz, dünn glasieren			*M. Hofmann*
		0.243 Na_2O	0.469 Al_2O_3	4.206 SiO_2	54,8 Fritte 90378 Degussa
		0.728 CaO	0.424 B_2O_3	0.107 ZrO_2	18,0 china clay
		0.029 ZnO			11,1 Wollastonit
			+ 8–10% Fe_2O_3		11,1 Quarz
			4–6% Cr_2O_3		5,0 Zirkonsilikat Ultrox
			2–3% CoO		+ 9,0 Eisen(III)-oxid
					5,0 Chromoxid
					3,0 Kobaltoxid

712)	SK 6a	matt, schwarz, sehr reaktionsfreudig mit weißen Über-Glasuren, diese werden blau			*M. Hofmann*
		0.050 Na_2O	0.307 Al_2O_3	1.339 SiO_2	46,4 K-Feldspat
		0.118 K_2O			21,4 Zinkoxid
		0.216 CaO	+ 8–12% Fe_2O_3		12,1 china clay
		0.086 MgO	5–7% Cr_2O_3		10,7 Kalkspat
		0.530 ZnO	2–4% CoO		3,6 Quarz
					3,6 Magnesit
					2,2 calcinierte Tonerde
					+ 10,0 Eisen(III)-oxid
					6,5 Chromoxid
					4,0 Kobaltoxid

713)	SK 6a/8	seidenmatt, grauschwarz, dunkler und glänzender bei SK 8, harte Geschirrglasur, dünn glasieren			*U. Witzmann*
		0.225 Na_2O	0.610 Al_2O_3	2.532 SiO_2	71,4 Anorthitmehl Mandt
		0.046 K_2O			11,7 Kreide
		0.613 CaO	+ 2–4% Fe_2O_3		5,9 china clay
		0.116 MgO	1–2% CoO		7,8 Kalifeldspat
			0.5–2% NiO		3,2 Talkum
			0.6–2% Cr_2O_3		+ 2,3 Eisen(III)-oxid
					0,7 Nickel-(II)-oxid
					0,7 Chromoxid
					1,0 Kobalt-(II)-oxid

3. Manganhaltige schwarze Glasuren

714)	SK 03a/1a	matt, schwarz, bleireich			
		0.594 CaO	0.066 Al_2O_3	1.135 SiO_2	57,1 Fritte 3527 Ferro
		0.406 PbO			34,3 Wollastonit
			+ 2–4% Fe_2O_3		8,6 china clay
			2–4% MnO_2		+ 2,3 Eisen(III)-oxid
			1–3% CoO		2,3 Kobalt(II)-oxid
			1–2% Cr_2O_3		1,1 Chromoxid
					2,1 Braunstein

715) SK 2a/4a   seidenmatt bis glänzend, glatt, schwarz   *U. Rhensius*

0.083 Na$_2$O	0.438 Al$_2$O$_3$	2.473 SiO$_2$	43,7 Fritte 3757 Ferro
0.057 K$_2$O	0.390 B$_2$O$_3$	0.019 TiO$_2$	18,9 Kreutzton, rotbr.
0.498 CaO	0.121 Fe$_2$O$_3$	0.076 MnO$_2$	15,8 Lavalith Kreutz
0.362 MgO			10,6 Manganton Jäger
	+ 8–10% Fe$_2$O$_3$		8,5 Dolomit
	4– 6% TiO$_2$		5,3 china clay
	0.5–2% CoO		3,2 Ton W 100
			+ 9,8 Eisen(III)-oxid
			4,6 Titanoxid
			1,0 Kobalt-(II)-oxid

716) SK 5a/7   seidenmatt, schwarz mit Graustich   *S. Müller*

0.033 Na$_2$O	0.457 Al$_2$O$_3$	2.235 SiO$_2$	22,5 K-Feldspat B 412
0.081 K$_2$O			22,5 Kalkspat
0.623 CaO	+ 5–8% Fe$_2$O$_3$		32,0 china clay
0.263 MgO	3–5% CoO		12,0 Talkum
	2–4% NiCO$_3$		11,0 Quarz
	2–4% MnO$_2$		+ 6,0 Eisenoxid
			4,0 Kobaltoxid
			3,0 Nickelcarbonat
			2,0 Braunstein

717) SK 6a/7   seidenmatt, schwarz, mit weißer Überglasur blau,   *M. Richter*
                 niedrigviskos, dünn glasieren

0.115 Na$_2$O	0.201 Al$_2$O$_3$	2.032 SiO$_2$	24,7 K-Feldspat
0.073 K$_2$O			23,3 Na-Feldspat
0.268 CaO	+ 5% NiCO$_3$		21,6 Zinkoxid
0.544 ZnO	5% MnO$_2$		21,3 Quarz
	5% CoO		8,9 Kreide
			+ 5,0 Nickelcarbonat
			5,0 Manganoxid
			5,0 Kobaltoxid

2.5.8.6 Schwarz durch spezielle Farbkörper (FK)

Schwarzfarbkörper sind dort den Oxidgemischen überlegen, wo man ohne lange Versuche bei geeigneter Glasurzusammensetzung ein neutrales Schwarz erreichen will, oder wo die Oxide leichter zu einer Blasenbildung führen oder aufgelöst werden. In den hochviskosen Glasuren sollte man keine manganhaltigen Farbkörper verwenden, in den chromhaltigen ist der Gehalt an Cr$_2$O$_3$ relativ hoch, so daß auch hier Farbanflüge auf benachbarten weißen Glasuren auftreten können. Die spezifisch schweren Schwarzfarbkörper neigen zum schnellen Absetzen aus dem Glasurschlicker. Viele Schwarzfarbkörper sind ferromagnetisch. Sie färben am besten in bleihaltigen Glasuren, sind bis etwa 1300 °C beständig und auf unterschiedlicher Basis aufgebaut, wie etwa: Zr-Ni-Co, Fe-Co-Mn-Cr, Co-Cr-Fe-Ni, Co-Mn-Fe, usw. Sie werden in Mengen von 5 bis 10%, selten mehr, den farblosen oder leicht braungefärbten Glasuren zugesetzt.

719)	SK 03a/01a	\multicolumn{3}{l	}{glänzend, glatt, opak, grauschwarz, bleihaltig!}	W. Weber	

719) SK 03a/01a — glänzend, glatt, opak, grauschwarz, bleihaltig! — W. Weber

0.05 Na_2O	0.409 Al_2O_3	2.309 SiO_2	90,9 Fritte 3505 Ferro
0.07 K_2O	0.460 B_2O_3		9,1 china clay
0.69 CaO			+ 6,0 FK 13026 Ferro
0.04 MgO	+ 5–8% FK Zr-Ni-Co		
0.15 PbO			

720) SK 01a/2a — hochglänzend, opak, schwarz, bleireich! — R. Koch

0.35 CaO	0.217 Al_2O_3	2.234 SiO_2	90,9 Fritte 8886 M&M
0.65 PbO	0.100 B_2O_3		9,1 china clay
			+ 5,0 FK 24137 Degussa
	+ 5–6% FK Co-Fe-Ni-Cr		1,0 FK 21011 Degussa
	1–2% FK Co-Cr-Al-Zn		

721) SK 5a/6a — glänzend, opak, blauschwarz, bleifrei! — U. Witzmann

0.233 Na_2O	0.385 Al_2O_3	2.066 SiO_2	25,0 K-Feldspat
0.127 K_2O			25,0 Na-Feldspat
0.640 CaO	+ 2–4% FK Sn-Sb		25,0 Nephelin-Syenit
	3–4% FK Co-Cr-Fe-Ni		25,0 Kalkspat
	0.5–1% CoO		+ 2,0 FK 13040 Ferro
			3,0 FK 13013 Ferro
			1,0 Kobaltoxid

722) SK 6a — seidenmatt, glatt, neutralschwarz, bleihaltig! — N. Höber

0.035 Na_2O	0.164 Al_2O_3	1.991 SiO_2	29,7 K-Feldspat B 412
0.082 K_2O			23,4 Talkum
0.235 CaO	+ 6–10% FK Cr-Co-Fe-Ni		15,1 Fritte A 1316 R&S
0.530 MgO			10,3 Quarz
0.118 PbO			9,8 Dolomit
			6,2 Wollastonit
			5,5 china clay
			+ 8,5 FK K 8553 R&S

723) SK 6a/7 — seidenmatt, schwarz, gut als Unterglasur für weißdeckende Mattglasuren, bleifrei! — E. Reuter

0.233 Na_2O	0.573 Al_2O_3	2.202 SiO_2	62,5 Anorthit Mandt
0.033 K_2O			12,5 Dolomit
0.421 CaO	+ 5–8% FK Co-Cr-Fe-Ni		12,5 Nephelin-Syenit
0.224 MgO	0.5% $CoCO_3$		6,3 Bariumcarbonat
0.089 BaO			6,2 china clay
			+ 5,0 FK 13013 Ferro
			0,5 Kobaltcarbonat

Graue Glasuroberflächen lassen sich mit Hilfe transparenter Glasur über grau reduziertem Scherben (schwach Fe_2O_3-haltige Masse!) erzeugen, wie das beim Salzbrand des blaugrauen Steinzeugs traditionell gemacht wird; eine ähnliche Färbung kann eine Einlagerung von Kohlenstoff in Glasur und/oder Scherben bewirken, aber auch die Einführung metallischer Teilchen, die im reduzierenden Brand erhalten bleiben (z. B. metallisches Silizium, Aluminium, usw.). In beiden Fällen ist die Dosierung natürlich problematisch und selten im gewünschten Maße erreichbar. Es kann aber auch eine Schwarzfärbung so stark verdünnt werden, daß ein Graufarbton entsteht. Das ist in der Regel nur in matten oder weiß getrübten Glasuren durchführbar, wenn Glasur und Farbkörper gut zusammenpassen. Am besten und sichersten ist die Verwendung von Graufarbkörpern oder die Kombination von Zinnoxid und Antimonoxid im schwach bis stark reduzierenden Brand, in dem auch titanoxidreiche Glasuren oft ein angenehmes, meist hell gesprenkeltes Grau bis Violettgrau ergeben (vgl. Abs. 2.6.4.2). Solche Glasuren können aber auch, oxidierend gebrannt, mit wenig Kobaltoxid und evtl. zusätzlichem Nickeloxid ein gutes Grau liefern. Reine Alkaliglasuren liefern mit Nickeloxid auch ein etwas violettstichiges Grau.

2.5.8.7 Nickel-Kobalt-Grau

724)	SK 2a/3a	matt, glatt, hellbläulichgrau, opak, dünn glasieren, bei SK 5a/6a grün glänzend				*D. Frank/A. Zenzen*
		0.20 Na_2O	0.383 Al_2O_3	4.067 SiO_2	82,6	Fritte 90368 Degussa
		0.70 CaO	0.200 B_2O_3	0.161 TiO_2	8,3	china clay
		0.10 MgO		0.071 SnO_2	5,0	Titanoxid
			+ 3–5% $NiCO_3$		4,1	Zinnoxid
			0.4–0.8% $CoCO_3$		+ 3,5	Nickelcarbonat
					0,5	Kobaltcarbonat
725)	SK 6a/7	matt, hellgraublau				*M. Moses*
		0.080 Na_2O	0.491 Al_2O_3	2.201 SiO_2	51,5	K-Feldspat B 412
		0.187 K_2O			20,2	china clay
		0.437 CaO	+ 0,5–0,8% $NiCO_3$		15,2	Kreide
		0.247 ZnO	0.008–0,02% $CoCO_3$		7,0	Zinkoxid
		0.049 PbO			4,7	Fritte 90001 Degussa
					1,4	Quarz
					+ 0,5	Nickelcarbonat
					0,01	Kobaltcarbonat
726)	SK 6a/8	opak, glänzend, blaugrau				*T. Manche/H. Wydra*
		0.30 Na_2O	0.50 Al_2O_3	3,25 SiO_2	45,4	Na-Feldspat
		0.20 K_2O			32,1	K-Feldspat
		0.25 CaO	+ 2% SnO_2		14,3	Bariumcarbonat
		0.25 BaO	1% TiO_2		8,2	Wollastonit
			2% $NiCO_3$		+ 2,0	Zinnoxid
			0.05–0.08 CoO		2,0	Nickelcarbonat
					1,0	Titanoxid
					0,06	Kobaltoxid

727)	SK 7/9	matt, hellblaugrau					*M. Klopp*
		0.033 Na_2O	0.454 Al_2O_3		1.667 SiO_2	32,0	Kaolin
		0.079 K_2O				23,0	K-Feldspat
		0.628 CaO	+ 0.5–1%	Fe_2O_3		23,0	Kalkspat
		0.260 MgO	0.2–0.5%	CoO		12,0	Talkum
			0.2–0.8%	NiO		10,0	Quarz
			0.2–0.5%	MnO_2		+ 0,6	Eisenoxid
						0,4	Kobaltoxid
						0,3	Nickeloxid
						0,2	Manganoxid

2.5.8.8 Zinn-Antimon-Grau

728)	SK 03a/2a	matt, hellgrau bis taubengrau bis schiefergrau, bleihaltig!				
		0.08 Na_2O	0.265 Al_2O_3	1.291 SiO_2	76,9	Fritte 3520 Ferro
		0.01 K_2O			23,1	china clay
		0.13 CaO	+ 5–8% FK Sn-Sb		+ 6,0	FK K2269 R&S
		0.07 MgO				
		0.53 ZnO				
		0.18 PbO				
729)	SK 7/8	matt, glatt, neutralgrau, reduzierend brennen!				*D. Füll*
		0.175 Na_2O	0.662 Al_2O_3	2.545 SiO_2	30,0	china clay
		0.105 K_2O	0.029 B_2O_3		25,0	Na-Feldspat
		0.357 CaO			25,0	K-Feldspat
		0.347 MgO	+ 3–6% SnO_2		20,0	Dolomit
		0.016 ZnO	3–6% Sb_2O_3		+ 5,0	Zinnoxid
					5,0	Antimonoxid
					1,0	Zinkborat
					(evtl. 1–2 Nickeloxid)	

Das Zinn-Antimon-Grau wird im oxidierenden Brand in der Regel mit Sn-Sb-Farbkörpern erreicht; mit Zinnoxid und Antimonoxid als Zusatz zum farblosen Glasurversatz ist ein reduzierender Brand nötig (siehe auch Abs. 2.6.4 Reduktionsglasuren). Ein gewisser Anteil an TiO_2 in der Glasur kann der Graufärbung förderlich sein; ein kleiner Zusatz an Nickelverbindungen kann den Graufarbton variieren.

2.5.8.9 Grau durch spezielle Farbkörper (FK)

Die Farbkörper auf der Basis Sn-Co-Mn-Ni, Sn-Co-Cr-Fe-Al, sind bis 1150 °C beständig und sind wie die der Basis Zr-Si-Co-Ni, Zr-Si-Co-Fe-Ni nicht für zinkhaltige Mattglasuren geeignet, weil sie dann eher blau werden. Die zuletzt genannten sind bis 1300 °C einsetzbar und gut in zirkonweißen Glasuren. Sie sollen oxidierend gebrannt werden.

Die Farbkörper auf Basis Sn-Sb, Sn-Sb-V sind universell bis 1250 °C einsetzbar und können auch reduzierend gebrannt werden.

730)	SK 6a/7	halbopak, glänzend, zart blaugrau		E. Reuter

        0.315 Na_2O 0.485 Al_2O_3 3.292 SiO_2 46,0 Na-Feldspat
        0.139 K_2O 31,0 K-Feldspat
        0.339 CaO   + 4–6% FK Sn-Sb   12,0 Bariumcarbonat
        0.207 BaO   1–2% FK Zr-Si-V   11,0 Wollastonit
                                                                                        + 4,0 FK 10801 Ferro
                                                                                                                    2,0 FK 15094 Ferro

731)	SK 6a/7	opak, glänzend bis halbmatt, graublau		H. Wydra

        0.198 Na_2O 0.395 Al_2O_3 2.778 SiO_2 34,6 Na-Feldspat Ventilato
        0.091 K_2O 0.054 SnO_2 24,4 K-Feldspat B 412
        0.168 CaO   18,5 Talkum
        0.418 MgO   + 2–4% FK Sn-Sb-V   8,7 Bariumcarbonat
        0.125 BaO   2–4% FK Zr-Ni-Co   7,4 china clay
                                                                                              6,4 Wollastonit
                                                                                          + 2,9 Zinnoxid
                                                                                           2,0 FK 13040 Ferro
                                                                                           2,0 FK 13027 Ferro

732)	SK 6a/7	glatt matt bis fast glänzend, graublau		

        0.309 Na_2O 0.352 Al_2O_3 2.805 SiO_2 52,6 K-Feldspat B 412
        0.182 K_2O 14,0 Wollastonit
        0.509 CaO   + 2–4% FK Zr-Ni-Co   14,0 Quarz
                                                                          7,0 Kalkspat
                                                                        7,0 china clay
                                                                        5,4 Na-Feldspat
                                                                     + 2,5 FK 13026 Ferro

733)	SK 6a/8	stumpfmatt, glatt, intensiv graublau		E. Reuter

        0.101 Li_2O 0.399 Al_2O_3 2.270 SiO_2 20,2 K-Feldspat B 412
        0.115 Na_2O 19,1 Na-Feldspat Ventilato
        0.079 K_2O + 5–7% FK Sn-Sb   14,7 Bariumcarbonat
        0.199 CaO   13,6 Spodumen
        0.200 MgO   9,2 china clay
        0.205 BaO   9,2 Talkum
        0.101 SrO   8,5 Wollastonit
                                                                         5,5 Strontiumcarbonat
                                                                      + 5,0 FK 13011 Ferro

734)	SK 7/9	matt, blaugrau, hochviskos		T. Niehues

        0.064 Na_2O 0.543 Al_2O_3 2.347 SiO_2 40,0 K-Feldspat B 412
        0.147 K_2O 30,0 china clay
        0.492 CaO   + 4–6% FK Sn-Sb-V   17,0 Kreide
        0.297 MgO   13,0 Talkum
                                                                    + 5,0 FK 13040 Ferro

2.5.9 Hellgelbliche beige-cremefarbene Glasuren

entstehen leicht durch geringe Eisenoxidgehalte in den eigentlich nicht färbenden Rohstoffen, oder durch sehr kleine Anteile rotbrennenden Tons im Versatz. Sie können aber auch durch geringste Zusatzmengen von MnO_2, NiO und durch TiO_2-Gehalt bei Abwesenheit von Eisenoxidverunreinigungen erreicht werden.

---

735) SK 03a/02a opak, glänzend, beigegrau-gelblich *G. Blomert*

0.083 Na_2O	0.375 Al_2O_3	3.533 SiO_2	40,0 Fritte 90038 Degussa
0.217 K_2O	0.729 B_2O_3	0.104 ZrO_2	26,7 Fritte A 3331 R&S
0.258 CaO	0.050 Fe_2O_3	0.021 TiO_2	26,7 Kreutzton, rotbr.
0.150 MgO			6,6 Kalkmergel Frick
0.292 ZnO			

---

736) SK 02a/2a opak, glänzend, sandbeige, dick glasieren *A. Begge*

0.20 Na_2O	0.45 Al_2O_3	3.59 SiO_2	90,9 Fritte 1076 M&M
0.20 K_2O	0.60 B_2O_3	0.27 ZrO_2	9,2 china clay
0.30 CaO		0.20 F	+ 1,8 Nickeloxid
0.30 ZnO			

---

737) SK 02a/5a matt kristallin, beigerosa-gelblich *H. Bergmeier*

0.3 K_2O	0.15 Al_2O_3	1,4 SiO_2	33,3 K-Feldspat
0.3 BaO	0.01 B_2O_3	0.3 TiO_2	23,6 Bariumcarbonat
0.3 ZnO			12,0 Quarz
0.1 MgO			9,6 Titanoxid
			9,4 Zinkoxid
			8,3 Pottasche
			3,4 Magnesit
			0,4 Zinkborat

---

738) SK 5a/6a glänzend, opak, graugelblich

0.20 Na_2O	0.417 Al_2O_3	2.333 SiO_2	83,3 Fritte 90368 Degussa
0.70 CaO	0.200 B_2O_3	0.134 TiO_2	16,7 china clay
0.10 MgO			+ 4,2 Titanoxid
	+ 2–3% SnO_2		2,5 Zinnoxid

---

739) SK 5a/7 glatt, stumpfmatt bis seidenmatt, beigegelblich, opak, gut über Fe-Engoben, dünn glasieren *U. Ullmann*

0.147 Na_2O	0.555 Al_2O_3	1.992 SiO_2	25,0 Bimssteinmehl NR
0.066 K_2O	0.011 Fe_2O_3		25,0 Dolomit
0.407 CaO			25,0 Kaolin
0.380 MgO			12,5 K-Feldspat
			12,5 Na-Feldspat

740) SK 6a   seidenmatt, glatt, beige   *E. Simon*

0.050 Na$_2$O	0.226 Al$_2$O$_3$	1.506 SiO$_2$
0.068 K$_2$O	0.035 Fe$_2$O$_3$	
0.098 CaO		
0.357 MgO		
0.427 ZnO		

58,3 Trass TE
25,0 Sepiolith Mandt
16,7 Zinkoxid

741) SK 6a/7   seidenmatt, bräunlichbeige, reduzierend brennen   *M. Adam*

0.032 Li$_2$O	0.210 Al$_2$O$_3$	1.742 SiO$_2$
0.051 Na$_2$O		0.288 TiO$_2$
0.115 K$_2$O		
0.230 CaO		
0.429 MgO		
0.143 ZnO		

40,0 K-Feldspat B 412
25,0 Sepiolith Mandt
10,0 Kreide
10,0 Titanoxid
5,0 Zinkoxid
5,0 china clay
4,0 Talkum
1,0 Lithiumcarbonat

742) SK 6a/8   matt, lebendige Oberfläche, hellgelblich   *D. Füll*

0.195 Na$_2$O	0.512 Al$_2$O$_3$	1.979 SiO$_2$
0.077 K$_2$O	0.014 Fe$_2$O$_3$	0.005 TiO$_2$
0.700 CaO		
0.028 MgO		

50,0 Nephelin-Syenit
25,0 Ton W 100, weiß, fett
25,0 Zement PZ 35
     Neuwied

2.6 Glasuren für reduzierenden Brand

können auch oxidierend gebrannt werden, erhalten aber entweder ihre typische Eigenart oder ihre volle Schönheit in Farbe und Oberfläche erst beim Brand unter reduzierenden Bedingungen.

2.6.0 Allgemeines

2.6.0.1 Typische Glasuren für Reduktionsbrand

sind die echten Seladonglasuren = durch Eisenoxid in allen Schattierungen möglichen Grüns gefärbte Glasuren, die kupferroten Glasuren, auch China-Rot oder Ochsenblut-Glasuren (Sang-de-boeuf) genannt und die schwarzen, braunen und roten, mit viel Eisenoxid gefärbten Glasuren vom Temmoku-Typ.

Seladongrüne und kupferrote Glasuren können in allen Temperaturbereichen gebrannt werden, während Temmoku-Glasuren nur bei hohen und höchsten Brenntemperaturen des Steinzeugs und Porzellans wirklich gut werden. Viele farblose Glasuren (vor allem Feldspat-Kalk-Glasuren und Mattglasuren) erreichen ihre volle Schönheit der Oberfläche erst durch reduzierende Brandführung, ergeben zusammen mit der Farbe des reduzierten Scherbens ästhetische Wirkungen höchster Qualität (vgl. auch Abs. 2.1.7).

Eine besondere Art der Reduktionsglasuren sind die Lüsterglasuren mit schillernd-irisierender Oberfläche.

2.6.0.2 Das Brennen von Reduktionsglasuren

Es ist grundsätzlich in jeder Art von Ofen möglich, reduzierend, also unter Sauerstoffmangel zu brennen. Es ist lediglich bei Öfen mit Gasbeheizung am einfachsten, die Intensität, die Dauer und den Zeitpunkt der Reduktion zu steuern und auch ohne große Rauchentwicklung (Abscheiden von Kohlenstoff aus den Verbrennungsgasen) einen ausreichenden und rechtzeitigen Sauerstoffentzug aus Scherben und/oder Glasur zu erzielen. Es muß durchaus nicht während des gesamten Brandes mit Luftmangel gefeuert werden — das wäre Brennstoffvergeudung — in welchem Temperaturbereich allerdings schwach oder stark reduziert werden sollte und wie lange, muß experimentell ermittelt werden, weil das jeweils davon abhängt, wie weit die Glasur schon geschmolzen ist, welche Viskosität die Schmelze hat und welcher Effekt erreicht werden soll. Wie nach Erreichen der Garbrandtemperatur abgekühlt wird und wie schnell, ist von wesentlichem Einfluß auf das Ergebnis in Farbe und Oberflächenausbildung.

Soll sich nur die Oberfläche der Glasurschicht durch reduzierende Einflüsse verändern, kann auch erst beim Abkühlen nach dem Garbrand reduziert werden. Man tut das vor allem bei niedrigviskosen kupferroten Glasuren für niedrige Brenntemperaturen und kann dadurch eigenartige Effekte hervorrufen (siehe Abs. 2.6.2 kupferrote Gl.). Dieses Nachreduzieren beim Abkühlen soll im einen Fall dazu dienen, alle Hohlräume, wie Haarrisse, Nadelstiche und Poren mit Kohlenstoff zu füllen und dadurch schwarz bis grau zu färben, wenn es im niedrigsten Temperaturbereich geschieht, wenn die Glasur schon starr, hart und spröde ist. Im anderen Fall reduzieren wir Stücke, deren Glasur noch weich, plastisch ist, also im Temperaturbereich oberhalb des Transformationspunktes, damit Lüstereffekte entstehen, sobald die Glasur eine ausreichende Menge gelöster Schwermetallverbindungen enthält (vgl. Abs. 2.6.6, Lüsterglasuren). Für Silbergelb und Goldrubinrot ist diese Reduktionsmethode im Bereich zwischen 400 und 800 °C ebenfalls richtig. Vor allem aber dient sie der Farbveränderung, speziell der kupferhaltigen Glasuren. Die kräftige Reduktion findet dann meistens zwischen 1000 und 700 °C statt, wenn die Glasurschmelze nicht mehr sehr dünnflüssig ist, sondern sich anschickt zu erstarren. Das kann durch Neuzünden der Brenner, durch Nachheizen mit viel Brennstoff und wenig Luft oder durch Eingeben aller geeigneten brennbaren Stoffe (Gas, Öl, Wachs, Petroleum, Paraffin, Papier, Holz usw.) geschehen und natürlich auch im Elektro-Ofen durchgeführt werden.

2.6.0.3 Reduzieren im Elektro-Ofen

Dabei ist in der Regel eine starke Rußentwicklung im Ofen nötig. Um die Gefahr von Kurzschlüssen in der Heizwicklung und deren Beschädigung durch entstehende Lichtbögen zu vermeiden, müssen elektrisch beheizte Öfen beim Reduzieren abgeschaltet sein und sollten danach auch nicht wieder eingeschaltet werden, ehe nicht von allen Teilen des Ofeninneren der abgelagerte Ruß sorgfältig entfernt wurde.

Der Einfluß reduzierender Stoffe auf die Heizleiterlegierungen ist schädlich, weil dadurch die Lebensdauer der Heizleiter erheblich verkürzt wird. Es wird nämlich die schützende Oxidschicht auf dem metallischen Heizdraht zerstört und so verändert, daß sie nach dem Abkühlen schnell und leicht abblättert und der Heizdraht mit jedem reduzierenden Brand dünner wird, sich dadurch stärker erhitzt und schnell durchbrennt. Die Ofenhersteller empfehlen, zwischen die Reduktionsbrände jeweils einen gut oxidierenden Brand einzuschieben. Besser ist es, die Heizleiter durch einen Muffeleinsatz zu schützen, oder in geschlossenen Kapseln zu rauchen. Benutzt man solche Kapseln, deren Deckel gut schließen sollen oder gut abgedichtet werden müssen, ist es empfehlenswert, schon glattgebrannte Stücke einzusetzen und eine durch Proben zu ermittelnde Menge an Reduktionsmittel (Holz, Holzkohle, Eierbrikett, Sägespäne etc.) mit in die Kapsel zu legen. Man braucht davon erstaunlich wenig. Rohe Glasur wird bei diesem Verfahren in der Regel zu stark verraucht, weil sich in die Poren der ungeschmolzenen Glasur Kohlenstoff einlagert, der beim Schmelzen eingeschlossen wird und nicht mehr verbrennen kann. Diese Tatsache kann man aber auch für gute schwarze Glasuren benutzen. Ein poröser Scherben kann dadurch auch völlig schwarz werden. Es lassen sich auf diese Weise auch reizvolle Oberflächen erzeugen, wenn die Stücke (nicht glasiert!) in den Kapseln völlig oder nur teilweise in Sägespäne eingebettet werden.

2.6.0.4 Einflüsse der Abkühlung

Bei normaler Abkühlung, d. h. wenn man den Ofen sich selbst überläßt und geschlossen hält, bis er im Inneren auf 300 bis 200 °C abgekühlt ist, muß gewährleistet sein, daß alle Öffnungen und Undichtigkeiten des Ofens so verschlossen sind, daß keinerlei Luft eindringen kann, während der Ofen bis zum Transformationsbereich der Glasuren abkühlt, weil sonst die Glasuren wieder oxidieren und die Reduktionseinflüsse unwirksam würden. Das ist aber bei vielen Öfen nur unvollständig oder gar nicht machbar.

2.6.1 Farblose, halbopake, weiße, matte Reduktionsglasuren

Weil die Sauerstoffdiffusion in die erstarrende Glasur hinein aber ein langsamer Vorgang ist, kann dieses Wieder-Oxidieren dadurch verhindert werden, daß man den Ofen so schnell wie irgend möglich von der Garbrandtemperatur auf etwa 700 °C abkühlt (= Sturzkühlung, am besten innerhalb 30 bis 45 Minuten!) durch Einblasen kalter Luft. Ob das jeweils ohne Schwierigkeiten möglich sein wird, hängt von der Ofen- oder auch Brennerkonstruktion ab. Sie dient bei Gas- und Ölbrennern gleichzeitig dem Schutz der Brenner und der Flammenüberwachungs- und Zündeinrichtungen am Brenner. Sie wirkt aber auf die Bildung von matten Glasuroberflächen oder auf das Wachsen von Kristallen ausgesprochen ungünstig. Eine solche Sturzkühlung darf selbstverständlich nicht bis unterhalb Rotglut dauern, sonst besteht Gefahr von Kühlrissen.

Für Seladon- und Kupferrot-Glasuren ist eine Sturzkühlung fast stets besser; Temmoku-Glasuren und farblose Glasuren werden bei langsamem Abkühlen interessanter und schöner.

erhalten durch den Reduktionsbrand angenehmere und oft lebendigere Oberflächen als im oxidierenden bzw. neutralen Brand; vor allem dann, wenn auch der Scherben dadurch eine bessere Farbe und lebhaftere Oberfläche erhält und stärker mit der Glasur reagieren kann. Dies wird durch die Flußmittelwirkung des zweiwertigen Eisenoxids FeO begünstigt. Es geschieht vor allem auch dort, wo in der Masse Eisenoxide ungleichmäßig verteilt vorliegen (in Folge von Pyrit-Verunreinigungen). Es sind hier nur Steinzeugglasuren angegeben. Für die hohen Brenntemperaturen werden lediglich Feldspäte, Tone oder Kaoline, Kalkspat, Kreide, Dolomit, Wollastonit und Quarz benötigt. Je nach Anteilen dieser Rohstoffe im Versatz lassen sich Transparenz und Glanz der Oberfläche nach Wunsch in weiten Grenzen variieren, ohne daß sehr große Unterschiede in der Schmelzbarkeit auftreten müssen.

---

743) SK 7/8 matt bis seidenmatt, grünlichgraubeige, dünn glasieren *J. Preußer*

0.111 Na_2O	0.729 Al_2O_3	3.267 SiO_2
0.259 K_2O	0.008 Fe_2O_3	0.011 TiO_2
0.630 CaO		

- 54,5 K-Feldspat B 412
- 12,1 Wollastonit
- 18,2 china clay
- 9,1 Ton 904 Schmidt
- 6,1 Kreide

---

744) SK 6a/8 glatt, seidenmatt, halbopak, graugrünlich bis weißgrau, ab SK 8 glänzend *T. Jaensch*

0.171 K_2O	0.457 Al_2O_3	2.298 SiO_2
0.593 CaO	0.129 B_2O_3	
0.172 MgO		
0.064 ZnO		

- 32,8 K-Feldspat
- 23,7 Kaolin
- 14,1 Kreide
- 14,1 Quarz
- 10,6 Dolomit
- 4,7 Zinkborat

---

745) SK 7/8 matt-seidenmatt, halbtransparent, graubeige *U. Benzing*

0.052 Na_2O	0.512 Al_2O_3	2.660 SiO_2
0.120 K_2O		
0.552 CaO		
0.276 MgO		

- 31,3 K-Feldspat B 412
- 28,7 china clay
- 18,0 Kreide
- 11,3 Talkum
- 10,7 Quarz

746)	SK 7/8		stumpfmatt, farblos, nimmt leicht Kupferanflüge an!			*I. Böhle*

746)	SK 7/8	stumpfmatt, farblos, nimmt leicht Kupferanflüge an!				*I. Böhle*
		0.149 Na$_2$O	0.531 Al$_2$O$_3$	2.140 SiO$_2$	25,0	K-Feldspat B 412
		0.098 K$_2$O		0.005 SnO$_2$	25,0	Na-Feldspat Ventilato
		0.447 CaO			25,0	china clay RM
		0.306 MgO			20,0	Dolomit
					5,0	Kalkspat
					+ 0,25	Zinnoxid
747)	SK 7/8	glatt, matt, grauweißbeige				*C. Craemer*
		0.208 Na$_2$O	0.616 Al$_2$O$_3$	2.723 SiO$_2$	30,0	K-Feldspat
		0.140 K$_2$O			30,0	Na-Feldspat
		0.652 CaO			20,0	Kaolin
					20,0	Kalkspat
748)	SK 8	matt, halbopak, grauweiß bis farblos				*G. Enzensberger*
		0.038 Na$_2$O	0.439 Al$_2$O$_3$	2.363 SiO$_2$	27,0	china clay
		0.091 K$_2$O			25,0	K-Feldspat
		0.778 CaO			25,0	Kalkspat
		0.093 MgO			18,0	Quarz
					3,0	Dolomit
					2,0	Talkum
749)	SK 7/9	matt bis seidenmatt, halbopak, beigegelblich mit dunklen Flecken, Versatz nicht lange mahlen!				*I. Böhle*
		0.151 Na$_2$O	0.653 Al$_2$O$_3$	3.410 SiO$_2$	66,7	K-Feldspat B 412
		0.352 K$_2$O			9,5	Kalkspat
		0.397 CaO	+ 10.5% Braunkohlen-Brikettasche		9,5	china clay
		0.100 BaO			9,5	Braunkohlen-brikettasche
					4,8	Bariumcarbonat
750)	SK 7/9	halbglänzend, farblos bis hellseladongrün, glatt, als Geschirrglasur geeignet				
		0.071 Na$_2$O	0.452 Al$_2$O$_3$	2.308 SiO$_2$	23,6	K-Feldspat B 412
		0.119 K$_2$O	0.099 B$_2$O$_3$		18,9	Kalkspat
		0.633 CaO	0.008 Fe$_2$O$_3$		18,9	Ton W 100
		0.177 MgO			9,4	Quarzmehl
					7,5	china clay
					4,7	Dolomit
					8,5	Fritte 3244 Ferro
					3,8	Fritte 1233 M&M
					4,7	Schieferton, rotbr.

2.6.2 Rote, kupferhaltige Reduktionsglasuren = Chinarot- oder Ochsenblutglasuren

können bei allen Temperaturen gebrannt werden. Weil es sich bei der Rotfärbung durch Kupfer um einen optischen Effekt durch in der Glasur kolloidal ausgeschiedenes metallisches Kupfer eng begrenzter Korngrößen handelt, ist diese Färbung auch bei den höchsten Temperaturen des Porzellanbrandes noch stabil. Siehe Abs. 2.1.3.6, Reduktionsglasuren im Salzbrand, S. 150.

Sehr zähflüssige Schmelzen und deckende Mattglasuren entwickeln selten kräftiges Rot, da sie sich schlecht reduzieren lassen, und die kristallinen Phasen die Ausscheidung des kolloidalen Kupfers stören. Am besten sind bleihaltige, borreiche, glänzende Transparentglasuren geeignet, im hohen Brenntemperaturbereich transparente, glänzende Feldspatglasuren. CaO darf reichlich vorhanden sein, ZnO, BaO, SrO wirken in kleineren Anteilen förderlich.

Die leicht reduzierbaren niedrigviskosen Glasuren haben den Nachteil, daß sie auch genauso leicht beim Abkühlen des Ofens wieder oxidieren. Deshalb ist Abkühlen bei leicht reduzierender Ofenatmosphäre oder eine Sturzkühlung bis 700 °C empfehlenswert.

Für eine intensive Rotfärbung sind 0,5 bis maximal 2,0% CuO im Versatz nötig, zusätzliche 1–2% Zinnoxid fördern die Färbung und Beständigkeit gegen zu schnelles Wiederoxidieren. Größere Mengen an Kupferverbindungen ergeben kein besseres Rot; sie bewirken schwarze und grüne Flecken oder eine braune Färbung, die besonders auf Hartporzellan zu schönen braunen (Milchkaffeebraun) Glasuren benutzt wurde.

Setzt man erstarrende kupferhaltige Glasuren beim Abkühlen im Bereich zwischen 1000 und 700 °C einer starken, plötzlichen Reduktion aus, so zieht sich oft die oberste Glasurschicht stark zusammen und reißt – auf der unteren dünnflüssigeren Schicht beweglich »schwimmend« – auf, so daß ein mehr oder weniger breites Ader- oder »Risse«-netz entsteht. Wurde vorher nicht stark oder kaum reduziert, entsteht so eine rote Oberfläche mit grüner Aderung, wobei oft noch ein Lüstereffekt dazu kommt. Diese Art von Oberflächen erhält man am besten mit Blei-Bor-Glasuren. Wie stark, wie lange, wie oft und bei welcher Temperatur reduziert werden muß, kann nur experimentell festgestellt werden.

Siehe auch Glasuren Nr. 3, 9, 15, 64, 69, 72, 82, 85, 93, 96, 208, 492 bis 495. Oft werden die kupferroten Glasuren schöner, lebendiger, nicht so stark deckend, wenn gegen Ende des Brandes einige Minuten lang oxidierend gebrannt wird oder im Wechsel von Reduktion und Oxidation mit anschließender Sturzkühlung.

---

751) SK 07a/03a glänzend, intensiv rot, bleihaltig!

0.432 Na_2O	0.129 Al_2O_3	2.039 SiO_2	55,5 Fritte 90187 Degussa
0.128 K_2O	0.524 B_2O_3	0.036 SnO_2	32,2 Fritte 1233 M&M
0.178 CaO			10,5 china clay
0.262 PbO	+ 1.0% CuO		1,8 Kreide
			+ 1,9 Zinnoxid
			1,0 Kupferoxid

752) SK 05a/04a glänzend, opak, bis transparent, rot, für Nachreduktion zwischen 850 und 600 °C, bleihaltig!

0.40 Na_2O	0.11 Al_2O_3	2.93 SiO_2	45,2 Fritte 1509 M&M
0.23 K_2O	0.19 B_2O_3	0.02 SnO_2	31,3 Fritte 3783 Ferro
0.09 CaO			10,2 Quarz
0.28 PbO	+ 1.5% CuO		8,8 china clay
			4,5 Calciumborat-2-hydrat
			+ 1,0 Zinnoxid
			1,5 Kupferoxid

(753) 2.6.2

---

753) SK 03a — halbopak, glänzend, zum Nachreduzieren bei SK 012a, bleihaltig! nach *F. Viehweger*[158]

0.094 Na$_2$O	0.375 Al$_2$O$_3$	3.043 SiO$_2$
0.070 K$_2$O	0.3667 B$_2$O$_3$	
0.375 CaO		
0.461 PbO	+ 1–2% CuCO$_3$	

- 75,5 Fritte 3506 Ferro
- 8,5 Quarzmehl
- 7,0 Natronfeldspat
- 6,0 china clay
- 3,0 Kreide
- + 1,5 Kupfercarbonat

---

754) SK 1a/3a — matt, halbopak, zum Nachreduzieren bei SK 012a, bleihaltig! nach *F. Viehweger*[158]

0.031 Na$_2$O	0.111 Al$_2$O$_3$	1.067 SiO$_2$
0.004 K$_2$O		
0.057 CaO	+ 1–2% CuO	
0.057 MgO		
0.494 ZnO		
0.357 PbO		

- 48,0 Fritte 3527 Ferro
- 19,0 Zinkoxid
- 9,5 Na-Feldspat
- 9,5 Quarz
- 9,0 Kaolin
- 5,0 Dolomit
- + 1,0 Kupferoxid

---

755) SK 2a/6a — matt bis glänzend, mittelrot, bleihaltig! *W. Roil*

0.031 Li$_2$O	0.136 Al$_2$O$_3$	2.368 SiO$_2$
0.099 Na$_2$O	0.219 B$_2$O$_3$	
0.037 K$_2$O		
0.473 CaO	+ 4–6% SnO$_2$	
0.183 BaO	1–2% CuO	
0.110 ZnO		
0.067 PbO		

- 47,6 Fritte 3568 Ferro
- 28,6 Fritte 4067 M&M
- 14,3 Wollastonit
- 9,5 Quarz
- + 5,0 Zinnoxid
- 1,0 Kupferoxid
- 0,5 Relatin

---

756) SK 5a/8 — matt bis seidenmatt, opak, rosarot *H. Konzack*

0.054 Na$_2$O	0.211 Al$_2$O$_3$	1.338 SiO$_2$
0.095 K$_2$O	0.095 B$_2$O$_3$	0.042 ZrO$_2$
0.262 CaO		
0.348 MgO	+ 3–4% SnO$_2$	
0.189 ZnO	1–3% CuO	
0.052 SrO		

- 38,5 K-Feldspat B 412
- 15,4 Dolomit
- 11,5 Talkum
- 7,7 Calciumborat-2-hydrat
- 7,7 Zinkoxid
- 7,7 china clay
- 3,9 Na-Feldspat
- 3,8 Zirkonsilikat
- 3,8 Strontiumcarbonat
- + 3,1 Zinnoxid
- 2,0 Kupferoxid

---

757) SK 7 — matt, hell- bis mittelrot *U. Ullman/T. Naethe*

0.153 Na$_2$O	0.492 Al$_2$O$_3$	2.604 SiO$_2$
0.297 K$_2$O	0.096 B$_2$O$_3$	
0.278 CaO		
0.272 ZnO	+ 0.5% CuO	
	1% SnO$_2$	

- 62,1 K-Feldspat
- 18,4 Fritte 90016 Degussa
- 6,9 Kaolin
- 6,9 Zinkoxid
- 5,7 Kreide
- + 1,0 Zinnoxid
- 0,5 Kupferoxid

758) SK 6a/7 — matt, wenn dünn glasiert; glänzend, wenn dick glasiert, dort craquelée, grau-weinrot — *M. Seibert*

0.230 Na_2O	0.451 Al_2O_3	1.708 SiO_2	60,0 Nephelin-Syenit
0.079 K_2O			9,1 Kalkspat
0.363 CaO	+ 2–3% $CuCO_3$		9,1 Dolomit
0.119 MgO	1–2% SnO_2		9,1 china clay
0.021 BaO			6,4 Zinkoxid
0.188 ZnO			4,5 Anorthit Mandt
			1,8 Bariumcarbonat
			+ 2,0 Kupfercarbonat
			1,0 Zinnoxid

759) SK 6a/7 — seidenmatt, halbopak, kristallin matt, wenn dick glasiert bläulichviolettrot — *T. Naethe*

0.1 Li_2O	0.46 Al_2O_3	2.42 SiO_2	54,6 K-Feldspat
0.3 K_2O			13,3 china clay
0.2 MgO	+ 4–6% $Ca_3(PO_4)_2$		12,9 Bariumcarbonat
0.2 BaO	1–2% CuO		5,9 Quarz
0.2 ZnO	0.2–0.25% $CoCO_3$		5,5 Magnesit
			5,3 Zinkoxid
			2,5 Lithiumcarbonat
			+ 5,0 Tricalciumphosphat
			1,5 Kupferoxid
			0,25 Kobaltcarbonat

760) SK 7/8 — matt bis seidenmatt, kräftig rot — *G. Enzensberger*

0.072 Li_2O	0.222 Al_2O_3	1.643 SiO_2	31,2 K-Feldspat B 412
0.040 Na_2O			25,0 Bariumcarbonat
0.091 K_2O	+ 2–2.5% $CuCO_3$		17,3 Zinkoxid
0.297 BaO	0.5–1.5% SnO_2		12,9 Quarz
0.500 ZnO			11,6 Spodumen
			2,0 china clay
			+ 2,3 Kupfercarbonat
			1,0 Zinnoxid

761) SK 6a/8 — matt, hellrötlich — *F. Müller*

0.317 Na_2O	0.472 Al_2O_3	2.647 SiO_2	64,9 Na-Feldspat
0.006 K_2O			17,8 Kalkspat
0.549 CaO	+ 0.8–1.0% SnO_2		9,4 china clay
0.128 ZnO	0.5–0.8% $CuCO_3$		4,2 Quarz
			3,7 Zinkoxid
			+ 0,85 Zinnoxid
			0,52 Kupfercarbonat

762) SK 6a/9   glänzend, glatt, intensiv rot, 5 Minuten aufoxidieren!

0.053 Na$_2$O	0.307 Al$_2$O$_3$	2.257 SiO$_2$		41,2 K-Feldspat B 412
0.281 K$_2$O	0.178 B$_2$O$_3$			20,6 Kreide
0.587 CaO				10,3 Quarz
0.050 ZnO	+ 3.0% SnO$_2$			10,3 Fritte 90167 Degussa
0.029 BaO	2.0% CuO			10,3 Fritte 90038 Degussa
				5,2 china clay
				2,1 Bariumcarbonat
			+	3,0 Zinnoxid
				2,0 Kupferoxid

763) SK 8/10   glänzend, glatt, ochsenblutrot

0.05 Li$_2$O	0.36 Al$_2$O$_3$	4.30 SiO$_2$		43,3 Kalifeldspat
0.30 K$_2$O	0.10 B$_2$O$_3$			33,1 Quarz
0.43 CaO				7,5 Wollastonit
0.12 MgO	+ 1–3% SnO$_2$			4,8 Dolomit
0.10 ZnO	1–2% CuO			4,2 Calciumborat-2-hydrat
				4,0 china clay
				2,1 Zinkoxid
				1,0 Lithiumcarbonat
			+	2,0 Zinnoxid
				1,0 Kupferoxid

Reduktion im neutralen oder oxidierenden Brand kann auch in der Glasur geschehen durch Zusatz Sauerstoff verbrauchender Substanzen, wie etwa SiC, metallisches Si oder Al, Ti usw. Es bestehen dabei aber brenntechnische und Dosierungsschwierigkeiten, denn wenn nicht das ganze Reduktionsmittel zu farblosem Oxid oxidiert wird, gibt es der Glasur seine graue Eigenfarbe. Wird dagegen etwas zu lange gebrannt, wird die Wirkung des Zusatzes wieder aufgehoben und keine ausreichende Reduktion erzielt. Die Methode ist deshalb unsicher. *E. Cooper*[27] gibt einige Rezepte an, in denen jeweils 0,5% Siliziumkarbid, 0,5 bis 1,0% Kupferoxid und 1% Zinnoxid als Zusätze empfohlen werden.

Weitere Rezepte sind in *J. Chappel*[22] zu finden. Hier werden Zusätze von 0,2 bis 0,4% Siliziumkarbid, 0,1 bis 0,3% Eisenoxid, 1% Zinnoxid und 0,2 bis 6% Kupfercarbonat empfohlen, für Brenntemperaturen zwischen SK 04a bis 2a/3a. Sehr schnelle Abkühlung ist nötig!

764) SK 2a   halbopak bis transparent-glänzend, rötlich bis rot je nach Auftrag, bleiarm!

0.674 Na$_2$O	0.361 Al$_2$O$_3$	2.646 SiO$_2$		32,8 Feldspat K 31
0.007 K$_2$O	0.962 B$_2$O$_3$			28,0 calciniertes Borax
0.285 CaO				16,3 Quarzmehl
0.034 PbO	+ 1–2% SnO$_2$			12,2 china clay RM
	0.3–0.8% CuCO$_3$			8,0 Kreide
	0.4–0.8% SiC			2,7 Fritte 3527 Ferro
			+	1,8 Zinnoxid
				0,3 Kupfercarbonat
				0,6 Siliziumkarbid, feinst

765)	SK 7/8	glänzend, rot			nach	E. Cooper
		0.347 Na$_2$O	0.483 Al$_2$O$_3$	3,842 SiO$_2$		57,1 Na-Feldspat
		0.007 K$_2$O	0.072 B$_2$O$_3$			18,4 Quarz
		0.585 CaO				13,3 Kreide
		0.061 MgO	+ 0.5–1% SnO$_2$			6,1 china clay
			0.5% CuCO$_3$			2,0 Talkum
			0.5% SiC			3,1 Calciumborat
						+ 0,5 Zinnoxid
						0,5 Kupfercarbonat
						0,5 Siliciumcarbid

2.6.3 Grüne, eisenhaltige Reduktionsglasuren = »echte« Seladonglasuren

Seladonglasuren können alle Farbtöne zwischen hellgrünlichgrau, blaugrün, gelblichgrün, olivgrün bis braungrün aufweisen; sie können matt opak bis transparent glänzend sein.

Wesentliches Merkmal ist, daß sie ihre Farbe im reduzierenden Brand durch Eisenoxid erhalten. Sie sind deshalb mit allen Glasurarten und bei allen Brenntemperaturen möglich. Von bester Qualität entstehen sie allerdings nur auf Steinzeug und Porzellan. Ihr Farbton hängt davon ab, ob der gesamte Eisenoxidgehalt als Fe^{2+}-Ion gelöst ist (= klares Blaugrün) mit nur wenig gelöstem Fe^{3+}, ob sich Fe^{2+}- und Fe^{3+}-Ionen gleichteilig in Lösung befinden (= klares Mittelgrün) oder ob bei schwacher Reduktion die Fe^{3+}-Ionen überwiegen (= gelbgrün). Ungelöstes FeO oder Fe$_3$O$_4$ in gewissem Anteil fügt als dunkles Pigment eine Grau- bzw. Schwarzkomponente zu, ungelöstes Fe$_2$O$_3$ eine rotbraune bis braune Pigmentfärbung. Je größer der Eisenoxidgehalt und je niedriger die Brenntemperatur, desto leichter wird die Glasur dunkelgrünbraun bis grünschwarz werden, weil sich weniger Eisenoxid in Lösung halten kann. Alkalireiche Glasuren mit ihrem großen Lösevermögen sind hier stets sehr vorteilhaft für ein gutes klares Grün. Titanoxid darf nicht enthalten sein. Bleireiche Glasuren sind ungünstig für starke Reduktion, wie sie für Seladonglasuren nötig ist. Damit ein gutes Grün erhalten bleibt und beim Abkühlen nicht gelblich aufoxidiert, ist eine Sturzkühlung oder reduzierendes Abkühlen erforderlich. Ein klarer, hellbrennender bis weißer Scherben ist Vorbedingung für klares Grün; er darf durch die Reduktion nicht zu dunkelgrau gebrannt sein (etwa durch eingelagerten Kohlenstoff).

Gutes Blaugrün entsteht in den Na$_2$O- und K$_2$O-reichen SiO$_2$-reichen Glasuren, wenn gleichzeitig P$_2$O$_5$ zugegen ist, das man durch Zusatz von Knochenasche oder Calcium- und/oder Magnesiumphosphaten einführen kann; es sind davon 6 bis 15% üblich. Phosphoroxid kann auch in einigen Holzaschen in ausreichender Menge enthalten sein, die vielfach auch die gerade richtige Menge an Eisenoxid mitbringen. Mehr Al$_2$O$_3$ ergibt eher grasgrün – mehr SiO$_2$ eher blaugrün! Deshalb ergeben Feldspat-Ton-Asche-Mischungen (aus eisenarmen Tonen und Aschen) im Reduktionsbrand nahezu automatisch brauchbare Seladonglasuren. Siehe auch: Frère Daniel[43]; J. Grebanier[47]; E. Cooper[25, 26, 27].

In jedem Fall wird die Farbe der Seladonglasuren erheblich mehr durch die Art des Brandes, durch Intensität, Zeitpunkt und Dauer der Reduktion sowie durch Art der Abkühlung beeinflußt als durch die Zusammensetzung, wenn diese in entsprechenden Grenzen liegt. Mehr, als man als Keramiker zu glauben bereit ist. Zur Färbung benötigen wir 0,5 bis 3% Fe$_2$O$_3$ im Versatz. Oft reichen die Mengen Eisenoxid, die als Unreinheit in den sonst farblos brennenden Rohstoffen vorkommen, für zartgrünes Seladon. Rotbrennender Ton als Quelle für Eisenoxid ist sehr vorteilhaft (vgl. auch Abs. 2.5.4.3, Eisengrüne Glasuren, S. 288).

2.6.3.1 Transparent glänzende, rißfreie Seladonglasuren

Ob diese Glasuren rißfrei oder mit einem Craquelée-Netz erstarren, hängt auch von der Wärmedehnung des benutzten Scherbens ab und läßt sich durch den SiO$_2$-Gehalt der Glasur steuern.

Auch die transparenten Seladonglasuren werden eher dicker aufgetragen, damit sich ihre Farbreize und ihre Oberflächentextur deutlicher entwickeln können. Sie sollen kräftig reduziert und danach schnell abgekühlt werden.

766)	SK 7/8	glänzend, rißfrei, bläulichgrün bis olivgrün				A. Pickal
		0.048 Na$_2$O	0.254 Al$_2$O$_3$	2.789 SiO$_2$	35,0	K-Feldspat B 412
		0.112 K$_2$O			23,0	Talkum
		0.374 CaO	+ 10% rotbr. Ton		17,0	Wollastonit
		0.466 MgO			14,0	Quarz
					11,0	Kaolin
					+ 10,0	Kreutzton, rotbr.
767)	SK 7/8	glänzend, transparent, rißfrei, grünlichgrau				M. Dachs
		0.046 Na$_2$O	0.370 Al$_2$O$_3$	2.003 SiO$_2$	25,0	Kalifeldspat
		0.084 K$_2$O			25,0	Kalkspat
		0.701 CaO			18,0	Ton W 105
		0.169 MgO			10,0	Hirschauer Kaolin
					12,0	Quarz
					5,0	Talkum
					5,0	Dolomit
768)	SK 7/9	glänzend, rißfrei, transparent, dunkelgrün				M. Weigel
		0.037 Na$_2$O	0.427 Al$_2$O$_3$	2.239 SiO$_2$	27	china clay
		0.088 K$_2$O			25	K-Feldspat
		0.758 CaO	+ 10% Thomasmehl		25	Kreide
		0.046 MgO			18	Quarz
		0.071 ZnO			3	Dolomit
					2	Zinkoxid
					+ 10	Thomasmehl
769)	SK 7/9	glänzend, transparent, rißfrei, braunoliv				A. Günther
		0.050 Na$_2$O	0.250 Al$_2$O$_3$	3.242 SiO$_2$	31	Kalifeldspat B 412
		0.118 K$_2$O			33	Quarz
		0.122 Li$_2$O	+ 3% Fe$_2$O$_3$		14	Kalkspat
		0.423 CaO			12	Talkum
		0.287 MgO			7	china clay
					3	Lithiumcarbonat
					+ 3	Eisen III)-oxid
770)	SK 7/9	transparent, rißfrei, olivgraugrün, lange mahlen, Feldspat-Aschen-Glasur				H. Gleiss
		0.3 Na$_2$O	1.433 Al$_2$O$_3$	8.90 SiO$_2$	50,0	K-Feldspat B 412
		0.7 K$_2$O			30,0	gemischte Holz- und Braunkohlenbrikett-Asche
			+ 43% gemischte Asche			
					10,0	Quarz
					10,0	Kaolin

2.6.3.2 Transparente Seladonglasuren mit Craquelée-Netz, glänzend

Diese Glasuren ergeben auf stärker verglastem Scherben, wie z. B. Weichporzellan, mit niedrigerem Wärmeausdehnungskoeffizienten ein engeres Rißnetz als auf quarzreichem Steinzeugscherben. Die Glasuren sollen kräftig reduzierend gebrannt werden und können schnell gekühlt werden; sie müssen dick aufgetragen sein, wenn das Craquelée zur Wirkung kommen soll.

771) SK 6a/8 glänzend, transparent, craquelée, bei SK 8 niedrigviskos, dick glasieren, helles Bläulichgrün, bleihaltig! — C. Wilhelm

0.115 Li_2O	0.327 Al_2O_3	1.550 SiO_2
0.071 Na_2O	0.134 B_2O_3	
0.041 K_2O		
0.451 CaO	+ 0.6–1.5% Ocker	
0.232 MgO		
0.090 PbO		

- 22,0 Kaolin
- 17,5 Na-Feldspat
- 17,5 Dolomit
- 13,2 Fritte 90062 Degussa
- 8,8 K-Feldspat
- 8,8 Kalkspat
- 8,7 Quarz
- 3,5 Lithiumcarbonat
- + 0,8 gelber Ocker

772) SK 7/9 glänzend, craquelée, dunkel blaugrün — U. Witzmann

0.326 Na_2O	0.512 Al_2O_3	3.439 SiO_2
0.151 K_2O		
0.319 CaO	+ 3–4% Fe_2O_3	
0.204 BaO		

- 46,0 Na-Feldspat
- 32,5 K-Feldspat
- 11,5 Bariumcarbonat
- 10,0 Wollastonit
- + 3,5 Eisen(III)-oxid
- 0,5 Relatin

773) SK 7/9 glänzend, transparent, craquelée, zartgrün — H. Ganter

0.166 Na_2O	0.252 Al_2O_3	1.656 SiO_2
0.006 K_2O		
0.615 CaO	+ 5% rotbr. Ton	
0.213 MgO		

- 45,5 Na-Feldspat
- 18,2 Kalkspat
- 18,2 Dolomit
- 9,1 Ton W 100
- 9,0 Quarz
- + 5,0 Opalinus-Schieferton

774) SK 7/9 glänzend, transparent, craquelée, olivgrün — A. Günther

0.125 Na_2O	0.355 Al_2O_3	1.809 SiO_2
0.044 K_2O		
0.396 CaO	+ 2–3% Fe_2O_3	
0.222 MgO		
0.061 BaO		
0.152 ZnO		

- 33,2 Nephelin-Syenit
- 16,7 Dolomit
- 16,7 Quarz
- 16,7 china clay
- 6,7 Kalkspat
- 5,0 Bariumcarbonat
- 5,0 Zinkoxid
- + 2,5 Eisen(III)-oxid

775) SK 7/9   glänzend, transparent, craquelée, mittelgrün   C. Wilhelm

0.067 Li$_2$O	0.318 Al$_2$O$_3$	1.88 SiO$_2$	28,0 K-Feldspat
0.115 K$_2$O			25,0 Kalkspat
0.009 Na$_2$O	+ 2–4% Fe$_2$O$_3$		20,0 china clay
0.715 CaO			18,0 Quarz
0.094 MgO			7,0 Dolomit
			2,0 Lithiumcarbonat
			+ 2,0 Eisen(III)-oxid

776) SK 8/9   glänzend, transparent, feincraquelée, graublaugrün   I. Böhle

0.098 Na$_2$O	0.492 Al$_2$O$_3$	4.071 SiO$_2$	52 Kalifeldspat B 412
0.260 K$_2$O			24 Quarz
0.642 CaO	+ 0.8–1.5% Fe$_2$O$_3$		16 Kalkspat
			8 Kaolin
			+ 1 Eisen(III)-oxid

2.6.3.3 Glänzende, halbopake bis opake Seladonglasuren

kann man erhalten, wenn ein sehr hoher SiO$_2$-Gehalt in der Glasur ist, also durch einen großen Anteil an Feldspat und Quarz im Versatz oder mit Hilfe einer SnO$_2$/ZrO$_2$-Trübung, die aber nicht zu stark sein darf, sonst entstehen unangenehm olivgrüne Nuancen. Benutzt man zur Trübung Calcium- und/oder Magnesiumphosphate oder sind große Anteile einer kalk- und phosphorreichen Holzasche im Versatz, dann entstehen blaue, milchigtrübe bzw. blaugrün wolkig-opake Seladone (»Chün«-Typ).

777) SK 6a/8   glänzend, craquelée, halbopak, zart graublaugrünlich,   R. Ternes
              dick glasieren, ab SK 1a stark reduzieren

0.191 Na$_2$O	0.416 Al$_2$O$_3$	3.921 SiO$_2$	43,5 K-Feldspat
0.217 K$_2$O			17,4 Na-Feldspat
0.528 CaO	+ 6–10% Ca$_3$(PO$_4$)$_2$		21,7 Quarz
0.064 BaO	2–4% MgHPO$_4$		14,1 Kreide
	0.5–1.0% Fe$_2$O$_3$		3,3 Bariumcarbonat
			+ 8,0 Tricalciumphosphat
			2,0 Magnesiumhydrogen-phosphat
			0,8 Eisen(III)-oxid

2.6.3.3 (782)

| 778) | SK 7/8 | glänzend, halbopak, craquelée, grünliches Graublau, stark reduzieren | | M. Müksch |

$$0.191 \; Na_2O \qquad 0.326 \; Al_2O_3 \qquad 2.305 \; SiO_2$$
$$0.128 \; K_2O$$
$$0.561 \; CaO \qquad + 6-8\% \; MgHPO_4$$
$$0.120 \; MgO \qquad 0.8-1.5\% \; Fe_2O_3$$

- 33,9 K-Feldspat
- 33,9 Na-Feldspat
- 16,9 Kreide
- 8,5 Dolomit
- 6,8 Quarz
- \+ 7,0 Magnesiumhydrogen-phosphat
- 1,2 Eisen(III)-oxid

---

779) SK 7/8 glänzend, milchigtrüb, zartgrün, hochviskos, rißfrei, auch für Salzbrand geeignet — A. Pickal

$$0.090 \; Na_2O \qquad 0.502 \; Al_2O_3 \qquad 3.886 \; SiO_2$$
$$0.212 \; K_2O$$
$$0.698 \; CaO \qquad + 0.2-1.0\% \; Ocker$$
$$ \qquad 8-10\% \; SnO_2$$

- 43,0 K-Feldspat
- 20,6 Wollastonit
- 13,1 china clay
- 14,0 Quarz
- 9,3 Zinnoxid

---

780) SK 7/9 glänzend, craquelée, milchigtrüb, zartgrün, stark reduzieren, dick glasieren — E. Pleuger

$$0.693 \; Na_2O \qquad 0.990 \; Al_2O_3 \qquad 5.257 \; SiO_2$$
$$0.015 \; K_2O$$
$$0.292 \; CaO \qquad + 10\% \; Na_2HPO_4$$
$$ \qquad 0.2-0.8\% \; Fe_2O_3$$

- 85,0 Na-Feldspat
- 10,0 china clay
- 5,0 Kalkspat
- \+ 10,0 Dinatriumphosphat
- 0,4 Eisen(III)-oxid

---

781) SK 7/9 glänzend, halbopak, hochviskos, craquelée, grün bläulich, gut zum Abschrecken und Färben des Rißnetzes — C. Wilhelm

$$0.160 \; Na_2O \qquad 0.695 \; Al_2O_3 \qquad 6.128 \; SiO_2$$
$$0.423 \; K_2O$$
$$0.417 \; CaO \qquad + 0.5-2.0\% \; Fe_2O_3$$

- 62,0 K-Feldspat B 412
- 25,5 Quarz
- 7,5 Kalkspat
- 5,0 china clay
- \+ 1,8 Eisen(III)-oxid

---

782) SK 7/9 opak bis halbopak, blaugrün, glänzend bis halbmatt je nach Abkühlung, haarrissig, dick glasieren, stark reduzieren

$$0.052 \; Li_2O \qquad 0.229 \; Al_2O_3 \qquad 1.659 \; SiO_2$$
$$0.069 \; Na_2O \qquad \qquad 0.062 \; P_2O_5$$
$$0.160 \; K_2O \qquad + 1-2\% \; Fe_2O_3$$
$$0.490 \; CaO$$
$$0.155 \; BaO$$
$$0.037 \; MgO$$
$$0.037 \; ZnO$$

- 54,0 K-Feldspat K 412
- 13,0 Kreide
- 13,0 Bariumcarbonat
- 8,2 Tricalciumphosphat
- 7,2 Quarz
- 1,4 Zinkoxid
- 1,4 Magnesit
- 1,8 Lithiumkarbonat
- \+ 1,0 Eisen(III)-oxid

2.6.3.4 Seidenmatte bis matte Seladonglasuren

Die besten matten Oberflächen entstehen hier in Versätzen mit viel Nephelin-Syenit, Wollastonit, Dolomit.

783)	SK 6a/7	seidenmatt, craquelée, graubräunlichgrün, dünn glasieren, stark reduzieren				H. Bergmeier
		0.058 Na_2O	0.253 Al_2O_3	1.216 SiO_2	45,5	Strontiumcarbonat
		0.093 K_2O	0.033 Fe_2O_3		45,5	Trass
		0.035 MgO			9,0	K-Feldspat
		0.722 SrO				
784)	SK 6a/8	seidenmatt, halbopak, grauseladon, dick glasieren				D. Füll
		0.064 Na_2O	0.424 Al_2O_3	2.241 SiO_2	51,3	K-Feldspat
		0.174 K_2O	0.040 B_2O_3		17,1	Kalkspat
		0.466 CaO			17,1	Kaolin
		0.273 MgO	+ 2–4% SnO_2		12,8	Talkum
		0.021 ZnO			1,7	Zinkborat
					+ 4,0	Zinnoxid
785)	SK 6a/8	speckig glatt bis halbmatt, halbopak, mittelgrün				H. Ganter
		0.250 Na_2O	0.423 Al_2O_3	3.337 SiO_2	43,5	Na-Feldspat
		0.010 K_2O			21,7	Quarz
		0.740 CaO	+ 6–10% Ocker		21,7	Kalkspat
					13,1	Ton W 100
					+ 8,7	gelber Ocker
786)	SK 7/8	glatt, seidenmatt, olivgrün				T. Jaensch
		0.073 Na_2O	0.479 Al_2O_3	1.832 SiO_2	38,5	K-Feldspat
		0.127 K_2O	0.005 Fe_2O_3	0.001 TiO_2	26,9	china clay
		0.580 CaO			15,5	Kreide
		0.220 MgO			11,5	Dolomit
					3,8	Na-Feldspat
					3,8	Basaltmehl Pholin
787)	SK 7/8	seidenmatt, grüngraublau, evtl. etwas dunkel gefleckt, wenn nicht lange gemahlen				
		0.044 Na_2O	0.369 Al_2O_3	1.604 SiO_2	28,6	K-Feldspat
		0.106 K_2O			23,8	Quarz
		0.744 CaO	+ 10–18% eisenhaltige		23,8	Kalkspat
		0.076 MgO	Tone oder Gesteine		19,0	Kaolin
					4,8	Dolomit
					+ 15,0	Schiefermehl oder Opalinuston

788)	SK 7/9	seidenmatt, craquelée, blaugrün, opak wenn dick glasiert, kräftig reduzieren				R. Ternes
		0.233 Na$_2$O	0.389 Al$_2$O$_3$	2.051 SiO$_2$		25,0 Na-Feldspat
		0.117 K$_2$O				25,0 K-Feldspat
		0.650 CaO	+ 8–10% Ca$_3$(PO$_4$)$_2$			25,0 Nephelin-Syenit
			8–10% MgHPO$_4$			25,0 Kalkspat
			10–15% rotbr. Ton			+ 10,0 Tricalciumphosphat
						10,0 Odenwälder Ton
						8,0 Magnesiumphosphat
789)	SK 7/9	matt, blauolivgrün mit braunen Flecken, dick glasieren, nicht lange mahlen				U. Kraus
		0.134 Na$_2$O	0.628 Al$_2$O$_3$	2.848 SiO$_2$		35,0 Anorthitmehl Mandt
		0.015 K$_2$O	0.030 Fe$_2$O$_3$	0.045 TiO$_2$		35,0 Ton 904 Schmidt
		0.821 CaO		0.647 SO$_3$		30,0 Gips (-dihydrat!)
		0.030 MgO				
790)	SK 7/9	matt, opak, hellblaugrün				I. Böhle
		0.092 Na$_2$O	0.644 Al$_2$O$_3$	2.495 SiO$_2$		54,6 K-Feldspat
		0.216 K$_2$O				21,8 Kalkspat
		0.692 CaO	+ 1–3% Fe$_2$O$_3$			14,3 china clay
						4,2 Quarz
						5,1 calc. Tonerde
						+ 1,0 Eisen(III)-oxid

2.6.4 Reduktionsglasuren mit brauner, schwarzer oder grauer Farbe

Viele eisenoxidreiche Glasuren bekommen, in reduzierender Ofenatmosphäre gebrannt, eine bessere Färbung und lebendigere Oberfläche als im oxidierenden Brand (vgl. Abs. 2.3.2.4), vor allem auch dann, wenn beim Abkühlen die obersten Schichten der Glasur wieder etwas Sauerstoff aufnehmen können. Soll die Glasur frei von Blasen und anderen Fehlern bleiben, darf allerdings nicht zu stark rauchend gebrannt werden; die Reduktion soll langsam einsetzen und erst während des Brandes allmählich verstärkt werden. Am Ende des Brandes ist manchmal eine kurze, 5–15 Minuten dauernde Oxidationsperiode gut.

Viele der typischen »Temmoku«-Glasuren können sowohl oxidierend oder neutral als auch reduzierend gebrannt werden. Es ist dabei nicht zu vergessen, daß das FeO als kräftiges Flußmittel wirken kann.

Bleihaltige und alkalireiche Glasuren für niedrige Brenntemperaturen können im reduzierenden Brand einen deutlichen Teil dieser Flußmittel durch Verdampfen verlieren und müssen oder können deshalb oftmals höher gebrannt werden als im oxidierenden Brand. In vielen Fällen wird durch eine starke Blasenbildung beim beginnenden Schmelzen oder bei plötzlichem Reduzieren eine lebhafte Oberflächenzeichnung der danach glatt ausgeflossenen Glasur hervorgerufen.

Der Fe$_2$O$_3$-Gehalt der Glasuren soll zwischen 8 und 12% liegen. Die besten Ergebnisse in ästhetischer Hinsicht liefern wiederum die hoch zu brennenden Feldspatglasuren und eisenreiche Gesteine oder Tone (vgl. Abs. 2.7.1; 2.7.2, S. 347 ff).

2.6.4.1 Schwarze oder dunkelbraune Glasuren

791)	SK 6a/8	glänzend, glatt, dunkel- bis mittelbraun			*T. Jaensch*
					50,0 Fritte 3244 Ferro
					50,0 eisenreicher Tonschiefer

792)	SK 7/8	glatt, glänzend, schwarz mit rotbraungelb, je nach Auftragsstärke			*I. Böhle*
		0.151 Na_2O	0.653 Al_2O_3	3.410 SiO_2	66,7 Feldspat
		0.352 K_2O			9,5 Kaolin
		0.397 CaO	+ 5–8% Fe_2O_3		9,5 Kalkspat
		0.100 BaO	11% B-Brikettasche		9,5 Braunkohlenbrikettasche
					4,8 Bariumcarbonat
					+ 5,7 Eisen(III)-oxid

793)	SK 7/8	matt-seidenmatt, olivdunkelgrün mit rötlichbraunen Flecken, nicht lange mahlen, Schlicker sofort verbrauchen!			*H. Gleiss*
		0.047 Na_2O	0.579 Al_2O_3	2.535 SiO_2	23,8 Niederahrer Ton
		0.088 K_2O	0.064 Fe_2O_3	0.003 TiO_2	23,8 china clay
		0.822 CaO			23,8 Zement PZ 35 Neuwied
		0.043 MgO			19,0 K-Feldspat
					9,6 Quarz

794)	SK 7/9	glänzend bis seidenmatt, schwarzbraun			*D. Kirschbaum*
		0.176 Na_2O	0.578 Al_2O_3	2.950 SiO_2	25 Bimssteinmehl
		0.120 K_2O	0.030 Fe_2O_3	0.030 TiO_2	25 Ton 904 Schmidt
		0.222 CaO			20 K-Feldspat
		0.193 MgO			10 Na-Feldspat
		0.083 BaO			10 Dolomit
		0.206 ZnO			5 Bariumcarbonat
					5 Zinkoxid

795)	SK 7/10	matt, schwarz bis schwarzbraun			nach *P. Barron*
		0.116 Na_2O	0.585 Al_2O_3	3.173 SiO_2	45 K-Feldspat
		0.227 K_2O	0.155 Fe_2O_3	0.018 TiO_2	30 Ton 415 Schmidt
		0.328 CaO			10 Kreutzton, rotbr.
		0.329 MgO			15 Dolomit
					+ 3 Eisen (III)-oxid

796) SK 8/9   glänzend, rotgelbbraun (»Kaki«-Glasur)

0.166 Na$_2$O	0.533 Al$_2$O$_3$	4.983 SiO$_2$
0.214 K$_2$O		
0.376 CaO	+ 6–8% Ca$_3$(PO$_4$)$_2$	
0.244 MgO	2–6% MgHPO$_4$	
	10–12% Fe$_2$O$_3$	

- 53,0 Feldspat K 4280
- 25,0 Quarzmehl
- 8,0 Kreide
- 7,0 Talkum
- 7,0 china clay
- + 6,8 Tricalciumphosphat
- 4,4 Magnesiumphosphat
- 10,8 Eisen(III)-oxid

797) SK 9/10   schwarzbraunes Temmoku, dick glasieren   nach *R. Welch*

0.016 Na$_2$O	0.403 Al$_2$O$_3$	4.436 SiO$_2$
0.235 K$_2$O	0.257 Fe$_2$O$_3$	0.004 TiO$_2$
0.749 CaO		

- 36,4 Feldspat FS 90
- 36,3 Quarz
- 18,3 Kreide
- 9,0 Kaolin
- + 10,0 Eisen(III)-oxid

798) SK 6a/8   seidenmatt, schwarz, bei SK 8 eher glänzend, gut für kantige Reliefstrukturen

0.262 Na$_2$O	0.500 Al$_2$O$_3$	3.762 SiO$_2$
0.151 K$_2$O	0.168 B$_2$O$_3$	0.045 SnO$_2$
0.587 CaO		
	+ 10% Fe$_2$O$_3$	

- 26 Ton W 100, weiß, fett
- 26 Quarz
- 20 Feldspat Norflot Na
- 10 Fritte 90167 Degussa
- 16 Kreide
- 2 Zinnoxid
- + 10 Eisen(III)-oxid

799) SK 7/9   glänzend, craquelée, dunkelschwarzbraun, stark reduzieren   *A. Günther*

0.326 Na$_2$O	0.509 Al$_2$O$_3$	3.430 SiO$_2$
0.151 K$_2$O		
0.320 CaO	+ 10–15% Fe$_2$O$_3$	
0.203 MgO		

- 26,1 Nephelin-Syenit
- 26,1 Fritte 1233 M&M
- 17,4 china clay
- 13,0 Kalkspat
- 8,7 Talkum
- 8,7 Quarz
- + 11,0 Eisen(III)-oxid

2.6.4.2 Graue Reduktionsglasuren

entstehen, wenn titanhaltige Glasuren oder solche mit etwa je 4–6% Zinn- und Antimonoxid reduzierend gebrannt werden. Dabei ist den durch Titanoxid grauen Glasuren ein kleiner Zusatz von Nickeloxid förderlich. Es kann sich in beiden Fällen sowohl um matte wie auch glänzende Glasuren handeln. Die Glasuren sind immer opak bis gut deckend. Es sollte kräftig reduzierend gebrannt werden. Den titangrauen Glasuren darf man keine Gelegenheit zum Wieder-Aufoxidieren geben.

Das Zinn-Antimon-Grau ist sicherer und zuverlässiger (vgl. auch Abs. 2.5.8.7, S. 321).

No.	SK	Beschreibung	Molare Zusammensetzung	Rezept	Autor
800)	SK 6a/7	seidenmatt, opak, wolkig hellgrau	0.213 Na_2O 0.423 B_2O_3 1.668 SiO_2 0.606 ZnO 0.089 TiO_2 0.181 CaO	38,8 Fritte 3759 25,9 Quarz 23,3 Zinkoxid 8,6 Kreide 3,4 Titanoxid	M. Hanisch
801)	SK 6a/8	seidenmatt bis glänzend, weißgraublau	0.091 Na_2O 0.395 Al_2O_3 2.206 SiO_2 0.069 K_2O 0.206 B_2O_3 0.685 CaO 0.003 MgO + 4–6% SnO_2 0.152 ZnO 2–4% TiO_2 1–2% Sb_2O_3	21,8 Kaolin 17,4 K-Feldspat 17,4 Kalkspat 13,1 Quarz 8,7 Na-Feldspat 8,7 Fritte 3782 Ferro 8,7 Calciumborat-2-hydrat 4,2 Zinkoxid + 6,0 Zinnoxid 4,0 Titanoxid 2,0 Antimonoxid	M. Burchard
802)	SK 7/8	glatt, seidenmatt, lebhaftes Blaugrau, stark reduzieren, nicht zu dick glasieren	0.130 Na_2O 0.521 Al_2O_3 2.563 SiO_2 0.086 Li_2O 0.187 K_2O + 2–5% SnO_2 0.063 CaO 2–5% Sb_2O_3 0.187 MgO 0.175 BaO 0.172 ZnO	46,4 K-Feldspat B 412 15,3 Anorthit Mandt 11,4 china clay 10,8 Bariumcarbonat 5,0 Quarz 4,7 Magnesit 4,4 Zinkoxid 2,0 Lithiumcarbonat + 4,0 Zinnoxid 4,0 Antimonoxid	E. Pleuger
803)	SK 7/8	matt, lebhaft über farbigem Scherben, weißlichgrau, stark reduzieren	0.429 Na_2O 0.807 Al_2O_3 3.691 SiO_2 0.155 K_2O 0.442 TiO_2 0.382 CaO 0.034 BaO	65,6 Nephelin-Syenit 8,2 Kalkspat 8,2 china clay 8,2 Quarz 8,2 Titanoxid 1,6 Bariumcarbonat	H. Gleiss
804)	SK 8/9	opak, grobcraquelée, beigegrau, glatt	0.467 Na_2O 0.719 Al_2O_3 1.561 SiO_2 0.013 K_2O 0.305 TiO_2 0.520 CaO	70 Na-Feldspat 14 Wollastonit 10 china clay 6 Titanoxid	D. Kirschbaum

Vgl. auch die oxidierend zu brennenden Glasuren Nr. 724–728, 730–734 und die reduzierend zu brennende Glasur Nr. 729.

2.6.5 Sonstige reduzierend zu brennende Glasuren

2.6.5.1 Titanblaue Glasuren

Werden titanoxidhaltige, niedrigviskose Glasuren stark reduzierend gebrannt, kann das Titanblau entstehen, wie in Abs. 2.5.5.4 erläutert, und in Abs. 2.1.3.6 erwähnt. ZnO-, CaO- und hoher B_2O_3-Gehalt sind förderlich. Vgl. Glasur Nr. 626–628, Seite 297.

805)	SK 5a/6a	glänzend, halbopak, wolkig weißlichblau, stark reduzieren, Sturzkühlung!				*D. Frank*
		0.022 Na_2O	0.220 Al_2O_3	2.398 SiO_2	21,6	Quarz
		0.052 K_2O	0.185 B_2O_3	0.213 TiO_2	19,1	Wollastonit
		0.648 CaO			16,5	K-Feldspat
		0.185 BaO			13,9	china clay
		0.093 ZnO			7,6	Calciumborat
					7,6	Bariumcarbonat
					3,6	Zinkborat
					3,3	Kalkspat
					2,3	Zinkoxid
					+ 6,0	Titanoxid
806)	SK 6a/8	glänzend, wolkig opak bis halbopak, blau				*A. Pickal*
		0.279 Na_2O	0.311 Al_2O_3	2.923 SiO_2	71,4	Fritte 90378 Degussa
		0.510 CaO	0.678 B_2O_3	0.325 TiO_2	7,3	china clay
		0.176 SrO			7,1	Colemanit
		0.035 ZnO	(+ 1.0% SnO_2)		7,1	Titanoxid
					7,1	Strontiumcarbonat
					(+ 1,0	Zinnoxid)
807)	SK 6a/7	matt, silbrig graulilabläulich, stark reduzieren, bleihaltig!				*B. Vogl*
		0.1 Li_2O	0.3 Al_2O_3	2.0 SiO_2	39,0	K-Feldspat
		0.1 Na_2O	0.1 B_2O_3		18,3	Na-Feldspat
		0.2 K_2O			13,7	Bariumcarbonat
		0.2 CaO	+ 2–5% SnO_2		9,8	Fritte 3527 Ferro
		0.1 MgO	2–4% TiO_2		8,2	Calciumborat
		0.2 BaO	6–10% Rutil		3,0	Magnesit
		0.1 PbO			3,4	Kreide
					2,5	Lithiumcarbonat
					+ 2,0	Zinnoxid
					3,5	Titanoxid
					6,0	Rutil

808) SK 7/9   glänzend, wolkig mit hellen und blauen Flecken,   nach   E. Cooper
               stark reduzieren!

               0.075 Na$_2$O   0.176 Al$_2$O$_3$ 2.277 SiO$_2$ 31,6 Quarz
               0.093 K$_2$O   26,3 K-Feldspat
               0.521 CaO   + 5% Bentonit   23,2 Dolomit
               0.311 MgO   8% TiO$_2$ oder Rutil   10,5 Nephelin-Syenit
                                                                                  8,4 Kreide
                                                                              +   5,3 Bentonit
                                                                                  8,0 Titanoxid oder Rutil

809) SK 7/9   halbopak, halbglänzend, wolkig blau   K. Glier

               0.016 Na$_2$O   0.518 Al$_2$O$_3$ 2.677 SiO$_2$ 43,0 K-Feldspat FS 90
               0.214 K$_2$O   0.022 SnO$_2$ 22,8 china clay
               0.585 CaO   0.125 TiO$_2$ 18,3 Kreide
               0.185 ZnO   11,2 Quarz
                                                                                  5,7 Zinkoxid
                                                                              +   1,0 Zinnoxid
                                                                                  3,0 Titanoxid

810) SK 8/9   glänzend, opak, graublau, dick glasieren, gut auf durch Pyrit   A. Kothe
               verunreinigtem Scherben, hochviskos

               0.088 Li$_2$O   0.662 Al$_2$O$_3$ 4.926 SiO$_2$ 25,4 K-Feldspat
               0.061 Na$_2$O   0.546 TiO$_2$ 15,1 Petalit
               0.144 K$_2$O   0.031 SnO$_2$ 21,3 china clay
               0.607 CaO   19,3 Quarz
               0.100 MgO   + 0,5% CuO   16,0 Wollastonit
                                                                                  2,9 Talkum
                                                                                 10,0 Titanoxid
                                                                              +   1,0 Zinnoxid
                                                                                  0,5 Kupferoxid

2.6.5.2 Verschiedene Reduktionsglasuren, farblos oder farbig

811) SK 7/8   transparent, farblos, glänzende Geschirrglasur für Steinzeugscherben,   H. Gleiss
               gut über farbigen Engoben

               0.05 Na$_2$O   0.31 Al$_2$O$_3$ 2.72 SiO$_2$ 25 Quarz
               0.05 K$_2$O   0.09 B$_2$O$_3$ 20 china clay
               0.37 CaO   17 Talkum
               0.39 MgO   10 Kalkspat
               0.14 ZnO   9 K-Feldspat
                                                                                  8 Na-Feldspat
                                                                                  7 Calciumborat-2-hydrat
                                                                                  4 Zinkoxid

812)	SK 7/9	matt bis seidenmatt, halbopak, farblos, gute Grundlage für Sceladone und farbige Glasuren, gut über farbigen Engoben, dick glasieren, dann craquelée		*A. Günther/B. Lidl*
		0.208 Na$_2$O 0.614 Al$_2$O$_3$ 2.725 SiO$_2$		30 K-Feldspat B 412
		0.127 K$_2$O		30 Na-Feldspat Ventilato
		0.665 CaO		20 china clay RM
				20 Kalkspat
813)	SK 7/8	matt bei SK 7, seidenglänzend bei SK 8, halbopak, gut über Engoben, gut zum Einfärben, z. B. schönes Hellgraublau mit 0,1% CoCO$_3$, schwarz-rost mit 8 bis 10% Eisenoxid		*H. Gleiss/B. Lidl*
		0.047 Na$_2$O 0.454 Al$_2$O$_3$ 2.30 SiO$_2$		31,7 K-Feldspat B 412
		0.120 K$_2$O 0.128 B$_2$O$_3$		24,7 china clay
		0.596 CaO		14,1 Kreide
		0.172 MgO		10,6 Dolomit
		0.065 ZnO		14,1 Quarz
				4,8 Zinkborat
814)	SK 7/8	matt, dunkelblau bis schwarzblau, stark reduzieren		*B. Lidl*
		0.390 Na$_2$O 0.769 Al$_2$O$_3$ 3.383 SiO$_2$		70 Nephelin-Syenit
		0.121 K$_2$O 0.117 SnO$_2$		15 china clay
		0.489 CaO + 1–2% Fe$_2$O$_3$		15 Wollastonit
		1–2% CoO	+	5 Zinnoxid
		1–2% MnO$_2$		1 Eisen(III)-oxid
				1 Kobaltoxid
				1 Manganoxid
815)	SK 7/8	matt bis seidenmatt, metallisch schwarz, gut zum Überglasieren auf farblose Feldspatglasuren		*E. Pleuger*
		0.161 Na$_2$O 0.584 Al$_2$O$_3$ 3.168 SiO$_2$		40,1 K-Feldspat B 412
		0.198 K$_2$O		22,6 Anorthit Mandt
		0.191 CaO + 3–5% Fe$_2$O$_3$		19,0 Bariumcarbonat
		0.090 MgO 3–5% NiO		7,4 Quarz
		0.360 BaO 2–4% CuO		7,4 china clay
		2–4% CoO		3,5 Dolomit
			+	3,8 Eisen(III)-oxid
				3,8 Nickeloxid
				3,0 Kupferoxid
				2,3 Kobaltoxid

2.6.6 Lüsterglasuren

Vgl. Abs. 1.5.9 Lüsterfarben.

Lüsterglasuren sind niedrigschmelzende, bleiarme Alkali-Bor-Glasuren mit Zusätzen von Metalloxiden wie CuO, CoO, Fe_2O_3, TiO_2, MoO_3, MnO_2, NiO, Bi_2O_3, V_2O_5, UO_2 oder auch geringen Anteilen von Edelmetallverbindungen, wie z. B. $AuCl_2$, $AgCO_3$ etc., die nach dem Glattbrand beim Abkühlen im Bereich zwischen 800–500 °C stark reduziert werden durch entsprechende Rauch- und Rußentwicklung im Ofen. Dadurch scheiden sich extrem dünne Schichten von Metall oder Metalloxid auf der Glasuroberfläche ab, die den typischen irisierenden Lüstereffekt hervorrufen. Gleichzeitig ist in den meisten Fällen die Glasur durch die in der Glasur verbleibenden Oxide gefärbt.

Gute Ergebnisse wurden auch erzielt, wenn solche Glasuren auf rohe, weißdeckende, zinngetrübte Alkali-Bor-Glasuren dünn oder dick aufgespritzt oder gemalt wurden und nach dem Garbrand im Bereich zwischen 800 und 500 °C nachreduziert wurde. Die richtige Temperatur für das Nachreduzieren muß experimentell ermittelt werden.

Kupferlüster entwickelt sich auch gut in Bleiglasuren mit ca. 2,5% CuO, grüngelber bis schwarzblauer Lüster mit ca. 3% Wismutoxid in Bleiglasuren. Werden diese bei etwas zu hoher Temperatur geraucht, wird das PbO zu Pb reduziert oder auch Kohlenstoff in die Glasur eingelagert, was beides zu grauen Verfärbungen führt.

Es kann auch mit den entsprechenden Oxiden oder Oxidgemischen auf die rohe Glasur gemalt werden. Hierbei haben sich vor allem Mischungen aus Wismut- und Kupferoxid bewährt, die mit goldener bis roter Farbe ausbrennen, je nachdem welches Oxid in der Mischung überwiegt. Als Glasur zum Aufmalen oder Aufspritzen hat sich nach *C. Fiddis* folgende Glasur bewährt, die bei 725 °C 15 Minuten lang reduziert werden soll:

---

816) SK 03a/01a weiß, opak, glänzend, bleihaltig! nach *A. Caiger-Smith*

0.400 Na_2O	0.310 Al_2O_3	2.106 SiO_2
0.200 K_2O	0.430 B_2O_3	
0.350 CaO		
0.050 PbO	+ 7–11% SnO_2	

39,6 Fritte 90167 Degussa
32,9 Na-Feldspat
10,9 Fritte 90187 Degussa
8,4 Kreide
4,5 china clay
3,7 Calciumborat-2-hydrat
+ 10,0 Zinnoxid

---

817) SK 04a/03a gelber Lüster nach *C. Fiddis*

0.42 Na_2O	0.21 Al_2O_3	1.90 SiO_2
0.21 K_2O	0.70 B_2O_3	
0.37 CaO		
	+ 1% $AgNO_3$	
	1% Bi_2O_3	

42,9 Fritte 90167 Degussa
30,6 Fritte 90158 Degussa
12,2 Kreide
11,8 china clay
2,5 Quarz
+ 1,0 Silbernitrat
1,0 Wismutoxid

---

818) SK 03a/2a blaue Lüsterglasur, bleihaltig!

0.417 Na_2O	0.057 Al_2O_3	2.313 SiO_2
0.249 K_2O	0.170 B_2O_3	
0.249 Ca		
0.085 PbO	+ 1% $CoCO_3$	
	1% Bi_2O_3	

70,0 Fritte 1233 M&M
20,0 Fritte 90187 Degussa
10,0 china clay
+ 1,0 Kobaltcarbonat
1,0 Wismutoxid

819)   SK 04a/01a   rote Kupferlüsterglasur, bleihaltig!   nach   *R. Behrens*

0.241 Na_2O	0.142 Al_2O_3	1.733 SiO_2
0.117 K_2O	0.234 B_2O_3	
0.138 Li_2O		
0.400 CaO	+ 1% $CuCO_3$	
0.103 PbO	1% Bi_2O_3	

63,4 Fritte 90016 Degussa
12,9 Fritte 90001 Degussa
11,8 Fritte 90208 Degussa
 7,4 Kreide
 4,5 Lithiumcarbonat
+ 1,0 Kupfercarbonat
 1,0 Wismutoxid
 evtl. Relatin

820)   SK 05a/04a   bunter Lüster, abkühlen bis Dunkelrotglut,   nach   *H. Sanders*
                    dann 1 Stunde lang nachreduzieren

0.96 Na_2O	0.505 Al_2O_3	2.409 SiO_2
0.04 K_2O	0.440 B_2O_3	
	+ 2% $AgCO_3$	
	1% $CuCO_3$	
	0.5% $AuCl_2$	

90,9 Fritte 3770 Ferro
 9,1 china clay
+ 2,0 Silbercarbonat
 1,0 Kupfercarbonat
 0,5 Goldchlorid

Siehe auch H. H. *Sanders*[134]

2.7 Glasuren aus bestimmten Rohstoffen

Viele Glasuren tragen schon in ihrer Bezeichnung Hinweise auf die benutzten Rohstoffe, wenn man z. B. von Feldspat-Glasur, Aschen-Glasur, Basalt-Glasur oder Zink-Barium-Mattglasur usw. spricht. Hier verstehe ich, einschränkend, nur solche Glasuren darunter, bei denen der Anteil eines solchen dominierenden Rohstoffs mindestens 50 Gewichtsprozent oder mehr ausmacht und wo die Glasuren ihre typischen Eigenschaften durch diesen Rohstoff bekommen.

2.7.1 Glasuren aus magmatischen Gesteinen und Sedimentgesteinen

Vgl. auch Abs. 1.5.8; 2.1.3.5; 2.3.2.4; 2.5.7; 2.6.4. Für solche Glasuren eignen sich vor allem die magmatischen, basischen Ergußgesteine, weil sie aufgrund ihres hohen Gehalts an basischen Oxiden und niedrigen Gehalts an SiO_2 im Bereich der üblichen Brenntemperaturen oft schon allein zu Gläsern schmelzen. Weil in diesen Gesteinen meistens auch ein ziemlich hoher Anteil an Eisenoxiden enthalten ist, ergeben sich stets gelb bis dunkelbraun gefärbte Schmelzen, die auch oft oder sogar meistens beim Abkühlen kristallisieren und matte Oberflächen bekommen.

Der Gehalt an SiO_2 sollte nicht mehr als 68% und nicht weniger als 18% betragen. Wo die Schmelztemperaturen zu hoch liegen, können sie durch Zusatz geeigneter Flußmittel gesenkt werden. Welche Flußmittel geeignet sind, hängt von der gewünschten Brenntemperatur und dem erstrebten Aussehen der Glasuroberfläche ab. Es muß empirisch ermittelt werden, welche Mengen von Flußmitteln nötig sind.

Da durch die Verwitterungsvorgänge oft gerade die Oxide mit Flußmittelwirkung gelöst und weggeführt wurden, ist der Gehalt an SiO_2 und/oder Al_2O_3 in den sedimentären Gesteinen (wie etwa Sande und Sandsteine, Schiefer, Tone, Kaoline) oft sehr hoch, so daß sie nur schwer schmelzen und größere Zusatzmengen von Flußmitteln benötigen. Deshalb benutzen wir am besten für die sog. »Lehmglasuren« nur die frühschmelzenden Tone und Lehme, nämlich die alkali- und kalkreichen Tone, Mergeltone, Mergel, Lößlehme, die üblichen Ziegeltone und

Schiefertone. Gute und brauchbare Lehmglasuren entstehen in der Regel erst bei Brenntemperaturen oberhalb SK 4a/5a.

Die sedimentären Carbonatgesteine, wie Dolomit, Marmor, Kalkstein, Muschel- und Riffkalke usw., lassen sich nicht zu einer Glasur schmelzen, denn es fehlt ihnen der für ein Silikatglas nötige SiO_2-Gehalt. Sie lassen sich aber aufgrund ihrer eutektischen Wirkung gut als Flußmittelzusatz zu sonst schwerschmelzbaren silikatischen Gesteinen (z. B. Granit, Trachyt, Rhyolit, Bimsstein) benutzen.

Da nur sehr wenige der im günstigsten Temperaturbereich schmelzenden Gesteine arm an Eisenoxiden sind, erreicht man gelbbraune bis braunschwarze Glasuren viel leichter als helle oder gar farblose Transparentglasuren. Solche hellfarbigen Glasuren kann man herstellen aus:

1. kalkreichen Tonen, Mergeln, tonigen Kalksteinen,
2. eisenarmem Trachyt oder Bimsstein,
3. eisenarmem Phonolith (Nephelin- oder Leucitphonolith),
4. eisenarmen Syeniten (Nephelin-Syenit),
5. schwerschmelzbaren eisenarmen Porphyren (Quarzporphyr),
6. eisenarmen Pegmatiten und Graniten,
7. hellbrennenden Steinzeugtonen und ball clays.

Bei Nr. 4. bis 7. werden zusätzliche Flußmittel notwendig sein. Saure, SiO_2-reiche, quarzhaltige Gesteine, oder solche, die reich an Feldspäten sind, ergeben häufig glänzende Glasuroberflächen; die kalkreichen Gesteine erstarren eher als Mattglasuren, vor allem dann, wenn sie auch einen hohen Anteil an MgO aufweisen, durch das Kristallisieren von entspr. Silikaten, z. B. Wollastonit, Anorthit, Diopsid, etc.

Braune bis schwarzbraune Glasuren entstehen bei Verwendung der Gesteine mit überwiegend dunklen Gemengteilen – die also im Handstück grau, grün, braun oder schwarz aussehen. Hier kämen für uns in Frage: rotbrennende Schiefertone aus Jura und Kreide, Devonische Schiefer, Melaphyre, Basalte, Diabase und Andesite mit Gehalten an Fe_2O_3 und FeO über 3% und u. U. auch deutlichem MnO-Gehalt. Ist dabei gleichzeitig im Gestein mehr als 6% CaO und/oder MgO und weniger als 50% SiO_2 vorhanden, so kann die Glasurschmelze mit matter Oberfläche erstarren und eine eher grünliche Färbung annehmen. Gleiches gilt für die stark kalkhaltigen Tone.

Will man Tongesteine, also tonmineralreiche Rohstoffe, zu Glasuren benutzen, muß die hohe Trocken- und Brennschwindung des als Schlicker aufgetragenen Glasurüberzugs, die vor dem Schmelzen auftritt, berücksichtigt werden. Man muß also den »Lehmglasur«-Schlicker entweder wie Engobe auf den noch feuchten lederharten Scherben auftragen oder aber durch unplastische Stoffe (Kalkstein, Dolomit, Feldspat, Bims, Basalt, Nephelin-Syenit usw.) so stark abmagern, daß er beim Trocknen auch vom vorgebrannten Scherben nicht abblättert und daß seine Brennschwindung beim Sintern nicht zu hoch ist. Es kommt also hier, wie bei den Engoben, darauf an, die Schwindungswerte des Glasurüberzugs denen des Scherbens anzugleichen. Umgekehrt ist es ebenso sinnvoll, den mageren unplastischen Gesteinspulvern 10 bis 20% fetten Ton oder Kaolin zuzufügen, um eine bessere Schlickerstabilität und größere Haft- und Griffestigkeit des rohen Überzugs zu gewährleisten.

Hochviskose, zähflüssige Glasurschmelzen entstehen aus den an Al_2O_3 und SiO_2 reichen Gesteinen, also bei Verwendung von Pegmatiten, Syeniten, Graniten, Rhyolit, Bimsstein usw., den Gesteinen mit überwiegend K-Feldspat und Quarz als Hauptgemengteilen, sowie aus den Kaolinen und Steinzeugtonen.

Leichtflüssige, niedrigviskose Glasurschmelzen dagegen entstehen aus den CaO- und MgO-reichen, basischen Gesteinen wie Basalt, Diabas, Melaphyr und deren Schlacken- und Tuffbildungen, aus Trass, plagioklasreichen Anorthositen, Gabbro, Labradorit etc. und den kalkreichen Tonmergeln, Mergeln und Mergeltonen. Deren Schmelzen zeigen oft auch hohe Oberflächenspannung.

2.7.1.1 Basaltglasuren und Glasuren aus basischen Eruptivgesteinen

Basalte und basaltähnliche Gesteine schmelzen ab SK 2a/3a je nach Zusammensetzung und Herkunft. Die erstarrten Oberflächen sind in der Regel matt, manchmal rauh kristallin, mit hellbrauner, rotbrauner oder dunkelbrauner Farbe und meist lebhafter Textur. Die Basaltschmelzen sind meistens niedrigviskos. Farbe, Oberfläche und die Eigenschaften der Schmelze lassen sich gut durch entsprechende Zusätze verändern. Damit sich die schweren Teilchen der harten und dunklen Gemengteile des Basalts aus dem Schlicker nicht so schnell absetzen, sollte man stets 10 bis 20% Ton oder Kaolin zugeben und/oder sehr fein mahlen. Oft haben die Glasuren auf Steinzeugtonen einen zu niedrigen Wärmeausdehnungskoeffizienten, so daß die Glasurschicht zum Abspringen neigt. Dann hilft Zusatz von 5 bis 10% einer Alkalifritte. Mehr gelbe Farbtöne bewirken Zusätze von Zinkoxid oder Strontiumcarbonat, rotbraun wird durch Zinnoxid und/oder Natriumphosphate gefördert; warme gelbrote Farbnuancen entstehen durch Zusatz von Rutil oder TiO_2. Zugabe von Bleiborfritten, Feldspäten, Quarz führt oft zu schwarzbraun glänzenden Glasuroberflächen.

Basaltglasuren ergeben, wenn sie matt erstarren, zuverlässige, sehr ritzharte und abriebfeste Oberflächen und sind in der Regel für den Bereich zwischen SK 4a und 8 einfach herzustellen.

821)	SK 4a/5a	mittelbraunmatt bis dunkelbraun glänzend, als Geschirrglasur brauchbar			*R. Koch*
		0.063 Na_2O	0.347 Al_2O_3	1.537 SiO_2	72,0 Basaltmehl TK
		0.084 K_2O	0.111 B_2O_3	0.050 TiO_2	12,0 K-Feldspat
		0.458 CaO	0.118 Fe_2O_3		8,0 china clay
		0.395 MgO			8,0 Calciumborat-2-hydrat
822)	SK 5a/6a	warmes rötlichbraun, lebhaft, matt bis seidenmatt			
		0.080 Na_2O	0.348 Al_2O_3	1.915 SiO_2	76,9 Lavalith Kreutz
		0.053 K_2O	0.039 B_2O_3	0.048 TiO_2	16,5 Ton 132/I
		0.382 CaO	0.135 Fe_2O_3	0.043 SnO_2	3,8 Fritte 90062 Degussa
		0.459 MgO			2,8 Zinnoxid
		0.026 PbO			
823)	SK 5a/8	matt, gelbgrünlichbraun			*S. Mosbach*
		0.072 Na_2O	0.264 Al_2O_3	1.409 SiO_2	72,0 Basaltmehl TK
		0.063 K_2O	0.102 Fe_2O_3	0.043 TiO_2	10,7 Ton W 100
		0.524 CaO			10,7 Kreide
		0.341 MgO			6,6 Fritte 1233 M&M
824)	SK 6a/7	matt, olivgrünbraun bis gelbbraun			*Th. Jaensch*
		0.031 Na_2O	0.171 Al_2O_3	1.020 SiO_2	35,7 Basaltmehl Pholin
		0.069 K_2O	0.025 Fe_2O_3		35,7 K-Feldspat
		0.331 CaO			28,6 Dolomit
		0.569 MgO			
825)	SK 5a/8	matt, glatt, mittel bis dunkelbraun			*H. Heumüller*
		0.058 Na_2O	0.448 Al_2O_3	2.442 SiO_2	60,6 Basaltmehl TK
		0.110 K_2O	0.168 Fe_2O_3	0.165 TiO_2	36,4 Odenwälder Ton
		0.373 CaO			3,0 Titanoxid
		0.459 MgO			
826)	SK 5a/6a	seidenmatt, sehr gleichmäßig, gelbbraun, glatt			*H. Seng*
		0.082 Na_2O	0.371 Al_2O_3	1.816 SiO_2	77,3 Lavalith Kreutz
		0.050 K_2O	0.139 Fe_2O_3	0.338 TiO_2	13,6 Ton 1200 GuS
		0.395 CaO			9,1 Rutil
		0.473 MgO			
827)	SK 6a	matt, schwarzbraun			*F. Weber*
		0.968 Na_2O	0.379 Al_2O_3	2.559 SiO_2	50,0 Lavalith Kreutz
		0.074 K_2O	0.145 Fe_2O_3	0.234 TiO_2	15,0 Kreutzton rotbr.
		0.391 CaO			10,0 Odenwälder Ton
		0.467 MgO			10,0 Kalkmergel KF
					10,0 Quarzmehl
					5,0 Rutil

828)	SK 6a/8	matt, glatt, mittelbraun, gelbfleckig			S. Müller
		0.135 Na$_2$O	0.588 Al$_2$O$_3$	2.517 SiO$_2$	50,0 Basaltmehl GH
		0.054 K$_2$O	0.145 Fe$_2$O$_3$	0.069 TiO$_2$	15,0 Bimssteinmehl NR
		0.325 CaO			15,0 Bariumcarbonat
		0.229 MgO			20,0 Ton W 100
		0.257 BaO			
829)	SK 6a/8	seidenmatt, lebhaft, gelbbraun bis dunkelbraun			G. Simmann
		0.087 Na$_2$O	0.500 Al$_2$O$_3$	2.563 SiO$_2$	60 Basaltmehl GH
		0.073 K$_2$O	0.144 Fe$_2$O$_3$	0.072 TiO$_2$	15 Sepiolith
		0.322 CaO			15 china clay
		0.518 MgO			10 K-Feldspat B 412
830)	SK 5a/6a	seidenmatt, glatt, gelbbraun, niedrigviskos			G. Blomert
		0.040 Na$_2$O	0.189 Al$_2$O$_3$	0,956 SiO$_2$	50 Basaltmehl TK
		0.047 K$_2$O	0.070 Fe$_2$O$_3$	0.024 TiO$_2$	25 Trass
		0.204 CaO			25 Zinkoxid
		0.209 MgO			
		0.500 ZnO			

2.7.1.2 Glasuren aus Trass

Der Rohstoff Trass (Handelsname »Vulkanton«), eine vulkanische »Asche«, die sich als Schlammsediment in der Umgebung des Laacher Sees in der Osteifel ablagerte, wirkt in Glasuren ähnlich wie der Kreutzton von Langenaubach. Er schmilzt bei etwa SK 6a/7 zu einem braunschwarzen, glänzenden Glas mittlerer Viskosität. Es gibt wie bei den Basalten auch unterschiedliche Qualitäten im Handel, bzw. bei den Grubenbetrieben. Der Eisengehalt von nahezu 5% ergibt braune Glasuren.

831)	2a/5a	matt, mittelbraun bis rotbraun, bleihaltig!			M. Hofmann
		0.105 Na$_2$O	0.486 Al$_2$O$_3$	2.664 SiO$_2$	57,1 Trass (Vulkanton TE)
		0.145 K$_2$O	0.077 Fe$_2$O$_3$	0.814 TiO$_2$	28,6 Fritte 90001 Degussa
		0.209 CaO			14,3 Titanoxid
		0.082 MgO			
		0.459 PbO			
832)	SK 5a/7	matt, beige bis rotbraun, je nach Auftrag			L. Wörsdörfer
		0.151 Na$_2$O	0.485 Al$_2$O$_3$	2.097 SiO$_2$	50,0 Trass TE
		0.086 K$_2$O	0.042 Fe$_2$O$_3$		33,3 Anorthit Mandt
		0.699 CaO			16,7 Kalkspat
		0.064 MgO			
833)	SK 6a/7	seidenmatt, hart, dunkelbraun			C. Holdorf
		0.112 Na$_2$O	0.586 Al$_2$O$_3$	3.018 SiO$_2$	50,0 Trass TE
		0.155 K$_2$O	0.147 Fe$_2$O$_3$	0.035 TiO$_2$	25,0 Lavalith Kreutz
		0.389 CaO			25,0 Kreutzton, rotbr.
		0.344 MgO			

834)	SK 6a/8	matt-seidenmatt, blaubraun			H. Heumüller
		0.046 Na_2O	0.208 Al_2O_3	1.709 SiO_2	55,6 Trass TE
		0.064 K_2O	0.032 Fe_2O_3		44,4 Wollastonit
		0.856 CaO			+ 2,5 Kobaltcarbonat
		0.034 MgO	+ 2–3% $CoCO_3$		
835)	SK 6a/8	seidenmatt, glatt, hart, gelbbraun			E. Simon
		0.062 Na_2O	0.280 Al_2O_3	1.867 SiO_2	58,3 Trass
		0.085 K_2O	0.044 Fe_2O_3		25,0 Sepiolith
		0.121 CaO			16,7 Strontiumcarbonat
		0.442 MgO			
		0.290 SrO			

2.7.1.3 Glasuren aus Anorthitmehl

Unter dem Namen Anorthitmehl ist ein Anorthosit-Gestein im Handel, das vorwiegend aus Kalk-Natron-Feldspat besteht. Es eignet sich vorzüglich für harte Mattglasuren für Steinzeug und Porzellan. Die Zusammensetzung schwankt etwas wie bei allen Naturprodukten. Der Schmelzbereich liegt bei etwa SK 9–11. Deshalb sind kleine Zusätze von Flußmitteln nötig, wenn im Bereich um 1200 °C gebrannt werden soll. Die Glasuren bekommen in der Regel einen niedrigen Wärmeausdehnungskoeffizienten.

836)	SK 6a/7	matt, gelb-beigebräunlich, gut über farbigen Engoben, dünn glasieren			L. Wörsdörfer
		0.169 Na_2O	0.477 Al_2O_3	2.026 SiO_2	50,0 Anorthit Mandt
		0.060 K_2O	0.029 Fe_2O_3		33,3 Trass TE
		0.479 CaO			16,7 Dolomit
		0.292 MgO			
837)	SK 6a/8	weiß opak, stumpfmatt, gute Oberfläche			M. Hofmann
		0.169 Na_2O	0.432 Al_2O_3	2.122 SiO_2	74,1 Anorthit Mandt
		0.013 K_2O		0.044 SnO_2	22,1 Wollastonit
		0.644 CaO			3,8 china clay
		0.036 MgO			+ 5,0 Zinkoxid
		0.138 ZnO			3,0 Zinnoxid
838)	SK 6a/8	seidenmatt, schwarz			
		0.209 Na_2O	0.709 Al_2O_3	2.868 SiO_2	60 Anorthit Mandt
		0.046 K_2O	0.026 Fe_2O_3	0.010 TiO_2	20 Kreutzton, rotbr.
		0.646 CaO			10 Kalkspat
		0.099 MgO	+ 8–10% CuO		10 china clay
					+ 10 Kupferoxid

839)	SK 7/9	stumpfmatt, glatt, gelb, gute Oberfläche			*R. Stolzenfeld*
		0.256 Na_2O	0.617 Al_2O_3	2.559 SiO_2	83,3 Anorthit Mandt
		0.026 K_2O	0.017 Fe_2O_3	0.006 TiO_2	8,4 Kreide
		0.608 CaO			8,3 Lavalith Kreutz
		0.110 MgO			+ evtl. Relatin
840)	SK 7/8	stumpfmatt, glatt, bräunlichweiß			*M. Müksch*
		0.167 Li_2O	0.586 Al_2O_3	2.373 SiO_2	56 Anorthit Mandt
		0.179 Na_2O			24 Bariumcarbonat
		0.012 K_2P			20 Spodumen
		0.228 CaO			+ evtl. Relatin
		0.037 MgO			
		0.377 BaO			

2.7.1.4 Glasuren aus Bimsstein oder Phonolith

Die chemische Zusammensetzung von Phonolith und Bimsstein ist sehr ähnlich, so daß man wahrscheinlich den Bimsstein als glasig-schaumige Tuffbildung einer phonolithischen (bzw. trachytischen) Magmaschmelze ansehen kann. Allerdings sind in Deutschland die Bimssteinlagen als Sediment, das durch eruptive Explosion verursacht wurde, oft mehr oder weniger stark mit Resten der ehemaligen Devonschieferumgebung der Vulkankrater durchsetzt.

Beide Gesteine sind nicht so reich an Eisenoxiden, und bestehen mehr aus Alkalifeldspäten; sie enthalten wenig Erdalkalien, der SiO_2-Gehalt entspricht fast den Feldspäten, der Al_2O_3-Gehalt liegt über 20%. Daraus ergeben sich meist hellgelb bis -bräunliche, hochviskose, schwer schmelzbare Gläser, die feinblasig und glänzend erstarren, wenn man sie bis auf SK 8 bis 10 gebrannt hat. Für übliche Brenntemperaturen setzt man deshalb kräftige Flußmittel gern in Form von Erdalkaliverbindungen zu.

841)	SK 4a/7	glänzend, hellgelb, craquelée, halbtransparent			
		0.415 Li_2O	0.788 Al_2O_3	3.152 SiO_2	86,9 Bimsstein NR
		0.316 Na_2O	0.053 Fe_2O_3		8,7 Lithiumcarbonat
		0.099 K_2O			4,4 china clay
		0.141 CaO			
		0.029 MgO			
842)	SK 6a/7	matt, gelb, craquelée			*M. Burchard*
		0.209 Na_2O	0.543 Al_2O_3	2.153 SiO_2	72,5 Bimssteinmehl NR
		0.067 K_2O	0.033 Fe_2O_3		20,3 Dolomit
		0.398 CaO			7,2 china clay
		0.326 MgO			
843)	SK 6a/8	matt, hellzimtbraun			
		0.353 Na_2O	0.790 Al_2O_3	3.383 SiO_2	83,3 Bimsstein oder
		0.111 K_2O	0.059 Fe_2O_3	0.214 TiO_2	Phonolith BES
		0.156 CaO			12,5 Strontiumcarbonat
		0.033 MgO			4,2 Titanoxid
		0.347 SrO			+ evtl. Relatin

844)	SK 6a/8	lebhaft, braun matt bis glänzend braunschwarz				
		0.288 Na_2O	0.841 Al_2O_3	3.292 SiO_2	69,0	Bimssteinmehl NR
		0.107 K_2O	0.101 Fe_2O_3	0.008 TiO_2	24,1	Lavalith Kreutz
		0.312 CaO			6,9	Kaolin
		0.294 MgO				
845)	SK 6a/7	glänzend, glatt, schwarzbraun				
		0.190 Na_2O	1.449 Al_2O_3	7.742 SiO_2	60,0	Phonolith BES
		0.366 K_2O	0.234 Fe_2O_3	0.007 TiO_2	20,0	Odenwälder Ton
		0.113 CaO			20,0	Kalkmergel KF
		0.331 MgO				
846)	SK 3a/7	braungelb matt bis gelbbraun glänzend, haarrissig				
		0.242 Na_2O	0.625 Al_2O_3	3.298 SiO_2	30	Phonolith BES
		0.130 K_2O	0.042 Fe_2O_3	0.007 TiO_2	30	Bimsstein NR
		0.337 CaO			40	Kalkmergel KF
		0.291 MgO				
847)	SK 6a/8	braungelb, matt				
					76,9	ital. Leucitphonolith
					11,6	Fritte 1233 M&M
					11,5	china clay

2.7.1.5 Glasuren aus Granit oder Nephelin-Syenit

benötigen hohe Brenntemperaturen und enthalten in der Regel neben reichlich Al_2O_3 viel SiO_2 und Alkalioxide. Deshalb erstarren sie meistens mit glänzender Oberfläche zu mehr oder weniger transparenten, oft haarrissigen Glasurüberzügen. Die Färbung ist je nach Menge der eisenoxidhaltigen Mineralkomponenten oder Verunreinigungen (meistens Glimmer) farblos bis gelblichbraun; der oft recht niedrige Eisenoxidgehalt bewirkt im Reduktionsbrand vielfach angenehme, zart hellgrüne Seladon-Farbtöne. Weil sich solche Glasuren schnell aus ihren wässrigen Suspensionen absetzen, ist ein möglichst großer Anteil von Kaolin oder fettem Ton im Versatz sinnvoll; zugleich kann handelsübliches Glasurstellmittel (z. B. Stellmittel ZS) sehr vorteilhaft wirken.

Als zusätzliches Flußmittel benutzt man gern kalkreiche Rohstoffe, sofern nicht im feldspatreichen Gestein schon die CaO-reichen Glieder der Plagioklasreihe ausreichend vorhanden sind, oder auch die borreichen Fritten. Diese sind günstiger, wenn gut transparente, glatte und glänzende Oberflächen gewünscht werden, jene günstiger für matte Glasuroberflächen. Die Glasuren aus Nephelin-Syenit mit ihrem gegenüber den anderen Alkalifeldspäten geringeren SiO_2-Gehalt erstarren häufiger mit matter Oberfläche. Sie haben in der Regel einen großen Wärmeausdehnungskoeffizienten. Deshalb ist Nephelin-Syenit ein vorzüglicher Rohstoff für Craquelée-Glasuren (vgl. Abs. 2.9.8) und matte Steinzeugglasuren. Siehe auch Glasuren Nr. 351, 356, 361, 366, 410, 417, 427, 434.

Granitgrus bzw. -mehl ist unter Umständen von Natursteinbetrieben, die vorwiegend Granite verarbeiten, zu erhalten; manchmal erscheint es auch im Handel als Düngemittel. Je nach Herkunft erhält man sehr wechselnde oder unterschiedliche Ergebnisse. Glasurbeispiele sind auch bei J. Grebanier[47] zu finden.

(848) 2.7.1.5

848)	SK 7/8	glänzend, opak, zartgrün, craquelée, reduzierend brennen	
			86,9 roter Granit von Budduso, Sardinien
			8,7 china clay
			4,4 Natriumpolyphosphat

849)	SK 8	glänzend, braun, halbtransparent, oxidierend brennen	*R. Lorenz*
			63,6 Labradorit-Granit
			27,3 Dolomit
			9,1 Kaolin

850)	SK 8/9	matt, braun, oxidierend brennen	
			75,0 dunkler, glimmerreicher Granit, Schwarzwald
			8,4 Strontiumcarbonat
			8,3 K-Feldspat
			8,3 china clay

851) SK 4a/6a matt, mittelbraun *M. Nicolay*

0.168 Na$_2$O	0.362 Al$_2$O$_3$	1.768 SiO$_2$	50 Nephelin-Syenit
0.051 K$_2$O	0.046 Fe$_2$O$_3$		50 Basaltmehl Pholin
0.177 CaO			
0.604 MgO			

852) SK 6a/7 matt, mittelbraun *T. Gleiss*

0.406 Na$_2$O	0.879 Al$_2$O$_3$	3.606 SiO$_2$	62,5 Nephelin-Syenit
0.137 K$_2$O	0.040 Fe$_2$O$_3$	0.012 TiO$_2$	31,3 Opalinuston
0.369 CaO			6,2 Kalkspat
0.088 MgO			

853) SK 6a/8 seidenmatt bis glänzend, je nach Auftragsstärke und Temperatur, braunschwarz bis schwarz *J. Tranelis*

0.490 Na$_2$O	0.903 Al$_2$O$_3$	3.368 SiO$_2$	66,7 Nephelin-Syenit
0.153 K$_2$O	0.241 Fe$_2$O$_3$		33,3 Manganton Jäger
0.056 CaO			
0.014 MgO			
0.287 MnO			

854) SK 7 glatt, matt bis seidenmatt, craquelée, oxidierend oder besser reduzierend brennen, farblos, halbopak *V. Lutter*

0.392 Na$_2$O	0.767 Al$_2$O$_3$	3.371 SiO$_2$	70 Nephelin-Syenit
0.120 K$_2$O			15 Wollastonit
0.488 CaO			15 china clay

855)	SK 6a/7	glänzend bis halbmatt und blauschwarz bis grünblau, je nach Auftragsstärke und Abkühlung				*B. Olleck/T. Gleiss*
		0.270 Na$_2$O	0.481 Al$_2$O$_3$	1.928 SiO$_2$	66	Nephelin-Syenit
		0.082 K$_2$O		0.128 TiO$_2$	10	Kalkspat
		0.419 CaO	+ 4% CoO		10	Dolomit
		0.139 MgO			10	china clay
		0.026 BaO			2	Zinkoxid
		0.064 ZnO			2	Bariumcarbonat
					+ 4	Titanoxid
					4	Kobaltoxid
856)	SK 6a/8	hochviskos, glänzend, wachsglatt, weiß halbopak, sehr gleichmäßig auftragen!				*T. Gleiss*
		0.309 Na$_2$O	0.553 Al$_2$O$_3$	3.60 SiO$_2$	53,8	Nephelin-Syenit
		0.095 K$_2$O			23,1	Quarz
		0.520 CaO			11,5	Kalkspat
		0.076 MgO			7,7	china clay
					3,9	Dolomit
857)	SK 7/9	seidenmatt, halbopak, craquelée, grauseladon, reduzierend brennen, mitteldick glasieren				*A. Günther*
		0.458 Na$_2$O	0.798 Al$_2$O$_3$	4.112 SiO$_2$	80	Nephelin-Syenit
		0.141 K$_2$O			10	china clay
		0.401 CaO			10	Kalkspat
					+ 15	Feinstquarzmehl Sicron
858)	SK 7/9	teils glänzend, teils matt, krustig weiß, dick glasieren				
		0.345 Na$_2$O	0.625 Al$_2$O$_3$	2.468 SiO$_2$	58,5	Nephelin-Syenit
		0.108 K$_2$O		0.517 SO$_3$	32,4	Schwerspat
		0.030 CaO			9,1	china clay
		0.517 BaO				

Typische Nephelin-Syenit-Glasuren sind zu finden in Pfannkuche: DuMonts Handbuch der Keramikglasur[113].

2.7.2 Glasuren aus Sedimentgesteinen – Lehmglasuren (meistens mit matter Oberfläche)

Glänzende Lehmglasuren sind in Abs. 2.3.2.4 zu finden. »Lehmglasuren« werden im Versatz überwiegend aus Tonen, Lehmen, Mergeln, Schiefertonen oder Tonschiefern, Kaolinen und deren Mischungen sowie Zusätzen zur besseren Mattierung oder für besseres Schmelzen oder zur Abmagerung des Schlikkers usw. zusammengestellt. Sie haben deshalb in der Regel eine große Trocken- und Brennschwindung vor dem Schmelzen und sollen aus diesem Grunde möglichst auf den rohen Scherben wie Engoben aufgetragen werden. Auf geschrühtem Scherben haften sie dann nur gut bei sehr dünner Auflage oder wenn sie entsprechend stark »gemagert« wurden. Bei zu hohen Schwindungswerten ist es auch üblich, einen Teil der Tone in geglühter Form einzubringen. Am besten benutzt man frühschmelzende, also CaO-und MgO-reiche Tone oder setzt CaO- und/oder MgO-reiche Rohstoffe als Flußmittel zu, wenn die Schmelztemperaturen der benutzten Tone zu hoch liegen und man eher matte Oberflächen haben will. Normalerweise bekommt man gute und brauchbare Oberflächen erst bei Brenntemperaturen oberhalb SK 4a. Für glänzende Oberflächen werden Tone verwendet, die neben hohem Alkalioxidanteil auch mehr SiO_2, aber weniger Erdalkalioxid enthalten, oder es werden Feldspäte und/oder Fritten zugesetzt. Auch Aschen, Basalte, kalkreiche Mergel, Zinkoxid und Bariumcarbonat sind als Zusätze üblich. Vor Lithiumcarbonat als Flußmittel muß gewarnt werden, denn es verursacht oft einen zu niedrigen Wärmeausdehnungskoeffizienten und damit Absprengungen der gebrannten Glasur, es ist aber ein sehr gutes Flußmittel und ermöglicht mit Tonen angenehme glatte, matte Oberflächen von guter Farbe.

2.7.2.1 Hellfarbige Lehmglasuren

sind kalkreiche Glasuren, bei denen der Eisenoxidgehalt im Ton nicht für eine braune oder rotbraune Farbe ausreicht; es werden dafür Kaoline und Kaolintone, ball clays, hellbrennende Steinzeugtone, Kalkmergel und Mergeltone benutzt. Die Brennfarbe reicht dann von hellbeige bis gelblich oder sogar hellbräunlich und ist, wie bei allen anderen Lehmglasuren auch, sehr stark von der Auftragsstärke abhängig.

---

859) SK 2a/6a seidenmatt, hellbeige-gelblich *H. Liersch*

0.115 Na_2O	0.335 Al_2O_3	1.987 SiO_2
0.060 K_2O	0.105 B_2O_3	
0.368 CaO	0.035 Fe_2O_3	
0.387 MgO		
0.070 PbO		

50 Keupermergel
20 Kaolinton 132/I
20 Na-Feldspat
10 Dolomit
+ 10 Fritte 90062 Degussa

---

860) SK 5a/10 matt bis seidenmatt, beigegelblich bis orangebraun je nach Auftragsstärke *F. Weber*

80 Küstenlehm, mager und kalkreich, Holstein
20 Ton W 100, weiß fett
+ 3,0 Zinnoxid
3,0 Titanoxid

---

861) SK 6a glatt, matt, weißlich-gelblichgrau, ähnlich einer Sinterengobe, lange mahlen!

0.122 Na_2O	1.701 Al_2O_3	9.252 SiO_2
0.281 K_2O	0.028 Fe_2O_3	0.028 TiO_2
0.019 CaO		
0.027 MgO		
0.551 PbO		

33,3 Kaolinton 132/I
16,7 Ton 1200 GuS
16,7 Ton W 110 mager
16,7 Fritte 90011 Degussa
8,3 Hirschauer Kaolin
8,3 Kalifeldspat

862)	SK 6a/7	glatt, matt bis halbmatt, weiß, gut mit Zusatz von 7% Rutil, oder 4% CoO oder 10% Holzasche			*M. Willach*
		0.149 Li$_2$O	0.969 Al$_2$O$_3$	1.692 SiO$_2$	50,0 Ton 178 wf E Jäger
		0.041 Na$_2$O	0.005 Fe$_2$O$_3$		10,0 Kreide
		0.070 K$_2$O			10,0 Zinkoxid
		0.307 CaO			7,5 K-Feldspat
		0.160 MgO			7,5 Na-Feldspat
		0.273 ZnO			5,0 Talkum
					5,0 Dolomit
					5,0 Lithiumcarbonat
863)	SK 6a/7	matt, sandgelb, lebhafte Oberfläche			*C. Rosenthal*
		0.138 Li$_2$O	0.337 Al$_2$O$_3$	1.431 SiO$_2$	20,8 Kalkmergel KF
		0.025 Na$_2$O	0.065 Fe$_2$O$_3$	0.133 TiO$_2$	20,8 Opalinuston
		0.036 K$_2$O			20,8 Niederahrer Ton
		0.535 CaO			16,7 Kreide
		0.140 MgO			8,3 Kaolinton 132/I
		0.126 ZnO			4,2 Zinkoxid
					4,2 Lithiumcarbonat
					4,2 Titanoxid
864)	SK 6a/8	matt, weißlichgrau-grünlich, glatt			*H. Liersch*
		0.027 Li$_2$O	0.478 Al$_2$O$_3$	2.803 SiO$_2$	64,5 Ton W 105
		0.041 Na$_2$O	0.007 Fe$_2$O$_3$	0.002 TiO$_2$	6,5 Magnesit
		0.020 K$_2$O			6,5 Kreide
		0.593 CaO	+ 7% Lepidolith		6,5 Kalksteinmehl
		0.319 MgO			6,5 Lepidolith
					3,2 Wollastonit
					3,2 Dolomit
					3,1 Spodumen

2.7.2.2 Gelbe bis gelbbraune Lehmglasuren

865)	SK 6a	matt, braungelb			*D. Frank*
		0.176 Na$_2$O	0.518 Al$_2$O$_3$	2.410 SiO$_2$	55,6 Keupermergel
		0.099 K$_2$O	0.068 Fe$_2$O$_3$		44,4 Bimssteinmehl NR
		0.373 CaO			
		0.352 MgO			
866)	SK 6a	glänzend bis matt, je nach Auftrag, graublaugelb			
		0.045 Na$_2$O	0.272 Al$_2$O$_3$	1.427 SiO$_2$	100 Kalkmergel KF
		0.075 K$_2$O	0.060 Fe$_2$O$_3$		+ 1 Kobaltoxid
		0.422 CaO			
		0.458 MgO	+ 1.0% CoO		

867)	SK 6a/8	matt bis seidenmatt, hellgelblich-mittelbraun, je nach Auftragsstärke			Y. Kallenberg
		0.009 Na_2O	0.387 Al_2O_3	1.327 SiO_2	70 Opalinuston
		0.018 K_2O	0.049 Fe_2O_3	0.016 TiO_2	20 Magnesit
		0.333 CaO			10 Kalkspat
		0.640 MgO			
868)	SK 7/8	glatt seidenmatt, braun bis gelb (wo dick glasiert), mit schöner Oberfläche			D. Füll
		0.161 Na_2O	0.355 Al_2O_3	2.225 SiO_2	50,0 Ton 415 Schmidt
		0.049 K_2O	0.102 Fe_2O_3	0.015 TiO_2	25,0 Nephelin-Syenit
		0.784 CaO			25,0 Kalkspat
		0.006 MgO			

2.7.2.3 Grünlichbraune bis rötlichbraune Lehmglasuren

869)	SK 5a/8	seidenmatt opak, rötlichgelbbraun bei SK 5a/6a, glänzend, transparent olivgrünbräunlich bei SK 7, gut geeignet zum Rohglasieren, sonst dünn auftragen!			
		0.044 Na_2O	0.621 Al_2O_3	2.495 SiO_2	50 Opalinuston
		0.072 K_2O	0.099 Fe_2O_3	0.017 TiO_2	50 Kalkmergel KF
		0.430 CaO			
		0.454 MgO			
870)	SK 6a/7	glatt, matt olivgelblich bis hellbraun			C. Rosenthal
		0.054 Na_2O	0.351 Al_2O_3	2.005 SiO_2	30 Odenwälder Ton
		0.079 K_2O	0.033 Fe_2O_3		30 Kaolinton 132/I
		0.518 CaO			20 Kalkspat
		0.033 MgO			10 Nephelin-Syenit
		0.316 ZnO			10 Zinkoxid
871)	SK 6a/7	matt, glatt, hellzimtbraun			C. Rosenthal
		0.136 Li_2O	0.194 Al_2O_3	1.028 SiO_2	50,0 Kalkmergel KF
		0.040 Na_2O	0.064 Fe_2O_3	0.270 TiO_2	25,0 Basaltmehl GH
		0.042 K_2O			10,0 Zinkoxid
		0.271 CaO			10,0 Titanoxid
		0.265 MgO			5,0 Lithiumcarbonat
		0.246 ZnO			

872)	SK 6a/8	halbmatt bis fast glänzend, orangegelbbraun			*D. Füll*
		0.355 Li$_2$O	0.484 Al$_2$O$_3$	1.742 SiO$_2$	30 Niederahrer Ton
		0.045 Na$_2$O	0.124 Fe$_2$O$_3$	0.133 TiO$_2$	30 Ton W 100 weiß fett
		0.058 K$_2$O			20 Kalkspat
		0.534 CaO			10 Lithiumcarbonat
		0.008 MgO			10 K-Feldspat
					+ 4 Rutil
					4 Eisen(III)-oxid

873)	SK 6a/8	seidenmatt, glatt, dunkelblaugraugrün			*Y. Kallenberg*
		0.045 Na$_2$O	0.365 Al$_2$O$_3$	1.261 SiO$_2$	23,1 Niederahrer Ton
		0.012 K$_2$O	0.048 B$_2$O$_3$		23,1 china clay
		0.807 CaO	0.036 Fe$_2$O$_3$		30,8 Kalkspat
		0.027 MgO			11,5 Fritte 3520 Ferro
		0.082 ZnO	+ 1–1.5% CoCO$_3$		11,5 Fritte 90368 Degussa
		0.027 PbO	3–4% CuCO$_3$		+ 1,5 Kobaltcarbonat
					3,8 Kupfercarbonat

874)	SK 7/8	glatt, seidenmatt, rotgoldgelbbraun bis gelbgrünlich je nach Auftragsstärke			*M. Lohner*
		0.081 Na$_2$O	0.574 Al$_2$O$_3$	2.130 SiO$_2$	53,1 Niederahrer Ton
		0.042 K$_2$O	0.130 Fe$_2$O$_3$	0.396 TiO$_2$	21,2 Kalkspat
		0.764 CaO			9,0 Nephelin-Syenit
		0.018 MgO			9,0 Rutil
		0.056 SrO			4,5 china clay
		0.039 ZnO			2,3 Strontiumcarbonat
					0,9 Zinkoxid

875)	SK 7/8	glatt, glänzend bis matt je nach Auftragsstärke, gelbrotbraun, mit Antischaummittel			*M. Goedersmann*
		0.003 Na$_2$O	0.653 Al$_2$O$_3$	3.237 SiO$_2$	55,6 Ton 904 St. Schmidt
		0.006 K$_2$O	0.056 Fe$_2$O$_3$	0.095 TiO$_2$	27,8 Persil 80
		0.492 CaO			16,6 Dolomit
		0.499 MgO	+ ~ 40% Persil		

2.7.2.4 Hellbraune bis dunkelbraune Lehmglasuren

sind lediglich durch ihren höheren Gehalt an Eisenoxid dunkler gefärbt als die vorher genannten Beispiele.

876)	SK 4a/6a	matt bis seidenmatt, dunkelolivbraun			*C. Pederzani*
		0.016 Na$_2$O	0.430 Al$_2$O$_3$	2.751 SiO$_2$	71,4 Kreutzton, rotbr.
		0.123 K$_2$O	0.110 Fe$_2$O$_3$	0.039 TiO$_2$	14,3 Odenwälder Ton
		0.647 CaO			14,3 Kalkspat
		0.214 MgO			

877)	SK 5a/6a	glänzend, opak, braun, lebendige Oberfläche			*H. Hase*
		0.252 Na$_2$O	1.147 Al$_2$O$_3$	6.111 SiO$_2$	50 Niederahrer Ton
		0.106 K$_2$O	1.049 B$_2$O$_3$		50 Fritte 3757 Ferro
		0.607 CaO	0.248 Fe$_2$O$_3$		
		0.035 MgO			
878)	SK 6a	matt, glatt, hellrehbraun			*H. Konzack*
		0.008 Na$_2$O	0.738 Al$_2$O$_3$	2.903 SiO$_2$	53,3 Odenwälder Ton
		0.109 K$_2$O	0.088 Fe$_2$O$_3$	0.339 TiO$_2$	20,0 china clay
		0.810 CaO			20,0 Kalkspat
		0.073 MgO			6,7 Rutil
879)	SK 6a	glänzend-braun mit gelblichen Flecken, dick glasieren			*D. Frank*
		0.113 Na$_2$O	0.311 Al$_2$O$_3$	1.836 SiO$_2$	35,7 Kalkmergel KF
		0.078 K$_2$O	0.094 Fe$_2$O$_3$	0.027 TiO$_2$	28,6 Kreutzton, rotbr.
		0.354 CaO	0.128 B$_2$O$_3$		21,4 Lavalith Kreutz
		0.391 MgO			14,3 Fritte 90187
		0.064 PbO			
880)	SK 6a/7	matt, glatt, dunkelbraun mit dunklen und hellen Fleckchen, nicht lange mahlen!			*R. Ternes*
		0.019 Na$_2$O	0.805 Al$_2$O$_3$	2.757 SiO$_2$	86,9 Opalinuston
		0.037 K$_2$O	0.101 Fe$_2$O$_3$	0.049 TiO$_2$	13,1 Kreide
		0.719 CaO			+ 1,0 Rutil
		0.225 MgO			
881)	SK 6a/8	seidenmatt, dunkelbraun, lebhafte Oberfläche, Geschirrglasur			*N. Höber*
		0.012 Na$_2$O	0.360 Al$_2$O$_3$	2.259 SiO$_2$	70 Kreutzton, rotbr.
		0.091 K$_2$O	0.147 Fe$_2$O$_3$	0.035 TiO$_2$	15 Manganton
		0.463 CaO			10 Kreide
		0.351 MgO			5 Magnesit
		0.083 MnO			
882)	SK 6a/8	teils glänzend, teils matt, grobkristallin, dunkelbraun, auch für Salzbrand geeignet			*H. Otten*
		0.192 Na$_2$O	0.346 Al$_2$O$_3$	3.270 SiO$_2$	21,4 Kalkmergel KF
		0.151 K$_2$O	0.139 Fe$_2$O$_3$	0.032 TiO$_2$	21,4 Fritte 1233 M&M
		0.366 CaO			14,3 Opalinuston
		0.291 MgO			14,3 Ton W 100
					14,3 Lavalith Kreutz
					14,3 Basaltmehl GH
883)	SK 6a/8	glänzend, opak, dunkelbraun mit gelbgrünlich-matten Rekristallisationen, wo dick glasiert			*F. Weber*
					70 feinsandiger Mergelton
					30 Lavalith Kreutz
					+ 8–10 Eisen(III)-oxid

884)	SK 7/8	matt bis seidenmatt, dunkelbraun bis rotbraun			Y. Kallenberg
		0.194 Na$_2$O	0.636 Al$_2$O$_3$	2.965 SiO$_2$	30 Na-Feldspat
		0.039 K$_2$O	0.095 Fe$_2$O$_3$	0.014 TiO$_2$	25 Niederahrer Ton
		0.385 CaO			20 Opalinuston
		0.382 MgO			15 Dolomit
					10 Kreutzton rotbr.

2.7.2.5 Schwarzbraune bis schwarze Lehmglasuren

bekommt man mit sehr hohen Eisenoxidanteilen und/oder zusätzlichen Farboxiden wie Manganoxid oder Manganton, Kobaltoxid, Kupferoxid.

885)	SK 3a/4a	seidenmatt bis matt, glatt, schwarz, kann sehr dünn aufgetragen werden			I. Florath
		0.014 Na$_2$O	0.659 Al$_2$O$_3$	3.654 SiO$_2$	50,0 Manganton Jäger
		0.106 K$_2$O	0.466 Fe$_2$O$_3$	0.043 TiO$_2$	50,0 Kreutzton, rotbr.
		0.212 CaO			
		0.221 MgO			
		0.447 MnO			
886)	SK 5a/7	glänzend, schwarzbraun mit metallischen Flecken			C. Zart
		0.087 K$_2$O	0.702 Al$_2$O$_3$	3.425 SiO$_2$	83,3 Kreutzton, rotbr.
		0.084 Na$_2$O	0.174 Fe$_2$O$_3$		8,3 Zinkborat
		0.501 CaO	0.301 B$_2$O$_3$		4,2 Dolomit
		0.094 MgO			4,2 Bariumcarbonat
		0.084 BaO	+ 0.5–1.5% CoO		+ 0,6 Kobaltoxid
		0.151 ZnO			
887)	SK 5a/7	seidenmatt bis glänzend je nach Auftrag, schwarz			Y. Kallenberg
		0.077 Na$_2$O	1.641 Al$_2$O$_3$	5.373 SiO$_2$	63,6 Niederahrer Ton
		0.071 K$_2$O	0.408 Fe$_2$O$_3$		18,2 Kaolin
		0.683 CaO			9,1 Manganton
		0.049 MgO	+ 2–4% CuO		9,1 Kalkspat
		0.120 MnO	2–4% CoO		+ 3,6 Kupferoxid
					3,6 Kobaltoxid
888)	SK 5a/7	glänzend bis seidenmatt, schwarz			G. Schum
		0.117 Li$_2$O	0.417 Al$_2$O$_3$	2.608 SiO$_2$	66,7 Manganton Jäger
		0.424 CaO	0.367 Fe$_2$O$_3$		20,0 Petalit
		0.018 MgO			13,3 Wollastonit
		0.441 MnO			

889)	SK 6a/8	glänzend, glatt, schwarzbraune Geschirrglasur			H. Bergmeier
		0.016 Na$_2$O	0.420 Al$_2$O$_3$	2.669 SiO$_2$	83,7 Kreutzton rotbr.
		0.118 K$_2$O	0.150 Fe$_2$O$_3$	0.045 TiO$_2$	9,3 Dolomit
		0.376 CaO			2,4 china clay
		0.388 MgO			2,3 Eisenoxid
		0.102 MnO			2,3 Manganoxid
890)	SK 6a/9	schwarz bis braun glänzend, lebendige Oberfläche, als Geschirrglasur brauchbar			
		0.237 Na$_2$O	0.928 Al$_2$O$_3$	3.861 SiO$_2$	52,6 kalkhaltiger Schieferton (Opalinuston)
		0.036 K$_2$O	0.593 Fe$_2$O$_3$	0.026 TiO$_2$	26,3 Na-Feldspat
		0.206 CaO			15,8 Eisen(III)-oxid
		0.186 MgO			5,3 Zinkoxid
		0.335 ZnO			

Der Vorteil aller »Lehmglasuren« ist, daß meistens billige Rohstoffe verwendet werden können und daß sie auf den rohen Scherben aufgetragen werden können, so daß das Einbrandverfahren möglich wird. Außerdem ergeben die »Lehmglasuren« meistens sehr stabile Schlicker mit guter Haft- und Griffestigkeit im trockenen Zustand. In jedem Fall muß vor der Anwendung der Glasuren geprüft werden, ob die Schwindungswerte von Überzug und Scherben auch bei dicker Lage nicht zu große Unterschiede aufweisen, damit man nicht unliebsame Überraschungen erlebt.

2.7.2.6 Glasuren aus Schiefermehl

Gemahlener Schiefer (meist devonischer Dachschiefer) hat vielfach ähnliche chemische und mineralogische Zusammensetzung wie die grobkeramisch genutzten Schiefertone, weil er aus ähnlichen tonig-sandigen Sedimenten entstanden ist. Er wird nur nicht mehr zu einer plastisch verformbaren Masse.

Es lassen sich daraus zuverlässige rotbraune bis dunkelbraune harte und beständige Glasuren für hohe Brenntemperaturen herstellen. Flußmittelzusätze sind fast immer nötig.

891)	SK 6a/8	glatt, matt, mittelbraun, hochviskos, dünn glasieren			
		0.070 Na$_2$O	0.544 Al$_2$O$_3$	3.399 SiO$_2$	84,7 Schiefermehl TK (Eifel)
		0.114 K$_2$O	0.158 Fe$_2$O$_3$		15,3 Kreide
		0.611 CaO			
		0.205 MgO			
892)	SK 6a/8	matt, glatt, mittelgelbbraun bis dunkelbraun, bei SK 8 fast glänzend			N. Höber
		0.049 Na$_2$O	0.383 Al$_2$O$_3$	3.396 SiO$_2$	76,9 Schiefermehl TK
		0.081 K$_2$O	0.112 Fe$_2$O$_3$		23,1 Dolomit
		0.396 CaO			
		0.474 MgO			
893)	SK 6a/8	glatt, dunkelbraun, teils kristallisch matt, wo sehr dick glasiert			E. Reuter
					50,0 Schiefermehl (rheinisches)
					25,0 kalkreicher Lehm, rotbrennend
					25,0 Buchenholzasche

2.7.2.7 Lehmglasuren für den (auch reduzierenden) Salzbrand

Weil im Salzbrand eine alkalireiche Anflugglasur dazukommt, dürfen diese Glasuren schwerer schmelzbar sein; wenn sie zuviel CaO bzw. MgO enthalten, nehmen sie den Salzanflug nicht so stark an. Warme Farbtöne im Rotbraun-Orangebraun-Bereich (auch bei reduzierendem Brand mit oxidierender Sturzkühlung!) erhält man durch einen Rutil- bzw. TiO_2-Zusatz. Tone mit viel freiem Quarz werden stärker glänzende Oberflächen ergeben (siehe auch Abs. 2.1.3, Salzglasuren, S. 143 ff.).

894)	SK 5a/7	grünbraun bis goldbraun				Y. Kallenberg
		0.070 Na_2O	0.355 Al_2O_3	1.614 SiO_2		48,3 Niederahrer Ton
		0.024 K_2O	0.057 B_2O_3	0.225 TiO_2		13,8 Magnesit
		0.326 CaO	0.089 Fe_2O_3			13,8 Fritte 90368 Degussa
		0.467 MgO				13,8 Fritte 3520 Ferro
		0.084 ZnO				6,9 Kalkspat
		0.029 PbO				6,9 Rutil
895)	SK 6a/7	olivbraun bis gelblichrotbraun, evtl. matt				C. Rosenthal
		0.025 Na_2O	0.509 Al_2O_3	1.839 SiO_2		30 Niederahrer Ton
		0.028 K_2O	0.105 Fe_2O_3	0.888 TiO_2		30 Opalinuston
		0.432 CaO				20 Titanoxid
		0.084 MgO				10 Zinkoxid
		0.431 ZnO				10 Kreide
896)	SK 6a/7	schwarzbraungrün bis rötlichbraun				C. Dallmer
		0.013 Na_2O	0.435 Al_2O_3	2.454 SiO_2		62,5 Kreutzton rotbr.
		0.086 K_2O	0.077 Fe_2O_3	0.035 TiO_2		18,9 Strontiumcarbonat
		0.160 CaO		0.022 SnO_2		11,3 china clay
		0.332 MgO	+ 4–5% CuO			6,3 Talkum
		0.409 SrO				1,0 Zinnoxid
					+	5,0 Kupferoxid
897)	SK 6a/7	matt bis glänzend, braungelb, dick auftragen!				G. Blomert
		0.444 Li_2O	0.962 Al_2O_3	3.017 SiO_2		38,5 Odenwälder Ton
		0.005 Na_2O	0.064 Fe_2O_3	0.406 TiO_2		38,5 china clay
		0.085 K_2O				7,7 Lithiumcarbonat
		0.004 CaO				7,7 Zinkoxid
		0.056 MgO				7,6 Titanoxid
		0.406 ZnO				
898)	SK 7/9	Engobe, warm goldrotbraun bis schwarz, je nach Brandführung und Salzanflug				T. Jaensch
		0.077 Na_2O	12,46 Al_2O_3	34,38 SiO_2		40 china clay
		0.538 K_2O	0.92 Fe_2O_3	2.77 TiO_2		40 Ton Schmidt 501
		0.077 CaO				20 ball clay
		0.308 MgO			+	5 Rutil
						3 Eisen(III)-oxid

899)	SK 6a/8	glänzendes Hasenfellbraun, niedrigviskos, dick auftragen!		*G. Simmann*
	0.186 Na_2O	0.532 Al_2O_3	2.871 SiO_2	32,4 Odenwälder Ton
	0.116 K_2O	0.176 B_2O_3	0.258 TiO_2	32,2 Lavalith Kreutz
	0.393 CaO	0.122 Fe_2O_3		30,0 Fritte 3754 Ferro
	0.305 MgO			5,4 Rutil

2.7.3 Ascheglasuren

erhalten ihre typischen Qualitäten durch die Art der benutzten Asche, aber auch durch die Art des Auftrags, denn sie können als Schlicker vor dem Brand aufgetragen werden, aber auch durch Anflug (als Flugasche) beim Brand entstehen (vgl. Abs. 2.1), wenn die Verbrennungsgase die Asche aus der Feuerung mit in den Brennraum tragen oder wenn Asche auf die Oberfläche des Brenngutes kommt, weil man auf das glühende Gut noch Holzstücke nachlegt, wie es vor allem in Japan heute noch getan wird. Das Aufstreuen von Asche vor dem Brand – heute leider schon verbreitet – ist nicht zu empfehlen, denn es sieht gewollt aus und kann den Reiz des natürlichen Aschenbefalls niemals erreichen. Bei Aschenanflügen im Brand entsteht die Schönheit der Stücke wesentlich auch aus dem Scherben, also aus der verwendeten Masse. Sehr feine, gleichmäßige, hellbrennende Massen eignen sich hier nicht.

Je nach chemisch-oxidischer Zusammensetzung schmelzen die Aschen von brennbarem organischem Material (Kohle, Holz, Laub, Gras, Stroh, Papier usw.) bei sehr unterschiedlichen Temperaturen, oft schon allein ohne jegliche Zusätze im Bereich zwischen 1200 und 1300 °C zu einem glasigen Überzug. Dies ist z. B. bei den Braunkohlen(brikett)aschen der Fall, vgl. Abs. 1.5.8.3, S. 89 und Abs. 3.4.4, S. 456.

Da die Aschen entweder hohen CaO/MgO-Gehalt aufweisen, wie die meisten Holzaschen, oder einen hohen SiO_2-Gehalt haben, wie die Gras- und Strohaschen (und einige Kohlenaschen) neben deutlichen Anteilen an Alkalioxiden und Phosphoroxid (dieses in Form von Phosphaten) und manchmal viel, manchmal wenig Eisenoxid enthalten (vgl. Tabelle 3.4.4), ergeben sich daraus recht unterschiedliche Auswirkungen auf die Glasureigenschaften.

Die kieselsäurereichen Aschen schmelzen allein nicht gut, machen hochviskos und schwerer schmelzbar; die CaO-reichen Aschen ziehen sich bei wohl niedriger Viskosität der Schmelze oft rinnsalförmig zusammen aufgrund ihrer hohen Oberflächenspannung, brauchen also Ton oder Feldspat zum Ausgleich. Das P_2O_5 aus den Aschen kann trübend wirken und verursacht in Seladonglasuren oft ein opaleszierendes Blaugrün, in eisenoxidreichen Temmoku-Glasuren fördert es das Eisenrot! Die alkalischen Bestandteile liegen zum großen Teil als wasserlösliche Carbonate vor, die unter Umständen die Schlickerstabilität und die Haftung der Glasurschicht negativ beeinflussen. Manche Keramiker empfehlen deshalb das Auswaschen und damit Entfernen der leicht löslichen Bestandteile, was aber in vielen Fällen nicht nötig erscheint, wenn nämlich der Ascheanteil im Glasurversatz nicht mehr als ⅓ bis ½ der Gesamtmenge ausmacht.

Der große Vorteil der Aschen ist ihre natürliche feinste Korngröße – außer bei den sandigen Kohleaschen liegt z. B. die Kieselsäure extrem fein in amorpher Form oder als Cristobalit vor – und die intensivste Vermischung aller Bestandteile, aber auch ihr meist hoher Gehalt an Flußmittel-Oxiden, an P_2O_5, das sonst selten in keramischen Rohstoffen vorkommt, und der in der Regel recht niedrige Al_2O_3-Gehalt, der wiederum größere Tonzusätze möglich macht.

Diese sind neben den Aschen als Flußmittel und neben Feldspäten und/oder anderen Rohstoffen im Versatz nötig, damit stabile Schlicker, eine ausreichende Haftfestigkeit des trockenen Glasurüberzugs und ausreichend dicke Glasurschichten mit den gewünschten Oberflächeneigenschaften entstehen.

Es gilt deshalb als grobe Faustregel für Ascheglasurversätze: ⅓ bis ½ Asche, der Rest halb Ton, halb Feldspat. Alles andere ist eine Frage des Experiments, sofern man nicht die genaue chemische Analyse der benutzten Asche hat und sie entsprechend den Fritten in die Glasur einrechnen kann. In England und USA wird vielfach Knochenasche benutzt, um CaO und P_2O_5 in die Glasur einzuführen. Oft ist die Asche auch nur zusätzliches Flußmittel.

Alle benutzten Aschen sollen völlig verbrannt sein und keine kohligen Teilchen mehr enthalten, weil sonst der Anteil an glasbildender Substanz zu klein wird und die Rezepturen ungenau werden.

Aschenglasuren sind in der Regel erst für Brenntemperaturen oberhalb SK 5a sinnvoll anwendbar, ihre volle Schönheit wird vielfach erst durch reduzierendes Brennen sichtbar. Denn viele Holzaschen sind ideal für Seladen-Glasuren, weil sie gerade den richtigen Eisenoxidanteil - und P_2O_5-Gehalt - mitbringen.

Aschen, die man aus Ofenfeuerungen bekommt, enthalten meistens schuppiges Eisenoxid, das von der verzunderten Oberfläche der Feuerungsroste stammt. Sie bewirken dadurch, wenn man sie ungesiebt und ungemahlen benutzt, dunkle Flecken in der Glasur. Das gleiche gilt für Aschen, die von Bau- und Abfallholz herrühren, denn sie können verzunderte Nägel usw. enthalten. Weitere Angaben über Aschen und Aschenglasuren sind bei *Frère Daniel de Montmollin*[43]; *Bernard Leach*[87], *Michael Cardew*[17]; *Joseph Grebanier*[47] und in den Fachzeitschriften (Zs. 7, 9) zu finden.

900)	SK 4a/8	matt bei SK 4a, glänzend bei SK 8, schwarz	*H. Konzack*
		34,0 Manganton	
		33,0 Na-Feldspat	
		33,0 gemischte Asche, ungewaschen	
901)	SK 5a/6a	glänzend, braunschwarz meliert	*C. Knochel*
		40 Basaltmehl	
		40 K-Feldspat	
		20 gemischte Holzasche v. Ofen	
		+ 10 Ton weiß, fett	
902)	SK 5a/6a	matt, graurotbraun	*H. Konzack*
		34 Buchenholzasche	
		33 Ton W 100, weiß, fett	
		33 Nephelin-Syenit	
903)	SK 6a/7	matt bis seidenmatt, weißlich-grünlich, craquelée	*H. Ganter*
		52,6 Herbstlaubasche	
		21,1 Na-Feldspat	
		10,5 Quarz	
		10,5 Fritte 1233 M&M	
		5,3 Ton weiß fett	
904)	SK 6a/7	glänzend, transparent, craquelée, hellgrünes Seladon, reduzierend brennen	*G. Blomert*
		58,0 Na-Feldspat	
		27,0 Buchenholzasche	
		9,0 gelber Ockersand	
		6,0 Ton weiß fett	

905)	SK 6a/8	rauh matt, rosa-hellbräunlich	*H. Konzack*

43,4 Eschenholzasche
43,4 Ton W 100 weiß, fett
13,2 Rutil

906)	SK 6a/8	glänzend, halbopak, dunkelgrünblau, reduzierend brennen	*G. Blomert*

40 Buchenholzasche
40 Na-Feldspat
20 Ton weiß, halbfett
+ 1 Kobaltcarbonat

907)	SK 6a/8	matt, niedrigviskos, beigegraugelblich, mit sehr kleinem Wärmeausdehnungskoeffizienten	*H. Konzack*

36,3 Eschenholzasche oder Kirschbaumholzasche
36,2 Ton W 100 weiß fett
27,5 Lithiumcarbonat

908)	SK 6a/8	matt bis glänzend, grünlichbraun bis schwarzbraun, je nach Auftragsstärke	*I. Böhle*

40 Braunkohlenbrikettasche
40 K-Feldspat
20 Kalkspat
+ 8 Eisen (III)-oxid

909)	SK 7/8	transparent glänzend mit dunklen Flecken, zartes Seladongrün, reduzierend brennen	*I. Böhle*

68,2 K-Feldspat
9,1 china clay
9,0 Brikettasche v. Ofen
8,3 Kalkspat
5,4 Bariumcarbonat

910)	SK 7/8	halbmatt, Temmoku-Braunschwarz, reduzierend brennen, gut unter weißen Mattglasuren	*I. Böhle*

34 Niederahrer Ton
34 Brikettasche
16 Na-Feldspat
16 K-Feldspat
+ 3 Titanoxid
3 Eisen(III)-oxid

911)	SK 7/9	matt kristallisch, braun	*H. Otten*

        37,9 gemischte Ofenasche
        12,7 rotbrennender Ton
        10,0 Ton weiß fett
        15,2 Bariumcarbonat
        15,2 Kreide
          7,5 Zinkoxid
          1,5 Titanoxid

912)   SK 7/9   zartes Blaugrün-Seladon, seidenmatt, stark reduzieren!

        33,0 Farnkrautasche
        20,1 Feldspat FS 90
        36,2 Feinstquarzmehl
              Sicron
          6,9 china clay
          3,8 Zinkoxid

913)   SK 7/9   glänzend, halbopak, zartgrün, stark reduzieren   *C. Wilhelm*

        50 K-Feldspat B 412
        20 Quarzmehl W 10
        12 Kreide
        18 gemischte Holzasche

914)   SK 9   matt, gelbbraun   *U. Heydorn*

        42 Nadelholzasche
        31 K-Feldspat
        18 Ton weiß fett
         9 Kaolin

2.7.4 Feldspatglasuren

haben im Versatz neben hauptsächlich Feldspäten zusätzliche, als Flußmittel wirkende Anteile, meist CaO-haltige Rohstoffe und wenig Kaolin oder Ton zur Stabilisierung des Schlickers und zwecks besserer Haftfestigkeit. Handelsübliche Stellmittel sind für die Schlickereigenschaften günstig. Ihre Schmelzen sind in der Regel hochviskos und haben meistens ein extrem breites Schmelzintervall. Sie sind ausschließlich für hohe Brenntemperaturen im Steinzeug- und Porzellanbereich bestimmt. Durch die hohe Viskosität erstarren sie vielfach – vor allem bei dicker Lage – recht bläschenreich, manchmal sogar durch sehr viele feinste Bläschen weiß getrübt und laufen auch bei sehr dickem Auftrag nicht ab. Der Alkalioxidgehalt der Feldspäte verursacht oft Haarrisse in der Glasur, besonders auf Scherben mit niedrigem Wärmeausdehnungskoeffizienten.

Typische Feldspatglasuren sind transparent bis halbopak, glänzend bis seidenmatt und ohne spiegelnd ebene Oberfläche, sie sind sehr häufig leicht nadelstichig. Die schönsten Oberflächen entwickeln sich erst im Reduktionsbrand, wo besonders gute Seladonglasuren entstehen können. Die CaO-reichen Feldspäte der Plagioklasreihe ergeben leicht gute Mattglasuren (vgl. Abs. 2.7.1.3, Anorthitglasuren).

Siehe auch Glasuren Nr. 1, 4, 5, 10, 51, 53, 80, 134, 143, 186, 188, 190, 194, 203, 246, 260, 270, 274, 277, 345, 346, 360, 386, 394, 399, 408, 409, 429, 430, 772, 776, 777, 778, 780, 792, 812.

---

915) SK 6a   matt, farblos, für Weichporzellan, oxidierend   *U. Benzing*

$$0.232\ Na_2O \quad\quad 0.267\ Al_2O_3 \quad\quad 1.625\ SiO_2$$
$$0.005\ K_2O$$
$$0.269\ CaO \quad\quad\quad + 1\text{–}2\%\ \text{Bentonit}$$
$$0.255\ MgO$$
$$0.239\ BaO$$

- 60 Na-Feldspat
- 20 Bariumcarbonat
- 20 Dolomit
- + 1 Bentonit

---

916) SK 6a/7   matt, braungrau bis schwarz   *U. Witzmann*

$$0.221\ Na_2O \quad\quad 0.642\ Al_2O_3 \quad\quad 2.482\ SiO_2$$
$$0.044\ K_2O$$
$$0.689\ CaO \quad\quad\quad + 4\text{–}6\%\ Fe_2O_3$$
$$0.044\ MgO \quad\quad\quad\quad 1\text{–}2\%\ NiO$$
$$\quad\quad\quad\quad\quad\quad\quad\quad\quad 1\text{–}2\%\ CoO$$
$$\quad\quad\quad\quad\quad\quad\quad\quad\quad 1\text{–}2\%\ MnO_2$$

- 70,2 Anorthit Mandt
- 14,0 Kreide
- 8,8 china clay
- 7,0 K-Feldspat B 412
- + 5,0 Eisen(III)-oxid
- 2,0 Nickeloxid
- 1,5 Kobaltoxid
- 1,0 Manganoxid

---

917) SK 6a/7   glänzend dunkelblau, halbtransparent   *R. Winkler*

$$0.241\ Na_2O \quad\quad 0.279\ Al_2O_3 \quad\quad 2.619\ SiO_2$$
$$0.005\ K_2O$$
$$0.674\ CaO \quad\quad\quad + 1\text{–}2\%\ CoO$$
$$0.080\ ZnO$$

- 59,3 Na-Feldspat
- 27,5 Wollastonit
- 7,8 Quarz
- 2,8 Kreide
- 2,6 Zinkoxid
- + 1,8 Kobaltoxid

918) SK 6a/7   seidenmatt, opak, grünlichblau, auch gut für reduzierendes   *E. Reusch*
              Brennen

              0.169 Na$_2$O   0.531 Al$_2$O$_3$ 4.047 SiO$_2$ 60 Feldspat K 4280
              0.217 K$_2$O   0.492 TiO$_2$ 18 Quarz
              0.614 CaO   + 3–4% CuCO$_3$ 15 Kreide
                                0,5–1% CoCO$_3$ 7 china clay
                                0–2% Fe$_2$O$_3$ + 3 Kupfercarbonat
                                                                            1 Kobaltcarbonat
                                                                           10 Titanoxid
                                                                            1 Eisen(III)-oxid

919) SK 6a/7   matt, weiß, opak, glatt   *D. Füll*

              0.316 Na$_2$O   0.505 Al$_2$O$_3$ 2.753 SiO$_2$ 20 K-Feldspat
              0.152 K$_2$ 20 Na-Feldspat
              0.192 CaO   + 5.3% Ca$_3$(PO$_4$)$_2$ 20 Nephelin-Syenit
              0.340 BaO   20 Kalkspat
                                                                           16 Bariumcarbonat
                                                                            4 Tricalciumphosphat

920) SK 6a/8   glänzend, transparent, dunkelgrün, teils haarrissig

              0.241 K$_2$O   0.395 Al$_2$O$_3$ 2.205 SiO$_2$ 67 K-Feldspat B 412
              0.094 Na$_2$O   0.227 B$_2$O$_3$ 15 Kalkspat
              0.665 CaO   13 Calciumborat-2-hydrat
                              + 4–5% CuO   5 china clay
                                                                         + 4 Kupferoxid

921) SK 7/8   seidenmatt bis glänzend, opak, zartblaugrün, craquelée,   *M. Müksch*
              kräftig reduzieren (»Chün-Seladon«)

              0.203 Na$_2$O   0.349 Al$_2$O$_3$ 2.453 SiO$_2$ 34,5 K-Feldspat B 412
              0.124 K$_2$O   0.060 P$_2$O$_5$ 34,5 Na-Feldspat Ventilato
              0.673 CaO   + 1–1.8% Fe$_2$O$_3$ 17,2 Kreide
                                                                          6,9 Quarzmehl W 10
                                                                          6,9 Tricalciumphosphat
                                                                       + 1,2 Eisen(III)-oxid

922) SK 7/8   seidenmatt, grauschwarz mit Blaustich, hochviskos, auch gut   *V. Lutter/P. Thumm*
              für Salzbrand

              0.469 Na$_2$O   0.695 Al$_2$O$_3$ 4.103 SiO$_2$ 74,8 Na-Feldspat
              0.012 K$_2$O   0.336 TiO$_2$ 14,8 Wollastonit
              0.519 CaO   + 10% FK Co-Cr-Fe-Ni   10,4 china clay
                                                                       + 7,0 Titanoxid
                                                                         10,0 FK 13013 Ferro

923)	SK 7/9	mattweiß bis transparent-glänzend, je nach Auftrag und Temperatur			*E. Reusch*
		0.087 Na_2O 0.223 K_2O 0.690 CaO	0.370 Al_2O_3	2.274 SiO_2	65 K-Feldspat B 412 25 Kreide 5 Quarz 5 china clay
924)	SK 7/8	matt bis glänzend, beige bis blaugrau, je nach Auftrag und Reduktion und Abkühlung variabel, stark reduzieren			*E. Pleuger*
		0.077 Li_2O 0.139 Na_2O 0.182 K_2O 0.099 CaO 0.181 MgO 0.162 BaO 0.160 ZnO	0.454 Al_2O_3 + 6–8% TiO_2 1–3% SnO_2 1–2% Sb_2O_3	2.525 SiO_2	46,5 K-Feldspat 23,1 Anorthit Mandt 10,8 Bariumcarbonat 5,0 Quarz 4,7 Magnesit 4,4 Zinkoxid 3,6 china clay 1,9 Lithiumcarbonat + 6,1 Titanoxid 1,5 Zinnoxid 1,5 Antimon-(III)-oxid
925)	SK 8/9	glänzend, halbopak bis deckend weiß, dick glasieren			*R. Guth*
		0.058 Li_2O 0.070 Na_2O 0.182 K_2O 0.637 CaO 0.053 ZnO	0.258 Al_2O_3	2.637 SiO_2	57,2 K-Feldspat 29,1 Wollastonit 10,3 Quarz 1,7 Lithiumcarbonat 1,7 Zinkoxid + Relatin
926)	SK 8/9	seidenmatt-glänzend, halbopak, hochviskos, dunkelbläulich-olivgrünes Seladon, stark reduzieren			*C. Wilhelm*
		0.172 Na_2O 0.448 K_2O 0.380 CaO	0.633 Al_2O_3 + 2% Fe_2O_3	4.937 SiO_2	78,0 K-Feldspat 14,0 Quarz 8,0 Kalkspat + 2,0 Eisen(III)-oxid
927)	SK 9/10	wachsmatt, opak, grau-gelblich, reduzierend brennen			
		0.030 Li_2O 0.024 Na_2O 0.320 K_2O 0.626 CaO	0.592 Al_2O_3 0.031 Fe_2O_3	2.918 SiO_2 0.156 TiO_2	60,0 K-Feldspat FS 90 18,4 Kreide 16,0 china clay RM 5,6 Petalit + 3,5 Rutil 1,5 Eisen(III)-oxid

928)	SK 6a/8	glänzend feinblasig, craquelée, zart-blaugrünes Seladon, stark reduzieren			*A. Pickal*
		0.214 Na$_2$O	0.339 Al$_2$O$_3$	2.287 SiO$_2$	41,3 Na-Feldspat Ventilato
		0.099 K$_2$O			29,1 K-Feldspat B 412
		0.219 CaO			10,3 Bariumcarbonat
		0.136 BaO			10,3 Zinkoxid
		0.332 ZnO			9,0 Wollastonit
					+ 1,5 roter Ziegelton

2.7.5 Glasuren mit Zement oder mit wasserlöslichen Rohstoffen

2.7.5.1 Zementglasuren

Hüttenzement, Trasszement, Portlandzement enthalten vor allem viel CaO, so daß sie in Glasuren anstelle von Kalkspat, Dolomit oder kalkreichen Tonen auch als Mattierungsmittel benutzt werden können. Ihr Eisenoxidgehalt ist oft so groß, daß die Glasuren gelblich-grünliche bis braune Farbe bekommen können. Damit man keine Auftragsschwierigkeiten bekommt, sollten die Glasurschlicker entweder sofort nach dem Anmachen verbraucht werden oder aber nach dem Stehenlassen über etwa 2 Tage noch einmal mindestens 1 Stunde lang in der Kugelmühle gemahlen werden. Danach kann dann der Schlicker unbegrenzt aufbewahrt werden. Weil die Zementteilchen spezifisch schwer sind, müssen die Glasurversätze ausreichende Mengen an Ton oder Kaolin enthalten gegen zu schnelles Sedimentieren; die Schlicker sollten ziemlich dickflüssig sein.

Als brauchbar haben sich Versätze mit Zementanteilen von ¼ bis ⅓ der Gesamtmenge erwiesen (siehe auch *R. Behrens*[6]). Die Schmelzen solcher Glasuren mit Zement sind meistens wegen ihres hohen Gehalts an CaO/MgO (und Al$_2$O$_3$) niedrigviskos, haben aber eine sehr große Oberflächenspannung. Siehe auch Glasuren Nr. 603, 742, 793.

929)	SK 6a/8	gelblichbeige, matt, dünn auftragen!			*J. Preußer*
		0.063 Na$_2$O	0.381 Al$_2$O$_3$	1.464 SiO$_2$	44,4 Ton W 100 weiß, fett
		0.043 K$_2$O	0.018 Fe$_2$O$_3$	0.004 TiO$_2$	37,0 Zement PZ 35 F Neuwied
		0.857 CaO			11,2 Feldspat K 4280
		0.037 MgO			7,4 Nephelin-Syenit
930)	SK 6a/7	matt, beigegelblich, gut über farbigen Engoben			*D. Thul*
		0.051 Na$_2$O	0.295 Al$_2$O$_3$	1.513 SiO$_2$	35,3 K-Feldspat B 412
		0.095 K$_2$O	0.010 Fe$_2$O$_3$	0.002 TiO$_2$	29,4 Zement PZ 35 F Neuwied
		0.649 CaO			17,6 china clay
		0.205 MgO			11,8 Talkum
					5,9 Nephelin-Syenit

931)	SK 7/8	glatt, matt, graubraungelblich, dick glasieren, reduzierend brennen			D. Thul
		0.091 Na_2O	0.281 Al_2O_3	1.447 SiO_2	33,4 K-Feldspat B 412
		0.086 K_2O	0.013 Fe_2O_3		33,3 Zement PZ 35 F Neuwied
		0.780 CaO			
		0.043 MgO			33,3 Anorthitmehl Mandt
					+ Relatin
932)	SK 7/8	hellgelblich, lebendig, matt, glatt			D. Füll
		0.036 Na_2O	0.434 Al_2O_3	1.564 SiO_2	33,4 Zement PZ 35 F Neuwied
		0.095 K_2O	0.013 Fe_2O_3		
		0.833 CaO			33,3 china clay
		0.036 MgO			33,3 K-Feldspat B 412
933)	SK 7/8	matt bis seidenmatt, braun bis rotbraun			D. Füll
		0.118 Na_2O	0.367 Al_2O_3	1.893 SiO_2	50 Schiefermehl TK
		0.076 K_2O	0.073 Fe_2O_3		25 Nephelin-Syenit
		0.697 CaO			25 Zement PZ 35 F Neuwied
		0.109 MgO			

2.7.5.2 Glasuren mit wasserlöslichen Rohstoffen

Arbeitet man mit wasserlöslichen Rohstoffen im Versatz, die man als Flußmittel in Form von Alkalikarbonaten, -chloriden, -boraten und -phosphaten einsetzt, so wandern diese mit dem Glasuranmachwasser des Schlickers in den porösen Scherben und beim Trocknen unkontrollierbar und ungleich verteilt wieder an die Oberfläche der glasierten Gegenstände. Dadurch entstehende Glasurfehler und Ungleichheiten können verhindert werden, wenn man auf wenig saugenden, lederharten rohen Scherben aufträgt oder auf nahezu dicht gebrannte Gegenstände.

Alkaliphosphate können mit Schwermetalloxiden farblose Komplexverbindungen bilden, so daß neben ihrer Flußmittelwirkung auch eine entfärbende Wirkung auftreten kann, wenn ihr Anteil in der Glasur groß ist. Dies wird besonders bei mit Eisenoxid gefärbten Glasuren sichtbar. Alkaliphosphate können aus ihren Schmelzen auch glasig erstarren, ergeben aber keine wasserbeständigen Gläser. Will man also gegen die Luftfeuchtigkeit beständige Glasuren mit Hilfe von Alkaliphosphaten erzeugen, darf der Gehalt an Na_2O im Versatz ca. 18 bis 20% nicht übersteigen. Die stark hygroskopischen Kaliumphosphate sind für Glasuren nicht geeignet.

Bei Verwendung von Lithiumcarbonat, das nicht so leicht wasserlöslich ist wie die Carbonate von Natrium oder Kalium, kann es vorkommen, daß sich besonders bei Temperaturen unter 10 °C das im Wasser des Glasurschlickers gelöste Li_2CO_3 in groben, kandiszuckerähnlichen Kristallen aus dem Schlicker ausscheidet. Solche Glasurversätze sollten deshalb nach dem Anmachen möglichst schnell und vollständig verbraucht werden und nicht lange stehen bleiben.

Eine andere Möglichkeit, auf unproblematische Weise wasserlösliche Rohstoffe in hohen Anteilen verwenden zu können, die dann zusammen mit den Scherbenbestandteilen Glasurüberzüge bilden oder nur wenig Ton, Feldspat oder andere Komponenten zugemischt benötigen, ist die, solche Stoffe mit viel stark quellfähigen organischen Klebstoffen (Methylzellulosekleber) anzumachen und in sehr dünner Lage auf den meist noch rohen, ungebrannten Scherben aufzutragen. Dieses Verfahren ist vor allem für baukeramische Produkte interessant und dort, wo man eine feine Oberflächenstruktur nicht durch dicke Glasurschichten verdecken will.

934) SK 05a   glänzend, transparent

0.345 Li$_2$O	0.188 Al$_2$O$_3$	1.843 SiO$_2$	38,0 Quarzmehl
0.655 Na$_2$O			30,0 calc. Soda
			21,0 china clay
			11,0 Lithiumcarbonat

935) SK 1a/5a   matt, rotbraun, niedrigviskos

0.367 Na$_2$O	0.367 Al$_2$O$_3$	1.718 SiO$_2$	76,9 Basaltmehl GH
0.036 K$_2$O	0.150 Fe$_2$O$_3$	0.079 TiO$_2$	15,4 Na-Polyphosphat
0.342 CaO		0.146 P$_2$O$_5$	7,7 china clay
0.255 MgO			

936) SK 2a/8   seidenmatt, beigeweiß bis grünlich, lebendig gefleckt, dick glasieren, niedrigviskos

0.644 Na$_2$O	0.174 Al$_2$O$_3$	0.699 SiO$_2$	60 Na-Polyphosphat
0.022 K$_2$O	0.053 Fe$_2$O$_3$	0.022 TiO$_2$	(35% Na$_2$O)
0.156 CaO		0.505 P$_2$O$_5$	40 Basaltmehl TK
0.178 MgO			+ 10 china clay

937) SK 3a/4a   matt, weißbeige, halbopak bis opak, niedriger Wärmeausdehnungskoeffizient

0.733 Li$_2$O	0.253 Al$_2$O$_3$	0.969 SiO$_2$	49,6 Steinzeugton 501
0.220 Na$_2$O	0.437 B$_2$O$_3$	0.014 TiO$_2$	22,6 Borax, calc.
0.027 K$_2$O			27,8 Lithiumcarbonat
0.004 CaO			
0.016 MgO			

938) SK 4a   glatt, matt, weißopak   nach   *R. Behrens*

0.642 Na$_2$O	0.253 Al$_2$O$_3$	0.969 SiO$_2$	50,0 ball clay EOBB/Y
0.017 K$_2$O	0.266 B$_2$O$_3$	0.015 TiO$_2$	25,0 Soda calc.
0.002 CaO			12,5 Borax, calc.
0.009 MgO			12,5 Zinkoxid
0.330 ZnO			

939) SK 05a/3a   halbtransparent bis transparent, glänzend, gelb bis orange auf hellem Scherben, rotbraun auf rotbrennendem Scherben

  40,0 calcinierte Soda
  35,0 Targon 20 (Benckiser)
  20,0 calcinierter Borax
   5,0 Lithiumcarbonat
+ 4,0 Relatin
   5,0 Eisen(III)-oxid
   3,0 Titanoxid

2.8 Glasuren für bestimmte keramische Erzeugnisse

sind jeweils so zusammengesetzt, daß sie den gestellten Anforderungen genügen können, daß sie auf den entsprechenden Scherben passen und bei den dafür nötigen Brenntemperaturen fehlerfrei schmelzen. In vielen Fällen müssen sie zusätzlich die gewünschte Färbung erhalten, oder spezielle Eigenschaften haben. Brennweise und Art des Setzens, die Auftragsverfahren und der Preis können besonders bei Massenproduktion die Zusammensetzung der Versätze wesentlich beeinflussen.

2.8.1 Glasuren für poröse, niedriggebrannte Baukeramik und Irdenware SK 06a bis 2a

sind meistens bleireiche Glasuren mit oder ohne B_2O_3 oder auch Glasuren mit höheren Anteilen an Alkalioxiden und Boroxid. Damit sie bei niedrigen Brenntemperaturen gut schmelzen und glattfließen, enthalten sie nur soviel Al_2O_3 und SiO_2 wie unbedingt nötig. Oft bereitet die Anpassung der Wärmedehnung an die des Scherbens Schwierigkeiten: nicht gewünschte Haarrisse können dann oft nur durch größere Mengen von SiO_2 und B_2O_3 und ZnO verhindert werden. In den meisten Fällen sind es Frittenglasuren. Vorteilhaft ist ein ziemlich breites Schmelzintervall, deshalb sind grundsätzlich die bleireichen Glasuren den alkalioxidhaltigen vorzuziehen. Auf farbig brennenden Scherben (z. B. rotbrennenden Massen) ergeben nur gut deckende Glasuren oder solche ohne Eigenfarbe ansprechende Ergebnisse; farbig-transparente Glasuren sind auf solchen Scherben nur mit einer weißen Engobe brauchbar oder müssen auf hellen, weißbrennenden Massen benutzt werden. Vgl. auch Abschnitte:

2.2.1.1, Transparente Frittenglasuren, S. 155; 2.2.2, Bleiglasuren, Bleiborglasuren, S. 159; 2.2.4, farbige Transparentglasuren, S. 165; 2.2.5, Töpferglasuren für Irdenware, S. 173. Die üblichen Brenntemperaturen liegen zwischen SK 08a und 01a.

---

940) SK 010a/05a glänzend hellviolettblau, für hellen Scherben, transparente Bleiborglasur, bleireich!

0.017 Na_2O	0.191 Al_2O_3	1.100 SiO_2	83,4 Fritte 90062 Degussa
0.042 K_2O	1.408 B_2O_3		8,3 K-Feldspat
0.002 CaO			8,3 Kaolin
0.939 PbO	+ 1–2% $CoCO_3$		+ 1,8 Kobaltcarbonat

---

941) SK 06a/01a glänzend, transparent, dünn auftragen, für hellen Scherben, hellgelb bis dunkelbraun, bleireich!

C. Wilhelm

1.00 PbO	0.122 Al_2O_3	1.244 SiO_2	90 Fritte A 1316 R&S
			10 Kaolin
	+ 2–6% Fe_2O_3		+ 2–6 Eisen(III)-oxid

---

942) SK 05a/03a glänzend, dunkelgrün, für hellen Untergrund, bleireich!

0.102 Na_2O	0.381 Al_2O_3	4.733 SiO_2	40,8 Fritte 90062 Degussa
0.222 K_2O	0.972 B_2O_3		28,6 K-Feldspat B 412
0.028 CaO			24,5 Quarz
0.648 PbO	+ 3–5% CuO		4,1 china clay
			2,0 Fritte 1233 M&M
			+ 3,5 Kupferoxid

---

943) SK 05a/03a seidenmatt, türkisgrün, Alkaliborglasur

0.204 Na_2O	0.141 Al_2O_3	0.957 SiO_2	60,6 Fritte 90167 Degussa
0.203 K_2O	0.268 B_2O_3		30,3 Kreide
0.593 CaO			9,1 Ton weiß, fett W 100
	+ 2–4% CuO		+ 2,5 Kupferoxid

944)	SK 06/04a	\multicolumn{6}{l}{stumpfmatt, beigeweiß, opak, niedrigviskos}

944) SK 06/04a stumpfmatt, beigeweiß, opak, niedrigviskos

0.40 Na_2O	0.115 Al_2O_3	2.564 SiO_2	71,4 Fritte 1233 M&M
0.30 K_2O		0.812 TiO_2	21,4 Titanoxid
0.30 CaO			7,2 china clay

945) SK 05a/03a hochglänzende Bleiborglasur für quarzreichen Scherben
mittel- bis dunkelblaugrün, für hellen Untergrund, bleireich!

0.50 Na_2O	0.12 Al_2O_3	2.75 SiO_2	76,9 Fritte 90187 Degussa
0.50 PbO	1.00 B_2O_3		15,4 Quarzmehl
			7,7 Kaolin
	+ 2–3% CuO		+ 3,0 Kupferoxid
	0.2–0.5 CoO		0,3 Kobaltoxid

946) SK 06a/05a glänzend, opak, antimongelbe Alkalibleiborglasur, bleireich!

0.50 Na_2O	0.059 Al_2O_3	1.617 SiO_2	95,2 Fritte 90187 Degussa
0.50 PbO	1.000 B_2O_3		4,8 Ton weiß, fett W 100
			+ 2,0 Titanoxid
	+ 2–3% TiO_2		8,0 Antimonoxid
	6–8% Sb_2O_3		1,0 Eisen(III)-oxid
	1% Fe_2O_3		

947) SK 03a/2a halbopak, glänzend, mittelbraun, bleihaltig!   W. Weber

0.057 Na_2O	0.382 Al_2O_3	2.283 SiO_2	76,9 Fritte 3505 Ferro
0.064 K_2O	0.357 B_2O_3	0.011 TiO_2	15,4 Lavalith Kreutz
0.625 CaO	0.102 Fe_2O_3		7,7 Kaolin
0.138 MgO			+ 4,0 Eisen(III)-oxid
0.116 PbO			

948) SK 03a/6a glänzend, opak, mittelblau, bleihaltig!   W. Roil

0.313 Li_2O	0.152 Al_2O_3	1.494 SiO_2	36,4 K-Feldspat B 412
0.042 Na_2O		0.026 SnO_2	17,2 Fritte 90001 Degussa
0.108 K_2O	+ 3–4% CuO		13,2 Kreide
0.314 CaO	0,5–1% $CoCO_3$		10,6 Quarz
0.080 BaO			9,9 Lithiumcarbonat
0.143 PbO			6,6 Bariumcarbonat
			1,7 Zinnoxid
			3,7 Kupferoxid
			0,7 Kobaltcarbonat

949) SK 02a/3a seidenmatt, glatt, dunkeltürkis, bleihaltig!   L. Wörsdörfer

0.027 Na_2O	0.228 Al_2O_3	1.380 SiO_2	58,8 Fritte 3505 Ferro
0.039 K_2O	0.247 B_2O_3		36,3 Bariumcarbonat
0.371 CaO			5,9 Ton weiß, fett
0.021 MgO			+ 4,7 Kupfercarbonat
0.461 BaO	+ 4–5% $CuCO_3$		
0.081 PbO			

950) SK 05a/03a weißopak, nicht hochglänzend, bleifrei   N. Höber

        0.168 Na_2O 0.133 Al_2O_3 1.938 SiO_2 74,1 Fritte 3782 Ferro
        0.492 CaO   0.334 B_2O_3 14,8 Wollastonit
        0.020 MgO   11,1 Zinkoxid
        0.320 ZnO   + 3–4% TiO_2 + 3,0 Titanoxid
                                         4–6% $ZrSiO_4$ 6,0 Zirkonsilikat

951) SK 03a/02a matt, glatt, opak, dunkelblau, bleihaltig!   H. Erenler

        0.015 Na_2O 0.090 Al_2O_3 0.876 SiO_2 40,8 Fritte 90001 Degussa
        0.037 K_2O 14,9 Kreide
        0.305 CaO   + 1–2% $CuCO_3$ 13,8 K-Feldspat B 412
        0.102 BaO   1–2% $CoCO_3$ 9,9 Bariumcarbonat
        0.248 ZnO   9,9 Zinkoxid
        0.293 PbO   5,7 Quarz
                                                                                    5,0 china clay
                                                                                   + 1,0 Kobaltcarbonat
                                                                                     1,0 Kupfercarbonat

952) SK 03a/2a matt, glatt, beigeweiß, bleihaltig!

        0.073 Na_2O 0.093 Al_2O_3 0.874 SiO_2 85,1 Fritte 3520 Ferro
        0.009 K_2O 0.136 B_2O_3 0.095 TiO_2 4,3 Zinkoxid
        0.118 CaO   0.025 SnO_2 4,3 Titanoxid
        0.063 MgO   4,2 china clay
        0.574 ZnO   2,1 Zinnoxid
        0.163 PbO

2.8.2 Glasuren für Ofenkacheln und Irdenware SK 03a bis 2a

Diese Glasuren können rißfrei sein oder auch Craquelée aufweisen. Sie müssen in der Regel glatte Oberflächen haben und dürfen nicht zu niedrigviskos sein, damit sie von senkrechten Flächen nicht zu stark ablaufen. Sollen weiße Oberflächen in Fayencetechnik bemalt werden, sind bleireiche, alkaliarme oder -freie zinngetrübte Glasuren zu empfehlen, siehe Abs. 2.3.1.1, S. 186. Für Geschirr sollten bleifreie Glasuren für Brenntemperaturen oberhalb SK 1a ausgewählt werden.

Siehe auch Abs. 2.2.4.1, Transparentfarbige Ofenkachelglasuren, S. 165; 2.2.5, Transparentglasuren für Irdenware, S. 173.

953) SK 05a/02a kristallisch matt, violettblau, sehr niedriger Wärmeausdehnungskoeffizient, bleihaltig!   M. Nicolay

        0.243 Li_2O 0.037 Al_2O_3 0.482 SiO_2 71,4 Fritte 3520 Ferro
        0.043 Na_2O 0.080 B_2O_3 14,3 Zinkoxid
        0.005 K_2O 14,3 Lithiumcarbonat
        0.070 CaO   + 0.5–1.2% CoO   + 0,7 Kobaltoxid
        0.037 MgO
        0.506 ZnO
        0.096 PbO

954) SK 03a/02a   transparent, glänzend, rißfrei, farblos, bleihaltig!   *W. Weber*

0.031 Na_2O	0.249 Al_2O_3	1.925 SiO_2	74,1	Fritte 3505 Ferro
0.042 K_2O	0.285 B_2O_3		14,8	Talkum
0.426 CaO			7,4	china clay
0.301 MgO			3,7	Zinkoxid
0.108 ZnO				
0.092 PbO				

955) SK 03a   seidenmatt, haarrißfrei, opak, dunkelgraugrünblau, bleihaltig!   *A. Pickal*

0.07 Na_2O	0.21 Al_2O_3	1.08 SiO_2	75,7	Fritte 3520 Ferro
0.01 K_2O	0.13 B_2O_3		19,2	china clay
0.11 CaO			5,1	Zinkoxid
0.06 MgO	+ 3–5% FK Si-Ni-Co		+ 3,0	FK 13076 Ferro
0.59 ZnO				
0.16 PbO				

956) SK 03a/02a   matt, weißopak, dick glasieren, bleiarm!   *M. Jürgen/B. Schmidt*

0.038 Li_2O	0.132 Al_2O_3	1.638 SiO_2	73,0	Fritte 3568 Ferro
0.122 Na_2O	0.267 B_2O_3		21,9	Zinkoxid
0.002 K_2O			3,6	Talkum
0.182 CaO			1,5	china clay
0.060 MgO				
0.558 ZnO				
0.038 PbO				

957) SK 03a/02a   glatt, matt, dunkelblau, niedriger Wärmeausdehnungskoeffizient, bleiarm!   *D. Thom*

0.529 Li_2O	0.235 Al_2O_3	0.939 SiO_2	45,5	Fritte 3505 Ferro
0.014 Na_2O	0.128 B_2O_3		22,7	Lithiumcarbonat
0.019 K_2O			22,7	china clay
0.192 CaO	+ 1–1.5% CoO		9,1	Zinkoxid
0.011 MgO	0.5–1% MnO_2		+ 1,0	Kobaltoxid
0.193 ZnO			0,5	Braunstein
0.042 PbO				

958) SK 03a/01a   matt bis seidenmatt, halbopak, rißfrei, beigegelblich bis weiß, gut für rotbraunen Scherben, bleihaltig!   *U. Kraus*

0.084 Na_2O	0.254 Al_2O_3	0.655 SiO_2	34	Fritte 90187 Degussa
0.231 CaO	0.052 Sb_2O_3		22	Zinkoxid
0.196 MgO	0.168 B_2O_3		18	Wollastonit
0.406 ZnO			15	Kaolin
0.083 PbO			11	Magnesit
			+ 10	Antimonoxid

(959) 2.8.2

959)	SK 03a/2a	glänzend, opak, helles Chromgrün				G. Schum
		0.40 Na$_2$O	0.589 Al$_2$O$_3$	4.478 SiO$_2$		83,3 Fritte 90378 Degussa
		0.55 CaO	0.700 B$_2$O$_3$			16,7 china clay
		0.05 ZnO			+	2,5 Chromoxid
			+ 2–3% Cr$_2$O$_3$			
960)	SK 02a/1a	weißglänzend, opak				A. Begge
		0.090 Na$_2$O	0.201 Al$_2$O$_3$	1.613 SiO$_2$		71,4 Fritte 1076 M&M
		0.090 K$_2$O	0.269 B$_2$O$_3$	0.121 ZrO$_2$		14,3 Kreide
		0.475 CaO		0.090 F		7,2 china clay
		0.345 ZnO				7,1 Zinkoxid
961)	SK 01a/3a	glänzend, wolkig-opak, blaugrün bis grün, bleihaltig!				C. Rickhey
		0.100 Li$_2$O	0.467 Al$_2$O$_3$	4,317 SiO$_2$		86,2 Fritte 3568 Ferro
		0.318 Na$_2$O	0.697 B$_2$O$_3$	0.296 TiO$_2$		8,6 china clay
		0.004 K$_2$O				5,2 Titanoxid
		0.477 CaO	+ 0,1–0,5% CoO		+	0,1 Kobaltoxid
		0.101 PbO	0,1–0,5% NiCO$_3$			0,1 Nickelcarbonat
962)	SK 02a/1a	matt, grobcraquelée, hellgrün, bleihaltig!				M. Jürgen
		0.059 Li$_2$O	0.184 Al$_2$O$_3$	2.354 SiO$_2$		87,0 Fritte 3568 Ferro
		0.187 Na$_2$O	0.409 B$_2$O$_3$			13,0 Magnesit
		0.002 K$_2$O			+	3,5 Nickelcarbonat
		0.280 CaO	+ 3–4% NiCO$_3$			Relatin
		0.413 MgO				
		0.059 PbO				
963)	SK 2a/3a	matt-seidenmatt, opak, hellblaugrau				A. Zenzen/D. Frank
		0.20 Na$_2$O	0.333 Al$_2$O$_3$	2.167 SiO$_2$		82,6 Fritte 90368 Degussa
		0.70 CaO	0.200 B$_2$O$_3$	0.161 TiO$_2$		8,3 Kaolin
		0.10 MgO		0.071 SnO$_2$		5,0 Titanoxid
			+ 2–3% NiCO$_3$			4,1 Zinnoxid
			0.2–0.5% CoCO$_3$		+	2,5 Nickelcarbonat
						0,4 Kobaltcarbonat

Siehe auch Glasuren Nr. 20–26, 29, 30, 40–44, 46–49, 55–57, 63–72, 90–92, 98–104, 105–112, 114–118, 147–150, 154–156, 163–166, sowie die Mattglasuren für diesen Brennbereich.

2.8.3 Glasuren für Wandfliesen und Steingut SK 03a bis 3a

können je nach Bedarf glänzend oder matt, transparent oder opak sein; früher waren Steingutglasuren meistens transparent-glänzende farblose Glasuren, möglichst rißfrei, um die auf dem sehr weißen Scherben aufgebrachten Unterglasurdekore gut sichtbar zu lassen. Heute werden auch oft farbige Majolikaglasuren und alle Arten von Matt-, Effekt- und Dekorglasuren benutzt. Ob eine Glasur zum jeweils verwendeten Scherben paßt, kann bei der Vielfalt der möglichen Massezusammensetzungen und Brenntemperaturen nur in der Praxis des Einzelfalls beurteilt werden. Da der Steingutscherben meistens porös bleibt, sind Glasuren mit hohem Wärmeausdehnungskoeffizienten, die Haarrisse bekommen können, in der Regel nicht erwünscht. Für Steingutgeschirr ist aus Gründen der besseren chemischen und mechanischen Beständigkeit der Glasur ein Glattbrand bei höherer Temperatur (SK 2a bis 6a) empfehlenswert – siehe Glasuren für Gebrauchsgeschirr aus Steingut und Steinzeug, S. 385.

Bei Glattbrand im Bereich um SK 03a ist in der Regel ein längeres Halten der Garbrandtemperatur über ½ bis 2 Stunden üblich, um Oberflächenfehler wie Nadelstiche, Bläschen, Unebenheiten etc. verschwinden zu lassen. In diesem niedrigen Brenntemperaturbereich sind völlig bleifreie Glasuren stets problematisch zu brennen. Es sollte auch nicht vergessen werden, daß matte und deckende Glasuren fast immer erheblich dicker aufgetragen werden müssen als transparent glänzende. Die in England als »Bristol-Glasuren« bekannten Steingutglasuren sind bleifreie Alkali-Bor-Glasuren mit hohem Anteil an ZnO für SK 02a bis 6a.

---

964) SK 05a/02a   glänzend, opak, honigrotbraun, bleireich!   *C. Wilhelm*

    0.50 ZnO   0.356 Al_2O_3 2.311 SiO_2 90 Fritte A 3148 R&S
    0.50 PbO   1.000 B_2O_3 10 china clay
                                                            + 6 Eisen(III)-oxid
    + 6–7% Fe_2O_3

---

965) SK 05a/03a   matte Bleiglasur, orangegelbbraun

    0.193 BaO   0.099 Al_2O_3 1.006 SiO_2 78,2 Fritte A 1316 R&S
    0.807 PbO   13,0 Bariumcarbonat
                     + 6% Fe_2O_3 8,8 china clay
                                                            + 6,0 Eisen(III)-oxid

---

966) SK 03a   seidenmatt, craquelée, weißlichbeige, halbopak, wenn dick genug glasiert, bleifrei   *B. Vogl*

    0.08 Na_2O 0.17 Al_2O_3 1.40 SiO_2 54,1 Fritte 90288 Degussa
    0.04 K_2O 0.16 B_2O_3 16,2 Talkum
    0.08 CaO   16,2 Strontiumcarbonat
    0.26 MgO   rötlichbräunlich mit 0.5% Cr_2O_3 8,1 Zinkoxid
    0.22 SrO   hellhimmelblau mit 0.5% $CoCO_3$ 5,4 china clay
    0.30 ZnO   hellgrüntürkis mit 1.0% CuO
    0.02 PbO   zart beigegelb mit 0.6% NiO

---

967) SK 03a/01a   matt, goldbraun bis schwarzbraun, Bleiglasur

    1.00 PbO   0.122 Al_2O_3 1.244 SiO_2 90 Fritte A 1316 R&S
                                              0.177 TiO_2 10 china clay
                 + 6% Fe_2O_3 + 5 Titanoxid
                                                                     6 Eisenoxid

968)	SK 02a/2a	glatt, matt, opak, hellgelb, Bleiglasur				
		0.287 Na_2O	0.484 Al_2O_3	2.458 SiO_2	50,0	Nephelin-Syenit
		0.091 K_2O		0.073 TiO_2	36,7	Fritte A 1316 R&S
		0.025 CaO			6,7	Bariumcarbonat
		0.124 BaO			5,0	china clay
		0.473 PbO			1,6	Titanoxid
					+ 0,5	Eisen(III)-oxid

969)	SK 03a/1a	glänzend, weißbeige, opak, rißfrei				*A. Pickal*
		0.24 Na_2O	0.28 Al_2O_3	2.55 SiO_2	75,5	Fritte 3782 Ferro
		0.29 CaO	0.45 B_2O_3		9,8	Kaolin
		0.03 MgO			9,8	Zinkoxid
		0.38 ZnO	+ 1–3% TiO_2		4,9	Bariumcarbonat
		0.07 BaO	2–5% SnO_2		+ 1,0	Titanoxid
					4,0	Zinnoxid

970)	SK 01a/1a	seidenmatt bis matt, hochviskos bei SK 01a, auch bei dünner Lage gut deckend weiß, bleifreie Zirkonglasur				
		0.166 Na_2O	0.223 Al_2O_3	2.417 SiO_2	63	Fritte 3320 R&S
		0.042 K_2O	0.335 B_2O_3	0.146 ZrO_2	12	Talkum
		0.504 CaO			13	Wollastonit
		0.268 MgO	+ 5–6% Zirkonsilikat		7	china clay
		0.020 ZnO			5	Trübungsmittel Ultrox 500 W

971)	SK 01a/2a	glänzend, opak, schwarz, bleifrei, mit niedrigem Wärmeausdehnungskoeffizienten				*R. Stolzenfeld*
		0.31 Na_2O	0.52 Al_2O_3	2.54 SiO_2	90,9	Fritte 90353 Degussa
		0.35 CaO	1.00 B_2O_3		9,1	Kaolin
		0.30 MgO			+ 15,0	Eisen(III)-oxid
		0.04 ZnO	+ 10–16% Fe_2O_3		4,0	FK 24137 Degussa
			3–6% FK Co-Fe-Ni-Cr			

972)	SK 01a/2a	opak, glänzend, bleifrei, hellblau, rißfrei				*G. Schum*
		0.40 Na_2O	0.30 Al_2O_3	5.143 SiO_2	80	Fritte 90378 Degussa
		0.55 CaO	0.70 B_2O_3	0.123 SnO_2	16	Quarz
		0.05 ZnO			4	Zinnoxid
			+ 0.5–0.8% CoO		+ 0,4	Kobaltoxid
						Relatin

973)	SK 1a/3a	matt bis glänzend, je nach Auftragsstärke und Brenntemperatur, opak, olivgrün				*U. Radermacher*
		0.043 Na_2O	0.330 Al_2O_3	2.297 SiO_2	64,2	Kreutzton, rotbr.
		0.108 K_2O	0.036 B_2O_3	0.033 TiO_2	19,2	Strontiumcarbonat
		0.294 CaO	0.075 Fe_2O_3		6,4	Fritte 90378 Degussa
		0.162 MgO			6,4	K-Feldspat
		0.390 SrO	+ 3–4% CuO		3,8	Kreide
		0.003 ZnO			+ 3,5	Kupferoxid

974)	SK 1a/3a	opak, glänzend, intensiv preußischgrün					*L. Wörsdörfer*
		0.20 Na_2O	0.333 Al_2O_3	3.242 SiO_2		71,4	Fritte 90368 Degussa
		0.70 CaO	0.200 B_2O_3			21,4	Quarz
		0.10 MgO				7,2	china clay
			+ 2–3% Cr_2O_3		+	3,0	Chromoxid
			1–2% CoO			1,5	Kobaltoxid
975)	SK 1a/2a	glänzend, transparent, craquelée, dunkelblau					*C. Holdorf*
		0.263 Na_2O	0.145 Al_2O_3	2.627 SiO_2		57	Fritte 1233 M&M
		0.198 K_2O				19	Quarz
		0.198 CaO	+ 1–2% MnO_2			13	china clay
		0.341 ZnO	0.5–1% CoO			11	Zinkoxid
					+	1	Manganoxid
						0,5	Kobaltoxid
976)	SK 2a/3a	opak, glänzend, intensiv blau					*A. Schließler*
		0.20 Na_2O	0.292 Al_2O_3	2.083 SiO_2		90,1	Fritte 90368 Degussa
		0.70 CaO	0.200 B_2O_3	0.161 TiO_2		5,5	Titanoxid
		0.10 MgO				4,4	china clay
			+ 2–3% CoO		+	2,0	Kobaltoxid
977)	SK 2a/3a	seidenmatt, opak, hellgrün					*M. Richter*
		0.210 Na_2O	0.231 Al_2O_3	1.971 SiO_2		71,5	Fritte 3754 Ferro
		0.051 K_2O	0.266 B_2O_3			28,5	Talkum
		0.251 CaO			+	2,5	Nickelcarbonat
		0.488 MgO	+ 2–4% $NiCO_3$				
978)	SK 2a/6a	stumpfmatt bei SK 2a, seidenmatt bei SK 6a, schönes gelbliches Braun					*S. Müller*
		0.095 Na_2O	0.295 Al_2O_3	1.452 SiO_2		50	Basaltmehl TK
		0.053 K_2O	0.093 Fe_2O_3	0.035 TiO_2		25	Bimssteinmehl NR
		0.272 CaO				25	Bariumcarbonat
		0.285 MgO			+		Relatin, wenn nötig
		0.295 BaO					

Siehe auch Abs. 2.2.6, Transparente Steingutglasuren, S. 175; 2.3.1, Weißgetrübte Glasuren, S. 186; 2.3.2, Farbige opake Glasuren, S. 199; 2.4.2, Mattglasuren, S. 221; 2.5, Farbglasuren, S. 261,
mit den dort zu findenden Rezepten für den entsprechenden Brennbereich.

2.8.4 Glasuren für Klinker, Spaltplatten und Bodenfliesen SK 3a bis 8

werden streng nach den geforderten Gebrauchseigenschaften der glasierten Oberflächen ausgewählt, müssen auf dem entsprechenden Scherben rißfrei sitzen, sollen ein möglichst breites Schmelzintervall aufweisen, aus billigen Rohstoffen herstellbar sein und für Bodenfliesen hohe mechanische Festigkeit (Ritzhärte und Abriebfestigkeit) haben. Es ist aus diesen Gründen sinnvoll, nach Möglichkeit Ton-Kalk-Dolomit-Glasuren zu verwenden. Glasuren mit glänzender Oberfläche eignen sich nur eingeschränkt für Bodenbeläge; Basaltglasuren, die glatt und matt erstarren, sind dagegen sehr gut brauchbar. Sie gestatten aber nur Glasuren im braunen bis schwarzen, manchmal auch gelben Farbbereich. Mischungen aus kalkreichen Tonen, Dolomit, Anorthosit bzw. Anorthit, Kalkspat, Talkum, Kaolin usw. erlauben hellfarbige Glasuren mit matten, harten und sehr abriebfesten Oberflächen.

Siehe auch Abs. 2.7.1.1, Basaltglasuren, S. 348; 2.7.1.3, Anorthitglasuren, S. 351; 2.7.2, Lehmglasuren, S. 356; 2.4.2.2, CaO/MgO-Mattglasuren, S. 224.
Färbemöglichkeiten sind in Abs. 2.5, Farbglasuren, zu finden.

979)	SK 2a/6a	glänzend, glatt, rißfrei, dunkelbraun			*M. Janssen*
		0.050 Na_2O	0.500 Al_2O_3	2.621 SiO_2	40 Glasurmehl LA Kreutz
		0.028 K_2O	0.388 B_2O_3	0.059 TiO_2	(Lavalith)
		0.258 CaO	0.109 Fe_2O_3		30 Ton 904 St. Schmidt
		0.664 MgO			30 Fritte 3244 Ferro
980)	SK 2a/6a	matt glatt, hellzimtbraun, für Fliesen geeignet			
		0.020 Na_2O	0.287 Al_2O_3	1.448 SiO_2	24,2 Kaolin
		0.056 K_2O		0.067 TiO_2	19,4 K-Feldspat B 412
		0.523 CaO	+ 4–6% Fe_2O_3		19,4 Kalkspat
		0.390 MgO	0.5–1% NiO		11,1 Quarzmehl W 10
		0.011 SrO	0.5–1% CoO		8,1 Talkum
					7,3 Dolomit
					7,3 Magnesit
					2,4 Titanoxid
					0,8 Strontiumcarbonat
					+ 4,0 Eisen(III)-oxid
					1,0 Nickeloxid
					1,0 Kobaltoxid
981)	SK 2a/5a	matt, glatt, lebendig gesprenkelt, dunkelbraun			*M. Janssen*
		0.060 Na_2O	0.244 Al_2O_3	1.382 SiO_2	90 Basaltlava
		0.054 K_2O	0.015 B_2O_3	0.100 TiO_2	9 Fritte 3520 Ferro
		0.373 CaO	0.123 Fe_2O_3		1 Zinkoxid
		0.420 MgO			+ 2 Rutil
		0.075 ZnO			
		0.018 PbO			

982)	SK 4a/6a	glatt, matt-seidenmatt, braunschwarz mit Grauolivstich				
		0.032 Na$_2$O	0.191 Al$_2$O$_3$	1.632 SiO$_2$		30,2 K-Feldspat
		0.082 K$_2$O				21,6 Quarz
		0.625 CaO	+ 5–6% Fe$_2$O$_3$			22,4 Dolomit
		0.261 MgO	1–3% CoO			16,8 Kalkspat
			1–2% NiCO$_3$			9,0 china clay
			1–2% Cr$_2$O$_3$		+	5,0 Eisen(III)-oxid
						2,0 Kobaltoxid
						1,0 Nickelcarbonat
						1,0 Chromoxid

983)	SK 5a/6a	glänzend, opak, hellbeigeblau-wolkig				C. Reiter
		0.359 Na$_2$O	0.466 Al$_2$O$_3$	4.224 SiO$_2$		76,9 Fritte 90378 Degussa
		0.025 K$_2$O	0.596 B$_2$O$_3$	0.259 TiO$_2$		15,4 Ton weiß, fett 1200
		0.528 CaO	0.028 Fe$_2$O$_3$			7,7 Basaltmehl GH
		0.046 MgO			+	4,6 Titanoxid
		0.042 ZnO	+ 0.2–0.5% CoO			0,2 Kobaltoxid

984)	SK 5a/6a	matt, lebendig warmes Gelbbraun, dick glasieren				C. Wilhelm
		0.148 Na$_2$O	0.585 Al$_2$O$_3$	2.845 SiO$_2$		32,3 Bimssteinmehl NR
		0.106 K$_2$O	0.119 Fe$_2$O$_3$	0.303 TiO$_2$		32,3 Odenwälder Ton
		0.194 CaO				19,2 Lavalith Kreutz
		0.214 MgO				6,5 Zinkoxid
		0.056 BaO				6,5 Titanoxid
		0.282 ZnO				3,2 Bariumcarbonat

985)	SK 5a/7	glänzend, glatt, dunkelblau für hellen Scherben oder auf weißen Engoben, schwach bleihaltig!				M. Moses
		0.102 Na$_2$O	0.554 Al$_2$O$_3$	2.802 SiO$_2$		62,6 K-Feldspat
		0.261 K$_2$O				14,6 Kaolin
		0.290 CaO	+ 1–2% CoCO$_3$			8,5 Kreide
		0.281 ZnO	1–2% MnO$_2$			6,9 Zinkoxid
		0.066 PbO	1% Fe$_2$O$_3$			5,7 Fritte 3527 Ferro
						1,7 Quarz
					+	1,0 Kobaltcarbonat
						1,0 Braunstein
						1,0 Eisen(III)-oxid

986)	SK 6a	matt, beigebraun, sehr gleichmäßig, für strukturierte Flächen geeignet, schwach bleihaltig!				C. Holdorf
		0.092 Na$_2$O	0.506 Al$_2$O$_3$	2.161 SiO$_2$		71,4 Trass
		0.128 K$_2$O	0.065 Fe$_2$O$_3$			(= Vulkanton TE)
		0.630 CaO				14,3 Kreide
		0.070 MgO				7,2 Fritte 3527 Ferro
		0.080 PbO				7,1 Kaolin

987)	SK 6a/7	glatt, matt, verschieden färbbar, gut als farbige Unterglasur für weiße Mattglasuren			E. Reuter
		0.016 Na$_2$O	0.199 Al$_2$O$_3$	1.079 SiO$_2$	19,7 Kaolin
		0.042 K$_2$O		0.088 TiO$_2$	18,2 K-Feldspat
		0.479 CaO			18,2 Kalkspat
		0.463 MgO			14,6 Dolomit
					10,9 Talkum
					7,3 Quarz
					7,3 Magnesit
					3,8 Titanoxid
988)	SK 6a/7	matt, braunorange, lebhaft, glatt			M. Seibert
		0.082 Na$_2$O	0.373 Al$_2$O$_3$	2.312 SiO$_2$	50 K-Feldspat B 412
		0.216 K$_2$O		0.856 TiO$_2$	20 Titanoxid
		0.610 CaO			10 Wollastonit
		0.092 MgO			10 Calciumborat-2-hydrat
					5 Dolomit
					5 china clay
989)	SK 6a/8	seidenmatt, grünolivbraun, zum Rohglasieren geeignet			E. Reusch
		0.088 Na$_2$O	0.462 Al$_2$O$_3$	3.176 SiO$_2$	33,4 Niederahrer Ton
		0.148 K$_2$O	0.019 B$_2$O$_3$		33,3 K-Feldspat B 412
		0.079 CaO	0.072 Fe$_2$O$_3$		26,7 Talkum
		0.685 MgO			6,6 Fritte 90368 Degussa
990)	SK 6a/8	matt bis seidenmatt, hart, gelblich-beige, für Fliesen			R. Koch
		0.199 Na$_2$O	0.502 Al$_2$O$_3$	2.680 SiO$_2$	62,5 Anorthit Mandt
		0.014 K$_2$O			25,0 Talkum
		0.222 CaO			6,3 Na-Feldspat
		0.565 MgO			6,2 china clay oder Ton
991)	SK 6a/7	glänzend opak, titanweiß			S. Müller
		0.054 Na$_2$O	0.242 Al$_2$O$_3$	3.417 SiO$_2$	35,4 K-Feldspat
		0.143 K$_2$O		0.392 TiO$_2$	34,8 Quarz
		0.615 CaO			19,1 Kreide
		0.188 MgO			7,4 Talkum
					3,3 china clay
					+ 9,8 Titanoxid
992)	SK 6a/8	steinmatt, farblos, für stark farbigen Scherben oder farbige Engoben			
		0.030 Na$_2$O	0.451 Al$_2$O$_3$	2.029 SiO$_2$	32 Kaolin
		0.079 K$_2$O			23 K-Feldspat B 412
		0.631 CaO			23 Kalkspat
		0.260 MgO			12 Talkum
					10 Quarz

Bild 19:
Dosen von Helga Gleiss; halbopake Glasur mit Engobemalerei;

Rezept: SK 6a/8

32,1 Feldspat B 412
25,0 china clay RM
14,3 Quarzmehl W 10
14,3 Kreide
10,7 Dolomit
 3,6 Zinkoxid

Bild 20:
Siebschüssel von Marian Lohner; Rezept: SK 7/8
rostrot-gelbe Lehmglasur;

- 53,1 Niederahrer Ton
- 21,2 Kalkspat
- 9,0 Nephelin-Syenit
- 9,0 Rutil
- 4,5 china clay
- 2,3 Strontiumcarbonat
- 0,9 Zinkoxid

Bild 21:
»Kürbisflasche« von Wolf Matthes; Titanoxid-Mattglasur;

Rezept: SK 1a/2a
62,5 Fritte 90420 Degussa
25,0 Knochenasche
12,5 Ton W 100
+ 8,0 Titanoxid
1,0 Eisen(III)-oxid

Bild 22:
Dosen von Wolf Matthes;
eisenreiche Reduktionsglasur;
Rezept:
SK 7/8 25 Ton W 105
       21 Na-Feldspat »Ventilato«
      15 Fritte 3782 Ferro
      10 Feldspat B 412
      10 Kreide
      10 Quarzmehl W 10
       5 Fritte 90062 Degussa
       4 Lithiumcarbonat
+ 10 Eisen(III)-oxid
       1 Zinnoxid

Bild 23:
Dosen von Mechthild Hanisch;
dunkelgrüne Seladonglasur;
Rezept:
SK 7/9 46 Na-Feldspat
      33 K-Feldspat
      11 Bariumcarbonat
      10 Wollastonit
       4 Eisen(III)-oxid

993)	SK 6a/8	glatt, matt, sandgelb, gut auf stark farbigem Scherben oder Engoben			*L. Wörsdörfer*
		0.159 Na$_2$O	0.474 Al$_2$O$_3$	2.029 SiO$_2$	41,7 Vulkanton TE
		0.071 K$_2$O	0.032 Fe$_2$O$_3$		(= Trass)
		0.474 CaO			41,7 Anorthit Mandt
		0.296 MgO			16,6 Dolomit

2.8.5 Glasuren für Gebrauchsgeschirr aus Steingut und Steinzeug für SK 2a bis SK 9

Gebrauchsgeschirrglasuren sollen möglichst abriebfest und ritzhart sein, rißfrei auf dem Scherben bleiben – auch nach längerem Gebrauch – und Oberflächen haben, die glatt genug sind, damit sie problemlos zu reinigen sind. Sie müssen gegenüber Säuren und Laugen ausreichende Beständigkeit aufweisen und dürfen im Gebrauch keine gesundheitsschädlichen Bestandteile an Speisen und Getränke abgeben.

Diese Forderungen kann man grundsätzlich durch Brennen bei höheren Temperaturen erreichen, weil dann die Glasuren kein PbO als Flußmittel brauchen und auch weniger Alkalioxide nötig sind, die ja, wenn sie in größeren Anteilen benutzt werden, oft Haarrisse verursachen und das erstarrte Glas weicher, unbeständiger, durch Säuren leichter angreifbar machen. Die hohen Brenntemperaturen gestatten gleichzeitig einen großen Anteil an Al$_2$O$_3$, CaO und MgO in der Glasur, was gute chemische Beständigkeit und große Oberflächenhärte garantiert. Will man dennoch möglichst niedrig brennen, sollten als Glasurgrundlage bleifreie, alkaliarme aber borreiche Fritten mit möglichst hohem CaO/MgO-Anteil benutzt werden, deren linearer Wärmeausdehnungskoeffizient am besten zwischen 55 und 75 · 10^{-7} K^{-1} liegen sollte.

Titanoxid TiO$_2$ und Zinnoxid SnO$_2$ wirken günstig auf Haarrißsicherheit, chemische Beständigkeit gegen Säuren und Härte. Deswegen wird auch das Zinnoxid trotz seines hohen Preises als ideales Weißtrübungsmittel für Geschirrglasuren noch in großem Umfang verwendet. Zirkonsilikat als Weißtrübungsmittel wirkt zwar ebenso günstig und ist billiger, aber es erhöht erheblich die Viskosität und Oberflächenspannung der Glasurschmelzen. Das kann in der Praxis unter Umständen zu erheblichen Fehlern in der Glasuroberfläche führen.

Für harte glatte und matte Oberflächen haben sich Dolomit, Talkum, Sepiolith und Anorthit als Mattierungsstoffe im Versatz am besten bewährt. Oft ist gleichzeitig wenig Titanoxid gut, besonders wenn lebendige Oberflächen gewünscht sind.

Wird die Glasuroberfläche zu rauh, ist in der Regel die Viskosität der Schmelze zu niedrig. Dadurch werden die mattierenden Kriställchen zu groß. In diesem Fall kann man durch Zusatz von Kaolin oder fettem Ton die Viskosität so weit erhöhen, bis gerade die richtige Oberflächenbeschaffenheit erreicht ist. Die sehr angenehm glatten, seidenmatten und gut zu färbenden Zink-Barium-Mattglasuren sind für Gebrauchsgeschirre nicht zu empfehlen, weil sie durch ihren hohen ZnO-Gehalt auf Dauer keine ausreichende Säurebeständigkeit aufweisen.

Siehe auch Abs. 2.2.6.2, Bleifreie Steingutglasuren, S. 176; 2.2.7, Transparente Steinzeugglasuren, S. 178; 2.3.1.1, Zinnoxidgetrübte Glasuren, S. 186; 2.3.1.2, Weiße Glasuren mit Zirkontrübung, S. 189; 2.3.2, Glänzende, opak farbige Glasuren, S. 199; 2.4.2.2.3, Mattglasuren mit CaO und MgO, S. 227; 2.4.2.4, Bleifreie seidenmatte Geschirrglasuren, S. 242.

994)	SK 2a/6a	glänzend, transparent, dünn auftragen!			*G. Simmann*
		0.203 Na$_2$O	0.522 Al$_2$O$_3$	3.332 SiO$_2$	62,5 Fritte 90368 Degussa
		0.027 K$_2$O	0.193 B$_2$O$_3$		18,8 Kaolin
		0.674 CaO			12,5 Quarz
		0.096 MgO			6,2 K-Feldspat

995)	SK 2a/6a	glänzend, glatt, weißopak, zinngetrübt				*B. Schmidt*
		0.154 Na$_2$O	0.386 Al$_2$O$_3$	2.686 SiO$_2$		32,5 Calciumborat-2-hydrat
		0.078 K$_2$O	0.684 B$_2$O$_3$			22,5 Na-Feldspat
		0.768 CaO				17,5 K-Feldspat
			+ 6–8% SnO$_2$			15,4 Quarzmehl
						10,0 china clay
						2,1 Kreide
						+ 8,0 Zinnoxid

996)	SK 2a/6a	glänzend, weißopak, zinngetrübt				*A. Bogatay*
		0.294 Na$_2$O	0.359 Al$_2$O$_3$	3.828 SiO$_2$		71,6 Fritte 90378 Degussa
		0.668 CaO	0.511 B$_2$O$_3$	0.107 SnO$_2$		9,3 china clay
		0.038 ZnO				8,0 Wollastonit
						6,8 Quarzmehl
						4,3 Zinnoxid

997)	SK 3a/6a	fast glänzend, glatt, braun opak, auch für Salzbrand geeignet, dünn auftragen!				
		0.027 Na$_2$O	0.252 Al$_2$O$_3$	1.145 SiO$_2$		83,3 Basaltmehl Pholin
		0.021 K$_2$O	0.020 B$_2$O$_3$			14,2 china clay
		0.198 CaO	0.059 Fe$_2$O$_3$			2,5 Fritte 3759 Ferro
		0.754 MgO				+ 5,0 Titanoxid
						2,0 Chromoxid
						2,0 Nickeloxid
						2,0 Kobaltoxid

998)	SK 4a/7	transparent, glänzend, hart, hochviskos bei SK 4a, dünn glasieren!				*V. Lutter*
		0.20 K$_2$O	0.40 Al$_2$O$_3$	4.00 SiO$_2$		28,9 Quarzmehl
		0.05 Na$_2$O	0.30 B$_2$O$_3$			27,9 K-Feldspat B 412
		0.05 Li$_2$O				12,2 Calciumborat-2-hydrat
		0.30 CaO				9,7 china clay
		0.10 MgO				6,6 Na-Feldspat
		0.10 BaO				4,9 Bariumcarbonat
		0.10 SrO				3,7 Strontiumcarbonat
		0.10 ZnO				3,2 Talkum
						2,0 Zinkoxid
						0,9 Lithiumcarbonat

999)	SK 4a/8	glänzend, opak, braunschwarz				*T. Gleiss*
		0.119 Na$_2$O	0.542 Al$_2$O$_3$	2.915 SiO$_2$		45,5 Basaltmehl TK
		0.229 K$_2$O	0.103 Fe$_2$O$_3$	0.044 TiO$_2$		45,4 K-Feldspat B 412
		0.307 CaO				9,1 Ton W 100, weiß, fett
		0.345 MgO				

1000) SK 4a/9   matt, grauschwarzbraun, glatt, Versatz lange mahlen

0.027 Na_2O	0.397 Al_2O_3	2.165 SiO_2		31,8 china clay RM
0.072 K_2O				22,7 K-Feldspat B 412
0.569 CaO	+ 6–8% Fe_2O_3			22,7 Kalkspat
0.332 MgO	2–4% $NiCO_3$			11,8 Talkum
	2–4% $CoCO_3$			11,0 Quarz
	2–4% MnO_2		+	3,0 Nickelcarbonat
				4,0 Kobaltcarbonat
				6,0 Eisenoxid
				2,0 Braunstein

1001) SK 5a/7   seidenmatt, halbopak, hochviskos, zartgrün, dick glasieren!   *U. Ullmann*

0.054 Na_2O	0.319 Al_2O_3	3.138 SiO_2		35,8 K-Feldspat B 412
0.136 K_2O				23,3 Quarzmehl W 10
0.410 CaO	+ 1–2% CuO			16,7 Talkum
0.400 MgO				13,4 Kreide
				10,8 china clay
			+	1,7 Kupferoxid

1002) SK 6a/7   glänzend, transparent, gut färbbar   *D. Müller*

0.163 Na_2O	0.235 Al_2O_3	2.047 SiO_2	30 Fritte 90368 Degussa
0.002 K_2O	0.059 B_2O_3		30 Na-Feldspat
0.673 CaO			25 Wollastonit
0.030 MgO			5 Quarzmehl
0.132 ZnO			5 china clay
			5 Zinkoxid

1003) SK 6a/7   seidenmatt bis matt, dunkelbraun   *G. Hausen*

0.039 Na_2O	0.172 Al_2O_3	1.580 SiO_2	40 Vulkanton TE
0.046 K_2O	0.069 Fe_2O_3	0.006 TiO_2	40 Talkum
0.252 CaO			12 Lavalith Kreutz
0.663 MgO			8 Kreide

1004) SK 6a/7   halbmatt bis matt, opak beigegelblich   *A. Pickal*

0.052 Na_2O	0.274 Al_2O_3	2.522 SiO_2	29,5 K-Feldspat
0.097 K_2O	0.029 Fe_2O_3	0.010 TiO_2	19,1 Talkum
0.383 CaO			16,6 Lavalith Kreutz
0.468 MgO			14,1 Wollastonit
			11,6 Quarz
			9,1 china clay

1005) SK 6a/7 glänzend, weißopak, zinngetrübt — K. H. Ohlig

0.12 Na$_2$O	0.43 Al$_2$O$_3$	3.02 SiO$_2$	33,3 K-Feldspat
0.19 K$_2$O	0.17 B$_2$O$_3$		19,5 Na-Feldspat
0.55 CaO			13,5 Wollastonit
0.04 MgO	+ 8% SnO$_2$		12,2 Calciumborat-6-hydrat
0.10 ZnO			9,0 china clay
			8,6 Quarz
			2,4 Zinkoxid
			1,5 Talkum
			+ 8,0 Zinnoxid

1006) SK 6a/7 glänzend, weißopak, zinngetrübt — M. Dachs

0.023 Na$_2$O	0.306 Al$_2$O$_3$	2.374 SiO$_2$	26,6 Quarzmehl
0.059 K$_2$O		0.093 SnO$_2$	20,2 china clay
0.516 CaO			16,8 K-Feldspat
0.150 MgO			16,8 Kalkspat
0.074 BaO			5,1 Zinkoxid
0.178 ZnO			5,1 Bariumcarbonat
			5,0 Talkum
			5,0 Zinnoxid
			2,4 Dolomit

1007) SK 6a/8 glänzend, transparent, hellbräunlich, nicht zu dick auftragen! — H. Gleiss

0.024 Na$_2$O	0.299 Al$_2$O$_3$	2.495 SiO$_2$	23,2 Quarzmehl
0.061 K$_2$O	0.130 B$_2$O$_3$		20,0 china clay
0.410 CaO			17,2 Talkum
0.372 MgO	+ 2% NiCO$_3$		17,6 K-Feldspat B 412
0.133 ZnO			10,2 Kalkspat
			7,8 Calciumborat-2-hydrat
			4,0 Zinkoxid
			+ 2,0 Nickelcarbonat

1008) SK 6a/9 seidenglänzend, beigeweiß, opak — D. B. v. Tümpling

0.176 Na$_2$O	0.294 Al$_2$O$_3$	2.541 SiO$_2$	69,0 Fritte 90368 Degussa
0.618 CaO	0.176 B$_2$O$_3$	0.118 TiO$_2$	13,8 Quarzmehl
0.088 MgO		0.063 SnO$_2$	6,9 china clay
0.118 ZnO			3,5 Zinkoxid
			3,4 Zinnoxid
			3,4 Titanoxid

1009) SK 6a/9 matt, glatt, weißopak — E. Martens

0.022 Na$_2$O	0.286 Al$_2$O$_3$	1.241 SiO$_2$	25,2 china clay
0.061 K$_2$O			23,4 K-Feldspat B 412
0.586 CaO			23,4 Kalkspat
0.331 MgO			9,4 Dolomit
			9,3 Magnesit
			9,3 Quarzmehl

1010)	SK 7/8	transparent, glänzend, hart, dünn glasieren!			E. Reuter
		0.183 Na$_2$O	0.447 Al$_2$O$_3$	2.568 SiO$_2$	36,4 Fritte 3244 Ferro
		0.042 K$_2$O	0.450 B$_2$O$_3$		27,3 Nephelin-Syenit
		0.352 CaO			18,2 Anorthit Mandt
		0.423 MgO			9,1 Kalkspat
					9,0 Quarz
					+ Relatin

1011)	SK 7/8	halbmatt bis glänzend, je nach Abkühlung, hochviskos, Seladongrün, reduzierend brennen!			
		0.061 Na$_2$O	0.424 Al$_2$O$_3$	3.268 SiO$_2$	25,5 K-Feldspat
		0.111 K$_2$O			25,5 Kalkspat
		0.774 CaO	+ 6–8% Ton, rotbr.		27,5 Ton W 100 weiß, fett
		0.054 MgO			18,4 Quarzmehl W 10
					3,1 Dolomit
					+ 6,0 Niederahrer Ton

1012)	SK 7/8	glatt, seidenmatt, opak, weißgrau, nicht zu dick auftragen, reduzierend brennen!			E. Pleuger
		0.152 Na$_2$O	0.602 Al$_2$O$_3$	3.082 SiO$_2$	34,4 Anorthit Mandt
		0.054 K$_2$O	0.136 B$_2$O$_3$	0.319 TiO$_2$	15,9 china clay
		0.504 CaO			12,7 Quarzmehl
		0.192 MgO			9,5 K-Feldspat B 412
		0.035 BaO			8,3 Dolomit
		0.063 ZnO			7,0 Titanoxid
					5,1 Wollastonit
					3,8 Zinkborat
					1,9 Bariumcarbonat
					1,4 Fritte 90378 Degussa

1013)	SK 7/9	seidenmatt, dunkelbraun bis gelbrotbraun je nach Auftrag, oxidierend oder reduzierend brennbar			J. Preußer
		0.118 Na$_2$O	0.527 Al$_2$O$_3$	2.319 SiO$_2$	56,0 Feldspat K 4280
		0.154 K$_2$O	0.148 Fe$_2$O$_3$		20,0 china clay
		0.728 CaO			12,0 Kalkspat
					12,0 Kreide
					+ 8,0 Eisen(III)-oxid

1014)	SK 7/10	glatt, seidenmatt, schwarz bis schwarzbraun			E. Reusch
		0.157 Na$_2$O	0.829 Al$_2$O$_3$	4.095 SiO$_2$	38,2 Niederahrer Ton
		0.257 K$_2$O	0.033 B$_2$O$_3$		38,2 K-Feldspat B 412
		0.505 CaO	0.276 Fe$_2$O$_3$		7,6 Fritte 90368 Degussa
		0.038 MgO			7,6 Kreide
		0.043 MnO			4,6 Manganton
					3,8 Eisen(III)-oxid

2.8.6 Glasuren für grobkeramisches Steinzeug und großformatige Baukeramik etc. SK 5a bis SK 9/10

Da diese Produkte in der Regel nicht vorgebrannt werden können, muß die Glasur auf den rohen Scherben (im trockenen oder noch feuchten Zustand) aufgetragen werden können und auf ihm haften bleiben. Sie muß deshalb in ihrem Trockenschwindungs- und Sinterverhalten dem Scherben in etwa entsprechen, ähnlich den Engoben und Sinterengoben (siehe Abs. 2.4.1.1, S. 215). Aus diesen Gründen ist meistens ein genügend hoher Anteil an Kaolin oder Ton im Versatz wünschenswert oder sogar unbedingt notwendig.

Salzglasur wäre hier die einfachste Methode, die bei Verwendung geeigneter Massen und/oder Engoben beste Ergebnisse liefert. Deshalb wurden und werden z. B. Steinzeugrohre entweder salzglasiert oder mit einer Lehmglasur versehen.

Generell gilt: glänzende Oberflächen entstehen vor allem aus Versätzen, die vorwiegend Feldspat-Ton-Quarz-Gemische darstellen; matte Glasuren sind auf Ton-Kalk/Dolomit-Feldspat-Basis aufgebaut. Kalkreiche Tone, also Mergel und Lehme eignen sich besonders gut für Glasuren dieser Art (siehe auch Abs. 2.7.2, Lehmglasuren, S. 356).

1016) SK 4a/6a glänzend bis seidenmatt, niedrigviskos, hellbeige, bleihaltig!

0.010 Na_2O	0.127 Al_2O_3	1.328 SiO_2	35,7 Ton 132/I
0.025 K_2O	0.174 B_2O_3		21,4 Talkum
0.001 CaO	0.002 Fe_2O_3		21,4 Fritte 90062 Degussa
0.336 MgO			21,4 Zinkoxid
0.512 ZnO			
0.116 PbO			

1017) Sk 5a/6a glatt, matt, hellbraun   *M. Nicolay*

0.190 Na_2O	0.438 Al_2O_3	2.129 SiO_2	64,3 Kalkmergel KF
0.110 K_2O	0.048 Fe_2O_3		35,7 Nephelin-Syenit
0.343 CaO			
0.357 MgO			

1018) SK 6a/7 matt, braun   *D. Frank*

0.049 Na_2O	0.314 Al_2O_3	1.543 SiO_2	90,1 Kalkmergel KF
0.073 K_2O	0.068 Fe_2O_3	0.007 TiO_2	6,2 Basaltmehl GH
0.426 CaO			3,7 china clay
0.452 MgO			

1019) SK 6a/7 glatt, seidenmatt, dunkelbraun bis grünlichgelb, wo dick aufgetragen   *B. Lidl*

0.057 Na_2O	0.518 Al_2O_3	2.090 SiO_2	60 Niederahrer Ton
0.039 K_2O	0.169 Fe_2O_3	0.015 TiO_2	20 Kreide
0.738 CaO			20 Lavalith Kreutz
0.166 MgO			

1020) SK 6a/8 matt bis seidenmatt, schwarz, bei SK 8 fast glänzend   *U. Benzing*

0.039 CaO	1.269 Al_2O_3	3.954 SiO_2	75 Manganton Jäger
0.039 MgO	0.769 Fe_2O_3		25 china clay
0.922 MnO			+ 1 Kobaltoxid
	+ 1–2% CoO		

1021)	SK 6a/7	glatt, matt, beigegrau, gut färbbar				H. Liersch
		0.048 Na$_2$O	0.431 Al$_2$O$_3$	2.359 SiO$_2$		40 Ton W 105 weiß, halbfett
		0.059 K$_2$O	0.006 Fe$_2$O$_3$			16 Ton W 100 weiß, fett
		0.450 CaO				16 Kalkspat
		0.443 MgO				12 K-Feldspat
						8 Magnesit
						8 Talkum
1022)	SK 6a/8	seidenmatt, opak, grünlichgelbbraun				Y. Kallenberg
		0.074 Na$_2$O	0.529 Al$_2$O$_3$	2.015 SiO$_2$		46,2 Niederahrer Ton
		0.021 K$_2$O	0.050 B$_2$O$_3$			23,1 Kalkspat
		0.867 CaO	0.095 Fe$_2$O$_3$			18,0 Fritte 90368 Degussa
		0.038 MgO				12,7 china clay
1023)	SK 6a/8	matt, lebendige Oberfläche, dunkelbraun				C. Wilhelm
		0.125 Na$_2$O	0.514 Al$_2$O$_3$	2.486 SiO$_2$		31,3 Odenwälder Ton
		0.091 K$_2$O	0.122 Fe$_2$O$_3$	0.017 TiO$_2$		31,3 Bimssteinmehl NR
		0.365 CaO				18,8 Lavalith Kreutz
		0.386 MgO				12,5 Dolomit
		0.033 MnO				6,1 Manganton Jäger
1024)	SK 6a/8	Engoben für rotgelbes bis gelbes »Kölschbraun« im reduzierenden Salzbrand, glänzende Oberfläche				
		a) 0.35 Na$_2$O	4.63 Al$_2$O$_3$	17.69 SiO$_2$		90,9 Niederahrer Ton
		0.31 K$_2$O	1.37 Fe$_2$O$_3$	2.45 TiO$_2$		9,1 Titanoxid
		0.14 CaO				
		0.20 MgO				
		b) 0.079 Na$_2$O	0.391 Al$_2$O$_3$	1.778 SiO$_2$		51,8 Niederahrer Ton
		0.021 K$_2$O	0.055 B$_2$O$_3$	0.127 TiO$_2$		22,2 Fritte 90368 Degussa
		0.396 CaO				14,8 Magnesit
		0.504 MgO				7,4 Kalkspat
						3,8 Rutil
		c) 0.113 Na$_2$O	0.311 Al$_2$O$_3$	1.971 SiO$_2$		35,7 Kalkmergel KF
		0.078 K$_2$O	0.094 Fe$_2$O$_3$	0.027 TiO$_2$		28,6 Kreutzton
		0.354 CaO				21,4 Lavalith
		0.391 MgO				14,3 Fritte 90187 Degussa
		0.064 PbO				
1025)	SK 6a/8	matt, rotbraun, auch gut für Salzbrand				Y. Kallenberg
		0.020 Na$_2$O	0.858 Al$_2$O$_3$	2.976 SiO$_2$		80 Opalinuston, blau
		0.037 K$_2$O	0.167 Fe$_2$O$_3$	0.033 TiO$_2$		10 Manganton Jäger
		0.638 CaO				10 Kreide
		0.228 MgO				
		0.077 MnO				

1026)	SK 7/8	glatt, seidenmatt, beigegelblich bis hellrötlichbraun			*F. Weber*
					80 magerer Mergelton (Ostholstein)
					20 Steinzeugton weiß, fett
					+ 5 Titanoxid
					1 Zinnoxid
					1 Eisen(III)-oxid

1027)	SK 7/8	seidenglänzend bis matt, opak, rötlichbraun, mit niedrigem WAK			*M. Lohner*
		0.553 Li_2O	0.829 Al_2O_3	3.941 SiO_2	45,5 Ton 904 Schmidt
		0.085 Na_2O	0.009 Fe_2O_3	0.063 TiO_2	45,4 Trass TE
		0.121 K_2O			9,1 Lithiumcarbonat
		0.170 CaO			
		0.071 MgO			

1028)	SK 7/8	matt bis seidenmatt, hellorangegelbbraun			*M. Lohner*
		0.028 Na_2O	0.382 Al_2O_3	1.918 SiO_2	30 Niederahrer Ton
		0.048 K_2O	0.067 Fe_2O_3	0.379 TiO_2	30 Ton 132/I
		0.615 CaO			20 Kalkspat
		0.018 MgO			10 Rutil
		0.103 SrO			5 Strontiumcarbonat
		0.188 ZnO			5 Zinkoxid

1029)	SK 7/9	matt bis glänzend halbopak, hellseladongrün, reduzierend brennen			*F. Weber*
					41,7 Nephelin-Syenit
					41,7 schott. Mergelton
					16,6 china clay

1030)	SK 9/10	glänzend bis halbmatt, schwarz			*H. Scheler*
		0.099 Na_2O	1.744 Al_2O_3	7.554 SiO_2	50 Niederahrer Ton
		0.190 K_2O	0.438 Fe_2O_3	0.058 TiO_2	30 Kreutzton rotbr.
		0.347 CaO			20 Opalinuston
		0.364 MgO	+ 2% CoO		+ 2 Kobaltoxid
			2% MuO_2		2 Manganoxid
			2% Cr_2O_3		2 Chromoxid
			2% FK Co-Cr-Fe-Ni		2 FK 13013 Ferro

1031)	SK 9/10	matt-seidenmatt, chromgrün			*H. Hess*
		0.055 Na_2O	0.890 Al_2O_3	4.660 SiO_2	50 Ton 501 Schmidt
		0.175 K_2O	0.050 Fe_2O_3	0.040 TiO_2	25 Keupermergel
		0.485 CaO			10 Quarzmehl
		0.285 MgO	+ 3–5% Cr_2O_3		10 K-Feldspat
					5 Kalkspat
					+ 5 Chromoxid

1032) SK 9/10 matt, weiß bis braungrünlich, mit hoher Trockenschwindung und
hoher Oberflächenspannung

0.006 Na_2O	0.042 Al_2O_3	0.656 SiO_2	27,8 Sepiolith Mandt
0.011 K_2O	0.009 Fe_2O_3		27,8 Mergelton
0.377 CaO			24,4 Kreide
0.290 MgO			20,0 Zinkoxid
0.316 ZnO			

1033) SK 9/11 halbmatt bis matt, dunkelblau, lange mahlen!
Auch glänzend halbopak, je nach Brenntemperatur   *U. Ullmann*

0.397 Na_2O	3.438 Al_2O_3	14.082 SiO_2	83,3 Ton 501 weiß
0.343 K_2O	0.082 Fe_2O_3	0.178 TiO_2	16,7 Na-Feldspat
0.082 CaO			+ 2,5 Kobaltoxid
0.178 MgO	+ 2–3% CoO		

2.8.7 Glasuren für Sanitärkeramik, Vitreous china oder Feuerton für SK 5a bis 9

Diese Glasuren müssen absolut glatte, nadelstichfreie und rißfreie Oberflächen haben. Auf dem hochgebrannten, stark verglasten Scherben, der aus recht reinen Rohstoffen hergestellt wird, ist das nicht so schwierig. Die hohen Brenntemperaturen im Bereich zwischen SK 6a und 10 oder sogar noch höher ermöglichen hohe Gehalte an SiO_2, Al_2O_3 und CaO; der Alkalioxidanteil kann gering sein, zur WAK-Anpassung sind meistens wenig B_2O_3 und ZnO nötig, die auch für glattes fehlerfreies Schmelzen sorgen. Vielfach werden deckende, zirkongetrübte Glasuren benutzt oder auch opake farbige Glasuren mit glänzender Oberfläche, so daß die Scherbenfarbe nicht reinweiß zu sein braucht. Fritten werden in der Regel nur zum Regulieren des Wärmeausdehnungskoeffizienten oder als Zirkonfritten verwendet. Die Glasurschlicker müssen lange gemahlen werden.

1034) SK 5a/6a glänzend, weißdeckend bei ausreichend dickem Auftrag

0.025 Na_2O	0.357 Al_2O_3	2.836 SiO_2	69,3 Feldspat FS 90
0.325 K_2O	0.100 B_2O_3		8,1 Zinkoxid
0.350 CaO			8,0 Quarz
0.300 ZnO	+ 10–12% $ZrSiO_4$		5,8 Wollastonit
			5,5 Calciumborat-2-hydrat
			3,3 Kalkspat
			+ 10,0 Zirkonsilikat

1035) SK 5a/7 transparent glänzend, für Feuerton

0.113 Na_2O_2	0.325 Al_2O_3	3.250 SiO_2	29,3 Quarzmehl W 10
0.082 K_2O	0.100 B_2O_3		27,3 Feldspat K 4280
0.500 CaO			13,8 china clay
0.305 ZnO			9,2 Kalkspat
			7,6 Zinkoxid
			6,8 Wollastonit
			6,0 Fritte 3759 Ferro

1036) SK 7   transparent glänzend

0.015 Na_2O	0.450 Al_2O_3	3.862 SiO_2
0.200 K_2O	0.100 B_2O_3	
0.685 CaO		
0.100 MgO		

33,6 K-Feldspat FS 90
26,9 Quarz
16,5 Kaolin
7,7 Wollastonit
6,2 Kreide
4,8 Dolomit
4,3 Calciumborat-2-hydrat

1037) SK 7/8   glänzend, halbopak bis weißdeckend je nach Auftrag

0.012 Na_2O	0.300 Al_2O_3	3.00 SiO_2
0.163 K_2O		
0.412 CaO	+ 9–12% Zirkontrübungsmittel	
0.150 MgO		
0.113 BaO		
0.150 ZnO		

32,4 K-Feldspat FS 90
29,7 Quarzmehl W 10
10,3 china clay RM
8,6 Dolomit
8,2 Kreide
7,0 Bariumcarbonat
3,8 Zinkoxid
+ 10,0 Ultrox 500 W

1038) SK 8   transparent glänzend

0.263 Na_2O	0.423 Al_2O_3	3.503 SiO_2
0.007 K_2O		
0.336 CaO		
0.394 ZnO		

47,2 Na-Feldspat
24,5 Quarz
9,5 Kaolin
9,4 Kalkspat
9,4 Zinkoxid

1039) SK 7/8   glänzend, weiß opak

0.144 Na_2O	0.330 Al_2O_3	3.00 SiO_2
0.044 K_2O		0.280 ZrO_2
0.512 CaO		
0.150 MgO		
0.075 BaO		
0.075 ZnO		

26,8 Nephelin-Syenit
20,7 Quarz
15,8 Zirkonsilikat
   Ultrox 500 W
12,1 Wollastonit
10,1 china clay
8,2 Dolomit
4,4 Bariumcarbonat
1,9 Zinkoxid

1040) SK 8/10   transparent, glänzend

0.056 Na_2O	0.600 Al_2O_3	5.00 SiO_2
0.144 K_2O	0.194 B_2O_3	
0.700 CaO		
0.100 MgO		

34,9 Quarz
24,0 K-Feldspat B 412
21,5 Kaolin
6,6 Calciumborat-2-hydrat
4,9 Wollastonit
4,2 Kreide
3,9 Dolomit

2.8.8 Glasuren für Porzellane SK 6a bis 10

entsprechen in vielem den Steinzeugglasuren, für Hartporzellane in ihrer Zusammensetzung der Porzellanmasse, lediglich ist dann der Feldspat- und Kalkspatanteil im Versatz höher. Die Glasuren können natürlich auch matt oder opak farbig sein.

Transparent glänzende Glasuren siehe Abs. 2.2.8, S. 180 Glasuren Nr. 129 bis 138.

Matte Oberflächen entstehen in Porzellanglasuren schnell, wenn das Verhältnis Al_2O_3 zu SiO_2 nur 1:5 oder 1:2 beträgt, und auf der Basenseite der Segerformel CaO und/oder MgO überwiegen. Bei Brenntemperaturen oberhalb 1250 °C sind $BaCO_3$ und ZnO als Mattierungsmittel nicht mehr gut geeignet. Es kann aber ein hoher TiO_2-Gehalt mattierend wirken.

Ob die Glasuren jeweils rißfrei erstarren, hängt in der Hauptsache vom benutzten Scherben ab wie auch von der Brenntemperaturhöhe und der Brenndauer. Weißopake Glasuren werden heute meistens mit Zirkonsilikat hergestellt, weil das im reduzierenden Brand die sichersten Weißtrübungen erzeugt. Viele übliche Glasurrohstoffe, vor allem die MgO-führenden Rohstoffe Dolomit, Magnesit, Talkum, Sepiolith bringen soviel Eisenoxid mit, daß Glasurversätze mit größeren Anteilen dieser Stoffe bei dickem Auftrag in reduzierender Atmosphäre deutlich hell Seladongrün werden. Wirklich farblose Glasuren müssen deshalb aus sehr reinen, Fe_2O_3-armen Rohstoffen zusammengestellt werden. ZnO und B_2O_3 werden in der Regel nur zur WAK-Anpassung und Beeinflussung der Farben benutzt.

1041) SK 6a   matt bis seidenmatt, glatt, weiß, rißfrei auf Masse 611 Wagner, für oxidierenden Brand   *U. Benzing*

0.189 Na_2O	0.654 Al_2O_3	3.208 SiO_2
0.116 K_2O	0.026 B_2O_3	
0.606 CaO		
0.074 BaO	+ 4% SnO_2	
0.015 ZnO		

- 23,8 Feldspat B 412
- 23,8 china clay RM
- 23,8 Na-Feldspat Ventilato
- 15,9 Kalkspat
- 7,9 Quarzmehl W 10
- 4,0 Bariumcarbonat
- 0,8 Zinkborat
- + 4,0 Zinnoxid

1042) SK 6a/7   seidenmatt, halbopak, rißfrei auf Masse 611 Wagner, grünlichgraublau, oxidierend brennen   *U. Benzing*

0.045 Li_2O	0.210 Al_2O_3	1.400 SiO_2
0.086 Na_2O	0.201 B_2O_3	
0.004 K_2O		
0.865 CaO	+ 0.2–0.4% FK Al-Co	

- 30,8 Kalkspat
- 23,1 Na-Feldspat
- 15,4 Petalit
- 15,3 Calciumborat-2-hydrat
- 7,7 china clay RM
- 7,7 Quarzmehl W 10
- + 0,2 FK 10506 BASF

1043) SK 6a/8   halbopak, weißmatt, u.U. craquelée, dick glasieren, für reduzierenden Brand   *E. Pleuger*

0.332 Na_2O	0.671 Al_2O_3	2.927 SiO_2
0.102 K_2O		0.017 P_2O_5
0.451 CaO		
0.116 BaO		

- 60,0 Nephelin-Syenit
- 14,8 china clay RM
- 10,6 Kalkspat
- 6,5 Bariumcarbonat
- 6,5 Quarzmehl W 10
- 1,6 Tricalciumphosphat

1044)	SK 7/9	transparent bis opak, evtl. matt oder glänzend mit Zinksilikatkristallen, je nach Abkühlung, niedrigviskos, farblos, oxidierend brennen		nach	V. Barry

0.004 Na_2O 0.329 Al_2O_3 1.579 SiO_2 31,0 china clay RM
0.063 K_2O 23,0 Zinkoxid
0.293 Ca_2O 18,0 Feldspat FS 90
0.640 ZnO   15,0 Quarz
13,0 Kalkspat

1045)　SK 8　glänzend, glatt, kupferrot, reduzierend　　nach　J. Cool

0.126 Li_2O 0.368 Al_2O_3 3.621 SiO_2 30,4 Feldspat B 412
0.074 Na_2O 0.042 SnO_2 24,4 Petalit
0.153 K_2O + 1.6–2% $CuCO_3$ 18,0 Quarzmehl W 10
0.172 CaO   16,0 Bariumcarbonat
0.165 MgO   8,0 Dolomit
0.310 BaO   1,6 Zinnoxid
+ 1,6 Kupfercarbonat

1046)　SK 8/9　halbopak, seidenmatt, glatt, reduzierend　　nach　D. Cookson

0.096 Na_2O 0.445 Al_2O_3 2.189 SiO_2 49 Feldspat K 4280
0.124 K_2O 20 china clay RM
0.450 CaO   22 Dolomit
0.330 MgO   5 Quarz
4 Kreide

1047)　SK 8/9　stumpfmatt, weißopak, hochviskos, oxidierend　　D. Füll

0.140 Na_2O 0.706 Al_2O_3 2.964 SiO_2 54,0 Feldspat K 4280
0.179 K_2O 0.032 B_2O_3 27,0 china clay RM
0.667 CaO   + 4,5% SnO_2 18,0 Kreide
0.014 ZnO   1,0 Zinkborat
+ 4,5 Zinnoxid

1048)　SK 9/10　farblos matt, oxidierend wie reduzierend zu brennen　　nach　R. Duckworth

0.054 Na_2O 0.394 Al_2O_3 1.617 SiO_2 44,4 Feldspat B 412
0.137 K_2O 33,3 Kreide
0.809 CaO   22,3 china clay Treviscoe

1049)　SK 10　glänzend, glatt, blaues Seladon, reduzierend brennen　　nach　P. Beard

0.028 Na_2O 0.486 Al_2O_3 4.124 SiO_2 60 Feldspat FS 90
0.374 K_2O 20 Quarzmehl W 10
0.598 CaO   + 1% Fe_2O_3 15 Kreide
5 china clay RM
+ 1 Eisen(III)-oxid

1050)	SK 10	glänzend, opak, Temmoku, reduzierend			nach *D. Leach*
		0.182 Na_2O	0.635 Al_2O_3	5.182 SiO_2	66 Cornish stone
		0.136 K_2O			15 Quarzmehl
		0.682 CaO	+ 7–10% Fe_2O_3		12 Kreide
					7 china clay RM
					+ 7,5 Eisen(III)-oxid

Der Porzellanscherben eignet sich besonders gut als Untergrund für kupferrote Glasuren und für Seladonglasuren (siehe Abs. 2.6.2 und 2.6.3, S. 329 ff.).

2.8.9 Glasuren für bestimmte Dekorzwecke

2.8.9.1 Glasuren für Dekore mit Engoben und Unterglasurfarben

sollen den dekorierten Untergrund vor chemischer und mechanischer Beanspruchung schützen und die sonst unbeständige und rauhe Oberfläche glatt und hart machen.

2.8.9.1.1 Transparent glänzende Glasuren

dürfen dabei den farbigen Unterglasurdekor nicht zu stark lösen, sondern sollen ihn kräftig und farbig und leuchtend erscheinen lassen. Diese Forderung läßt sich am einfachsten mit bleireichen, farblosen oder transparent gefärbten Glasuren erreichen, die niedrigen Gehalt an Al_2O_3 und B_2O_3 haben sollen, weil diese beiden Oxide die klaren Farben negativ beeinflussen. Ein möglichst hoher Gehalt an SiO_2 ergibt hohe Viskosität und dadurch geringe Lösekraft der Schmelze. Er kann auch Haarrißbildung vermeiden helfen (siehe auch Abs. 2.2, Transparentglasuren, S. 153 ff.).

Glasuren mit sehr hohem Anteil an Alkalioxiden eignen sich meistens schlecht, weil sie die Unterglasurdekore und Engoben zu stark lösen. Bleiarme oder bleifreie Glasuren sollen, wenn sie für niedrige Brenntemperaturen bestimmt sind, in der Regel möglichst hohen ZnO und/oder SrO-Gehalt haben, damit sie trotz möglichst wenig B_2O_3 gut schmelzen (siehe auch Abs. 2.2.6.2, Bleifreie Steingutglasuren bzw. Abs. 2.8.3, Glasuren für Wandfliesen und Steingut).

Siehe auch Glasuren Nr. 30, 40, 41, 42, 51, 52, 82, 85, 92, 93, 106, 107, 110, 115, 126, 127.

1051)	SK 06a/03a	glänzende Bleiglasur, transparent, gut für Engobendekore und kalkreichen Scherben			*M. Hofmann*
		0.109 CaO	0.094 Al_2O_3	1.626 SiO_2	80,0 Fritte 3527 Ferro
		0.891 PbO			8,0 Quarz
					8,0 Kaolin
					4,0 Wollastonit
1052)	SK 03a/01a	glänzend-transparente Bleiglasur, hellgelblich, dünn glasieren			*B. Vogl*
		0.15 K_2O	0.20 Al_2O_3	2.00 SiO_2	52,6 Fritte 3527 Ferro
		0.15 CaO			18,5 china clay
		0.70 PbO	+ 0.5–1% Fe_2O_3		12,6 Fritte 1509 M&M
					10,0 Quarzmehl
					6,3 Wollastonit
					+ 1,1 Eisen-(III)-oxid

1053) SK 03a/02a transparent-glänzende Blei-Bor-Glasur *A. Pickal*

0.15 Na_2O	0.29 Al_2O_3	1.95 SiO_2	28,1 Fritte 90187 Degussa
0.30 CaO	0.40 B_2O_3		23,0 china clay
0.15 ZnO			21,5 Fritte 90001 Degussa
0.40 PbO			12,2 Quarz
			9,3 Kreide
			3,3 Zinkborat
			2,6 Zinkoxid

1054) SK 1a/3a glänzend-transparente, bleihaltige Rohglasur

0.015 Na_2O	0.217 Al_2O_3	2.350 SiO_2	40,4 Feldspat FS 90
0.187 K_2O	0.172 B_2O_3		16,5 Quarz
0.041 CaO			10,1 Fritte 3527 Ferro
0.119 MgO			8,7 Bariumcarbonat
0.401 ZnO			8,6 Zinkoxid
0.130 BaO			6,4 Zinkborat
0.107 PbO			3,9 Dolomit
			3,0 Sepiolith
			1,4 Kreide
			1,0 Kaolin

1055) SK 2a transparent-glänzende Frittenglasur, nur gut für blaue und grüne Farben *S. Lioliou*

0.14 Na_2O	0.399 Al_2O_3	3.271 SiO_2	90,0 Fritte 3467 Ferro
0.05 K_2O	0.210 B_2O_3		9,1 china clay RM
0.45 CaO			
0.12 MgO			
0.24 PbO			

1056) SK 6a/7 transparente Geschirrglasur, oxidierend wie reduzierend zu brennen, rißfrei auf Steinzeugscherben, nicht ganz hochglänzend *H. Gleiss*

0.05 Na_2O	0.31 Al_2O_3	2.72 SiO_2	25 Quarzmehl W 10
0.05 K_2O	0.09 B_2O_3		20 china clay RM
0.37 CaO			17 Talkum
0.39 MgO			10 Kalkspat
0.14 ZnO			9 Feldspat B 412
			8 Feldspat Ventilato
			7 Calciumborat-2-hydrat
			4 Zinkoxid

2.8.9.1.2 Matte, halbtransparente Glasuren

ergeben mit Unterglasurdekoren weichere, angenehmere Oberflächen mit gedämpfter Farbwirkung. Hier ist es eher erwünscht, wenn die Glasur etwas von der Unterglasurfarbe oder Engobe löst und sich dadurch selbst leicht färbt. Es sind so natürlich kaum scharfe Konturen der Dekore möglich. Über stark farbigen Engoben, die dick aufgetragen werden sollen, sind besonders ZnO-, BaO- und/oder SrO-Mattglasuren brauchbar. Über Unterglasurfarben sind oft ZnO/CaO-reiche Mattglasuren günstig.

Die Glasuren haben in der Regel niedrigen SiO_2-Gehalt und dürfen nicht zu dick aufgetragen werden. Die Farben der Unterglasurdekore werden meist recht stark verändert. Gut werden Dekore mit kupfer- oder eisenoxidgefärbten Engoben im reduzierenden Brand.

Siehe auch die Glasuren Nr. 357, 363, 364, 365, 367, 369, 370, 374, 375, 377, 380, 391, 394.

1057)	SK 03a/2a	matt bis glänzende Frittenglasur mit wachsartiger Oberfläche, halbopak, dünn glasieren, bleihaltig!				*H. Liersch*
		0.05 Na_2O	0.613 Al_2O_3	2.979 SiO_2		76,9 Fritte 3505 Ferro
		0.07 K_2O	0.460 B_2O_3			23,1 china clay
		0.69 CaO				
		0.04 MgO				
		0.15 PbO				
1058)	SK 2a/3a	seidenmatt, bleihaltige Frittenglasur				*U. Rhensius*
		0.057 Na_2O	0.417 Al_2O_3	2.068 SiO_2		74 Fritte 3569 Ferro
		0.026 K_2O	0.175 B_2O_3			20 Fritte 3520 Ferro
		0.158 CaO				6 china clay
		0.041 MgO				
		0.082 BaO				
		0.327 ZnO				
		0.307 PbO				
1059)	SK 2a/5a	matt, halbopak, niedrigviskos, dünn glasieren, bleihaltig!				*A. Bogatay*
		0.020 Na_2O	0.118 Al_2O_3	1.25 SiO_2		38,9 Strontiumcarbonat
		0.057 K_2O				19,5 K-Feldspat B 412
		0.002 CaO				15,3 Fritte 3527 Ferro
		0.598 SrO				14,7 Quarz
		0.200 ZnO				7,1 Zinkoxid
		0.123 PbO				4,5 china clay
1060)	SK 3a/7	halbopak, weißmatt, Geschirrglasur, dünn glasieren				*S. Zielke*
		0.017 Li_2O	0.372 Al_2O_3	1.899 SiO_2		20,0 Anorthit Mandt
		0.132 Na_2O	0.076 B_2O_3	0.064 TiO_2		20,0 Nephelin-Syenit
		0.029 K_2O				15,0 Talkum
		0.319 CaO				13,4 china clay
		0.368 MgO				5,3 Bariumcarbonat
		0.069 SrO				5,0 Petalit
		0.066 BaO				5,0 Dolomit
						5,0 Wollastonit
						5,0 Calciumborat-2-hydrat
						4,2 Strontiumcarbonat
						2,1 Titanoxid

1061)	SK 5a/7	matt, weiß, dünn glasieren				*S. Zielke*
		0.182 Na_2O	0.419 Al_2O_3	2.340 SiO_2	45,0 Anorthit Mandt	
		0.074 K_2O			15,0 K-Feldspat B 412	
		0.393 CaO			11,5 Bariumcarbonat	
		0.198 MgO			10,2 Wollastonit	
		0.153 BaO			10,0 Nephelin-Syenit	
					8,3 Talkum	
1062)	SK 6a/7	seidenmatt, glatt, halbopak, wachsartig, reduzierend brennen mit Sturzkühlung				*F. Roßmann*
		0.054 Na_2O	0.498 Al_2O_3	2.801 SiO_2	34,2 Feldspat B 412	
		0.139 K_2O	0.069 B_2O_3		20,2 china clay RM	
		0.504 CaO			15,8 Kreide	
		0.303 MgO			9,6 Talkum	
					9,6 Quarzmehl W 10	
					5,3 Fritte 3244 Ferro	
					5,3 ball clay Sanblend 75	
1063)	SK 7/8	seidenmatt, glatt, gut über Sinterengoben, muß lange gemahlen werden, oxidierend wie reduzierend zu brennen, auch zum Rohglasieren, dünn auftragen				*K. Brass*
		0.044 Na_2O	0.369 Al_2O_3	1.90 SiO_2	34,5 K-Feldspat B 412	
		0.113 K_2O			22,1 china clay RM	
		0.403 CaO			17,8 Sepiolith	
		0.282 MgO			15,5 Kreide	
		0.079 SrO			4,6 Strontiumcarbonat	
		0.079 ZnO			2,5 Zinkoxid	
					1,0 Quarz	

2.8.9.2 Glasuren für Inglasurdekore, z. B. Fayencemalerei etc.

Bei diesen Glasuren wird auf die rohe, ungebrannte Glasurschicht dekoriert; beim Schmelzen sinkt die Dekorfarbe oder aufgetragene Glasur in die untere Glasurschicht, weil beide etwa gleiche Schmelztemperatur haben sollten.

Bei der echten Fayencedekoration verschmelzen die mit reichlich Fluß oder Glasur vermischten Farboxide oder Farbkörper (= Fayence- oder Majolikafarbe) fest mit der dick aufgetragenen weiß getrübten Glasur. Brennen die Farben zu stumpf aus, weil sie zu wenig Fluß enthalten, wird vielfach nach dem Bemalen eine früh schmelzende transparent glänzende Glasur, die sogenannte Coperta, hauchdünn über die Bemalung gespritzt. Soll die gemalte Dekoration konturenscharf stehen bleiben und nicht durch das Schmelzverhalten der Glasur gestört werden, muß diese gleichmäßig und ohne Blasenbildung schmelzen und auch nicht zu dünnflüssig werden. Sie darf auch nicht mit den verwendeten Dekorfarben zu stark reagieren. All dies ist bei Bleiglasuren, die reich an Al_2O_3 und SiO_2 sind und mit SnO_2 getrübt wurden, am ehesten der Fall. Ungeeignet sind alkalioxidreiche Glasuren.

Siehe auch Abs. 2.3.1, Weißgetrübte glänzende Glasuren und die Glasuren Nr. 147, 148, 150, 151, 152, 164, 166, 169, 198, 202, 206. Näheres zur Fayencetechnik siehe Brongniart[14], Caiger-Smith[16], d'Albis[31], Deck[33], Gebauer[44], A. Lane[80], Shafer[139], Storr-Britz[148], [149].

Natürlich können ebensogut andere, verschiedenfarbige Glasuren miteinander kombiniert werden, so daß mit einer dunkelbraunen Glasur auf eine hellbraune Glasur dekoriert wird oder mit einer glänzenden Glasur auf eine Mattglasur und umgekehrt. Bei Steinzeug sind hierbei oft Ausspartechniken mit Wachsmalerei üblich. Bei geeigneter Präparation der unteren Glasurschicht können auch Stempel- und Drucktechniken benutzt werden. Für gutes Auftragen und ausreichende Haftung vor dem Brand und vor dem Schmelzen ist zu beachten: Die untere Glasur, auf die dekoriert werden soll, sollte im Versatz möglichst »fetter« als die Malfarbe oder Dekorglasur sein und sollte mit möglichst glatter Oberfläche aufgetragen sein (am besten durch Überschütten oder Tauchen). Die Dekorfarbe bzw. -glasur sollte fein aufgemahlen, aber vom Versatz her »magerer« als der Untergrund sein, damit die Gefahr des Abblätterns und Abrollens verringert ist. Manchmal ist ein Zusatz von sehr wenig Zellulose- oder Dispersionskleber zu Glasur und Dekorfarbe bzw. -glasur vorteilhaft.

1064) SK 03a/02a weißopak, glatt, glänzend, niedrigviskos, bleihaltig! *M. Geiger*

0.44 PbO	0.09 Al_2O_3	1.80 SiO_2
0.56 ZnO	0.72 B_2O_3	

+ 1–4% SnO_2

72,5 Fritte A 3349 R&S
14,5 Zinkoxid
7,2 china clay
5,8 Quarz
3,0 Zinnoxid
+

1065) SK 03a/01a weiß, halbopak, glatt, matt, bleifrei

0.156 Na_2O	0.137 Al_2O_3	1.268 SiO_2
0.136 CaO	0.273 B_2O_3	
0.098 BaO		
0.610 ZnO		

74,1 Fritte A 3041 R&S
25,9 Zinkoxid

1066) SK 2a/6a weiß opak, matt *V. Thies*

0.287 CaO	0.182 Al_2O_3	1.849 SiO_2
0.028 MgO	0.115 B_2O_3	0.064 TiO_2
0.369 BaO		0.049 SnO_2
0.316 ZnO		0.041 ZrO_2

70,0 Fritte 3257 Ferro
10,0 Zinkoxid
7,6 china clay
7,6 Quarz
2,8 Zinnoxid
2,0 Titanoxid

1067) SK 3a/5a weiß opak, glänzend, bleihaltig! *B. Portugall*

0.041 Na_2O	0.367 Al_2O_3	1.923 SiO_2
0.048 K_2O	0.290 B_2O_3	0.117 SnO_2
0.792 CaO		
0.025 MgO		
0.094 PbO		

62,5 Fritte 3505 Ferro
12,5 Ton W 100 weiß, fett
12,5 Kreide
6,3 china clay
6,2 Zinnoxid

1068) SK 4a/5a opak, weißgrau, matt, bleihaltig!

0.062 Na_2O	0.102 Al_2O_3	0.914 SiO_2
0.008 K_2O	0.116 B_2O_3	
0.166 CaO		
0.132 MgO	+ 4.0% SnO_2	
0.492 ZnO	4–6% Sb_2O_3	
0.140 PbO		

76,9 Fritte 3520 Ferro
7,7 china clay
3,8 Quarzmehl W 10
3,8 Magnesit
3,8 Kreide
3,8 Zinkoxid
+ 4,0 Zinnoxid
6,0 Antimonoxid

1069)	SK 6a	seidenmatt, weißopak, Geschirrglasur			*J. Witscher*
		0.206 Na$_2$O	0.435 Al$_2$O$_3$	2.283 SiO$_2$	36,9 Na-Feldspat
		0.042 K$_2$O	0.159 B$_2$O$_3$	0.184 TiO$_2$	16,1 Bariumcarbonat
		0.413 CaO			13,8 china clay
		0.260 BaO			9,2 Feldspat B 412
		0.079 ZnO			9,2 Wollastonit
					5,5 Zinkborat
					4,7 Kreide
					4,6 Titanoxid

1070)	SK 5a/8	weißopak, glänzend, oberhalb SK 6a lebendig fleckig, wenn auf rotbr. Scherben glasiert und nicht zu dick aufgetragen, bleihaltig			*M. Welzel*
		0.490 Na$_2$O	0.698 Al$_2$O$_3$	3.526 SiO$_2$	37,0 Nephelin-Syenit
		0.078 K$_2$O	0.286 B$_2$O$_3$		37,0 Na-Feldspat
		0.139 CaO			16,7 Fritte 90062 Degussa
		0.102 MgO	+ 4–5% SnO$_2$		4,7 china clay
		0.191 PbO			4,6 Dolomit
					4,5 Zinnoxid

1071)	SK 6a/7	matt-seidenmatt, glatt, opak, für Weichporzellan, oxidierend zu brennen			*U. Benzing*
		0.057 Na$_2$O	0.514 Al$_2$O$_3$	2.854 SiO$_2$	36,1 K-Feldspat B 412
		0.149 K$_2$O			21,3 china clay
		0.537 CaO	+ 4% SnO$_2$		16,7 Kreide
		0.257 MgO			10,2 Talkum
					10,2 Quarzmehl W 10
					5,5 ball clay EOBB/Y
					+ 4,0 Zinnoxid

1072)	SK 6a/8	glatt, steinmatt, weißopak, hochviskos			*D. Frank*
		0.022 Na$_2$O	0.687 Al$_2$O$_3$	2.137 SiO$_2$	51,7 china clay
		0.054 K$_2$O			19,8 Dolomit
		0.422 CaO			13,6 K-Feldspat B 412
		0.345 MgO			5,9 Quarz
		0.077 BaO			4,7 Bariumcarbonat
		0.080 ZnO			2,3 Kreide
					2,0 Zinkoxid

Für Aufglasurdekore mit Schmelzfarben oder Edelmetallen können alle Arten von Glasuren gebraucht werden, die bei den Einbrenntemperaturen der Aufglasurfarben (etwa 700 bis 850 °C) noch nicht schmelzen. Sollen die Oberflächen glänzend glatt sein, müssen die Farben auch auf glatte, glänzende Oberflächen aufgetragen werden. Näheres zur Aufglasurtechnik siehe d'Albis[30], Kerl[69], P. Lane[81], Rada[119], Shafer[139], Storr-Britz[148, 149].

2.8.9.3 Glasuren zum Übereinanderglasieren

Die lebhaftesten und lebendigsten Oberflächen können entstehen, wenn zwei (oder selten mehr) verschiedene Glasuren übereinander aufgetragen werden.

Die ästhetisch besseren Ergebnisse erhält man meistens dann, wenn jeweils die dunkler gefärbte Glasur mit der helleren oder weißen, farblosen überglasiert wird. Das gleiche gilt für die Kombination glänzend-matt; es entstehen in der Regel bessere Oberflächen, wenn die glänzende unter der matten Glasur liegt. Durch die Variation der Auftragsstärke beider Glasuren lassen sich unzählige Verwandlungen in Farbe und Oberfläche erreichen. Ob die untere Glasur dick liegen muß und die obere dünn oder umgekehrt, wird in jedem Falle empirisch zu finden sein.

In vielen Fällen gibt es beim Auftragen Schwierigkeiten, besonders, wenn die obere Glasur dick aufgetragen werden soll; Abblättern beim Trocknen, Abrollen oder Abfallen im Brand sind dann häufige Folgen. Dagegen kann man sich bis zu gewissem Grade schützen:

1. Die untere Glasur muß mehr Ton, Kaolin oder auch Zinkoxid oder Sepiolith oder Talkum enthalten; sie soll eine etwas größere Trocken- und Brennschwindung haben als die Überglasur.
2. Beide Glasuren sollen aber nicht zu lange und fein gemahlen sein.
3. Beiden Glasuren ein wenig gut gequollenen Zelluloseleim oder auch Dispersionskleber zusetzen.
4. Möglichst naß in naß glasieren, d. h. die Unterglasur nicht trocknen lassen oder aber die Stücke vor dem Auftragen der zweiten Glasur völlig trocknen lassen.
5. Die Überglasur nicht überschütten, sondern »trocken« aufspritzen.
6. Als Unterglasuren Lehmglasuren verwenden und diese auf den rohen Scherben auftragen und mit schrühen.
7. Die untere Glasur sollte etwas früher schmelzen als die obere.

Reizvolle Effekte ergeben sich, wenn die Unterglasur mit beginnendem Schmelzen Blasen wirft, welche die Überglasur durchbrechen. Das ist vor allem bei Fe_2O_3-reichen Glasuren, wie etwa Lehmglasuren, Temmoku- oder oil-Spot-Glasuren der Fall.

2.8.9.3.1 Unterglasuren

werden vor allem gut unter weißglänzenden bis weiß-matten Glasuren. Die angegebenen Farben gelten ohne Überglasur und verändern sich natürlich durch diese; sie können durch andere färbende Zusätze selbstverständlich auch anders gefärbt werden. In der Regel müssen sie dick aufgetragen werden.

Siehe auch Abs. 2.3.2.4, Glänzende opake Glasuren mit bes. Oberflächen; Abs. 2.7.2, Lehmglasuren; Abs. 2.6.4, Dunkelfarbige Reduktionsglasuren.

1073)	SK 1a/5a	seidenmatt, bleihaltige Zn-Ba-Glasur, nickelblauviolett			N. Höber
		0.077 Li_2O	0.093 Al_2O_3	1.234 SiO_2	28,2 Bariumcarbonat
		0.311 BaO			26,4 Quarz
		0.518 ZnO	+ 5% $NiCO_3$		19,4 Zinkoxid
		0.094 PbO			12,3 Fritte 3527 Ferro
					11,0 china clay
					2,7 Lithiumcarbonat
					+ 5,0 Nickelcarbonat
1074)	SK 2a/6a	seidenmatt bis glänzend, blauschwarz, bleifrei			V. Thies
		0.200 CaO	0.233 Al_2O_3	1.533 SiO_2	54,0 Fritte 3257 Ferro
		0.019 MgO	0.081 B_2O_3	0.028 ZrO_2	18,2 Zinkoxid
		0.258 BaO		0.037 SnO_2	18,2 Kaolin
		0.523 ZnO		0.035 TiO_2	6,0 Quarz
			+ 4% $CoCO_3$		2,4 Zinnoxid
			3% Fe_2O_3		1,2 Titanoxid
			2% Cr_2O_3		+ 4,0 Kobaltcarbonat
					3,0 Eisen(III)-oxid
					2,0 Chromoxid

1075)	SK 5a/6a	glänzend, glatt, schwarzopak			*J. Witscher*
		0.104 Na_2O	0.667 Al_2O_3	4.476 SiO_2	34,5 Odenwälder Ton
		0.188 K_2O	0.796 B_2O_3		34,5 Fritte 3244 Ferro
		0.026 CaO	0.032 Fe_2O_3		10,4 Niederahrer Ton
		0.682 MgO			10,3 Quarzmehl
					10,3 Fritte 90167 Degussa
			+ 5% FK Co-Fe-Cr-Ni		+ 5,0 FK 13013 Ferro
1076)	SK 6a/7	mittelbraun, seidenmatt			*E. Reuter*
		0.104 Na_2O	0.405 Al_2O_3	1.978 SiO_2	28,6 Odenwälder Ton
		0.081 K_2O	0.079 Fe_2O_3	0.210 TiO_2	28,6 Bimssteinmehl
		0.449 CaO			17,1 Basaltlava Kreutz
		0.150 MgO			11,4 Kreide
		0.022 BaO			5,7 Zinkoxid
		0.194 ZnO			5,7 Titanoxid
					2,8 Bariumkarbonat
1077)	SK 6a/8	matt, mittelbau			*E. Reuter*
		0.068 Na_2O	0.325 Al_2O_3	1.848 SiO_2	44,4 Fritte 90420 Degussa
		0.033 K_2O			17,8 Nephelin-Syenit
		0.104 CaO	+ 0,1–0,4% CoO		8,9 Dolomit
		0.332 MgO	4–6% FK Zr-Ni-Co		8,9 Ton W 100 weiß, fett
		0.223 BaO			6,7 Talkum
		0.223 ZnO			4,5 Magnesit
					4,4 china clay
					4,4 Quarz
					+ 5,0 FK 13026 Ferro
					0,3 Kobaltoxid
1078)	SK 6a/7	glatt, matt, olivbraungrün, gut als Unterglasur für Zink-Barium-Mattglasur			*E. Reuter*
		0.149 Na_2O	0.301 Al_2O_3	1.904 SiO_2	42,1 Nephelin-Syenit
		0.047 K_2O			21,1 Dolomit
		0.269 CaO	+ 5–8% Fe_2O_3		15,8 Talkum
		0.535 MgO			10,5 Quarz
					10,5 Kaolin
					+ 7,0 Eisen(III)-oxid
1079)	SK 6a/8	seidenmatt, dunkelrotbraun bis schwarzbraun, bleiarm!			*Y. Kallenberg*
		0.053 Na_2O	0.282 Al_2O_3	1.297 SiO_2	46,2 Niederahrer Ton
		0.018 K_2O	0.047 B_2O_3		30,8 Kalkspat
		0.792 CaO	0.071 Fe_2O_3		11,5 Fritte 3520 Ferro
		0.031 MgO			11,5 Fritte 90368 Degussa
		0.080 ZnO	+ 1–2% Cr_2O_3		+ 1,5 Chromoxid
		0.026 PbO			

1080)	SK 6a/8	matt bis seidenmatt, weißbläulichgrau, oxidierend bis reduzierend zu brennen			H. Wetzel
		0.104 Na$_2$O	0.442 Al$_2$O$_3$	2.428 SiO$_2$	29,4 K-Feldspat B 412
		0.113 K$_2$O			23,5 china-clay
		0.468 CaO	+ 0.5% CoCO$_3$		23,5 Dolomit
		0.315 MgO	0.5% NiCO$_3$		17,6 Quarz
			5.0% TiO$_2$		6,0 Kreide
					+ 5,0 Titanoxid
					0,5 Nickelcarbonat
					0,5 Kobaltcarbonat

1081)	SK 7/8	seidenmatt, rotbraun bis gelb, je nach Auftrag, glatt lebhafte Farbe			M. Zoellmer
		0.208 Na$_2$O	0.614 Al$_2$O$_3$	2.725 SiO$_2$	30 K-Feldspat B 412
		0.127 K$_2$O			30 Na-Feldspat Ventilato
		0.665 CaO	+ 10% Fe$_2$O$_3$		20 Kalkspat
			3% Ca$_3$(PO$_4$)$_2$		20 china clay
					+ 10 Eisen(III)-oxid
					3 Tricalciumphosphat

1082)	SK 8/9	glänzend, lebendig geflecktes Eisenrot, opak, oxidierend oder reduzierend mit Nachoxidieren brennen			F. Roßmann
		0.085 Na$_2$O	0.256 Al$_2$O$_3$	3.311 SiO$_2$	55,4 K-Feldspat B 412
		0.225 K$_2$O	0.205 Fe$_2$O$_3$	0.006 TiO$_2$	15,4 Quarzmehl W 10
		0.430 CaO		0.138 P$_2$O$_5$	10,2 Talkum
		0.260 MgO			13,5 Tricalciumphosphat
					5,5 Ton Schmidt 904
					+ 10,0 Eisen(III)-oxid

1083)	SK 8/9	glänzend, opak, titanblau, für Reduktionsbrand, dick glasieren!			A. Kothe
		0.087 Li$_2$O	0.452 Al$_2$O$_3$	3.726 SiO$_2$	25,4 Na-Feldspat
		0.191 Na$_2$O		0.542 TiO$_2$	21,3 china clay
		0.009 K$_2$O			19,3 Quarz
		0.613 CaO	+ 1% SnO$_2$		16,0 Wollastonit
		0.100 MgO	0.5% CuCo$_3$		15,1 Petalit
					2,9 Talkum
					+ 10,0 Titanoxid
					1,0 Zinnoxid
					0,5 Kupfercarbonat

2.8.9.3.2 Überglasuren

Am besten eignen sich Titanoxid-Mattglasuren, Zink-Barium-Mattglasuren und Calcium-Magnesium-Mattglasuren. Diese können natürlich auch gefärbt sein. Die entstehenden Färbungen sind wesentlich von der jeweiligen Auftragsstärke der Unter- und der Überglasur abhängig!
Siehe auch Abs. 2.4.2 Mattglasuren.

1084)   SK 03a/01a   weißbeige, halbopak, seidenmatt, bleihaltig!   *M. Adam*

0.262 K_2O	0.094 Al_2O_3	1.371 SiO_2	64,1 Fritte 1509 M&M
0.416 CaO		0.208 TiO_2	16,0 Kalkspat
0.322 PbO		0.068 SnO_2	9,6 china clay
			6,4 Titanoxid
			3,9 Zinnoxid

1085)   SK 3a   stumpfmatt, blauviolettgrau, bleiarm!   *M. Müksch/E. Simon*

0.124 Na_2O	0.148 Al_2O_3	1.388 SiO_2	52,9 Fritte 90378 Degussa
0.004 K_2O	0.512 B_2O_3		17,6 Colemanit
0.367 CaO			17,6 Magnesit
0.455 MgO			6,0 china clay
0.015 ZnO			5,9 Fritte J 3394 R&S
0.018 PbO			
0.017 CoO			

1086)   SK 3a/4a   seidenmatt, weiß opak, dick glasieren, bleiarm!   *Th. Gleiss*

0.023 Li_2O	0.089 Al_2O_3	1.043 SiO_2	55,8 Fritte 3568 Ferro
0.073 Na_2O	0.161 B_2O_3		38,3 Zinkoxid
0.002 K_2O			3,0 Quarzmehl
0.110 CaO			2,9 china clay
0.769 ZnO			
0.023 PbO			

1087)   SK 4a/6a   halbopake Zink-Barium-Mattglasur, bleihaltig, langsam abkühlen!   *R. Nackunstz*

0.041 Na_2O	0.273 Al_2O_3	2.035 SiO_2	28,3 K-Feldspat B 412
0.106 K_2O	0.038 B_2O_3		19,0 Fritte 90001 Degussa
0.003 CaO			13,2 Quarz
0.193 BaO			13,1 Bariumcarbonat
0.437 ZnO			12,1 Zinkoxid
0.220 PbO			11,3 china clay
			3,0 Fritte 90062 Degussa

1088)   SK 5a/7   seidenmatt, opak weiß, niedrigviskos bei SK 7, gut über eisenoxidreichen Glasuren, lebendige Oberfläche, bleihaltig!

0.018 Na_2O	0.214 Al_2O_3	1.638 SiO_2	38,4 Steinzeugton, halbfett
0.011 K_2O	0.042 B_2O_3		25,8 Bariumcarbonat
0.269 MgO			12,8 Fritte 90001 Degussa
0.346 BaO	+ 0.5–1% $(NH_4)_6Mo_7O_{24}$		12,8 Talkum
0.208 ZnO			6,4 Zinkoxid
0.148 PbO	auch gut mit + 3–5% Titanoxid		3,8 Fritte 90062 Degussa
			+ 0,8 Ammoniummolybdat

1089)	SK 5a/8	opak, titanmatt, zarthellgrün bis grünlichgrauweiß, oxidierend wie reduzierend zu brennen				*M. Welzel*
		0.079 Na_2O	0.287 Al_2O_3	2.193 SiO_2		63 K-Feldspat
		0.203 K_2O		0.317 TiO_2		22 Kalkspat
		0.622 CaO	+ 6% $NiCO_3$			9 Quarz
		0.096 MgO				4 Dolomit
						2 Talkum
						+ 10 Titanoxid
						6 Nickelcarbonat
1090)	SK 6a	seidenmatt, intensiv gelb				*J. Witscher*
		0.181 Na_2O	0.376 Al_2O_3	1.735 SiO_2		40,0 Na-Feldspat
		0.028 K_2O				17,0 Bariumcarbonat
		0.307 CaO	+ 3% Fe_2O_3			15,0 china clay
		0.167 MgO	4% FK Sn-V-Ti			12,0 Dolomit
		0.222 BaO				8,0 K-Feldspat
		0.095 ZnO				5,0 Kreide
						3,0 Zinkoxid
						+ 3,0 Eisen(III)-oxid
						4,0 FK 10063 Ferro
1091)	SK 7/8	seidenmatt, beigegraugelblich, opak, lebendig, gut über farbigen Mattglasuren, oxidierend oder reduzierend brennen				*P. Thumm*
		0.173 Na_2O	0.275 Al_2O_3	2.455 SiO_2		40 Na-Feldspat Ventilato
		0.005 K_2O		0.445 TiO_2		20 Kalkspat
		0.519 CaO				15 Talkum
		0.303 MgO				15 Quarz
						10 Ton W 100 weiß, fett
						+ 14 Titanoxid
1092)	SK 7/9	seidenmatt, rostorange, gut über weißmatt				*E. Ische*
		0.042 Na_2O	0.541 Al_2O_3	2.215 SiO_2		32 china clay
		0.108 K_2O		0.326 TiO_2		26 K-Feldspat
		0.850 CaO	+ 12% $Ca_3(PO_4)_2$			26 Kalkspat
			6% Fe_2O_3			8 Quarz
						8 Titanoxid
						+ 12 Tricalciumphosphat
						6 Eisen(III)-oxid

Bei den sogenannten *Reaktivglasuren* wählt man zum Übereinanderglasieren oder -dekorieren solche Glasuren aus, die sich vor allem in ihrer Schmelztemperatur und in der Viskosität und Oberflächenspannung ihrer Schmelzen stark unterscheiden, wobei meist die Glasur mit höherer Viskosität und Oberflächenspannung die Deckschicht bildet. Die Glasur mit der sehr niedrigen Oberflächenspannung bricht dann durch die Oberfläche der Deckglasur durch und breitet sich auf deren Oberfläche aus; dadurch werden eigenartige diffuse und fransige Dekore möglich. Solche Glasuren gibt es besonders für den Steingutbereich in großer Auswahl als Fertigglasuren bei den Glasurherstellern.

Näheres zu dieser Technik siehe Fachzeitschriften.

2.9 Glasuren mit besonderen Eigenschaften — Effektglasuren

Hier werden Beispiele für verschiedene Effekt-Glasuren angegeben; es sind in der Regel Glasuren, die nicht allgemein brauchbar sind. Sie haben meistens im angegebenen Temperaturbereich extreme Eigenschaften, weil sie für spezielle dekorative Zwecke genutzt werden. Die richtige Auftragsstärke und die Art des Brennens müssen meistens jeweils empirisch ermittelt werden, wenn der entsprechende Effekt optimal erscheinen soll. Eigentlich gehören Kristallglasuren und Aventuringlasuren auch hierher, sie erscheinen aber in Abs. 2.4.3 bzw. 2.4.3.5.

2.9.1 Glasuren für besonders niedrige Brenntemperaturen — Raku-Glasuren — für SK 014a bis 07a

sind entweder reine Blei- oder Bleibor-, Alkali-Bor-, Blei-Alkali-Bor-Glasuren, mit niedrigem Anteil an Al_2O_3 und SiO_2.

Üblicherweise faßt man die Glasuren für einen Brennbereich zwischen SK 012a bis 06a unter dieser Bezeichnung zusammen; Glasurbrände unterhalb etwa 880° C sind seltenste Ausnahmen. Raku-Glasuren bekommen meistens ihren besonderen Reiz erst durch Nachreduzieren und werden dadurch sehr variabel ausfallen. Gute Ergebnisse bringen vor allem die Glasuren, die mit CuO, TiO_2, SnO_2, Sb_2O_3, Cr_2O_3 versetzt wurden. Bi_2O_3 und Silberverbindungen können zu feinen Lüstereffekten führen durch das Nachrauchen — vgl. Abs. 2.6.6. Näheres über Raku-Brand und weitere Rezepte siehe Literatur Conrad[23,24], Green[49], Krause[77], Piepenburg[116], Tyler a. Hirsch[156].

Werden diese Glasuren bei Temperaturen zwischen SK 05a und 01a gebrannt, sind sie in der Regel extrem niedrigviskos und laufen stark ab, sind also als sogenannte »Laufglasuren« verwendbar. Siehe auch Glasuren, Nr. 21, 37, 38, 39, 45, 46, 54, 63, 64, 89, 195, 222, 223, 315.

Die Glasuren werden meistens »auf Sicht« gebrannt, d. h. man brennt so lange oder so hoch, bis man sehen kann, daß die Glasuren ausreichend gut geschmolzen sind.

1093) glänzend glatt, grün oder kupferrot durch Reduktion oder Nachreduzieren, bleifrei

0.444 Na_2O	1.446 B_2O_3	0.300 SiO_2		45,4 Borax, calciniert
0.556 CaO				45,4 Calciumborat-2-hydrat
	+ 3% $CuCO_3$			9,2 Quarz
	0.5% SnO_2		+	3,0 Kupfercarbonat
	0.2% Fe_2O_3			0,5 Zinnoxid
				0,2 Eisen(III)-oxid

1094) glänzend, weiß, farblos, Blei-Bor-Glasur

0.019 Na_2O	0.104 Al_2O_3	0.513 SiO_2	70 Colemanit
0.048 K_2O	1.235 B_2O_3		15 Feldspat B 412
0.826 CaO			10 Mennige
0.107 PbO			5 Ton W 100 weiß, fett

1095) glänzend, halbopak bis transparent, borfreie Bleiglasur

0.049 Na_2O	0.071 Al_2O_3	1.406 SiO_2	45 Mennige
0.016 K_2O			30 Fritte 3527 Ferro
0.003 CaO			15 Quarz
0.932 PbO			10 Nephelin-Syenit

1096) opak, glänzend-seidenmatt, hellorange bis chromrot, nicht nachreduzieren, bleireich!

0.118 Na$_2$O	0.233 B$_2$O$_3$	0.612 SiO$_2$		77,0 Mennige
0.882 PbO				14,0 Quarz
	+ 0.7–1.5% Cr$_2$O$_3$			9,0 Borax
	0.5–2.0% SnO$_2$		+	0,8 Chromoxid
				0,8 Zinnoxid

1097) glänzend, zähflüssig, grün, für Kupferlüster durch Nachreduzieren, bleihaltig!

0.059 Na$_2$O	0.133 Al$_2$O$_3$	1.194 SiO$_2$		45 Fritte A 3143 R&S
0.784 CaO	0.764 B$_2$O$_3$			40 Calciumborat-2-hydrat
0.157 PbO				8 Kaolin
	+ 4–6% CuCO$_3$			7 Quarz
			+	6 Kupfercarbonat

1098) weißopak, seidenmatt bis matt, craquelée, je nach Scherben

0.201 Na$_2$O	0.193 Al$_2$O$_3$	1.183 SiO$_2$
0.060 K$_2$O	0.770 B$_2$O$_3$	
0.420 CaO		
0.319 BaO		

26 Calciumborat-2-hydrat
26 Fritte 3759 Ferro
24 Bariumcarbonat
18 K-Feldspat B 412
6 china clay RM

1099) glänzend bis seidenmatt, violettbräunlich, für Lüster durch Nachreduzieren, bleihaltig!

0.166 Na$_2$O	0.207 Al$_2$O$_3$	1.034 SiO$_2$		25,0 Fritte A 3022 R&S
0.029 K$_2$O	0.583 B$_2$O$_3$			25,0 Calciumborat-2-hydrat
0.472 CaO				25,0 Nephelin-Syenit
0.070 MgO	+ 3–6% SnO$_2$			25,0 Mennige
0.263 PbO	3–5% MnO$_2$		+	4,0 Zinnoxid
	0.2–2% TiO$_2$			4,0 Braunstein
	0.1–0.5% AgNO$_3$			0,4 Titanoxid
				0,1 Silbernitrat

1100) uneben, krustig, evtl. grobblasig

0.976 Na$_2$O	0.175 Al$_2$O$_3$	0.938 SiO$_2$
0.007 K$_2$O	0.036 B$_2$O$_3$	
0.017 ZnO		

55 calcinierte Soda
24 china clay RM
16 Quarzmehl
5 Fritte 90038 Degussa

2.9.2 Glasuren mit sehr niedriger Viskosität — Laufglasuren

enthalten in der Regel wenig Al_2O_3 und SiO_2 oder hohe Anteile kräftiger Flußmittel, so daß sie schnell sehr dünnflüssig werden, wenn man sie nur wenig höher brennt als zum eigentlichen Ausschmelzen nötig wäre. Es sind deshalb meistens Alkali- und Alkalibleibor-Glasuren im Bereich der niedrigen Brenntemperaturen. Im höheren Temperaturbereich sind es Blei-Zink-Glasuren, Zink-Barium-Glasuren. Zink-Titan-Blei-Glasuren. Die typischen Zink-Kristall-Glasuren und die Aventurin-Glasuren könnten auch hier eingeordnet werden. Das leichte Ablaufen von geneigten und senkrechten Flächen oder in Reliefstrukturen hinein kann vor allem bei Kombination mit zähflüssigen Glasurschmelzen reizvoll wirken, wenn solche Fließtexturen farbig streifige Mischeffekte hervorrufen oder sich an bestimmten Stellen der Oberfläche sammeln oder durchs Ablaufen Entmischungsvorgänge auftreten.

Die Rezepturen ergeben bei den angegebenen Segerkegel-Nummern gebrannt niedrigviskose Schmelzen. Vgl. auch Abs. 2.2.2, 2.2.3, Transp. Blei- und Alkali-Glasuren; Abs. 2.4.3, Kristallglasuren.

1101) SK 04a/01a grau-weiß, seidenmatt bis matt, bleihaltig! *N. Rieter*

0.311 Li_2O	0.084 Al_2O_3	0.723 SiO_2
0.058 Na_2O	0.103 B_2O_3	
0.009 K_2O		
0.088 CaO		
0.048 MgO		
0.363 ZnO		
0.123 PbO		

76,9 Fritte 3520 Ferro
15,4 Lithiumcarbonat
7,7 Ton W 100

1102) SK 03a/1a glänzend bis matt, schwarzbraun mit Aventurineffekt *A. Pickal*

0.45 Na_2O	0.291 Al_2O_3	2.00 SiO_2
0.45 K_2O	0.600 B_2O_3	
0.10 CaO	0.316 Fe_2O_3	

74,1 Fritte 90167 Degussa
18,5 Eisen(III)-oxid
7,4 china clay RM

1103) SK 02a/2a glänzend, dunkelbraun, mit Kristallisationen

0.678 Na_2O	1.349 B_2O_3	2.071 SiO_2
0.322 ZnO	0.325 Fe_2O_3	

76,9 Fritte 3759 Ferro
15,4 Eisen (III)-oxid
7,7 Zinkoxid

1104) SK 2a/4a glänzend, opak bis transparent mit gelben Kristallen, bleihaltig!

0.022 Li_2O	0.093 Al_2O_3	0.933 SiO_2
0.078 Na_2O	0.147 B_2O_3	0.109 TiO_2
0.010 K_2O		
0.128 CaO		
0.069 MgO		
0.517 ZnO		
0.176 PbO		

95,2 Fritte 3520 Ferro
3,8 china clay
1,0 Lithiumcarbonat
+ 5,0 Titanoxid

1105) SK 6a/8 glänzend, gelbgrau bis bunt, fleckig kristallin, reduzierend wie oxidierend brennbar *B. Lidl*

1.00 Na_2O	0.091 Al_2O_3	0.200 SiO_2
		0.308 TiO_2
		0.427 P_2O_5

71,4 Targon 1111 X
14,3 Rutil
14,3 china clay

1106) SK 3a/6a   matt, weißgrau, mit niedrigem Wärmeausdehnungskoeffizienten, bleihaltig!

0.389 Li_2O	0.145 Al_2O_3	1.067 SiO_2	33,3 K-Feldspat B 412
0.028 Na_2O		0.040 TiO_2	17,0 Fritte 3527 Ferro
0.074 K_2O			16,4 Lithiumcarbonat
0.107 CaO			9,0 Zinkoxid
0.103 MgO			6,9 Wollastonit
0.194 ZnO			6,3 china clay
0.105 PbO			5,0 Magnesit
			4,3 Quarz
			1,8 Titanoxid

1107) SK 7/8   glänzend, silbriggelbbraun bis bunt, mit Kristallnadeln   *B. Vogl*

0.282 Li_2O	0.297 Al_2O_3	1.924 SiO_2	45,1 K-Feldspat B 412
0.115 Na_2O	0.129 B_2O_3	0.526 TiO_2	14,3 Rutil
0.168 K_2O			10,6 Na-Feldspat
0.256 CaO			7,9 Bariumcarbonat
0.061 MgO			7,1 Calciumborat-2-hydrat
0.118 BaO			7,1 Lithiumcarbonat
			4,0 Kreide
			2,1 Quarz
			1,8 Magnesit

1108) SK 6a/9   eisenrotbraun bis orangegelbbraun, mit schillernden Flecken,   *F. Roßmann*
auch für Salzbrand, kleiner Wärmeausdehnungskoeffizient!

0.530 Li_2O	0.334 Al_2O_3	2.698 SiO_2	52 K-Feldspat
0.068 Na_2O	0.152 Fe_2O_3	0.174 P_2O_5	15 Quarz
0.179 K_2O			15 Lithiumphosphat
0.008 CaO			10 Talkum
0.215 MgO			8 china clay RM
			+ 9 Eisen(III)-oxid

2.9.3 Glasuren mit sehr hoher Viskosität — Auffang-Glasuren

enthalten im Versatz immer viel Kalifeldspat und/oder viel Quarz und/oder viel Ton bzw. Kaolin, damit sie auch bei sehr dicker Lage nicht ablaufen, sondern halbkugelförmig stehen bleiben, wenn man sie tropfenartig aufträgt, und dadurch dünnflüssige Schmelzen in ihrem Fließen aufhalten können. Solche Glasuren werden unschön blasig, wenn man ihnen Stoffe zugibt, die in den hochviskosen Schmelzen Gase abspalten. Deshalb wirken in diesen Glasuren Mangan-, Kobalt-, Antimon- und Eisenoxid oft ungünstig. Langes Halten der Garbrandtemperatur macht ihnen weniger aus als zu hohes Brennen und kann in Verbindung mit Lauf- oder Kristallglasuren interessante Kontraste liefern.

1109) SK 05a/03a halbopak, glänzend, craquelée   W. Weber

　　　　　　　　0.054 Na$_2$O   0.523 Al$_2$O$_3$ 3.290 SiO$_2$ 62,5 Fritte 3505 Ferro
　　　　　　　　0.235 K$_2$O   0.372 B$_2$O$_3$ 31,3 Feldspat FS 90
　　　　　　　　0.558 CaO   6,2 china clay RM
　　　　　　　　0.032 MgO
　　　　　　　　0.121 PbO

1110) SK 05a/03a glänzend, craquelée, bleifreie Alkali-Bor-Glasur

　　　　　　　　0.654 Na$_2$O   0.713 Al$_2$O$_3$ 3.176 SiO$_2$ 50 K-Feldspat B 412
　　　　　　　　0.335 K$_2$O   1.048 B$_2$O$_3$ 38 Fritte 3759 Ferro
　　　　　　　　0.011 CaO   12 china clay RM

1111) SK 02a/1a   seidenmatt bis glänzend, weißlich trüb

　　　　　　　　0.150 Na$_2$O   0.688 Al$_2$O$_3$ 4.466 SiO$_2$ 36,0 Fritte 3505 Ferro
　　　　　　　　0.359 K$_2$O   0.252 B$_2$O$_3$ 0.226 ZrO$_2$ 58,3 K-Feldspat B 412
　　　　　　　　0.389 CaO   5,7 Ton W 100 weiß, fett
　　　　　　　　0.021 MgO   + 10,0 Zirkontrübungsmittel
　　　　　　　　0.081 PbO   Ultrox 500 W

1112) SK 1a/3a   seidenmatt bis glänzend, weiß trüb, niedriger   H. Karst
                  Wärmeausdehnungskoeffizient

　　　　　　　　0.214 Li$_2$O   1.153 Al$_2$O$_3$ 8.046 SiO$_2$ 41,7 K-Feldspat B 412
　　　　　　　　0.152 Na$_2$O   1.229 B$_2$O$_3$ 38,7 Fritte A 3069 R&S
　　　　　　　　0.405 K$_2$O   11,3 china clay RM
　　　　　　　　0.015 CaO   8,3 Quarzmehl
　　　　　　　　0.214 MgO

1113) SK 4a/5a   matt, weißlich, fein aufmahlen! Auch für Reduktion

　　　　　　　　0.133 Na$_2$O   0.565 Al$_2$O$_3$ 2.599 SiO$_2$ 60 Feldspat K 4280
　　　　　　　　0.171 K$_2$O   20 Dolomit
　　　　　　　　0.357 CaO   20 china clay RM
　　　　　　　　0.339 MgO

1114) SK 5a/7   stumpfmatt, graubeigegelblich, halbtransparent,   M. Hanisch
                  evtl. craquelée, auch für Reduktionsbrand

　　　　　　　　0.101 Na$_2$O   0.394 Al$_2$O$_3$ 2.204 SiO$_2$ 24,4 Bimssteinmehl NR
　　　　　　　　0.105 K$_2$O   0.011 Fe$_2$O$_3$ 24,4 Dolomit
　　　　　　　　0.394 CaO   24,4 Feldspat B 412
　　　　　　　　0.367 MgO   12,2 Quarz
　　　　　　　　0.033 BaO   12,2 china clay RM
　　　　　　　　　　　　　　　　　　　　　　　　　　　　　　　　　　　　　　　 2,4 Bariumcarbonat

1115) SK 7/9   weiß, halbopak, seidenmatt bis glänzend

　　　　　　　　0.012 Na$_2$O   0.654 Al$_2$O$_3$ 3.195 SiO$_2$ 36,4 china clay RM
　　　　　　　　0.135 K$_2$O   22,7 Feldspat FS 90
　　　　　　　　0.853 CaO   22,7 Kalkspat
　　　　　　　　　　　　　　　　　　　　　　　　　　　　　　　　　　　　　　　18,2 Quarzmehl W 10

2.9.4 Glasuren mit großer Oberflächenspannung — Schlangenhautglasuren

Solche Glasuren, auch Schuppen-Glasuren genannt, ziehen sich besonders beim beginnenden Schmelzen, wenn auch ihre Viskosität noch sehr hoch ist, oft tropfen- oder inselartig zusammen, weil sie den Scherben schlecht benetzen. Brennt man sie höher, werden Viskosität und Oberflächenspannung der Schmelze erheblich geringer, die einzelnen Tropfen oder Glasurflecken können dann wieder zu einer geschlossenen Schicht zusammenfließen. Schlechte Benetzbarkeit des Scherbens wegen Fett- oder Staubverunreinigungen und hoher Porosität, sowie große Trockenschwindung der Glasurschicht, die Risse in der rohen Schicht hervorruft, aber auch große Brennschwindung vor dem Schmelzen verstärken diesen Effekt, besonders auch dann, wenn die Glasur sehr dick aufgetragen wurde.

Weil die Oberflächenspannung der Glasurschmelzen vor allem durch große Anteile der Oxide MgO, Al_2O_3, ZnO, BaO, CaO recht hoch wird, neigen Lehmglasuren, Kaolinmatt-, Zinkmatt- und Erdalkalimattglasuren besonders leicht zum Zusammenziehen und Abrollen. Dieser Effekt kann gut zu dekorativen Oberflächen genutzt werden, wenn man eine Glasur mit hoher Oberflächenspannung und ausreichend hoher Viskosität (meist farblos oder hell gefärbt) auf eine anders gefärbte, glatt fließende, etwas früher schmelzende Glasur aufträgt. Wie groß dabei die Schuppen, Inseln oder Tropfen werden, hängt von der jeweiligen Auftragsstärke ab, aber auch davon, wieweit die beiden Glasuren miteinander reagieren; der zweite wichtige Beeinflussungsfaktor für brauchbare Ergebnisse ist die richtige Brenntemperatur und die Haltezeit der Garbrandtemperatur. Brennt man nicht schnell genug, können sich beide Glasuren so stark vermischen, daß der Schuppeneffekt unsichtbar wird; ästhetisch besser wirken die Oberflächen aber immer, wenn die Schuppenglasur etwas in die Unterglasur einsinkt.

Solche Glasuren lassen sich am besten durch Nickel-, Chrom- und Kobaltoxid färben. Mangan- und Kupferoxid wirken erniedrigend auf die Oberflächenspannung und die Viskosität, sind deshalb oft ungünstiger (vgl. Abs. 1.4.2).

Dünnflüssige Glasurschmelzen mit hoher Oberflächenspannung ziehen sich rinnsalförmig zusammen. Diese Erscheinung tritt meistens bei BaO- und CaO-reichen Glasuren auf, die oberhalb 1100 °C gebrannt wurden. Siehe auch Glasuren Nr. 250, 251, 376, 381, 385, 829, 830, 1032.

1116) SK 04a/03a   weiß, matt, Alkali-Bor-Frittenglasur   *E. Reusch*

$$0.411\ Na_2O \quad\quad 0.526\ Al_2O_3 \quad\quad 2.418\ SiO_2$$
$$0.589\ ZnO \quad\quad 0.819\ B_2O_3$$

45,4 Fritte 3759 Ferro
40,9 china clay RM
13,7 Zinkoxid

1117) SK 03a/02a   weißmatt, mit niedrigem Wärmeausdehnungskoeffizienten   *J. Neuer*

$$0.058\ Li_2O \quad\quad 0.070\ Al_2O_3 \quad\quad 0.753\ SiO_2$$
$$0.058\ MgO \quad\quad 0.333\ B_2O_3$$
$$0.884\ ZnO$$

52,6 Fritte A 3069 R&S
47,4 Zinkoxid

1118) SK 03a/01a   weiß glänzend bis seidenmatt, dick glasieren, bleihaltig!   *U. Martin*

$$0.087\ Na_2O \quad\quad 0.479\ Al_2O_3 \quad\quad 1.871\ SiO_2$$
$$0.015\ K_2O \quad\quad 0.148\ B_2O_3$$
$$0.128\ CaO$$
$$0.069\ MgO$$
$$0.523\ ZnO$$
$$0.178\ PbO$$

58,8 Fritte 3520 Ferro
29,4 china clay RM
11,8 Ton W 100 weiß, fett

1119) SK 01a/3a   gelblichgrün, matt, dick glasieren   *A. Zenzen*

$$0.144\ Na_2O \quad\quad 0.295\ Al_2O_3 \quad\quad 1.698\ SiO_2$$
$$0.506\ CaO \quad\quad 0.144\ B_2O_3$$
$$0.350\ MgO$$
$$\quad\quad\quad\quad\quad + 2-5\%\ NiCO_3$$

74,1 Fritte 90368 Degussa
14,8 china clay
11,1 Magnesit
+ 3,0 Nickelcarbonat

1120) SK 01a/4a weißbeige, seidenmatt bis matt, Zr-Frittenglasur

0.170 Na_2O	0.192 Al_2O_3	2.608 SiO_2	66,7	Fritte A 3305 R&S
0.043 K_2O	0.277 B_2O_3	0.128 ZrO_2	33,3	Sepiolith Mandt
0.213 CaO				
0.574 MgO				

1121) SK 5a/8 matt, krustig, blau, gut ohne Färbung über kobaltschwarzen Glasuren *E. Simon*

0.027 Na_2O	0.119 Al_2O_3	1.005 SiO_2	41,2	Zinkoxid
0.070 K_2O			35,3	K-Feldspat B 412
0.105 CaO	+ 0.1–0.4% $CoCO_3$		13,5	Quarzmehl
0.798 ZnO			6,5	Kalkspat
			3,5	china clay RM
			+ 0,2	Kobaltcarbonat

1122) SK 6a/7 matt, stumpf gelbbräunlich, gut über kobaltblauen Glasuren *G. Blomert*

0.015 Na_2O	0.070 Al_2O_3	1.007 SiO_2	50	Sepiolith Mandt
0.021 K_2O	0.011 Fe_2O_3		25	Vulkanton TE (Trass)
0.030 CaO			25	Zinkoxid
0.473 MgO				
0.461 ZnO				

1123) SK 7/8 weiß, glänzend bis seidenmatt, opak, hochviskos, mit einzelnen braunen Flecken, für Reduktionsbrand, gut auf schwarzen oder braunen Glasuren *F. Roßmann*

0.295 Na_2O	0.418 Al_2O_3	2.614 SiO_2	55,9	K-Feldspat K 31
0.068 K_2O	0.003 Fe_2O_3	0.006 TiO_2	22,0	Tricalciumphosphat
0.637 CaO		0.205 P_2O_5	14,7	Feldspat B 412
			7,4	Ton Schmidt 904

2.9.5 Glasuren mit hoher Viskosität und Blasenbildung — Kraterglasuren

Entstehen in Glasuren beim Schmelzen größere Mengen gasförmiger Bestandteile, die nicht so schnell entweichen können, weil die Viskosität der Schmelze noch sehr hoch ist, und wird zu diesem Zeitpunkt schon wieder abgekühlt, so können stark blasig-schaumige Glasuren oder sogenannte Kraterglasuren entstehen, wo die Blasen gerade an der Oberfläche aufgeplatzt sind, aber noch nicht wieder glatt zusammenfließen konnten. Das kann bei ausreichend dickem Auftrag der Glasurschicht interessante Oberflächentexturen ergeben und auch farblich lebendig aussehen, wenn man eine solche Glasur mit andersfarbigen, glattfließenden Glasuren überglasiert und die Blasen durch diese zweite Schicht durchbrechen. Es können sich auch ansprechende Oberflächen bilden, wenn lediglich viele Nadelstiche entstehen.

Auch hier spielt die Auftragsstärke eine sehr wichtige Rolle für die optimale Wirkung; sie muß durch Versuche gefunden werden. Gleiches gilt für das Abpassen der gerade richtigen Brenntemperatur und der Art bzw. Geschwindigkeit der Abkühlung.

Manchmal können auch Engoben oder der Scherben mit ihrem Gehalt an Fe_2O_3 oder MnO_2 zum richtigen Ergebnis beitragen. Als Grundglasuren können Lehmglasuren, Feldspatglasuren,

Zirkonglasuren oder Alkaliglasuren dienen, denen man z. B. Manganoxid, Eisenoxid, Antimonoxid oder Chromoxid zusetzen kann für eine stärkere Blasenbildung. Die typischen Ölfleckenglasuren könnte man auch hierzu zählen; sie werden aber normalerweise so hoch gebrannt, daß die aufgeplatzten Blasen gerade wieder verlaufen sind (vgl. auch Abs. 2.3.2.4.4).

1124) SK 03a/01a   schaumig-löcherig, weiß, nicht hochglänzend

0.3 K_2O 0.374 Al_2O_3 3.163 SiO_2 95,2 Fritte 90038 Degussa
0.7 ZnO 1.5 B_2O_3 4,8 china clay
                + 4,0 Antimonoxid
+ 2–5% Sb_2O_3

1125) SK 01a   dunkelbraun, glänzend, dick glasieren, schnell brennen, bleihaltig!   *M. Sebus*

0.062 Na_2O 0.136 Al_2O_3 1.462 SiO_2 54,5 Fritte 3520 Ferro
0.007 K_2O 0.117 B_2O_3 27,3 Fritte 3527 Ferro
0.100 CaO 9,1 Quarz
0.055 MgO + 8–10% FK Co-Cr-Fe-Ni   9,1 china clay
0.409 ZnO + 9,0 FK 13013 Ferro
0.367 PbO

1126) SK 2a/6a   glänzend, schwarzbraun mit gelb   *S. Furjan*

0.70 K_2O 0.99 Al_2O_3 6.07 SiO_2 100 K-Feldspat B 412
0.27 Na_2O 0.348 Fe_2O_3 + 10 Eisen(III)-oxid
0.03 CaO

1127) SK 4a/5a   glänzend-dunkelbraune Lehmglasur mit feinen Löchern   *I. Florath*

0.033 Na_2O 0.766 Al_2O_3 4.886 SiO_2 90 Kreutzton, rotbr.
0.214 K_2O 0.202 Fe_2O_3 0.077 TiO_2 5 Niederahrer Ton
0.361 CaO 5 Odenwälder Ton
0.392 MgO

1128) SK 4a/5a   glänzend braune Lehmglasur mit großen Kratern   *I. Florath*

0.018 Na_2O 0.432 Al_2O_3 2.881 SiO_2 80 Kreutzton, rotbr.
0.129 K_2O 0.114 Fe_2O_3 0.051 TiO_2 10 Kalkspat
0.604 CaO 0.128 Sb_2O_3 10 Antimonoxid
0.249 MgO

1129) SK 5a/7   braune Kraterglasur, glänzend   *R. Stolzenfeld*

0.538 Na_2O 1.706 Al_2O_3 7.322 SiO_2 71,4 Phonolith BES
0.264 K_2O 0.104 Fe_2O_3 0.019 TiO_2 14,3 china clay
0.028 CaO 14,3 Niederahrer Ton
0.170 MgO

1130) SK 6a   glänzend, weiß, halbopake Kraterglasur   *E. Loef*

0.335 Na_2O 0.581 Al_2O_3 8.406 SiO_2 41,6 K-Feldspat B 412
0.497 K_2O 37,6 Quarzmehl
0.168 CaO 17,3 Fritte 1233 M&M
                                                                    3,5 china clay

1131) SK 6a/7   weißbeige opak, matt bis seidenglänzend   R. Lorenz/D. Müller

0.119 Na_2O	0.149 Al_2O_3	1.729 SiO_2	62,5 Fritte 90368 Degussa
0.416 CaO	0.119 B_2O_3		25,0 Talkum
0.465 MgO	0.089 Sb_2O_3		12,5 Antimonoxid

1132) SK 7/9   braunschwarz, seidenmatt bis matt   A. Pickal

0.080 Na_2O	0.394 Al_2O_3	5.044 SiO_2	40,7 Quarzmehl
0.212 K_2O	0.221 Fe_2O_3		37,7 K-Feldspat B 412
0.708 CaO			15,8 Kreide
	+ 6–10% Fe_2O_3		5,8 china clay
			+ 8,0 Eisen(III)-oxid

2.9.6 Glasuren mit großem Wärmeausdehnungskoeffizienten — Craquelée-Glasuren

bekommen nur ein gutes Risse-Netz, wenn sie gerade dick genug aufgetragen wurden (daß muß ausprobiert werden!) und wenn der Scherben — auch durch die richtige Brenntemperatur und -dauer — die gerade richtige Zusammensetzung hat. Es kommt auch darauf an, ob der Scherben vielleicht Spannungen aufweist, die von Formgebung und Trocknung herrühren, was sich in der Form des Risse-Netzes stark bemerkbar macht. Oberflächen mit farbigen Craquelée-Glasuren werden oft schöner, wenn man das Risse-Netz mit einer passenden Farbe einfärbt, die im Kontrast oder im Gleichklang zur Glasurfarbe steht. Soll das Risse-Netz auf diese Art gefärbt werden, ist es zu empfehlen, die zu färbenden Flächen schon beim Aussetzen des Ofens nicht mit bloßen Fingern zu berühren, denn das kann schon für die gleichmäßige Aufnahme der Farbe in die Risse schädlich sein. Als Färbemittel haben sich Kohlenstoff (durch Nachrauchen eingelagert!), schwarze wasserfeste Tinte oder Tuschen, lichtechte wasserfeste Lösungsfarben, wie sie in Filzstiften benutzt werden und lichtechte Färbungen durch konzentrierte Tees bewährt.

Siehe auch Abs. 2.2.3, Alkaliglasuren; 2.2.4, Farbige Transparentglasuren; 2.4.2.5, Matte Craquelée-Glasuren; 2.6.3, Seladonglasuren und Abs. 2.7.4, Feldspat-Glasuren.

Die Glasuren müssen reich an Alkalioxiden sein, dürfen viel BaO enthalten, aber möglichst wenig SiO_2.

Siehe auch Glasuren Nr. 474, 544, 545, 560, 577, 619–621, 649, 758, 799, 804, 812, 846, 841, 842, 857, 856, 854, 848, 903, 904.

1133) SK 010a/08a   wachsmatt, halbopak weiße Bleiglasur   H. Otten

0.333 Li_2O	1.669 SiO_2	69,0 Fritte 3527 Ferro
0.667 PbO		22,0 Quarzmehl
		9,0 Lithiumcarbonat

1134) SK 07a/01a   glänzend transparent, bleifreie Alkali-Bor-Glasur, hellgelb   C. Wilhelm

0.25 Na_2O	0.084 Al_2O_3	2.185 SiO_2	90 Fritte A 3249 R&S
0.25 K_2O	0.250 B_2O_3		10 china clay
0.50 CaO	0.077 Fe_2O_3		+ 6 Eisen(III)-oxid

1135) SK 05a/1a glänzend transparente, bleifreie Alkaliglasur

        0.457 Na_2O 0.395 Al_2O_3 3.523 SiO_2 50,0 Fritte 1233 M&M
        0.304 K_2O 17,5 Na-Feldspat
        0.239 CaO   15,0 K-Feldspat B 412
                                                                                                                  10,0 china clay RM
                                                                                                                   7,5 Nephelin-Syenit

---

1136) SK 02a/2a glänzend, transparent, intensiv grüngelb   *G. Schöffel*

        0.394 Na_2O 0.186 Al_2O_3 3.393 SiO_2 70,8 Fritte 1233 M&M
        0.294 K_2O 14,0 Quarzmehl
        0.294 CaO   + 0.2−0.5% Cr_2O_3 14,0 china clay RM
        0.018 BaO   1,2 Bariumcarbonat
                                                                                                            + 0,4 Chromoxid

---

1137) SK 01a/3a matt, opak, craquelée, bleihaltig!

        0.060 Na_2O 0.111 Al_2O_3 0.861 SiO_2 62,5 Fritte A 62 R&S
        0.480 CaO   0.182 B_2O_3 30,0 Dolomit
        0.298 MgO   7,5 china clay RM
        0.162 PbO

1138) SK 4a/6a matt, zartgrün, glatt   *A. Konietzny*

        0.143 Na_2O 0.152 Al_2O_3 1.844 SiO_2 38,5 Fritte 90167 Degussa
        0.143 K_2O 0.193 B_2O_3 38,5 Wollastonit
        0.714 CaO   11,5 china clay RM
                            + 0.2−0.5% CuO   11,5 Quarz
                                                                  + 0,4 Kupferoxid

---

1139) SK 5a/7 halbopak, glänzend, dick glasieren!   *H. v. Houten/R. Weidner*

        0.223 Na_2O 0.374 Al_2O_3 2.810 SiO_2 47,6 Nephelin-Syenit
        0.068 K_2O 23,8 Quarz
        0.709 CaO   20,4 Kalkspat
                                                                                4,8 Kaolin
                                                                                3,4 Wollastonit

---

1140) SK 6a/8 stumpfmatt, seladon-grau-grünlich, reduzierend brennen!   *P. Thumm*
                Auch gut für Salzbrand

        0.332 Na_2O 0.671 Al_2O_3 2.927 SiO_2 60,0 Nephelin-Syenit
        0.101 K_2O 0.017 P_2O_5 14,9 china clay RM
        0.451 CaO   10,5 Kalkspat
        0.116 BaO   6,5 Quarz
                                                                                6,5 Bariumcarbonat
                                                                                1,6 Tricalciumphosphat

                              andere Seladongrüntöne mit 0.5−2% Fe_2O_3

1141) SK 7/8   halbopak, seidenmatt glatt, gelblichweißlich, sehr dick   *A. M. Günther*
glasieren, für Reduktionsbrand mit Sturzkühlung

0.462 Na$_2$O	0.791 Al$_2$O$_3$	3.879 SiO$_2$		71,4 Nephelin-Syenit
0.140 K$_2$O	0.024 B$_2$O$_3$			8,9 Kreide
0.398 CaO				8,9 china clay RM
				8,9 Feinstquarzmehl Sicron
				1,9 Fritte 3284 Ferro

1142) SK 7/8   seidenmatt, halbopak, beigegelblich, sehr dick glasieren gut   *D. Thul*
oxidierend brennen

0.091 Na$_2$O	0.448 Al$_2$O$_3$	2842 SiO$_2$		60,0 K-Feldspat B 412
0.240 K$_2$O				20,9 Kalkspat
0.669 CaO	+ 0.5–1.0 Fe$_2$O$_3$			10,0 Quarz
				9,1 china clay
			+	0,5 Eisen(III)-oxid

1143) SK 7/8   glänzend, feinblasig trüb bis weiß, grobcraquelée,   *B. Vogl*
dick glasieren!

0.118 Na$_2$O	0.495 Al$_2$O$_3$	3.649 SiO$_2$	63,8 Feldspat FS 90
0.360 K$_2$O			15,0 Na-Feldspat Ventilato
0.418 CaO			6,8 Quarzmehl W 10
0.104 MgO			5,8 Kreide
			5,3 Dolomit
			3,3 Wollastonit

1144) SK 7/9   glatt, weiß matt, hochviskos, dick glasieren, stark reduzierend brennen!   *E. Pleuger*

0.216 Na$_2$O	0.667 Al$_2$O$_3$	3.017 SiO$_2$	25,6 K-Feldspat B 412
0.117 K$_2$O			25,6 Na-Feldspat Ventilato
0.660 CaO			17,8 Kreide
0.007 MgO			11,6 china clay
			7,8 Anorthit Mandt
			7,7 Quarzmehl W 10
			3,9 calcinierte Tonerde

2.9.7 Glasuren mit sehr niedrigem Wärmeausdehnungskoeffizienten

entstehen vorwiegend dann, wenn in der Glasur viel ZnO zur Kristallisation von Zinksilikaten führt, oder wenn in der Seger-formel sehr hohe Anteile an MgO, B_2O_3 und SiO_2 vorhanden sind oder wenn sich infolge entsprechender Zusammensetzung in der erstarrenden Schmelze kristalline Lithium-Aluminium-Silikate ausscheiden können. Diese Ausscheidung wird in manchen Fällen auch durch Tempern der gebrannten Stücke etwa im Bereich zwischen 800 und 600 °C bewirkt (siehe Hinz[59], Lawrence a. West[85], Salmang u. Scholze[132]).

Solche Glasuren sind für niedrig gebrannte Scherben mit kleinem Wärmeausdehnungskoeffizienten und geringem Gehalt an freiem Quarz geeignet, für MgO-reiche Massen vom Cordierit-Typ, für kochfeste Petalit-Massen, für Lithium-Porzellane. Auf normalen Steinzeugscherben ergeben diese Glasuren immer Fehler, die sich als Risse, Kantenabsprengungen der Glasur oder völlige Zerstörung von Hohlgefäßen bemerkbar machen. Für Glasuren mit niedrigem Wäremausdehnungskoeffizienten lassen sich folgende Fritten gut benutzen:

von Ferro   3244 bleifrei, reich an MgO und B_2O_3
                3335 bleifrei, Zirkonfritte
von Reimbold & Strick   A 3021 reich an CaO und B_2O_3
                             A 3069 reich an MgO, Li_2O und B_2O_3
                             A 3148 reich an ZnO, PbO und B_2O_3
                             A 283   zinkhaltige Zirkonfritte, bleifrei
von Degussa   90036 reich an PbO und B_2O_3
                   90176 reich an CaO und B_2O_3
                   90352 Zinkmattfritte
                   90255 reich an CaO, B_2O_3, SiO_2 für hohe Temperaturen.

Siehe auch Glasuren Nr. 907, 953, 957, 1027, 1117, 1116.

1145)   SK 1a/6a   matt, gelborange bis grüngelblich, niedrigviskos bei SK 6a   *U. Ahme*

0.423 Li_2O	0.26 Al_2O_3	1.159 SiO_2
0.019 Na_2O	0.041 Fe_2O_3	
0.062 K_2O		
0.245 CaO		
0.251 MgO		

41,7 Odenwälder Ton
20,8 Dolomit
20,8 Trass TE
16,7 Lithiumcarbonat

1146)   SK 2a/6a   glänzend, opak bis halbopak, weißlich   *R. Kallies*

0.005 Na_2O	0.300 Al_2O_3	1.968 SiO_2
0.002 K_2O	0.771 B_2O_3	
0.993 MgO		

72,7 Fritte 3244 Ferro
18,2 Sepiolith Mandt
9,1 Ton W 100

1147)   SK 4a/6a   matt, glatt, beigeweiß

0.078 Na_2O	1.027 Al_2O_3	3.063 SiO_2
0.039 K_2O	0.012 Fe_2O_3	0.008 TiO_2
0.883 Li_2O		

83,3 Ton W 100 weiß, fett
16,7 Lithiumcarbonat

1148)   SK 7/8   glänzend, feinblasig, kupferblau bis türkis

90,9 kupferhaltiger Rhyolit von Imsbach
9,1 Lithiumcarbonat

1149)	SK 9/10	glänzend, halbopak bis mattweißlich für Petalit-Massen, 1 h tempern bei 750 °C			nach	*Lawrence a. West*[85]
		0.842 Li_2O	1.324 Al_2O_3	2.953 SiO_2		
		0.063 Na_2O	0.146 B_2O_3	0.130 TiO_2		
		0.047 K_2O		0.079 P_2O_5		
		0.048 PbO		0.059 ZrO_2		
1150)	SK 10/12	weiß, matt, für Cordierit-Massen			nach	*Lawrence a. West*[85]
		0.252 Li_2O	0.868 Al_2O_3	7.931 SiO_2		43 Quarz
		0.031 Na_2O				30 Petalit Mandt
		0.126 K_2O				10 K-Feldspat
		0.170 CaO				7 calc. Tonerde
		0.421 MgO				5 Talkum
						5 Dolomit
1151)	SK 11/12	matt, weiß			nach	*Weltner*
		0.386 Li_2O	1.123 Al_2O_3	4.401 SiO_2		76,9 Petalit Mandt
		0.045 Na_2O				14,2 Talkum
		0.019 K_2O				5,5 Kaolin RM
		0.127 CaO				3,4 Kreide
		0.423 MgO				

2.9.8 Fleckige, gesprenkelte Glasuren

Eine gleichmäßige, homogene Färbung von Glasuroberflächen kann und soll nicht immer erreicht werden. Sie ist im wesentlichen durch die gleichmäßige Verteilung der färbenden Substanzen in der erstarrten Glasurschicht bedingt. Eine Konzentration färbender Stoffe an einzelnen Stellen dagegen führt zu fleckiger, gesprenkelter Farbgebung. Eine solche und ungleichmäßige Verteilung färbender Bestandteile kann auf verschiedene Art und Weise zustande kommen:

1. Durch ungleiche Verteilung färbender Stoffe im Scherben oder in einer Engobe wird die darüberliegende Glasur fleckig, wenn diese Stoffe von der Glasur gelöst, bzw. aufgenommen werden.
2. Der färbende Stoff ist im Glasurversatz ungleichmäßig verteilt – meistens aufgrund seiner gröberen Körnung und nicht ausreichender Mischung oder zu kurzer Mahldauer.
3. Durch Kristallisation entsteht eine Entmischung der ursprünglich homogenen Schmelze beim Abkühlen, wobei die farbgebenden Substanzen unterschiedlich in die sich bildenden Kristalle eingebaut werden (siehe Abs. 2.4.3.8, Färbung von Kristallglasuren, S. 258).
4. Durch Blasenbildung wird eine eventuelle lagenweise Schichtung mit unterschiedlicher Färbung (z. B. entstanden durch Übereinanderglasieren von zwei Glasuren) durchbrochen und die untere Farbe gelangt dadurch stellenweise an die Oberfläche. Dieser Fall ist auch häufig bei reduzierend gebrannten Glasuren.
5. Durch tropfenförmiges Aufspritzen oder -schleudern einer andersfarbigen Glasur werden Farbflecken und -kleckse verursacht.

Die beste ästhetische Wirkung haben die Methoden, bei denen die Ergebnisse nicht absichtlich gewollt erscheinen, sondern so aussehen, als ob sie auf natürliche Weise, wie durch eine natürliche »Verunreinigung« entstanden seien; das ist nur mit den Möglichkeiten 1–3 relativ sicher erreichbar. Möglichkeit 4 ist für wiederholbare Ergebnisse nur eine unsichere Methode, was zum Teil auch für Methode 3 gilt.

Die besten und sichersten Ergebnisse ohne Schwierigkeiten beim Glasurauftrag entstehen mit Hilfe der Möglichkeiten 1 und 3.

Siehe auch Sinterengoben Nr. 291, 295, 296.

Besteht dabei das färbende Material aus Pyrit oder anderen Eisenmineralen oder kupferhaltiger Farbfritte, ist ein reduzierendes Brennen zu empfehlen, damit die Flecken gut sichtbar werden.

Die zweite Möglichkeit, färbende Substanzen im Glasurversatz ungleich zu verteilen, macht es nötig, daß diese möglichst in gröberer Kornform vorliegen, die am besten zwischen 0,1 und 0,5 mm liegen sollte. Die Körnchen müssen fest genug sein, so daß sie sich bei längerem Rühren und Schütten nicht im Schlicker auflösen. Außerdem sollten die benutzten Stoffe bei der entsprechenden Brenntemperatur der Glasur schmelzen oder sich in der Schmelze unter Farbwirkung auflösen, damit sie nicht als grobe rauhe Körner in der erstarrten Glasurschicht erhalten bleiben. Nachteilig wirken sich die gröbere Kornform und das dadurch größere Korngewicht aus: die färbenden Teilchen setzen sich schnell aus dem Schlicker ab, dieser muß deswegen recht dickflüssig sein, und die Glasur läßt sich meistens nicht mit der Pistole spritzen. Wird die Glasur als trockenes Pulver aufgestreut oder aufgepreßt, entstehen keine Auftragsprobleme. Natürlich darf der Schlicker nach Zugabe der färbenden Körnung nicht noch lange gemahlen werden! Das Einrühren feinpulvriger Oxide oder Pigmente in den Glasurschlicker ist wegen seiner unsicheren Ergebnisse nicht zu empfehlen.

Als körnige Färbemittel haben sich bewährt:

1. Grus von eisenreichen frühschmelzenden Gesteinen.
2. Grus von farbig brennenden Tonen, z. B. Schiefertonen oder pyritreichen Tonen.
3. Eisenreiche Holz- oder Kohlenaschen, die nur gesiebt zugesetzt werden und nicht mit dem Schlicker gemahlen werden.
4. Körnige, nicht pulverfein gemahlene Farbfritten oder Smalten der Glasurhersteller.
5. Die im Fachhandel erhältlichen »spots« zum fleckigen Einfärben von Glasuren, die es in verschiedenen Farben gibt.

Siehe auch Glasuren Nr. 749, 787, 789, 793, 901, 909, 923, 1019, 1027, 1082.

1152) SK 3a/5a glänzend, opak, intensiv chromgrün, mit dunkelbraunen Sprenkeln, Basaltgrus nach dem Aufmahlen der Glasur zugeben. *M. Welzel*

0.100 Na$_2$O	0.365 Al$_2$O$_3$	2.787 SiO$_2$	63 K-Feldspat B 412
0.258 K$_2$O	0.439 B$_2$O$_3$		22 Calciumborat-2-hydrat
0.519 CaO			9 Quarz
0.123 MgO			4 Dolomit
	+ 2–3% Cr$_2$O$_3$		2 Talkum
	5–8% Basalt 0,2–0,5		+ 3 Chromoxid
			6 Basaltgrus 0,2–0,5 mm

1153) SK 5a/7 gelblich seidenmatt bei langsamer Abkühlung, dunkel gesprenkelt *M. Burchard*

0.040 Na$_2$O	0.225 Al$_2$O$_3$	1.085 SiO$_2$	27,5 Zinkoxid
0.028 K$_2$O	0.091 B$_2$O$_3$	0.064 SnO$_2$	22,9 china clay RM
0.302 CaO		0.060 TiO$_2$	11,8 K-Feldspat
0.001 MgO	+ 3% Basaltkorn		11,8 Kalkspat
0.629 ZnO			8,5 Quarzmehl
			5,9 Na-Feldspat
			5,8 Fritte 3782 Ferro
			5,8 Calciumborat-6-hydrat
			+ 5,2 Zinnoxid
			2,6 Titanoxid
			3,0 Basaltkorn 0,5–0,8 mm

1154)	SK 6a/8	seidenmatt, grün mit dunklen Sprenkeln, reduzierend brennen, Tonschiefer grob gemahlen zusetzen			*T. Jaensch*

0.048 Na$_2$O	0.440 Al$_2$O$_3$	0.239 SiO$_2$	27,6	K-Feldspat B 412
0.119 K$_2$O	0.128 B$_2$O$_3$		21,5	china clay
0.598 CaO			13,0	Tonschiefer, rotbr.
0.173 MgO	+ 15% Tonschiefer, eisenreich		12,3	Kreide
0.062 ZnO			12,3	Quarz
			9,2	Dolomit
			4,1	Zinkborat

1155)	SK 7/8	dunkelgrün transparent bis halbopak matt, Seladon mit braunen Sprenkeln, reduzierend brennen			*J. Preußer*

0.106 Na$_2$O	0.519 Al$_2$O$_3$	2.655 SiO$_2$	69,2	K-Feldspat B 412
0.273 K$_2$O			15,4	Kalkspat
0.556 CaO	+ 2–3% Fe$_2$O$_3$		11,5	china clay
0.065 MgO	1–2% Eisenmineralkörner		3,9	Dolomit
			+ 3,1	Eisen(III)-oxid
			1,2	Eisenmineralkörner, abgesiebt aus Ton

1156)	SK 8/9	seidenmatt bis glänzend, hellolivgrün mit dunklen Flecken, reduzierend brennen			*D. Kirschbaum*

0.317 Na$_2$O	0.819 Al$_2$O$_3$	4.556 SiO$_2$	38,1	K-Feldspat B 412
0.263 K$_2$O	0.024 Fe$_2$O$_3$	0.024 TiO$_2$	19,0	Na-Feldspat
0.054 CaO			14,3	Bimssteinmehl NR
0.010 MgO			14,3	Ton 904 Schmidt
0.356 BaO			14,3	Bariumcarbonat

3
Tabellen und Listen

3.1 Periodensystem der Elemente

	I A	II A	III A	IV B	V B	VI B	VII B	VIII B	VIII B
1	1 **H** 1 1,00797								
2	3 **Li** 2,1 6,939	4 **Be** 2,2 9,0122							
3	11 **Na** 2,8,1 22,9898	12 **Mg** 2,8,2 24,312							
4	19 **K** 2,8,8,1 39,102	20 **Ca** 2,8,8,2 40,08	21 **Sc** 2,8,9,2 44,956	22 **Ti** 2,8,10,2 47,90	23 **V** 2,8,11,2 50,942	24 **Cr** 2,8,13,1 51,996	25 **Mn** 2,8,13,2 54,9381	26 **Fe** 2,8,14,2 55,847	27 **Co** 2,8,15,2 58,9332
5	37 **Rb** 2,8,18,8,1 85,47	38 **Sr** 2,8,18,8,2 87,62	39 **Y** 2,8,18,9,2 88,905	40 **Zr** 2,8,18,11,1 91,22	41 **Nb** 2,8,18,12,1 92,906	42 **Mo** 2,8,18,13,1 95,94	43 **Tc** 2,8,18,13,2 ~ 98	44 **Ru** 2,8,18,15,1 101,07	45 **Rh** 2,8,18,16,1 102,905
6	55 **Cs** 2,8,18,18,8,1 132,905	56 **Ba** 2,8,18,18,8,2 137,34	57–71 ↓ Lanthanidenreihe	72 **Hf** 2,8,18,32,10,2 178,49	73 **Ta** 2,8,18,32,11,2 180,948	74 **W** 2,8,18,32,12,2 183,85	75 **Re** 2,8,18,32,13,2 186,2	76 **Os** 2,8,18,32,14,2 190,2	77 **Ir** 2,8,18,32,15,2 192,2
7	87 **Fr** 2,8,18,32,18,8,1 ~ 223	88 **Ra** 2,8,18,32,18,8,2 ~ 226	89–103 ↓ Actinidenreihe						

III B	I B	II B	III A	IV A	V A	VI A	VII A	Edelgase	
								2 2 **He** 4,0026	1
			5 2,3 **B** 10,811	6 2,4 **C** 12,0111	7 2,5 **N** 14,0067	8 2,6 **O** 15,9994	9 2,7 **F** 18,9984	10 2,8 **Ne** 20,183	2
			13 2,8,3 **Al** 26,9815	14 2,8,4 **Si** 28,086	15 2,8,5 **P** 30,9738	16 2,8,6 **S** 32,064	17 2,8,7 **Cl** 35,453	18 2,8,8 **Ar** 39,948	3
28 2,8,16,2 **Ni** 58,71	29 2,8,18,1 **Cu** 63,54	30 2,8,18,2 **Zn** 65,37	31 2,8,18,3 **Ga** 69,72	32 2,8,18,4 **Ge** 72,59	33 2,8,18,5 **As** 74,9216	34 2,8,18,6 **Se** 78,96	35 2,8,18,7 **Br** 79,909	36 2,8,18,8 **Kr** 83,80	4
46 2,8,18,18 **Pd** 106,04	47 2,8,18,18,1 **Ag** 107,870	48 2,8,18,18,2 **Cd** 112,40	49 2,8,18,18,3 **In** 114,82	50 2,8,18,18,4 **Sn** 118,69	51 2,8,18,18,5 **Sb** 121,75	52 2,8,18,18,6 **Te** 127,60	53 2,8,18,18,7 **J** 126,904	54 2,8,18,18,8 **Xe** 131,30	5
78 2,8,18,32,17,1 **Pt** 195,09	79 2,8,18,32,18,1 **Au** 196,98	80 2,8,18,32,18,2 **Hg** 200,59	81 2,8,18,32,18,3 **Tl** 204,37	82 2,8,18,32,18,4 **Pb** 207,19	83 2,8,18,32,18,5 **Bi** 208,980	84 2,8,18,32,18,6 **Po** ~ 210	85 2,8,18,32,18,7 **At** ~ 210	86 2,8,18,32,18,8 **Rn** ~ 222	6
									7

	57 2,8,18,18,9,2	58 2,8,18,19,9,2	59 2,8,18,20,9,2	60 2,8,18,21,9,2	61 2,8,18,22,9,2	62 2,8,18,23,9,2	63 2,8,18,24,9,2
Lanthanreihe	La	Ce	Pr	Nd	Pm	Sm	Eu
	138,91	140,12	140,907	144,24	~ 147	150,35	151,96
	89 2,8,18,32,18,9,2	90 2,8,18,32,18,10,2	91 2,8,18,32,18,11,2	92 2,8,18,32,18,12,2	93 2,8,18,32,23,8,2	94 2,8,18,32,23,9,2	95 2,8,18,32,24,9,2
Actiniumreihe	Ac	Th	Pa	U	Np	Pu	Am
	~ 227	232,038	~ 231	238,03	~ 237	~ 242	~ 243

Zahl über dem Symbol = Ordnungszahl
Zahl unter dem Symbol = Atomgewicht
Zahlen rechts neben dem Symbol: Verteilung der Elektronen auf die K-, L-, M-, N-, O-, P-, Q-Schalen

3.2 Atom- und Molekulargewichte der Elemente, Verbindungen und Minerale; wichtige Eigenschaften

Erläuterungen zur Tabelle:

N = Name des Elements, der chemischen Verbindung, oder Mineralname, bzw. auch veralteter Name
F = chemische Formel, Summen- oder Strukturformel
g/mol = Molekulargewicht bzw. rel. Atomgewicht, auf- oder abgerundet
D = Dichte (spezifisches Gewicht) g/cm³, bei gasförmigen Stoffen kg/Nm³ (*hinter der Zahl)
S = Schmelz- oder Zersetzungstemperatur; sb = sublimiert, u = Umwandlung, z = Zersetzung, oder auch CO_2- bzw. H_2O-Abspaltung
L = Löslichkeit in Wasser, g/100 g H_2O; unl. = unlöslich in H_2O, l = löslich, ll = leicht löslich
H = Härte nach Mohs
KF = in den Glasuren keramisch wirksame Oxidformel bei oxidierendem Brand; hierzu siehe auch Abs. 1.3.3 Segerformel und Abs. 1.7.8, Das Berechnen von Glasuren.

64　　　2 　　　　8 　　　　18 Gd　25 　　　9 　　　　2 157,25	65　　　2 　　　　8 　　　　18 Tb　26 　　　9 　　　　2 158,924	66　　　2 　　　　8 　　　　18 Dy　27 　　　9 　　　　2 162,50	67　　　2 　　　　8 　　　　18 Ho　28 　　　9 　　　　2 164,94	68　　　2 　　　　8 　　　　18 Er　29 　　　9 　　　　2 167,26	69　　　2 　　　　8 　　　　18 Tm　31 　　　8 　　　　2 168,934	70　　　2 　　　　8 　　　　18 Yb　32 　　　8 　　　　2 173,04	71　　　2 　　　　8 　　　　18 Ln　32 　　　9 　　　　2 174,97
96　　　2 　　　　8 　　　　18 Cm　32 　　　25 　　　9 　　　　2 ∼ 247	97　　　2 　　　　8 　　　　18 Bk　32 　　　26 　　　9 　　　　2 ∼ 247	98　　　2 　　　　8 　　　　18 Cf　22 　　　27 　　　9 　　　　2 ∼ 249	99　　　2 　　　　8 　　　　18 Es　32 　　　28 　　　9 　　　　2 ∼ 254	100　　2 　　　　8 　　　　18 Fm　32 　　　29 　　　9 　　　　2 ∼ 253	101　　2 　　　　8 　　　　18 Md　32 　　　30 　　　9 　　　　2	102　　2 　　　　8 　　　　18 No　32 　　　31 　　　9 　　　　2	103　　2 　　　　8 　　　　18 Lr　32 　　　32 　　　9 　　　　2

N	F	g/mol	D	S	L	H	KF
Albit	$NaAlSi_3O_8$	262,2	2,61–2,64	1200	–	6,5	0,5 ($Na_2O \cdot Al_2O_3 \cdot 6SiO_2$)
Aluminium	Al	27	2,70	660		–	
–chlorid, wasserfrei	$AlCl_3$	133,3	2,44	180 sb	45,6	–	0,5 Al_2O_3
–chlorid, krist.	$AlCl_3 \cdot 6H_2O$	241,5	2,40	–	–	–	
–hydroxid	$Al(OH)_3$	78	2,42	300 z	$1 \cdot 10^{-4}$	–	0,5 Al_2O_3
–oxid (Korund)	α-Al_2O_3	102	3,99	2045	$1 \cdot 10^{-4}$	9	Al_2O_3
–phosphat	$Al_2(PO_3)_6$	528	–	–	–	–	$Al_2O_3 \cdot 3P_2O_5$
–silikat (= Kaolinit)	$Al_2(OH)_4Si_2O_5$	258	2,1–2,6	–	–	1	$Al_2O_3 \cdot 2SiO_2$
–silikat, Andalusit	Al_2SiO_5	162,1	3,1–3,2	1350 u	unl.	7,5	$Al_2O_3 \cdot SiO_2$
–silikat, Disthen	Al_2SiO_5	162,1	3,6–3,7	1325 u	unl.	4–7	$Al_2O_3 \cdot SiO_2$

N	F	g/mol	D	S	L	H	KF
−silikat, Sillimanit	Al_2SiO_5	162,1	3,2−3,3	1530 u	unl.	6−7	$Al_2O_3 \cdot SiO_2$
−silikat, Mullit	$Al_6Si_2O_{13}$	426,1	2,7	1820	unl.	6−7	$3Al_2O_3 \cdot 2SiO_2$
−sulfat-18-hydrat	$Al_2(SO_4)_3 \cdot 18H_2O$	666,4	1,69	87 z	36,3	−	$Al_2O_3 \cdot 3SO_3$
Amblygonit	$LiAl(F,OH)PO_4$	164,9	3,0−3,1			6	$0,5\,Li_2O \cdot Al_2O_3 \cdot P_2O_5$
Ammoniak, wasserfrei	NH_3	17	0,77*	−77,7	53,1 (33,0)	−	−
Ammonium	NH_4	18	−	−	−	−	−
−carbonat	$(NH_4)_2CO_3$	96,1	2,4	−	100,0 (21,0)	−	−
−chlorid	NH_4Cl	53,5	1,53	338 sb	37,4 (27)	−	−
−dichromat	$(NH_4)_2Cr_2O_7$	252,1	2−16	−	11	−	Cr_2O_3
−hydrogenphosphat	$(NH_4)_2HPO_4$	132,1	1,62	−	68,6 (40,8)	−	$0,5\,P_2O_5$
−hydroxid, Ammoniak	NH_4OH	35	−	−	−	−	−
−molybdat	$(NH_4)_6Mo_7O_2 \cdot 4H_2O$	1235,9	−	−	−	−	$7\,MoO_3$
−nitrat	NH_4NO_3	80	1,73	169,6	178,7 (65,4)	−	−
−rhodanid = thiocyanat	NH_4SCN	76,1	1,31	149	61	−	−
−uranat	$(NH_4)_2U_2O_7$	624	−	−	−	−	U_2O_7
−vanadat	NH_4VO_3	117	−	−	−	−	$0,5\,V_2O_3$
Andalusit	Al_2SiO_5	162,1	3,09	1545	−	7,5	$Al_2O_3 \cdot SiO_2$
Anorthit = Kalkfeldspat	$CaAl_2Si_2O_8$	278,1	2,76	−	−	6	$CaO \cdot Al_2O_3 \cdot SiO_2$
Antimon	Sb	121,8	6,62	630	−	−	
-(III)-chlorid	$SbCl_3$	228,1	3,14	73	93,5 (90)	−	$0,5\,Sb_2O_3$
-(V)-chlorid	$SbCl_5$	299	2,35	−	−	−	$0,5\,Sb_2O_3$
−glanz, −sulfid	Sb_2S_3	339,6	4,61−4,63	546	$2 \cdot 10^{-4}$	2	Sb_2O_3
(III)-oxid	Sb_2O_3	291,5	5,2−5,6	−	unl.	−	Sb_2O_3
(V)-oxid	Sb_2O_5	323,5	3,78	−	−	−	Sb_2O_3
Apatit	$Ca_5F(PO_4)_3$	504,5	3,16−3,22	−	−	5	$0,5\,(9CaO \cdot 3P_2O_5 \cdot CaF_2)$
Aragonit	$CaCO_3$	100,1	2,95	825 z	$1,5 \cdot 10^{-3}$	3,5−4	CaO
Arsen	As	74,9	5,72	613 Sb		3−4	
−trioxid	As_2O_3	197,8	3,70	193 Sb	1,85	−	As_2O_3
−pentoxid	As_2O_5	229,8	4,09	−	1.	−	
Azurit	$Cu_3(OH)_2(CO_3)_2$	346	3,7−3,9	500 z	−	3,5−4	3CuO
Barium	Ba	137,3	3,78	710	−	−	

N	F	g/mol	D	S	L	H	KF
−carbonat (Witherit)	BaCO$_3$	197,4	4,43	~ 1300 z	2,2·10^{-3}	−	BaO
−chlorid	BaCl$_2$·2H$_2$O	244,3	3,10	100 z	35,7	−	BaO
−chromat	BaCrO$_4$	253,4	4,49	1400 z	3,5·10^{-4}	−	BaO·0,5Cr$_2$O$_3$
−hydroxid-8-hydrat	Ba(OH)$_2$·8H$_2$O	315,5	2,19	78	−	−	BaO
−nitrat	Ba(NO$_3$)$_2$	261,4	3,24	−	9,03	−	BaO
−oxid	BaO	153,3	5,69	1923	3,48	−	BaO
−peroxid	BaO$_2$	169,3	4,96	450	−	−	BaO
−sulfat, Baryt = Schwerspat	BaSO$_4$	233,4	4,48	1350	2,3·10^{-4}	3,5	BaO·SO$_3$
−titanat	BaTiO$_3$	223,2	−	−	−	−	BaO·TiO$_2$
Beryllium	Be	9,0	1,86	1283	−	−	
−chlorid-4-hydrat	BeCl$_2$·4H$_2$O	152,1	−	−	−	−	BeO
−nitrat-3-hydrat	Be(NO$_3$)$_2$·3H$_2$O	187,2	−	60	52	−	BeO
−oxid	BeO	25,0	3,03	2550	3,4·10^{-5}	−	BeO
−aluminiumsilikat = Beryll	Be$_3$Al$_2$Si$_6$O$_{18}$	537	2,63−2,80	−	−	7,5−8	3BeO·Al$_2$O$_3$·6SiO$_2$
Blei	Pb	207,2	11,34	327	−	−	
−(II)-acetat-3-hydrat	(CH$_3$COO)$_2$Pb·3H$_2$O	379,3	2,58	75,5	30,6	−	PbO
−carbonat	PbCO$_3$	267,2	6,6	315 z	1·10^{-4}	−	PbO
−(II)-chlorid	PbCl$_2$	278,1	5,85	498	0,97	−	PbO
−(II)-chromat	PbCrO$_4$	323,2	6,12	844	1·10^{-4}	−	PbO·0,5Cr$_2$O$_3$
−hydroxidcarbonat = basisches Bleicarbonat, Bleiweiß	2PbCO$_3$·Pb(OH)$_2$	775,6	6,14	400 z	−	−	3PbO
−(II)-oxid = Bleiglätte, Massicot	PbO	223,2	9,6	880	1,7·10^{-3}	−	PbO
−(II, IV)-oxid = Mennige, Minium	Pb$_3$O$_4$	685,6	9,1	500 z	−	−	3PbO
−(IV)-oxid	PbO$_2$	239,2	9,37	−	−	−	PbO
−molybdat = Wulfenit	PbMoO$_4$	367,1	−	−	−	−	PbO·MoO$_3$
−(II)-sulfid, Bleiglanz, Galenit	PbS	239,3	7,4−7,6	1114	3·10^{-5}	2,5	PbO
−(II)-sulfat = Anglesit	PbSO$_4$	303,3	6,29	1087	4,2·10^{-3}	3	PbO·SO$_3$
Bor	B	10,8	2,33	2030	−	−	
−carbid	B$_4$C	55,3	2,51	2350	unl.	−	
−oxid	B$_2$O$_3$	69,6	1,84	450	l.	−	B$_2$O$_3$

N	F	g/mol	D	S	L	H	KF
−säure	H_3BO_3	61,8	1,44	185 z	4,89	−	$0,5\,B_2O_3$
Borax, krist. = Tinkal	$Na_2B_4O_7 \cdot 10H_2O$	381,4	1,73	75	2,5	2	$Na_2O \cdot 2B_2O_3$
Borax, wasserfrei	$Na_2B_4O_7$	201,2					$Na_2O \cdot 2B_2O_3$
Borocalcit	$Ca_2B_6O_{11} \cdot 5H_2O$	412	2,3	800 z	4,5	−	$2CaO \cdot 3B_2O_3$
= Colemanit	Zus. variabel						
Braunstein = Pyrolusit	MnO_2	86,9	4,7−5,0	1080 z	−	−	MnO
Cadmium	Cd	112,4	8,6−8,7	321	−	−	
−carbonat	$CdCO_3$	172,4	4,26	360 z	−	−	CdO
−chlorid	$CdCl_2$	183,3	4,05	564	52,5	−	CdO
−hydroxid	$Cd(OH)_2$	146,4	4,8	−	$2,6 \cdot 10^{-2}$	−	CdO
−nitrat-4-hydrat	$Cd(NO_3)_2 \cdot 4H_2O$	308,5	2,46	59,5	60,5	−	CdO
−oxid	CdO	128,4	6,95	1230	$0,5 \cdot 10^{-3}$	−	CdO
−selenid	CdSe	191,4	−	−	−	−	
−sulfid	CdS	144,5	4,82	1380 sb	$1,3 \cdot 10^{-4}$	−	
−sulfat-4-hydrat	$CdSO_3 \cdot 4H_2O$	280,5	3,09	41,5	76,9	−	$CdO \cdot SO_3$
Calcit, Kalkspat	$CaCO_3$	100,1	2,71	900 z	$1,4 \cdot 10^{-3}$	3	CaO
Calcium	Ca	40,1	1,55	851	−	−	
−borat-2-hydrat	$CaB_2O_4 \cdot 2H_2O$	162	−	−	−	−	$CaO \cdot B_2O_3$
−borat-6-hydrat	$CaB_2O_4 \cdot 6H_2O$	234	−	−	−	−	$CaO \cdot B_2O_3$
−carbid	CaC_2	63,1	−	2300	mit H_2Oz		
−carbonat, Kalkspat	$CaCO_3$	100,1	2,6−2,8	900 z	$1,4 \cdot 10^{-3}$	3	CaO
−chlorid-2-hydrat	$CaCl_2 \cdot 2H_2O$	147	−	−	−	−	CaO
−chlorid-6-hydrat	$CaCl_2 \cdot 6H_2O$	219,1	1,68	30,2	−	−	CaO
−fluorid, Flußspat	CaF_2	78,1	2,97−3,25	1360	$1,8 \cdot 10^{-3}$	4	$CaO \cdot F_2$
−hydroxid	$Ca(OH)_2$	74,1	2,23	−	0,17	−	CaO
−hydrogenphosphat	$CaHPO_4$	136,1	2,9	−	0,01	−	$CaO \cdot 0,5P_2O_5$
−oxid	CaO	56,1	3,4	2570	0,12	−	
−phosphat	$Ca_3(PO_4)_2$	310,2	3,14	1670	$3,6 \cdot 10^{-4}$	−	$3CaO \cdot P_2O_5$
−sulfat-2-hydrat = Gips	$CaSO_4 \cdot 2H_2O$	172,2	2,3−2,4	ab 100 z	0,20	2	$CaO \cdot SO_3$
−sulfat, wasserfrei Anhydrit	$CaSO_4$	136,2	2,96	1360	0,3	3,5	$CaO \cdot SO_3$
−wolframat, Scheelit	$CaWO_4$	287,9	6,06	−	$2,7 \cdot 10^{-3}$	4,5−5	$CaO \cdot WO_3$
Celsian	$BaAl_2Si_2O_8$	375,4	3,38	−	−	−	$BaO \cdot Al_2O_3 \cdot 2SiO_2$
Cer	Ce	140,3	6,77	797	−	−	

N	F	g/mol	D	S	L	H	KF
—(III)-oxid	Ce$_2$O$_3$	328,2	6,86	1687	unl.	—	Ce$_2$O$_3$
—(IV)-oxid	CeO$_2$	172,1	7,3	1950	unl.	—	CeO$_2$
—phosphat, Monazit	CePO$_4$	235,3	4,8—5,5	—	unl.	5—5,5	CeO$_2$·0,5P$_2$O$_5$
—(III)-sulfat	Ce$_2$(SO$_4$)$_3$	568,8	3,91	—	12,0	—	Ce$_2$O$_3$·3SO$_3$
—(IV)-sulfat	Ce(SO$_4$)$_2$	332,2	3,91	—	wl.	—	CeO$_2$·2SO$_3$
Cerussit, Weißbleierz	PbCO$_3$	267,2	6,4—6,6	315 z	1·10^{-4}	3—3,5	PbO
Chlor	Cl	35,5	3,21*	—101	1,85	—	
—wasserstoff	HCl	36,5	1,64*	—114	72,1	—	
Chrom	Cr	52	7,2	1830	—	—	
—(II)-chlorid	CrCl$_2$	122,9	2,75	815	ll.	—	0,5Cr$_2$O$_3$
—(III)-chlorid	CrCl$_3$	158,4	2,76	1150	l.	—	0,5Cr$_2$O$_3$
—(III)-chlorid-6-hydrat	CrCl$_3$·6H$_2$O	266,5	—	—	l.	—	0,5Cr$_2$O$_3$
—(III)-nitrat-9-hydrat	Cr(NO$_3$)$_3$·9H$_2$O	400,2	—	—	l.	—	0,5Cr$_2$O$_3$
—(III)-oxid	Cr$_2$O$_3$	152	5,21	2265	unl.	—	Cr$_2$O$_3$
—(VI)-oxid	CrO$_3$	100	2,8	190	62,8	—	0,5Cr$_2$O$_3$
—(III)-sulfat-18-hydrat	Cr$_2$(SO$_4$)$_3$·18H$_2$O	716,5	1,86	—	54,5	—	Cr$_2$O$_3$·3SO$_3$
Coelestin	SrSO$_4$	183,7	3,9—4,0	1605	13·10^{-3}	3—3,5	SrO·SO$_3$
Colemanit	Ca$_2$B$_6$O$_{11}$·5H$_2$O variabel	412	2,4	1100	—	4,5	2CaO·3B$_2$O$_3$
Cordierit	Mg$_2$Al$_3$AlSi$_5$O$_{18}$	584	2,6	1400	unl.	7	2MgO·2Al$_2$O$_3$·5SiO$_2$
Cristobalit	SiO$_2$	60,1	(α—) 2,21	1713	unl.	6,5	SiO$_2$
Cyanit, Disthen	Al$_2$SiO$_5$	162	3,6—3,7	1550	unl.	4—7	Al$_2$O$_3$·SiO$_2$
Diopsid	CaMgSi$_2$O$_6$	216	3,3	1392	unl.	6—7	CaO·MgO·2SiO$_2$
Dioptas	Cu$_6$Si$_6$O$_{18}$·6H$_2$O		3,3		unl.	5	6(CuO·SiO$_2$)
Dolomit	CaMg(CO$_3$)$_2$	184,4	2,8	700 z	—	4	CaO·MgO
Eisen	Fe	55,9	8,6	1536	—	—	
—(II)-chlorid	FeCl$_2$	126,8	2,98	677	38,6	—	0,5Fe$_2$O$_3$
—(II)-chlorid-4-hydrat	FeCl$_2$·4H$_2$O	198,8	1,93	—	—	—	0,5Fe$_2$O$_3$
—(III)-chlorid	FeCl$_3$	162,2	2,8	304	48	—	0,5Fe$_2$O$_3$
—(III)-chlorid-6-hydrat	FeCl$_3$·6H$_2$O	270,3	—	37	—	—	0,5Fe$_2$O$_3$
—glanz, Hämatit	Fe$_2$O$_3$	159,7	5,2—5,3	1565	—	6,5	Fe$_2$O$_3$
—hydroxid	Fe(OH)$_3$	106,9	3,12	—	4,8·10^{-9}	—	0,5Fe$_2$O$_3$
—(II)-oxid, Wüstit	FeO	71,8	4,96—5,4	1420	—	—	0,5Fe$_2$O$_3$
—(III)-oxid, Hämatit	Fe$_2$O$_3$	159,7	5,25	1565	—	6,5	Fe$_2$O$_3$

N	F	g/mol	D	S	L	H	KF
−(II, III)-oxid = −Ferrit, Magnetit	Fe$_3$O$_4$	231,5	5,0−5,4	1538	−	5,5	FeO·Fe$_2$O$_3$
−(II)-sulfat-7-hydrat	FeSO$_4$·7H$_2$O	278	1,89	64	40	−	0,5Fe$_2$O$_3$·SO$_3$
−(III)-sulfat	Fe$_2$(SO$_4$)$_3$	399,8	3,1	−	−	−	Fe$_2$O$_3$·SO$_3$
−(II)-carbonat, Siderit = Eisenspat	FeCO$_3$	115,8	3,7−3,9	450 z	6,7·10^{-3}	4−4,5	FeO ≙ 0,5Fe$_2$O$_3$
−(II)-silikat, Fayalit	Fe$_2$SiO$_4$	203,6	4,2	−	−	6,5	2FeO·SiO$_2$
−(II)-sulfid, Pyrit	FeS$_2$	119,9	5,2	510 z	5·10^{-4}	6,5	FeO·2SO$_2$
−(II)-sulfid, Markasit	FeS$_2$	119,9	4,8−4,9	510 z	−	6−6,5	FeO·2SO$_2$
−(II)-nitrat-9-hydrat	Fe(NO$_3$)$_2$·9H$_2$O	342	1,68	50,1	ll.	−	FeO
−(III)-phosphat-8-hydrat = Vivianit	Fe$_3$(PO$_4$)$_2$·8H$_2$O	501,6	2,6−2,7	−	−	2	3FeO·P$_2$O$_5$
−titanat, Ilmenit	FeTiO$_3$	151,8	4,5−5,0	1365	unl.	5−6	FeO·TiO$_2$
Enstatit	Mg$_2$Si$_2$O$_6$	100,4	3,1	1550	unl.	5−6	2MgO·2SiO$_2$
Epidot	Ca$_2$Al$_3$(OH)Si$_3$O$_{12}$		3,3−3,5	−	unl.	6−7	
Feldspat siehe Albit, Orthoklas, Anorthit, Celsian							
Flint, Feuerstein siehe Quarz = Siliciumdioxid							
Fluor	F	19	−	−	−	−	
−wasserstoff	HF	20	0,90*	−83	−	−	
Flußspat, Fluorit	CaF$_2$	78,1	3,1−3,25	1330 z	1,8·10^{-3}	4	CaO·2F
Forsterit	Mg$_2$SiO$_4$	140	3,27	−	unl.	6,5−7	2MgO·SiO$_2$
Gips, Alabaster	CaSO$_4$·2H$_2$O	172,2	2,3−2,4		0,2	2	CaO·SO$_3$
Glaskopf, roter, siehe Eisen(III)-oxid							
Goethit, Limonit	α−FeOOH	178	3,8−4,3	−	−	5−5,5	FeO
Gold	Au	197,2	19,3	1065	−	2−3	
−chlorid-2-hydrat	AuCl$_3$·2H$_2$O	339,6	−	−	−	−	
−hydroxid	Au(OH)$_3$	248,0					
Hämatit, Roteisenerz siehe Eisen(III)-oxid							
Hausmannit	Mn$_3$O$_4$	228,8	4,7−4,8	1590	−	5,5	MnO·Mn$_2$O$_3$
Hedenbergit	CaFeSi$_2$O$_6$	247,1	3,55	−	−	−	CaO·FeO·2SiO$_2$
Kalium	K	39,1	0,86	63,2	−	−	
−aluminiumsulfat = Kaliumalaun	KAl(SO$_4$)·12H$_2$O	474,4	1,76	−	−	−	0,5(K$_2$O·Al$_2$O$_3$)·SO$_3$
−carbonat, Pottasche	K$_2$CO$_3$	138,2	2,43	900	52,5 hygr.	−	K$_2$O
−chlorid, Sylvin	KCl	74,6	1,98	772	25,5	2	0,5K$_2$O

N	F	g/mol	D	S	L	H	KF
−hydrogenkarbonat	KHCO$_3$	100,1	2,17	−	33,3	−	0,5K$_2$O
−chromat	K$_2$CrO$_4$	194,2	2,7	971	63,0	−	K$_2$O·0,5Cr$_2$O$_3$
−dichromat	K$_2$Cr$_2$O$_7$	294,2	−	395	12,3	−	K$_2$O·Cr$_2$O$_3$
−fluorid	KF	58,1	2,49	857	48,5	−	
−hydroxid	KOH	56,1	2,04	410	53	−	0,5K$_2$O
−hydrogenphosphat	K$_2$HPO$_4$	174,2	2,34	−	61,5	−	K$_2$O·0,5P$_2$O$_5$
−dihydrogenphosphat	KH$_2$PO$_4$	136,1	2,34	253	22,7	−	0,5(K$_2$O·P$_2$O$_5$)
−nitrat, Salpeter	KNO$_3$	101,1	2,1	400 z	31,5	−	0,5K$_2$O
−oxid	K$_2$O	94,2	2,32	490	−	−	K$_2$O
−permanganat	KMnO$_4$	158	2,70	−	6,4	−	0,5K$_2$O·MnO
−phosphat	K$_3$PO$_4$	212,3	2,56	1340	49,7 hygr.	−	0,5(3K$_2$O·P$_2$O$_5$)
−sulfat	K$_2$SO$_4$	174,3	2,66	−	11,2	−	K$_2$O·SO$_3$
Kalkspat siehe Calciumcarbonat							
Kassiterit, Zinnstein siehe Zinnoxid							
Kernit, Rasorit	Na$_2$B$_4$O$_7$·4H$_2$O	274	1,95	−	l.	2,5	Na$_2$O·2B$_2$O$_3$
Kieselzinkerz	Zn$_4$(OH)$_2$Si$_2$O$_7$·H$_2$O	481,8	3,3−3,5	−	unl.	5	4ZnO·2SiO$_2$
Kieserit	MgSO$_4$·H$_2$O	138,4	2,57	−	l.	3,5	MgO·SO$_3$
Kobalt	Co	58,9	8,9	1493	−	−	
−(II)-acetat-4-hydrat	C$_2$H$_3$O$_2$Co·4H$_2$O	249,1	−	−	l.	−	CoO
−(II)-carbonat	CoCO$_3$	118,9	4,13	800 z	−	−	CoO
−carbonat, basisch = hydroxidcarbonat	CoCO$_3$·Co(OH)$_2$·H$_2$O	111,8	−	−	−	−	Co$_2$O$_3$
−(II)-chlorid-6-hydrat	CoCl$_2$·6H$_2$O	237,9	1,92	56 z	ll.	−	CoO
−glanz, -arsensulfid	CoAsS	165,8	−	−	−	−	
−(II)-nitrat-6-hydrat	Co(NO$_3$)$_2$·6H$_2$O	291	−	−	100	−	CoO
−(II)-oxid	CoO	74,9	5,68	1805	−	−	CoO
−(III)-oxid	Co$_2$O$_3$	165,9	4,8−5,6	−	−	−	2CoO
−(II, III)-oxid = Kobaltschwarz	Co$_3$O$_4$	240,8	6,07	900 z	−	−	3CoO
−(II)-phosphat-8-hydrat	Co$_3$(PO$_4$)$_2$·8H$_2$O	511,1	−	−	−	−	3CoO·P$_2$O$_5$
−(II)-sulfat	CoSO$_4$	155	3,71	989	36	−	CoO·SO$_3$
Kochsalz	NaCl	58,5	2,1−2,2	800	35,9	2	0,5Na$_2$O
Kohlenstoff	C	12					
= Graphit			2,25	3800	−	1	−

N	F	g/mol	D	S	L	H	KF
= Diamant			3,51	–		10	–
Kohlenmonoxid	CO	28	1,25*	–205	–	–	–
–dioxid, –»säure«	CO_2	44	1,98*	–56,6	171 ml bei	0 °C	–
Korund	$\alpha-Al_2O_3$	101,9	3,9–4,1	2050	–	9	Al_2O_3
Kreide siehe Calciumcarbonat							
Kryolith	Na_3AlF_6	210	2,95	1020	–	2,5–3	
Kupfer	Cu	63,6	8,96	1083	–	–	
–carbonat, basisch =							
–hydroxidcarbonat = Malachit	$CuCO_3 \cdot Cu(OH)_2$	221,1	4,0	500 z	n.l.	4	$2CuO$
–(II)-acetat-1-hydrat = Grünspan	$C_2H_3O_2Cu \cdot H_2O$	199,7	–	–	–	–	CuO
–(I)-chlorid	CuCl	99	3,53	430	$1,5 \cdot 10^{-2}$	–	CuO
–(II)-chlorid-2-hydrat	$CuCl_2 \cdot 2H_2O$	170,5	2,53	110	77	–	CuO
–(II)-chlorid	$CuCl_2$	134,5	3,44	630	–	–	CuO
–(II)-nitrat-3-hydrat	$Cu(NO_3)_2 \cdot 3H_2O$	241,6	2,32	114	57	–	CuO
–(I)-oxid	Cu_2O	143,1	6,0	1230	–	–	CuO
–(II)-oxid	CuO	79,5	6,48	1148	–	3–4	CuO
–(II)-sulfat-5-hydrat = Kupfervitriol	$CuSO_4 \cdot 5H_2O$	249,7	2,29	–	16,9	–	$CuO \cdot SO_3$
–kies = Chalkopyrit	$CuFeS_2$	182,4	4,2–4,3	–	–	3,5–4	$CuO \cdot FeO$
–eisensulfid							
–glanz, –(I)-sulfid	Cu_2S	159,1	5,7–5,8	1127	$1,9 \cdot 10^{-12}$	2,5–3	$2CuO \cdot SO_2$
Lithium	Li	6,9	0,53	180	–	–	
–borat	$Li_2B_4O_7$	169,1	–	917	–	–	$Li_2O \cdot 2B_2O_3$
–metaborat-2-hydrat	$LiBO_2 \cdot 2H_2O$	85,8	–	–	–	–	$0,5(Li_2O \cdot B_2O_3)$
–carbonat	Li_2CO_3	73,9	2,11	720	1,32	–	Li_2O
–chlorid-1-hydrat	$LiCl \cdot H_2O$	60,4	1,73	98 z	–	–	$0,5Li_2O$
–chlorid, wasserfrei	LiCl	42,4	2,07	614	45	–	$0,5Li_2O$
–fluorid	LiF	25,9	2,64	870	0,27	–	$0,5Li_2O$
–nitrat	$LiNO_3$	69	2,36	600 z	42	–	$0,5Li_2O$
–phosphat	Li_3PO_4	115,8	2,45	857	0,03	–	$0,5(3Li_2O \cdot P_2O_5)$
–oxid	Li_2O	29,9	2,0	1700	–	–	Li_2O
–sulfat	Li_2SO_4	109,9	2,22	857	25,7	–	$Li_2O \cdot SO_3$

N	F	g/mol	D	S	L	H	KF
Magnesium	Mg	24,3	1,74	650	−	−	
−acetat-4-hydrat	(CH$_3$CO)$_2$Mg·4H$_2$O	214,5	−	−	−	−	MgO
−carbonat, Magnesit	MgCO$_3$	84,3	3,04	350 z	1,1·10^{-2}	4,5	MgO
−chlorid-6-hydrat	MgCl$_2$·6H$_2$O	203,3	1,57	117	−	−	MgO
−hydroxid, Brucit	Mg(OH)$_2$	58,3	2,4	−	9·10^{-4}	2,5	MgO
−hydrogenphosphat	MgHPO$_4$·3H$_2$O	174,3	2,12	−	−	−	MgO·0,5P$_2$O$_5$
−oxid, Periklas	MgO	40,3	3,6−3,9	2800	6,2·10^{-4}	6	MgO
−sulfat-7-hydrat = Epsomit, Bittersalz	MgSO$_4$·7H$_2$O	246,5	1,68−1,69	150 z	ll.	2−2,5	MgO·SO$_3$
−silikate = Olivin bis Forsterit	Mg$_2$SiO$_4$	140,7	3,27	1885	−	6,5−7	2MgO·SiO$_2$
Talkum	Mg$_3$(OH)$_2$Si$_4$O$_{10}$	378	2,7−2,8	900 z	−	1	3MgO·4SiO$_2$
Enstatit	Mg$_2$Si$_2$O$_6$	100,4	3,1	1550	−	5−6	2MgO·2SiO$_2$
Magnetit, Magneteisenstein siehe Eisen (II, III)-oxid							FeO·Fe$_2$O$_3$
Malachit siehe Kupfercarbonat, basisch							2CuO
Mangan	Mn	54,9	7,43	1247	−	−	
−(II)-carbonat	MnCO$_3$	115	3,13	650 z	4·10^{-2}	4	MnO
−(II)-chlorid	MnCl$_2$	125,8	2,98	650	42,3	−	MnO
−(II)-chlorid-4-hydrat	MnCl$_2$·4H$_2$O	197,9	2,01	−	−	−	MnO
−(II)-nitrat-4-hydrat	Mn(NO$_3$)$_2$·4H$_2$O	251	−	−	−	−	MnO
−(II)-nitrat-6-hydrat	Mn(NO$_3$)$_2$·6H$_2$O	287	1,82	26	56,7	−	
−(II)-oxid	MnO	70,9	5,18	1780	−	−	MnO
−(III)-oxid	Mn$_2$O$_3$	157,9	4,50	−	−	−	2MnO
−(II, III)-oxid	Mn$_3$O$_4$	228,8	4,70	1590	−	−	MnO·Mn$_2$O$_3$
−(IV)-oxid = Braunstein	MnO$_2$	86,9	4,8−5,0	1080 z	−	−	MnO
−(II)-phosphat	Mn$_3$(PO$_4$)$_2$	354,9	−	−	−	−	3MnO·P$_2$O$_5$
−sulfat	MnSO$_4$	151	3,18	700	38,7	−	MnO·SO$_3$
Markasit, Eisensulfid	FeS$_2$	119,9	4,87−4,9	510 z	−	6−6,5	FeO·2SO$_2$
Marmor siehe Calciumcarbonat							CaO
Mennige siehe Bleioxid							3PbO
Mikroklin siehe Orthoklas							K$_2$O·Al$_2$O$_3$·6SiO$_2$
Molybdän	Mo	95,9	10,2	2620	−	−	
−(III)-chlorid	MoCl$_3$	202,3	3,58	−	−	−	MoO$_3$
−(V)-chlorid	MoCl$_5$	273,2	2,93	194	−	−	MoO$_3$

N	F	g/mol	D	S	L	H	KF
−(VI)-oxid	MoO_3	143,9	4,50	795	−	−	MoO_3
−(IV)-sulfid = Molybdänglanz	MoS_2	160,1	4,7–5,0	450 sb	−	1−1,5	MoO_3
Mullit	$Al_6Si_2O_{13}$	426,1	2,7	1810	unl.	6−7	$3Al_2O_3 \cdot 2SiO_2$
Natrium	Na	23	0,97	98	−	−	
−aluminiumalaun	$Na_2SO_4 \cdot Al_2(SO_4)_3 \cdot 24H_2O$	916,6	−	−	−	−	$Na_2O \cdot Al_2O_3 \cdot 2SO_3$
−aluminiumfluorid = Kryolith	Na_3AlF_6	210,1	2,55	1020	−	−	$3NaF \cdot AlF_3$
−borat-10-hydrat	$NaB_4O_7 \cdot 10H_2O$	381,4	1,73	75	2,5	−	$Na_2O \cdot 2B_2O_3$
−borat, wasserfrei = calcinierter Borax	$Na_2B_4O_7$	201,2	−	741	2,5	−	$Na_2O \cdot 2B_2O_3$
−metaborat-4-hydrat	$NaBO_2 \cdot 4H_2O$	137,9	−	−	ll.	−	$0,5(Na_2O \cdot B_2O_3)$
−carbonat-10-hydrat = Kristallsoda	$Na_2CO_3 \cdot 10H_2O$	286,1	1,45	ab 35 z	ll.	−	Na_2O
−carbonat, wasserfrei	Na_2CO_3	106	2,53	854	21,6	−	Na_2O
−chlorid	NaCl	58,4	2,17	800	35,9	2	$0,5Na_2O$
−chromat-4-hydrat	$Na_2CrO_4 \cdot 4H_2O$	234	−	−	90,1	−	$Na_2O \cdot 0,5Cr_2O_3$
−dichromat-2-hydrat	$Na_2Cr_2O_7 \cdot 2H_2O$	298	−	100 z	65, hygr.	−	$Na_2O \cdot Cr_2O_3$
−diphosphat-10-hydrat = Tetranatriumpyrophosphat	$Na_4P_2O_7 \cdot 10H_2O$	446,1	1,82	−	ll.	−	$2Na_2O \cdot P_2O_5$
−hydrogenphosphat	$Na_2HPO_4 \cdot 2H_2O$	178	auch mit 7 und 12 H_2O!			l.	$Na_2O \cdot 0,5P_2O_5$
−fluorid	NaF	42	2,79	992	4,1	−	
−hydroxid	NaOH	40	2,13	322	107,0	−	$0,5Na_2O$
−nitrat = Chile-Salpeter	$NaNO_3$	85	2,26	306	88	−	$0,5Na_2O$
−oxid	Na_2O	62	2,27	920	nicht best.	−	Na_2O
−peroxid	Na_2O_2	78	2,80	460	−	−	Na_2O
−phosphat-12-hydrat	$Na_3PO_4 \cdot 12H_2O$	380,1	1,62	75 z	10,1	−	$1,5Na_2O \cdot 0,5P_2O_5$
−selenit	Na_2SeO_3	172,9	−	−	−	−	$Na_2O \cdot SeO_2$
−sulfat, wasserfrei	Na_2SO_4	142	2,70	884	16,2	−	$Na_2O \cdot SO_3$
−sulfat-10-hydrat = Glaubersalz	$Na_2SO_4 \cdot 10H_2O$	322,2	1,46	32,4	l.	−	$Na_2O \cdot SO_3$
−uranat	Na_2UO_4	348,0	5,51	−	−	−	$Na_2O \cdot UO_3$
−wolframat-2-hydrat	$Na_2WO_4 \cdot 2H_2O$	329,9	−	−	−	−	$Na_2O \cdot WO_3$
Nickel	Ni	58,7	8,9	1452	−	−	

N	F	g/mol	D	S	L	H	KF
−acetat-4-hydrat	$(CH_3COO)_2Ni \cdot 4H_2O$	248,9	−	−	ll.	−	NiO
−arsenid, Rotnickelkies	NiAs	133,6	7,6−7,8	986 z	−	5,5	$NiO \cdot 0,5As_2O_3$
−carbonat, basisch	$NiCO_3 \cdot 2Ni(OH)_2 \cdot 4H_2O$	376,2	−	−	−	−	NiO
−(II)-chlorid-6-hydrat	$NiCl_2 \cdot 6H_2O$	237,7	−	−	ll.	−	NiO
−(II)-chlorid	$NiCl_2$	129,6	3,55	1030	38	−	NiO
−(II)-nitrat-6-hydrat	$Ni(NO_3)_2 \cdot 6H_2O$	290,8	2,05	56,7	48,5 hyg.	−	NiO
−(II)-oxid	NiO	74,7	6,6−7,45	1960	unl.	−	NiO
−(III)-oxid	Ni_2O_3	165,4	4,83	600 z	unl.	−	2NiO
−(II)-sulfid, Millerit	NiS	90,8	5,25	797	−	3,5	
−(II)-sulfat	$NiSO_4$	154,7	3,68	−	27,5	−	$NiO \cdot SO_3$
Orthoklas	$KAlSi_3O_8$	278	2,53−2,56	ab 1230	−	6	$0,5(K_2O \cdot Al_2O_3 \cdot 6SiO_2)$
Petalit	$LiAlSi_4O_{10}$	306	2,4−2,46	1350	−	6,5	$0,5(Li_2O \cdot Al_2O_3 \cdot 8SiO_2)$
Phosphor	P	31	2,69	44,2 (W)	−	−	
−(V)-oxid	P_2O_5	141,9	2,7	569	−	−	P_2O_5
−Metaphosphorsäure	HPO_3	80	−	−	−	−	$0,5P_2O_5$
−Orthophosphorsäure	H_3PO_4	98	1,88	42,4	−	−	$0,5P_2O_5$
−Pyrophosphorsäure	$H_4P_2O_7$	178	−	61	−	−	P_2O_5
Platin	Pt	195,1	21,5	1774	−	−	
−(II)-chlorid	$PtCl_2$	266	6,05	−	−	−	
−(IV)-chlorid	$PtCl_4$	336,9	4,30	−	−	−	
−(IV)-oxid	PtO_2	227,1	10,2	380 z	−	−	
Pottasche siehe Kaliumcarbonat							K_2O
Pyrit siehe Eisensulfid							FeO
Quarz siehe Siliziumdioxid							SiO_2
Quecksilber	Hg	200,6	13,55	−38,9	−	−	
−(II)-oxid	HgO	216,6	11,14	−	$5 \cdot 10^{-3}$	−	
−(II)-sulfid = Zinnober	HgS	232,7	8,18	−	$1,25 \cdot 10^{-6}$	2−2,5	
Roteisenstein = Hämatit siehe Eisen (III)-oxid							Fe_2O_3
Rutil	TiO_2	79,9	4,26	1640	−	6	TiO_2
Salpeter siehe Kaliumnitrat/Natriumnitrat							
Salpetersäure	HNO_3	63	1,503	−41,6	hyg.	−	

N	F	g/mol	D	S	L	H	KF
Salzsäure	HCl	36,5	1,64*	−114,2	71,9	−	
Sauerstoff	O$_2$	32 (16)	1,429*	−218,8	−	−	
Schwefel	S	32,1	2,07	115,2	−	2,5	
−dioxid	SO$_2$	64,1	2,93*	−75,5	9,5	−	
−trioxid	SO$_3$	80,1	2,42 (1,93)	32,5 (16,8)	−	−	
−säure	H$_2$SO$_4$	98,1	1,83	10,4	hygr.	−	
−kies = Pyrit siehe Eisensulfid							
−wasserstoff	H$_2$S	34,1	1,539*	−85,6	0,38	−	
Schwerspat = Baryt siehe Bariumsulfat							
Selen	Se	79	4,79	217	−	−	
−chlorid	SeCl$_4$	220,8	−	−	−	−	
−ige Säure	H$_2$SeO$_3$	129	3,0	66,5	16,8	−	SeO$_2$
−(IV)-oxid	SeO$_2$	111	3,95	315 sb	−	−	SeO$_2$
Siderit siehe Eisencarbonat							
Silber	Ag	107,9	10,5	961	−	2,5−3	
−acetat	C$_2$H$_3$O$_2$Ag	166,9	−	−	−	−	
−carbonat	Ag$_2$CO$_3$	275,8	6,08	218 z	$3,2 \cdot 10^{-3}$	−	
−chlorid	AgCl	143,3	5,56	455	$1,6 \cdot 10^{-4}$	−	
−chromat	Ag$_2$CrO$_4$	331,7	5,63	−	−	−	
−nitrat	AgNO$_3$	169,9	4,35	−	−	−	
−oxid	Ag$_2$O	231,7	7,14	300 z	−	−	
−sulfid = Argentit	Ag$_2$S	247,8	7,33	586	$1,4 \cdot 10^{-5}$	2	
−sulfat	Ag$_2$SO$_4$	311,8	5,45	657	$2,57 \cdot 10^{-2}$	−	
Silicium	Si	28,1	2,34	1423	−	−	SiO$_2$
−carbid	SiC	40,1	3,20	ab 1600 ox.	−	9	SiO$_2$
−monoxid	SiO	44,1	2,13	−	−	−	SiO$_2$
−dioxid, Quarz	SiO$_2$	60,1	2,65	1600	−	7	SiO$_2$
−dioxid, Tridymit	SiO$_2$	60,1	2,27	1670	−	6,5−7	SiO$_2$
−dioxid, Cristobalit	SiO$_2$	60,1	2,32	1713	−	6,5	SiO$_2$
−fluorid	SiF$_4$	104,1	4,69*	−90,3	−	−	
Spinell	MgAl$_2$O$_4$	142	3,5	2135	unl.	8	MgO·Al$_2$O$_3$
Spodumen	LiAlSi$_2$O$_6$	186	3,1	1150	−	6,5	0,5(Li$_2$O·Al$_2$O$_3$·4SiO$_2$)

N	F	g/mol	D	S	L	H	KF
Soda siehe Natriumcarbonat							
Stickstoff	N_2	28 (14)	1,25*	−210	−	−	
Strontium	Sr	87,6	2,54	797	−	−	
−carbonat = Strontianit	$SrCO_3$	147,6	3,62−3,73	1075 z	$1,1·10^{-3}$	3,5	SrO
−chlorid-6-hydrat	$SrCl_2·6H_2O$	266,6	−	−	−	−	SrO
−chlorid-2-hydrat	$SrCl_2·2H_2O$	194,6	2,67	150 z	−	−	SrO
−chlorid, wasserfrei	$SrCl_2$	158,5	3,09	872	34,5	−	SrO
−nitrat, wasserfrei	$Sr(NO_3)_2$	211,6	2,93	645	−	−	SrO
−sulfat, Coelestin	$SrSO_4$	183,6	3,91	1605	$13·10^{-3}$	3−3,5	$SrO·SO_3$
−oxid	SrO	103,6	4,08	2640	−	−	SrO
Steatit siehe Magnesiumsilikat							
Titan	Ti	47,9	4,51	1668	−	−	
−(II)-oxid	TiO	63,9	4,88	1750	−	−	TiO
−(IV)-oxid	TiO_2	79,9	4,24	1855	−	−	TiO_2
−(III)-oxid	Ti_2O_3	143,8	4,56	2130	−	−	$TiO·TiO_2$
−(III)-chlorid	$TiCl_3$	154,3	−	730	−	−	TiO
−(IV)-chlorid	$TiCl_4$	189,7	1,73	−24,3	hygr.	−	TiO
Titanit, Sphen	$CaTiSiO_5$	196,1	3,4−3,6	−	−	5−5,5	$CaO·TiO_2·SiO_2$
Titaneisenerz = Ilmenit	$FeTiO_3$	151,7	4,5−5,0	−	−	5−6	$FeO·TiO_2$
Uran	U	238	19,1	1130	−	−	
−(IV)-oxid = Pechblende	UO_2	270	9−10,8	2730	−	4−6	UO_2
−(VI)-oxid	UO_3	286	−	−	−	−	UO_3
−(IV, VI)-oxid	U_3O_8	842,2	−	−	−	−	$UO_2·UO_3·UO_3$
−ylacetat	$C_2H_3UO_4$	388,1	−	110	−	−	UO_2
Vanadin	V	50,9	6,12	1890	−	−	
−(III)-chlorid	VCl_3	157,3	3,0	−	−	−	$0,5V_2O_3$
−(III)-oxid	V_2O_3	149,9	4,87	1967	−	−	V_2O_3
−(IV)-oxid	V_2O_4	165,9	4,65	1542	−	−	V_2Od23
−(V)-oxid	V_2O_5	181,9	3,36	690 z	$5·10^{-3}$	−	V_2O_3
Wismut	Bi	209	9,79	271	−	2−2,5	
−(III)-chlorid	$BiCl_3$	315,3	4,75	244	−	−	$0,5Bi_2O_3$
−(III)-nitrat-5-hydrat	$Bi(NO_3)_3·5H_2O$	485,1	283	30 z	−	−	$0,5Bi_2O_3$
−nitrat, basisch	$Bi(NO_3)_3·2Bi(OH)_3$	915,1	−	−	−	−	$1,5Bi_2O_3$

N	F	g/mol	D	S	L	H	KF
−oxid	Bi$_2$O$_3$	466	8,93	817	1,4·10^{-4}	−	Bi$_2$O$_3$
Witherit siehe Bariumcarbonat							
Wolfram	W	183,9	19,37	3390	−	−	
−carbid	WC	195,9	15,77	2600	−	9−10	
−chlorid	WCl$_6$	396,6	3,52	284	−	−	WO$_3$
−oxid	WO$_3$	231,9	7,16	1473	−	−	WO$_3$
−säure	H$_2$WO$_4$	249,9	5,5	−	−	−	WO$_3$
Wolframit	(Fe,Mn)WO$_4$	303,7	7,14−7,54	−	−	5−5,5	FeO·WO$_3$
Wollastonit	CaSiO$_3$	116,2	2,8	1545	−	5	CaO·SiO$_2$
Zink	Zn	65,4	7,13	824	−	−	
−borat	ZnB$_4$O$_7$	221	−	ab 982	−	−	ZnO·2B$_2$O$_3$
−chlorid	ZnCl$_2$	136,3	2,91	318	78,7	−	ZnO
−carbonat, Zinkspat	ZnCO$_3$	125,4	4,4−4,45	365 z	−	−	ZnO
−nitrat-6-hydrat	Zn(NO$_3$)$_2$·6H$_2$O	297,5	2,07	36,1	54	−	ZnO
−oxid, Zinkweiß	ZnO	81,4	5,66	1975	−	−	ZnO
−sulfat, wasserfrei	ZnSO$_4$	161,4	3,55	740 z	34,9	−	ZnO·SO$_3$
−sulfid, Zinkblende	ZnS	97,4	3,9−4,1	−	6,8·10^{-5}	3,5−4	ZnO
−silikat, Willemit	Zn$_2$SiO$_4$	222,8	3,9−4,0	1512	−	5,5	2ZnO·SiO$_2$
Zinn	Sn	118,7	7,29	232	−	−	
−(II)-chlorid	SnCl$_2$	189,6	3,95	247	45,6	−	SnO$_2$
−(IV)-chlorid	SnCl$_4$	260,5	2,33	−33,3	−	−	SnO$_2$
−oxid, Zinnstein = Kassiterit	SnO$_2$	150,7	6,6−7,1	1930	unl.	7	SnO$_2$
−(II)-sulfat	SnSO$_4$	214,8	−	−	25	−	SnO$_2$·SO$_3$
Zirkonium	Zr	91,2	6,5	1860	−	−	
−chlorid	ZrCl$_4$	233	2,80	331 sb	−	−	ZrO$_2$
−oxid, Baddeleyit	ZrO$_2$	123,2	5,56−6,27	2700	unl.	7,5	ZrO$_2$
−silikat, Zirkon	ZrSiO$_4$	183,3	3,9−4,8	2420	unl.	7,5	ZrO$_2$·SiO$_2$
−sulfid	ZrS$_2$	155,4	4,15	1550	unl.	−	ZrO$_2$

Quellen: Vogel/Synowietz: Chemiker-Kalender 2. Auflage Springer-Verlag 1974

Ramdohr/Strunz: Klockmanns Lehrbuch der Mineralogie 15. Auflage F. Enke Verlag 1967

Chemikalien-Kataloge der Firmen E. Merck, Darmstadt Fluka GmbH, Neu-Ulm

3.3 Zusammensetzungen von Fritten (Auswahl)

3.3.1 Fritten der Firma vormals Degussa, jetzt Cerdeg, Frankfurt

90001 wird nicht mehr hergestellt	1.00 PbO		1.00 SiO_2	MG : 283 ET : 530 D : 5,9 WAK : 96
90012	0.50 K_2O 0.50 PbO		2.00 SiO_2	MG : 279 ET : 520 D : 3,3 WAK : 87
90016	0.25 Na_2O 0.25 K_2O 0.50 CaO	0.25 Al_2O_3 0.50 B_2O_3	2.90 SiO_2	MG : 305 ET : 790 D : 2,4 WAK : 76
90023	0.25 Na_2O 0.15 K_2O 0.60 CaO	0.40 Al_2O_3 1.00 B_2O_3	3.40 SiO_2	MG : 378 ET : 830 D : 2,4 WAK : 67
90036	1.00 PbO	1.00 B_2O_3	2.00 SiO_2	MG : 413 ET : 740 D : 3,6 WAK : 56
90038	0.30 K_2O 0.70 ZnO	0.30 Al_2O_3 1.50 B_2O_3	3.00 SiO_2	MG : 400 ET : 570 D : 2,4 WAK : 50
90062	1.00 PbO	1.50 B_2O_3	0.50 SiO_2	MG : 358 ET : 550 D : 4,4 WAK : 79
90150	0.25 Na_2O/K_2O 0.15 CaO 0.17 MgO 0.03 BaO 0.40 PbO	0.30 Al_2O_3 0.40 B_2O_3	3.00 SiO_2	MG : 367 ET : 770 D : 3,0 WAK : 66

3.3.1

90158	1.00 Na$_2$O	2.00 B$_2$O$_3$	3.00 SiO$_2$	MG ET D WAK	: 382 : 685 : 2,4 : 85
90167	0.45 Na$_2$O 0.45 K$_2$O 0.10 CaO	0.20 Al$_2$O$_3$ 0.60 B$_2$O$_3$	1.80 SiO$_2$	MG ET D WAK	: 246 : 645 : 2,5 : 150
90176	0.25 K$_2$O 0.75 CaO	0.50 Al$_2$O$_3$ 1.00 B$_2$O$_3$	4.00 SiO$_2$	MG ET D WAK	: 426 : 865 : 2,3 : 56
90187	0.50 Na$_2$O 0.50 PbO	1.00 B$_2$O$_3$	1.50 SiO$_2$	MG ET D WAK	: 303 : 590 : 3,3 : 94
90191	0.50 Na$_2$O 0.40 K$_2$O 0.10 CaO	0.60 Al$_2$O$_3$ 0.70 B$_2$O$_3$	5.30 SiO$_2$	MG ET D WAK	: 502 : 830 : 2,4 : 76
90208	1.00 Na$_2$O	0.20 Al$_2$O$_3$	2.20 SiO$_2$	MG ET D WAK	: 214 : 685 : 2,5 : 123
90255	0.75 CaO 0.25 BaO	0.80 Al$_2$O$_3$ 2.50 B$_2$O$_3$	7.20 SiO$_2$	MG ET D WAK	: 769 : 910 : 2,2 : 40
90288	0.25 Na$_2$O 0.15 K$_2$O 0.25 CaO 0.30 ZnO 0.05 PbO	0.40 Al$_2$O$_3$ 0.50 B$_2$O$_3$	3.00 SiO$_2$	MG ET D WAK	: 335 : 820 : 2,6 : 69
90328	0.85 Na$_2$O 0.05 CaO 0.10 MgO	0.90 Al$_2$O$_3$ 3.60 B$_2$O$_3$	12.70 SiO$_2$	MG ET D WAK	: 1094 : 795 : 2,2 : 48
90352	0.10 Na$_2$O 0.20 CaO 0.55 ZnO 0.15 PbO	0.05 Al$_2$O$_3$ 0.05 B$_2$O$_3$	0.90 SiO$_2$	MG ET D WAK	: 158 : 730 : 3,6 : 60

90353	0.31 Na_2O 0.35 CaO 0.30 MgO 0.04 ZnO	0.40 Al_2O_3 1.00 B_2O_3	2.30 SiO_2	MG ET D WAK	: 302 : 780 : 2,4 : 61
90368	0.20 Na_2O 0.70 CaO 0.10 MgO	0.25 Al_2O_3 0.20 B_2O_3	2.00 SiO_2	MG ET D WAK	: 215 : 830 : 2,5 : 76
90378	0.40 Na_2O 0.55 CaO 0.05 ZnO	0.30 Al_2O_3 0.70 B_2O_3	3.90 SiO_2	MG ET D WAK	: 373 : 785 : 2,4 : 60
90413	0.15 CaO 0.10 MgO 0.75 PbO	0.30 Al_2O_3 0.80 B_2O_3	3.20 SiO_2	MG ET D WAK	: 458 : 750 : 3,1 : 51
90420	0.10 K_2O/Na_2O 0.45 BaO 0.45 ZnO	0.10 Al_2O_3	1.30 SiO_2	MG ET D WAK	: 201 : 835 : 3,5 : 103

MG = Molekulargewicht
ET = Erweichungsbeginn °C
D = Dichte g/cm^3
WAK = mittlerer linearer Wärmeausdehnungskoeffizient $\cdot$ 10^{-7}/K (20–400 °C)

Die neuesten Produkt-System-Nummern für Fritten der Fa. Degussa, Frankfurt, wurden hier nicht benutzt.

3.3.2 Fritten der Firma Reimbold & Strick, Köln

A 62	0.15 Na$_2$O 0.45 CaO 0.40 PbO	0.15 Al$_2$O$_3$ 0.45 B$_2$O$_3$	1.85 SiO$_2$	MG : 282 DEB : 575 WAK : 69,3
A 283	0.25 Na$_2$O 0.35 CaO 0.40 ZnO	0.10 Al$_2$O$_3$ 0.40 B$_2$O$_3$	2.85 SiO$_2$	MG : 301 DEB : 640 WAK : 47,6
A 1316	1.00 PbO		1.00 SiO$_2$	MG : 283 DEB : 730 WAK : 72,9
A 1561	0.25 Na$_2$O 0.05 K$_2$O 0.13 CaO 0.55 ZnO 0.02 PbO	0.05 Al$_2$O$_3$ 0.18 B$_2$O$_3$	1.00 SiO$_2$	MG : 154 DEB : 550 WAK : 77,0
A 2315	0.30 Na$_2$O 0.10 K$_2$O 0.30 CaO 0.30 PbO	0.15 Al$_2$O$_3$ 0.55 B$_2$O$_3$	2.40 SiO$_2$	MG : 309 DEB : 595 WAK : 65,5
A 3021	1.00 CaO	0.50 Al$_2$O$_3$ 2.00 B$_2$O$_3$	5.00 SiO$_2$ 0.10 ZrO$_2$	MG : 559 DEB : 690 WAK : 47,1
A 3022	0.30 Na$_2$O 0.40 CaO 0.30 MgO	0.30 Al$_2$O$_3$ 0.90 B$_2$O$_3$	1.80 SiO$_2$	MG : 255 DEB : 605 WAK : 68,3
A 3041	0.40 Na$_2$O 0.35 CaO 0.25 BaO	0.35 Al$_2$O$_3$ 0.70 B$_2$O$_3$	3.25 SiO$_2$	MG : 362 DEB : 640 WAK : 67,8
A 3069	0.50 Li$_2$O 0.50 MgO	0.60 Al$_2$O$_3$ 2.85 B$_2$O$_3$	6.45 SiO$_2$	MG : 683 DEB : 620 WAK : 40,2
A 3143	0.15 Na$_2$O 0.45 CaO 0.40 PbO	0.15 Al$_2$O$_3$ 0.40 B$_2$O$_3$	1.90 SiO$_2$	MG : 281 DEB : 590 WAK : 66,4
A 3148	0.50 ZnO 0.50 PbO	0.20 Al$_2$O$_3$ 1.00 B$_2$O$_3$	2.00 SiO$_2$	MG : 362 DEB : 530 WAK : 42,9

A 3241	0.10 Na$_2$O 0.10 K$_2$O 0.65 CaO 0.15 PbO	0.25 Al$_2$O$_3$ 0.30 B$_2$O$_3$	2.30 SiO$_2$	MG : 270 DEB : 640 WAK : 63,2
A 3305	0.40 Na$_2$O 0.10 K$_2$O 0.50 CaO	0.45 Al$_2$O$_3$ 0.65 B$_2$O$_3$	4.10 SiO$_2$ 0.30 ZrO$_2$	MG : 437 DEB : 680 WAK : 58,3
A 3320	0.40 Na$_2$O 0.10 K$_2$O 0.45 CaO 0.05 ZnO	0.35 Al$_2$O$_3$ 0.80 B$_2$O$_3$	3.80 SiO$_2$ 0.35 ZrO$_2$	MG : 424 DEB : 620 WAK : 58,5
A 3330	0.40 Na$_2$O 0.45 CaO 0.15 MgO	0.15 Al$_2$O$_3$ 0.80 B$_2$O$_3$	4.00 SiO$_2$ 0.40 ZrO$_2$	MG : 417 DEB : 655 WAK : 52,5
A 3331	0.20 Na$_2$O 0.10 K$_2$O 0.35 CaO 0.35 ZnO	0.15 Al$_2$O$_3$ 0.30 B$_2$O$_3$	2.95 SiO$_2$ 0.30 ZrO$_2$	MG : 320 DEB : 670 WAK : 55,9
A 3343	0.35 Na$_2$O 0.35 CaO 0.30 ZnO	0.10 Al$_2$O$_3$ 0.45 B$_2$O$_3$	3.55 SiO$_2$ 0.40 ZrO$_2$	MG : 370 DEB : 720 WAK : 59,2
A 3349	1.00 PbO	1.65 B$_2$O$_3$	3.00 SiO$_2$	MG : 519 DEB : 520 WAK : 52,5
J 3392 Farbfritte	0.03 Na$_2$O 0.12 K$_2$O 0.35 CaO 0.50 PbO	0.20 Al$_2$O$_3$ 0.46 B$_2$O$_3$ 0.45 Fe$_2$O$_3$	2.20 SiO$_2$	MG : 401 DEB : 600 WAK : 69,6
J 3394 Farbfritte	0.02 Na$_2$O 0.10 K$_2$O 0.20 CaO 0.33 PbO 0.35 CoO	0.14 Al$_2$O$_3$ 0.32 B$_2$O$_3$	1.48 SiO$_2$	MG : 247 DEB : 700 WAK : 79,0
J 3395	0.02 Na$_2$O 0.10 K$_2$O 0.23 CaO 0.37 PbO 0.28 NiO	0.14 Al$_2$O$_3$ 0.32 B$_2$O$_3$	1.64 SiO$_2$	MG : 262 DEB : über 800 WAK : 70,5

MG = Molekulargewicht, abgerundet
DEB = dilatometrischer Erweichungsbeginn °C
WAK = linearer Wärmeausdehnungskoeffizient (20–400 °C) · 10^{-7}/K

3.3.3 Fritten der Firma Ferro (Deutschland) GmbH

Nr.	RO / R$_2$O	R$_2$O$_3$	RO$_2$	Eigenschaften
11.35055.09 bleireiche Transparentfritte (alte 3527)	1.00 PbO		1.00 SiO$_2$	MG : 283 ET : 470 D : 5,45 WAK : 262
11.35075.09 bleihaltige Transparentfritte (alte 3467)	0.14 Na$_2$O 0.05 K$_2$O 0.45 CaO 0.12 MGO 0.24 PbO	0.03 Al$_2$O$_3$ 0.21 B$_2$O$_3$	3.01 SiO$_2$	MG : 321 ET : 650 D : 2,76 WAK : 171
11.35108.09 bleireiche Transparentfritte (alte 3496)	0.14 Na$_2$O 0.05 K$_2$O 0.27 CaO 0.54 PbO	0.17 Al$_2$O$_3$ 0.22 B$_2$O$_3$	2.98 SiO$_2$	MG : 360 ET : 560 D : 3,15 WAK : 186
11.35109.09 bleihaltige Zinkmattfritte (alte 3520)	0.08 Na$_2$O 0.01 K$_2$O 0.13 CaO 0.07 MgO 0.53 ZnO 0.18 PbO	0.07 Al$_2$O$_3$ 0.15 B$_2$O$_3$	0.90 SiO$_2$	MG : 171 ET : 522 D : 3,54 WAK : 192
11.35930.09 bleireiche Transparentfritte (alte 3569)	0.03 Na$_2$O 0.07 K$_2$O 0.09 CaO 0.26 BaO 0.05 ZnO 0.50 PbO	0.32 Al$_2$O$_3$ 0.05 B$_2$O$_3$	2.06 SiO$_2$	MG : 329 ET : 585 D : 3,64 WAK : 193
11.35990.09 bleihaltige Transparentfritte (alte 3568)	0.10 Li$_2$O 0.32 Na$_2$O 0.48 CaO 0.10 PbO	0.31 Al$_2$O$_3$ 0.70 B$_2$O$_3$	4.01 SiO$_2$	MG : 394 ET : 601 D : 2,42 WAK : 170
11.37024.09 bleifreie Transparentfritte (alte 3770 Alkali-Bor-Fritte	0.86 Na$_2$O 0.14 K$_2$O	0.39 Al$_2$O$_3$ 0.38 B$_2$O$_3$	2.21 SiO$_2$	MG : 270 ET : 562 D : 2,36 WAK : 324
11.37025.09 Alkali-Bor-Fritte transparent (alte 3759)	1.00 Na$_2$O	1.99 B$_2$O$_3$	3.05 SiO$_2$	MG : 384 ET : 550 D : 242 WAK : 232

3.3.3

11.37528.09 bleifreie Transparentfritte (alte 3782)	0.40 Na_2O 0.50 CaO 0.05 MgO 0.05 ZnO	0.32 Al_2O_3 0.79 B_2O_3	3.94 SiO_2	MG ET D WAK	: 383 : 639 : 2,34 : 176
10.31152.09 bleihaltige Weißzirkonfritte	0.28 Na_2O 0.10 K_2O 0.13 MgO 0.32 CaO 0.02 BaO 0.10 ZnO 0.05 PbO	0.26 Al_2O_3 0.40 B_2O_3	3.18 SiO_2 0.23 ZrO_2	MG ET D WAK	: 346 : 663 : : 194
10.33045.09 Barium-Mattfritte, bleifrei Zirkon-Weiß	0.12 Na_2O 0.06 K_2O 0.07 MgO 0.26 CaO 0.24 BaO 0.25 ZnO	0.31 Al_2O_3 0.31 B_2O_3	2.21 SiO_2 0.32 ZrO_2	MG ET D WAK	: 313 : 690 : : 186
10.33105.09 Weiß-Zirkon- fritte, bleifrei	0.05 Na_2O 0.09 K_2O 0.22 MgO 0.35 CaO 0.29 ZnO	0.17 Al_2O_3 0.20 B_2O_3	2.02 SiO_2 0.20 ZrO_2	MG ET D WAK	: 240 : : : 213
10.33118.09 Zirkon-Weißfritte, bleifrei	0.36 Na_2O 0.02 K_2O 0.21 MgO 0.33 CaO 0.08 ZnO	0.57 Al_2O_3 0.59 B_2O_3	4.20 SiO_2 0.18 ZrO_2	MG ET D WAK	: 431 : : : 153
10.33520.09 Weiß-Zirkonfritte, bleifrei	0.32 Na_2O 0.05 K_2O 0.06 MgO 0.53 CaO 0.04 ZnO	0.44 Al_2O_3 0.85 B_2O_3	4.75 SiO_2 0.40 ZrO_2	MG ET D WAK	: 498 : : : 174
11.37090.09 halbopake, harte CaO-Matt-Fritte	0.25 Na_2O 0.10 K_2O 0.65 CaO	0.20 Al_2O_3	2.50 SiO_2	MG ET D WAK	: 232 : : : 240
11.37208.09 harte Transparent- Matt-Fritte	0.12 Na_2O 0.38 MgO 0.50 BaO	0.30 Al_2O_3	1.02 SiO_2	MG ET D WAK	: 191 : : :

3.3.3

11.37210.09 Transparent-Matt- Fritte	0.10 Li$_2$O 0.15 Na$_2$O 0.20 MgO 0.05 CaO 0.35 BaO 0.15 ZnO	0.25 Al$_2$O$_3$ 0.15 B$_2$O$_3$	1.60 SiO$_2$	MG : 218 ET : D : WAK : 222
11.37630.09 Transparent-Fritte	0.10 Na$_2$O 0.20 K$_2$O 0.70 CaO	0.50 Al$_2$O$_3$ 0.90 B$_2$O$_3$	3.50 SiO$_2$	MG : 288 ER : D : WAK :
11.37810.09 Calcium-Matt- Fritte	0.10 Na$_2$O 0.90 CaO	0.16 Al$_2$O$_3$ 0.44 B$_2$O$_3$	1.60 SiO$_2$	MG : 200 ET : D : WAK :
11.35166.09 Matt-Fritte, bleihaltig	0.07 Na$_2$O 0.07 K$_2$O 0.12 Cao 0.24 BaO 0.34 ZnO 0.16 PbO	0.17 Al$_2$O$_3$ 0.19 B$_2$O$_3$	1.12 SiO$_2$	MG : 215 ET : D : WAK : 249

MG = abgerundetes Molekulargewicht
ET = Erweichungstemperatur °C
D = Dichte g/cm^3
WAK = mittlerer kubischer Ausdehnungskoeffizient, 10^{-7}/K

Die folgenden Fritten (mit ihren Segerformeln tabellarisch, zum Umrechnen) sind nicht mehr im Standard-Lieferprogramm – alte Fritten-Nummern!

	Na$_2$O	K$_2$O	MgO	CaO	BaO	PbO	Al$_2$O$_3$	B$_2$O$_3$	SiO2	ZrO$_2$
3244			1,00			0,32	1,09	1,87		
3257		0,04		0,42	0,54		0,16	0,17	2,00	0,06
3284	1,00						0,42	2,93	9,63	
3441						1,00	0,14		1,03	
3481	0,15	0,04		0,51		0,30	0,20	0,25	2,40	
3486	0,11	0,06		0,30		0,53	0,12	0,69	2,82	0,04
3505	0,05	0,07	0,04	0,69		0,15	0,30	0,46	2,29	
3506	0,06	0,08		0,31		0,55	0,28	0,44	2,38	
3751	0,20			0,80			0,49	0,91	3,14	
3754	0,40	0,10		0,50		0,45	0,52	2,58		
3757	0,23	0,06		0,71		0,38	1,28	3,56		
3783	1,00						0,25	2,86		
3784	1,00					0,42	2,93	9,63		

3.3.4 Fritten der Firma Mondré & Manz, Troisdorf

Nr.					
1076	0.20 Na$_2$O 0.20 K$_2$O 0.30 CaO 0.30 ZnO	0.30 Al$_2$O$_3$ 0.60 B$_2$O$_3$	3.30 SiO$_2$ 0.27 ZrO$_2$ 0.20 F	MG : 380 ET : 638 WAK : 63	
1233	0.40 Na$_2$O 0.30 K$_2$O 0.30 CaO	0.03 Al$_2$O$_3$	2.40 SiO$_2$	MG : 217 ET : 503 WAK : 140	
1509	0.45 K$_2$O 0.55 PbO		2.00 SiO$_2$	MG : 285 ET : 520 WAK : 85	
4067	0.10 K$_2$O 0.50 BaO 0.30 ZnO 0.10 PbO	0.10 Al$_2$O$_3$	1.00 SiO$_2$	MG : 203 ET : >870 WAK : 119	
6243	0.50 Na$_2$O 0.35 K$_2$O 0.15 CaO	0.15 Al$_2$O$_3$ 0.50 B$_2$O$_3$	1.50 SiO$_2$	MG : 213 WAK : 112	
6640	0.20 Na$_2$O 0.50 K$_2$O 0.30 ZnO	0.15 Al$_2$O$_3$ 0.30 B$_2$O$_3$	2.00 SiO$_2$	MG : 240 ET : 560 WAK : 119	
8886	0.35 CaO 0.65 PbO	0.10 Al$_2$O$_3$ 0.10 B$_2$O$_3$	2.00 SiO$_2$	MG : 302 ET : 610 WAK : 63	
M 63	0.20 K$_2$O 0.41 CaO 0.19 BaO 0.20 ZnO	0.50 B$_2$O$_3$	1.00 SiO$_2$	MG : 184 ET : 650 WAK : 72	
E 10560	0.18 Na$_2$O 0.17 K$_2$O 0.65 CaO	0.20 Al$_2$O$_3$ 1.00 B$_2$O$_3$	2.25 SiO$_2$	MG : 289 WAK : 66	
E 16486	0.30 K$_2$O 0.70 CaO	0.10 Al$_2$O$_3$ 1.00 B$_2$O$_3$	3.80 SiO$_2$ 0.25 ZrO$_2$	MG : 406 WAK : 62	

MG   = Molekulargewicht
ET   = dilatometrischer Erweichungspunkt °C
WAK = linearer Ausdehnungskoeffizient (20-400 °C).10^{-7}/K

3.3.5 »TEGO«-Fritten der Fa. Th. Goldschmidt AG, Essen
(werden heute von dieser Firma nicht mehr hergestellt)

Bleisilikat 110	1.00 PbO		1.00 SiO_2	ST	: 680
Bleisilikat 115	1.00 PbO		1.50 SiO_2	ST	: 680
Bleisilikat 120	1.00 PbO		2.00 SiO_2	ST	: 650
Bleiborsilikat B 120	1.00 PbO	1.50 B_2O_3	0.50 SiO_2	ST	: 700
Natriumbleiborsilikat Nabo 115	0.50 Na_2O 0.50 PbO	1.00 B_2O_3	1.50 SiO_2	ST	: 650
Kaliumbleiborsilikat Kabo 115	0.50 K_2O 0.50 PbO	1.00 B_2O_3	1.50 SiO_2	ST	: 850
Bleinatriumsilikat Na 120	0.25 Na_2O 0.75 PbO		2.00 SiO_2	ST	: 630
Bleikaliumsilikat K 120	0.45 K_2O 0.55 PbO		2.00 SiO_2	ST	: 850
Bleikaliumsilikat K 130	0.45 K_2O 0.55 PbO		3.00 SiO_2	ST	: 900
Fritte Nr. 12	0.20 Na_2O 0.20 K_2O 0.20 CaO 0.15 ZnO 0.25 PbO		2.00 SiO_2	ST	: 900
Fritte Nr 122	0.10 Na_2O 0.10 K_2O 0.075 CaO 0.075 ZnO 0.65 PbO		1.5 SiO_2	ST	: 800

ST = Schmelztemperatur

3.4 Zusammensetzung von Tonen, Kaolinen, Feldspäten und anderen Rohstoffen – Auswahl

Die chemisch-oxidische Zusammensetzung der hier angegebenen Rohstoffe stellen Mittelwerte dar, die selbstverständlich Schwankungen ausgesetzt sind, weil es sich bei den Rohstoffen um natürliche Stoffe handelt. Größere Unterschiede sind nicht selten, sofern es sich nicht um standardisierte Produkte handelt. Die angegebenen Werte sollten deshalb nur als Anhaltspunkt benutzt werden. In manchen Fällen ist es empfehlenswert, aktuelle Daten vom Lieferanten anzufordern.

3.4.1 Tone und Kaoline

	Lieferant Nr. in Tab. 3.4.5	SiO_2	Al_2O_3	TiO_2	Fe_2O_3	CaO	MgO	K_2O	Na_2O	GV
hellbrennende Tone										
Ton 1200	1	61,1	26,3	1,2	0,9	0,3	0,2	2,8	0,6	6,9
Siershahner Blauton 1501	1	49,7	33,6	1,2	1,2	0,4	0,1	2,8	0,4	10,3
Keram-Ton 1551	1	68,5	20,6	2,1	0,8	0,2	0,1	1,7	0,4	5,5
Keram-Ton 1552	1	71,5	18,3	1,5	0,8	0,5	0,2	1,7	0,4	5,2
Keram-Ton 1554	1	66,4	22,1	1,0	1,1	0,3	0,1	3,0		6,0
Feuerfest Ton 1600	1	50,5	39,8	1,8	1,9	1,2	1,0	2,7		12,0
Keram-Ton 1700	1	55,7	29,6	1,6	1,0	0,2	0,1	1,5	0,2	9,7
Feuerfest Ton 1704	1	72,0	22,5	1,0	1,8	0,2	0,1	1,8		5,5
Keramik Ton 1001 st.	2	65,6	28,2	1,5	1,1	0,2	0,6	2,6	0,2	7,5
Keramik Ton 1003 st.	2	73,2	22,6	1,3	0,8	0,2	0,1	1,7	0,2	6,8
Keramik Ton 501	2	64,7	28,3	1,4	1,3	0,3	0,7	3,0	0,1	7,3
Keramik Ton 502	2	76,0	19,0	1,0	0,8	0,1	0,6	2,5	0,1	5,3
Keramik Ton 301	2	66,3	27,3	1,7	1,2	0,1	0,5	2,4	0,2	7,5
Keramik Ton 303	2	76,5	19,3	1,5	0,8	0,1	0,3	1,4	0,1	5,9
Ton weiß fett 100	3	56,0	32,0	0,2	0,7	Sp.	Sp.	1,1	1,5	7,8
Ton weiß halbfett W 105	3	71,2	21,1	0,1	0,5	Sp.	Sp.	0,8	1,2	5,3
Ton weiß mager W 110	3	72,9	19,1	0,1	0,4	Sp.	Sp.	1,2	1,1	5,2
Ton 178 WF I	4	59,7	26,3	1,2	0,9	0,3	0,8	2,5	0,3	8,2
Ton 179 WF E	4	64,5	24,4	1,2	0,8	0,2	0,3	1,8	0,1	7,1
Gießton 132/I	4	72,3	18,7	0,5	0,5	0,1	0,4	3,5	0,9	3,3
Magerton weiß, 1/m	4	80,0	13,0		1,1	0,1	0,5	1,2		4,0
V 201	5	79,9	14,8	1,4	1,7	0,2	0,2	1,7	0,2	4,0
V 202 g	5	70,7	22,9	1,4	1,6	0,3	0,4	2,5	0,1	6,5
Ton 161 weiß fett	5	65,7	29,0	1,1	1,1	0,3	0,4	3,1	0,3	7,9
Ton 162 halbfett	5	66,3	22,3	1,0	1,2	0,2	0,5	1,8	0,2	6,7
Ton 163 mager	5	79,7	12,1	1,0	0,7	0,2	0,4	1,3	0,1	4,0
weißbrennender Ton V 28	8	64	30	1,6	1,4	0,2	0,2	1,9	0,1	10
weißbrennender Ton V 12	8	83	12	1,3	0,9	0,2	0,2	1,5	0,3	4
hellbrennender Ton OT 900	8	69	24	1,4	1,6	0,2		3	0,2	6
feuerfester Ton 38/42	8	54	38,8	1,5	1,8	0,3	0,1	2,4	0,5	12,5

3.4.1

	Lieferant Nr. in Tab. 3.4.5	SiO_2	Al_2O_3	TiO_2	Fe_2O_3	CaO	MgO	K_2O	Na_2O	GV
gelbbrennende Tone										
Keram-Ton 2001	1	57,6	25,8	2,2	2,1	0,4	0,5	1,6	0,2	9,3
Keram-Ton 2000	1	65,9	20,8	1,9	1,9	0,1	0,1	1,8	0,2	6,5
Ton 904	2	69,6	23,9	2,7	3,3	0,1	0,2	0,2	0,1	7,8
Ton 916	2	52,6	38,8	3,6	2,3	1,2	0,3	0,9	0,3	10,9
Ton 157/G	4	62,0	24,7		1,6	1,5	0,9	0,7	0,8	8,0
Ton 201 mager	5	76,6	13,9	1,3	2,1	0,2	0,3	1,5	0,2	4,0
Ton 204 fett	5	53,6	30,0	1,6	2,5	0,4	0,5	2,1	0,1	9,2
Ton I a gelb M	8	66	25	2	4,5	0,3		1,9	0,1	8
Kärlicher Ton hell	9	49,3	33,2	1,3	3,4	0,8	0,9	0,6	0,2	10,4
Kärlicher oberer blasser Ton	9	47,4	34,5	1,1	2,2	1,7		0,8	0,1	12,2
Kalkmergel KF	18	35,5	11,5		4,0	9,8	7,6	2,9	1,2	24,9
rotbrennende Tone										
Keram-Ton 1451	1	51,6	22,4	1,0	12,1	0,3	0,2	2,8	0,6	9,1
Ton 415	2	62,5	23,2	0,8	10,5	0,2	0,2	2,0	0,6	7,6
Odenwälder Gießton 84 r/f	4	59,4	20,0	0,9	8,2	0,1	1,1	5,6	0,2	4,3
		63,1	19,9		6,3	0,1	1,3	4,8	0,2	3,7
		65,7	20	0,8	6,5	0,1	1,4	5	0,2	3,6
Niederahrer Ton 178/R I	4	54,1	24,1		11,2	0,4	0,4	1,5	1,1	7,3
		51,2	29,0		9,2	0,2	0,2	1,3	1,0	8,4
		54,1	23,3	0,9	11	0,4	0,4	1,5	1	7,3
Kreutzton	6	58,8	15,0	1,3	6,2	4,5	3,4	4,1	0,4	6,5
		53,9	20,3		7,4	8,6	Sp.	2,1	1,4	6,3
Fuchston RA	5	53,4	22,8	1,2	11,2	0,3	0,5	2,7	0,1	7,8
Fuchston RC	5	63,4	19,1	1,1	5,0	0,9	0,7	2,9	0,2	6,5
Ton I a rot	8	60	23,7	1,4	11	0,2	0,1	2,6	0,3	8,4
Ton Z 25	8	65	23	1,6	6,5	0,1	0,4	2,1	0,2	6,5
Opalinus-Schieferton	18	50,8	25,1	0,8	5,0	4,0	2,7		1,4	10,3
Obtusus-Schieferton	18	65,3	16,3	0,8	4,1	0,7	2,9	3,4	0,6	6,0
Eisenberger Engobeton		50,5	19,0	1,0	12,3	0,8	2,8	4,1	1,1	9,0
Ockerton LR – L	7	45,7	22,1	0,8	28,1	0,4	0,3	2,0	1,2	10,5
Keupermergel KF	18	35,5	11,5	1,0	4,0	9,8	7,6	2,9	1,2	24,9
englische ball clays										
Sp. EWVA	10	48,0	32,6	0,8	1,0	0,2	0,3	1,8	0,3	15,0
EOBB/Y	10	52,8	31,5	1,1	1,6	0,1	0,3	1,4	0,2	11,0
HVA/R	10	62,7	24,8	1,5	0,9	0,2	0,3	2,3	0,3	7,1
Sp.CDL	10	71,5	18,6	1,4	0,7	0,2	0,3	1,8	0,1	5,2
Sanblend 75	10	53,4	29,8	1,2	1,0	0,2	0,3	2,1	0,3	11,7
Hywite HK 2	11	46	37	0,5	1,6	0,1	0,1	0,6	0,1	14,0
Hyplas 71	11	69	20	1,7	0,8	0,4	0,2	1,9	0,3	5,4
Hymod Excelsior	11	48	35	1,1	1,6	0,3	0,3	1,2	0,2	12,0
Hymod PR 2	11	58	27	1,4	1,4	0,4	0,2	2,8	0,5	7,9

	Lieferant Nr. in Tab. 3.4.5	SiO$_2$	Al$_2$O$_3$	TiO$_2$	Fe$_2$O$_3$	CaO	MgO	K$_2$O	Na$_2$O	GV
Kaoline										
Kaolinit, ideal		46,5	39,5							14
Kaolin H 1	12	47,3	37,9	0,3	0,4	0,1	0,1	0,7	0,1	13,0
Keram-Kaolin K II	12	49,8	35,5	0,4	0,4	0,1	0,1	1,9	0,3	11,6
		50,9	34,2	0,4	0,3	0,1	0,1	2,2	0,1	11,4
Standard Porcelain china clay	11	48	37	0,03	0,6	0,1	0,3	1,6	0,1	12,4
Treviscoe china clay	4, 11	48	36,5	0,03	0,75	0,1	0,2	2,3	0,1	12,0
Remblend M china clay	11	48	37	0,05	0,75	0,1	0,3	2,0	0,1	11,9
Zettlitzer Ia Standard		47,4	37,5	0,2	0,9	0,7	0,2	0,8	0,8	12,6
Porzellankaolin F 1 AKW Hirschau		48,0	36,0	0,4	0,6			1,8	0,1	12,2

3.4.2 Feldspäte und ähnliche Flußmittel

	Lieferant	SiO$_2$	Al$_2$O$_3$	TiO$_2$	Fe$_2$O$_3$	CaO	MgO	K$_2$O	Na$_2$O	GV	Fluor
Kalifeldspäte											
Orthoklas, ideal		64,8	18,3					16,9			
KF Dorkasil 90	12	65,8	17,5	0,3	0,08			14,8	0,70	0,60	
KF Dorkasil 70	12	72,3	14,1	0,28	0,08			11,8	0,63	0,50	
KF Dorkasil 60	12	60,3	24,5	0,6	0,2	0,1	0,1	8,5	0,3	5,3	
Feldspatmehl B 412	4, 13	66,0	18,4		0,08	0,2	0,1	11,9	3,0	0,4	50 ppm
Feldspatmehl B 614	13	66,4	18,7		0,09	0,5	Sp.	1060	3,32	0,4	60 ppm
Feldspatmehl B 4280	13	67,9	17,6		0,1	0,2	0,1	10,5	3,0	0,4	45 ppm
Norflot K-Feldspat	4, 13, 15	66,3	18,0		0,06	0,4	Sp.	12,0	3,0	0,3	0,008%
Feldspat A I Ceratera	14	65,1	19,1		0,05	0,2	0,2	11,5	3,8	0,4	
K-Feldspat, Saarfeldspat	14	73,2	14,5		0,2	0,2	0,1	10,5	0,9	0,8	
Natronfeldspäte											
Albit, ideal		68,8	19,6						11,8		
Feldspatmehl K31	13	69,8	18,4		0,1	0,5		0,5	10,4	0,4	
Feldspatmehl K30	13	73,5	16,1		0,22	1,2	0,2	0,52	7,60	0,7	30 ppm
Feldspatmehl B 427	13	67,9	19,9		0,19	0,9	0,2	0,60	9,48	0,9	0,007%
Norflot Na-Feldspat	4, 13, 15	69,5	18,1		0,1	2,0	Sp.	3,50	6,50	0,3	0,008%
Na-Feldspat Maffei »Ventilato«;	11	71	17,5		0,28	0,8	0,01	0,31	9,8	0,8	
aber auch		68,8	19,2		0,15	0,59	0,05	0,40	10,4	0,7	
Feldspatmehl B 505	13	62,8	23,3		0,37	4,07	0,30	0,91	7,73	0,6	
Na-Feldspat »Ventilato«	21	69,8	18,1	Sp.	0,25	0,50	Sp.	0,55	10,35	0,51	

	Lieferant	SiO$_2$	Al$_2$O$_3$	TiO$_2$	Fe$_2$O$_3$	CaO	MgO	K$_2$O	Na$_2$O	GV	Fluor Sonstige
Mischfeldspäte, Nephelin-Syenit											
Feldspatmehl B 625	13	75,4	14,5		0,13	0,3	0,1	3,98	4,95	0,5	0,008%
Feldspatmehl K 4280	13	67,3	18,4		0,11	0,6		8,68	4,43	0,4	45 ppm
Feldspatmehl K 40	13	72,2	16,7		0,2	0,8	0,1	6,00	3,50	0,3	30 ppm
Birkenfelder Feldspat	16	75,5	14,6		0,41		0,4	5,23	3,06	2,9	
		74,6	14,6		0,8	0,1	0,5	5,1	1,7	2,7	
kanadischer Nephelin-Syenit	13	60,7	23,3		0,07	0,7	0,1	4,60	9,80	0,7	
Elkem Norsk Nefelin-Syenit		57,0	23,7		0,1	1,3		8,9	7,7		
Nephelin-Synit M 325	21	58,0	23,5	0,10	0,12	1,1	0,03	9,0	7,02	0,65	

3.4.3 Feldspataustauschstoffe, Flußmittel-Minerale

3.4.3.1 Lithiumhaltige Rohstoffe

	Lieferant	SiO$_2$	Al$_2$O$_3$	Fe$_2$O$_3$	CaO	MgO	K$_2$O	Na$_2$O	Li$_2$O	GV	Fluor
Petalit (Otavi)	17	77,0	16,0	0,03	0,1	0,4	0,3	0,4	4,3		
Petalit (Mandt)	13	76,4	17,1	0,18	Sp.	Sp.	0,56	0,92	4,06	0,6	650 ppm
Petalit Vitroflux A 180/A 38	15	78,0	16,0	0,1	0,3	0,1	0,5	0,6	4,0		
Spodumen Vitroflux S 250	15	66,0	26,0	0,14			0,5	0,2	7,0	0,7	
Spodumen (Otavi)	17	70,6	23,0	0,03			0,13	0,37	4,78		
Lepidolith (Otavi)	17	49,0	28,5	0,09		0,1	8,62	0,28	4,04	4,2	4,11% Rb$_2$O
Lepidolith Vitroflux C 38	15	63,0	22,0	0,07	0,1	0,1	4,0	3,5	2,0	1,2	2,5%
Petalit	21	78,1	17,1	0,06	0,04	0,03	0,24	0,21	3,80	0,44	

3.4.3.2 Feldspat-Austauschstoffe

	Lieferant	SiO$_2$	Al$_2$O$_3$	TiO$_2$	Fe$_2$O$_3$	CaO	MgO	K$_2$O	Na$_2$O	GV	Fluor Sonstige
Feldspat FB rosa	7	74,7	14,2		0,86	0,3	0,5	4,86	1,97		
Phonolith KC		65,2	21,4	0,3	1,82	0,2	1,3	4,48	6,25	1,9	
Phonolith BES	7	58,5	22,4		3,16	2,8	2,6	5,87	4,58		
Bimssteinmehl NR 90	7	59,7	23,7		2,66	2,6	0,4	3,08	6,40	0,18 SO$_3$	
Labradorit HSN	7	56,9	26,8		0,3	7,8	0,3	0,8	5,9	1,2	
Anorthosit Portanit B63	15	52	28	0,1	1,3	11	0,5	0,5	5	1,5	
Anorthitmehl	13	58,5	24,5		0,37	7,4	0,8	0,8	6,22	1,5	0,008% F
		57,6	26,5		0,54	7,13	0,34	1,22	5,98	0,3	
Pegmatit	21	80,16	11,4	0,15	0,13	0,10	Sp.	6,10	0,88	1,12	

3.4.3.3 Basische Gesteine, CaO- und MgO-reiche Rohstoffe, sonstige Rohstoffe

	Lieferant	SiO$_2$	Al$_2$O$_3$	TiO$_2$	Fe$_2$O$_3$	CaO	MgO	K$_2$O	Na$_2$O	GV	Fluor Sonstige
Basaltmehl »Füller A«	19	44,3	14,0	2,8	10,7	11,6	9,5	3,3	2,7		0,18 MnO
Basaltmehl TK	7	44,8	13,9	2,5	11,1	11,6	9,6	2,7	2,0	0,7	
Basaltmehl WB	7	43,8	22,9		11,5	10,2	4,7	1,3	2,6	2,1	0,3 SO$_3$
Basaltmehl GH		46,5	14,6	3,1	11,8	9,5	5,0	1,63	2,48		
Glasurmehl LA (= Lavalith)	6	45,9	17,0		10,9	11,5	9,6	4,65		0,3	
»Vulkanton« TE (Trass)	7	51,0	19,1		4,6	4,5	1,3	5,4	2,6	11,8	
»Vulkanton« MA (Trass)	7	57,1	19,0		3,8	3,1	0,9	3,3	5,5	7,2	0,05 SO$_3$
»Pholin«-Basalt-Dünger		40,7	12,3		6,8	8,0	22,0	0,3			0,13 MnO
Sepiolith S	13	59,4	1,6	0,07	0,56		25,3	0,5	0,2	11,9	
Talkum S	13	52,0	5,4	0,3	2,2	0,9	30,8	0,1	0,05	8,0	520 ppm F
Wollastonit	13	51,8	0,4		0,22	44,5	0,6	0,1	0,1	2,2	0,011% F
Wollastonit Casiflux	15	50	0,5	0,02	0,2	46,0	2,0			1,0	
Kalkspatmehl K 6/L	13	0,7	0,2		0,03	55,8				42,9	0,003% F
Dolomitmehl K 9	13	3,2	0,7		0,23	36,0	15,6			44,3	0,002% F
Granit-Gneis-Mehl	20	57,6	17,8	0,88	9,7	2,9	2,3	0,7	0,1		0.25 P$_2$O$_5$
Portlandzement PZ 35 (Dyckerhoff, Neuwied)		20,4	4,8	0,12	2,8	64,8	2,3	0,8	0,2		3,1 SO$_3$
Colemanit Portabor A 250/A 38	15	4	0,5		0,1	26	2,0	0,25		22	43% B$_2$O$_3$
Schiefermehl TK 90	7	57,6	18,3		8,3	1,8	2,7	3,6	1,4	5,1	0,5 SO$_3$
Manganton »SS« (Typanalyse)	7	33,6	19,9	2,4	25,5	0,8	0,4	2,4	0,3	11,1	13,9 MnO
Manganton 262 (Typanalyse)	4	27	12		23	0,4	0,3			14,0	15 MnO
Schiefermehl (DIN 100)	21	61,7	16,7	0,88	7,52	0,51	2,32	3,24		4,35	0,26 P$_2$O$_5$

3.4.4 Aschenanalysen (entnommen aus Bezborodov[9], Cardew[17], Cooper[26], Frère Daniel[43], Leach[87], Sanders[135], Wolff[173])

	SiO_2	Al_2O_3	Fe_2O_3	CaO	MgO	K_2O	Na_2O	P_2O_5	SO_3	Cl	MnO	Aschegehalt der Pflanze
Apfelholz	2,7			70,9	5,5	11,8	1,9	4,5	2,7			1,1
Apfelholz, gewaschen	2,7	2,0	0,7	54,2	3,3	0,9		1,6				
Ahornholz	13,8	0,7	2,4	28,4	11,6	6,3	6,4	7,1	1,2	0,7	0,4	
Birkenholz	11,5		1,3	29,6	14,3	22,6	9,0	7,9	2,0	1,0	0,3	
Buchenholz	3,9		0,6	42,0	8,2	24,3	8,3	6,2	2,1	0,7	4,5	
Buchenholz	5,4			56,4	10,9	16,4	3,6	5,4	1,8			1,3
Buchenlaub	33,8			44,9	5,9	5,2	0,7	4,7	3,6			1,3
Buchsbaum	12,6		1,1	30,1	14,0	19,8	8,3	7,1	2,5	1,2	0,3	
Eichenholz	2,0			72,5	3,9	9,5	3,9	5,8	2,0			0,5
Eichenholz	15,3	0,1	2,4	30,0	12,0	14,0	9,1	13,1	2,6	1,2	0,1	
Eichenholz	4,0	5,5	0,7	49,0	3,0	1,5	0,2	3,0			1,7	
Eichenrinde	3,3		1,7	56,7	7,5	25,8	1,7	2,5	1,7			1,2
Eschenholz	23,3	0,6	3,9	25,5	12,0	16,0	7,7	7,0	2,5	1,0	0,4	
Efeu	11,4	0,1	2,5	24,6	8,0	25,5	20,1	5,6	1,0	0,6	0,5	
Farnkraut	6,1			14,1	7,6	42,8	4,6	9,7	5,1	10,2		5,9
Farnkraut, gewaschen	40,4	11,9	0,7	20,6	10,9	2,4		4,4				
Fichtenholz	1,8		0,2	29,6	5,5	7,4	5,5	3,7	1,8	42,6		0,5
Fichtennadeln	3,1		6,9	23,5	6,6	29,6	0,5	18,4	4,6			1,9
Gerstenstroh	53,8			7,5	2,5	21,2	4,6	4,3	3,6	0,3		0,6
Grasasche, gewaschen	76,0	5,4	1,1	6,1	3,7	2,5	0,2	1,6	0,2		0,7	
Goldregen	26,1	0,4	3,0	29,4	2,2	16,0	4,6	12,7	3,9	1,0	0,5	
Haferstroh	46,7		1,1	7,0	3,9	28,9	3,3	4,6	3,2	4,4		7,2
Haselnußholz	9,7	0,1	0,1	26,6	15,2	36,2	10,2	4,2	1,0	0,6	0,1	
Heidekraut	35,2		4,0	16,2	8,9	7,6	9,4	4,2	11,1	2,1		
Heidekraut	35,2			18,8	8,3	13,3	5,3	5,0	4,4	2,2		3,6
Herbstlaub, gemischt	56,5	4,3	1,2	18,1	5,3	2,7		2,6	1,1			
Herd-Asche (Japan)	31,0	8,9	3,0	22,4	3,3	3,9	2,3	1,9			1,3	
Herd-Asche (Japan)	14,1	3,7	0,9	35,9	5,4	1,5	0,6	2,1			0,1	
Holunder	12,8		0,4	35,9	15,6	15,6	1,2	12,1	5,8	0,3	0,09	
Ilex	21,7	0,4	2,6	15,6	15,4	16,4	12,1	11,4	2,0	1,9	0,4	
Kastanie	12,8		3,9	32,0	16,5	27,8	10,6	2,3	3,1	1,1	0,8	
Kalmus	31,4			5,3	4,2	33,2	7,3	6,7	3,3	5,6		7,0
Kiefer	10,0	0,4	4,0	25,0	6,3	26,5	8,6	8,9	4,6	0,5	5,1	
Kiefer (Japan)	24,4	9,7	3,4	39,7	4,5	9,0	3,8	2,8			2,7	
Kirschbaumholz	24,9		2,6	30,2	8,7	21,6	1,8	7,6	2,6	0,8		
Knochenasche	2,9		0,3	52,4	1,3			40,9				
Knochenasche (Harrison/Mayer)	0,5	0,3	0,06	53,8	1,1		0,7	42,5				
Kohlenasche (Braunkohle)	5–25	2–15	5–20	15–35	0–5	0–2	3–10	0–8				
Lärchenholz	10,6	0,6	4,2	25,6	8,2	20,2	9,1	7,8	3,3	0,3	10,3	
Liguster	23,5	0,6	4,3	23,6	12,3	15,6	8,4	6,3	3,3	1,5	0,4	

	SiO$_2$	Al$_2$O$_3$	Fe$_2$O$_3$	CaO	MgO	K$_2$O	Na$_2$O	P$_2$O$_5$	SO$_3$	Cl	MnO	Aschegehalt der Pflanze
Maulbeerbaum	3,6			57,0	5,8	36,6	6,6	6,3	8,8	14,2		1,4
Mistel	1,6		1,1	20,0	10,2	42,0	5,1	18,1	1,5	0,4		
Pappelholz	3,5	0,2	1,2	16,5	10,2	54,2	2,3	10,2	1,3	0,1	0,2	
Pfirsichholz	1,5		1,2	7,6	5,4	55,0	8,7	13,9	5,7	0,5		
Pflaumenholz	1,3		5,2	6,4	9,3	56,9	5,2	12,1	3,3	0,2		
Rasenschnitt, gewaschen	39,6	16,6	3,4	12,9	5,7	6,2		9,0				
Reisstroh	83,2	1,4	0,4	3,7	1,4	2,5	0,4	0,7	0,4			
Reisstroh, gewaschen (Japan)	77,7	9,1	2,9	4,0	2,4	1,7		0,9				
Reishülsen	96,0	1,0	0,04	0,2	0,5	0,2	0,9	0,3	0,02			
Riedgras	11,0			9,4	6,3	36,6	6,6	6,3	8,8	14,2		4,6
Rottanne (norweg.)	19,0	2,2	2,5	30,8	8,6	11,0	6,5	9,0	1,2	0,6	8,7	
Schilfrohr	7,4			6,0	1,3	8,6	0,3	2,1	2,8			3,9
Ulmenholz	3,1		1,2	47,8	7,7	21,9	13,7	3,3	1,3			
Walnußbaumholz	16,7	0,1	1,3	40,0	6,6	14,7	4,9	6,4	8,2	0,8	0,4	
Weidenholz	4,4	0,1	1,3	20,2	8,3	49,8	2,5	10,0	1,2	0,1	0,2	
Weizenstroh	66,2			6,1	5,2	11,5	2,8	5,4	2,8	3,8		4,2
Weizenhülsen	68,5	4,4	4,5	7,2	1,9	8,0		2,2	8,0			
Zedernholz	24,3	0,5	1,0	44,2	6,0	4,2	3,6	10,6	4,0	1,2	0,3	

Aschen-Analysen in Form von Segerformeln nach Lit. Nr. 43

Ahornblätter:
0.081 K$_2$O   0.026 Al$_2$O$_3$ 0.353 SiO$_2$
0.078 MgO
0.838 CaO

Buchenholz:
0.038 Na$_2$O   0.00 Al$_2$O$_3$ 0.059 SiO$_2$
0.115 K$_2$O   0.026 P$_2$O$_5$
0.664 CaO
0.180 MgO

Farnkraut:
0.365 Na$_2$O   0.027 Al$_2$O$_3$ 1.015 SiO$_2$
0.063 K$_2$O
0.412 CaO
0.157 MgO

Heidekraut:
0.110 Na$_2$O   0.00 Al$_2$O$_3$ 0.763 SiO$_2$
0.183 K$_2$O   0.045 P$_2$O$_5$
0.436 CaO
0.269 MgO

Heu, gewaschen:
0.206 K$_2$O   0.13 Al$_2$O$_3$ 0.876 SiO$_2$
0.714 CaO
0.075 MgO

Riedgras:
0.009 Na$_2$O   0.106 Al$_2$O$_3$ 1.81 SiO$_2$
0.137 K$_2$O   0.057 P$_2$O$_5$
0.643 CaO
0.192 MgO

Schilf:
0.120 Na$_2$O   0.036 Al$_2$O$_3$ 5.40 SiO$_2$
0.232 K$_2$O
0.532 CaO
0.148 MgO

Maisstroh, gewaschen:
0.053 Na$_2$O   0.097 Al$_2$O$_3$ 2.813 SiO$_2$
0.143 K$_2$O   0.025 P$_2$O$_5$
0.578 CaO
0.183 MgO

Rapsstroh:
0.180 Na$_2$O   0.006 Al$_2$O$_3$ 0.11 SiO$_2$
0.058 K$_2$O
0.702 CaO
0.060 MgO

Luzerne:
0.021 Na$_2$O   0.027 Al$_2$O$_3$ 0.033 SiO$_2$
0.038 K$_2$O
0.810 CaO
0.130 MgO

Steineiche:
0.003 Na$_2$O   0.053 Al$_2$O$_3$ 0.066 SiO$_2$
0.015 K$_2$O   0.020 P$_2$O$_5$
0.875 CaO
0.075 MgO

Robinienholz:
0.017 Na$_2$O   0.008 Al$_2$O$_3$ 0.095 SiO$_2$
0.034 K$_2$O
0.818 CaO
0.126 MgO

3.4.5 Lieferanten der in den Tabellen (insbes. 3.4) u. Rezepten erwähnten Rohstoffe

1. Goerg und Schneider GmbH Tonbergbau, Bahnhofstr. 4, D-56427 Siershahn
2. Stephan Schmidt KG Tonbergbau, D-65599 Dornburg-Langendernbach
3. F. J. Wolf KG Tonbergbau, D-56235 Ransbach-Baumbach
4. Carl Jäger KG, Postfach 45, 56203 Höhr-Grenzhausen
5. Fuchs'sche Tongruben GmbH, Haus Petersberg, Postfach 30, D-56235 Ransbach-Baumbach
6. Helmut Kreutz KG, Mineralmahlwerk, Am Bahnhof, D-35708 Haiger
7. H. J. Schmidt, Industrie-Minerale GmbH, Willi-Brückner-Str. 1, D-56564 Neuwied
8. Marx Bergbau GmbH, D-56412 Ruppach-Goldhausen
9. Kärlicher Ton- und Schamottewerke Mannheim & Co., D-56218 Mülheim-Kärlich
10. Watts Blake Bearne & Co. Ltd. Newton Abbot, Devon TQ 12 4PS, England, vertreten durch Fuchs'sche Tongruben GmbH, Postfach 30, D-56235 Ransbach-Baumbach
11. ECC – English china clays Sales Co., John Keay House, St. Austell, Cornwall PL 25 4DJ
12. Gebr. Dorfner oHG, Kaolinwerke, Postfach 1120, D-92242 Hirschau/Opf.
13. Franz Mandt GmbH, Postfach 350, D-95632 Wunsiedel/Ofr., Mandt Mineralmahlwerke GmbH, Am Binnenhafen, D-26919 Brake
14. Saarfeldspatwerke H. Huppert GmbH, Kobenhüttenweg 51, D-66123 Saarbrücken
15. Quarzwerke GmbH, Postfach 1780, D-50226 Frechen
16. Birkenfelder Feldspatwerke Schweyer & Vollmer, D-55765 Ellweiler-Haumbach
17. Otavi Deutschland GmbH, Hynspergstr. 24, D-60322 Frankfurt/M.
18. Tonwerke Keller AG, CH-5262 Frick AG
19. Lava-Union GmbH, Kölner Str. 22, D-53489 Sinzig/Rhein
20. Oberrhein-Handelsunion GmbH, Niederlassung in 77756 Hausach-Hechtsberg
21. Bischitzky & Co., Kolpingring 22, 82041 Oberhaching

3.4.6 Zusammensetzung einiger amerikanischer und englischer Feldspäte u. Rohstoffe

Zur Umrechnung von Rezepturen und Formeln aus der englischsprachigen Literatur. In Klammern ist das Molekulargewicht angegeben.

3.4.6.1 Potash feldspars:

Buckingham (591)	0.27 Na_2O 0.73 K_2O	1.08 Al_2O_3	6.60 SiO_2
Clinchfield 202 (618)	0.25 Na_2O 0.72 K_2O 0.03 CaO	1.06 Al_2O_3	7.09 SiO_2
Custer (615)	0.31 Na_2O 0.69 K_2O	1.05 Al_2O_3	7.05 SiO_2
Keystone (533)	0.29 Na_2O 0.68 K_2O 0.03 CaO	1.05 Al_2O_3	6.11 SiO_2
Yankee (626)	0.32 Na_2O 0.68 K_2O	1.06 Al_2O_3	7.24 SiO_2
Maine (694)	0.35 Na_2O 0.61 K_2O 0.04 CaO	1.03 Al_2O_3	8.43 SiO_2
Madoc H (568)	0.34 Na_2O 0.61 K_2O 0.05 CaO	1.04 Al_2O_3	6.40 SiO_2
Oxford (660)	0.42 Na_2O 0.58 K_2O	1.16 Al_2O_3	7.66 SiO_2
Kona A−3 (667)	0.40 Na_2O 0.55 K_2O 0.05 CaO	1.07 Al_2O_3	7.98 SiO_2
Kingman (556)	0.25 Na_2O 0.74 K_2O 0.01 CaO	1.08 Al_2O_3	6.23 SiO_2
Elbrook (628)	0.45 Na_2O 0.47 K_2O 0.08 CaO	1.02 Al_2O_3	7.41 SiO_2
Plastic Vitrox (1051)	0.34 Na_2O 0.61 K_2O 0.05 CaO	1.33 Al_2O_3	13.9 SiO_2

3.4.6.2 Soda feldspars:

Glaze spar 54 (548)	0.80 Na_2O 0.09 K_2O 0.10 CaO 0.01 MgO	1.14 Al_2O_3	6.13 SiO_2
Nepheline Syenite (462)	0.75 Na_2O 0.25 K_2O	1.11 Al_2O_3	4.65 SiO_2
Kona C–6 (549)	0.61 Na_2O 0.32 K_2O 0.07 CaO	1.03 Al_2O_3	6.20 SiO_2
Lu-Spar 4 (547)	0.61 Na_2O 0.26 K_2O 0.13 CaO	1.03 Al_2O_3	6.20 SiO_2
Minpro 4 (609)	0.55 Na_2O 0.36 K_2O 0.09 CaO	1.11 Al_2O_3	7.06 SiO_2
Eureka (703)	0.52 Na_2O 0.46 K_2O 0.02 CaO	1.07 Al_2O_3	8.61 SiO_2
Bainbridge (512)	0.50 Na_2O 0.30 K_2O 0.20 CaO	1.04 Al_2O_3	5.59 SiO_2
Glaze spar 56 (571)	0.49 Na_2O 0.28 K_2O 0.23 CaO	1.01 Al_2O_3	6.65 SiO_2
Clinchfield 303 (547)	0.49 Na_2O 0.46 K_2O 0.05 CaO	0.98 Al_2O_3	6.18 SiO_2
Kona F–4 (508)	0.48 Na_2O 0.32 K_2O 0.20 CaO	1.02 Al_2O_3	5.60 SiO_2
Cornwall Stone (713)	0.40 Na_2O 0.36 K_2O 0.24 CaO	0.40 Al_2O_3	10.0 SiO_2

3.4.6.3 Lithium feldspars:

Spodumene (413)	0.94 Li_2O 0.03 Na_2O 0.03 K_2O	1.16 Al_2O_3	4.37 SiO_2
Lepidolite (355)	0.53 Li_2O 0.06 Na_2O 0.41 K_2O	0.98 Al_2O_3	3.28 SiO_2
Lithospar (568)	0.39 Li_2O 0.38 Na_2O 0.18 K_2O 0.05 CaO	1.24 Al_2O_3	6.73 SiO_2

In der Literatur werden auch davon abweichende Zusammensetzungen angegeben.

Albany slip clay	0.03 Na_2O 0.13 K_2O 0.48 CaO 0.36 MgO	0.49 Al_2O_3 0.11 Fe_2O_3	4.29 SiO_2 0.04 TiO_2
Fremington clay	0.037 Na_2O 0.157 K_2O 0.410 CaO 0.396 MgO	0.82 Al_2O_3 0.18 Fe_2O_3	4.05 SiO_2 0.06 TiO_2

3.4.6.4 Zusammensetzung einiger typischer amerikanischer toniger Rohstoffe (nach Cooper[28], Chappell[22], Grebanier[47], Tichane[152])

	SiO_2	Al_2O_3	TiO_2	Fe_2O_3	CaO	MgO	K_2O	Na_2O	GV	MnO
Cedar Heights Goldart clay	57,3	28,5	1,98	1,23	0,08	0,22	0,88	0,30	9,39	
Cedar Heights Redart clay	64,3	16,4	1,06	7,04	0,23	1,55	4,07	0,40	4,78	
Kentucky ball clay No. 4	52,1	31,2	1,6	0,8	0,4	0,3	1,0	0,3	12,4	
Tennessee ball clay No. 5	53,3	31,1	1,4	1,0	0,3	0,2	1,5	0,8	11,4	
Tennessee ball clay No. 10	50,4	33,2	1,6	0,9	0,3	0,3	0,7	0,5	12,1	
E.P.K. china clay	45,9	38,7	0,34	0,42	0,09	0,12	0,22	0,04	14,16	
Georgia china clay	45,2	38,0	1,95	0,49	0,26	0,30	0,04	0,02	13,51	
Jordan clay	67,2	20,2	1,18	1,73	0,16	0,52	2,0	0,23	6,89	
A. P. Green Missouri fire clay	52,0	30,0	1,5	1,0	0,05	0,03	0,20	0,05	10,0	
Monmouth fire clay	50,9	45,0	0,84	2,21	0,11	0,30	0,55	0,01		
Monmouth stoneware clay	56,8	28,5			0,3	0,3	0,3	0,3	12,2	
North Carolina Kaolin	46,1	37,5		0,08			0,9	0,2	14,1	
Barnard slip clay	52,4	10,6	0,85	20,27	Sp.	Sp.	3,77		8,27	3,23
	41,4	6,7	0,2	29,9	0,5	0,6	1,0	0,5	8,4	3,25
Albany slip clay	59,5	11,54	0,9	4,13	6,28	3,35	2,75	0,40	10,40	0,08
	57,6	14,6	0,4	5,2	5,8	2,5	3,2	0,8	9,5	0,08
Red Dalton	63,2	18,3	1,3	6,3	0,3	0,5	1,6	1,2	6,4	

Gew.%	B_2O_3	SiO_2	Al_2O_3	Fe_2O_3	CaO	MgO	Na_2O	H_2O	CO_2
Gerstley Borate	28,0	9,5	1,1	0,3	20,6	3,5	5,3	25,3	3,2

3.5 Die Zusammensetzung der Segerkegel

Sie kann als Anhaltspunkt für die Zusammensetzung von Glasuren dienen. Der Schmelzbereich der entsprechenden Glasur würde dann etwa 40 bis 80 K über der Nenntemperatur des betreffenden Segerkegels liegen (nach W. Lehnhäuser, Glasuren und ihre Farben. Siehe auch Falltemperaturen, Tab. 3.10.10, S. 479).

SK Nr.	Nenntemp. °C	Formel		
022	600	0.50 Na_2O 0.50 PbO	1.00 B_2O_3	2.00 SiO_2
021	650	0.50 Na_2O 0.25 CaO 0.25 MgO	0.02 Al_2O_3 1.00 B_2O_3	1.04 SiO_2
020	670	0.50 Na_2O 0.25 CaO 0.25 MgO	0.04 Al_2O_3	1.08 SiO_2
019	690	0.50 Na_2O 0.25 CaO	0.08 Al_2O_3 1.00 B_2O_3	1.16 SiO_2
018	710	0.50 Na_2O 0.25 CaO 0.25 MgO	0.13 Al_2O_3 1.00 B_2O_3	1.26 SiO_2
017	730	0.50 Na_2O 0.25 CaO 0.25 MgO	0.20 Al_2O_3 1.00 B_2O_3	1.40 SiO_2
016	750	0.50 Na_2O 0.25 CaO 0.25 MgO	0.31 Al_2O_3 1.00 B_2O_3	1.61 SiO_2
015a	790	0.432 Na_2O 0.432 CaO 0.136 MgO	0.34 Al_2O_3 0.86 B_2O_3	2.06 SiO_2
014a	815	0.385 Na_2O 0.385 CaO 0.230 MgO	0.34 Al_2O_3 0.77 B_2O_3	1.92 SiO_2
013a	835	0.343 Na_2O 0.343 CaO 0.314 MgO	0.34 Al_2O_3 0.69 B_2O_3	1.78 SiO_2
012a	855	0.345 Na_2O 0.341 CaO 0.314 MgO	0.365 Al_2O_3 0.68 B_2O_3	2.04 SiO_2
011a	880	0.349 Na_2O 0.340 CaO	0.40 Al_2O_3 0.68 B_2O_3	2.38 SiO_2
010a	900	0.338 Na_2O 0.011 K_2O 0.338 CaO 0.313 MgO	0.423 Al_2O_3 0.675 B_2O_3	2.626 SiO_2
09a	920	0.336 Na_2O 0.018 K_2O 0.335 CaO 0.311 MgO	0.468 Al_2O_3 0.671 B_2O_3	3.087 SiO_2
08a	940	0.279 Na_2O 0.038 K_2O 0.369 CaO 0.314 MgO	0.543 Al_2O_3 0.559 B_2O_3	2.691 SiO_2
07a	960	0.261 Na_2O 0.055 K_2O 0.391 CaO 0.293 MgO	0.554 Al_2O_3 0.521 B_2O_3	2.984 SiO_2
06a	980	0.247 Na_2O 0.069 K_2O 0.407 CaO 0.277 MgO	0.561 Al_2O_3 0.493 B_2O_3	3.197 SiO_2
05a	1000	0.229 Na_2O 0.086 K_2O 0.428 CaO 0.257 MgO	0.571 Al_2O_3 0.457 B_2O_3	3.467 SiO_2
04a	1020	0.204 Na_2O 0.109 K_2O 0.458 CaO 0.229 MgO	0.586 Al_2O_3 0.407 B_2O_3	3.860 SiO_2
03a	1040	0.182 Na_2O 0.130 K_2O 0.484 CaO 0.204 MgO	0.598 Al_2O_3 0.363 B_2O_3	4.199 SiO_2
02a	1060	0.157 Na_2O 0.153 K_2O 0.513 CaO 0.177 MgO	0.611 Al_2O_3 0.314 B_2O_3	4.572 SiO_2

SK Nr.	Nenntemp. °C	Formel		
01a	1080	0.134 Na$_2$O 0.174 K$_2$O 0.541 CaO 0.151 MgO	0.625 Al$_2$O$_3$ 0.268 B$_2$O$_3$	4.931 SiO$_2$
1a	1100	0.109 Na$_2$O 0.198 K$_2$O 0.571 CaO 0.122 MgO	0.639 Al$_2$O$_3$ 0.217 B$_2$O$_3$	5.320 SiO$_2$
2a	1120	0.085 Na$_2$O 0.220 K$_2$O 0.599 CaO 0.096 MgO	0.652 Al$_2$O$_3$ 0.170 B$_2$O$_3$	6.687 SiO$_2$
3a	1140	0.059 Na$_2$O 0.244 K$_2$O 0.630 CaO 0.067 MgO	0.667 Al$_2$O$_3$ 0.170 B$_2$O$_3$	6.083 SiO$_2$
4a	1160	0.043 Na$_2$O 0.260 K$_2$O 0.649 CaO 0.048 MgO	0.676 Al$_2$O$_3$ 0.119 B$_2$O$_3$	6.399 SiO$_2$
5a	1180	0.028 Na$_2$O 0.274 K$_2$O 0.666 CaO 0.032 MgO	0.684 Al$_2$O$_3$ 0.056 B$_2$O$_3$	6.565 SiO$_2$
6a	1200	0.013 Na$_2$O 0.288 K$_2$O 0.685 CaO 0.014 MgO	0.693 Al$_2$O$_3$ 0.020 B$_2$O$_3$	6.801 SiO$_2$
7	1230	0.3 K$_2$O 0.7 CaO	0,7 Al$_2$O$_3$	7 SiO$_2$
8	1250	0.3 K$_2$O 0.7 CaO	0.8 Al$_2$O$_3$	8 SiO$_2$
9	1280	0.3 K$_2$O 0.7 CaO	0.9 Al$_2$O$_3$	9 SiO$_2$
10	1300	0.3 K$_2$O 0.7 CaO	1.0 Al$_2$O$_3$	10 SiO$_2$
11	1320	0.3 K$_2$O 0.7 CaO	1.2 Al$_2$O$_3$	12 SiO$_2$
12	1350	0.3 K$_2$O 0.7 CaO	1.4 Al$_2$O$_3$	14 SiO$_2$
13	1380	0.3 K$_2$O 0.7 CaO	1.6 Al$_2$O$_3$	16 SiO$_2$
14	1410	0.3 K$_2$O 0.7 CaO	1.8 Al$_2$O$_3$	18 SiO$_2$
15	1435	0.3 K$_2$O 0.7 CaO	2.1 Al$_2$O$_3$	21 SiO$_2$
16	1460	0.3 K$_2$O 0.7 CaO	2.4 Al$_2$O$_3$	24 SiO$_2$
17	1480	0.3 K$_2$O 0.7 CaO	2.7 Al$_2$O$_3$	27 SiO$_2$
18	1500	0.3 K$_2$O 0.7 CaO	3.1 Al$_2$O$_3$	31 SiO$_2$
19	1520	0.3 K$_2$O 0.7 CaO	3.5 Al$_2$O$_3$	35 SiO$_2$
20	1530	0.3 K$_2$O 0.7 CaO	3.9 Al$_2$O$_3$	39 SiO$_2$
26	1580	0.3 K$_2$O 0.7 CaO	7.2 Al$_2$O$_3$	72 SiO$_2$
27	1610	0.3 K$_2$O 0.7 CaO	20.0 Al$_2$O$_3$	200 SiO$_2$
28	1630		1 Al$_2$O$_3$	10 SiO$_2$
29	1650		1 Al$_2$O$_3$	8 SiO$_2$
30	1670		1 Al$_2$O$_3$	6 SiO$_2$
31	1690		1 Al$_2$O$_3$	5 SiO$_2$
32	1710		1 Al$_2$O$_3$	4 SiO$_2$
33	1730		1 Al$_2$O$_3$	3 SiO$_2$
34	1750		1 Al$_2$O$_3$	2,5 SiO$_2$
35	1770		1 Al$_2$O$_3$	2 SiO$_2$
36	1790		1 Al$_2$O$_3$	1.66 SiO$_2$
37	1825		1 Al$_2$O$_3$	1.33 SiO$_2$
38	1850		1 Al$_2$O$_3$	1 SiO$_2$
39	1880		1 Al$_2$O$_3$	0.66 SiO$_2$
40	1920		1 Al$_2$O$_3$	0.33 SiO$_2$
41	1960		1 Al$_2$O$_3$	0.13 SiO$_2$
42	2000		1 Al$_2$O$_3$	

3.6 Elektrolyte, Glasurhilfsmittel, Malmittel

3.6.1 Elektrolyte

sind chemische Verbindungen, die die elektrischen Ladungsverhältnisse in wässrigen Suspensionen (Engoben, Glasurschlicker, Gießmassen) oder plastischen Massen beeinflussen und dadurch entweder verflüssigend oder ansteifend wirken. Man unterscheidet deswegen Peptisatoren (Verflüssiger) und Koagulatoren (Flocker).

3.6.1.1 Anorganische Peptisatoren:

sind in der Regel lösliche, oft stark basische Alkaliverbindungen:

Natriumhydroxid	NaOH	sehr stark wirkend, schlecht dosierbar, stark ätzend!
Natriumcarbonat, kalzinierte Soda	Na_2CO_3	allgemein üblich, schnelle Wirkung
Kristallsoda	$Na_2CO_3 \cdot 10 H_2O$	allgemein üblich, schnelle Wirkung
Natriumsilikat, Wasserglas	$Na_2O \cdot 3,3\ SiO_2$	variable Zusammensetzung; hier in dieser Zusammensetzung am besten
Natriumaluminat	$Na_2Al_2O_4$	besser als Wasserglas und Soda, aber teurer
Natriumoxalat + Ammoniumoxalat	$Na_2C_2O_4$ $(NH_4)C_2O_4 \cdot H_2O$	fällen störende, lösliche Ca-Ionen als Calciumoxalat
Lithiumhydroxid	LiOH	
Lithiumcarbonat	Li_2CO_3	weniger gut in kaltem Wasser löslich
Lithiumcitrat	$Li_3C_6H_5O_7 \cdot H_2O$	gut wirksam, aber sehr teuer
Natriumphosphate z. B.:	$Na_2H_2P_2O_7$ $Na_3HP_2O_7$ $Na_4HP_2O_7$	Natriumpyrophosphate, sehr gute Verflüssiger
	$Na_6P_4O_{13}$	Natriumtetrapolyphosphat
	$(NaPO_3)_n \cdot H_2O$	Natriumhexametaphosphat = hochmolekulares Polyphosphat

Mit Natriumsalzen ergibt sich ein Optimum an Verflüssigungswirkung bei bestimmten Konzentrationen (meist zwischen 0,2 und 0,8% Zusatz zur Trockenmasse). Die Natriumphosphate sind in der Regel die am besten wirksamen Verflüssiger und Dispergiermittel.

Lithiumsalze haben breitere Konzentrationsgrenzen, sind deshalb leichter zu dosieren und wirken langsamer. Die Kaliumsalze werden wegen ihrer hygroskopischen Eigenschaften nicht gerne benutzt.

3.6.1.2 Organische Peptisatoren

Sie wirken zum Teil sicherer oder besser als die anorganischen Verflüssiger. Manche sind wegen ihres penetranten Geruchs nicht gut anwendbar. Sie wirken vielfach auch als Schutzkolloide, wie etwa die natürlich vorkommenden Huminsäuren im Kasseler Braun.
Gerbsäuren,
Lignine (z. B. Tannin, $C_{76}H_{52}O_{46}$),
Quebracho-Extract,
Milch- und gerbsaures Natrium z. B. $C_3H_5NaO_3$,
Ethyl-, Propyl- und Butylamine C_2H_7N, C_3H_9N, $C_4H_{11}N$,
Polyvinylamin,
Pyridin, Piperidin C_5H_5N, $C_5H_{11}N$,
Tetramethylammoniumhydroxid $(CH_3)_4N(OH)$,
und andere.

3.6.1.3 Flocker oder Koagulatoren

werden gebraucht, um die Wasserabgabe von Glasurschlickern oder Gießmassen an die porösen Scherben- oder Formoberflächen zu beschleunigen, um die Schlicker anzusteifen, wenn sie zu niedrigviskos sind oder um Schlicker aller Art besser entwässern zu können.

Calciumsalze:	Calciumhydroxid	$Ca(OH)_2$
	Calciumborat, z. B.	$CaB_2O_4 \cdot 6H_2O$
	Calciumsulfat	$CaSO_4 \cdot 2\ H_2O$
Magnesiumsalze:	Magnesiumchlorid	$MgCl_2 \cdot 6H_2O$
	Magnesiumborat	$Mg_3B_7O_{13}Cl$
	Magnesiumsulfat	$MgSO_4 \cdot H_2O$ (bis $\cdot 7H_2O$)
verdünnte organische und anorganische Säuren und deren Salze:	Essigsäure und Azetate	CH_3COOH
	Borsäure und Borate	H_3BO_3
	Oxalsäure und Oxalate	$C_2H_2O_4$

In sehr vielen Fällen werden auch handelsübliche Verflüssiger und Stellmittel benutzt. Diese sind dann oft Mischungen aus verschiedenen Stoffen, die z. B. unter dem Namen Gießfix, Formsil, Dolaflux usw. im Handel sind.

3.6.2 Glasurhilfsmittel und Malmittel

sind Stoffe, die das Auftragen und das Haften pulverförmiger Farben oder Glasuren ermöglichen, Haft- und Abriebfestigkeit, Wischfestigkeit der ungebrannten Farb- und Glasurschichten gewährleisten, das direkte Drucken auf rohe Glasurschichten ermöglichen oder als temporäre Bindemittel dienen. Sie sollen oft auch stabilisierend auf die Schlickereigenschaften wirken, oder bestimmte Dekortechniken möglich machen.

3.6.2.1 Mal- und Hilfsmittel für Unterglasurdekore und -farben:

Da Glasurschlicker in der Regel mit Wasser als Suspensionsmedium angemacht werden, dürfen Malmittel für Unterglasurfarben nicht wasserabstoßend sein (wie etwa die Fette, Öle oder Wachse). Sie müssen hydrophil, wasserfreundlich sein:

organische Klebstoffe in wässriger Lösung:	Glukose (Monosacharid, Fruchtzucker)
	Dextrin (Polysaccharid)
	Stärke (Polysaccharide: Reismehl, Weizenmehl, Maismehl, Kartoffelmehl)
	Zuckerhaltige Flüssigkeiten, wie Bier, Limonade, Honiglösung
	Zellulosekleber des Handels (z. B. Relatin, Optapix)
	Eiweiß
	Gummi arabicum
Glycerin, $C_3H_5(OH)_3$:	trocknet sehr langsam, sowohl fett- wie auch wasserfreundlich

Wasserglas in verdünnter Lösung
wasserfreundliche Mal- und Druckmedien des Handels
Spiritus, Ethylalkohol (Äthanol) als Zusatz für schnelleres Trocknen

3.6.2.2 Glasurfestiger

verbinden die sonst staubförmig auf der Scherbenoberfläche liegenden Glasurteilchen zu einer fest zusammenhängenden Schicht, die nicht abmehlt und so leichter bemalt oder bedruckt werden kann, wenn auf die rohe ungebrannte Glasur dekoriert werden soll und deren Saugfähigkeit herabgesetzt werden muß. Sie müssen restlos und leicht verbrennen können. Üblich sind:

organische Klebstoffe	Zucker
	nichtschäumende Zelluloseleime (z. B. Relatin, Optapix usw.)
	als Zusatz zum Glasurschlicker
	verdünnte Zelluloseleimlösungen
	verdünnte Kunstharzdispersionen

Glasurfestiger des Handels als gespritzter Überzug auf die trockene Glasurschicht

3.6.2.3 Mal- und Hilfsmittel für Aufglasurfarben und -dekore

Sie sollen die glatte, nicht saugende Oberfläche der gebrannten Glasur gut benetzen, müssen schnell trocknen, dabei verharzen und die Farbe wischfest verkleben. Sie sollen als Flüssigkeit meist relativ hochviskos sein und schon bei niedrigen Temperaturen rückstandsfrei verbrennen.

Ätherische Öle	(= pflanzliche, schnell trocknende Öle):
	Nelkenöl
	Lavendelöl
	Rosmarinöl
	Anisöl
	Fenchelöl
	Terpentinöl (Destillat aus Nadelholzharzen)
	Terpentinölersatz (synthetisches Destillat)
Balsame	(= Gemische aus Harzen und flüchtigen Ölen):
	Kanada-Balsam
	Peru-Balsam
	Copaiva-Balsam
	Dammarlack
	Japanlack
Kolophonium	(= harzartiger Rückstand der Terpentindestillation, in Ölen gelöst als Bindemittel für pastose Farben)
Dicköl	(= durch Verdunsten an Luft eingedicktes Terpentin)
Benzol	als Verdünnungsmittel, Lösungsmittel
Benzin, Nitroverdünnung, Petroleum	Reinigungsmittel für Öle und mit Ölen angemachte Farben

3.6.2.4 Hilfsmittel für Ausspar-, Abdeck- und Druckverfahren

Wachse:	Bienenwachs
	Paraffine (fest oder flüssig) ← latex
	Stearine
	für wässrige Farben, Engoben, Glasuren
Fette:	Vaseline
Latexdispersionen, unverdünnt, wie etwa Revultex (»flüssiger Gummi«)	
Reservagemischungen:	Glycerin mit Zinkweiß
	Glycerin mit Schlämmkreide
	Wasser mit Schlämmkreide
	für ölige Farben
Hilfsmittel für Tiefdruck (Kupferdruck, Stahldruck):	Wachsasphalt als Abdeckmittel der zu ätzenden Stahlplatten
	Seifenlösung zum Imprägnieren des Druckseidenpapiers
	Terpentinöl als Reinigungsmittel
Druckfirnis aus	4 l Leinöl
	1 l Rüböl
	120 g Kolophonium
	60 g Mennige
	60 g Holzteer
	200 g Holzteer als Zusatz nach dem Kochen des Gemischs
	handelsübliche Druckfirnisse der Farbenhersteller
Hilfsmittel für Stempel- oder Hochdruck:	Glycerin, Ethylpolyglykol für Unterglasurfarben
	handelsübliche Stempeldruckmedien
	Stempellack aus Kolophonium, Firnis, Karbolineum, Nelkenöl usw. zum Aufpudern von Puderfarben
	handelsüblicher Stempelfirnis, fertige Stempelfarben für Aufglasurfarben
	Spiritus zum Reinigen von Gummistempeln
Hilfsmittel für Siebdruck:	Beschichtungsemulsionen verschied. Lichtempfindlichkeit
	Gewebereiniger vor dem Beschichten
	Siebfüller und Abdecklacke
	Entschichtungsmittel für gebrauchte Siebschablonen
	Siebreiniger für Farbrückstände nach dem Drucken
	Siebdrucköle zum Anpasten der Farben
	Thermoplastische Siebdruckmedien

3.6.2.5 Hilfs- und Stellmittel für wässrige Schlicker:

wirken gegen das teilweise oder völlige Sedimentieren und Entmischen von Engobe- und Glasursuspensionen, sollen den Anmachwasserbedarf der Schlicker stark verringern (siehe Abs. 3.6.1, Elektrolyte!) oder das Wiederaufrühren nach längerem Stehen erleichtern, aber auch die Haft- und Griffestigkeit der getrockneten Überzüge verbessern.

5%ige Essigsäure oder Acetate, z. B. Magnesiumacetat
Zelluloseklebelösungen (es müssen unbedingt nichtschäumende Kleber sein!), Carboxymethylzellulose (CMC)
Bentonit oder weißbrennende fette Glasurtone
Natriumpolyphosphate
Lithiumcarbonat
Dextrin
Silikonemulsion zur Schaumverhütung oder Antischaummittel des Handels
handelsübiche Stellmittel der Glasurhersteller, z. B. Stellmittel ZS von Zschimmer & Schwarz
sonstige Verflüssiger oder Flocker (siehe S. 463).

3.7 Eutektische Gemische (nach Lawrence a. West[85] und nach Hinz[59])

Für den Keramiker ist die Kenntnis der Zusammensetzung wichtiger eutektischer Gemische und ihrer Schmelztemperaturen von Vorteil, wenn besonders gut schmelzende Glasuren hergestellt werden sollen, oder eine Erklärung für Brennfehler gefunden werden muß.

Es lassen sich aus den Masse-%-Angaben der Oxide leicht die nötigen Versatzgewichte errechnen.

3.7.1 Zweistoff-Systeme

System	Zusammensetzung %		Schmelztemperatur °C
$Li_2O-B_2O_3$	B_2O_3	53	650
	Li_2O	47	
Li_2O-SiO_2	SiO_2	55	1024
	Li_2O	45	
$Na_2O-B_2O_3$	B_2O_3	73	722
	Na_2O	27	
Na_2O-SiO_2	a) SiO_2	75	780
	Na_2O	25	
	b) SiO_2	62	830
	Na_2O	38	
$Na_2O-P_2O_5$	P_2O_5	44	552
	Na_2O	56	
$Na_2O-Fe_2O_3$	Fe_2O_3	64	1135
	Na_2O	36	
$K_2O-B_2O_3$	B_2O_3	63	770
	K_2O	37	
K_2O-SiO_2	SiO_2	67	750
	K_2O	33	
$PbO-B_2O_3$	B_2O_3	12	493
	PbO	88	
$PbO-SiO_2$	a) SiO_2	8	710
	PbO	92	
	b) SiO_2	16	715
	PbO	84	
$PbO-Fe_2O_3$	Fe_2O_3	19	730
	PbO	81	
$ZnO-B_2O_3$	B_2O_3	35	961
	ZnO	65	
$CaO-B_2O_3$	B_2O_3	73	980
	CaO	27	
$CaO-SiO_2$	SiO_2	62	1436
	CaO	38	
$CaO-P_2O_5$	P_2O_5	93	490
	CaO	7	
$BaO-B_2O_3$	B_2O_3	59	869
	BaO	41	
$BaO-SiO_2$	SiO_2	54	1380
	BaO	46	
$MgO-B_2O_3$	B_2O_3	64	1142
	MgO	36	
$MgO-SiO_2$	SiO_2	62	1543
	MgO	38	
$Al_2O_3-SiO_2$	SiO_2	96	1595
	Al_2O_3	4	

3.7.2 Dreistoff-Systeme

System	Zusammensetzung %		Schmelztemperatur °C
$Li_2O-K_2O-SiO_2$	SiO_2	59,4	750
	K_2O	29,3	
	Li_2O	11,3	
$Li_2O-Na_2O-SiO_2$	SiO_2	74	680
	Na_2O	21	
	Li_2O	5	
$Li_2O-Na_2O-B_2O_3$	B_2O_3	61,5	670
	Na_2O	23,5	
	Li_2O	15	
$Na_2O-B_2O_3-SiO_2$	SiO_2	45	530
	B_2O_3	30	
	Na_2O	25	
$Na_2O-PbO-SiO_2$	SiO_2	40,3	570
	PbO	25,2	
	Na_2O	34,5	
$Na_2O-Al_2O_3-SiO_2$	SiO_2	62	732
	Al_2O_3	12	
	Na_2O	26	
$PbO-B_2O_3-SiO_2$	SiO_2	4	484
	B_2O_3	30	
	PbO	84	
$CaO-B_2O_3-SiO_2$	SiO_2	30	977
	B_2O_3	32	
	CaO	38	
$CaO-Al_2O_3-SiO_2$	SiO_2	62	1170
	Al_2O_3	14	
	CaO	24	
$K_2O-Al_2O_3-SiO_2$	SiO_2	79,6	985
	Al_2O_3	10,9	
	K_2O	9,5	
$K_2O-PbO-SiO_2$	SiO_2	30	676
	PbO	60	
	K_2O	10	
$K_2O-Al_2O_3-SiO_2$	SiO_2	66	695
	Al_2O_3	4	
	K_2O	30	
$FeO-Na_2O-SiO_2$	SiO_2	18	720
	Na_2O	19	
	FeO	63	
$MgO-Al_2O_3-SiO_2$	SiO_2	63	1355
	Al_2O_3	16	
	MgO	21	

3.8. Schmelz- und Zersetzungs-Temperaturen °C (abgerundet)

3.8.1 Elemente und Metalle

H$_2$	Wasserstoff	−259
O$_2$	Sauerstoff	−219
N$_2$	Stickstoff	−210
Hg	Quecksilber	−39
P	Phosphor	44
Na	Natrium	98
S	Schwefel	115
Li	Lithium	180
SN	Zinn	232
Cd	Cadmium	321
Pb	Blei	327
Sb	Antimon	630
Mg	Magnesium	650
Al	Aluminium	660
ZN	Zink	324
Ag	Silber	961
Au	Gold	1063
Cu	Kupfer	1083
U	Uran	1130
Mn	Mangan	1247
Si	Silizium	1423
Ni	Nickel	1452
Co	Cobalt	1490
Fe	Eisen	1536
Ti	Titan	1670
Pt	Platin	1774
Th	Thorium	1800
Cr	Chrom	1830
Zr	Zirconium	1855
V	Vanadin	1890
Hf	Hafnium	2220
B	Bor	2300
Nb	Niob	2470
Mo	Molybdän	2620
Os	Osmium	2700
Ta	Tantal	3010
W	Wolfram	3390
C	Kohlenstoff	3800

3.8.2 Oxide

Kohlenmonoxid	CO	−205
Kohlendioxid	CO$_2$	−78 s
Osmiumoxid	OsO$_4$	40
Boroxid	B$_2$O$_3$	450
Vanadinoxid	V$_2$O$_5$	685
Kaliumoxid	K$_2$O	700
Molybdänoxid	MoO$_3$	795 s
Wismutoxit	Bi$_2$O$_3$	850
Bleioxid	PbO	880
Natriumoxid	Na$_2$O	920
Kupferoxid	CuO	1148
Eisen(II)-oxid	FeO	1420
Wolframoxid	WO$_3$	1473
Nioboxid	Nb$_2$O$_5$	1512
Eisen(III)-oxid	Fe$_2$O$_3$	1565
Quarz	SiO$_2$	1600
Christobalit	SiO$_2$	1713
Manganoxid	MnO	1650
Lithiumoxid	Li$_2$O	1727
Cobaltoxid	CoO	1805
Zinkoxid	ZnO	1810 s
Titanoxid	TiO$_2$	1850
Zinnoxid	SnO$_2$	1900
Bariumoxid	BaO	1923
Nickeloxid	NiO	1960
Aluminiumoxid	Al$_2$O$_3$	2050
Chromoxid	Cr$_2$O$_3$	2000 s
Strontiumoxid	SrO	2430
Berylliumoxid	BeO	2530
Calciumoxid	CaO	2560
Zirkonoxid	ZrO$_2$	2690
Uranoxid	UO$_2$	2730
Magnesiumoxid	MgO	2800

3.8.3 Hydroxide und Chloride

		F/V
Natriumhydroxid	NaO	319
Kaliumhydroxid	KOH	410
Lithiumhydroxid	LiOH	471
Zinn(IV)-chlorid	$SnCl_4$	− 33/114
Titan(IV)-chlorid	$TiCl_4$	− 24/137
Antimonchlorid	$SbCl_3$	73/221
Zinn(II)-chlorid	$SnCl_2$	247/623
Wolframchlorid	WCl_6	284/348
Wismutchlorid	$BiCl_3$	244/441
Eisen(III)-chlorid	$FeCl_3$	303/319
Zinkchlorid	$ZnCl_2$	318/655
Bleichlorid	$PbCl_2$	498/951
Lithiumchlorid	LiCl	614/1382
Kaliumchlorid	KCl	772/1413
Natriumchlorid	NaCl	800/1461
Magnesiumchlorid	$MgCl_2$	714/1418
Titan(III)-chlorid	$TiCl_3$	730/960
Calciumchlorid	$CaCl_2$	782/2000
Bariumchlorid	$BaCl_2$	960/1560

In Gegenwart von Wasserdampf sind die Chloride erheblich früher flüchtig und verdampfen bei niedrigeren Temperaturen.
F = Schmelztemperatur, V = Verdampfungstemperatur, s = Sublimation

3.8.4 Silikate

Albit	$Na_2O \cdot Al_2O_3 \cdot 6SiO_2$	1170
Nephelin	$K_2O \cdot 3Na_2O \cdot 4Al_2O_3 \cdot 9SiO_2$	1200
Fayalit	$2FeO \cdot SiO_2$	1220
Willemit	$2ZnO \cdot SiO_2$	1230
Spodumen	$Li_2O \cdot Al_2O_3 \cdot 4SiO_2$	1240
Orthoklas	$K_2O \cdot Al_2O_3 \cdot 6SiO_2$	1250
Petalit	$Li_2O \cdot Al_2O_3 \cdot 8SiO_2$	1290
Leucit	$K_2O \cdot Al_2O_3 \cdot 4SiO_2$	1340
Titanit	$CaO \cdot TiO_2 \cdot SiO_2$	1380
Diopsid	$CaO \cdot MgO \cdot 2SiO_2$	1390
Cordierit	$2MgO \cdot 2Al_2O_3 \cdot 5SiO_2$	1400
Wollastonit	$CaO \cdot SiO_2$	1500
Celsian	$BaO \cdot Al_2O_3 \cdot 2SiO_2$	1500
Sillimanit	$Al_2O_3 \cdot SiO_2$	1550
Enstatit	$MgO \cdot SiO_2$	1550
Anorthit	$CaO \cdot Al_2O_3 \cdot 2SiO_2$	1550
Merwinit	$MgO \cdot 3CaO \cdot 2SiO_2$	1560
Gehlenit	$2CaO \cdot Al_2O_3 \cdot SiO_2$	1590
Metakaolinit	$Al_2O_3 \cdot 2SiO_2$	1770
Zirkon	$ZrO_2 \cdot SiO_2$	1770
Mullit	$3Al_2O_3 \cdot 2SiO_2$	1820
Forsterit	$2 MgO \cdot SiO_2$	1890

Weil Silikate über ein langsames Erweichen erst nach und nach richtig schmelzen, oder sich auch vor dem Schmelzen in andere Bestandteile umwandeln, die dann zum Teil als feste Stoffe in der Schmelze vorliegen, können die angegebenen Temperaturen nur als Richtwerte angesehen werden für den Schmelzbereich. Außerdem hängt die Schmelztemperatur sehr von der Reinheit der Silikate ab. Geringe Verunreinigungen setzen den Schmelzbereich wegen ihrer eutektischen Wirkung oft erheblich herab.
Siehe auch Tabelle 3.2 Seite 426 ff.

3.9 Färbemöglichkeiten und Farbtabellen

siehe auch die Abschnitte 1.43 Eigenschaften der gebr. Glasur, 1.5.5 Rohstoffe für Farben, 1.6.2 bis 1.6.9 Farbkörper und ker. Farben, 2.2.4 farbige Transparentglasuren, 2.3.2 farbige Opakglasuren, 2.5 Farbglasuren, 2.6 Glasuren für reduzierenden Brand.

3.9.1 Engobefärbungen

Die färbenden Metalloxide und -verbindungen ergeben in noch porösen oder gesinterten Massen weniger intensive und meist etwas andere Farbnuancen als in glasiger Matrix, weil hierbei keine deutlichen Lösungsfarben entstehen können und die färbenden Stoffe mehr als Pigmente wirken. Deshalb erhalten gefärbte Massen und Engoben ihre kräftige Färbung erst unter der Glasur oder wenn sie stark verglasen, also schmelzen. Bei Versuchen sollte man deshalb immer unglasierte und glasierte Flächen nebeneinander brennen.

Die Angaben können nur Anhaltswerte sein, denn Intensität und Farbton hängen von der Brenntemperaturhöhe ab, von der sonstigen Zusammensetzung der Engobemasse und der Ofenatmosphäre.

Reduzierend gebrannt, werden die angegebenen Farben mehr ins Grau gezogen.

gebrannte Engobenfarbe		%-Zusatz des Färbemittels
Beige		5–10% gelbbrennender Ton
		0,5–1,5% Eisenoxid
		4–5% gelber Ocker
Blau,	hell-	0,5–1% Kobaltcarbonat
	mittel-	0,5–1,5% Kobaltoxid
	dunkel-	1–3% Kobaltoxid, 0,5–1% Eisenoxid
		1–2% Kobaltoxid, 1–3% Manganoxid
	grün-	1% Kobaltkarbonat, 2% Chromoxid
	grau-	0,5–2% Kobaltoxid, 0,5–1% Nickeloxid
Braun,	hell-	1–2% Manganoxid
		0,4–1% Chromoxid, 2–6% Zinkoxid
	mittel	6–8% Eisenoxid
		4% Eisenoxid, 1% Chromoxid, 10% Zinkoxid

gebrannte Engobenfarbe		%-Zusatz des Färbemittels
	dunkel-	3–6% Eisenoxid, 1–2% Manganoxid
		4–5% Manganoxid
		9% Kupferoxid
	gelb-	2–4% Eisenoxid, 1,5–5% Titanoxid
		12–15% Rutil
	grau-	3% Eisenoxid, 10% Magnesit, 0,3% Chromoxid
	rot-	3–5% Eisenoxid, 0,5–2% Zinnoxid
	schwarz-	5–8% Eisenoxid, 1–4% Manganoxid
		5% Eisenoxid, 5% Chromit
		5% Eisenoxid, 2% Kupferoxid, 2% Nickeloxid
Gelblich,	hell-	3% gelber Ocker
		5% Gelbfarbkörper Sn-V
Gelb,	hell-	10% Gelbfarbkörper Sn-V
		7% Gelb-FK Zr-Si-Pr, 7% FK Sb-Pb
		0,5–1% Eisenoxid, 2% Titanoxid
	dunkel-	10% Gelb-FK Sn-V, 1–2% Eisenoxid, 0,5–1% Titanoxid
	orange-	2–4% Eisenoxid, 3–5% Titanoxid, 10–30% Quarz
Grau,	hell-	0,1 Kobaltoxid, 1% Nickeloxid
		2% Kupferoxid, 0,5% Nickeloxid
	blau-	15% Graufarbkörper Sn-Sb
		0,5% Kobaltoxid, 10% Grau-FK Sn-Sb-V
	braun-	5–6% Kupferoxid
		5–6% Nickeloxid
Grün,	hell	2–3% Chromoxid
		1% Chromoxid, 5–10% Grünfarbkörper V-Zr-Si-Sn
	mittel	2–4% Chromoxid, 1–4% Grünfarbkörper Si-Cr-Ca
	dunkel	5–7% Chromoxid
	blau-	6–10% Grünfarbkörper Cr-Co
		5% Chromoxid, 2% Kobaltoxid
		3% Kupferoxid, 3% Kobaltoxid, 1–2% Manganoxid
	oliv-	2–3% Kupferoxid, 1% Chromoxid
		5% Chromoxid, 3–5% Magnesit
	türkis-	10% Blaufarbkörper Zr-Si-V, 1% Chromoxid

3.9.2 Glasurfärbungen (z. T. nach Chappell[22], Fournier[39], Grebanier[47], Hamer[54], Rhodes[126], Vittel[159])

Die entstehenden Färbungen sind sehr stark von der sonstigen Zusammensetzung der Glasuren, der Brenntemperatur, der Ofenatmosphäre und der Abkühlung abhängig. Genauere Angaben siehe Abs. 2.5, Farbglasuren.

gebrannte Engobenfarbe		%-Zusatz des Färbemittels
Rosa,	gelblich-grau-	1–5% Rutil
		10% Kreutzton, 8% Rosafarbkörper Cr-Al
Rötlich,	hell-ziegel-	2–3% Eisenoxid, 20–30 Quarz
		2–4% Eisenoxid
Braunrot		5–6% Eisenoxid, 1–4% Basaltmehl
Rostrot,	hell-	3% Eisenoxid, 3% Titanoxid,* 10% Quarzmehl
	dunkel-	5% Eisenoxid, 3–5% Titanoxid,* 10–20% Quarz
Sandfarben,		
	-gelb	2% Titanoxid
		2% gelber Ocker
		2% Eisenoxid, 4% Zinkoxid, 4% Bariumcarbonat
	-braun	1–1,5% Manganoxid, 0,5–1% Titanoxid
		2% Eisenoxid, 2% Zinkoxid, 2% Kalkspat
	-graugelb	1–2% Nickeloxid
		1% Eisenoxid, 1% Rutil
		0,5–1% Manganton
Schwarzblau		10% Eisenoxid, 1% Kobaltoxid
	-braun	10–15% Eisenoxid, 1–4% Manganoxid
Schwarz		30% Manganton
		12–18% Schwarzfarbkörper,
		4–6% Manganoxid
		4% Kobaltoxid, 2% Manganoxid, 2% Chromoxid, 4% Schwarzfarbkörper
Weißlich		2–5% Antimonoxid
Weiß		5–10% Zirkonfritte

* = reduzierend brennen, nachoxidieren

3.9.2.1 Tabelle der Färbungen mit Oxidmischungen

Chromoxid +	viel Bleioxid	rot – orange – gelb
	Eisenoxid	graugrün
	Ilmenit	warmes Grün
	Kobaltoxid	blau-grün
	Kupferoxid	grün
	Manganoxid	schmutzig braun
	Rutil	warm grün
	Zinkoxid	neutralbraun
	Magnesiumoxid	olivgrün bis olivbraun
Eisenoxid +	Chromoxid	schwarzgrün bis braungrün
	Ilmenit	geflecktes Braun
	Kobaltoxid	grau-blau, braunblau, schwarz
	Kupferoxid	warmes Grün, metallisch grün, schwarz
	Manganoxid	braun bis schwarz
	Nickeloxid	graubraun bis grünlich schwarzbraun
	Rutil	beigebraun bis ockerbraun, orangebraun
	Zinkoxid	gelb bis senfbraun
	Zinnoxid	rotbraun
	Calciumoxid	gelb bis grünoliv, grünbraun
Kobaltoxid +	Chromoxid	grünblau bis türkisblau
	Eisenoxid	graublau bis grünlichblau
	Ilmenit	matt graublau
	Kupferoxid	blaugrün bis türkisgrün
	Manganoxid	bläulichpurpur bis violett, schwarz
	Nickeloxid	graublau bis grünblau
	Rutil	warmes Graublau
	Zinkoxid	helles Himmelblau bis intensivblau

3.9.2

Kupferoxid +	Chromoxid	grün, olivgrün, dunkelgrün
	Eisenoxid	grau, braungrün
	Ilmenit	graugrün bis braungrünlich
	Kobaltoxid	blaugrün, türkisgrün, türkisblau, dunkelgrün
	Manganoxid	braun bis schwarzmetallisch
	Nickeloxid	graugrün, braungrün, blaugrün, schwarzgrün
	Rutil	bläulichgrün bis grünbraun, braun
	Zinkoxid	grün
	Zinnoxid	bläulichgrün
Manganoxid +	Chromoxid	braun bis schwarz
	Eisenoxid	hell- bis dunkelbraun, schwarz
	Ilmenit	graubraun, geflecktes Braun
	Kobaltoxid	purpurviolett bis schwarzmetallisch
	Kupferoxid	braun bis metallisch schwarz
	Nickeloxid	grau bis braun, braunschwarz
	Rutil	gefleckt braun
	Zinkoxid	braun
	Zinnoxid	violettbraun
Nickeloxid +	Chromoxid	grünlichbraun
	Eisenoxid	graubraun bis grünbraun, braun
	Ilmenit	braun
	Kobaltoxid	graublau bis gebrochen blau, grünblau
	Kupferoxid	graugrün bis braungrün
	Manganoxid	grau bis braunschwarz, schwarz
	Rutil	braun bis grünbraun
	Titanoxid	hellgelbgrün bis giftig grün
	Zinkoxid	grünblau bis blau
	Bariumoxid	weinrot bis dunkelbraun

3.9.2.2 Färbungen in bleireichen Glasuren SK 05a bis 2a

Antimonoxid	1%	hellgelb bis weiß
	4%	leuchtendgelb bis weiß
	6%	beigegelb bis weiß
Chromoxid	0,1%	leuchtend chromgelb bis gelblichgrün
	1%	braungrünlich bis olivgrün
	4%	chromgrün bis schwarzgrün
Eisenoxid	0,5%	hellgelblich bis farblos
	2%	hellgelb bis hellbräunlich
	4%	gelbbraun
	6%	dunkelbraun
	10%	dunkelbraun bis braunschwarz, schwarz
Kobaltoxid	0,1%	graublau bis hellblau
	1%	ultramarinblau m. Violettstich
	4%	violettschwarzblau
Kupferoxid	0,5%	hell bläulichgrün
	2%	grasgrün
	4%	dunkelgrün
Manganoxid	0,5%	hellviolettbräunlich
	2%	violettbraun bis mittelbraun
	4%	dunkelbraun bis dunkelviolettbraun
	8%	schwarzbraun bis schwarz
Nickeloxid	1%	gelbbraun bis hellbraun
	4%	dunkelbraun bis braun mit grün
Rutil	5%	gefleckt wolkig weißlich bis gelb
	8%	gefleckt bräunlich bis orangegelbbraun
Zinnoxid	1%	farblos transparent
	4%	beigeweißlich halbopak
	6%	weiß deckend

3.9.2.3 Färbungen in alkalireichen Glasuren SK 08a bis 03a

Antimonoxid	2%	gelblichweiß, transparent
	6%	weißlich, halbopak
	10%	weiß, deckend
Chromoxid	0,5%	gelb bis leuchtend gelbgrün transp.
	1%	hellchromgrün
	4%	dunkelchromgrün opak
Kobaltoxid	0,1%	hell- bis mittelblau transp.
	1%	mittelblau bis dunkelultramarinblau
	4%	schwarzviolettblau

Eisenoxid	0,5%	gelblich, transp.
	2%	hellgelb, transp.
	4%	hellgelb
	6%	braungelb
	8%	mittelbraun bis dunkelbraun, halbopak
Kupferoxid	1%	hellblau transp.
	2%	kupferblau transp.
	6%	grünblau transp.
	10%	schwarzgrün bis grünschwarz
Manganoxid	0,5%	hellviolettrötlich bis hellviolettbraun
	2%	dunkelrotviolett bis violettbraun
	4%	purpurbraunviolett bis dunkelviolettbraun
Nickeloxid	0,5%	grauviolett bis hellgraubraun
	2%	dunkelgrau bis braungrau, dunkelbraun
	4%	schwarzbraun bis schwarzgrau
Rutil	5%	gräulichbraun, halbopak
	10%	beigegelblich bis graubräunlich, opak
Zinnoxid	1%	farblos transparent
	4%	farblos transparent
	10%	farblos transparent bis weißlich halbopak

3.9.2.4 Färbungen in Erdalkali-Bor-Glasuren SK 2a bis 7
(hier auf K$_2$O-ZnO−CaO−BaO−Basis)

Antimonoxid	2%	farblos transparent
	5%	weißlich, halbopak
	10%	hellgrauweiß, opak
Chromoxid	0,5%	gelbgrünlich, halbopak
	1%	braungelbgrün
	4%	olivgrünbraun bis olivgrün
Eisenoxid	1%	cremegelblich
	6%	grünlichgelbbraun
	10%	mittelrotbraun bis dunkelbraun
Kobaltoxid	0,5%	hellblau mit Violettstich
	1%	hell ultramarinblau
	2%	dunkelultramarinblau
Kupferoxid	0,5%	hellbläulichgrün
	2%	hellblaugrün
	4%	dunkelgrün

Manganoxid	1%	rötlichviolettbeige
	4%	rötlichbraun bis dunkelbraun
Nickeloxid	0,5%	hell bräunlich
	2%	gelbbraun
	4%	gelbbraun bis dunkelbraun
Zinnoxid	4%	cremeweiß opak
	6%	weiß opak

3.9.2.5 Färbungen in Calciumborat-Glasuren SK 03a bis 2a

Antimonoxid	2%	graugelblich
	5%	cremegelblich
Eisenoxid	4%	gelbgrünlichbraun
	10%	rotbraun opak
Chromoxid	2%	grün
	4%	dunkelgrün
Kobaltoxid	0,5%	blauviolett
	1%	tiefviolettblau
Kupferoxid	2%	helltürkisgrün
	4%	dunkeltürkisgrün bis blaugrün
Manganoxid	3%	purpurviolettbraun
	6%	dunkelviolettbraun
Nickeloxid	2%	gelbbräunlich
	4%	graugrünlichbraun
Rutil	5%	gelbrosabräunlich
	8%	hellrosabräunlich
Zinnoxid	5%	halbopak weiß
	8%	weiß opak
Zinkoxid	8%	weißlich halbopak
	16%	weiß deckend

3.9.2.6 Färbungen in Feldspat-Glasuren SK 4a bis 8

Antimonoxid	2%	farblos
	6%	weißlich opak bis halbopak
Chromoxid	1%	chromgrün
	2%	intensiv chromgrün, opak
Eisenoxid	4%	hellgelbbräunlich bis braungrünlich
	6%	grünlichbraun bis mittelbraun, rotbraun
	10%	dunkelbraun bis schwarz

3.9.2

Kobaltoxid	0,5%	blau mit Violettstich	Kobaltoxid+	0,1%	
	2%	dunkelultramarinblau	Eisenoxid	3%	blaugrün, dunkel
Kupferoxid	2%	hellbläulichgrün	Kobaltoxid+	0,5%	
	4%	bläulichgrün bis blauolivgrün	Nickeloxid	1–2%	graublau
Manganoxid	1%	hellbräunlichbeige	Zinnoxid+	2%	
	4%	violettbräunlich	Antimonoxid	2–4%	taubenblaugrau
	10%	braunschwarz	Eisenoxid+	5–8%	orangegelb bis rostrotorange, aber auch schwarz
Nickeloxid	2%	braungrau bis gelbbraun	Titanoxid	2–5%	
	4%	dunkelgrau bis dunkelbraun, grünlichbraun	Kobaltoxid+	1%	
			Eisenoxid+	5–8%	
Rutil	5%	bräunlichweißgelblich, wolkig halbopak	Manganoxid	2–4%	schwarz
	10%	matt gelb bis gelbbräunlichorange oder gelbgraubraun			
Zinnoxid	5%	weiß, halbopak bis opak			
	10%	weiß, deckend			

3.9.2.7 Färbemöglichkeiten im reduzierenden Brand

sauerstoff entziehen

Chromoxid	1%	chromgrün
	2%	chromgrün
Eisenoxid	1%	hellseladongrün
	2–3%	dunkelseladongrün
	8–10%	schwarz bis rotbraun, eisenrot
Kobaltoxid	0,25%	mittelblau
	0,5–1%	dunkelblau
Kupfercarbonat	0,5%	kupferrot
	1%	dunkelochsenblutrot
	2,5%	gefleckt rot mit schwarz, bzw. braun
Manganoxid	4%	dunkelbraun
	8%	braunschwarz bis schwarz metallisch
Ilmenit	4%	gefleckt braun
Rutil	4%	gefleckt braunbeige bis dunkelgraubraun
Titanoxid	4–6%	beige bis violettgrau
Nickeloxid	2%	graublau bis braungrau
Kobaltoxid+	0,5%	
Chromoxid	1%	türkis

3.10 Maße und Gewichte

3.10.1 Stück- und Zählmaße

1 Dutzend	= 12 Stück		
1 Gros	= 12 Dutzend	= 144 Stück	
1 Schock	= 3 Stiegen	= 4 Mandel	= 60 Stück
1 kleine Mandel	= 15 Stück		
1 große Mandel	= 16 Stück		

3.10.2 Längenmaße

1 Kilometer km	= 1000 m	= 10 000 dm	= 100 000 cm	
1 Meter m	= 10 dm	= 100 cm	= 1 000 mm	
1 Dezimeter dm	= 10 cm	= 100 mm	= 10^{-1} m	
1 Zentimeter cm	= 10 mm	= 10 000 μm	= 10^{-2} m	
1 Millimeter mm	= 1000 μm	=	= 10^{-3} m	
1 Mikrometer μm	= 1000 nm		= 10^{-6} m	
1 Nanometer nm	= $\frac{1}{1000000000}$ m	= 10 Å	= 10^{-9} m	
1 Ångström Å	= 0,1 nm	= 100 pm	= 10^{-10} m	
1 Picometer pm	= $\frac{1}{1000000000000}$ m		= 10^{-12} m	
1 Femtometer fm	=		= 10^{-15} m	

3.10.3 Raummaße

1 Registertonne RT	= 2,8316 m³		
1 Kubikmeter m³	= 1000 l	= 10 000 00 cm³	
1 Hektoliter hl	= 100 l	= 100 000 cm³	= 0,1 m³
1 Liter l	= 10 dl	= 1 000 cm³	= 1 dm³
1 Deziliter dl	= $\frac{1}{10}$ l	= 100 cm³	= 0,1 dm³
1 Zentiliter cl	= $\frac{1}{100}$ l	= 10 cm³	= 10 ml
1 Milliliter ml	= 1 Kubikzentimeter cm³		= 10^{-6} m³

3.10.4 Gewichte

1 Tonne t	= 1000 kg	= 10^6 g	– 20 Zentner
1 Doppelzentner	= 100 kg	= 200 Pfund	
1 Zentner	= 50 kg	= 100 Pfund	
1 Kilogramm kg	= 1000 g	= 10^6 mg	
1 Pfund	= 0,5 kg	= 500 g	
1 Dekagramm dag	= 10 g		
1 Gramm g	= 1000 mg	= 10^{-3} kg	
1 Milligramm mg	= $\frac{1}{1000}$ g	= 10^{-6} kg	
1 Mikrogramm μg	= 10^{-6} g	= 10^{-9} kg	

3.10.2.1 Größenvergleichstabelle

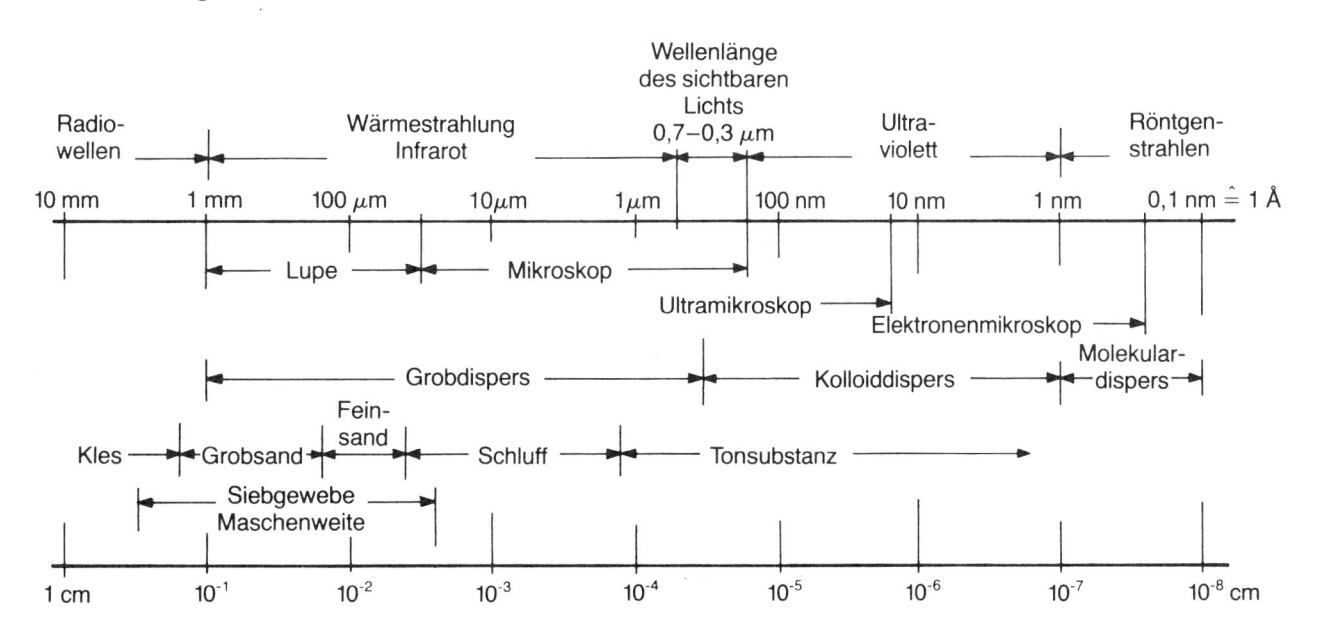

3.10.5 Besondere und veraltete, nicht mehr gesetzliche Maße und Gewichte

1 Pfund ℔	= 500 g	= 30 Lot	= 300 Quentchen	
1 Lot	= 10 Quentchen	= 16,67 g		
1 Pfund (Apothekerpfund)	= 12 Unzen	= 350 bis 360 g		
1 Unze	= 8 Drachmen	= 24 Skrupel	= 480 Gran	≈ 29,8 g
1 Drachme	= 3 Skrupel	= 60 Gran	≈ 3,7 g	
1 Skrupel	= 20 Gran	≈ 1,24 g		
1 Gran	≈ 0,062 g			
1 Klafter	= 109, 3 Kubikfuß	= 0,338 m³		
1 Scheffel (preuß.)	= 16 Metzen	= 48 Quart	= 54,96 Liter	
1 Oxhoft	= 1,5 Ohm	= 3 Eimer	= 6 Anker	= 206,1 Liter
1 Karat (metrisches) Kt	= 0,2 Gramm	Edelsteingewicht		
1 Unze	= 31,1 Gramm	Edelsteingewicht		

3.10.6 Britische und US-Längenmaße

			brit.	US	
1 statute mile	= 1760 yards	= 5280 feet	= 1609,34 m	1609,34	m
1 furlong fur	= 220 yards		= 201,17 m	201,17	m
1 chain ch	= 22 yards	= 66 feet	= 20,12 m	20,12	m
1 rod rd	= 11/2 yards		= 5,029 m	5,029	m
1 fathom fath	= 2 yards	= 6 feet	= 1,829 m	1,829	m
1 yard yd	= 3 feet	= 36 inch	= 0,914 m	0,914	m
1 foot ft	= ⅓ yard	= 12 inch	= 0,305 m	0,305	m
1 span	= ¼ yard	=		0,229	m
1 link li	= ²²⁄₁₀₀ yard	=		0,201	m
1 hand	= ⅑ yard	=		0,102	m
1 inch in	= ¹⁄₃₆ yard	=	2,54 cm	2,54	cm
1 line	= ¹⁄₁₄₄₀ yard	=		0,64	mm
1 point	= ¹⁄₂₅₉₂ yard	=		0,35	mm

3.10.7 Britische und US-Gewichtseinheiten

a) avdp-System			brit.	US
1 long ton, l tn	= 2240 lb	=		1016,047 kg
1 ton	= 2240 lb	= 1016,047 kg		
1 short ton, sh tn	= 2000 lb			907,185 kg
1 long hundredweight, 1 cwt	= 112 lb			50,802 kg
1 hundredweight, cwt	= 112 lb		50,802 kg	
1 short hundredweight, sh cwt	= 100 lb			45,359 kg
1 cental	= 100 lb		45,359 kg	
1 quarter	= 28 lb		12,701 kg	
1 stone	= 14 lb		6,350 kg	
1 pound, lb	= 16 oz		0,454 kg	0,454 kg
1 ounce, oz	= 16 dr		28,349 g	28,340 g
1 dram, dr	=		1,772 g	1,772 g
1 grain, gr	=		64,799 mg	64,799 mg

b) Troy-System (für Edelmetalle und Edelsteine)

1 pennyweight, dwt	=	24 grain =	1,555 g	1,555 g
1 troy ounce, oz tr	=	480 grain =	31,103 g	31,103 g
1 troy pound, lb t	=	5760 grain		373,242 g

c) apothecaries system (für Drogen)

1 apothecaries'pound, lb ap	=	5760 grain =	g	373,242 g
1 apothecaries'ounce, oz ap	=	480 grain =	31,103 g	31,103 g
1 drachm (dram), dr ap	=	60 grain =	3,888 g	3,888 g
1 scruple, s ap	=	20 grain =	1,296	1,230 g

3.10.8 Britische und US-Hohlmaße und Raumeinheiten

a) für trockene Stoffe

			brit.	US
1 cord, cd	= 128/27 cubic yards	=		3,625 m^3
1 cubic yard, cu yd	= 27 cu ft	=	764,553 l	764,559 l
1 cubic foot, cu ft	= 1728 cu in	=	28,317 l	28,317 l
1 board foot, fbm	= 1/324 cu yd	=		2,360 l
1 cubic inch, cu in	=		16,387 cm^3	16,387 cm^3
1 dry barrel, bbl	= 105/32 bushels	=		0,116 m^3
1 bushel, bu	= 2150,4 US cubic inch	=		35,239 l
1 peck, pk	= ¼ bushel	=		8,810 l
1 dry quart, dry qt	= 1/32 bushel	=		1,101 l
1 dry pint, dry pt	= 1/64 bushel	=		0,551 l

b) für Flüssigkeiten

1 chaldron	= 288 gallons	=	1,309 m^3	
1 quarter	= 64 gallons		0,291 m^3	
1 bushel	= 8 gallons		36,389 l (dm^3)	
1 peck	= 2 gallons		9,092 l	
1 gallon, gal	= 231 US cu in = 8 pint	=	4,546 l	3,785 l
1 pottle	= ½ gallon = 4 pint	=	2,273 l	
1 quart, liq qt	= ¼ gallon = 2 pint	=	1,137 l	0,946 l
1 pint, liq pt	= ⅛ gallon = 20 fl oz	=	0,568 l	
	= 14 US fl oz	=		0,473 l
1 gill, gi	= 1/32 gallon		0,142 l	0,118 l
1 fluid ounce, fl. oz	= 1/60 gallon	=	28,413 cm^3	
	= 1/128 gallon			= 29,573 cm^3
1 fluid drachm. fl. dr.	= 1/1280 gallon	=	3,552 cm^3	
1 fluid dram, fl.dr.	= 1/1024 gallon	=		3,697 cm^3
1 fluid scruple	= 1/3840 gallon	=	1,184 cm^3	

3.10.9 Vergleichstabelle zur Temperaturmessung

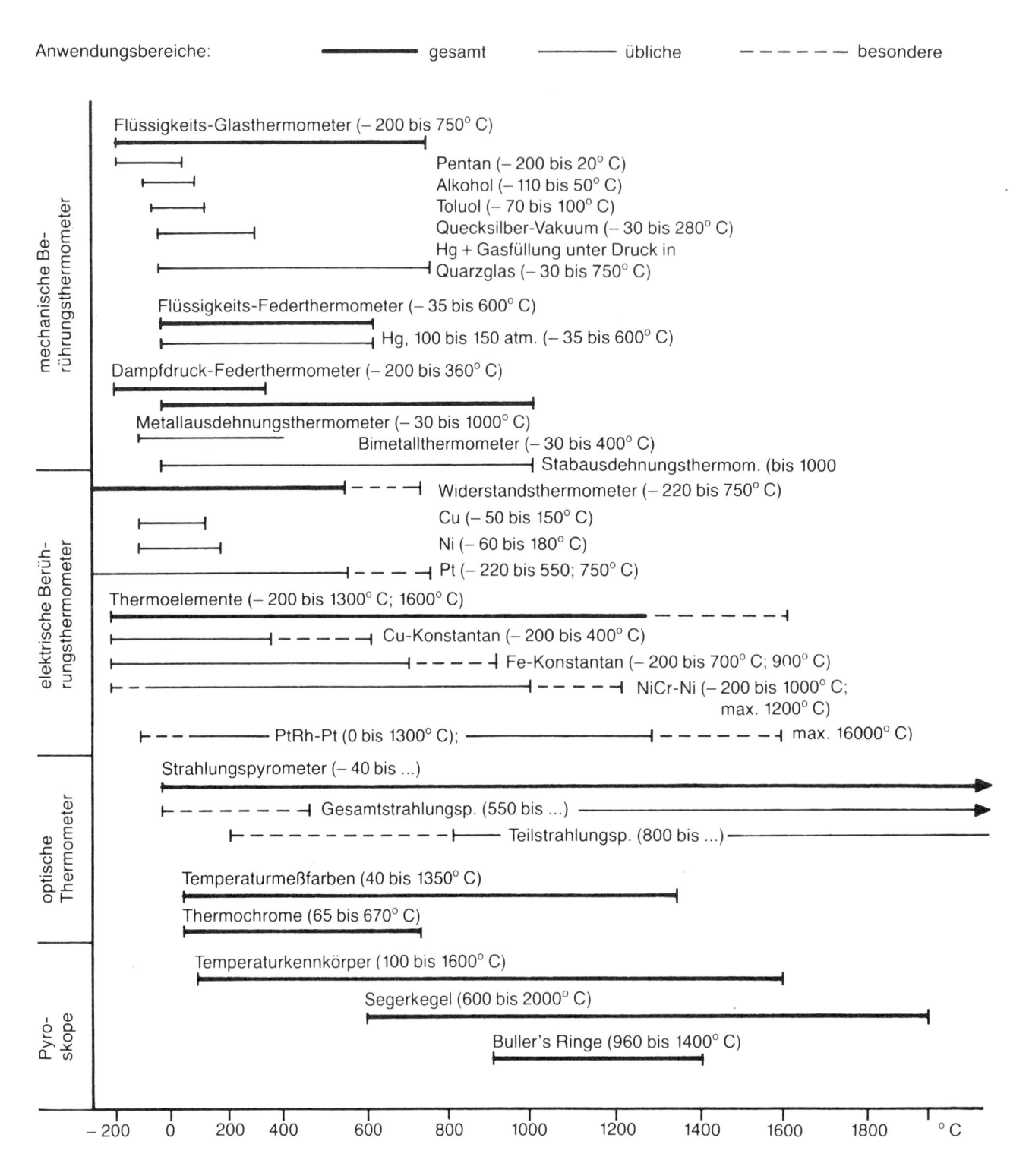

Anwendungsbereiche: ———— gesamt ——— übliche − − − − − besondere

mechanische Berührungsthermometer
- Flüssigkeits-Glasthermometer (−200 bis 750° C)
  - Pentan (−200 bis 20° C)
  - Alkohol (−110 bis 50° C)
  - Toluol (−70 bis 100° C)
  - Quecksilber-Vakuum (−30 bis 280° C)
  - Hg + Gasfüllung unter Druck in Quarzglas (−30 bis 750° C)
- Flüssigkeits-Federthermometer (−35 bis 600° C)
  - Hg, 100 bis 150 atm. (−35 bis 600° C)
- Dampfdruck-Federthermometer (−200 bis 360° C)
- Metallausdehnungsthermometer (−30 bis 1000° C)
  - Bimetallthermometer (−30 bis 400° C)
  - Stabausdehnungsthermom. (bis 1000)

elektrische Berührungsthermometer
- Widerstandsthermometer (−220 bis 750° C)
  - Cu (−50 bis 150° C)
  - Ni (−60 bis 180° C)
  - Pt (−220 bis 550; 750° C)
- Thermoelemente (−200 bis 1300° C; 1600° C)
  - Cu-Konstantan (−200 bis 400° C)
  - Fe-Konstantan (−200 bis 700° C; 900° C)
  - NiCr-Ni (−200 bis 1000° C; max. 1200° C)
  - PtRh-Pt (0 bis 1300° C); max. 16000° C)

optische Thermometer
- Strahlungspyrometer (−40 bis ...)
- Gesamtstrahlungsp. (550 bis ...)
- Teilstrahlungsp. (800 bis ...)
- Temperaturmeßfarben (40 bis 1350° C)
- Thermochrome (65 bis 670° C)

Pyroskope
- Temperaturkennkörper (100 bis 1600° C)
- Segerkegel (600 bis 2000° C)
- Buller's Ringe (960 bis 1400° C)

−200 0 200 400 600 800 1000 1200 1400 1600 1800 °C

3.10.10 Falltemperaturen der Segerkegel, nach Bunzel[15]

(Zusammensetzung siehe Abs. 3.5, Seite 461)

SK-Nr.	Nenn-temp. °C	Falltemperaturen bei verschiedenen Aufheizgeschwindigkeiten:				SK-Nr.	Nenn-temp. °C	Falltemperaturen bei verschiedenen Aufheizgeschwindigkeiten:			
		20 °C/h		150 °C/h				20 °C/h		150 °C/h	
		Normal-kegel	Labor-kegel	Normal-kegel	Labor-kegel			Normal-kegel	Labor-kegel	Normal-kegel	Labor-kegel
022	590	580	585	595	605	3a	1140	1140	1150	1170	1185
021	630	620	625	640	650	4a	1160	1160	1170	1195	1220
020	670	635	640	660	679	5a	1180	1175	1185	1215	1230
019	690	655	665	685	695	6a	1200	1196	1210	1240	1260
018	710	75	680	705	715	7	1230	1215	1230	1260	1270
017	730	695	695	730	735	8	1250	1240	1255	1280	1295
016	750	720	720	755	760	9	1280	1255	1270	1300	1315
015a	790	740	750	780	785	10	1300	1280	1290	1320	1330
014a	815	780	790	805	815	11	1320	1330	1340	1360	1350
013a	835	840	860	835	845	12	1350	1330	1340	1360	1375
012a	855	860	880	860	890	13	1380	1360	1375	1380	1395
011a	880	880	890	900	900	14	1410	1380	1395	1400	1410
010a	900	900	910	920	925	15	1435	1400	1420	1425	1440
09a	920	920	930	935	940	16	1460	1425	1445	1445	1470
08a	940	930	940	955	965	17	1480	1445	1465	1480	1490
07a	960	950	955	970	075	18	1500	1470	1480	1500	1520
06a	980	970	980	990	995	19	1520	1495	1505	1515	1530
05a	1000	990	1010	1000	1010	20	1530	1515	1530	1530	1540
04a	1020	1015	1035	1025	1055	26	1580				
03a	1040	1040	1055	1055	1070	27	1610				
02a	1060	1070	1090	1085	1100	28	1630				
01a	1080	1090	1105	1105	1125	29	1650				
1a	1100	1105	1120	1125	1145	30	1670				
2a	1120	1125	1135	1150	1165						

3.10.11 Vergleichstabelle der Buller's Ringe*

°C	Ring Nr. 55 braun SKT	Ring Nr. 27 Standard grün SKT	Ring Nr. 72 Hoch-Temp. farblos SKT	Ring Nr. 26 Hoch-Temp. pink SKT
960	3	0	0	
970	7	1	1	
980	11	2,5	2	
990	15	4	3	
1000	18	5,5	4	
1010	21	7	5	
1020	24	8,5	6	
1030	27	10	7	
1040	30	11,5	8,5	
1050	32	13	10	
1060	34	14	11	
1070	36	15,5	12,5	
1080	37	17	14	
1090	38	18,5	15,5	
1100	39	20	17	
1110		21,5	18,5	
1120		23	20	
1130		24,5	21	
1140		26	22	
1150		27	23	
1160		28,5	24,5	
1170		30	26	
1180		31,5	27	
1190		33,0	28	
1200		34,5	29	
1210		36	30	
1220		37,5	31	
1230		38,5	32	
1240		40	33	38
1250		41,5	34,5	39,5
1260			36,5	41
1270			38,5	42,5
1280			40	44
1290			42	46
1300			44	48
1320			46	50
1340				52
1360				53
1380				54
1400				55

* Gemessen wird die temperatur- und zeitabhängige Brennschwindung (Abnahme des Außendurchmessers) der Ringe mit einem speziellen Gerät. Die Werte für die Schwindung sind in Skalenteilen (SKT) dieses Gerätes angegeben.

(nach Degussa-Katalog)

3.11 Vergleichstabelle Siebgewebe

Deutsche Siebgewebe nach DIN 4188			britische Siebgewebe B.S.I.			USA-Siebgewebe			
						Tyler-Serie		A.S.T.M.	
Maschen-weite mm	frühere Gewebe-Nr. = Drähte je cm linear	rechnerische Maschenzahl pro cm²	Maschen-weite mm	Maschen-weite inch	mesh = Drähte/ inch linear	Maschen-weite mm	mesh	Maschen-weite mm	mesh
2,0			2,057	0.0810	8	1,981	9	2,00	10
1,5	4	16	1,405	0.0553	12	1,397	12	1,41	14
1,2	5	25	1,204	0.0474	14	0,992	16	1,00	18
1,00	6	36	1,003	0.0395	16	0,833	20	0,84	20
0,750	8	64	0,699	0.0275	22	0,701	24	0,71	25
0,600	10	100	0,599	0.0236	25	0,589	28	0,59	30
0,540	11	121							
0,500	12	144	0,500	0.0197	30	0,495	32	0,50	35
0,430	14	196	0,422	0.0166	36	0,417	35	0,42	40
0,400	16	256							
0,340	18	324	0,353	0.0139	44	0,351	42	0,35	45
0,300	20	400	0,295	0.0116	52	0,295	48	0,297	50
0,250	24	576	0,251	0.0099	60	0,246	60	0,250	60
0,200	30	900	0,211	0.0083	72	0,208	65	0,210	70
0,177	35	1225	0,178	0.0070	85	0,175	80	0,177	80
0,150	40	1600	0,152	0.0060	100	0,147	100	0,149	100
0,120	50	2500	0,124	0.0049	120	0,124	115	0,125	120
0,100	60	3600	0,104	0.0041	150	0,104	150	0,105	140
0,090	70	4900	0,089	0.0035	170	0,089	170	0,088	170
0,075	80	6400	0,076	0.0030	200	0,074	200	0,074	200
0,060	100	10000	0,066	0.0026	240	0,061	250	0,062	230
0,053	110	12100	0,053	0.0021	300	0,053	270	0,053	270
0,040	130	16900				0,038	400	0,037	400

Es wird heute international angestrebt, nur noch die lichte Maschenweite als Bezeichnung zu verwenden.

3.12 Literaturverzeichnis

Es wurden auch Titel aufgenommen, die keinen unmittelbaren Bezug zum Thema dieses Buches haben, die aber in Bild und Text eine wesentliche Ergänzung zu hier nur sporadisch angesprochenen Sachverhalten oder Problemen bieten, oder als farbige Illustration dienen können.

1. Anonym: La smaltatura delle piastrelle di ceramica;
   1979 Faenza, Faenza Editrice
2. Ball, Carlton F.: Decorating Pottery with Clay, Slip und Glaze;
   1978 Columbus (Ohio), Professional Publications Inc.
3. Bauer, Ingolf: Hafnergeschirr aus Altbayern;
   1976 München, Deutscher Kunstverlag
4. Beck, Charles: Stoneware Glazes;
   1973 Burnley, Isles House Publications
5. Behrens, Richard: Ceramic Glazemaking, A Ceramics Monthly Handbook;
   1978 Columbus (Ohio), Professional Publications Inc.
6. –, – : Glaze Projects, a Formulary of Leadless Glazes;
   1978 Columbus (Ohio), Professional Publications Inc.
7. Bellaire, Marc: Underglaze Decoration, A Ceramics Monthly Handbook;
   1978 Columbus (Ohio), Professional Publications Inc.
8. Berdel, Eduard, und Hermann Harkort: Keramisches Praktikum (Neubearbeitung des Einfachen Chemischen Praktikums, Teil V-VI)
   1958 Coburg, Verlag des Sprechsaal
9. Bezborodov, Michail A.: Chemie und Technologie der antiken und mittelalterlichen Gläser;
   1975 Mainz, Verlag Philipp von Zabern
   – Bibliographie:
   siehe Hench and Mc Eldowney
   siehe Koenig and Earhart
10. Birks, Tony: Der Studio-Töpfer;
    1977 Bonn, Hörnemann Verlag
11. –, – : Hans Coper;
    1983 London, William Collins & Sons Ltd.
12. Bollenbach, Hermann, und Dietrich Lipinski: Keramische Rechentafeln;
    1963 Düsseldorf, Wilhelm Knapp Verlag
13. Brodie, Regis C.: The Energy-Efficient Potter;
    1982 New York, Watson-Guptill Publications
14. Brongniart, Alexandre: Traité des Arts Céramiques ou des Poteries (Faksimile-Nachdruck der Ausgabe von 1877);
    1977 Paris, Dessain et Tolra
15. Bunzel, Ernst-Günther: Das physikalisch-chemische Verhalten der Segerkegel (Erläuterungen zur neubearbeiteten Segerkegel-Tabelle); Tonindustrie-Zeitung 77 (1953), S. 353–362.
16. Caiger-Smith, Alan: Tin-Glaze Pottery in Europe and the Islamic World;
    1973 London, Faber & Faber Ltd.
17. Cardew, Michael: Der Pionier-Töpfer;
    1980 Bonn, Hörnemann Verlag
18. Caruso, Nino: Ceramica viva (Manuale pratico);
    1979 Mailand, Ulrico Hoepli Editore
19. –, – : Ceramica raku (Manuale pratico) 1982 Mailand, Ulrico Hoepli Editore
20. Casson, Michael: The Craft of the Potter (edited by Anna Jackson);
    1980 London, BBC Publications
21. Chappell, James: The Potters Complete Book of Clay and Glazes;
    1977 New York, Watson-Guptill Publications
22. Clark, Kenneth: The Potters Manual;
    1983 London, Macdonalds & Co. (Publishers) Ltd.
23. Conrad, John W.: Ceramic Formulas – The Complete Compendium;
    1978 New York, Macmillan Publishing Co. Inc.
24. –, – : Contemporary Ceramic Formulas;
    1980 New York, Macmillan Publishing Co. Inc.
25. Cooper, Emmanuel: A History of World Pottery (2nd. Ed.);
    1981 London, B.T. Batsford Ltd.
26. –, – : Electric Kiln Pottery;
    1982 London, B. T. Batsford Ltd.
27. –, – : Handbuch der Keramikglasur (FTB 128);
    1983 Ravensburg, Otto Maier Verlag
28. –, – and Derek Royle: Glazes for the Studio Potter
    1978 London, B. T. Batsford Ltd.
29. Cort, Louise Allison: Shigaraki, Potter's Valley;
    1979 Tokyo/New York, Kodansha International Ltd.
30. d'Albis, Antoine: La Porcelaine Artisanale;
    1975 Paris, Dessain et Tolra
31. –, – : Faience et Pâte tendre;
    1979 Paris, Dessain et Tolra
32. Dayton, John, and Ann Dayton: Minerals, Metals, Glazing and Man;
    1978 London, Harrap & Co. Ltd.
33. Deck, Théodore: La Faience;
    1887 Paris, May et Motteroz
– DIN-Normblätter: DIN 51063 Segerkegel
    DIN 4188 Siebgewebe
    DIN 51092 Beständigkeit von Wand- und Bodenfliesen

DIN 51031 Prüfverfahren auf Blei- u. Cadmiumlässigkeit keramischer Glasuren
34. Drost, Dietrich: Töpferei in Afrika;
    1967 Berlin, Akademie-Verlag
35. Eitel, W.: The Physical Chemistry of the Silicates;
    1954 Chicago (Illinois), The University of Chicago Press
36. Ernst, Th., W. Forkel und K. von Gehlen: Zur Benennung natürlicher Tone und keramischer Massen;
    Sprechsaal 91 (1958) Nr. 11
37. –, – u. – : Vollständiges Nomenklatursystem der Tone; Berichte der Dtsch. Keram. Gesellschaft 36 (1959), S. 11–18;
38. Falke, Otto von: Das Rheinische Steinzeug, Neudruck der Ausgabe 1908;
    1977 Osnabrück, Otto Zeller Verlag
39. Fournier, Robert: Illustrated Dictionary of Practical Pottery;
    1977 New York, Van Nostrand Reinhold Co.
40. Frank, Larry, and Francis Harlow: Historical Pottery of the Pueblo Indians;
    1974 Boston (Mass.), New York Graphic Society Ltd.
41. Fraser, Harry: Glazes for the Craft Potter;
    1974 London, Pitman Publishing Ltd.
42. Fregnac, Claude: Europäische Fayencen;
    1976 Stuttgart, Belser Verlag
43. Frère Daniel de Montmollin: L'art de Cendres;
    1976 Taizé, Les Presses de Taizé
44. Gebauer, Walther: Kunsthandwerkliche Keramik:
    1980 Leipzig, VEB Fachbuchverlag
45. Göbels, Karl: Rheinisches Töpferhandwerk;
    1971 Frechen, Stadt Frechen
46. Grasmann, Lambert: Kröninger Hafnerei;
    1978 Regensburg, Friedrich Pustet Verlag
47. Grebanier, Joseph: Chinese Stoneware Glazes;
    1975 London, Pitman Publishing Ltd.
48. Green, David: Understanding Pottery Glazes;
    1972 (1963) London, Faber & Faber Ltd.
49. –, – : Pottery – Materials and Techniques;
    1972 London, Faber & Faber Ltd.
50. –, – : A Handbook of Pottery Glazes;
    1978 London, Faber & Faber Ltd.
51. Greer, Georgeanna H.: American Stonewares;
    1981 Exton (Pennsylvania), Schiffer Publications
52. Griffing, Robert P.: The Art of the Korean Potter;
    1968 New York, Asia House Gallery
53. Hall, Flemmon P., and Herbert Insley: A Compilation of Phase Rule Diagrams of Interest to the Ceramist and the Silicate Technologist;
    1947/1949 Columbus (Ohio), American Ceramic Society
54. Hamer, Frank: The Potters Dictionary of Materials and Techniques;
    1975 London, Pitman Publishing
 – Harkort, Hermann: siehe Berdel, Eduard
55. Häusler, Franz: Die Herstellung von Ofenkacheln und Töpferware;
    1956 Leipzig, VEB Fachbuchverlag
56. Hench, L. L., and B. A. McEldowney: A Bibliography of Ceramics and Glass;
    1976 Columbus (Ohio), American Ceramic Society
57. Heufelder, Walter A.: Arbeiten mit Ton im Kunstunterricht;
    1975 Ravensburg, Otto Maier Verlag
58. Heuschkel, Hermann, und Klaus Muche: ABC Keramik;
    1975 Leipzig, VEB, Deutscher Verlag für Grundstoffindustrie
59. Hinz, Wilhelm: Silikate – Grundlagen der Silikatwissenschaft und -technik;
    1970 Berlin, VEB Verlag für Bauwesen (2 Bände)
60. Hoffmann, Josef, und Autorenkollektiv: Technologie der Feinkeramik (5. Aufl.);
    1979 Leipzig, VEB Deutscher Verlag für Grundstoffindustrie
61. Holden, Andrew: The Self-Reliant Potter;
    1982 London, A.&C. Black
62. Holloway, D. J.: The Physical Properties of Glass;
    1973 London, Wykeham Publications
63. Hopper, Robin: The Ceramic Spectrum, a simplified approach to Glaze and Color Development;
    1983 Radnor (Pennsylvania), Chilton Book Co.
64. Horschik, Josef: Steinzeug – Von Bürgel bis Muskau, 15. bis 19. Jhdt.;
    1978 Dresden, VEB Verlag der Kunst
65. Illig, Hans-Joachim, und Autorenkollektiv: ABC Glas;
    1983 Leipzig, VEB Deutscher Verlag für Grundstoffindustrie
66. Jewstropjew, K. S., und N. A. Toropov: Einführung in die Silikatchemie; (deutsche Bearbeitung von Wilhelm Hinz);
    1958 Berlin, VEB Verlag Technik
67. Kaufmann, Gerhard: Bemalte Wandfliesen;
    1973 München, Verlag Georg D. W. Callwey
68. –, – : Volkstümliche Keramik aus Norddeutschland;
    1981 Hamburg, Altonaer Museum
69. Kerl, Bruno: Handbuch der gesamten Thonwaaren-Industrie (3. Aufl.); herausgegeben von E. Cramer und Dr. H. Hecht;
    1907 Braunschweig, Friedrich Vieweg Verlag
70. Kingery, W. D., D. R. Bowen and H. K. Uhlmann:

Introduction to Ceramics;
1976 New York, John Wiley (2nd Edition)
71. Klein, Adalbert: Deutsche Fayencen;
1975 Braunschweig, Klinkhardt & Biermann
72. –, – : Japanische Keramik – Von der Jomon-Zeit bis zur Gegenwart;
1984 München, Hirmer Verlag
73. Klinge, Ekkart: Deutsche Keramik des 20. Jahrhunderts, Bd. I und II;
1975/1978 Düsseldorf, Hetjens-Museum
74. Klusch, Horst: Siebenbürgische Töpferkunst;
1980 Bukarest, Kriterion Verlag
75. Koenig, J. H., and W. H. Earhart: Literature Abstracts of Ceramic Glazes; 1951 Philadelphia/Ellenton, College Institute Offset Press
76. Koyama, Fujio: La Céramique Japonaise – Tradition et Continuité;
1973 Fribourg, Office du Livre
77. Krause, Annette: Töpfern in der Raku Technik;
1980 Ravensburg, Otto Maier Verlag
78. Kunckel, Johannes: Ars Vitraria Experimentalis; Faksimile-Nachdruck der Ausgabe von 1689;
1972 Hildesheim/New York, Georg Olms Verlag
79. Lane, Arthur: Early Islamic Pottery;
1947 London, Faber & Faber Ltd.
80. –, – : Later Islamic Pottery;
1971 London, Faber & Faber Ltd.
81. Lane, Peter: Studio Porcelain – Contemporary Design and Techniques;
1980 London, Pitman Publishing
82. –, – : Studio Ceramics;
1983 London, William Collins Sons & Co. Ltd.
83. Langenbeck, Karl: The Chemistry of Pottery;
1895 Easton (Pennsylvania), Chemical Publishing Co.
84. Laufer, Berthold: Chinese Pottery of the Han Dynasty;
1970 Rutland (Vermont), Charles E. Tuttle Co.
85. Lawrence, Willis G., and R. R. West: Ceramic Science for the Potter (2. ed. of Lawrence);
1982 Radnor (Pennsylvania), Chilton Book Co.
86. Lawton, A. C.: Bantu Pottery of South Africa;
1967 Kapstadt, South African Museum
87. Leach, Bernard: Das Töpferbuch;
1971 Bonn, Hörnemann Verlag
88. –, – : A Potters Work;
1974 Bath, Adams & Dart
89. –, – : Hamada Potter;
1976 London, Thames and Hudson Ltd.
90. Lehnhäuser, Werner: Glasuren und ihre Farben (3. Aufl.);
1978 Düsseldorf, Wilhelm Knapp Verlag
91. –, – : Chemisches und Technisches Rechnen im keramischen Bereich (2. Aufl.);
1983 Freiburg, Verlag Schmid GmbH
92. Leinweber, Ulf: Töpferei des Reinhardswaldes vom 12. bis 20. Jhdt.;
1982 Kassel, Hessischer Museumsverband
93. Levin, Ernest, C. R. Robbins and H. F. McMurdie: Phase Diagrams for Ceramists;
1964 Columbus (Ohio), American Ceramic Society;
1969 Supplement (figs. 2067–4149);
1975 Supplement
94. Lewenstein, Eileen and E. Cooper (Ed.): The Ceramic Review Book of Glaze Recipes (enlarged and revised edition);
1978 London, Ceramic Review
95. –, – – – : The Ceramic Review Book of Clay Bodies and Glaze Recipes;
1984 London, Ceramic Review
96. Lion-Goldschmidt, Daisy: Ming Porzellan;
1978 Stuttgart, Belser Verlag
97. Litto, Gertrude: South American Folk Pottery;
1976 New York, Watson-Guptill Publications
98. Maynard, David C.: Ceramic Glazes (= neuere Ausgabe von Singer and German 1960);
1980 London, Borax Holdings Ltd.
99. McKee, Charles: Ceramics Manual, with glaze calculations;
1979 New York, Van Nostrand Reinhold Co.
100. Medley, Margaret: The Chinese Potter;
1976 Oxford, Phaidon Press
101. –, – : Yüan Porcelain and Stoneware;
1977 London, Faber & Faber Ltd.
102. –, – : T'ang Pottery and Porcelain;
1981 London, Faber & Faber Ltd.
– Montmollin, Daniel de: siehe Frère Daniel
103. Mountford, A. R.: Staffordshire Salt-Glazed Stoneware;
1971 London, Barrie & Jenkins
104. Müller, G. C. M.: Anleitung zur Verfertigung der Glasflüsse, künstlichen Edelsteine, Emaille und der Schmelzfarben, etc. . . . ; Ein Handbuch für Porzellan-Maler, Porzellan-, Steingut- und Glasfabrikanten . . . ;
1828 Regensburg, Verlag der J. S. Reitmayr'schen Buchhandlung
105. Nelson, Glenn C.: Ceramics – A Potters Handbook;
1971 New York, Holt, Rinehart and Winston
106. Neumann, Heinz: Tabellenbuch für die Keramik-Glas-Email-Industrie;
1955 Leipzig, VEB Fachbuchverlag
107. Norton, F. H.: Elements of Ceramics (2nd ed.);

1974 Reading (Massachusetts), Addison-Wesley Publishing Co.
108. Oriental Ceramics – The World's Great Collections
   Vol. 1: Tokyo National Museum
   Vol. 2: Seoul National Museum of Korea
   Vol. 3: Museum Pusat, Jakarta
   Vol. 4: Iran Bastan Museum, Teheran
   Vol. 5: The British Museum, London
   Vol. 6: The Percival David Foundation of Chinese Art, London
   Vol. 7: Musée Guimet, Paris
   Vol. 8: Museum of Far Eastern Antiquities, Stockholm
   Vol. 9: The Freer Gallery of Art, Washington D.C.
   Vol. 10: The Museum of Fine Arts, Boston
   Vol. 11: The Metropolitan Museum of Art, New York
   Vol. 12: The Victoria and Albert Museum, London
   1981 bis 1983 Tokyo/New York, Kodansha International Ltd.
109. Oswald, Adrian, et al.: English Brown Stoneware 1670 bis 1900;
   1982 London, Faber & Faber Ltd.
110. Palissy, Bernard: Discours admirables de la nature des eaux et fontaines . . ., des métaux . . ., des pierres, des terres, du feu et des émaux;
   1580 Paris, chez Martin le jeune.
   Eine neue Ausgabe dieses Werkes erschien 1961 in Paris.
111. Parmelee, Cullen W.: Ceramic Glazes (3rd ed.)
   1973 Boston (Massachusetts), Cahners Publishing Co.
112. Petzold, Armin, und Wilhelm Hinz: Silikatchemie – Einführung in die Grundlagen;
   1979 Stuttgart, Ferdinand Enke Verlag
113. Pfannkuche, Bernd: DuMont's Handbuch der Keramikglasur;
   1984 Köln, DuMont Buchverlag
   – Phasendiagramme:
   siehe Hall and Insley
   siehe Levin, Robbins and McMurdie
   siehe Toropov
114. Pichelkastner, Eleonore, und Eckart Hölzl: Bruckmanns Fayence-Lexikon;
   1981 München, Verlag F. Bruckmann KG
115. Picolpasso, Cipriano: I Tre Libri dell'Arte del Vasaio; Faksimile-Nachdruck des Originals 1556/1559, herausgegeben und übersetzt von R. Lightbown und Alan Caiger-Smith;
   1980 London, Scolar Press
116. Piepenburg, Robert: Raku Pottery;
   1972 New York, Macmillan Publishing Co.
117. Pollex, John: Schlickermalen;
   1981 Bonn, Hörnemann Verlag
118. Pukall, W.: Keramisches Rechnen auf chemischer Grundlage, an Beispielen erläutert;
   1927 Breslau, Ferdinand Hirt Verlag
119. Rada, Pravoslav: Techniken der Kunsttöpferei;
   1978 Berlin, VEB Verlag der Technik
120. Radczewski, Otto-Ernst: Die Rohstoffe der Keramik (Minerale/Vorkommen);
   1968 Berlin/Heidelberg/New York, Springer Verlag
121. Ramdohr, Paul, und Hugo Strunz: Klockmanns Lehrbuch der Mineralogie;
   1967 Stuttgart, Ferdinand Enke Verlag (15. Aufl.)
122. Ravaglioli, Antonio (Hrsg.): Ceramic Glazes – Sience and Technology, Proceedings of the 3rd Ceramic Meeting for Research and Production (CERP) 1979;
   1981 Faenza, Faenza Editrice
123. Rawson, H.: Properties and Application of Glass, Chapter 1 in Glass Science and Technology, Vol. 3;
   1980 Amsterdam, Elsevier Scientific Publishing Co.
124. Rawson, P.: Ceramics;
   1971 London, Oxford University Press
125. Rhodes, Daniel: Tamba Pottery;
   1970 Tokyo, Kodansha International Ltd.
126. – , – : Clay and Glazes for the Potter;
   1971 Radnor (Pennsylvania), Chilton Book Co.
127. – , – : Stoneware and Porcelain;
   1973 Radnor (Pennsylvania), Chilton Book Co.
128. Riefstahl, Elizabeth: Ancient Egyptian Glass and Glazes;
   1968 New York, The Brooklyn Museum
129. Riegger, Hal: Raku – Art and Technique;
   1970 London, Studio Vista
130. Ruscoe, William: Glazes for the Potter;
   1974 London, London Academy Editions
131. Rye, Owen S.: Pottery Technology (Manuals on Archeology 4);
   1981 Washington D. C., Taraxacum Inc.
132. Salmang, Hermann, und Horst Scholze: Keramik (6. Aufl.);
   Teil 1: Allgemeine Grundlagen und wichtige Eigenschaften;
   1982 Berlin/Heidelberg/New York, Springer Verlag
   Teil 2: Keramische Werkstoffe;
   1983 Berlin/Heidelberg/New York, Springer Verlag
133. Salzglasiertes Steinzeug, Ausstellungskatalog mit einem Anhang: Uwe Ch. Finke: Über Westerwälder Steinzeug;
   1983 Höhr-Grenzhausen, Verlag der Buchhandlung Reuffel
134. Sanders, Herbert H.: Glazes for Special Effects;
   1974 New York, Watson-Guptill Publications
135. – , – : Töpfern in Japan;
   1977 Bonn, Hörnemann Verlag

136. Savage, George: English Ceramics;
1961 Fribourg, Office du Livre
137. Scholze, Horst: Glas – Natur, Struktur, Eigenschaften (2. Aufl.);
1977 Berlin/Heidelberg/New York, Springer Verlag
138. Schultze, W.: Farbenlehre und Farbenmessung (3. Aufl.);
1975 Berlin/Heidelberg/New York, Springer Verlag
– Segerkegel:
siehe Bunzel
siehe DIN
139. Shafer, Thomas: Pottery Decoration (3rd ed.);
1977 New York, Watson-Guptil Publications
140. Shepard, Anna O.: Ceramics for the Archeologist (9th ed.);
1979 Washington D. C., Carnegie Institution
141. Simpson, Penny, Lucy Kitto and Kanji Sodeoka: The Japanese Pottery Handbook;
1979 Tokyo, Kodansha International Ltd.
142. Singer, Felix, and Sonja S. Singer: Industrielle Keramik,
Bd. I: Die Rohstoffe – Eigenschaften – Vorkommen – Gewinnung und Untersuchung;
1964 Berlin/Heidelberg/New York, Springer Verlag
Bd. II: Massen, Glasuren, Farbkörper, Herstellungsverfahren;
1969 Berlin/Heidelberg/New York, Springer Verlag
Bd. III: Die keramischen Erzeugnisse;
1966 Berlin/Heidelberg/New York, Springer Verlag
143. Singer, Felix, and W. L. German: Ceramic Glazes;
1960 London, Borax Consolidated Ltd. (neuere Ausgabe: siehe Maynard)
144. Speight, Charlotte F.: Hands in Clay – An Introduction to Ceramics;
1979 Sherman Oaks (California), Alfred Publishing Co.
145. Starkey, Peter: Saltglaze; (Ceramic Skillbooks);
1977 London, Pitman Publishing Ltd.
146. Stern, Hedwig: Grundlagen der Technologie der Keramik;
1984 Vaduz, Gantner Ceramica Verlagsanstalt
147. Stolle, Walter: Volkstümliche Keramik aus Hessen vom 18. Jahrhundert bis zur Gegenwart; (Ausstellungskatalog);
1981 Kassel, Hessischer Museumsverband
148. Storr-Britz, Hildegard: Ornamente und Oberflächen in der Keramik;
1977 Dortmund, Verlag Handwerk
149. – , – : Keramik dekorieren;
1982 Ravensburg, Otto Maier Verlag
150. Strong, Susan R.: History of American Ceramics, an annotated bibliography;
1983 Metuchen (New Jersey) and London, The Scarecrow Press
151. Tenax, B. T.: Die Steingut- und Porzellanfabrikation;
1879 Leipzig, J. M. Gebhardts Verlag
152. Tichane, Robert: Those Celadon Blues;
1978 New York, State Institute for Glaze Research
153. Toropov, N. A., et al.: Handbook of Phase Diagrams of Silicate Systems,
Vol. I: Binary Systems;
Vol. II: Metal Oxygen Compounds in Silicate Systems;
1972 Jerusalem, Israel Program for Scientific Translations
154. Tregear, Mary: Die Keramik der Song-Zeit;
1982 München, Hirmer Verlag
155. Troy, Jack: Salt-Glazed Ceramics;
1977 London, Pitman Publishing Ltd.
156. Tyler, Christopher, und Richard Hirsch: Modernes Raku;
1981 Bonn, Hörnemann Verlag
157. Vecchi, Gastone: Tecnologia Ceramica Illustrata;
1977 Faenza, Faenza Editrice
158. Viehweger, Fritz: Rezeptbuch 1 für Glasuren und Farben (2. Aufl.);
1965 Coburg, Verlag des Sprechsaal
159. Vittel, Claude: Pâtes et Glaçures Céramiques;
1976 Vevey, Editions Delta (auch Paris, Dessain et Tolra)
160. Vogel, Werner: Struktur und Kristallisation der Gläser;
1965 Leipzig, VEB Deutscher Verlag für Grundstoffindustrie
161. Walcha, Otto: Meissner Porzellan;
1973 Dresden, VEB Verlag der Kunst
162. Watson, William: Tang and Liao Ceramics;
1984 München, Hirmer Verlag
163. Webster, Donald B.: Decorated Stoneware Pottery of North America;
1975 Rutland (Vermont), Charles E. Tuttle Co.
164. Weinhold, Rudolf: Ton in vielerlei Gestalt;
1982 Leipzig, Edition Leipzig
165. Weiss, Gustav: Freude an Keramik (Ullstein-Taschenbuch 4043);
1972 Frankfurt/Berlin/Wien, Ullstein Verlag
166. – , – : Alte Keramik neu entdeckt;
1979 Berlin/Frankfurt/Wien, Verlag Ullstein GmbH
167. – , – : Keramik-Lexikon;
1984 Berlin/Frankfurt/Wien, Verlag Ullstein GmbH
168. Wilbert, Karl-Jürgen (Hrsg.): Salzbrand '83 (Ausstellungskatalog) mit Texten zur Technik der Salzglasur, zum Westerwälder Steinzeug etc.;
1983 Koblenz, Rhenania Verlag
169. Williams, Gerry, Peter Sabin and Sarah Bodine: Studio Potter Book;
1978 New York, Van Nostrand Reinhold Co.

170. Winter, Adam: Die antike Glanztonkeramik;
1980 Mainz, Verlag Philipp von Zabern
171. Wood, Nigel: Oriental Glazes (Ceramic Skillbooks);
1978 London, Pitman Publishing Ltd.
172. Zakin, Richard: Electric Kiln Ceramics;
1981 Radnor (Pennsylvania), Chilton Book Co.
173. Wolff, Emil: Aschenanalysen von landwirtschaftlichen Produkten, Fabrik-Abfällen, Wildwachsenden Planzen;
1871 Berlin, Wiegandt und Hempel.

3.13 Periodica und Fachzeitschriften

1. American Ceramic Society Bulletin
   Columbus/Ohio
2. British Ceramic Review
   Weybridge
3. Cerâmica
   Sao Paulo
4. Ceramica Informazione
   Faenza
5. Ceramic Industries Journal
   London
6. Ceramic Review
   – The Craftsmen Potters Association, London
7. Ceramics International
   Faenza
8. Ceramics Japan
   Tokyo
9. Ceramics Monthly
   Columbus/Ohio
10. CFI – Ceramic Forum International / Berichte der Deutschen Keramischen Gesellschaft
    Wiesbaden
11. Der Keramikfreund – Mitteilungen des Freundeskreises des Hetjensmuseum
    Düsseldorf
12. Glasrevue
    Praha
13. Glastechnische Berichte
    Frankfurt/Main
14. L'Industrie Céramique
    Paris
15. Interceram
    Freiburg/Breisgau
16. Journal of the American Ceramic Society
    Columbus/Ohio
17. Journal of the Australian Ceramic Society
    Sydney
18. Keramik Creativ
    Frechen
19. Keramiek – Nederlandse Vakgroep Keramisten
20. Keramik-Magazin
    Frechen
21. Keramische Zeitschrift
    Freiburg Breisgau
22. Keramos – Zeitschrift der Gesellschaft der Keramikfreunde
    Düsseldorf
23. Klei – Glas – Keramiek
    Tiel
24. La Revue de la Céramique et du Verre
    Vendin-le-Vieil
25. Mitteilungen der Bundesfachgruppe des Deutschen Töpferhandwerks
    Baden-Baden
26. Neue Keramik
    Berlin
27. New Zealand Potter
    Wellington
28. Österreichische Keramische Rundschau
    Wien
29. Ogneupory
    Moskau
30. Pottery in Australia – Potters Society of Australia
    Sidney
31. Pottery Quarterly
    Trings/Hertshire
32. Silicates Industriels
    Mons
33. Skłář a Keramik
    Praha
34. Sprechsaal – International Ceramics + Glass Magazine
    Coburg
35. Steklo i Keramika
    Moskau
36. Szilikáttechnika
    Budapest
37. Szklo i Ceramika
    Warszawa
38. Transactions and Journal of the British Ceramic Society
    Stoke-on-Trent
39. Verres et Réfractaires
    Paris
40. ZI – Ziegelindustrie International
    Wiesbaden

3.14 Stichwortverzeichnis

Abblättern 48, 127, 225, 248, 403
Abfallen 128, 403
Abgreifen 49
Abkühlung 19, 20, 31, 36, 326, 333
– sgeschwindigkeit 30, 31, 130–132, 210, 214, 221, 246, 254
– sbedingungen 210, 215, 246, 333
Ablagerung von Flugasche
Ablaufen 129
Abriebfestigkeit 63
Abrollen 48, 128, 129, 403
Absetzen 48
– von Glasuren 126, 127
– von Schlickerbestandteilen 48, 126
Abspaltung gasförmiger Stoffe 28, 33–35, 55
Abspringen der gebrannten Glasur 38, 131, 225
Actiniumreihe 426
Aderung 329
Ägyptischblau 68, 79, 161, 165
Äscher 84, 186
Äthanol 464
Ätherische Öle 95, 464
Ag 438
Ahornholzasche 456
Ahornblätterasche 456
Albany slip clay 460
Albit 71, 73, 427
Alkaliglasuren 39, 44, 126, 127, 161, 191, 244, 416
Alkali-Bor-Glasuren 39, 44, 163, 167
Alkalifarben, typische 161
Alkalifritten 73, 127, 441–450
Alkalioxide 41, 73
Alkaliphosphate 73, 372, 373
Alkaliverbindungen 72, 73, 126, 141
Alkohol 102, 464
Alt-Amerika 135
Aluminium 321, 425, 427
– behälter 105
– oxid, Al_2O_3 23, 30, 41, 51, 52, 56, 59–63, 71
– verbindungen 71, 427
Amblygonit 72, 428
Ammoniak 428
Ammonium 428
– carbonat 428
– hydroxid 428
– molybdat 82, 428
– verbindungen 428
– oxalat 463
Analysen
– chemische 116, 451–460
– von Aschen 89, 456–457
– von Feldspäten 453–454, 458–459

– von Gesteinen 86, 455
– von Rohstoffen 451–460
– von Kaolin und Ton 451–453
Anatas 31, 151
Andalusit 428
Andesit 86
Anforderungen an Geschirrglasuren 242, 385
Anflüge 132, 142–145, 267
Anflugglasuren 141–145
Anglesit 429
Anisöl 464
Anmachwasser 32
Anorganische Peptisatoren 463
– Säuren 426–440, 463
Anorthit 31, 36, 71, 75, 351, 385, 455
Anorthosit 455
Antimon 425, 428
– gelb 66, 277
– oxid 23, 30, 66, 69
– sulfid 81, 428
– trübung 30, 191
– verbindungen 81, 428
– weiß 191
– Zinn-Grau
Anstrichmassen
– für Brennhilfsmittel 55, 153
– für Salzöfen 153
Apatit 435
Applikation
– von Farben 94, 95
– von Glasuren 108–110
Aragonit 435
Aräometer = Tauchspindel 112
Arsenik = Arsenoxid 23, 30, 42, 428
Arsenverbindungen 428
Aschen 89, 364, 456, 457
– analysen 89, 456
– anflüge 142
– aufbereitung 364
– anteil 90, 364
– glasuren 39, 90, 364
Asphalt 465
Atmosphäre 55
Atomgewichte 424, 425, 426–440
Au 432
Aufbereitung
– von Aschenglasuren 90, 364
– von Engoben 105
– von Glasurschlickern 105–106
– von Rohstoffen 103
Aufbewahrung
– von Glasurrohstoffen 112
– von Glasur- und Engobeschlickern 105, 106
– von giftigen Rohstoffen 112
Aufbrennen
– von Lüsterfarben 100
– von Edelmetallen 100
– von Schmelzfarben 95
Auffangglasur 259, 411

Aufglasurdekore 95
Aufglasurfarben 95
Aufheizgeschwindigkeit 51, 129
Aufkochen von Glasurschmelzen 54–56, 129
Aufpudern 99, 465
Aufschleudern 108
Aufstreuen 109
Auftragen 32, 108–110
– von Engoben 109, 215
– von Kristallglasuren 259
Auftragsstärke 112, 128–132, 108, 259, 403
Ausblühungen 38
Ausdehnung, thermische
Ausdehnungskoeffizient – siehe Wärmedehnungskoeffizient, WAK, 59
Ausdehnungsmessung 114
Ausspartechnik 465
Ausscheidung 30, 31
– strübung 30, 57
– von Kristallen 30, 62, 57, 221
Autoklavprüfung 114
Aventurineffekt 46, 78
Aventuringlasuren 46, 78, 253, 259
Azurit 88, 428

Ball clay 71, 451, 460
Balsam 464
Bainbridge feldspar 459
BaO 23, 41, 42, 51–54, 56, 59, 61, 63, 76, 265, 429
Barium 424, 428
– carbonat 76, 429
– chlorid 429
– chromat 429
– mattglasuren 231
– oxid 23, 76, 429
– silikatkristalle 231, 251
– sulfat 76, 429
Barnard slip clay 460
Basalt 77, 86, 348, 455
– analysen 86, 455
– glasuren 39, 348
– grus 217, 420, 421
– mehl 303, 348, 455
Basenseite der Segerformel 117–119
Basische Mattglasuren 224–245
Basische Oxide 116–120
Bauxit 71
Beige-gelbliche Glasuren 324–325
Belüftung
– von Arbeitsräumen 33, 54, 112
– von Brennöfen 54, 96, 326
Benetzung 32, 33, 36, 128, 129
Bentonit 126
Benzin 464
Benzol 464
Berylliumverbindungen 429
Besatz 143
– dichte 143, 150, 153

489

Beständigkeit 60–62
– gegen Laugen 61
– gegen Säuren 61
  mechanische – 61–62
Bienenwachs 465
Bier 464
Bimsstein 19, 71, 73, 348, 352, 455
– mehl 455
Birkenfelder Feldspat 454
Birkenholzasche 456
Bi_2O_3 41, 42, 82
black-mirror-Glasuren 207, 340
Blasenbildung 34, 54, 55, 57, 130, 414–415
Bläschentrübung 30, 185
Blaue Glasuren 293–298
Blaufarbkörper 91
Blaugrau 69, 144, 323
– farbkörper 91, 323, 341
– es Steinzeug 144
Blausmalte 97, 144
Blauton 451
Blei 425, 429
– abgabe 61
– -Alkali-Glasuren 39, 155, 165, 173, 376
– -Alkali-Bor-Glasuren 39, 165, 376
– -Bor-Glasuren 39, 35
– antimonat 66, 277
– acetat 72, 429
– carbonat 72, 429
– chromat 80, 274, 429
– freie Glasuren 39, 44, 45, 161, 176, 188, 242, 385
– fritten 441–450
– glanz 72, 429
– glasuren 44, 173, 376
– glätte 72, 429
– löslichkeit 61, 115
– mennige 72, 429
– molybdat 255
– oxid 23, 41, 51, 72, 429
– reiche Glasuren 39
– silikate 450
– verbindungen 72, 429
– weiß 429
Bolus, roter/weißer 86
Bor 425, 429
Borate 73, 75, 430
Borax 73, 145, 430
–, calciniert 73, 430
  Kristall- 73, 430
Borocalcit 430
Boroxid 19, 23, 41, 51–55, 59–63, 73, 74, 430
Borfritten 74, 441–450
Borsäure 73, 429
Borschleier 73, 175, 297
Borverbindungen 73, 75, 145, 429, 430
Bornit 88
Brand
– führung 144, 152, 326, 329, 333
  reduzierender – 54, 55, 152, 326

oxidierender – 54, 55
– von Kristallglasuren 259
Brauneisenerz 77, 88
Braune Glasuren 68, 207–, 303–, 340, 347
Braunfarbkörper 39, 311
Braunkohlenbrikettasche 89, 364, 456
Braunstein 79, 435
Braunverfärbung
– durch Chromoxidanflüge 80
– im Salzbrand 144, 152
Brechungsindex 29, 30
Brennhilfsmittel 55, 260, 259
Brennkurven 260
Brennpocken 143
Brennschwindung 49, 51, 480
Brenntemperaturen 63–69, 100, 153, 154, 365, 393
Brennweise für Salzglasur 144, 152
Bristol-Glasur 136, 379
Brongniart, Alexandre 133, 482
Brongniart'sche Formel 103
Buchenholzasche 456
Buckingham feldspat 458
Buchsbaumholzasche 456
Bullersringe 478, 480
B_2O_3 23, 41, 51–55, 59–63, 73, 74, 430

Cadmium 61, 81, 425, 430
– gelb 66, 277
– grün 67
– löslichkeit 61, 115
– selensulfid 65, 66, 262, 269
– selenrot 65, 262, 269
– sulfid 66, 67
– verbindungen 81, 430
Calcit 34, 75, 430
Calcium 424, 430
– borate 74, 75, 430
– borat-Glasuren 45, 473
– carbonat 34, 75, 430
– fluorid 75, 430
– Magnesium-Mattglasuren 45, 405
– oxid 430
– phosphate 75, 85, 336, 430
– sulfat 430
– verbindungen 75, 85, 430
CaO 23, 41, 51–63, 75, 85, 430
Carbonate 34, 35
Carboxymethylzellulose 105, 464
Cardew, Michael 41, 107, 482
Cedar Heights clay 460
Celsian 31, 430
Cer 426, 430
– oxid 30, 85, 430
– phosphat (Monazit) 431
– verbindungen 431
– weiß 85
Cerussit (Weißbleierz) 72
Chemische Analyse 116
Chemische Beständigkeit 60

Chemische Zusammensetzung 426–440, 451–460
Chile-Salpeter 73
China clay 71, 453, 460
China-Rot 46, 134, 264, 329
Chinesische Glasuren 207, 333
Chlor 425, 431
Chloride 77, 143, 145, 150, 152, 469
Chlorverbindungen 145, 431, 469
Chromate 66, 80, 255, 426–440
Chrom 424, 431
– braun 80, 68, 309
– gelb 66, 80, 278
– grün 67, 287
– Eisen-Spinell 80
– eisenerz, Chromit 80
– oxid 65–68, 80, 278, 287, 309, 316
– rot 46, 65, 80, 261, 255
– verbindungen 80, 431
Clinchfield spar 458, 459
CMC 105
CO 55, 112, 432
CO_2-Abspaltung 34, 35, 55
Coelestin 75, 431
Colemanit 73, 75, 430, 431
– glasuren 45, 473
CoO/Co_2O_3 23, 41, 67, 69, 78, 290, 293, 299
Copaiva-Balsam 464
Coperta 400
Cordierit 31, 62, 227, 431
Cornish stone 459
Craquelée-Glasuren 39, 161, 244, 335, 416–418
Cristobalit 36, 37, 59, 438, 468
Cr_2O_3 23, 41, 52–55, 59, 65–68, 80, 431
CuO 23, 41, 54, 61, 64–69, 264, 284, 295, 329, 434
Custer feldspar 458
Cyanit 71, 431

Dampf (Wasserdampf) 34, 55, 145
Deckende Glasuren 185–214
Degussa-Fritten 441–442
Dehnung – siehe Wärmedehnung
– skurven 36, 37
– smessung 114
Dekorbrand 95, 100
Dekorhilfsmittel 464
Dekorative Glasuren 246, 261, 397, 408
Devonschiefer 362
Dextrin 464
Diabas 86
Diamant 62, 431
Di-Calciumphosphat 85
Dichte 112, 426–440
Dicköl 464
Diffusion 54–56, 326
Dilatometer 114
– prüfung 114
Dilatometrischer Erweichungspunkt 445, 449

Diopsid 31, 62, 74, 75, 431
Dioptas 431
Diorit 86
Dissoziation
– der Karbonate 34, 35
Dolaflux 463
Dolomit 34, 74, 229, 431
– Glasuren 39, 229
– mattierung 229
Doppelter Glasurauftrag 49, 108, 402
Druck 61
– festigkeit 62
– firnis 465
– spannung 36, 37, 38, 62, 63
– medien 465
Dünnflüssige Glasurschmelzen 129, 247, 315, 410
Durchsichtige Glasuren 153–184, 333–335, 397
Durchscheinende, halbopake Glasuren 399

Echte Seladonglasuren 333–338
Edelmetalldekore 99
– präparate 99
Effekt-Glasuren 408–422
Efeuasche 456
Eichenholzasche 456
Eierschalige Oberfläche 131
Eigenschaften
– von Farben 91
– von Fritten 90, 441–450
– des Glases 24
– von Glasurschlickern 47, 48
– von Glasurschmelzen 50–58
– von gebrannten Glasuren 59–69
– von Glasuroberflächen 59–64
– von Rohstoffen 70–89
Eimer aus Kunststoff
– für Glasuraufbewahrung 105
Einblasen von Salz 144
Einbrennen
– von Aufglasurdekoren 95, 100
– von Lüsterfarben 100
– von Schmelzfarben 95
Einfärben
– von Craquelee-Rissen 416
– von Engoben 470
– von Glasuren 64, 67–69, 471–474
– der Grundglasur 64, 165
Einmalbrand 362, 391
Einschlußfarbkörper 92, 93, 266, 275
Einsinkfarben 95
Einzelkristalle 246
Eisen 424, 431
– arme Rohstoffe 180, 395
– aventurin 253
– berger Engobeton 452
– braune Glasur 68, 303
– chloride 77, 431
– erze 77, 88
– gelbe Glasur 66, 278

– grüne Glasur 67, 288, 333
– glanz 253, 431
– haltige Rohstoffe 77, 452, 455
– oxide 23, 41, 64–69, 77, 431
– oxidfärbungen 64–69, 78, 261–, 333–, 471
– rote Glasuren 64, 263
– schwarze Glasuren 69, 312
– sulfide 77, 432
– titanat (Ilmenit) 77, 82, 432
– Titan-Orange 65, 271
– verbindungen 77, 431–432
Eiweiß 464
Elbrook feldspar 458
Elemente 19, 20, 24–26
– periodisches System der – 424–426
Elektrolyte 32, 126, 127, 463
Elektro-Brand 55, 326
Elektro-Ofen 55, 145
Reduzieren im – 326
Elektrostatischer Glasurauftrag 108
Email 27, 96
Endtemperatur
– Halten der –
Engoben 215
– färbung 470
– malerei 397
– tone 451
Enstatit 432
Entmischung 30, 57
– strübung 30
– von Schlickern 126
– von Schmelzen 57, 247
Entglasung 57
Entsäuerung der Carbonate 34
EOBB/Y – ball clay 451
Epidot 432
E.P.K. – china clay 460
Erdalkalioxide 41, 224
Erdalkalimatt 224–239
Erden 86
Erweichungsbeginn 35, 51, 441, 444
Erweichungstemperatur 441–450
Erstarrungsbereich 19, 20
Erstarrungstemperatur 19, 20
Erze 77, 88
Eschenholzasche 456
Essigsäure 463
Ethylalkohol 464
Ethylamin 463
Ethylpolyglykol 463
Eutektisches Gemisch 466–467
Eutektische Reaktionen 35, 50, 51
Eutektische Schmelztemperaturen 466, 467
EWVA – ball clay 451

Farbanflüge 142
Farbe 63, 64, 261, 470
Färbemöglichkeiten 64–69, 470–474
Färbende Verbindungen 77–83
– Schwermetalloxide 41, 77, 470–474

Färbung 64–69, 470
– von Engoben 470
– von Glasuren 63–69, 261–324
– von Kristallglasuren 258
typische – 145, 165, 261–324
Farbfritten 97, 98, 445, 421
Farbige Glasuren 165–171, 199–213, 261–324, 329–343, 347–363
– Bleiglasuren 165
– Alkaliglasuren 167
– Mattglasuren 261–324
– Ofenkachelglasuren 165, 376
– Salzglasuren 145
– Transparentglasuren 165
Farbkörper für 64, 91
– Glasurfärbung 93
– Fayencefarben 95
– Schmelzfarben 95
– Unterglasurdekore 94
– rezepte 96
– herstellung 91, 96
– zusammensetzung 91, 92, 96
farblose Glasuren 154–163, 173–180, 186–196, 215–239, 327
– messung 115
Farboxide 77–81
– pigmente 63, 91–95
– stabilität 91
Farnkrautasche 456, 457
Fayalit 31, 62, 432
Fayence 95, 136, 186, 400
– farben 95
– glasuren 44, 186, 400
– malerei 49, 400
Fehler
– der Engobe 127
– der Glasur 126–127
– beim Brennen 129–130
– beseitigung 125–132
Feldspat 71, 73, 368, 453,
– amerikanischer 458, 459
– austauschstoffe 454
– glasuren 39, 368–371
– zusammensetzung 453, 458
Feinaufbereitung 103–105
– mahlen 105, 106
– körnige Rohstoffe 103, 104
Fenchelöl 464
FeO/Fe_2O_3 35, 41, 64–69, 52, 54, 59, 62, 151, 333, 431
Ferro-Fritten 446–448
Feststoffgehalt 106–109, 126, 127
fetter Ton 71, 451
Feuchtigkeit 38, 61
– sdehnung 38, 131
Feuerfeste Tone 451
Feuerton 393
Feuerstein 71
Fichtenholz 142
– asche 456
Firnis 465

Stichwortverzeichnis

Flamme, sichtbare 144
Flecken 98, 420
– durch Kristallisation 233, 251, 258
Fleckige Färbung 420, 421
– Glasuren 420–421
Fließen
– der Glasurschmelzen 42, 129
– der Schlicker 109, 110, 113, 126
Fließtexturen 212
Fliesenglasuren 175, 199–, 379, 382
Flintstein 105, 106
Flocker 32, 48, 463
Flüchtige Verbindungen 142
Flugasche 141, 142
Flüssigkeit (= Viskosität) 19, 27, 52
Flüssigkeiten mit hoher Oberflächenspannung 54
Flüssigkeiten mit niedriger Oberflächenspannung 54
Fluor 34, 425, 432
– haltige Rohstoffe 75
– verbindungen 432
– gehalt 34, 453, 454
Flußmittel 39, 51, 52, 72, 73, 347, 364
– arten 52, 72, 73
– gehalt 347
– wirkung 52, 72, 73
Flußsäure 432
Flußspat, Fluorit 62, 75
Formel
    Glasur- 40–42, 44–46
    Molekular- 41
    Reaktions- 143
    Seger- 41–42, 44–46, 118–124, 143–423
Formsil 463
Forsterit 31, 62, 432
Fremington clay 459
Fritten 42, 441–450
– eigenschaften 35, 97, 441–450
– glasuren 29, 35, 45–47, 154, 165, 167, 175–176
– tabellen 441–450
– versatz 104
– zusammensetzungen 441–450
Frühschmelzende Glasuren 173, 408
Frühschmelzende Tone 87, 347

Gabbro 86
Galenit 429
Gasabspaltung 28, 33, 34
Gasförmige Stoffe 34, 54, 55
Garbrandtemperatur 51, 152, 167, 169
Gelbe Glasuren 277–284
Georgia china clay 460
Gerbsäuren 463
Gerstley-Borat 74
Gesundheitsschutz 112
Gesteine 86, 455
    basische – 73, 75

Gewicht
    spezifisches – 94, 97, 103, 105, 112, 126, 426
    Molekular- 118
    Versatz- 40
Gießfix 463
Giftige Glasuren 112, 159, 261, 277
Giftige Rohstoffe 70
Gips 24, 75
Glanz 59, 60
– messung 115
Glänzende Glasuren 29, 44, 47, 154–183, 185–213, 333–335
Glas 19, 23, 27
– eigenschaften 24
– bildner 23, 51
– netzwerk 20, 21
– phase 37
– struktur 19–23
– zustand 19
Glasieren 108–110
Glasiermaschinen 108, 482 – Lit. No. 1
Glasur 27
– arten 39–44, 141–420
– auftrag 32, 48, 49
– berechnungen 116–124
– eigenschaften 47–63
– farben 63–70
– fehler 125–132
– formel 41–46
– rohstoffe 70–89
– schicht 127–129
– schmelze 36, 129–131
– träger 28
– zusammensetzung 40–44, 51, 145–420
– festiger 49, 464
– proben 111
– prüfung 112
– hilfsmittel 109, 110, 463–465
– schlicker 47, 105–113, 126–128
– spannungen 37, 38, 60–63
– mehl LA 455
– versatz 40, 105, 119–124
Glasuren aus
– Aschen 364
– Bimsstein 352
– Feldspäten 368
– Lehmen und Tonen 208, 356
– magmatischen Gesteinen 347
– Nephelin-Syenit 353
– Phonolith 352
– Trass 350
– wasserlöslichen Rohstoffen 372–373
– Zement 371
Glasuren für
– Baukeramik 390
– Bodenfliesen 382
– Dekorzwecke 397
– den Einmalbrand 48, 362, 391
– den Salzbrand 145
– Fayencemalerei 186, 400

– Gebrauchsgeschirr 242, 385
– Grobkeramik 390
– hohe Brenntemperaturen 180, 218, 329–340
– Inglasurdekore 400
– Irdenware 173, 374–379
– Klinker 382
– niedrige Brenntemperaturen 173, 374–379, 408
– Ofenkacheln 46, 165, 374–379
– Porzellan 47, 180, 395
– Sanitärerzeugnisse 393
– Spaltplatten 382
– Steingut 46, 175, 379, 385
– Steinzeug 46, 178, 382, 385–395
– Vitreous china 393
– Wandfliesen 379
– Ziegeleiprodukte 173, 374
Glasuren mit
– hoher Oberflächenspannung 413
– niedriger Oberflächenspannung 53
– großem WAK 416
– kleinem WAK 225, 376, 377, 419
– hoher Viskosität 348, 411
– niedriger Viskosität 410
– niedrigem bis hohem Schmelzbereich 41
Glasuren,
    Alkali- 44, 161, 167, 416
    Alkali-Bor- 44, 163, 167
    Ägyptischblaue 295
    Aschen- 364
    Auffang- 259, 411
    Aventurin- 46, 253
    Basalt- 348–350
    basische Matt- 224–245
    beige-gelbliche – 224
    blaue – 293–298
    Blei – 159, 165, 173, 261
    Blei-Bor- 159, 202
    bleifreie – 45, 176, 204, 242
    bleihaltige – 44, 45, 159, 175, 186
    borreiche – 159, 163, 167, 253
    braune – 303–311
    Bristol- 136, 379
    cadmiumgelbe – 277
    cadmium-selen-rote – 262
    China-rote – 46, 264, 329
    chromgelbe – 278
    chromgrüne – 287
    chromrote – 46, 255, 250, 261
    Colemanit – 45, 473
    Craquelé – 244, 416
    Dolomit – 229
    Eisen – 209, 253, 312
    eisenbraune – 303
    eisengelbe – 278
    eisengrüne – 288, 333–339
    eisenrote – 263
    eisenschwarze – 312
    Erdalkali- 227–238
    Fayence- 44, 186, 400

farbige − 199–213, 261–324
Feldspat- 368
fleckige − 420
Fritten- 46, 47, 154
gelbe − 277–284
Geschirr- 242–244, 385–390
getrübte − 29, 185–213
glänzende − 29, 44, 47, 154–183, 185–213, 333–335
graue − 321–323, 341
grüne − 284–292, 333
halbopake − 231–397
halbmatte − 239–243
Hasenfell 212
hellfarbige − 324
Kalk − 227, 229
kobaltblaue − 293
kobaltgrüne − 290
kobaltviolette − 299
Krater − 414
Kristall − 30, 45, 246–259
kristalline − 30, 31, 215–260
kupferblaue − 295
kupfergrüne − 284
kupferrote − 151, 264, 329–332
kupferschwarze − 315
Lauf- 410
Lehm- 208, 356–363
Lithiumkristall- 258
Lüster- 346
Majolika- 202
manganbraune − 306
manganschwarze − 315
manganviolette − 299
Matt- 45, 60, 215–244
neapelgelbe − 277
nickelblaue − 296
nickelbraune − 307
nickelgrüne − 288
nickelrote − 46, 265
Ölflecken- 46, 213
oil spot − 46, 213
opake − 29, 185–214
orange − 271–276
persisch grüne − 284, 295
Phosphat- 372
pinkfarbige − 266
Porzellan- 180, 395
Raku- 408
Reduktions- 325–346
Roh- 154
rote − 255, 261–270
Rutil- 45, 222, 252, 280
Salzbrand- 143–153
Schlangenhaut- 413
schwarze 209, 312–319, 339, 340, 361
selenrote − 65, 262
Seladon- 333–338
Seidenmatt- 196, 239–245
stumpfmatte − 215, 219
talkummatte − 227

Temmoku- 209
titangelbe 280
titanblaue − 343
Titanmatt- 222
Töpfer- 173
Transparent- 29, 153–183
urangelbe − 283
uranrote − 270
vanadingelbe − 281
violette − 299–302
weiße − 186–196, 327, 368, 400
weißdeckende − 186–196
weißglänzende − 186–196
Zement- 371
Zinn- 198
Zink-Barium- 45, 233, 251
Zinkmatt- 45, 224
Zinksilikat-Kristall − 45, 248
Glattscherben 182
Glühverlust 117
Glukose 464
Glyzerin 464
Gneis 455
Goethit 88
Gold 99, 425, 432
− chlorid 65, 432
Glanz- 99
− präparate 99
Polier- 99
− purpur 65, 83
Gramm 475
Granit 86, 353, 455
Grenzformeln 44–47
Griffestigkeit 49
Gummi arabicum 464

Haarrisse 38, 131, 244, 385, 416
Haarrissfreie Glasuren 224, 385–389
Haarrissige Glasuren 244, 416
Hämatit 31, 77, 88, 253–254, 431
Härte − nach Mohs 62
− von Glasuroberflächen 62, 63
− prüfung 115
Haferstrohasche 456
Haftfestigkeit 33, 36, 49, 94
Haftvermögen 33, 36, 128
Halbtransparente Glasuren 232, 397
Halbmatte Glasuren 239
Haltezeit der Garbrandtemperatur 51, 130, 131
Hammermühle 103
Hartporzellanglasuren 180, 395
Hasenfellglasur 212
Haselnußholzasche 456
Hausmannit 432
Hedenbergit 432
Heidekrautasche 456, 457
Heizleiter 326
Herbstlaubasche 365, 456
Herdasche 456

Herstellung von
− Glasuren 105
− Farbkörpern 91
− Fritten 104
− Proben 111
− Schlickern 105
Heuasche 457
Hochviskose Glasurschmelzen 187, 348
Hochtemperatur-Schnellbrandfarben 92, 95
Hohlgefäße 419
Hohlgeschirr 114
Holunderholzasche 456
Holzasche 75, 364, 456–457
− analysen 456–457
− befeuerung 144
Honiglösung 464
Horizontale Flächen 258
Hilfsmittel für
− Aussparverfahren 465
− Dekore 95, 464
− Glasuren 464, 465
− Siebdruck 465
− Stempeldruck 465
− Tiefdruck 465
Huminsäuren 431, 463
HVA/R − ball clay 452
Hydrate 426 ff.
Hydroxide 426 ff.
Hydrophile Malmittel 94, 464
Hygroskopische Rohstoffe 72, 73
Hyplas − ball clay 452
Hymod − ball clay 452
Hywite − ball clay 452

Ilexholzasche 456
Ilmenit 77, 88, 432
Indiumgelbfarbkörper 93, 282
Innenglasur 248
Inglasurdekore 95, 400
Inglasurfarben 92, 95
Inselartiges Zusammenziehen 33, 48, 128, 129
Intervalle
− beim Salzen 144
  Schmelz- 71, 74, 76
  Sinter-Schmelz- 71
Ionenfärbung 63, 151, 161
Ionenradius 20, 21
Irdenware (Glasuren für) 173, 374, 376
Isotropie 24
Islamische Glasuren 134

Japan 134, 142, 207
Jordan clay 460

Kabo-Fritte 450
Kärlicher Ton 452
Kalifeldspat 71, 73, 180, 368, 395, 453, 458
  skandinavischer 453
  amerikanischer 458

Kalk 75
– haltige Tone 75, 451
– Feldspat 75, 428, 455
– mattglasur 227–229
– mergel 75, 356–357, 360, 390, 452
– spat 75, 430, 455
– stein 75, 348
Kalium 424, 432
– carbonat 73, 432
– chromat 80, 432
– nitrat 433
– oxid 23, 41, 73, 433
– phosphate 73, 433
– verbindungen 73, 432–433
Kanadischer Nephelin-Syenit 454, 459
Kantenabsprengungen 38, 131
Kaolin 71, 453, 460
Kapselbrand 326
Kassiterit 62, 440
Kastanienholzasche 456
Keimbildung 25, 57
Kentucky ball clay 460
Keramische Tone 451
Kernit 73, 433
Keupermergel 75, 356, 357, 452
Keystone spar 458
Kiefernholzasche 456
Kieselsäure 23
Kieselzinkerz 248, 440
Kieserit 433
Kingman feldspar 458
Kirschbaumholzasche 456
Klebstoffe 464
Klinkerglasuren 382
Knochenasche 75, 364, 456
Kobalt 424, 433
– carbonat 78, 433
– chlorid 79, 433
– blaue Glasuren 67, 293
– glanz 433
– grüne Glasuren 67, 290
– nitrat 78, 433
– oxide 41, 67, 69, 78, 433
– phosphat 78, 433
– sulfat 78, 433
– verbindungen 433
– violette Glasuren 79, 299
Kobalt-Nickel-Grau 69, 321
Kochsalz 73, 143, 144, 433
Kölschbraun 149, 391
Kohlen
– asche 89, 456
– dioxid 34, 432
– monoxid 55, 432
– stoff 55, 152, 303, 312, 321, 326, 333, 346, 433
Kolophonium 100, 465
Kolloidale Korngrößen 32, 64, 65, 151, 152, 329
Kona A 3-, F 4-, C 6- spar 458, 459
Konkaves Verziehen 38

Konvexes Verziehen 38
Konsistenz von Schlickern 106, 112
Korea 134
Korngröße 50, 103, 420, 421
Korngrenzenreaktionen 35, 50
Korund 31, 62, 433
Kreide 75
Kreutzton 208, 209, 359–361, 452
Kristall 24, 25
– bildungen 37, 57, 58, 246
– borax 73, 430
– gitter 24, 25
– glasuren 45, 246–260
– iner Zustand 24
– isierte Gläser 30
– isation, 221
– keime 20, 25, 35, 57, 221, 246
– soda 73, 436
– wachstum 25, 57, 246
– wachstumsgeschwindigkeit 57, 247
Kryolith 73, 434
Kunkel, Johannes 133, 484
Kunstharzdispersion 465
Kupfer 425, 434
– blaue Glasuren 68, 79, 295
– carbonat, basisches 79, 434
– acetat 79, 434
– chlorid 79, 434
– glanz 88, 434
– grüne Glasuren 67, 79, 284
– kies 88, 434
– nitrat 79, 434
– oxid 41, 54, 61, 64–69, 79, 434
– rote Glasuren 79, 151, 264, 329
– schwarze Glasuren 69, 315
– schlacke 89
– sulfat 79, 434
– Titan-Violett 302
– verbindungen 79, 434
K_2O 23, 41, 51–54, 59, 61, 73, 433

Labradorit 348, 354
Lärchenholzasche 456
Latexemulsion 465
Lava, basaltische 86
Lavalith 349, 455
Lavendelöl 464
Lehm 347
Lehmglasuren 208, 356
Leim 464
Leinöl 465
Lepidolith 72, 454
Leucit-Phonolith 348, 352
Lichtbrechung 29, 30
Lignin 463
Ligusterholzasche 456
Limonit 88
Linearer Wärmeausdehnungskoeffizient (WAK) 59, 441, 443
Literaturverzeichnis 482

Litergewicht 103
Lithium 424, 434
– Aluminium-Silikate
– carbonat 72, 259, 434
– citrat 463
– chlorid 19, 434
– glasuren 257, 419
– glimmer 72
– haltige Rohstoffe 71, 72, 454, 463
– hydroxid 463
– oxid, Li_2O 23, 41, 51–58, 61, 72, 434
– silikatkristalle 257
– verbindungen 72, 434
Lithospar 459
Löcher (in der Glasuroberfläche) 52, 62, 153
Löslichkeit in Wasser 70, 426 f
Lösliche Salze 38, 102
Lösung 35, 36, 94, 143, 150, 333
– sfärbung 63, 333
Salz- 102, 145
Zucker- 464
Metallsalz- 102
Lösekraft 35, 52, 114, 210, 397
Lösevermögen 56, 150, 161, 333
Lösungsmittel, organische 464
Lößlehm, kalkreich 347
Luftiges Brennen 55, 262
Luft
– feuchtigkeit 161
– mangel 144, 326
– überschuß 55, 144
Lüster 100, 101, 329, 346
– effekt 329, 346
– farben 101
– glasuren 346
Lu – spar No. 4, 459
Luzernenasche 457

Madoc feldspat 458
Magerton 71
Magnesia, gebrannte 74
Magnesit 34, 74
Magnesium 424, 434
– carbonat 34, 74, 434
– chlorid 434, 463
– hydrogenphosphat 434
– hydroxid 434
– oxid 23, 41, 74, 435
– phosphate 336, 434
– silikate 74, 435
– sulfate 38, 435, 463
– verbindungen 74, 434–435
Magneteisenerz 88, 435
Magnetit 431
Mahlen
– harter Rohstoffe 103
– von Glasurschlickern 105, 106
Mahldauer 106, 107
Mahlfeinheit 50, 94, 107
Maine feldspar 458

Maisstrohasche 457
Malachit 79, 88, 434
Malerei
　Aufglasur- 95
　Engoben- 397
　Inglasur- 95, 400
　Fayence- 95, 400
　Unterglasur- 94, 464
Malmedien 95, 464
Malmittel 95, 464
Mandt-Feldspäte 453–455
Mangan 424, 435
– braune Glasuren 68, 306
– erze 80, 88
– carbonat 79, 435
– chlorid 79, 435
– oxide 41, 68, 69, 79, 435
– nitrat 79, 435
– sulfat 79, 435
– schwarze Glasuren 68, 69, 80, 315
– ton 79, 306, 307, 455
– verbindungen 79, 80, 435
– violette Glasuren 299
Markasit 432
Marmor 75
Maschenweite 107, 481
Massicot 429
Mattglasuren 45, 58, 60, 215–245
Mattierung 57, 58, 215
Mattierungsmittel 58
Maulbeerbaumasche 457
Maximaltemperatur 95
mechanische Beanspruchung 61
Mehl 464
Melanit-Phonolith 212
Melaphyr 86
Mennige 72, 429
Mesh 481
Metallisch schwarz 315
Metallsalze 102, 77–81
　färbende- 77–81
　lösliche- 77–81, 102
Metalloxide, färbende 63
Metaphosphorsäure 437
Methoden
　Aufbereitungs- 103, 104
　Auftrags- 108–110
　Färbe- 64–69, 470–474
　Mischungs- 103, 105–107
MgO 23, 41, 51–54, 56–63, 74, 435
Mikroklin 435
Milchsaures Natrium 463
Milligramm 475
Milliliter 475
Millimeter 475
Minium 429
Minpro-feldspar 459
Mischen 103, 105, 111
Mischung 50, 195, 309, 316
Mistelasche 457
MnO, MnO$_2$ 23, 41, 79, 315, 435

Mohs'sche Härteskala 62
Mol 116
Molanteile 116–124
Molekularäquivalent 116
Molekularformel nach Seger 41, 44–46, 116–124
Molekulargewicht (= Molgewicht) 116–124
Molverhältnis 121
Molybdän 424, 435
– glanz 83, 435
– oxid 55, 82, 83, 435
– sulfid 83, 435
– verbindungen 82, 83, 255, 435
Monmouth clay 460
Mühlen 103, 105, 106
Mullit 30, 31, 37, 62, 435

Nabo-Fritte 450
Nachoxidieren 209, 263, 405, 339
Nachreduzieren 326, 408, 416, 346
Nadelstiche 35, 52, 53, 55, 131, 414
Naßaufbereitung 103, 105
Naßmahlen 105, 106
Natrium 19, 424, 435
– -Blei-Fritten 441–450
– -Bor-Fritten 441–450
– borate 73, 436
– carbonat 73, 436, 463
– chlorid 73, 143, 145, 436, 469
– chromat 436
– hydroxid 436
– nitrat 73, 436
– oxid 23, 41, 51, 73, 436
– oxalat 463
– phosphate 73, 436, 463
– silikate 73, 463
– uranat 283, 436
– verbindungen 73, 436, 463, 469
– wolframat 436
Natronfeldspat, Albit 73, 427, 453, 459
Neapelgelb 66, 277
Nelkenöl 464
Neodymfarbkörper 93
Nephelin-Leucit-Basanit 86
Nephelin-Syenit 71, 73, 454, 459
– Glasuren 353–355
Netzwerk 20–23
– bildner 23
– wandler 23
Nickel 424, 436
– blaue Glasuren 68, 296
– braune Glasuren 68, 307
– grüne Glasuren 67, 288
– graue Glasuren 69, 321, 323
– rote Glasuren 46, 65, 265
– carbonat 81, 436
– chlorid 81, 436
– nitrat 81, 436
– oxid, NiO 23, 41, 65–69, 81, 437
– verbindungen 81, 436, 437

Niederahrer Ton 208, 359, 452, 363, 391
Niedrigviskose Glasurschmelzen 129, 150, 348, 410
Nitrate 73, 77 f, 145
Nitroverdünnung 464
Norflot-Feldspat 453
North Carolina china clay 460

Oberflächen 30, 53, 55
– abrieb 63, 115, 382
– beanspruchung 382
– färbung 209, 210, 213
– fehler 55, 131, 202
– glanz 59
– härte 63, 382
– qualität 55, 59, 115
– reduktion 326, 346
– spannung 32, 53, 54, 348, 413
Oberflächliche Oxidation 213, 339
Obsidian 19
Obtusus-Schieferton 452
Ochsenblut-Glasuren 264, 329–332
Ocker, gelber 87
Ockerton 452
Odenwälder Gießton 452
Öle, ätherische 95, 464
　Druck- 465
　Siebdruck- 465
　Terpentin- 95, 464, 465
Ölflecken-Glasuren 46, 213
Ofen 144, 145, 114, 326
– abgase 34, 112
– atmosphäre 54, 55, 150, 207, 215
– besatz 143, 153
– kachelglasuren 46, 165, 374–379
Oil spot glazes 46, 213
Olivin 62
Opake Glasuren 29, 185, 213
Opalinus-Ton 358, 360, 452
Optische Färbung 64
Orange Glasuren 271–276
– Cadmium-Selen-Orange 271
– Eisen-Titan-Orange 271
– Antimon-Titan-Chrom- 273
Ordnung der Oxide 41
Ordnungszahl 424–426
Organische Klebstoffe 49, 464
Organische Peptisatoren 463
Organische Säuren 463
Orient, vorderer 133
Orthoklas 71, 73, 435
Orthophosphorsäure 435
Ostasien 134
Oxalate 463
Oxalsäure 463
Oxford spar 458
Oxidation 151
Oxide 23, 41, 466–468
– färbende 23, 41, 77–83
Oxidierender Brand 55, 151, 292, 293
Oxidische Zusammensetzung 40, 41

Pappelholzasche 457
Paraffin 326, 465
PbO 23, 41, 51–56, 59–63, 72, 429
Pegmatit 86
Peptisatoren 463
Periodensystem 424–426
Peru-Balsam 464
Petalit 71, 72, 437, 454
Petroleum 54, 326, 464
Pfirsichholzasche 457
Pflaumenholzasche 457
Pholin-Basaltmehl 455
Phonolith 71, 73, 348, 352, 455
Phosphate 61, 72, 73, 75, 85, 89
Phosphorsäure 435
Phosphorverbindungen
Piccolpasso, Cipriano 133, 485
Pigmente 91, 94, 30, 185
– färbungen 91–94, 199
– trübung 30
Pink 80
– farbkörper 93, 97
– glasuren 266–270
– verfärbungen 80, 94, 186
Plagioklase 75
Plastic vitrox feldspar 458
Plastikeimer 107
Platin 437
– grau 93
– Glanz- 99
Poliergold 99
Polyphosphate 463, 465
Polyvinylamin 463
Porosität
– der Glasurschicht 33, 34
– des Scherbens 28, 32, 33, 49
Porphyr 86
Portlandzement 371, 455
Porzellan 95
– farben 95, 96
– glasuren 169, 180–182, 395, 396
– kaolin 453
– scherben 181, 182
Pottasche 73, 145, 432
Praseodymgelbfarbkörper 93, 282
Prüfung
– der Abriebfestigkeit 115
– der Bleilässigkeit 115
– der Feuchtigkeitsdehnung 114
– der Oberflächenhärte 115
– der Säurebeständigkeit 115
– der thermischen Dehnung 114
Psilomelan 88
Pyridin 463
Pyrit 34, 77, 88, 143, 421, 432
Pyrolusit 79
Pyrometer 478
Pudergold 99
Pulver 32, 47
P_2O_5 23, 41, 42, 59, 61, 64, 65

Qualitätskontrolle 112–115
– von Rohstoffen 112
– von Glasuren 112–115
Quarz 37, 56, 57, 71, 438
– glas 23, 36
– körner 153
– mehl 71
– porphyr 86
– sand 71, 153
– umwandlungen 36
Quebracho-Extrakt 463
Quecksilber 54, 99, 437
Quellfähigkeit 225, 233
  von Glasurrohstoffen 225, 233
  des rohen Scherbens 28
  des gebrannten Scherbens 131

Radioaktive Rohstoffe 65, 82
Rakuglasuren 408–409
Rapsstrohasche 457
Raseneisenerz 88
Rasenschnittasche 457
Rasorit 73, 433
Rauhigkeit 242
Rauhtiefe 115
Reaktion
  Korngrenzen- 50
  chemische-
  im festen Zustand 50, 91
  Schmelzreaktionen
  Umwandlungsreaktionen
  Zersetzungsreaktionen 33, 34, 54
Reaktionen zwischen Scherben und Glasur 32, 56
Reaktivglasuren 407
Rebenholzasche 457
Reduktion 150, 151, 325, 339
– sbrand 55, 144, 145, 150, 321, 325, 312, 297
– färbungen 150–152, 325, 333
– sglasuren 39, 150–152, 297, 329–346
– smittel 326
  im Elektroofen 326
Reduzierendes Abkühlen 152, 326, 327, 333
Reduzierendes Brennen 55, 144, 150, 326, 421
Reishülsenasche 457
Reisstrohasche 457
Rekristallisation 50, 57
Remblend M china clay 453
Reoxidation 151, 209, 263, 339, 341, 405
Reservagemischung 465
Resteglasur 112
Revultex 465
Rezepturen
– für Engoben 215–217, 356–363
– für Farbkörper 96, 97
– für Glasuren 40, 141–420
Rhodes, Daniel 90, 485
Rhyolith 86, 348, 419
Riedgrasasche 457
Ringspannungsprüfung 114

Rinnenviskosimeter 113
Risse 38, 62, 109, 131, 413, 419
Ritzhärte 62
Robinienholzasche 457
Rodochrosit 88
Rohglasieren 28, 208, 390
Rohglasuren 35, 154
Rohstoffe 70–89, 441–460
  wasserlösliche – 32, 72, 73, 77–80, 372
  färbende – 77–89
– tabellen 441–460
Rosafarbkörper 93, 97, 266–270
Rosaverfärbung 54
Rosmarinöl 95, 464
Rotbrennende Tone 333, 452
Roteisenerz 77, 88
Rotfärbung 64, 151, 261–270, 329
– durch Eisenoxid 263
– durch Chromoxid 261
– durch Kupferoxid 151, 264, 329
– durch Selen-Cadmium-Sulfid 262
– durch Nickeloxid 265
Rotfarbkörper 93, 95, 266
Rottannenholzasche 457
Rüböl 465
Ruß 55, 152, 326, 346
– ablagerungen 144, 326
– entwicklung 346
Rutil 31, 57, 58, 82, 151, 221, 437
– glasuren 45, 222
– kristalle 45, 151, 221
– mattierung 221

Sägespäne 326
Säurebeständigkeit 61
– sprüfung 115
Säurelöslichkeit 61, 215, 233, 248
Säurenseite der Segerformel 41
Salpeter 73, 145, 433, 436
– säure 100, 437
Salz 73, 143, 145
– anflüge 142–145
– ausblühungen 38
– brand 54, 145–153
Salze 102, 145
– lösliche 102, 145
Salzen 143–145
Salzglasuren 145–150, 363
Salzsäurenebel 145
Sanblend ball clay 452
Sang-de-boeuf-Glasuren 329
Sanitärglasuren 393–394
Sassolin 145
Sauerstoff 144, 425, 437
– abspaltung 34, 35, 55
– mangel 55, 326
Saure Glasuren 220, 222
Saure Oxide 41
$Sb_2O_3/Sb_2O_4/Sb_2O_5$ 23, 30, 41, 52, 59, 66, 69, 85, 428

Scharffeuerdekoration 95
Schauloch 144
Scherben 26, 32, 33, 38, 114
– farbe 63
– quellung 38, 114
– stärke 107
– verunreinigung 32
– Zusammensetzung 28, 143
Schichtdicke 108, 109, 113, 153
Schiefermehl 362, 455
Schiefertone 87, 356, 452
Schilfrohrasche 457
Schlacken 88
   Thomas- 89
   Hochofen- 89
Schlagfestigkeit 61
Schlangenhautglasur 413
Schleifhärte 63
Schlicker 32–33, 47–49, 126
– eigenschaften 47–49, 105, 126
– konsistenz 105, 107, 109
Schmelzbarkeit 51, 363
Schmelzbeginn 34, 35
Schmelzbereich 24, 27, 50–52
Schmelze 19, 24–25, 27, 35
Schmelzeigenschaften 50–52
Schmelzen 19, 27, 35, 50–58
   eutektische – 50
   dünnflüssige – 19, 27, 35, 60, 129
   silikatische – 27
   zähflüssige – 19, 129, 368
   Schmelzfarben 95, 96
   Schmelzintervall 159, 368
– reaktionen 5
– temperatur 50–52, 347, 364, 426–440, 466, 468–469
– tiegel 104
– verhalten 35, 50
Schmuckemail 96
Schnellbrandfarben 95
Schuppenglasur 413
Schwarze Glasuren 208–213, 312–320, 340
– durch Eisenoxid 209, 312
– durch Kupferoxid 315
– durch Manganoxid 313–315
– durch Farbkörper 319–320
Schwarzfarbkörper 93, 319–320
Schwefel 425, 437
– kies 77, 432
– dioxid 34, 55, 437
– verbindungen 437
Schwermetalloxide 41, 77–81
Schwerschmelzende Glasuren 363, 411
Schwerschmelzende Rohstoffe 71
Schwerspat 76, 429
Sedimentation von Schlickerbestandteilen 48, 126, 371
Seger, Hermann 41
– formel 40–47, 116–124
– kegel 461, 478, 479
Seidenmattglasuren 229–243

Seladon 134, 333
– farben 333
– glasuren 39, 333–338
– grün 67, 288, 333
Selen-Cadmium-Rot 65, 92, 93, 262, 266
Selenverbindungen 81, 438
Seltene Erden 83, 426
Sepiolith 71, 74, 385, 455
Setzdichte 153
Setzweise 153
SiC 55, 332, 438
Siderit 77, 88, 432
Siershahner Blauton 451
Sieb 103
– druck 465
– – öle 465
– – medien 465
– gewebe 481
– reiniger 465
– rückstand 103, 107, 112
Silber 99, 283, 425, 438
– carbonat 438
– chlorid 83, 438
– gelb 283, 326
– nitrat 83, 438
– oxid 438
– sulfid 99, 438
– verbindungen 83, 99, 283, 438
Silex 106
Silikate 62, 63, 71
Silikatgläser 20, 23
Silikatschmelzen 27
Silizium 321, 425, 438
– carbid 55, 332, 333, 438
– oxid 19, 23, 41, 71, 438
– verbindungen 71, 438
Sillimanit 62, 71
Sinterengoben 215–217
Sintermassen 215–217
SiO_2 23, 41, 51–63, 71, 438
Smalten 97
SnO_2 23, 30, 41, 52–54, 56, 59, 61–66, 81, 84, 440
Soda 73, 145, 436
SO_2/SO_3 34, 55, 88, 112
Spaltplattenglasuren 382
Spannungsprüfung 114
Spezifisches Gewicht, Dichte
– von Rohstoffen und Mineralien 426–440
– von Farbkörpern 94
– von Fritten 97, 154, 441–443, 446–448
– von Glasurbestandteilen 72, 126
– von Schlickern 112
Spinell 91, 438
Spiritus 464, 465
Spodumen 62, 71, 72, 438
Spots 97, 421
Spritzen 108
Spritzauftrag 108
SrO 23, 41, 51–54, 58, 59, 61, 63, 75, 231–232, 438

Stabilität von Schlickern 348
Stärkemehl 464
Stahldruck 465
Standard Porcelain china clay 453
Staub 32
Stearin 465
Steatit 105, 106
Stegerofen 114
– prüfung 114
Steingutglasuren 175–178, 379–381, 385–389
Steinkohlenasche 89
Steinmatte Glasuren 215–218
Steinzeugglasuren 169–170, 178–180, 208–213, 347–368, 385–395
Stellmittel 465
Stempeldruck 465
– lack 465
Stickstoff 34, 425, 438
Strontium 424, 438
– carbonat 75, 231, 232, 239, 438
– mattglasuren 213
– nitrat 75
– oxid 23, 41, 51–54, 58, 59, 61, 63, 75, 438
– sulfat 75, 438
– verbindungen 75, 438
Struktur 20–22, 24, 28
– der Gläser 20
   Kristall- 24
   Scherben- 28
Sturzkühlung 145, 152, 326, 327, 333
Sulfide 34, 426 f
Sulfidische Erze 88
Sulfate 426 f
Sulfatausblühungen 38
Syenit 86, 348

Tabellen 424–481
Talkum 62, 71, 74, 227–229, 239, 385, 435
Targon 73, 373
Teer 465
TEGO-Fritten 450
Teilchengröße 185, 297, 329, 420–421, 475
Temmoku-Glasuren 39, 46, 209–211
Temperatur
– messung 478
– verteilung 33
   Nenn- 461, 479
   Garbrand- 51, 152, 167, 169, 413
   Transformations- 20
Tennessee ball clay 460
Terpentinöl 464
Thermoelemente 478
Tiegelprobe 114
TiO_2 23, 30, 31, 41, 51–54, 56–63, 65–69, 151, 439
Titan 424, 439
– blaue Glasuren 343, 405
– chlorid 82, 439
– grüne Glasuren 67, 290
– gelbe Glasuren 66, 280

497

- eisen, Ilmenit 77, 88, 432
- mattierung 58, 222, 252
- oxidtrübung 30, 84, 193
- oxid 23, 30, 41, 439
- verbindungen 82, 439

Töpferglasuren 173
Töpferware, Irdenware 374
Tomatenrote Glasuren 65, 261, 262, 264, 266
Tone, 71, 451, 452, 86, 208, 347, 356
  fette – 71, 451
  feuerfeste – 451
  gelbbrennende – 452
  hellbrennende – 451
  kalkhaltige – 86, 356, 452
  Mager- 451
  Mergel- 86, 356, 452
  quarzreiche – 71
  rotbrennende – 358–361, 452
  Schiefer – 87, 356, 452
  weißbrennende – 451
Trachyt 86
Transparentglasuren 29, 44, 45, 153–184
  farblose – 154–163, 173–184
  farbige – 165–172
  – für Irdenware 173–174
  – für Steingut 175–177
  – für Steinzeug 178–179
  – für Porzellan 180–182
Transformationsbereich 20, 24
Transformationstemperatur 20
Trass 350, 455
Treviscoe china clay 453
Tricalciumphosphat 75
Trockenausblühungen 38, 49
Trockengewicht 103, 105
Trockenschwindung 48, 49, 127
Trockensubstanz 105
Tröpfchentrübung 30
– entmischung 30, 57
Trommelmühlen 105
Trübung durch 29, 185
– Borate 30, 195
– Sb_2O_3 30, 191, 84
– SnO_2 30, 84, 186
– Phosphate 30, 85, 195
– Titanoxid 30, 84, 193
– Zirkonsilikat 30, 84, 189
Trübungsmechanismus 30, 185
Trübungsmittel 30, 84–85
Trübungswirkung 29
Türkisblaue Glasuren 67, 68
Turbulenz 54

Überglasuren 405
Überfeuerungsblasen 231, 233, 251
Ulexit 74
Ulmenholzasche 457
Ultrox-Trübungsmittel 84
Umdrehungszahl von Trommelmühlen 106

Umwandlung 36
– sbereich 36, 37
– reaktionen
– temperatur 36
Unterglasur 402, 403
– dekore 94, 108, 397, 464
– druck 464
– farben 94, 464
– malerei 94, 397
Uran 426, 439
– Gelbe Glasuren 67, 283
– Rote Glasuren 65, 97, 270
– Pechblende 439
– oxide 65–67, 82, 439
– verbindungen 82, 439

Vanadat-Kristallglasuren 255, 256
Vanadin 424, 439
– gelbe Glasuren 64, 93, 281
– gelbfarbkörper 64, 93
– blaufarbkörper 93, 298
– grüne Glasuren 290, 291
– verbindungen 83, 439
– chlorid 83, 439
– oxide 83, 439
– Zinn-Gelb 93, 281
Vaseline 465
Verdampfen 54, 141
– von Chloriden 54
– von Chromoxid 54, 80
– von Glasurbestandteilen 54, 55, 141
Verdünnungsmittel 464
Verfärbung 80, 132, 317
Verflüssiger 32, 48, 107, 108, 463
Vergleichstabellen für
– Färbungen 61–69, 470–474
– Maße und Gewichte 475–477
– Bullersringe 480
– Rohstoffzusammensetzungen 451–456
– Segerkegel 461–462, 479
– Temperaturmessung 478
Molekulargewichte 426–439
– Schmelztemperaturen 426–430, 466–467, 468–469
Verrauchen 55, 152
Versatz 40
– änderung 126–132
– berechnung 121–124
– gewicht 40
Verunreinigung der Scherbenoberfläche 32, 49, 127, 128
Verzahnung Scherben-Glasur 36, 56
Violette Glasuren 299–302
– durch Manganverbindungen 299
– durch Kobaltoxid 299
– durch Nickelverbindungen 300
Viskosimeter 113
Viskosität, 19, 52, 113, 221
hohe – 52, 129, 411, 414
niedrige – 19, 52, 129, 410
Viskositätsmessung, vergleichende 113

Viskositätserhöhung 52, 129
Viskositätssenkung 52, 130
Vitreous China 393
Vorderer Orient 133
Vulkanische Asche 350
Vulkanton TE/MA 350, 455
V_2O_5 41, 83, 439

Wachsasphalt 465
Wachse 326, 465
Wachstumsgeschwindigkeit von Kristallen 57, 247
Wärmeausdehnung 23, 36–38, 58–59, 62, 114, 419
– skoeffizient, WAK 23, 37, 58, 59, 348, 419
– sunterschiede 36–38, 114
Walnußbaumholzasche 457
Wandfliesenglasuren 379
Waschen von Asche 90, 364
Wasserdampf 34, 55, 145
Wasserglas 71, 73, 94, 463, 464
Wasserlösliche Rohstoffe 32, 33, 72, 73, 372
Wasserlöslichkeit 61, 426–440
Wässrige Metallsalzlösungen 102
Wechselwirkungen zwischen Scherben und Glasur 32–38
Weichporzellanglasuren 180, 393–396
Weidenholzasche 457
Weißbrennende Tone 451
Weißgetrübte Glasuren 44, 185–198
Weißglänzende Glasuren 185–192
Weißmatte Glasuren 215–244
Weißtrübung 29, 185
Weizenstrohasche 457
Wertigkeit 41
Willemit 248, 440
Wirkung
– der färbenden Oxide 77–89
– der Glasurrohstoffe 70–89
– reduzierender Brennweise 50, 150, 325
– der Nachoxidation 326, 329, 333
– der Flußmittel 72–74
Wismut 425, 439
– chlorid 82, 439
– nitrat 82, 439
– oxid 41, 82, 346, 347, 439
– verbindungen 82, 439
Witherit = Bariumcarbonat 76
WO_3 439
Wolframate 255
Wolframit 439
Wolframverbindungen 439
– oxid 439
– säure 439
Wollastonit 71, 75, 240, 439
Wulfenit 255

Zellulosekleber, nicht schäumender 105, 110, 126–129, 259, 464, 465
Zement 75, 325, 455

Zersetzung
- von Chloriden 150, 469
- stemperaturen 34, 426−440, 468, 469
Zerspringen 131
Zettlitzer Kaolin 453
Ziegelglasuren 159, 202, 374−376
Ziegeltone 87
Ziehprobe 144
Zink 425, 440
- Barium-Mattglasuren 233, 234
- Barium-Kristallglasuren 251
- borat 74, 76, 440
- chlorid 76, 440
- silikat 58, 249, 440
- kristalle 58, 61, 248
- oxid 23, 41, 52−54, 56, 58, 76, 440
- sulfat 440
- sulfid 440
- oxidtrübung 192
- weiß 76, 440

Zinn 425, 440
- -Antimon-Grau 69, 93, 322, 341
- -Chrom-Calcium-Pink 93, 266
- oxidtrübung 29, 186
- -Vanadin-Farbkörper 93, 281
- chlorid 82, 440
- oxid 23, 30, 41, 66, 69, 81, 440
- verbindungen 81, 82, 440
Zirkon 62, 440
- fritten 84, 189, 190, 445
- silikat 62, 189
- einschlußfarbkörper 93
- trübung 29, 84, 189
- Silizium-Praseodym-Gelb 93, 281
- Silizium-Vanadin-Blau 93, 298
- Silizium-Vanadin-Zinn-Grün 93, 290, 291
- trübungsmittel 84, 189
- verbindungen 84, 440
ZnO 23, 41, 52−56, 57−63, 76, 440
ZrO_2 23, 30, 41, 52−54, 56, 59−63, 440
Zugfestigkeit 62
Zugspannung 38, 59

Zusätze
- zu Farbkörpern 94, 95, 96
- zu Glasurschlickern 32, 33, 47, 48, 109, 126−128
- zu Engobeschlickern 215
- zu Unterglasurfarben 94, 464
Zusammensetzung
- von Aschen 89, 456, 457
- von Farbkörpern 93, 96
- von Feldspäten 453, 454, 458, 459
- von Fritten 441−450
- von Gesteinen 86, 455
- von Gläsern 23
- von Glasuren 40−46, 50, 51, 143−420
- von Rohstoffen 70−90, 450−460
- von Segerkegeln 461−462
- von Tonen 450−451
Zusammenziehen von Glasurschichten beim Aufheizen 36
- Schmelzen 36, 53
- beim Reduzieren 326, 329
Zwischenschicht 36, 56, 62

Hersteller und Lieferanten (Auswahl):

Tone, Kaoline, Ball clays, China clays, Fertigmassen.

1. Amberger Kaolin- u. Tonwerke E. Kick, Postfach 1140, 92238 Hirschau, Tel. 09622/180
2. H.J. Braun Tonbergbau, Gartenweg 15, 53347 Alfter-Witterschlick.
3. Fuchs'sche Tongruben, Postfach 347, 56223 Ransbach-Baumbach, Tel. 02623/830
4. ECC International Verkauf, Postfach 240253, 40091 Düsseldorf, Tel. 0211/367202
5. Gebr. Dorfner GmbH, Scharhof 1, 92242 Hirschau, Tel. 09622/820
6. GUS Goerg und Schneider GmbH, Bahnhofstr. 4, 56427 Siershahn, Tel. 02623/6040
7. G. Grolmann, Tonhallenstr. 14, 40211 Düsseldorf
8. Hutschenreuther AG, Technische Produkte, 95100 Selb, Tel. 09287/731312
9. Carl Jäger KG, In den Erlen 4, 56206 Hilgert, Tel. 02624/4028
10. Kärlicher Tonwerke Mannheim u. Co., Burgstr. 9, 56209 Mülheim-Kärlich, Tel. 02630/200813
11. Marx Bergbau GmbH, Bergstr. 16, 56412 Ruppach-Goldhausen, Tel. 02602/9290
12. Helmut Kreutz, Mahlwerk GmbH, Postfach 1242, 35702 Haiger, Tel. 02773/5076
13. Rohstoffgesellschaft Ponholz, Industriestr. 27, 93142 Maxhütte-Haidhof, Tel. 09471/30260
14. H.J. Schmidt, Industrieminerale, Willi-Brückner-Str. 1, 56564 Neuwied, Tel. 02631/89070
15. Stephan Schmidt KG, Bahnhofstr. 92, 65599 Langendernbach, Tel. 06436/6090
16. Tongrube Klardorf, Marktplatz 8, 92421 Schwandorf, Tel. 09431/50273
17. Arno Witgert, Wahnscheid, 56414 Herschbach, Tel. 06435/2054

Feldspäte, Quarzmehl- u. Sand, u. ähnliche Rohstoffe

18. Adolf Gottfried GmbH, Tonwerkstr. 3, 96269 Großheirath, Tel. 09565/7970
19. Mandt Mineralmahlwerk, Postfach 1312, 26913 Brake, Tel. 04401/3051
20. Quarzwerke GmbH, Kaskadenweg 40, 50226 Frechen, Tel. 02234/1010
21. Saarfeldspatwerke H. Huppert, Kolbenhüttenweg 51, 66123 Saarbrücken, Tel. 0681/62293

und die Lieferanten Nr. 5, 7, 8, 9, 10, 13, 14, 15

Fritten, Farbkörper, Pigmente, Farben, Glasuren, Edelmetallpräparate

22. Bayer AG, 51368 Leverkusen, Tel. 0214/301
23. Cerdeg AG, Gutleutstr. 215, Postfach 110403, 60039 Frankfurt/M., Tel. 069/271160
24. Ferro Deutschland GmbH, Langenbergstr. 10, 67657 Kaiserslautern, Tel. 0631/41640
25. W.E. Heraus GmbH, Abt. Keram. Farben, Postfach 1553, 63405 Hanau, Tel. 06181/351
26. Mondré & Manz GmbH, Steinackerstr. 51, 53840 Troisdorf, Tel. 02241/75015
27. J. Opawsky, Hillscheiderstr. 11, 56179 Vallendar, Tel. 0261/60103
28. Reimbold & Strick, Postfach 910653, 51076 Köln, Tel. 0221/82850

und die Firmen Nr. 32-45

Glasurhilfsmittel, Kleber, Leime, Stellmittel, Farblösungen, Druckmedien

29. Trukem GmbH, Postfach 2326, 67513 Worms, Tel. 06241/42880
30. Zschimmer & Schwarz, Max-Schwarz-Str. 3-5, 56112 Lahnstein, Tel. 02621/120

Chemikalien aller Art, Metalloxide und -Verbindungen

31. Eberhard C. Köhler, David-Röntgen-Str. 2-4, 56073 Koblenz, Vertretung von E. Merck, Darmstadt und Riedel-de-Haën, Seelze, Tel. 0261/4048272

Töpferei- und Werkstattbedarf, Rohstoffhandel, Engoben, Glasuren

32. Bischitzky & Co., Kolpingring 22, 82041 Oberhaching, Tel. 089/6134666
33. Dr. Thomas Butters, Froschgasse 16, 7131 Ofterdingen, Tel. 07473/23561
34. BSZ Keramikbedarf, Manderscheidtstr. 90, 45141 Essen, Tel. 0201/29966
35. Grothe Rohstoffe, Postfach 1169, 31667 Bückeburg, Tel. 05722/95130
36. G.H. Böskey, Paulsborner Str. 10, 10709 Berlin-Wilmersdorf, Tel. 030/8931690
37. Kai Clausen, Magdeburger Str., 47850 Krefeld, Tel. 02151/476313
38. Kahlen Keramik, Neuhausstr. 2-10, 52078 Aachen, Tel. 0241/9209209
39. Carl Jäger KG, Tonindustriebedarf, In den Erlen 4, 56206 Hilgert, Tel. 02624/4028
40. SKG Keramische Farben, Hafenweg 26a, 48155 Münster, Tel. 0251/65402
41. Heinz Welte GmbH, Kunftstr. 2, 51103 Köln, Tel. 0221/851001
42. WEMA, Fritz-Weidner-Str. 2, 90451 Nürnberg, Tel. 0911/968330
43. Andrea Wolbring KG, Parsdorfer Str. 16, 85598 Baldham, Tel. 08106/33997
44. Thomas Wolbring GmbH, Rudolf-Diesel-Str., 56203 Höhr-Grenzhausen, Tel. 02624/2196
45. Terra Töpfereibedarf, Schnaitweg 7, 79117 Freiburg, Tel. 0761/60292

Brennöfen

46. Kolling-Elektrobau, Talweg 2, 56291 Thörlingen, Tel. 06746/656
47. Kittec, Brennofenbau GmbH, Aachen, Tel. 0241/9209103
48. Makrotherm, Töpferladen, Von-Gluck-Str. 10, 92665 Altenstadt, Tel. 09602/5798
49. Michael Sälzer, Am Viktoriastollen, 56349 Kaub/Rhein, Tel. 06774/1452
50. Michael Uciechowski, Fleetrade 14a, 28207 Bremen, Tel. 0421/492111
51. Nabertherm, Bahnhofstr. 20, 28865 Lilienthal, Tel. 04298/27090
52. Padelttherm, Rochlitzer Str. 80-86, 04229 Leipzig, Tel. 0341/4801970
53. Pyrotec Brennofenbau, Ziegelstr. 32b, 49074 Osnabrück, Tel. 0541/22626
54. Riedhammer GmbH, Klingenhofstr. 72, 90411 Nürnberg, Tel. 0911/32180
55. Rohde Ofenbau, Bamham 18, 83134 Prutting, Tel. 08036/7063
56. Rosenberger GmbH, Postfach 1133, 71697 Schwieberdingen, Tel. 07150/34377
57. Dipl.-Ing. H. Zürn, 18574 Poseritz/Rügen, Tel. 038307/368

und Lieferanten Nr. 32, 34, 36, 37-39, 42-45